U0867586

现代女性生活百科实用全书

李小萍◎编著

中医古籍出版社

图书在版编目(CIP)数据

现代女性生活百科实用全书/李小萍编著. -北京:中医古籍出版社,2016.9
ISBN 978-7-5152-1364-4

Ⅰ.①现… Ⅱ.①李… Ⅲ.①女性-生活-知识 Ⅳ.①Z228.4

中国版本图书馆CIP数据核字(2016)第266745号

现代女性生活百科实用全书

编　　著　李小萍

责任编辑　于　峥
出版发行　中医古籍出版社
社　　址　北京东直门内南小街16号(100700)
印　　刷　三河市兴达印务有限公司
开　　本　787mm×1125mm　1/16
印　　张　38
字　　数　408千字
版　　次　2016年9月第1版　2016年9月第1次印刷
印　　数　0001~5000册
书　　号　ISBN 978-7-5152-1364-4
定　　价　78.00元

前言

现代女性，是能够准确把握生活真谛、逐步适应社会发展需要、综合素质集于一身的新型女性。她们在追求外表美丽的同时，也会去努力做一个有内涵、有气质、有魅力的女人；在积极主动地追求真爱、追求婚姻幸福、追求家庭美满的同时，也会追求事业的成功，体现自身价值；与男性平等地在职场拼搏，不断地“充电”、完善自己，亦会注意身体的保养，追求健康和生活品质。对于现代女性而言，美丽、健康、智慧、事业、财富、爱情……缺一不可。她们的一生就是一个执着追求幸福和完美的过程。

美丽是女人的资本。俗话说“佛要金装，人要衣装”，这句话对女人尤其重要。因为没有一个女人是天生完美的，得体合适的服装能大大提升女人的美丽得分。那些用心打扮的女人，所穿的衣服不一定很昂贵，搭配也并不一定很复杂，但就是让她显得美丽脱俗，与众不同。优雅的礼仪是女性除脸蛋外的第二名片，举手投足间的优雅，说话办事的得体，人际交往中的落落大方，将使得女性从内而外散发出迷人魅力。书中提供了不同场合、不同体型者的穿衣指南，搭配原则，实用的礼仪指南，每个女人都可以从中获益，做一个美丽的女人最幸福。此外，还介绍了养颜、美容的各种方法、技巧，帮助女性打造最完美的肌肤。

健康是美丽的基础。对于女人而言，最大的资本不是年轻，也不是漂亮和能力，而是健康。20 岁时，没有健康你就会错过很多美丽；30 岁时，没有健康你就无法享受生活；40 岁时，没有健康你也就没有了一切！由于女性特殊的生理结构和孕育生命的特殊使命，女性一生中要经历月经、妊娠、哺乳、绝经等特殊时期。这既是女性的神圣职责，也会给女性身体带来很多损害。因而，女性深入、充分地了解自己的身体，正确调理、保护自己的身体，有效防治妇科疾病，不仅仅是打造一个魅力女性的需要，也是对家庭和自己的未来负责。书中介绍了女性生活中常见的妇科疾病，详细讲解这些疾病的治疗和防范，包括乳房的保养、乳腺炎症的治疗、子宫和宫颈高发病的调养、卵巢护理、月经和经期保养等，对不同的健康问题提出了许多科学实用的保健指南，精心呵护女人的身体，让她们永葆健康，远离疾病。

孕育生命让女人更完美。有人说，没有生育过孩子的女人，不能算一个完美的女人，上天赐予女人孕育生命的权利和重任，不是为了让女人受苦，而是为了让女人更完整，为了让这个世界更完整！对一个女人来说，孕产期是一段特殊而美妙的时期，怀孕期间的期盼和憧憬、分娩时的疼痛和希望、初为人母的笨拙和忙乱、与孩子肌肤相触时的感动和幸福……孕产期对于女性一生的健康而言，也是一个关键时期，孕产期调养好身体，关乎一生的健康。书中介绍了孕产期保健常识和方法，提供了专业而贴心的孕产全程指南，帮助现代女性做一个幸福而健康的母亲。

品质生活令女性高雅时尚。现代社会，要求女性“上得了厅堂，下得了厨房”，女主人的品位决定了家庭生活的品质。当结束一天的繁重工作后，回到自己装点得温馨有品位的家，或者出去放放宠物，和朋友喝喝茶、打打球，都是舒解压力，忘却烦恼的好方法。现代女性，追求个性、彰显自我，一定要懂得如何运用工艺摆设、花艺装饰、工艺品、装饰品装点爱巢，知道宠物饲养，了解奢华名品，学习交际礼仪。

无论你是高档写字楼里叱咤职场的女白领，还是象牙塔里涉世未深的女学生，抑或是擅长淮扬菜、在家带孩子的全职太太，这本书都将会帮助你体验到身为女人的美好，为你的生活提供无数有益的建议，帮助你更好地养护自己的身体，通过各种合适的运动使自己的精力更充沛；特效的养颜秘方妙招会使你更轻松地获得嫩白的功效，专业的穿着指南，实用的礼仪指南，都会让你看起来更有魅力，更有女人味；品位家居和品质生活，帮助每个女人生活得更美、更精彩。

《现代女性生活百科实用全书》是一部全方位指导女性生活的实用指南，涉及女性的美容、化妆、瘦身、健美、穿搭、娱乐、交际、礼仪、饮食、孕产、育儿、家务、医疗、保健、养生等各个方面，对经期、孕产期、更年期等几个特殊时期提供贴心的指导，帮助解决现代女性的生活难题，提高生活质量和幸福指数。内容丰富、涵盖面广、通俗易懂、实用性强，是一部适合各年龄层次女性阅读的生活枕边书。

目录

服装穿搭篇

配饰配件篇

美容化妆篇

美发护发篇

美体塑身篇

养生保健篇

妇科疾病篇

怀孕育儿篇

家庭宠物篇

品位家居篇

品质生活篇

服装穿搭篇

服装单品

上衣

风衣

风衣的历史已逾百年，时间证明了它在人们心中的重要程度，不仅仅具有延续裙装飘逸的装饰作用，又具有无可比拟的实用性。这一点比起很多“中看不中用”的时装来说胜出许多。冷热交替的秋天，你可以以一件风衣来抵挡温度的变化。无论是你扣紧扣子、系紧腰带玩深沉，还是敞开衣装要酷，风衣都能满足你不同的需求。

其实，风衣的款型并非就是长款加下摆宽大的定式，现在有一种与此区别的另类风衣正在走俏，这就是娃娃型的风衣。设计师巧妙地将下围收缩，让整件风衣呈现出灯笼般的膨胀感，极为可爱。这样的风衣好像有些脱离了风衣的初衷，不过偶尔穿着一下也是别有滋味的。

穿戴小方案

方案 1：风衣配连衣裙

· 白色风衣　　　　· 蓝色连衣裙

这套风衣走的是正装路线，线条比较简单，所选用的面料也比较硬挺。内部就相应选择了柔软的丝质连衣裙，外刚而内柔的办公室白领形象就这样成功塑造出来。而在颜色搭配上内外都选择了单色，并且是冷色调的颜色，暗示着穿着者的冷静和睿智。

方案2：双排扣风衣

·米黄色双排扣风衣　　·白色衬衣

双排扣的短款西装不适合把扣子敞开，会使西装的正统风格大打折扣。双排扣的风衣就不一样了，风衣本身的休闲气息让它适合的穿着方式更随意。你可以系紧扣子，甚至束好腰带，传达出温暖感。而敞开的风衣则让你的行走姿态变得更为潇洒。

方案3：束腰大摆风衣

·印花米色风衣　　·黑色装饰皮带

有人觉得风衣只有高个美女才能穿出风韵，其实不然，身材娇小的女性在宽大飘逸的风衣下更显“玲珑”。这个说法有一定道理，其实可以用风衣打造出另一种可爱风格。大摆风衣用皮带束住腰身，下面就像公主裙一样自然展开，你的甜美气质也就展露无遗了。

小贴士

风衣怎么保养

根据风衣的料子，如果毛含量较低干洗机洗都可，如果毛的成分较高最好干洗，否则容易缩水变形。洗前把纽扣拆下，洗后钉上。领子的衣服最好不要用洗衣粉洗，用肥皂或者洗衣液洗，晾衣服也有讲究的，把袖子也搭在衣架上，以防衣服的肩会变形。

卫衣

休闲，是一种态度。自由、随性、无拘无束是这一风格的主旨。所以普通的生活场景中，总是以休闲装为宜。休闲派的穿衣风格会让人感到亲近，大家才能搭帮结伙地外出玩耍。不像“职业派”，十步以内就让人肃然起敬。

卫衣是休闲派和运动派的结合产物，舒适与时尚在此完美结合。卫衣诞生于20世纪30年代的纽约，历经岁月后却依然是潮流青年的衣橱常客，甚至一度成为叛逆的象征，很多年轻人们认为套上帽子就能与外界隔绝。曾有著名的时尚编辑将卫衣比作躁动的少年，卫衣的青春特性由此可见一斑。而现在它发展出很多不同的类型，为我们提供了丰富的选择。

穿着舒适的卫衣，拉着朋友们的手出发吧！

穿戴小方案

方案1：卫衣配牛仔

· 灰色高腰卫衣

· 白色中袖T恤

· 蓝色牛仔

· 深蓝色鸭舌帽、长条黑色亮片围巾

这件灰色卫衣一改往日风格，把腰线提高，露出里面的白色T恤，使得上身有了层次。而且灰色与白色的过渡比较柔和，不会有断层的感觉。下身的蓝色牛仔显得颜色过深了些，但可以用深蓝色的帽子和黑色围巾来平衡视觉。这样的整体搭配既舒适又时尚，无论是逛街还是跟朋友郊游，你都在低调中散发着不可抑制的青春活力。

方案2：卫衣配裙子

· 灰色拉链卫衣

· 条纹荷叶边贴身T恤

· 白色棉质裙

一般的卫衣都是套头的，这件改用拉链式，刚好可以秀出里面T恤的精彩。下面搭配温柔气息的小短裙，一个甜美清新的小女生形象就塑造成功。喜欢休闲运动，又不想显得过于中性化的女孩子可以尝试这样的搭配。

方案3：长款卫衣配靴子

· 咖啡色长款卫衣

· 黑色紧身靴裤

· 咖啡色长筒靴

这种长及大腿的长款卫衣现在正流行。这种设计有着浓浓的日韩风情，而且可以帮助腿粗的女性遮掩缺点。下面配上同色系的高跟长筒靴，让身材显得更修长，而且和上衣也起到了呼应的作用。

方案4：长袖卫衣配人字拖

· 嫩黄长袖卫衣

· 宽松的牛仔裤

· 人字拖

星期天约上几个朋友逛街，这样的一套装备最合适不过。亮黄的颜色让人心情为之舒畅，配上宽松牛仔裤和人字拖，整个人的走路姿势都会更加自由而随意。少了点淑女风范，多了些舒适懒散，假日里这样的装扮让你的元气恢复得更快。穿腻了正统的职业装，就这样来换个心情吧。

衬衫

笔挺而庄重，这似乎是我们提及衬衣就会想到的形容词。衬衣仿佛天生就应该规规矩矩地待在西装内层，只露出两个挺拔端正的立领。这种想法当然是大错特错的。如今的衬衣早就一改往日的沉闷和单调。不同的款式、材质和颜色都将这个原本的正式装穿出了休闲的新意。比如在衬衣的前摆加上精致的绣花和印花设计，赋予它浪漫清新的色彩；前胸的褶皱有古典贵族气息；还有袖子的不同造型，如蝴蝶袖、泡泡袖等。各种改变让衬衣也能成为春日着装的主角。

穿戴小方案

方案1：白领的休闲衬衣

· 青色中袖衬衣　　· 象牙白棉质宽松长裤

这一套搭配十分简洁，毫无雕琢之意，突出点则在衬衣的设计上，斜对襟摆脱了庄重感，腰间的系带蝴蝶结设计，将腰部线条展现，又在简单的上装上增加了内容。蝴蝶结的长飘带带来不对称的跃动感，配上宽松的长裤就让整个人既有知性淑女风范，又有休闲轻松的态度，最适合上班族的平日打扮。安静的办公室里，谁看见你都会有舒服的好心情。

方案2：隆重的谈判装

· 紫色长袖衬衣　　· 深蓝色大领毛背心

· 黑色西装裙　　· 亮色项链

紫色的衬衣最具有庄重感，容易造成刻板印象。不过这件衬衣的蝴蝶结领带来了时尚元素。蓝色背心的划分，丰富了上身的色块，又不显得轻浮。配上规规矩矩的黑色西装裙和黑色丝袜，使得整个人在色调上统一又不呆板，胸前的亮色项链更增添了一些动感。这样的一套搭配就可以走上庄严的商战谈判桌，气势毕现又不会显得过于尖刻。

方案3：洒脱的长款衬衣

· 白色长款衬衣　　· 绿色长绸围巾、绿色包包、绿色手镯

· 黑色宽松长裤

白色衬衣是百搭品，本身就透露出朝气和干净气息。飘逸的长款让人的气质显得洒脱自如。袖口的紧缩和系扣设计使它蓬松起来，简单造型中也有了设计感。本套搭配的亮点在绿色配饰的点缀作用上，脖颈上的绿色长绸巾，腕上的绿环再加上手上的绿色皮包，整个色系统一而协调，不会给洒脱气质造成累赘感。

小贴士

女性如何根据体型选择衬衫

无论你是何种体型，白衬衫毋庸置疑是绝对必需品，搭配任何颜色之西装，都可以体现朝气、干净。不过，在选择其他衬衫时，必须要根据自己的体型，适当选择。比如，如果你是虎背熊腰型，那么过于明显的条纹、格子图案就不适合你；如果你是中等型，挺度与厚度较高的布料衬衫比较适合你；如果你是下盘稳重或是长脚高个儿型，条纹、格子衬衫跟你很速配；如果你是矮胖型，那么最后选择素色，并且款型简单的衬衫。

雪纺

“雪纺”的学名叫“乔其纱”，也叫作乔其绉，是以强捻绉经、绉纬制织的一种丝织物，乔其纱的名称来自法国。这种丝织物适合女士做夏装用，具有质地轻薄透明，手感柔爽富有弹性，外观清淡雅洁，具有良好的透气性和悬垂性，穿着飘逸、舒适的特点，可以直接做整件的衣服和裙子，但是因为比较薄，需要有衬里才可以。

雪纺质地的上衣轻盈柔软，微微透出肤色显露小性感。不限制场合的特质，办公或游玩都可以用它去尽情搭配个性装扮。

穿戴小方案

方案1：黑色的干练洒脱

· 短款的黑色雪纺衫　　· 黑色的长裤

· 白色的细腰带

短款的黑色雪纺衫，花样比较特别，搭配黑色的长裤，彰显出修长的美腿，腰间白色的细腰带，是非常经典的搭配。

方案2：柔美与帅气的显瘦搭配

· 黑色雪纺长裙　　· 机车皮衣

黑色的雪纺长裙，搭配机车皮衣，柔美搭配帅气，凸显出个性的中性风格，整套的黑色也非常显瘦。

背心

女人的盛夏衣橱中，一定会有许多斑斓、轻巧的背心。看似平凡的背心是夏日百搭的基本款，没有妖娆，没有辛辣，反而越简约越能赢得绝佳的口碑。经过与其他服装、配饰的碰撞，背心也可以摇滚，可以纯真，可以带些优雅。

穿戴小方案

方案1：保守搭配

·套装或开襟针织衫　　·背心

内穿吊带背心，外罩套装或开襟针织衫，适合办公室或天气稍凉时穿，以及对自己的身材不够自信的人。

方案2：大胆搭配

·背心　　·热裤

单穿吊带背心，下配超短热裤，展露香肩，充分发挥吊带装的优越性。现在很多女孩追求潮流会选择这样穿，不过身材不好、肤色不好的人不适合这样穿。

方案3：流行搭配

·背心　　·彩色或碎花吊带文胸

外穿吊带背心，内衬一件漂亮的彩色或碎花吊带文胸，故意把文胸吊带露出来。如果不怕热，还可以穿两件吊带背心，内外两种颜色，回头率很高。

吊带衫

“小吊带”可不是淑女的禁忌品，它是夏日的主角，不仅让你倍感清凉，也是很好的搭配单品。小巧简洁是所有吊带衫的共同点，越是简单就越有再创造的潜质。千万别小看这件小单品，其中可蕴藏了让人眼花缭乱的风景。

根据你的气质和喜好，可以用吊带衫搭配出不同的味道。喜欢做长不大的小公主，就用胸部有褶皱，下摆蓬松的吊带娃娃衫，搭配牛仔短裤、七分裤，透出活泼的青春气息。而且蓬松的下摆还可以遮掩小肚腩，当然也适合腰比较粗的女生。想要打造成熟女人的性感，在深色的吊带衫外套一层薄薄的透视感好的纱质外衫，你的性感就若隐若现了。

穿戴小方案

方案1：吊带衫配同色系长裙

·蓝色短款吊带衫　　·蓝色长裙

·白色串珠长项链

短短的吊带衫勾勒出上身的优美曲线，胸部的镂空图案花边采用了单侧下坠的巧妙设计，长长的飘带带出飘逸感，使得小小的吊带衫有了艺术气息。配上同色系的棉布长裙，淑女的气质显露无遗。不过这样的颜色搭配略显沉闷，所以在配饰的选择上，用了亮白的珠链。深沉的背景上也有了亮点。

方案 2：长款吊带衫配短裤

· 白色长款吊带衫　　· 褐色短裤

这款吊带衫跟一般的蓬松娃娃吊带又不一样，它在腰部有一定的收缩，只在胯部用不同的材质打造出蓬松的下摆。臀围较大的女孩子不妨试试这样的吊带衫，既能展现你的纤细腰身，又能遮掩过宽的臀部。下摆用了雪纺做出百褶裙的效果，就不要太累赘的用长裙或者长裤来配，一条与下摆同色系的短裤刚刚好。

方案 3：吊带衫内搭圆领 T 恤

· 黑色吊带衫　　· 黑白细条纹圆领 T 恤

· 蓝色牛仔裤

如果不喜欢吊带的裸露感就选择这样搭配，将上身严严实实地包裹起来。

如果只穿 T 恤的话，显不出你完美的曲线，外罩一件略微收腰的吊带衫就解决了这个问题。因为吊带衫已经呈 V 领，内搭 T 恤就不要选择 V 领的，否则容易产生累赘感。

小贴士

女性单穿吊带衫有哪些注意事项

炎热的夏季，很多女孩子会上身只穿一件吊带衫，搭配裤子也好，裙子也好，都会相对凉快一些。但是，女性穿吊带衫时一定要注意以下几点：

1. 单穿吊带衫最好先要把腋毛剃干净。
2. 选择适当的无吊带文胸，都在文胸肩带露出来会影响整体形象。
3. 外出要涂抹防晒油，否则很容易晒伤。
4. 在办公室内最好别单穿一件吊带，以免造成不好的影响。
5. 为避免脖子和手臂显得空荡荡，最好佩戴适当的首饰。

T 恤

越是简单的单品越有搭配出精彩的潜质，T 恤就是这样的单品。估计所有人的衣橱里都有数件 T 恤，懒散的女性们也只要几件 T 恤就能过一个精彩的夏天了。

T 恤早已成为休闲服装的标志性符号，而据说最早的 T 恤是源于美国某个港口茶叶码头工人穿的短袖衫。由于茶叶 TEA 和 TEE 谐音，所以有 TEE（TEA）-SHIRT 一说，后简称 T-SHIRT 或者 TEE。直到好莱坞偶像马龙 · 白兰度外穿着白色 T 恤衫演绎《欲望号街车》，随着影片的热播也让这种服饰风靡起来。

T 恤的结构设计相当简单，它的款式变化通常在领口、下摆、袖口、色彩、图案、面料和造型上。T恤的百搭体现在它可以和任意风格的下装组合出不同的情调：T恤配短裙，就打造出青春的学生形象；背心式T恤配长裙就是风情万种的波西米亚女郎；露腹T恤配热裤，就是街头的热辣风景。

穿戴小方案

方案1：条纹T恤配短裤

· 圆领蓝白条纹T恤　· 白色针织马甲
· 红色短裤

T恤的条纹是经典图案，这种普通得不能再普通的图案永远也不会过时。此套的搭配亮点在色彩的明艳上。蓝白条纹总让人联想到水手，配上色彩热情的下装，这样的装扮充满了沙滩气息，去海边旅游不妨试一试这样的搭配。

方案2：白T恤配背带裙

· 白色印花T恤　· 蓝色背带裙
· 草帽

你的衣橱里一定不能少了一件白T恤，它的纯净让它可以在其他单品的衬托下散发出不同的气质。它可能不是主角，但一定是不可缺少的陪衬物。比如这里，我们最先注意的肯定是可爱版的蓝色背带裙，但也不能忽视了白色T恤的功劳，作为内衬，既避免了走光，胸前的简单印花字母又增添了女孩的活泼感。再配上一顶圆形草帽，一派田园风光。

方案3：个性T恤

· 个性印花T恤　· 黑色小礼帽

这款T恤的印花很有趣味，乍一看像是正统的西装造型：笔挺纽扣衬衣、西装马甲，加上领口上的银色丝带领结，仿佛是规矩的办公室打扮。再仔细看，原来这一切都是平面的，奥秘都在T恤上。这样的发现就把整个人的风格由正统变得有些嬉皮，配上一顶可爱的小礼帽，这样的风格更为突出。

方案4：T恤两件套

· 白色T恤　· 中长款粉色吊带背心
· 蓝色牛仔裤　· 粉色露趾高跟鞋

简单的T恤难以穿出层次感，不过用一个两件套的方式就可以很好地解决这个问题。白色T恤下露出粉色吊带背心的下缘，上身的层次感一下子就鲜明起来。而粉色的高跟鞋刚好和这一抹“粉带”相呼应，整体上就协调了。

泳装

夏日炎炎，泡在清凉的泳池里真是再惬意不过。或者跟朋友一起去海边度假，让精心挑选的泳装也有了展示的机会。

泳装从本质上来说也属于运动装的一种，它是为了适应游泳、冲浪等水上运动而设计的，所以必须考虑到运动的需要。选择泳衣时一定要考虑到自己的体型，太紧了会限制你的运动，而太松的泳装就可能发生肩带滑落等尴尬状况，也会影响到运动效果。

而且泳装的暴露度比较大，身材的缺点也更可能一览无遗，所以更要细心挑选最能扬长避短的泳衣。如果你的身材偏胖，就不要选择橙黄色、红色等颜色的泳装，它们的膨胀感会让你显得更臃肿，而一些黑色、褐色的泳装能从视觉上起到收缩的作用。胸部不太丰满的女性可以选择胸前带图案设计的泳装，可以巧妙地遮掩缺点。

穿戴小方案

方案 1：运动型泳装

这类泳装的暴露程度很小，它也可让穿着者的形象更加运动、健康，尤其适合比较瘦削的年轻女性。如果你觉得自己的胸部不够丰满，可以选择一些带内衬的运动型泳装。

方案 2：管状泳装

管状泳装，就是流行一时的管状上衣的泳衣变体，可以分为有吊带和无吊带两种。如果你身材娇小，选择没有吊带的泳装可以将别人的目光转移到你性感的肩膀，取得取长补短之效。而肩膀较宽者可选择有吊带的管状泳装，不但可掩饰肩膀宽的缺点，也显得有型有款。平脚裤式的管状泳装，也是保守人士的首选，可以让你流露洒脱的一面。

方案 3：吊带式泳装

吊带式泳装也就是我们常说的三点式。布料最少，所露的部分最多。如果你的腿不够长，可以选择高衩设计的吊带式泳装，能够拉长的腿部线条。

小贴士

女性怎样选择适合的泳装

女性在购买时，可以用手触摸，或者看参考材料的成分含量表，看泳衣的具体材料是怎样的。好的泳衣面料柔软、有弹性，布料的纹路相对较密，裁剪精致，缝制采用有弹性的线，不会因为运动造成线绷断。试穿时，以合身、舒适为原则，太大容易兜水，加重身体负担和游泳时的阻力，太小则易给肢体造成勒痕，引起血流不畅。价格方面，氨纶丝材料含量为 18% 以上的游泳衣相对贵些。至于泳装的造型，则可以根据个人喜好、体型以及当季的潮流适当选择。

西装

作为服装六大派系的中性风格西服外套越来越走俏，它绝对是这个季节必备的服饰。我们这里所说的西装外套要与正装西服分开，它本身借鉴了西服式样的设计，但具有更多的流行元素，时尚感更强，是工作与休闲场合都可穿着的服装。

西装外套可以装扮出成熟与职业的味道，让你在办公室里潇洒地叱咤风云。想要打造帅气的酷感女孩造型，也少不了西装外套的帮忙。中性帅气的形象，散发出一种前所未有的魅力，而西装上妩媚的女性化元素结合帅气洒脱的中性设计款式，刚柔并济，展现了非同寻常的迷人气质。

穿戴小方案

方案1：西装+棉衫

- 黑色缎面单扣西装
- 白色棉衫

黑色缎面的西装显出晚礼服的华贵，如果配衬衣就显得过于正式，配上白色棉衫就增添了休闲气质。剪裁合体的单扣小西装也能展现出你的玲珑曲线。

方案2：西装+长款针织衫

- 白色西装
- 长款红条纹毛衫
- 直筒牛仔裤

白色的西装一般情况下太过于抢眼，而用红色的条纹针织衫就均衡了它的气势。长短的搭配又显出了层次。下装自然不要用太艳丽的颜色，否则你整个人就显得“丰富多彩”。胸花大胆选用了羽毛质地的花朵，让休闲气质的你又增添了几分华丽。

方案3：西装+靴子

- 褐色单排扣西装
- 白色贵族领毛衣
- 蓝色牛仔裤
- 褐色长靴

本套装扮极富欧洲宫廷气质。单排扣的褐色西装线条设计上极为简洁，刚好衬托了华丽的毛衣。毛衣上层层叠叠的蕾丝边簇拥出贵族气息浓厚的高领，造型感极强。高跟褐色长靴让你的气质更为出众。

夹克

我们先来看一看夹克的标准照：短款、胸围宽松、紧袖口、紧下摆，这就是动感十足的夹克。事实上，夹克的英文 Jacket 本身就有短小的意思，可见短款的

造型是夹克最大的特点。不过近年来夹克的设计越发多样化，唯一不变的是人们对它的极度热情。

皮质夹克在夹克中占据着重要的席位。皮质的硬挺融入女性线条的设计，使得它在女性身上别具魅力。无论是深色系的黑色、咖啡色，还是鲜亮的黄色，以及越发走俏的白色，总能找到你喜欢的皮质夹克。而其他面料的夹克也有它们独特之处。

穿戴小方案

方案1：皮夹克

· 咖啡色皮夹克　　· 长款格纹衬衣

· 牛仔迷你裙　　· 茶色连裤袜

皮夹克的硬气用迷你裙来克制，你的甜美气息就算厚厚的皮衣也挡不住。配上长款的衬衣，让周身的层次丰富起来。不过需要注意的是，衬衣也要选择较厚实的布料，颜色不要太过鲜艳，否则与夹克以及短裙的对比过大。

方案2：牛仔夹克

· 牛仔夹克　　· 白色T恤

牛仔夹克一直很受欢迎，不过用牛仔夹克搭配牛仔裤的全套牛仔装扮可就有些过时了。宽松款型的牛仔夹克也开始隐退，现在的主角是短款小夹克。面料方面，尽量考虑混搭，比如牛仔夹克搭配棉T恤和棉短裙。如果不耐寒，可以在修身的牛仔夹克里穿一件薄毛衣。

方案3：棉夹克

· 蓝色棉夹克　　· 黄色高领毛衣

圆摆的棉夹克也是秋冬季节的上选单品。蓝色与黄色的搭配很大胆，不过棉夹克的这种搭配比较适合年轻女生，能够与青春活力相映衬，成熟女性选择这样的搭配就有“装嫩”的嫌疑了。另外，圆摆棉夹克不太适合上身丰满的女性，因为它本身就有膨胀感，会让你的身材显得臃肿。

马甲

马甲，也叫背心，基本样式就是无袖的成衣。马甲无袖，也就给了内部衣服外露的机会，衣着就有了层次感。造型简单的马甲在搭配中是人人都爱的高人气单品，因为你的随意一配，它就能幻化出丰富表情。

马甲可以与不同的单品搭配，T恤、长裤、短裤、长裙、短裙都能跟马甲亲密接触。不同材质的马甲也有不同风情。比如牛仔马甲，基本上可以称得上是百搭物件，率性和一点点野性都展露其上，再搭配一个贝雷帽，谁都会臣服在你的飒爽英姿下。而棉、麻质的马甲则透露出波西米亚风格，跟棉质长裙搭配再合适不过。

马甲在颜色选择上要注意与其他衣服形成撞击感。尤其是深色马甲，因为款式简单，它已经没有了夺人眼球的效果，所以在其他衣着的选择上要尽量选择色彩感强或者光泽度高的衣裤，与马甲的低调形成对比，更能丰富身上的层次。

穿戴小方案

方案1：甜美小公主的马甲配短裙

- 灰色休闲毛马甲
- 白色长袖中长衫
- 青色百褶短裙
- 黑色长袜

天气再冷也阻挡不了对美丽裙装的向往，不过厚厚的长袜是必不可少的御寒之物。中长款的白色棉质长袖衫下端露出蓬松的百褶裙，透露出活泼气息。但如果只是这样就显得重心过于下移，下部的颜色和质感都让人感到厚重。灰色毛马甲的使用恰到好处，既能御寒又能获得视觉上的平衡感，使得上身不至于显得过于单薄。

方案2：摇滚气的牛仔马甲

- 牛仔西装马甲
- 白色衬衣
- 咖啡色短裤
- 黑色领带

马甲配衬衣是永远不会出错的经典搭配，但也过于平凡。所以选择了牛仔材质的马甲，免得过于拘谨。松松地系上一条黑色领带，就有摇滚歌手的范儿。下穿咖啡短裤，要是觉得冷的话，可以配上咖啡色长靴，这样牛仔气十足。另外，蓝色的紧身低腰牛仔裤也是不错的选择。

方案3：毛马甲也能衬出潇洒气度

- 黑色礼帽
- 中长款天鹅绒西装
- 黑色蕾丝领的白衬衣
- 灰色毛马甲
- 黑色长裤

谁说马甲就一定得穿在外面，夹在黑色西装和白色衬衣之间一样可以。虽然说黑白配是颜色中的“模范情侣组合”，但此时的“第三者”灰色毛马甲丝毫不显得突兀，它给颜色的变化来了个温柔的过渡，使得上身的搭配更显紧凑，而且因为衬衣和西装都选择了中长款，腰部设计不明显的话就会造成腿短的印象，短马甲刚好帮助确立了上下身的比例。这样中性风格的搭配显得格外有韵味。

小贴士

大一号马甲可以让女性穿出迷人小骨架

女性在选择马甲时，最好选择大一号的。尤其是个子不算高挑的女性，选穿马甲时可以用高腰短裤、连衣裙这类短打单品进行搭配。这样大一号的马甲可以使得你的装扮充满玩味，更能有效帮你修饰成人人艳羡的小骨架美人。否则，如果你选择大小正好，或者较小一号的马甲，会显得身体被包裹住了，别人看起来也会觉得你很臃肿、厚重和累赘。

羊毛衫

羊毛衫本指用羊毛织制的针织衫，这也是一般老百姓认同的含义，而实际上羊毛衫现在已成为一类产品的代名词，即用来泛指针织毛衫或毛针织品。毛针织品主要是指用羊毛、羊绒、兔毛等动物毛纤维为主要原料纺成纱线后织成的织物，如兔毛衫、雪兰毛衫、腈纶衫等都属于“羊毛衫”大家族。

穿戴小方案

方案1：甜美+可爱

·彩色条纹薄毛衣　·百褶短裙

·蝴蝶结项链

彩色条纹薄毛衣与百褶短裙组合，打造充满活力的甜美形象。蝴蝶结项链的加入，更添可爱细节。

方案2：时尚+可爱

·红白条纹毛衫　·薄呢短裤

红白条纹毛衫十分常见，有时候觉得非常土气，不好搭配。流行的下面搭配薄呢短裤的组合穿着，既时尚又可爱。

方案3：活泼+俏皮

·花样编织的蝙蝠袖外套毛衣　·卷边短裤

花样编织的蝙蝠袖外套毛衣活泼俏皮，丰富的色彩衬托完美肤色。卷边短裤的加入，休闲感十足。

针织衫

就像夏天不能没有裙子的装点，春秋天又怎能少得了针织衫的风采呢？细软毛线既交织出温暖，又没有了冬日的厚重感，实在是春日和秋日着装的首选。

针织衫是春日的主角，但实际上它的温和气质配在衣服里面也很好。尤其是怕冷的女性，可以把银灰色的针织衫穿在深色的小皮衣内，这是最安全的搭配方法，如果觉得过于平庸，就在胸前垂挂一条金属感重的金色长项链，你就会发现针织衫也能穿得帅气十足。

颜色的选择上，因为针织衫本身性质温和，所以最好选择相近色搭配，而不要采用撞色，否则容易破坏其特有的温和感。黑与银灰、鹅黄与蛋黄、粉红与象牙白都是很安全的选择。

穿戴小方案

方案1：针织衫的甜美系扮相

· 短款白底红圆点针织衫　　· 蕾丝褶皱领的粉色贴身薄毛衫

粉色系的衣服一直都洋溢着一股甜美的小女生气息。选择的蕾丝褶皱领毛衫如果单穿的话会显得老气，而配上白底红圆点的可爱针织衫，胸前的褶皱就变得俏皮起来，更增添了几分可爱。

方案2：针织衫的舒适感造型

· 短款白色V字大领针织衫　　· 粉色圆领T恤

· 蓝色紧身牛仔裤

这里还是承袭了针织衫搭配不适宜撞色的原理。白色针织小衫和粉色T恤的搭配十分和谐。领子的搭配尤为重要，针织衫选择了大V字领，内部的T恤用小圆领，使得脖颈处显得更柔和。这件针织衫的设计也很出彩，因为上身所采用的色系偏淡，所以加上了黑色的领边和扣子，就具备了能吸引眼球的亮点，与下身的蓝色牛仔裤相配也不会显得重心过于偏低。

方案3：针织衫的熟女路线

· 灰色长款大V字领针织衫　　· 黑色抹胸

· 黑色直筒裤

谁说针织衫就只能走柔美小女生路线？成熟知性女性照样可以与针织衫亲密接触。灰色长款针织衫随意打出的褶皱，增添了潇洒和随意。大V字领口透露出黑色抹胸的倩影，多了几分魅惑。再搭配上一条同样深色系的毛衣链，熟女的气息就浓浓地散发出来。

方案4：镂空的粗毛针织衫

· 灰色镂空羊毛针织背心　　· 粉白双色羊毛围巾

镂空针织衫近来愈加风靡，手工钩织的洞洞既可以透露出可爱感，又带出几分性感迷人。怕冷的女性可以在背心里加上同色系的浅色羊毛衫。如果想表现你性感魅惑的一面，在里面配上一件黑色抹胸或者吊带背心，韵味十足。

呢子大衣

呢子面料挺括中不失柔软，朴实而又不缺乏时尚感，它可能并不是每年各大时装艺苑的宠儿，但每一年的秋冬T台上都少不了它的身影。现实生活中，呢子大衣不是时尚女性们的最爱，但绝对是无法舍弃的那一件。呢子大衣迎合流行的步伐也很隐蔽：细节上的创意、格子情结、色彩游戏，这些或可爱或纯美或理性的元素，归根结底，是一种低调的华丽。

穿戴小方案

方案1：短款呢子衣配靴子

- 灰色短款呢子衣
- 黑边围巾
- 深蓝色牛仔裤
- 黑色靴子

呢子衣虽然不失柔软，但它的质感总体上是挺括的，正式感非常足。尤其是短款的呢子衣，更有西服正装的感觉。用柔软的围巾来平衡这种硬挺感，小淑女的作风就出来了。下面配上靴子，休闲的意味就更加强烈。没有人会觉得你是十步以内就要肃然起敬的办公室一族了。

方案2：中款呢子衣配迷你裙

- 白色中款呢子衣
- 黑色长款高领毛衣
- 牛仔迷你裙

呢子衣随意地敞开前襟，牛仔迷你裙的俏皮可爱就露出来了。在沉静的深秋还能有这样一番灵动气息，走在街上都是一道最惹眼的风景。当然不要为了爱美而忽略健康，迷你裙下一定要穿紧身的长筒羊毛袜配靴子，这样才能风度与温度兼备。

方案3：长款呢子衣配阔腿裤

- 白色长款呢子衣
- 灰色阔腿裤
- 高跟鞋

呢子衣当然也可以穿出庄重典雅感。白色长款呢子衣自然间就带了一种华贵，配上灰色的阔腿裤更显格调。这样的装束适合年纪稍长的女性，优雅风韵尽在其中。

小贴士

呢子大衣应该怎么洗呢

虽然说呢子大衣干洗会相对省事，但是，干洗的衣物有很多副作用。一是干洗剂四氯乙烯会影响健康，另外，一些不规范的干洗店消毒不严格会造成衣物的二次污染。水洗呢？一些含毛量高的呢子大衣会出现缩水和褪色现象。那么，到底如何清洗呢？很多热衷呢子大衣的女性都很困扰。其实，清洗呢子大衣也不是那么难的。只要区别好面料成分，就能有区别地进行清洗了。如果纯化纤织物的呢子大衣，它不易缩水和褪色，好打理，缓和水洗就可以了。如果对于含毛量高或者是全毛的呢子大衣，则尽量选择干洗。当然，一定要选择卫生条件合格的正规干洗店。

毛衣

毛衣在最严寒的冬日藏在外套下面，为你守住温暖。而这个季节，毛衣则尽情地向观众们展示着它的风采。

毛衣的搭配要重视自己的脸型。如果你的脸比较小，可以选择高领、小立领的毛衣，而脸较大的人最好选择 V 字领的深色毛衣。如今毛衣的款型越来越多，比起小时候妈妈手织的毛衣，这些新款型显得更为时尚和轻薄。

穿戴小方案

方案 1：长款毛衣

· 白色高领长款毛衣

长款毛衣是塑造身型的精品，它可以帮助你掩盖身材的缺陷。尤其是下身比较胖的女性，长款毛衣刚好为你遮住了臀部和大腿。在外面配上一件颜色明亮的短款外套是近期最流行的做法。其实这样的毛衣单穿也好看，不过要注意饰品的选择。比如一条黑色的装饰性皮带，或者长长的毛衣链都能起到画龙点睛的效果。

方案 2：蝴蝶袖的毛衣

· 米色蝴蝶袖毛衣　　· 白色长袖棉衫

· 蓝色牛仔裤

蝴蝶衫并不只在夏季流行，采用了蝴蝶衫设计的毛衣在秋冬季也一样走俏。毛衣本身的质感比较厚重，很容易让人感觉到沉重呆板，而这样的蝴蝶袖毛衣则不会。宽大的袖口在你的动作下飞舞，显得十分灵动。

方案 3：宽松毛线衫

· 白色宽松毛线衫　　· 红色长款棉衫

· 黑色裤子

宽松的毛线衫最适宜做层次搭配。里面搭配一件颜色迥异的长款衣服，让它从毛线衫中透出来。整个造型有一丝懒散和随意，却不会让人感觉到拖沓。

皮衣

皮衣比皮草少了几分华贵，多了些平民气质，却更可亲可近，让人忍不住想接近。流行的小皮衣，重点在一个“小”上。合体的剪裁与略高的腰身让穿着者在冬季也能秀一把完美身型。

无论是真皮还是人造革皮衣，材质都比较硬，不会在你的身上出现柔和的褶皱，所以女人味被包裹起来，体现的是一种中性帅气的感觉。如果想突破这种感觉，不妨从颜色上下手。经典的皮衣颜色有黑色、咖啡色、茶色、棕色等，但是其他鲜艳颜色也开始慢慢渗透到皮衣上，于是粉色、黄色、白色的皮衣都开始走红，因为这些明丽的颜色能给穿着者带来一些别致的活泼气息。

小皮衣的搭配讲究“长短有别”，所以最好能在里面搭配长款的内部衣物。下面来看看这两个方案。

穿戴小方案

方案1：小皮衣配毛衣

· 褐色小皮衣　　· 灰色长款高领毛衣

在寒冷的季节里，毛衣外穿会因为材质的稀松而难以抵挡凛冽的寒风，若加上一件小皮衣就能为你保持适宜的温度。而且小皮衣与长款毛衣的长短搭配，也起到了丰富层次的作用。

方案2：小皮衣配衬衣

· 褐色皮夹克　　· 蓝黑格纹长款衬衣

这是适合年轻人的休闲装束。长款衬衣本身就透出随意，在冬季搭配休闲款型的皮夹克，十分相配。以牛仔裤和帆布鞋来打造下装，学生气息浓厚。爱美的女性，以这样的打扮来追忆旧时的青春岁月。

皮草

华贵的裘皮大衣是每一个女人的梦想，这种单品听起来就奢侈感丛生，可是为什么又与“草”联系在一起呢？先来听一个有趣的故事：在旧上海，犹太人开设了一些皮毛店，皮毛非常昂贵，一件黄狼皮短衣就要花费5根金条。但是上海冬季短夏季时间较长，所以聪明的犹太人就冬季卖皮毛，夏季进草席卖，随后就将店名改成了“皮草店”。后来的皮毛商人承袭了这一叫法。

当时的皮草因为大多来自野生动物，所以昂贵。现在有了人工养殖，皮毛的价格在下降，但仍然属于高价位的奢侈品行列。面对它的雍容气质，偶尔奢侈一下也不为过。

穿戴小方案

方案1：皮草领棉服

· 黑色皮草领棉服
· 黑灰条纹连衣裙
· 黑色长筒靴

全身的皮草大衣过于奢华，而皮草领的棉服就很常见。棉服的朴实气质被皮草领带动起来，又不会过激。这样的华丽刚刚好。

方案2：皮草马甲

· 皮草马甲
· 长筒靴

皮草马甲与皮草领有着同样的效果，那就是不会让你的周身萦绕着奢华气息，那样的气息太不自然。而简单的皮草小马甲除了能给你温暖柔软的触感，不同的颜色还能传达出不同的气质，比大面积地使用皮草精明多了。

小贴士

怎样保护皮草类的服饰

一般来说，皮草服饰宜保存在阴凉、干燥的环境中，不宜碰到水或受到阳光直晒，否则容易掉毛。这类衣服穿过之后，要先用适当的刷子顺着毛的方向刷一遍，这样可以避免皮屑、虫子藏匿。此外，当潮湿的雨季过后，要适当晒一晒皮草，晒时一定要将在皮草外面先覆一层布，这样能避免阳光直晒，晒毕后等皮草温度恢复到常温后再收藏起来。如果不慎被雨水淋湿，应将其挂在阴凉处自然风干，千万不能加热烘烤或是阳光下暴晒，也不可用吹风机吹干，否则会对其造成伤害。

棉服

棉服是指内充以棉花等物料，用来御寒的服饰。想要应对冬季的寒冷变化，时尚又实用的棉服是必不可少的。与各式棉服相搭配的穿着也会让女性每天都有不同的形象和心情。无论是街头感十足的光面短款棉服外套，还是简洁优雅的长款棉服，只要搭配得当，适当运用帽子、围巾等配饰，就能穿出属于你的流行风格。长棉服经常被认为是臃肿的代表，害怕显胖的女性都不穿棉服，觉得棉服土气又不漂亮。其实，棉服搭配得体，一样会显得高挑。

穿戴小方案

方案 1：束腰型棉服

- V 字领的针织背心
- 军绿色束腰型棉服
- 黑色的小腿裤
- 黑色的皮鞋
- 黄色针织帽

V字领的针织背心穿在里面，显出脸部的修长感，外搭的军绿色束腰型棉服，穿出了小细腰的感觉，宽大的下摆把下身包裹得非常好，黑色的小腿裤与皮鞋，让腿部的线条也变得更加修长，一顶黄色针织帽起到了点缀的作用。

方案 2：长款棉服

- 黑色长款棉服
- 浅紫色的荷叶领针织衫
- 牛仔裤

牛仔裤是每个女孩子的必备单品，而且非常容易搭配，浅紫色的针织衫显出女人温柔的感觉，荷叶领的设计显得颈部的线条更加修长，外搭一件带帽子的黑色长款棉服，整个臀部就被包裹在里面了。

羽绒服

提起羽绒服，就会有很多女性皱眉头。它的臃肿不堪的确让爱美人士避而远之，但寒冷的冬天的确少不了羽绒服。其实，羽绒服也有它精彩的一面，搭配得当也能光彩迸发。

事实上,冬天的穿着不宜“全副武装”。过于厚重的衣装并不能让你感觉更温暖，因为衣服只是起到隔离保暖的作用，本身并不能产热。如果穿衣过厚，会抑制体温调节机能的适应性，从而减弱御寒能力。另外，过紧的衣着也会因为对身体的过度压迫而影响健康。所以，如果你穿了羽绒服，里面就不用穿得太厚。

穿戴小方案

方案 1：亮色羽绒服

- 天蓝色短款羽绒服
- 明黄色中长款羽绒服
- 褐色短裙
- 白色七分靴裤
- 雪地靴
- 白色软靴

明亮的颜色容易显得膨胀，但就羽绒服而言，选择这些颜色却可以凸显活泼感。在穿衣颜色普遍灰暗的冬天，这样的颜色让人眼前一亮。下装的搭配当然不要过于死板，短裙或者七分裤配靴子，都显得层次鲜明。

方案 2：羽绒服配 T 恤

· 白色短款羽绒服　　· 黑色 T 恤

· 蓝色围巾

如果不需要长时间待在室外，羽绒服与 T 恤的搭配就足够了。短款的羽绒服有运动感，与 T 恤的休闲气质相映衬，这样的造型带给寒冷冬天一丝热力的动感。

方案 3：短款羽绒服配长款毛衣

· 红色羽绒服　　· 蓝白条纹长款毛衣

· 蓝色牛仔裤

长短搭在冬天一样流行，短款羽绒服与长款毛衣的亲密接触一样迸出精彩的火花。不过羽绒服不要选择下摆收缩的样式，否则在你拉上拉链时，紧扎的下摆就会让毛衣呈现出难看的勒痕。

裙子

旗袍

说起旗袍，我们总会想到它的一些标准特征：立领、盘扣、开衩，都有着浓郁的古典气息。而现代潮流并不能减弱旗袍的美，中国的女影星在众多星光闪烁的开幕式上都会以一袭旗袍来彰显让世界倾倒的中国美。

穿戴小方案

方案 1：旗袍配高跟鞋

· 黑色短旗袍　　· 黑色皮鞋

黑色镶红边的旗袍极富韵味，配上高跟鞋更显腿部修长。选择搭配旗袍的高跟鞋要尽量挑选与旗袍底色同色系的鞋，这样的整体感才会好，人们也就不会因为脚上的突兀而忽略你的完美身材。

方案 2：旗袍配平底布鞋

· 红色旗袍　　· 黑色绣花布鞋

旗袍除了配高跟鞋，配小巧可爱的绣花布鞋也是上上之选。不过这一搭配比较适合年纪较小的女孩，更显得活泼可爱。

小贴士

女性怎样选购旗袍

旗袍品种繁多，女性选购时应注意以下两点。首先，要根据穿用需要而定。如结婚旗袍应面料质地上乘而且色彩鲜艳夺目，充满喜庆色彩；迎宾赴宴旗袍面料应高级华贵，色彩柔和大方，外观稳重而高雅；便服旗袍可随心所欲，突出个性及体型美。其次，由于每个人身材不一样，而旗袍又是趋于紧身、抱合性强的服装，所以，购买旗袍必须准确地测量出自己的“三围”，须与旗袍的“三围”相适。然后，还要观领子、衣身、袖子的长短与肥瘦等。

裙裤

裙裤，一种现代服装，像裤子一样具有下裆，裤下口放宽，外观形似裙子，是裤子与裙子的一种结合体。它保留了裤子的优点，如便于骑车等，又具有裙子的飘逸浪漫和宽松舒适。一般均是指田径运动员或球类运动员所穿的短裤，大多在裤腰处装缝松紧带，裤脚口呈圆弧形，裤的侧缝下端开衩或嵌缝富有弹性的针编螺纹。裤料色调鲜艳，有时还缝有镶色的滚条等作装饰。现已成为女性在盛夏季节穿着的便裤，属于生活服装的组成部分。

穿戴小方案

方案1：拉长身体比例

- 纯度和亮度较高的裙裤
- 浅色上衣
- 高跟鞋

颜色纯度和亮度较高的裙裤一定要搭配浅色上衣，再穿上高跟鞋，即使九分长度也绝对拉长比例。

方案2：帅气中透露优雅气质

- 中性化的马甲
- 中性化的衬衣
- 裙裤

中性化的马甲、衬衣都是与裙裤容易搭配出彩的时髦之选，帅气之中不乏优雅气质。当然，如果你想搭配出狂野的性感味道，大可以适当展露你健康的肌肤。

长裙

波西米亚风的长裙也可以算大摆裙。这里所说的大摆裙，是秋冬季节最飘逸的使者，厚实面料的大摆裙让你帅气地向寒冷示威，它们的存在让你的冬季过得分外精彩。

穿戴小方案

方案1：大摆裙配呢子大衣

·褐色格子呢子衣 ·蕾丝边内衬的褐色大摆裙

大摆裙的不对称剪裁将蕾丝边的内部衬裙显出来，让整体的褐色系的暗沉基调上有了提升亮点的地方。层层叠叠的蕾丝花边又营造出浓厚的欧洲宫廷氛围。呢子衣本身的硬挺感觉在飘逸大摆裙的映衬下也变得温柔起来。

方案2：大摆裙配皮衣

·褐色白毛翻领皮衣 ·驼色大摆裙

·褐色长靴

牛仔女郎的帅气感在这样的装束中体现出来。翻领的皮衣在腰部做了收缩处理，使其呈现出一种发散感，大摆裙顺着这条曲线展开。靴子的出现很好地渲染了牛仔女郎的气质，这样的装扮是不是也透露出一点野性呢？

方案3：毛织长款大摆裙

·褐色不对称开襟外套 ·白色T恤

·褐色装饰皮带 ·白色毛织大摆裙

白色的毛织大摆裙与波西米亚长裙如出一辙，只是在质感上就显得厚重多了。上身又搭配白色T恤，中间的褐色装饰皮带显得尤为重要，它划出了腰际线，这种适当的隔断展现出一定的层次。而不对称的开襟外套，随意的风格与大摆裙的随性刚好。

短裙

短裙在夏季是非常受欢迎的，同时也是女性口中的最爱，男人喜欢欣赏的风景。短裙走的都是时尚性感的风格，所以要求穿短裙的朋友应该有比较高挑的身材以及比较性感的美腿，否则容易适得其反。

穿戴小方案

方案1：皮质短裙

·黑色皮质短裙 ·皮外套

短皮裙成了秋日的必备单品，既能保温还能酷感十足，而且还可以随心搭配，与皮外套搭配，无论你是想打造知性干练的气质，还是欧美潮范儿，黑色短皮裙都会助你一臂之力。

方案2：包臀短裙

·黑色包臀短裙　　·白色、深红色或灰色外套

包臀短裙可以说是职业女性的必备单品，有多种颜色选择，搭配方面可以黑色搭配白色、深红色，当然灰色系也是可以的，搭配白色显得比较淑女，搭配深红色显得比较有女性魅力，搭配灰色系显得比较活泼，各有所好。

套裙

套裙是服装名称，常又称作女性套裙、职业套裙、西装套裙。通常套裙是西装套裙的简称。套裙，可以分为两种基本类型：一种是用女式西装上衣和随便的一条裙子进行自由搭配组合成的随意型；一种是女式西装上衣和裙子成套设计、制作而成的成套型或标准型。套裙的上衣和裙子的长短是没有明确的规定。一般认为裙短不雅，裙长无神。最理想的裙长，是裙子的下摆恰好抵达小腿肚子最丰满的地方。套裙中的超短裙，裙长应以不短于膝盖以上15厘米为限。

穿戴小方案

方案1：搭配衬衫

·套裙　　·衬衫

色彩上要雅致而端庄，不失女性的妩媚。除了作为基本型的白色之外，其他各式各样的色彩，包括流行色在内，只要不是过于鲜艳，并且与同时所穿的套裙的色彩不相互排斥，均可作衬衫的色彩。不过，单色是最佳选择。

方案2：搭配衬裙

·套裙　　·衬裙

衬裙的色彩，宜为单色，如白色、肉色等，但必须使之与外面套裙的色彩相互协调。不允许出现二者之间外浅内深的情况。一般情况下，衬裙上不宜出现任何图案。衬裙的款式应特别关注线条简单、穿着合身、大小适度等三点。它既不能长于外穿的套裙，也不能过于肥大，而将外穿的套裙撑得变形。

小贴士

女性怎样选择适合自己的套裙款式

女性在选择套裙款式时，首先应考虑设计新颖、造型不俗、有现代感，还要结合自身的体型特征来选择。如一件大翻领套裙衫穿在身材较高、体型丰满的女士身上比较合适；而身材矮小瘦弱的就不适宜穿。一般来说，较胖的女性宜穿造型简练、宽松的套裙，瘦小的女性就不宜再穿紧身造型的服装，而应挑选结构较为复杂或有少许缀饰的裙装，以丰富视觉给人美感。

连衣裙

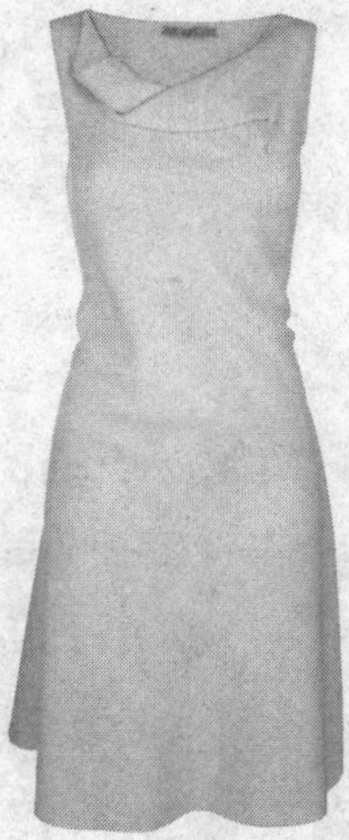

连衣裙改变了下裙与上装分开的样式，将上衣和各类裙子相连接，形成一种连体服装样式。连衣裙在各种款式造型中被誉为“款式皇后”，长袖、短袖，有领式的和无领式等各种式样，变化多端。虽然连衣裙在设计上有着这么多的变化，但是单件的连衣裙看起来是简洁明快的，没有细枝末节的牵绊，让穿着者显得清新雅致。

古典型的连衣裙，衣裙的连接基本在腰部，在这个部位收紧，并有从肩部到下摆的竖缝线，更加凸显腰部身材。也正是因为这个原因，一些腰比较粗的女性不敢轻易尝试连衣裙。不过现在的连衣裙设计更加多样，腰线设计开始拉高。所以，对腰身信心不够的话，不妨试试高腰线的连衣裙，可以拉长下身比例，达到一种收缩效果。另外现在还流行一种帐篷型的连衣裙，直接从上部就开始宽松，腰部不收紧，就好像长版的娃娃衫，很适合年轻女孩。

穿戴小方案

方案1：帐篷型的连衣裙

· 灰色印花连衣裙　　· 彩色项链、手环

身材纤长的女性很适合这种样式的连衣裙，而且可以选择泡泡袖或者灯笼袖的设计。搭配糖果色的配饰，可以衬托连衣裙的素雅，为整个造型增加亮点。

方案2：正装连衣裙

· 蓝色圆圈图案连衣裙　　· 蓝色高跟鞋

比较正装样式的连衣裙，腰部设计会很贴合腰身。这样的衣服本身就有很重的职业感，配上同色系的鞋就更显得端庄。不要再累赘地加上其他的配件，这样的造型对办公室女郎来说再合适不过。

方案3：波西米亚风的连衣裙

· 雪纺大花吊带连衣裙　　· 黑色镶边小马甲

· 高跟凉鞋

这是很波西米亚的装扮，透露着浓浓的民族风。连衣裙与鞋的颜色属于同一色系，整体就很和谐。吊带连衣裙配小马甲、针织小衫，以及镂空编织小衫都是很流行的装扮，既不会很暴露，又修饰了上身，拉长了下身比例。在小外套的选择上需要注意尽量选择短款的，否则会掩盖连衣裙的优点，又会让上下身比例失调。

一步裙

一步裙是非常有女人味的一款裙装。可是，一步裙除了办公室的职业女性在工作中穿着外，很少有人在生活中穿着。因为穿上一步裙行动真的非常不方便，局限性很大。

穿戴小方案

方案1：干练风范

· 红色收底一步裙　　· 白衬衫

· 黑色手袋　　· 米色高跟鞋

红色收底一步裙与白衬衫搭配尽显职业女性的干练风范，缎带系成蝴蝶结垂于腰侧显得可爱温婉。漆皮的黑色手袋结合了最流行的黑与红，米色高跟鞋让脚部显得更加纤细。

方案2：时尚感十足

· 军装一步裙　　· 白衬衫

军装一步裙，使整体时尚感觉提升，打破了白衬衣的朴素感，身材好的可以尝试看看。

小贴士

一步裙应该如何搭配衬衫

衬衫搭配合体的一步裙，是办公室女性最基本的装备，但是一步裙的基本款式不变，所以搭配十分重要。活泼的图案，使普通款式的裙子变得吸引人。但是迷你的款式不适合粗腿的女性。带荷叶边的衬衫活泼起来，加上长款的一步裙可以掩饰部分女性大腿粗的不足。

A字裙

A字裙，通常指的是像“A”字那样，腰围处小、下摆较大的半截裙，穿上显得人很阳光，太成熟的女性不适合。A型夸张下摆，修饰臀部线条。由于A型的外轮廓从直线变成斜线而增加了长度，进而达到高度上的夸张，是女装常用的款式，具有活泼、潇洒、充满青春活力的造型风格。

A字裙可谓胖瘦皆宜，A字的线条能让瘦的人看起来不至于那么瘦；胖的人则可以借助A字裙摆藏住肥胖的下半身，修饰曲线。无论哪种，它都能衬托出穿裙者优雅的品位。穿着A字裙，有这么几个要点：

（1）腿型腿长都完美。过人的身高加A字裙会让你出落得像一位气质高雅的公主。迷你A字短裙配上高筒靴绝对会让你像明星一样吸引眼球。

（2）腿型很直，没有伤疤，但有些偏短。

你可以选择露出一半膝盖的裙长，再搭配细跟露趾高跟鞋。记得要露出膝盖，因为那才是让腿显得很长的关键。膝上10厘米的高度最佳。

（3）对普普通通的你来说，及膝的长度是最好的选择，不管是搭配靴子、矮跟凉鞋、高跟鞋等，都再适合不过，也可以掩盖腿型不直、不美的小小缺憾。

穿戴小方案

方案1：阳光朝气

· 嫩黄色A字裙　· 白色蕾丝开衫

· 黑色手袋　· 米色高跟鞋

嫩黄色A字裙充满阳光朝气，纯净的白色蕾丝开衫包裹在A字裙外，混合了甜蜜和清爽的味道，露出随意感。

方案2：英伦学院气质

· 格纹褶皱A字裙　· 传统的小西服

风度翩翩的“苏格兰格子”，其质朴的简单素色格纹配合一些细腻的褶皱设计，含蓄的A摆看上去很淑女。搭配传统的小西服，充满英伦学院气质。

迷你裙

迷你裙就是超短裙。怎样称得上是“迷你”呢？裙边至少在膝盖上10厘米处。究竟是谁发明了迷你裙，直到今天仍是个争论不休的问题。不过这不是重点，重点是女性从长裙的束缚中解放出来。展露腿部的完美曲线是女性的权利和自由，就让迷你裙更短一些吧！

一般认为，个子较低的女性不适合穿迷你裙，但实际上迷你裙恰恰可以拉长下半身的比例。搭配一条亮色的腰带就可以提升腰线，再配一双高跟鞋，谁都不会说你矮。“超级辣妈”小S的扮靓秘诀就是“裙子短得不能再短”。这个身材娇小的明星就是利用超短迷你裙塑造完美身型的高手，让我们也来学学吧！

穿戴小方案

方案 1：迷你裙配 T 恤

· 白色纯棉 T 恤　　· 黑色牛仔迷你裙

· 黄色高跟凉鞋

棉 T 恤配牛仔是很经典的搭配，牛仔迷你裙自然也不例外。如果你觉得这样的打扮过于普通，就要借助细节来提升，造型夸张的手镯和鲜亮的高跟凉鞋成功地将原本普通的造型赋予了明星气质。腿部的线条在迷你裙的裸露和高跟鞋的帮衬下就完美地展现出来。

方案 2：迷你裙配打底裤

· 黑色雪纺小圆点迷你裙　　· 黑色紧身打底裤

在迷你裙下加打底裤是时下很流行的做法，很有日韩风情。而且这种搭配也会消除迷你裙“走光”的危险，让你的活动更加自如。

方案 3：迷你裙配衬衣

· 白色衬衣　　· 格纹布制迷你裙

· 小领带

迷你裙配上衬衣有校园风格，加上一条与裙子同色系的领带可以丰富上身的色彩，也让整个搭配更具整体感。这样的造型可以显出清纯的一面，但是如果配上夸张的烟熏妆就又有了“朋克女”的感觉。摇滚明星艾薇儿就喜欢这样的打扮，偶尔尝试一下这样的叛逆造型也未尝不可。

小贴士

女性穿迷你裙的注意事项

迷你裙是体现女子体型曲线、弧线的流畅和清新度的最佳时装，最能映衬少女的阴柔之美。但是，女性穿迷你裙也需要注意以下几点：

（1）迷你裙的适穿范围较窄，除了要求穿者的双腿要直外，腿的粗细也须适中，过粗或是过细者，穿迷你裙都会适得其反。

（2）迷你裙的色彩也应遵循一般的穿衣原则。

（3）迷你裙和与之配套的装饰如腰带及长筒丝袜都要谐调。

（4）女性穿迷你裙要注意保暖和走光。

牛仔裙

牛仔裙是诸多裙装中修饰最少、穿着最随意的服装。它不受年龄限制，只要身材适中，配上一双中跟皮鞋或休闲鞋便可以挺拔地站出来。牛仔裙正是当今“简单就是美”的时尚的最佳诠释。

牛仔裙的风格总的来说是洒脱、随意、纯朴、自然的，它不仅使女性拥有一种妩媚，在飘逸之中透着沉稳，而且还充分展示女性健康、坦荡的一面。不同年龄、不同身份的现代女性都能在牛仔裙中寻找到共同的语言，那共同的语言就是生命的活力和青春的洒脱。

穿戴小方案

方案1：可爱图案T恤+亮色彩袜

· 可爱图案T恤　　· 亮色彩袜

· 牛仔迷你裙

T恤与牛仔迷你裙的搭配简洁中透出女孩单纯的可爱，一件印有可爱花纹的T恤往往可以最大限度地增加着装可爱度。如果觉得过于简单，今年流行的亮色系彩袜往往可以帮你提升着装品位。

方案2：西装小外套+黑色丝袜

· 西装小外套　　· 黑色丝袜

· 牛仔裙

对于白领一族的女性，往往会为如何搭配牛仔裙而发愁，总担心穿上感觉过于休闲与随意。其实，只要搭配一双有女人味的高跟鞋，外加一件修身短款小西装，随意感顿时无影无踪。这时袜子就可以选择百搭的黑色，既端庄又不失俏皮。

方案3：宽松上装+平底鞋

· 宽松上装　　· 平底鞋

· 牛仔短裙

不爱高跟鞋、不喜欢束手束脚的紧身款式，这种类型的女孩子往往钟情于休闲风格。牛仔短裙可是打造休闲派的高手，重点在于选择一件宽松上装搭配一双舒适平底鞋，穿着舒适的同时，自然感应运而生。

蛋糕裙

蛋糕裙，也叫塔裙，裙体像蛋糕一样有层叠繁复的裙摆，通过每节裙片抽碎褶，产生波浪效果。裙摆能够遮盖住宽大的臀部，美化身体线条，露出双腿体现你的活泼甜美。现在越来越多的“蛋糕边”元素映入眼球，蓬松而甜美的“蛋糕边”不仅是小女生的必备，也适合年龄稍长的女性，可以起到减龄效果。

穿戴小方案

方案1：粉色蛋糕裙

· 粉色蛋糕裙　　· 白色打底衫

· 白色小西服

层叠的设计加上蕾丝与雪纺的轻柔材质，让原本就迷人的蛋糕裙变得魅力十足。超级百搭的单品不论是搭配白色打底衫以及白色小西服，打造绝美的白领时尚通勤装。

方案2：红色蛋糕裙

· 红色蛋糕裙

穿起红色蛋糕裙，层层叠叠，若隐若现，一身火热，一身神秘，高贵的公主就是需要蛋糕裙衬出甜美气质。

雪纺裙

雪纺裙采用涤纶或者真丝为原料，经左右加捻加工而成，织物结构使其质地、色彩效果好，以超薄型的特性赢得众多时尚女性的青睐。由于面料经纬疏朗，特别易于透气，再加染色中的减量处理充足而面料手感尤为柔软，是时髦女性所追求的时尚面料。成装上身，不仅飘逸迷人又庄重典雅，穿着倍感轻松，而且能平添洒脱的娇艳之美。无论是露出大片肌肤的性感剪裁还是知性简约的清凉款式，不必费心搭配，雪纺连衣裙总能让女人平添千般百媚与万种风情。

穿戴小方案

方案1：日系雪纺裙

· 日系雪纺裙　　· 清新田园感凉鞋

日系雪纺裙的造型甜美又清新，可爱的蕾丝花边与荷叶边设计让女人味强烈散发，碎花设计更是将清新田园感散发到极致。搭配带有田园感十足的凉鞋显得整体清新又靓丽。

方案2：长款的高腰雪纺裙

· 长款的高腰雪纺裙　　· 复古衬衫

· 平底鞋

长款的高腰雪纺裙搭配复古衬衫、平底鞋，不规则下摆的碎花雪纺裙搭配圆领棉质T恤，还有甜美浪漫雪纺小连衣裙都能很好地遮挡你身上的缺点，并且放大你的优点。

小贴士

如何挑选雪纺裙

女性在挑选雪纺裙时应该注意什么呢？主要有以下几点：

（1）注意花式、款式、颜色是否适合自己。

（2）根据自己的身高、胸围，挑选适合的规格，注意面料的轻柔感和悬垂感。

（3）选购时看缝工是否工整，线迹是否出现脱落、歪斜或崩裂现象。

（4）对着明亮的灯光下或阳光，仔细检查衣服上是否有污迹抽丝或跳线现象等现象。

背带裙

背带裤、背带裙这些伴我们走过童年的背带系列带来很多的纯真回忆，很多人都有浓厚的背带情结，在这个夏末再来同背带亲密接触吧。

背带的设计可以免去系腰带的烦琐，下装被两条肩带牢牢地牵制着，肩带绕过肩头与上装紧密地贴合，所以背带装是下装与上装联系最紧密的服装样式。也正是因为免除了腰带，所以背带装的腰部都比较宽松，如果你对自己的腰部不够自信，穿着背带装倒可以掩饰略粗的腰身。

另外，也有脱离下装的单独背带，你可以为自己的裤子或者裙子选择合适的背带，只要小小的一条带子，就能让旧装换新颜。

穿戴小方案

方案：背带裙配T恤

· 咖啡色背带短裙　　· 白色T恤

白色T恤显得比较单调，但是咖啡色的背带起到了装饰的作用。这也是背带的一大作用，各种式样简单的衬衣、毛衣在背带的映衬下都会变得更加活泼生动。

抹胸裙

抹胸裙是裹着胸部位置的裙装，因此也叫裹胸裙。抹胸裙其实是连衣裙的一种，能展现完美的肩背线条，还能让性感味道优雅完美地展现，让过分暴露的低俗感消失殆尽。抹胸裙是性感女性和优雅女性都爱的单品，提升的腰线还能让身材比例重新分割成3 ：7的黄金比例。

抹胸裙比吊带裙多了一份性感，如礼服般的裹胸设计，为你增添了许多潮流元素：可爱、性感、清凉、精致，还散发出浓浓的浪漫气息，是夏日里最受欢迎的裙子单品之一，不仅因为其靓丽舒适，更由于它的百搭实用。简单的一条抹胸裙就能穿出两种不同装扮，是时下绝对最经济、最智慧的投资。花点心思，立刻就能成为骨灰级的搭配达人。

穿戴小方案

方案1：运动款抹胸裙

·运动款抹胸裙　　·金属长链

运动款抹胸裙将性感和率真完美结合，鲜嫩的粉色分外诱人，打造蜜糖女孩般的可爱，腰间的字母增加活泼个性，让你不得不爱。金属长链能混搭出街头风的效果。

方案2：红黑抹胸裙

·红黑抹胸裙　　·金色长链

稳重的红黑抹胸裙沉稳、大方，加入金色长链顿时融入摩登气质，让胸部立体感更强，飘动的裙摆塑造动人风姿。

高腰裙

所谓的高腰裙就是裙子的腰部设计在肚脐以上，不在腰上。高腰裙可以很好地修饰腰部线条，是强调女性柔美特征的一种裙装，并且由于腰线整体向上提，有从视觉上拉长腿部比例的功效。

穿戴小方案

方案1：百褶高腰裙

·黑白经典搭配字母T恤　　·百褶高腰裙

·帆布鞋　　·太阳眼镜

强烈的色彩碰撞，视觉上层次的对比，高腰的搭配让你看上去更加苗条。

方案2：高腰小包裙

·头像T恤　　·高腰小包裙

·单肩包

童趣十足的头像T恤会让你看上去更加年轻，小包裙贴身设计也恰如其分地展现出女性的魅力。

蓬蓬裙

蓬蓬裙的俏皮可爱是每个天真纯情的小女生都无法抵挡的，而且由于它的特殊造型，即便是大风天也不会因为上扬的裙摆而走光，所以更是大受追捧。蓬蓬裙就是下摆收口而裙身呈灯笼状的蓬松样式裙装，这样的裙子基本以短裙为主，大部分蓬蓬裙的收口都在膝盖以上 10 厘米处。也正是因为蓬松的造型和较短的款式，蓬蓬裙对腿型的要求很高。因为蓬蓬裙本身已经有膨胀感，所以如果大腿过于粗壮最好不要选择。

另外，因为蓬蓬裙的式样已经很繁复，所以上衣可以搭配线条流畅、设计简单的贴身设计，比如无袖背心或简单的T恤。如果你的上装也选择过于复杂的设计，整个人看起来太过雕琢，反而有失自然亲切感。

穿戴小方案

方案 1：蓬蓬裙配 T 恤

· 米白色棉质长袖衫　　· 白底青色印花蓬蓬裙

蓬蓬裙搭配简单上装的原则在这里有所体现。基本上没有什么特殊设计的上装不会掩盖蓬蓬裙的风采。如果不喜欢单调的上装，你可以搭配一条简单的挂坠，长及胸前即可。

方案 2：蓬蓬连衣裙

· 白色纱质蓬蓬连衣裙　　· 银色的装饰皮带

蓬蓬裙本身就很吸引眼球，所以单件的蓬蓬连衣裙在你身上也就能把你的可爱俏皮都体现出来。可以在腰间加上一条银色的装饰皮带，让裙装的下摆更加蓬松。

小贴士

女性选择蓬蓬裙的注意事项

（1）比较丰满的女性，在材料的选择上不要太时髦，要根据自己的特点，注重一下材料的厚度和重量，最好放弃轻薄感强的，而选择垂感好、较厚的材料，以达到塑形的效果。

（2）在色彩方面，臀部、腿部比较丰满的女性，应尽量避免穿缎子类的散光材料制成的蓬蓬裙，可适当选择一些吸光的、亚光的材料制成的。丰满的女性在选择浅颜色蓬蓬裙时，应侧重选择色调明度中度偏低、色调偏灰一些的。

铅笔裙

铅笔裙又叫弹性窄裙，因为它像铅笔一样笔直而得名。这种紧紧包住下身的裙子，长度一般过膝，对于身材的要求极高。英国辣妹维多利亚就是铅笔裙的狂热粉丝，她经常穿着铅笔裙出席各种公开场合。维多利亚的纤长腿型与铅笔裙相得益彰，自身优点被极致地展现出来，难怪她那么钟爱。

衬衣、铅笔裙，再加上高跟鞋，是白领们的经典装扮，一起来看看吧。

穿戴小方案

方案 1：铅笔裙配衬衣

· 白色贵族领丝质衬衣　　· 黑白格呢子铅笔裙

衬衣配上铅笔裙的经典搭配不会出错，不过要穿出新意，就要从衬衣的款式入手。荷叶边的领子打造出较大的褶皱，形成欧洲中世纪贵族常用的领结方式。这样的造型配上修身铅笔裙，让你的贵族气息也浓厚起来。

方案 2：铅笔裙配针织衫

· 米色针织衫　　· 白色衬衣

· 黑色铅笔皮裙

皮质的铅笔裙最贴合身材，当然也只有在对自己的身材异常自信的情况下才敢选用。这样的铅笔裙显得野性十足，让你显得难以驯服。米色的针织衫刚好可以平衡过足的野性，让你的气息不那么锐利。

方案 3：铅笔裙配马甲

· 白色小马甲　　· 藏青色衬衣

· 白色铅笔裙

衬衣下摆经常被铅笔裙束住，这跟阔腿裤与衬衣的搭配一样。所以用马甲来穿出新意的方案，也是适合铅笔裙的。白色的马甲与白色的铅笔裙分别嵌入藏青色衬衣的两端，让身上的层次丰富起来。

公主裙

公主裙指的是裙子的腰收在胸以下，不是收在真正的腰的位置。这个和朝鲜族的传统服饰类似。但是毕竟是依照欧式宫廷女装礼裙演化而来，公主裙也是连衣裙的一种，只不过公主裙偏淑女偏可爱的风格。

公主裙是每个女孩梦寐以求的裙装，孩提时漂亮的公主裙是女孩最好的礼物，而长大后我们并没有抛弃这一份纯纯的美好，公主裙就像女孩的公主梦一样伴随着我们。而厚重的公主裙在现代简约的影响下更加适合年轻女性的生活，省去了层层叠叠的裙纱的累赘感，带给人们同样的轻松与浪漫。柔美的公主裙甜美纯真，穿上它或许能让女生在阳光明媚的夏日自由享受浪漫气息。

穿戴小方案

方案 1：吊带式的公主裙

· 吊带式的公主裙

吊带式的公主裙随意地穿在身上，更能感受惬意的下午茶时光，裙上缤纷绽放的花朵让女生感受夏天的无限魅力。

方案 2：蓬蓬式的公主裙

· 蓬蓬式的公主裙

蓬蓬式的公主裙勾勒出美好身段，高腰裙款式的设计也能展现出良好的气质，合适的长短很有灵气也不呆板。

裤子

热裤

短裤，也叫热裤，就是紧身超短裤，而“热裤”的名称应该来自它的英文Hot Pants。一个“热”（hot）字，让我们直接联想到热裤流行的季节，必然是骄阳似火的夏日。另外，热裤又带给人们火辣辣的视觉冲击。它将臀部的曲线完美呈现出来，散发出健康而令人遐想的热辣诱惑。也就无怪乎为什么热裤如此流行，热度十足。

热裤的材质不能太薄，一般会选用牛仔布或者皮革等。大腿比较粗，或者腿部呈O形、X形的女性不太适合穿热裤，因为它会将你的缺点暴露无遗。腿短的女性穿热裤记得要配一双高跟鞋，这样才能在视觉上拉伸腿部线条，让身材比例显得更匀称。

穿戴小方案

方案 1：热裤配 T 恤

· 蓝白条纹 T 恤　　· 深蓝色牛仔热裤

· 长丝巾、白色小礼帽

宽松的T恤有着很舒适的穿着感，很容易遮掩身体线条，让人看起来显得懒散拖沓。下面配上小巧的热裤，完美的腿形就可以展现出来，让你的穿着显得有张有弛。丝巾很随意地系在前胸，配上白色小礼帽，是不是很有“雅痞”味呢？

方案2：热裤配衬衣

· 蓝色牛仔热裤　　· 白色衬衣

· 黑色抹胸

热裤配衬衣，最好选择短款的衬衣，能够微微露出你的小蛮腰就更好。青春的气息溢于言表。皮带的选择略欠缺一些，配饰和皮带的颜色最好选择同色系。比如这里用了红色的珠链，最好用一条红色的皮带，这样整体上更和谐。

小贴士

热裤是女性夏季清凉修身的最佳选择

夏天要怎么穿才能清凉又修身？这是许多女性都在烦恼的问题。其实，完全可以选择热裤，搭配可爱背心或者抹胸上衣，这样不仅不用再担心热得汗流浃背，还能获得更高的回头率。如果有些女性朋友觉得自己的臀部线条不够优美，可以选择相对宽松些的牛仔热裤，配上靓丽的上衣或有型的背心马甲等，便可衬出醒目的轻便造型，还能散发春春气息。

五分裤

如果你平常穿合身的长裤长为100厘米的话，那么五分裤的长度为100厘米×0.5=50厘米，大约在膝盖部位。

无论搭配长靴还是高跟鞋、平底鞋都相得益彰的五分裤，恰好可以通过不同的搭配凸显你的窈窕身姿。而选择米色作为基本款，可以让你的上装以及外套搭配上游刃有余，让你的初夏花样繁多且气质不凡。

穿戴小方案

方案1：长款格子衬衫

· 长款格子衬衫　　· 五分裤

· 平底船鞋

长款的格子衬衫潇洒做派十足，而搭配五分裤和平底船鞋则让悠闲意味更加浓重，是假日闲暇时的精彩装扮。

方案2：吊带背心

· 吊带背心　　· 灯笼短袖针织开衫

· 五分裤　　· 坡跟鞋

带有娇美荷叶花边的吊带背心，外套颜色粉嫩的灯笼短袖针织开衫，凸显浪漫女人味，而及膝的五分裤与坡跟鞋的搭配则让身体线条拉长，展现出完美动人的身体比例，让约会中的你更显娇俏迷人。

七分裤

“七分裤”，顾名思义就是裤长七分，长及膝下。街上女子，十有八九都喜欢穿七分裤，美美的小腿，包七分露三分，有露有不露，倒也能展现个人美感。变换的长度、翻边、开衩、加上掺有莱卡的弹力棉、印花缎等面料让七分裤出落得分外可人，既不会像长裤那么死板，又不会像短裤那样过于活跃，适合年轻女性的需要：青春、活泼、可人。

七分裤搭配的关键在于以下几点：

1. 按腿型选裤型

臀低腿短的人切忌穿七分裤，否则暴露缺点，身材娇小的女性不要选过于宽松的样式，容易显得个矮。选择合身的七分裤才是明智的选择，贴身的设计更显秀气文雅。

2. 与上衣色彩和谐

七分裤很注重细节的变化，如刺绣、印花、蕾丝花边、亮而温暖的颜色……都被创意地使用在细节上，可多方应用。与今夏的流行时尚元素搭配时，七分裤与上衣一定要注意色彩的和谐，以免给人上下脱节的感觉。

3. 细带凉鞋最优雅

最能穿出女人味的还是缠带式凉鞋，优雅细致的设计与七分裤空出的小腿线条珠联璧合，最时尚的装束就是搭配一双缠带鱼嘴鞋。

4. 在腰上做文章

现今最为受宠的七分裤是直筒和收臀宽版的裤型，不论哪种裤型，在腰上做些文章有剑走偏锋的优势，当然布绳或尼龙绳腰带略显过时，系一根今年流行的白色宽腰带，马上就有不同风情。

剪裁很合身的七分直筒裤，足下富有民族风情的绣花鞋穿出了别样的风味，最佳的搭配是长 T 恤与短针织外套的上衣，使得上身延续到腿部的线条都十分自然，有种说不出的舒适感。

九分裤

关于九分裤的定义，流传着两种不同的说法。第一种是指裤子的长度按照人正常裤子长度的九分长做出来的。第二种是指裤子穿在你身上之后的长度。穿到脚踝的，就称为九分裤。

九分裤的材质和体育训练生穿的训练裤差不多。只是弹力九分裤的纤维含量高些，体训生穿的训练裤含棉量更高，出汗的时候舒服点。腿长且直的人穿九分裤好看，可以搭配帆布鞋。如果是牛仔九分裤，细高跟鞋也是非常搭配的。

简单地说，九分裤是长裤的一种，但是它不同于普通长裤，比起长裤的差别就是，它的长度不超过脚踝。

一般来说，黑色九分裤有以下一些搭配要领：

（1）黑色九分裤配黑色 T 恤，外加红色短风衣。红黑对比强烈，流行元素是上身超级短的小风衣。

（2）透明纱衣与背心的内外搭配，黑色九分裤干练精致。

（3）一件橘红的毛线衣配一条黑色九分裤，显得亮丽而又活泼。

（4）穿上白色衬衣，黑色九分裤踏上黑色厚底鞋。

（5）上身是红色底荷叶领的小碎花棉布短袖，下身是黑色九分牛仔裤，裤脚边缘各有一条浅烟灰色的带子，正中分了 5 厘米的岔口。

（6）有点民族风情的粗线针织长衫，可以配上一双性感的黑色九分袜裤，绝对出彩。

（7）泡泡长衣过臀，白色宽腰带束腰，配黑色九分裤，干练大气。

小贴士

女性如何搭配配紧身九分裤

紧身九分裤是多年来一直不很流行的铅笔裤的改版，也是平时最常见的九分裤款式，紧身剪裁可以将女性腿部线条一一呈现，所以对于身材自信满满的女人一定不要错过。搭配紧身九分裤，最重要的是选对鞋子和袜子，及踝短靴和凉鞋都是它的最佳搭档。

（1）平底系带皮鞋搭配九分裤、简约的白衬衫，颇有点中性的帅气。

（2）适当选择高腰的紧身九分裤，可以借助其高腰剪裁弥补视觉上的落差，从而显得女性的腿更长。

（3）选择黑色九分裤套装，视觉上可以更具连贯感，再搭配白衬衫和白色短靴提亮整体造型。

连身裤

连身裤因为好穿易搭，穿着舒适时髦，完美勾勒曲线，又凸显高挑身材，逐渐成为女孩扮靓，女星出席典礼派对的经典单品。连身长裤充满中性性感味道，星味十足，连身短裤俏皮时尚，共同在这个夏日绽放百种风情。

连身裤穿上去可以凸显女人高挑的身材，加上女人特有的味道，可以穿出女人独有的帅气；连身裤既可当睡衣穿，也可以当作户外单穿，简约而大方，穿起来非常惬意舒适；经典的图案，清新淡雅的颜色，时尚独特的连体设计，无时无刻不打动你的心，让你有马上想要拥有它的冲动。

紧身裤

紧身裤，又称内搭裤，是从腰部到脚的紧身长裤。由于它的穿着方式类似裤袜，因此又称内搭袜、无底袜。在20世纪80年代初期，妇女时兴穿紧身裤做健身和有氧运动。2005年开始，时尚趋势是穿迷你裙配黑紧身裤。紧身裤也有人称“内搭袜”，类型属于裤袜，是无法包覆脚掌的袜子，穿着时袜口大致介于膝盖至脚踝间，通常为女性、舞蹈人员所穿。同裤袜一样，质料很多，有棉质、尼龙、羊毛混纺等。

因为紧身裤能够衬托出人体曲线，尤其是紧身裤能够勾勒出下半身的曲线，让自己的腰臀显得更加完美，使双腿显得修长，所以深得女性喜爱，但是如果穿着不当就会暴露出自己的缺点。

对于可以当作裤子穿的紧身裤来说，因为整个臀部都露在外面，所以一定要注意内裤的选择，可以选择一些平角底裤或无痕轻薄底裤，千万不要让臀部有明显的线条出现。否则会让你的优雅造型一败涂地。

对于裤袜类的紧身裤来说，千万不要把臀部露在外面，而要用上衣把臀部遮住。不然，高弹性的裤袜会把你的身体暴露无遗，实在很不雅观。

腿部较粗的女性，不要选择彩色印花的紧身裤，因为彩色印花在视觉上会让人感觉腿部更粗。不过，对于腿部较细的女性来说，彩色印花的紧身裤倒是一款不错的选择。透明度较高的紧身裤，尽量不要穿，因为别人很可能会把这样打扮的你说成暴露狂。

小贴士

女性常穿紧身裤易伤害私处

因为紧身裤与身体紧密接触，所以容易蓄养大量的病菌。人体中有大量的共生菌，当然也有不少致病菌，如大肠杆菌、霉菌、厌氧菌等组成的菌群，在正常的环境下，它们可以处于一种平衡的状态。其中有的厌氧菌类喜欢在封闭、阴暗和湿润的环境下繁殖。平时女性穿紧身裤、裤袜等一穿就是一天，再加上不常运动，在长时间的紧紧包裹之下，私处就会滋生很多病菌，从而引起炎症。

休闲裤

休闲裤，顾名思义就是穿起来显得比较休闲随意的裤子。广义的休闲裤，包含一切非正式商务、政务、公务场合穿着的裤子。现实生活中主要是指以西裤为模板，在面料、板型方面比西裤随意和舒适，颜色更加丰富多彩的裤子。

休闲裤每种款式搭配起来风格迥异：

（1）小脚铅笔裤设计，具有提臀修身的作用。不管是穿上高跟鞋还是搭配靴子，都能让你的身材显得高挑颀长，紧身的设计、低调而张扬的色调，都能让你显得与众不同。

（2）复古的怀旧处理是这一季最热话题，简洁的裤边休闲大方，对于纤细高挑的你而言再合适不过。在寒冷的冬季只要再穿上酷酷的西装外套和高跟鞋，走在街头的你一样可以魅力无限。

（3）选择一款贴身舒适的休闲裤搭配正装，让你享受舒适又能展现干练的感觉，黑白搭是职场上必备的，沉稳中透着知性魅力，如果觉得单调可以配条围巾，让你看起来时尚许多。

牛仔裤

牛仔系列一直受到大多数人的喜爱和追捧。无论是牛仔短裙、瘦腿牛仔裤、背带牛仔裤，还是牛仔背心，总能在你的衣橱里占据一席之地。牛仔的轻便、舒适、大方让它成为永不褪色的经典。

牛仔系列中最受追捧的当属牛仔裤。牛仔裤的代表性款式大致可分以下几种：曾在20世纪七八十年代风靡一时的大喇叭裤管型，膝盖以下的裤管像喇叭一样展开，很有嬉皮风；比较常见的小喇叭裤管型，裤管稍大，方便高帮鞋的穿着；还有最基本的直筒形以及近段时间流行的窄裤管牛仔裤。

牛仔裤的面料比较硬挺，而且显得厚重，会令双腿显得粗重。所以如果腿部较粗，在选择时就应该穿着直筒或者裤管比较宽松的牛仔裤。

穿戴小方案

方案1：牛仔裤配T恤

- 深蓝色T恤
- 蓝色直筒牛仔裤
- 褐色高跟凉鞋

牛仔裤配T恤是最为安全的搭配，虽然没有什么新意，但也绝对不会让人生厌。关键在细节的搭配上，比如鞋子。选择运动鞋就是最普通的学生形象，而搭配一双高跟鞋，就穿出了性感女人味。

方案2：低腰牛仔裤配高腰衫

- 蓝色高腰毛衣
- 低腰牛仔裤

选择这种搭配要对自己的腰身有绝对的信心。低腰牛仔裤很受欢迎，但它也很容易暴露体型的缺点，配上高腰衫，你的腰间就一览无余。如果你有曲线完美的腰线和臀线，这样的做法就将其完美展现，否则腰部的赘肉也就遮挡不住了。

铅笔裤

铅笔裤是一种很奇妙的裤装设计，因为剪裁超低腰，所以比例一般的人穿起铅笔裤，看起来腿都不是太长，但重点就在这。穿铅笔裤不是为了让腿看起来特长特瘦，而是为了穿出一种难以言喻的韵味。

铅笔裤搭配有下列几点基本原则：

（1）靴子始终都是铅笔裤的最佳拍档，所以秋冬时节还是为你的铅笔裤找适合的靴子伙伴吧。

（2）下垂的毛衣和铅笔裤的搭配是再好不过的，整体都呈现出流线型，百看不厌。

（3）搭配毛衣开衫，再提一个办公包，这样的装扮在办公室也是亮眼的首选。

（4）长大衣的宽松和铅笔裤的修长能够形成鲜明的对比。

（5）铅笔裤再搭配酷酷的装扮，时尚达人非你莫属。

（6）找一件白色 T 恤，与黑色铅笔裤搭配很好看，还能形成鲜明对比，加强腿部收缩感。

（7）一件短款冬衣、一双高跟靴、一条铅笔裤的搭配方式，能无形间拉升腿部线条。

阔腿裤

阔腿长裤整体比较宽松，而且从大腿往下逐渐呈喇叭状散开，既有裙子的妩媚，又有裤子的风采，没什么比阔脚裤更时髦优雅了。款式大方和气质优雅是女人选择服饰的重要标准，所以阔腿裤就成了办公室白领一直以来的最爱，它把女人的优雅和温柔、帅气和知性完美结合，让你成为办公室内外的美丽风景。

材质充满垂坠感的阔腿裤，职业化的意味已经很浓厚，所以你可以不用选择过于职业化的上衣。另外，阔腿裤还是臀部太过丰满的女性的救星，你的丰满臀型能让裤子充满曲线感，更加有型。

穿戴小方案

方案 1：阔腿裤配针织衫

· 白色短款针织衫　　· 白色阔腿裤

这一整套纯白的装扮相当抢眼。宽松的阔腿裤配上紧身的上衣是最好的，会让整个造型显得松紧有致。短款的白色针织衫拉出较高的腰线，下面配上净色的阔腿长裤，让整个人显得更加高挑。

方案2：阔腿裤配衬衣

· 长款亚麻衬衣 · 黑色阔腿裤

· 褐色皮带

衬衣扎进阔腿裤里，再配上一条宽宽的装饰皮带也很好看。不过这里选择了露出衬衣下摆的方案，如果不加上一条小皮带就显得有些懒散。小皮带在质感上要厚重，与整套服装的颜色也很相衬。

小贴士

粗腿女性应该怎么搭配阔腿裤

很多女性总是为自己的腿不够细而烦恼。其实，每个人都是会有缺陷的，腿粗的女性可以适当选择阔腿裤，能够掩饰不足，还能秀出别样风采。具体来说，腿粗的女性选择阔腿裤时，可以参考以下几点：

（1）颜色纯度和亮度较高的宽腿裤一定要搭配浅色上衣，再穿上高跟鞋，即使九分长度也绝对拉长比例。

（2）中性化的马甲、衬衣都是与宽腿裤最容易搭配出彩的时髦之选，帅气之中不乏优雅气质。

（3）如果想搭配出狂野的性感味道，大可以适当展露你健康的肌肤，上身穿着露脐装，搭配宽腿裤也不会头轻脚重。

（4）紧身的短款小西装和宽腿裤的搭配也很经典，可以缩短女性的上身比例，令整体修长高挑。

哈伦裤

哈伦裤，来自保守的穆斯林妇女服装。哈伦裤经过时尚品牌设计师的妙手出现在T台上，立即受到了广大女性的喜爱。

穿戴小方案

方案1：哈伦裤配丝质上衣

· 黑色哈伦裤 · 咖啡色透明丝质上衣

若隐若现的咖啡色上衣搭配黑色哈伦裤的确让你拥有不凡的气质，只不过这类穿法比较适合年轻女性，因为她们才敢大胆地穿此类透明丝质上衣。看来只要你敢搭，那么时尚主流绝对由你主宰。

方案 2：哈伦裤配衬衣

· 蓝色哈伦裤　　· 衬衣

· 黑色小手包

哈伦裤的搭配如果选用衬衫来做绿叶的话，那么哈伦裤给你带来的时尚分绝对大增。女孩们选择衬衣搭配哈伦裤，首先就会让你有一种时尚且成熟的形象，不但能让你在职场中给上司带来极佳的印象分之外，更能让你显示出知性女性的魅力。最后搭配一个小巧的黑色小手包，就可以得最佳搭配奖了。

方案 3：哈伦裤配棉质夹克外套

· 卡其色哈伦裤　　· 棉质蓝色夹克外套

这套搭配也是当今最为主流的搭配方式。选择卡其色哈伦裤让你比起黑色哈伦裤可以选择的搭配色彩及款式更多。既然选择卡其色哈伦裤为主料，那么辅料一定都要以淡色系为主，不可选择深色系的上衣以及鞋子。这样能整体让你显得非常年轻时尚而且充满活力。里面可以选择 T 恤，然后可以随意搭配一件夹克衫或者披肩。

方案 4：哈伦裤配外套

· 黑色哈伦裤　　· 白色网格外套

· T 恤

白色网格外套搭配上黑色哈伦裤，这种经典黑白式的搭配让你显出高贵成熟感之余，更有种干练知性的味道。这样搭配的关键其实就在于网格外套里的小 T 恤，虽然不起眼，但是这确实是显出你完美时尚的重要因素。小 T 恤搭配一件网格外套，绝对让你引人注目。

方案 5：哈伦裤配短袖 T 恤

· 红色哈伦裤　　· 短袖 T 恤

· 黑色手提它　　· 鱼头鞋

这样的搭配显得十分活泼可爱，给人的第一印象就是你是个阳光可爱的少女。再加上一个黑色手提包与鱼头鞋，可以说搭配得天衣无缝，非常适合逛街、娱乐之时穿着。但是不建议在正式场合或者上班时穿，那有点过于随便了。

低腰裤

低腰裤是指裤腰在肚脐以下，以胯骨为基线，充分展示人的腰身。低腰裤的标准腰线应是位于女性肚脐上 3 根手指宽度的位置。广泛而言，只要是在腰线以下者，都可称为低腰裤。

1. 穿低腰裤的注意事项

（1）最好不要有小肚腩，穿露脐低腰装只适合小蛮腰穿。

（2）最好不要有脐毛。

（3）最好不要在低腰裤里穿大花裤衩和蕾丝内裤，要穿配合低腰裤的低腰内裤。

（4）低腰裤是露到肚脐之下 4 厘米，而不是更多。

2. 低腰裤的选择

（1）选购低腰裤时，臀部线条饱满者较容易达到满意效果。如果臀部曲线不尽理想，可选择裤裆前低后高（约相差 5 厘米）的低腰裤。如此一来，不仅可以包覆臀部使之托高，更可避免因裤裆前后高度一致，使得后裆容易翻起，或蹲下后容易露出小内裤的顾忌。

（2）要注意裤筒的形状。东方女性身材上有大腿普遍偏粗、臀围偏大而下垂的限制，因而在选择牛仔裤时，最好先量臀围及大腿围（而非腰围），才能准确地选出适合自己的牛仔裤。裤筒形状大小的选择也会较容易。直筒裤型是包容性高且最不易出错的选择，所谓直筒裤即从臀部最高点到裤脚都是同一个口径，无论什么体型，只要不太离谱，基本上都适合。

（3）要注意裤子的颜色、尺码是否完好无损。牛仔裤的尺码标准不一样，只有亲自试过才知道是否适合自己。深色的牛仔裤要比浅色的牛仔裤显得瘦一些。这些都确定好之后，再看看扣子、拉链是否完好，有没有开线的地方。如果一切完好，那就带着你心爱的裤子尽情搭配吧。

高腰裤

高腰裤总给人们一种强势女人的形象，极致的高腰设计，贴合腰臀设计的裤型突出女性曼妙的 S 曲线，宽松夸张的裤腿弱化不完美的腿部线条，是掩盖粗腿和赘肉的最佳选择，身材比例也随之变得纤长。

1. 反光绒质地高腰裤

如果给每种类型的裤子都加上一个代名词，用“霸气”来形容高腰裤再合适不过。反光绒质地高腰裤因为面料的特殊性会使服装更加抢眼也更加具有时装感。如此霸气的裤装虽然较难驾驭，但一旦驾驭成功便会形成势不可当的女强人气场。

2. 直筒风格高腰裤

将脚面盖住的长裤能在视觉上拉长双腿，如果再加上高腰设计，那真是将双腿伸展到极限。

3. 紧身高腰裤

紧身裤是女裤中常见的款式，尤其是秋冬，一件大衣搭配紧身长裤及靴子，绝对时髦，但高腰的紧身裤还是具有一定挑战性的。首先搭配高腰裤的上衣必须是短款才能体现高腰裤的优势，这就要求穿着者的臀部、胯部以及双腿都要到可圈可点的地步才足以撑起来，否则不仅不会加分，反而会让更多的缺点暴露在外，得不偿失。

内衣

睡衣

睡衣一直被当作家居服饰，穿着它让人身心放松，而且如果有人穿着睡衣在大街上晃，人们会觉得这个人不懂穿衣礼仪。

选择真丝睡衣时，可采用以下两种方法：

1. 手感目测法

（1）真丝绸光泽柔和、轻盈柔软，有垂坠感。而化学纤维织物光泽不柔和，明亮刺眼。

（2）蚕丝纤维纤细而长，棉纤维短，羊毛有卷曲。化学纤维整齐度好。

（3）蚕丝手感柔软，贴近皮肤滑爽舒适，放置会有褶皱，故有“不皱不真丝”的说法。

2. 燃烧法

（1）蚕丝在燃烧时有烧羽毛味，难以续燃，会自熄。灰烬易碎、脆、蓬松、黑色。

（2）人造丝（粘胶纤维）燃烧时有烧纸夹杂化学味，续燃极快。灰烬除无光者外均无灰，间有少量灰黑色灰。

（3）棉纶、涤纶燃烧时有极弱的甜味，不直接续燃或续燃慢，灰烬硬圆，成珠状。

（4）棉和麻都有烧纸的味，灰烬柔软，黑灰色。

（5）羊毛燃烧时和蚕丝差不多。目测即可看出二者不同。

小贴士

真丝睡衣怎样洗涤

真丝服饰属蛋白性娇嫩保健纤维织造而成，洗涤不宜在粗糙物品揉擦和用洗衣机洗涤，应将衣物浸入冷清水中5~10分钟，用专用真丝洗涤剂合成低泡洗衣粉或中性肥皂轻揉轻搓，涂色真丝服饰在清水中反复漂洗即可。洗涤后不宜日晒，更不宜用干燥机热烘，一般应放在阴凉通风处晾干。因为太阳中的紫外线容易使真丝织物泛黄、褪色、老化。所以，真丝睡衣洗涤后不宜绞扭去水，应轻轻抖开，反面向外摊晾，晾至七成干再熨烫或抖平。

文胸

文胸即胸罩，是保护乳房、美化乳房的女性物品，它一般由系扣、肩带、调节扣环、胸罩下部的金属丝、填塞物等组成。

其实，戴胸罩不仅仅是为了美，更主要的是，戴胸罩有以下五大好处：

（1）胸罩能起到支持和扶托乳房的作用，有利于乳房的血液循环。对产妇来讲，不仅能使乳汁量增多，而且还可避免乳汁郁积而得乳腺炎。

（2）胸罩能保护乳头免受擦伤和碰撞。

（3）保护乳房，避免下垂。

（4）减轻乳房在运动和奔跑时的震动。

（5）冬天可防止寒风钻入肌肤而受凉。

由此可见，戴胸罩的好处甚多，并非仅仅是为了体形美。每位女性从青春发育期乳房基本定型时开始，除了在床上睡觉时不戴，应该养成每天戴胸罩的习惯，无论春夏秋冬，还是产后哺乳，都要坚持戴。这样不但有助于健美，而且还有利于健康和乳房的保养。但是，选择胸罩的大小尺寸，要与胸围相符，这样戴上后才会感到舒适。胸罩太大，起不到支托乳房的作用；太小则会压迫乳房，既感到不舒服，又会妨碍乳房发育。

1. 怎样选择文胸的颜色

内衣世界一向以白色、肉色和粉色为主流，而现在越来越多的鲜艳色彩也开始在内衣上炫耀。明亮的柠檬黄、清爽的天际蓝、魅惑的葡萄紫都是深受女性喜爱的颜色。事实上，艳色文胸的确很有吸引力，但不是所有人都适合的。这些夺目的色彩是一种扩张性的色觉刺激，人本身就容易被它的光彩压下，成为配角。所以身材比较娇弱，胸部较小的女性可不要轻易尝试艳色文胸。

2. 避免文胸肩带滑落

文胸肩带突然从袖口落下，真是令人尴尬不已。所以挑内衣，也别忘了挑肩带。如果你的肩膀比较单薄，锁骨明显，可以选择肩带略靠外侧设计的文胸，带宽可以略窄一些。如果你的肩部肌肉较厚，选择宽带，肩带位置靠里的文胸比较合适。而斜肩的女性则可以选择背部 U 形设计的肩带，这种设计比垂直型肩带稳妥，不易滑落。

调整型内衣

调整型内衣是根据医学、美学、脂肪学、人体工学和专业内衣设计所研发出来的一种新型内衣。经过精密的计算和设计，它能够维护、调整身体，集中、固定脂肪，并且扶正脊柱、矫正体态，和一般内衣的不同之处在于一般内衣只是穿出你原本的身材，而调整型内衣可替身材不理想的人做修饰，并使身材理想的人继续保持美好的身段。

1. 调整型内衣的类型

调整型内衣又名重机能内衣，是通过赘肉移位的原理来创造优美的体态，分为以下几种：

（1）调整型文胸：用来修饰胸部曲线，防止乳房外扩、下垂，使胸部丰挺，呈现迷人乳沟。

（2）束腰：束腰可拉高腰部位置，控制胃、腹部脂肪的囤积，制造出优美的腰部曲线。

（3）束裤：用来抬高并制造出浑圆的臀形，同时可抑制腹部突出，长型束裤还能收紧大腿赘肉，修饰臀部及大腿的曲线。

（4）胸腰腹三合一内衣：这种内衣可同时调整胸部、腰部和腹部的曲线，穿起来稳定性好，不易松动。

（5）连体内衣：从胸部到臀部连身包起，除雕塑各部位曲线外还可防止驼背，矫正姿势。

2. 如何选购调整型内衣

（1）量体裁衣。作为消费者的你应要先了解自己身材的优缺点，然后针对自己的需求去选择适合的产品。另外，每一种内衣都有其不同的特性和功能，不适合的裁剪、不正确的尺码、不恰当的穿着方法等，都会在无形中破坏你的身材。

（2）选择舒适度较高的产品。在购买调整型内衣时，要从它的材质、剪裁等多方面进行选择。材质方面，太空纤维、莱卡纤维等代表了它们不同的舒适性，不过，在购买时要注意它的弹性，有的调整型内衣只有180度，也就是左右的弹性，却没有上下的弹性，有的却是360度，上下左右都会伸缩自如，由于肌肉的运动力以上下较大，如果调整型内衣只有左右的弹力，穿起来便会较不自在。

（3）亲自了解和试穿。由于调整型内衣较为贴身，也有塑型的功能，每天必需长时间穿着，所以，是否透气、吸汗也很重要。而剪裁方面，就只有试穿才能发现是不是适合自己。所以，在购买时一定要亲自到正规的专卖店试穿和了解产品。

保暖内衣

保暖内衣的神奇功效就在于它可以为冬装“减压”。相对较薄的保暖内衣就可以为你守住温度，所以你也就不用层层叠叠地穿上许多衣物来保暖了。寒冬里能在维持温度的基础上，避免臃肿的穿着，保持你的灵动气息就是最基本的冬季穿衣法则。而保暖内衣就是这个法则的最佳执行者，它能从内在给你深度的关怀。

保暖内衣深居在内，在选择时最重要的就是看它的保暖性和贴身性。最好选择比较贴身但是又不过于紧窄的内衣，以免你的肌肤无法自由呼吸。现在保暖内衣的设计也越发注重观赏性，比如表层设计就突破了以往单色的沉闷，而以简洁鲜明的花卉图案取而代之，也有一些图案更丰富的保暖内衣，让你的选择不再单一。

如何选择好的保暖内衣

（1）看面料。目前市场上的保暖内衣使用的面料有40支全棉、32支全棉、涤棉、纯化纤等，其中以内外表层均使用40支以上全棉的产品为优，其柔软性、细洁度、透气性、光泽度均较好，而且洗涤后不会起球起毛，长期穿着也不会有衣物断丝、抽丝的现象。所以选购前，看看内衣上的标牌。

（2）听声音。老式保暖内衣是用在保暖内衬中加一层超薄热熔膜的方式来增强抗风能力，但这种产品穿着时容易发出沙沙声，且透气性受影响，会有燥热感，易起静电。新一代保暖内衣产品，使用新材料、新工艺取代了热熔膜，基本上克服了上述缺点。选购时只需轻轻抖动或用手轻搓，听一下是否有沙沙声即可判别。

（3）试手感。优质内衣在中间保温层使用超细纤维织造，成衣既柔软舒适又有良好的保暖性能。用手揉捏时，手感柔顺且无异物感。中间体的梳理、复合工艺也较先进，成衣表层和中间体的一体感强，穿着性能也更好。

（4）选品牌。消费者选购保暖内衣应注重选购实力雄厚、品牌卓越、信誉卓著的企业的产品，以确保购买后无后顾之忧。

小贴士

保暖内衣洗涤注意事项

保暖内衣不同于普通的棉质内衣，如果洗涤不当，不仅会损伤里面的纤维，还会大大缩短其穿着寿命。下面给女性朋友们具体介绍一下保暖内衣洗涤的几点注意事项：

（1）保暖内衣不可干洗，最理想的方法是轻柔机洗或手洗。

（2）保暖内衣清洗时，水温不超过 40℃，最好控制在 30℃左右。

（3）需选用中性洗涤剂，不可用含有增白剂的洗涤皂或洗涤剂。

（4）洗涤剂要适量，过多的洗涤剂会给面料带来负担，从而影响内衣质地。

C 字裤

C 字裤是一种隐形内裤，其实是丁字裤的改革体，而且异常节省布料，连腰上的部分都省了，直接一片像 C 字形状的布料贴在下面护住私处，故而名叫 C 字裤。从唯美角度看，C 字裤的确性感无比，小小的布料让追求时髦的女性们性感更性感。

虽然 C 字裤看起来很容易掉，而事实上是经过人体力学设计的，美女们只需要花一点点力气就可以保证它不掉下来，前提就是走路要挺胸、收腹、提臀，很有美体的功能。只不过，不排除太累一时松懈掉下来的可能。

1.C 字裤的危害

C 字裤，是一种能够充分展示女性魅力的时髦装束，特别受许多年轻女性的青睐。但由于 C 字裤特殊造型设计，尤其是下部窄带，很容易与女性会阴等娇嫩处的皮肤发生摩擦，引发局部皮肤充血、红肿、破损、溃疡、感染等症状，从而诱发阴道炎等妇科疾病，还会压迫肛门周围血管，增加痔疮的发病率。

2. 怎样穿 C 字裤才健康

穿着 C 字裤时要注意穿着的时间搭配。尽量不要长期穿着 C 字裤，如果必须穿着时，回家应及时换上棉质、宽松的内裤，使局部能够充分休息，保证血液正常循环。其次，注意衣着搭配。穿 C 字裤时最好穿着相对宽松的外裤，不要穿同样紧绷的牛仔裤之类的服装。还要注意勤换衣裤。年轻女性要对所穿 C 字裤每天更换，尽量减少病菌的滋生。穿着时机也很重要，如果局部有病症或经期、经前两周的排卵期，都要避免穿着。

丁字裤

丁字裤，又称T形裤或三角裤、G弦裤，因为形似“丁”字而得名，是由于秀台上轻薄贴身服饰的盛行，由模特开始带动的。随着夏季的到来，身穿轻薄衣饰的时间增多，去掉尴尬痕迹的心理使更多女孩选择了丁字裤。现在的丁字裤不再只是为了去掉尴尬，更多地成为一种性感的装饰。

1. 如何选购丁字裤

选择丁字裤时，穿着舒适度是第一位的，因而在款式之外更应该注意裤裆位置与个人体型的吻合，加上无痕内衣卷起的流行风潮，采用纯棉透气材质或超细纤维材质的素面丁字裤，搭配隐藏式车边设计，成为穿着合身服饰时的最佳搭配。此外，健康紧绷的臀形是穿着丁字裤显露美感的保证，因而若是臀部有下垂情况，则不建议穿。

如果是初次尝试丁字裤，不妨先从大丁字裤开始，也就是选丁字部位较宽的。若是为搭配服装需要，可选择裤裆仅1.5~2厘米宽的小丁字裤，更符合无痕要求。至于有些丁字裤后面仅有一条细带，那多是对无痕效果要求很高，或模特为舞台需要所穿着。

2. 穿丁字裤的注意事项

（1）丁字裤不宜每天穿着。尤其是在天气湿热的夏天，容易感染妇科疾病。

（2）选用纯棉质地和透气性好的面料，不要同时配穿过于紧绷的牛仔裤。

（3）丁字裤要每天更换，睡觉时应换下。第一次穿丁字裤会有不舒适的感觉，但穿着几次就会习惯。一周内需要有两天穿三角裤或者平角裤。

棉内裤

女性穿的内裤不宜过小或太紧，也不能用化纤织品做内裤，内裤的面料应以吸湿性、透气性均好的棉、麻织品为佳。要注意个人卫生，勤洗澡，勤换内裤，大便后手纸应由前向后抹拭，以免污染尿道。如果尿道炎在夏季中反复发作，应该去医院检查治疗。

此外，纯棉内裤虽然吸汗，但不容易保持干燥，所以体质较弱、多汗的女孩子要注意及时更换。

鞋子

真皮鞋

真皮材质的鞋受到了广大女性的欢迎，但是在真皮鞋的保养上，不见得人人皆知。

1. 勤“换岗”

皮革都是有弹性的，烈日下，高温和汗水都会让它变得松弛，只有经过一定时间的休眠，才能充分干燥。行家建议，为了延长每双鞋的寿命，最好让它们交替“上岗”，每天穿同一双鞋的做法有可能加速其老化。新鞋里通常都会塞满废纸，并用支撑棍顶住鞋头和鞋跟，这些看似无用的“垃圾”，你还是不丢为好，在“休眠期”，你可以把它们重新塞进鞋内，帮助皮鞋回复原来的形状，使下次穿着更舒适。

2. 勤清洁

夏季阵雨频繁，若是踩了一路的水回家，你应该尽快用软布或纸巾将受潮严重的部分水分吸干，并拭去溅在表面的泥点。若有较大泥块附着，则可以借助小刀刀背将其刮去，再用稍稍蘸湿的棉布擦净痕迹。皮革在受潮后往往比平时脆弱，因此，做这些的时候，动作一定要轻柔。

3. 勤“美容”

上光、涂油的频率不宜太高，但也一定不能省。除了同色保养油，其实一些日常食物也有皮革保养功能。例如，吃完香蕉后，你可以用香蕉皮的内侧擦拭皮鞋，待其干燥后，被浸润的皮鞋会光泽依旧。若是皮鞋表面出现了裂纹，可以用些蜡烛粉末充到纹内，并用熨斗熨平，再擦上同色鞋油。不过，由于温度难于掌握，请专业人士帮忙较好。

小贴士

怎样鉴别真皮

一般来说，真皮的鞋价格相对贵一些。既然如此，女性朋友们就得学会辨别皮质的真假，这样才能避免上当受骗。辨别真皮主要可以从以下几方面进行：

（1）用手触摸皮革表面，感觉滑爽、柔软、富有弹性的就是真皮；而一般人造革触感发涩、死板、柔软性差。

（2）真皮革面有较清晰的毛孔、花纹，革面无毛孔。

（3）凡是真皮都有皮革的气味，而人造革都具有刺激性较强的塑料气味。

（4）撕下一点纤维，点燃后，凡发出刺鼻的气味，结成疙瘩的是人造革；凡是发出毛发气味，不结硬疙瘩的是真皮。

（5）真皮表面的吸水性较好，而假皮与之相反，有较好的抗水性。可用手指蘸些水，抹在皮革表面上，观察其吸水性，如吸水性好的，为真皮，吸水性差或根本不吸水的，多数为假皮。

高跟鞋

我们总是赞美每一件单品的神奇功效，而关于高跟鞋，我们却要先摆明它令人讨厌的地方。

穿着鞋跟高度适宜的鞋子，身体的重量由全足均衡负担，不容易产生劳累感。而后跟过高的鞋跟并不符合人体力学，加上前部紧窄，穿上高跟鞋以后，身体会前倾，全身的重量落在前脚掌。而脚掌腱膜前后各与跗骨及脚跟相连，因穿高跟鞋使掌面失去平衡，牵连至膝部及腰部承受压力，很容易造成脚部酸痛、扭伤、摔伤，还容易导致跖趾关节变形，跖骨骨折及腰酸背痛等症状，严重时更会影响行走活动。所以，穿高跟鞋的白领结束了一天的工作总是格外累，可能所钟爱的高跟鞋也是“凶手”之一。

不过，再充分的理由也不能说服女人们放弃高跟鞋。因为她们可以摆出更多的理由来反驳。高跟鞋使女人步幅减小，因为重心后移，腿部就相应挺直，并造成臀部收缩、胸部前挺，袅娜的韵致应运而生，曲线更加挺拔动人。而且后跟上增加的高度延长了小腿的长度，使得上下身的比例更好，矮个子的女性更是视之如瑰宝。

穿戴小方案

方案1：夏日的露趾高跟鞋

前端开个小孔的高跟鞋让你的双脚在妩媚中多了一丝俏皮。这样的开孔透气性更好，夏天的炎热气氛下穿着这样一双鞋更显清凉。

方案2：带扣的高跟鞋

高跟鞋的鞋帮一般都很浅，所以容易脱脚，带扣设计的高跟鞋刚好弥补了这一缺点。不要以为只有小女孩才穿扣鞋，大方得体的格纹扣鞋一样很有熟女气质。

方案3：鞋跟部的特别设计

高跟鞋紧窄的前端是设计的重点，很多设计师会在这里加上漂亮的装饰。但其实它的后跟处也是设计师可以大做文章的地方。精致的薄纱绕成鲜花形状，点缀在后跟处，新鲜感倍增。

方案4：小女孩的高跟鞋梦想

未成年的女孩更不适宜于穿高跟鞋，它对其健康影响更大。不过如果实在抵挡不住诱惑，这种舞鞋式样的平底鞋一样也有高跟鞋的风采。其整体形态类似于高跟鞋，精巧的设计能够满足小女孩对高跟鞋的幻想。最重要的是它便于行走，对健康无害。

休闲鞋

休闲是现代人追求的一种生存状态，一种生活方式，是现代文化在现代生活中的一种特殊表现。休闲在当代人生活中往往变成了一种时尚符号，涵盖了生活的方方面面，如散步、运动健身、旅游、购物等。愉悦自己、享受多彩生活，休闲已成为现代人追求的不可缺少的生命、生活质量指标之一。

女式休闲运动鞋追求舒适、高雅和庄重，造型变化不大。在款式方面，体现线条简单，飘浮的线条，抒情而轻巧，但同时也给人起伏的快感。

在购买休闲鞋时，应注意以下几个方面：

（1）一定要实际测量试穿，不要用之前买鞋的尺寸去推论，脚的尺寸是会变的。

（2）不要被尺寸的号码迷惑，最好还是多试穿几个邻近的尺寸。

（3）要慢慢试，不要太心急做决定。准备两个半天来买一双好鞋，尽量多试试不同的厂牌与鞋款。

（4）带自己的袜子，最好是用来搭配登山鞋的袜子。

（5）绑好鞋带以后，活动脚趾看能否碰到前壁，新鞋穿久后，可能会稍微增加宽度与厚度，但绝不会增加长度，太短的鞋子往往会撞击脚趾头与指甲。

（6）试穿时，穿着鞋走一走，一方面让新鞋的皮革或纤维较具弹性，一方面也可试出是否有不易察觉的不舒服处。

（7）鞋的后跟高度要合适，2 ~ 3 厘米的鞋跟能使足弓更趋合理。

（8）鞋的松紧要恰当。

（9）鞋的用料要讲究透气。

鱼嘴鞋

鱼嘴鞋就是指鞋头顶端有一块鱼嘴形镂空，刚好裸露出一两个脚趾的设计，又叫露趾鞋。鱼嘴鞋流行于20世纪50年代，性感女神玛丽莲·梦露飞扬的裙摆下穿的就是这种款式的白色高跟鞋。鱼嘴鞋最大的特点是脚趾“若隐若现”，整双鞋子露出两个脚趾，藏了三个脚趾，既带几分性感，又不失端庄优雅，尤其适合一些前脚掌有点宽的女性，因为穿上这种开了个小鱼嘴的鞋子，双脚会因而修饰得较完美，显得特别秀气。

如果女性朋友们觉得露趾凉鞋有失端庄，尤其出席一些较正式的场合，稍微“露”一点的鱼嘴鞋正好派上用场。同时，鱼嘴鞋不论是与套装或休闲装搭配，都十分适合。

不过，鱼嘴鞋虽然穿着好看，但鱼嘴的开口处容易磨伤大脚趾，以下的方法可以减轻这样的痛苦：

（1）买鞋的时候一定要多试试，多走几步。

（2）刚开始穿的时候，穿的时间不要太长，一天穿一两个小时。

（3）用吹风机吹吹前面鱼嘴开口处那块皮质，鞋头会变软。

（4）到比较大的袜子店去买专门穿这种鱼嘴鞋的丝袜，是一种露出脚趾的丝袜，会好一点。

（5）如果你的脚很瘦，走起路来老往前滑，卡得脚很疼，建议不要买高跟的鱼嘴鞋，平跟、低跟或者楔形跟是不错的选择。

小贴士

鱼嘴鞋应该如何搭配

鱼嘴鞋是现今很多女性的最爱，那么具体怎样搭配更好呢？

（1）鱼嘴鞋更斯文、复古，可以搭配连衣裙或正装、及膝裙、百褶裙、A字裙等适合时尚职业女性的穿着。你觉得办公室里细带露趾凉鞋多少有失端庄，那搭配正装便装总相宜的鱼嘴鞋就正好大派用场了。

（2）鱼嘴鞋当然也可以搭配牛仔，若是搭配翻边牛仔裤或超短热裤，则可穿出火爆的辣妹感觉。

（3）穿露脚趾的鞋子时，如果可以的话，最好不要搭配丝袜。

（4）穿鱼嘴鞋时，必须要注意一点，就是事先把脚部的皮肤和脚指甲保养好，最好涂上指甲油。

人字拖

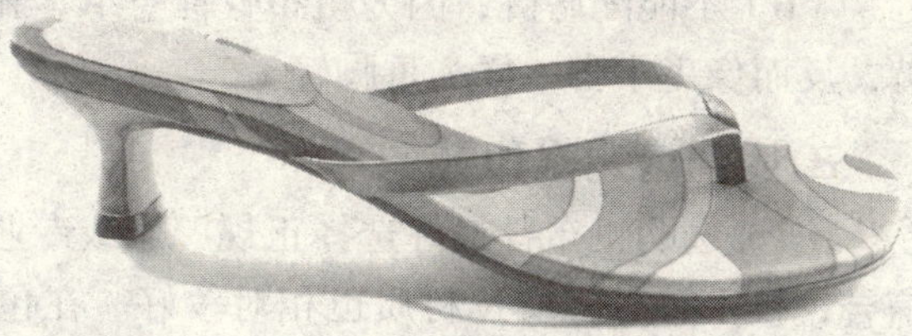

人字拖，又叫“夹趾拖鞋”。单听该词的发音，那踢踢踏踏的节奏就已传出一种随意和自在。商家说穿“人字拖”会让脚踝、小腿和大腿变得匀称，会对腿部健美起到妙不可言的作用；医生说，穿“人字拖”有害健康，会引起关节疼痛、脚踝扭伤等一系列脚部问题。争论虽在，但定论未下，所以，代表着时尚、自由、活泼和快乐的人字拖依然是年轻人的最爱。

短裤和T恤，脚下穿双人字拖是最合适的选择。其实就和T恤一样，人字拖也属时装中的“民主”元素。设计感全在图案、花色和颜色上，和穿着者本人的身型关系不大。只要人字拖本身设计出色，无论高矮胖瘦都能穿出感觉，不像大牌衣服那样“衣挑人”。

虽然不少人认为人字拖方便、舒适，有些人更每天穿着，但人字拖不太耐用，人字胶带在穿着一段时间后容易断裂，现在有些人字拖可以转换胶带。然而，人字拖的平均寿命通常不超过一年。另外，有专家认为，穿着人字拖时脚趾要用力抓紧鞋的内部，会对脚造成压力，所以不适合长时间穿着。

帆布鞋

帆布鞋以其轻便、耐穿、价格低廉而广受世界各地人们的欢迎，无论是出游还是做运动，都会是最佳的选择之一。穿一双活泼、俏皮、色彩艳丽的帆布休闲鞋，轻松地行走在五谷飘香、枫叶渐红的大自然环抱里，那是十分美妙的享受。帆布鞋成为潮流的宠儿，制造商们也把帆布鞋玩出了更多的花样。复古、运动、华丽、重金属、摇滚、马毛、皮革、牛仔，不管生出怎样的变化，穿帆布鞋的百无禁忌让它成为潮流人士的必备单品。

1. 帆布鞋如何搭配

（1）帆布鞋怎么搭配都行，穿出自己的风格最重要，搭牛仔裤最安全，再怎么不协调，也能创造出冲突的矛盾美感。

（2）矛盾的浪漫：女孩春夏必备的雪纺纱洋装，配上帆布鞋把造型变为中性、活泼路线，配上多彩鲜艳的裤袜也有画龙点睛的效果。

（3）城市雅痞：笔挺西装搭配皮质帆布鞋，尤以暗色、仿旧款为佳。

（4）休闲牛仔：帆布鞋和牛仔裤最合适，尤其是窄管小直筒裤。

（5）俏丽运动女孩，袖珍裙配高筒或特高的靴型帆布鞋，但苗条长腿最适合。

（6）不能配垮裤，因为帆布鞋鞋身窄、扁，撑不起视觉上几乎要掉下来的垮裤，反而像裹小脚一样头重脚轻。

2. 如何选购帆布鞋

（1）选购帆布鞋最好选择正规厂家或专业厂家的产品，这样的厂家比较注重信誉，技术较好，所选材质也相对较好。在包装的鞋盒上正规厂家一般都有标明尺码、颜色、生产所用的材料、厂家电话及其质量标准，包装盒也很精美。

（2）挑选帆布鞋时先看鞋面。鞋面一般采用帆布制成。选购时要看鞋面走向弧度是否正常，两只鞋是否对称，有无色差；鞋面不同部位的缝合处缝线是否均匀整齐，有无断线，跳针；颜色是否一致；从鞋跟处看鞋身与鞋底是否垂直，鞋带孔有无歪斜，左右是否对称；看鞋面所印图案和文字是否清晰，粘贴或缝合的装饰图标是否牢固。

（3）检查鞋底。鞋底一般采用橡胶大底，这样的鞋底要求耐磨抗滑，还要轻盈，故选购时要看鞋底防滑条纹是否清晰；有无掉胶缺陷。条纹间隔是否均匀，同一材质的鞋底颜色是否一致；看看有无气孔或起泡。

（4）最后检查内底。内底用手摸要柔软，有一定弹性，印刷的商标要清晰。再看各橡胶黏合部位，看看是否有出现小胶点、气泡。把两只鞋放地上对比，检查各部位颜色、图案、高低、长短，宽度是否一致。

松糕鞋

松糕鞋是世界各地非常流行的一种高跟鞋。爱美的年轻女士们穿上这种鞋底像发糕一样厚的鞋，感觉颇为良好。但是英国、日本研究机构调查发现，穿这种鞋的女士容易受伤，英国和日本把“松糕鞋”和其他高跟鞋一并称作“死亡之鞋”。

回首整个时尚的历史，不难发现其实松糕鞋在历史的各个阶段都有着不一样的表现形式。早在15世纪松糕鞋便风靡在东西方，在中国清朝的皇宫，松糕鞋便是官宦名媛的身份标志；而在欧洲，松糕鞋最初被用作鞋套为名媛淑女服务，而后来，松糕鞋渐渐成了风靡之物，被设计得越来越精美。由于其高人一等的关系，意大利威尼斯人则更把它视为身份的象征。

医学证明，矮跟鞋、平跟鞋可使人体步伐稳固而且有弹性，可以减少行走时的疲劳感，通常情形，鞋跟高度不宜超过3厘米。而松糕鞋底高度几乎都超过了这个数值。为了避免穿“松糕鞋”造成的伤害，有关部门已开始采用防备措施，如英国尺度研讨机构建议商场在高跟鞋和松糕鞋盒上贴上 “此鞋严重影响健康”的警告标记，就像烟盒上标有“吸烟有害健康”警语一样。因而，国人也应做出明智的选择。

医学专家提醒爱美的女性，一旦穿上不舒适的鞋子，会引起脚趾畸形和足部发炎等病症，穿松糕鞋尤其要注意走路平稳，不宜进行爬山、跑步等剧烈活动。看来，穿上高跟鞋和松糕鞋，还真得万分小心，弄得不好，高跟松糕鞋就成了爱美女性的克星。

小贴士

女性长期穿松糕鞋会导致足弓畸形

人足恰似拱形桥一样出现弓弧形，专业术语称之为足弓。足弓是身材稳固的支点，靠肌肉压缩和韧带掩护等平衡体重。行走时，足后跟、大脚趾、小腿形成三个支点，如同照相机的三脚架，使人走起路来轻松弹性，而且稳当。但是穿上厚底的“松糕鞋”，因为它的鞋底是平面的，使足弓损失了稳固人体行走时的安稳功效，因而在走路快或上台阶时容易崴脚。而且穿上它还不能长时间、长距离行走，因为损失了足弓的弹性缓冲作用，足底易觉得疲劳。更糟糕的是“松糕鞋”会影响年轻女孩骨关节的生长发育，造成了足弓畸形，长时间穿着可引起骨膜的慢性劳损和钙的流失，易涌现疲劳性骨折，造成许多不便和一些难以根治的后遗症。

流苏靴

流苏靴，即装饰有流苏的靴子，分为矮靴、中筒靴和高筒靴。

流苏矮靴的高度常常只及脚踝，在靴口处镶有层层流苏。这类的靴子建议搭配瘦腿牛仔裤或是靴裤，如果不常在室外活动的话，可以尝试以九分裤搭配，会显得整个人轻巧纤瘦，有种小精灵的感觉。

流苏中筒靴因为高度只到小腿肚的位置，所以对腿型要求比较高，况且流苏的设计有一种发散的视觉感，容易令小腿看起来粗壮，所以腿瘦的人适合穿流苏中筒靴，而且一定要搭配短裙或者短裤，才有拉长腿线的视觉效果。

流苏高筒靴，即使小腿稍粗的女生也可以穿着，把小腿完全包住并有流苏作为装饰可以弥补些许腿部粗壮的线条。但这种靴子的设计一般都比较瘦，所以不适合把裤子塞到靴子里穿，可以用四分裤或短裤搭配，如果搭配长袜，选择与靴子同色的袜子一定不会出错。

以下几种流苏靴的搭配方式，都是非常出彩的，爱美的你不妨一试：

（1）亮片背心与迷你伞裙，也能够与流苏靴搭得恰如其分，可见流苏靴的百搭性。

（2）多层次的流苏靴适合与简约的吸腿裤搭配，再加上毛皮大衣与金属腰带，塑造出华丽摇滚气质。

（3）紫色的流苏靴子，上身可以搭些粉色，或者米色的针织衫。

（4）尽量可以选些亮色的衣服或者连衣裙。因为靴子是流苏的，可以搭些稍甜美，或者率性的衣服。

平底鞋

平底鞋不注重款式，质量与外貌兼备，不断推出崭新的设计，成了人们上班和上街的首选。粉色、酒红色，绒面、皮面的平底鞋更成为主角。平底鞋有着淑女般的温婉，又有着舒适的懒散。舒适的鞋养脚，但是舒适的鞋子不一定是最漂亮的鞋，就像平淡朴实的生活。

一般来说，平底鞋遵循以下一些搭配原则：

（1） 平底鞋可以与休闲或简约风格的服装搭配。搭配铅笔裤很潮，搭配飘逸的短裙则很清爽。

（2） 平底鞋的色彩也是最为亮丽和丰富的，经典、纯粹的白与黑并不多，而是运用黄色、蔚蓝、浅粉、紫红和亮红这些充满夏日的色彩。平底鞋大多休闲，对年龄气质都没有限制，高挑身材最显俏丽，而带有奢华的珠钉、金色或漆皮的平底鞋也可出席晚宴。

罗马鞋

2009 年夏，罗马式复古风格凉鞋席卷整个 T 台，而一双平底、以漆皮或彩色皮质拼接，并带有精致绑带设计的罗马式角斗士鞋，才是流行中的王道。

在春夏时分，消费者倾向购买能让足部透气的凉鞋款式，穿上造型宛如中古世纪罗马角斗士所穿着的交叉绑带凉鞋，除了能赶搭上流行列车，再带有的粗犷风味，再融合裸露适当足部面积的绑绳系踝装饰，穿上时只要再涂上色彩搭配的指甲油，就能展现出一股现代感独具的中性妖娆风潮，比较时尚的搭配有：

1. 小西装 + 牛仔裤 + 罗马鞋

黑色小西服，丝绒面的衣身搭配亮片点缀的领边，展现高贵气质，搭配一条磨白的牛仔裤，牛仔裤收腿的效果与休闲款西装随意的效果刚好互补，使你的腿部看起来更修长，而一双同色的罗马短靴提升了你的时尚个性，无论你是上班还是聚会同样完美。

2. 修身连衣裙 + 蝙蝠式针织衫 + 罗马鞋

在灰色的修身连衣裙上，暗红色注入靓丽的优雅气质，蝙蝠式的针织衫与灰色短裙搭配优雅大方，帅气的罗马鞋与同色系的圆帽组合酷感十足。裙摆与罗马鞋之间裸露的一段小腿很好地过渡了舒适面料与硬朗鞋质之间的对比，更彰显你的优雅气质。

3. 皮革短裙 + 丝袜 + 罗马鞋 + 长款针织衫

挑战人眼球的超短裙摆直接传达出性感气息，半透明的丝袜与若即若离的罗马鞋边缘为你增加了魅惑指数，蓝灰色七分袖的长款针织衫将性感适度地遮掩起来，散发出欲迎还拒的诱惑。针织与皮质面料的冲击让你更有吸引力。

复古鞋

复古鞋，来源于 20 世纪五六十年代的复古风大热，让复古鞋又有当代的全新感觉。闪亮的扣饰演绎浓重的复古潮流，复古鞋将配饰的装饰作用发挥到极致，各种面料更是把复古鞋的味道演绎到高潮，它的表现形式包括：

（1）虽然整个夏天我们都迷恋于罗马鞋、人字拖，但随着波西米亚的再度回潮，一切只要有流苏便成为时尚的精髓。

（2）在夸张风格的影响下，一种木屐走红，因为有着木质的鞋底，所以叫它“木屐”。

（3）蝴蝶结和鱼嘴高跟鞋的结合。展示时尚与性感的造型，想要多变化，双色鱼嘴高跟鞋让你展现俏丽感，简约 VS 性感，彰显潮流新时尚。

雪地靴

雪地靴，最早起源于澳大利亚，澳大利亚人用两块羊皮包裹成鞋子穿在脚上御寒，后来逐渐在澳大利亚流行开来。如今，世界已经掀起一股雪地靴热。

雪地靴看似笨笨的卡通外形却风靡了欧亚大地，在全世界都刮起一阵流行风。一旦你穿上它，你就舍不得脱下了，它的独创性、可信度以及超级豪华的舒适感都会让你着迷。雪地靴采用纯牛皮结合人工毛和羊毛的混纺技术缝制而成。产品上遵循自主设计、自主生产、自主品牌的发展路线，立志打造真正物美价廉适合年轻爱美女性的时尚雪地靴。设计上既跟随潮流，又符合大众的审美观念，因此，总是能够引领冬季潮流。

小贴士

清洗纯羊皮雪地靴的注意事项

虽然，雪地靴穿着舒适，而且保暖，但是清洗时却比较麻烦，尤其是纯羊皮的雪地靴。下面具体介绍一下清洗纯羊皮雪地靴的几点注意事项：

（1）千万不要用水或者洗洁剂来清洗，因为这样会留下印子，还会失去原有的光泽。

（2）建议可用软布或刷子将表面轻轻刷一遍，再采用专用皮革清洁剂将全部表面抹拭一遍。

（3）对难以去除的污垢，可将专用清洁剂少量地涂在垢厚处静置一段时间，再用软布轻擦干净。晾干后，再在表面涂上一层皮革保养油。

着装风格

经典风格

可爱风格

所谓的可爱风格，有种梦幻感，可爱、温柔、讨人喜欢，是最年轻的类型，不显老。一般选择圆润的、可爱的、时尚的、非成熟的着装搭配，显得年轻感十足。

当然，连衣裙、背带裤、背心裙、喇叭裙、短上衣、小碎花棉布做成的衬衣都是凸显活泼可爱形象的良好装扮。

在颜色方面，柔和、浅淡、温馨的颜色能很好地表现少女型的清纯和可爱。

学院风格

学院风是一种着装风格，以美国常春藤名校校园着装为代表。由热衷运动、交际和度假的贵族预科生引领的衬衫配毛背心或者 V 领毛衣的装扮在 20 世纪 80 年代极为流行。

学院风代表年轻的学生气息、青春活力和可爱时尚，是在学生校服的基础上进行的改良。时尚圈里盛行的学院风让人重温学生时光。学院风衣装以百褶式及膝裙、小西装式外套居多。近年流行的英格兰学院风以简便、高贵为主，以格子的明显图纹为特点。格纹短裙搭配帆布鞋、休闲靴，很是流行。

西方的校服款式里，以英伦风为代表，《哈里·波特》里的赫敏式，《成长教育》里的珍妮式，都十分有代表性，优雅清新，只是稍稍有点一成不变的老式腔，仿佛沉溺在过去美好时光里迟迟不肯醒来的老派英国人。不过这几年来因一部《绯闻女孩》而吹起的那股美式学院风来得活力动感。这样的学院风指的是来自哈佛、耶鲁、普林斯顿这些常青藤联盟名校的学生着装风格，这个词最早出现在 1970 年的畅销小说和电影《Love Story》，代表着干净、斯文、低调内敛、有品位的特质，追求的是一种不张扬的知性魅力。标志性的单品包括西装外套、卡其裤、针织背心、Polo 衫、格纹衬衫、胶框眼镜等。

田园风格

田园风格是一种大众风格，其主旨是通过服装表现出田园的气息。不过这里的田园并非农村的田园，而是一种贴近自然，向往自然的风格。田园风格之所以称为田园风格，是因为田园风格表现的主题是贴近自然，展现朴实生活的气息。

田园风格的服装，追求一种不要任何虚饰的、原始的、纯朴自然的美。现代工业中污染对自然环境的破坏，繁华城市的嘈杂和拥挤，以及高节奏生活给人们带来的紧张繁忙、社会上的激烈竞争、暴力和恐怖的加剧等，都给人们造成种种的精神压力，使人们不由自主地向往精神的解脱与舒缓，追求平静单纯的生存空间，向往大自然。而田园风格的服装，宽大舒松的款式，天然的材质，为人们带来了有如置身于悠闲浪漫的心理感受，具有一种悠然的美。这种服装具有较强的活动机能，很适合人们郊游、散步和做各种轻松活动时穿着，迎合现代人的生活需求。

田园风格的设计特点，是崇尚自然而反对虚假的华丽、烦琐的装饰和雕琢的美。它摒弃了经典的艺术传统，追求古代田园一派自然清新的气象，在情趣上不是表现强光重彩的华美，而是纯净自然的朴素，以明快清新具有乡土风味为主要特征，以自然随意的款式、朴素的色彩表现一种轻松恬淡的、超凡脱俗的情趣。他们从大自然中汲取设计灵感，常取材于树木、花朵、蓝天和大海，把触角时而放在高山雪原，时而放到大漠荒野，虽不一定要染满自然的色彩，却要褪尽都市的痕迹，远离谋生之累，进入清静之境，表现大自然永恒的魅力。

纯棉质地、小方格、均匀条纹、碎花图案、棉质花边等都是田园风格中最常见的元素。

小贴士

如何搭配田园小碎花

田园风格可谓是碎花的天下，几乎没有哪个潮流女孩的衣橱里不备有一两件碎花单品，而如今，花朵图案依然风行，不过更有烂漫味道的大花朵成了主流。下面介绍几款经典的田园风格搭配——碎花牛仔 + 雪纺裙：

（1）雪纺袖子是七分的，也可以卷起袖口来穿，更有个性。门襟是一粒扣的设计，属于短款小外套。春天搭配必备，很轻易就能穿出田园风的感觉。

（2）双层雪纺，里面附送一件针织背心上衣款。可以搭配短裙或者裤子。大袖子是今年的流行趋势，春夏必备的搭配。

（3）白色格子条纹雪纺，非常优雅。胸部的剪裁和设计很显丰满。高腰设计，可以遮住腹部的赘肉。

淑女风格

宽松的板型配上缤纷的花朵，更添春意，搭配粉色纺纱短裙、白色丝袜、高跟鞋，甜美动人。春季走淑女路线，显得女人味十足。

（1）装饰宽松毛衣，菠萝纹路，细节设计很精美。宽松的板型配上缤纷的花朵、高跟鞋，甜美动人。

（2）针织开衫也是春天必备的美衣，搭配裙子非常有淑女的味道。选择白色T恤、红色短裙，简约大方，又不失时尚感。

（3）拼接连衣裙、泡泡袖、小短裙拼接的设计，配上裸色系，让这款裙子充满了淑女的味道。简单搭配薄荷色风衣外套，优雅动人。

（4）金色点点针织外套，特别有设计感，穿在身上闪耀着光芒，内搭可爱图案的针织纱，下穿荧光紫色短裙、紫色裤袜，色彩搭配相得益彰。

格子风格

格子图纹的服装，通常是年轻人不敢尝试的。大牌格子服装的“祖宗”们虽然做得精致，但因为昂贵的价格，不算活泼的款式，一般年轻人只能望而却步。时间一长，人们都会有这种感觉：格子装只有中年人才适合穿。其实不是这样的，格子装开始翻起了新的花样。迷你裙、袜套、夹克衫、披肩……多种款式的格子图纹装，让你瞬间变得别致起来。

不像大品牌的格子图纹有固定的颜色和模式，如今流行的格子装除了米色系外，红、绿、灰等色彩的格子装也大行其道。格子的形状也会千变万化，粗线条、细线条、大格、小格，有很多图案可供选择。

白领风格

白领丽人总是有她们独特的风情，干练、潇洒是最恰当的形容词。这道办公室的风景线是怎样打造的呢？简洁、利落的职业装是其秘密武器。

既然是工作场合，最基础的原则自然是优先工作需要。所以需要了解这样几个重点：办公室里并不适宜暴露的穿着，即便是你拥有明星都会羡慕的身材，但这里并不是你的秀场，含蓄得体的穿着才是赢得众人尊重的举措。这也并非让你总是穿着硬挺逼人的西服正装，选择合适的工作装首先要考察你的公司文化。比如特别讲究礼节与规则的日企，西装革履是基本要求，你的工作着装自然要符合这一规定。也就是说，你需要在个性与企业文化中做出平衡。

一般情况下，企业对你着装的要求仅为大方得体。日常的穿着，我们总是给你怎样穿更有女人味的建议，而职场上，过分强调性别并不是明智之举。作为女性，你需要在专业及女性这两种角色里取得平衡。

当然，作为较有影响力的消费群体，白领也应该是引领时尚的一群，所以难以接受太过保守的装束，又需要在专业与流行时尚中做出平衡。

如果你能把握以上三项，打造一个魅力难挡的白领形象又有何难？

穿戴小方案

方案1：套裙装

·灰色单扣短袖西装　　·褐色棉质吊带

·米白色A字裙

正统的套裙太过呆板，这样自己搭配的套裙装就显得灵动得多。整体颜色很素雅，适合办公室氛围。如果觉得比较单调，亮色的配饰刚好起了提升色泽的作用。

方案2：黑白风

·黑色丝质连衣裙　　·白色西装外套

黑白配最简洁，而对于办公室女郎来说，这样的搭配再合适不过。黑白风要的就是干净利落，所以就不要在配饰上再下功夫，少量的黑白色系的饰物，点到即可。

运动风格

如今，健身的人越来越多，而健身时如何着装也成为人们比较关心的问题。其实，得体的鞋和衣服，对运动有支持和保护作用。

1. 球类运动——穿相应的运动服

打网球就应该穿网球服，打篮球就应该穿篮球服，这是因为不同的运动有不同的特点。比如篮球运动，上肢的动作幅度较大，篮球服在裁剪上都很宽松，领口和袖口也很宽大。如果穿篮球服去打网球，则显得不够优雅。

冬季进行球类运动，一般要穿长的运动衣和运动裤，打完球要及时换掉，否则穿湿的衣服出门会被冷风吹出毛病。

2. 登山——运动装+牛仔裤

如果你是一位登山爱好者，那么你在选择服装时应该考虑运动装和牛仔裤配套作为首选，运动装柔软，牛仔裤弹性好、粗糙、厚实，有利于爬山、行走，还能给人以刚柔相济、轻松活泼的美感。

3. 瑜伽——纯棉透气性好的衣服

如果你是一位瑜伽爱好者，服装一定要穿透气性好的宽松纯棉质衣服。紧身健身衣会对呼吸训练产生不利影响。

4. 健身操——有弹性的运动装

喜欢跳健身操的人可选择有弹性的运动服装，以动作不受束缚为好。棉制服装吸汗性较强，适合运动时穿着。有人为减肥，喜欢穿塑胶紧身衣运动，事实上，这对减肥帮助非常有限。

塑胶紧身衣可以使人在运动时大量出汗，但这样减轻的体重容易反弹。另外，这种衣服会阻碍身体活动，影响锻炼效果。

5. 器械运动——弹力背心 + 宽松短裤

爱做器械运动的女士穿紧身弹力背心为好，下配宽松的短裤，不要扎皮带。推举杠铃时最好配上护腕、腰板带。

此外，服装的面料、质地和运动也有关系。一般来说，大部分的运动服装，都要求具有吸汗、快干、透气的功能；户外运动服装，一般要求具有防风、防水、抗紫外线的功能。

性感风格

最易吸引异性眼球的风格莫过于性感派了。没有妖艳的气息，却不乏娇媚，稳中带动，成熟女性的性感，不是来自裸露，而是骨子里的气质与举手投足之间散发的无限魅力。下面给大家介绍几种性感的搭配：

（1）绿色条纹长裙搭配上紫色袜子，性感妩媚。

（2）一件灰色长裙，腰带起到了点睛的作用，紫色的手套更是将时尚气息完美地表达出来。

（3）黑白花纹质感的小衫与黑色吊带、仔裤相配，时尚且充满个性。

流行风格

中性风格

中性风就是无显著性别特征的、男女皆适合的服饰、发式等，完全颠覆了传统观念中男性表现出稳健、庄重、力量的阳刚之美；女性则应该带有温柔、轻灵的阴柔之美。

随着人文主义的复兴，人们追求自由和个性化，反抗权威专制和世俗束缚，这种思想在时尚上最直接的体现就是中性美的流行。中性美带着挑战世俗的精神一路走来，至今不衰。如今，中性装扮已经演变成女性硬朗有主见的表征。

混搭风格

近来服装搭配中最热门的词便是“混搭”，而适于“乱穿衣”的秋季就是混搭风正猛的时节。混搭源自流行音乐将两种不同风格的音乐混合，以产生新的趣味的做法，但决不能等同于毫无章法的胡穿乱配。

服装中的混搭需要你抛弃过去的传统穿衣观念：色系与材质都要统一。而混搭则是冲撞的色彩和完全不同的面料结合在一起，幻化出出人意料的效果。比如棉质服装可以搭配具有色泽的丝制衣服，这样的搭配让没有光泽感的衣装有了亮点。但过多的颜色也不行，从美学的角度上看，一身上下颜色最好不超过三种。

叠穿法则是混搭哲学中最基础课程，也就是你的服装一定要穿出层次。层叠混搭的游戏会不断上演，透过富有创意的层层堆叠，勾勒出个性随意的新风尚，展现不同以往的宜人风景。

穿戴小方案

方案1：休闲西装＋迷你裙

· 灰色中袖西装　　· 浅蓝色长款T恤

· 深蓝色棉布迷你裙　　· 鸭舌帽

属于夏天的鸭舌帽和迷你裙，配上中袖西装却一点也不显得突兀。长款T恤与短款西装以及迷你裙形成对比，让全身的着装层次旋即丰富起来。本套搭配在颜色上走了保守路线，都用了冷色调，这样的颜色搭配让人感到穿着者安静清新的性格。

方案2：卫衣＋短裙＋丝袜

· 黑色卫衣　　· 白色毛织马甲

· 雪纺迷你百褶裙　　· 褐色丝袜

· 褐色连裤袜

本套搭配是混搭层叠法的极致展现，小巧的马甲和宽大的卫衣搭配，下身用短裙、丝袜、连裤袜打造出丰富层次。毛织的马甲和连裤袜都给人温暖感，而雪纺的迷你裙则又带出一丝轻盈。整个底色比较暗沉的基础上选择了纯白的马甲，让人眼前一亮。

方案3：长袖衫＋连衣裙＋长靴

· 红色瓜皮帽　　· 灰色短袖连衣裙

· 白色长袖衫　　· 褐色丝袜

· 黑色长靴　　· 黑色太阳镜

内、外衣的长短搭配也是混搭中惯用的技法，白色的长袖衫从灰色连衣裙下透出，纯白的基底让灰色连衣裙有了亮色。单独的瓜皮帽显得幼稚，有“装嫩”的嫌疑，与淑女风范的连衣裙搭配，就只露出俏皮，红色的点缀又打破了周身色彩的单调。

小贴士

混搭要注意什么

混搭看似漫不经心，实则出奇制胜。虽然是多种元素共存，但不代表乱搭一气，混搭是否成功，关键还是要确定一个“基调”，以这种风格为主线，其他风格做点缀，分出有轻有重，有主有次。混搭应该特别注意颜色，从衣服到配饰、鞋子和包包等，都要围绕一个主题。服饰混搭的颜色不要太多，以三四种为宜。同时，应该注意颜色之间的过渡和呼应，体现一种看似是不经意间流露出来的精致。比如，如果衣服里面是一件花色衬衫，那么最好能选与里面衬衫花色中的一种颜色相近的外套；或者在裤子、鞋子或配饰等方面的颜色有所照应，这是搭配时需要注意的。

复古风格

圆点衫仿佛是属于过时的流行服装，再穿着就带上了怀旧的气息。不过这个懂得与时俱进的时装，总是在变化中寻找着自己在时尚殿堂的一席之地。大圆点、小圆点、不规则的圆形图案，再到由它演变而来的碎花图案，你总能找到自己喜欢又合适的圆点衫。

不过圆点图案多少有点膨胀感，所以不太适合很胖的人。如果你的身板比较壮硕，就要尽量选择密集度较高的衣服，这和胖人适合穿竖条纹，瘦人适合穿横条纹的衣服是一样的原理。而身材娇小的女性，则选择更小一点的圆点图案。

另外，圆点的复古味和可爱气息，不适合喜欢走中性风格的女性，倒是适合甜美的女性。

穿戴小方案

方案：白领的圆点装

- 灰色底红圆点衬衣
- 黑色缎面腰带
- 灰色铅笔裙

谁说圆点装就只能适合小女生？办公室白领们与圆点装的配合一样很默契。选择了沉稳内敛的灰色作为主色调，整套装扮就显得比较低调含蓄。而暗红色的圆点给了灰色底装一些热力感，但是又不显得张扬。黑色的缎面腰带让宽松的衬衣打出褶皱，随意又潇洒。这样的白领形象，干练又不失亲切。需要提醒的是，办公室女性选择圆点装最好选择图案较大的圆点。

娃娃风格

充满未来主义感或20世纪60年代怀旧味的娃娃裙已向四周蔓延，一瞬间令本来没有什么看头的裙子设计在视觉上充满惊喜。虽然形态是趋向少女的娃娃剪裁，但气质是百变的：既有性感而独特的迷你系列，也有青春的泡泡和碎花，甚至有怀旧抢眼的几何元素，而不再只限于以往的女性化娇媚意境。

（1）可爱女人味：荷叶边、手缝皱褶、圆点、蝴蝶结、公主袖等元素的设计宛如小公主般迷人。而这些元素，也是在高腰剪裁之外，营造维多利亚式女人味的重点。

（2）高腰线：个子娇小的人，绝对不要错过高腰线服饰，这是变高的好法宝；下半身略圆的人，也不妨如法炮制，利用高腰线把缺点统统遮起来。

（3）吊带装：吊带装是每年夏天的必备，小吊带娃娃装，再加上大热的金属色，走在街上，你绝对是潮流美女。

（4）腰带：娃娃装的宽松大方，令女人以为宽宽松松就可以掩盖小肚腩，却容易引起“怀孕”的误会。所以最好在高腰线以下，系上现在也很流行的宽或细腰带，制造一点曲线美。

乡村风格

每年的夏天，小碎花是永不过时的王道。在英国，如果有人说你穿得很乡村，那绝对是称赞。在他们的国度，乡村风代表了写意与自在的生活。下面介绍几种典型的英格兰乡村风格的着装搭配：

（1）绚烂英格兰乡村风翻领拼色小格纹西服，配上平凡质朴的黑色打底裤，加一款超有复古范儿的公文挎包，在冬日平添绚丽色彩。

（2）中长款利落的松身西装搭配上充满浓郁民族风的小格纹，必定会成为时尚新宠，加入轻柔材质的西装设计让西装的古板印象彻底改观，为潮女们的着装平添更多舒适度。

（3）拼色的小翻领更是带有几分潮味的霸气，打破单调的寻常设计，为整款小西服注入丝丝灵动之感，显得不再那么沉闷。

萝莉风格

萝莉风格是一种时尚服饰次文化，源自日本。这种“哥德与萝莉塔”的服饰风格是受维多利亚时代的女童服装和洛可可时期的精细服装的启发，以及西方哥德与庞克次文化的影响而形成的。

这种穿衣风格的典型是及膝裙，内里穿着纱裙或泡裤以达到散开的效果。通常以过膝袜或及膝袜搭配，尤其是上面印上玫瑰或皇冠图案，有蕾丝花边与荷叶边的。典型的鞋子是可爱类型，近似童装鞋，例如圆头平底女鞋，另外，薇薇安·魏斯伍德的马头鞋和其他类似的鞋子也很常见。裙子通常以有饰边的或缀上蕾丝的维多利亚女装衬衣，常配上水手服的衣领，或有蕾丝的长衬衣。

萝莉风格又可分为哥德萝莉、甜美萝莉、古典萝莉以及庞克萝莉。

（1）哥德萝莉的衣物通常是黑白色，但也有可能包含黑色和暗蓝色，或黑和红。暗绿色也会被使用，但不普遍。

（2）甜美萝莉的服装通常包含非常高比例的蕾丝及褶边，裙子及膝，并且使服装的外观看起来尽可能的甜美与可爱。其经常使用的颜色包括粉红、粉蓝，也有乳黄色与红色。至于黑色如果包含上述的特征及标准，当然也有甜美的效果。甜美萝莉也会将服装上的印花设计成花朵、水果或其他甜食的样子；在配件方面则常常有娃娃、布偶或泰迪熊。

（3）古典萝莉是萝莉风格的一种次分类，它是由维多利亚风、巴洛克风及洛可可风所获得的灵感而来的。此风格不同于甜美萝莉所散发出的天真烂漫，而呈现出更为成熟的风采，它以花朵或花朵似的造型为主题，具有深沉且柔和的颜色，纤细的样式及法国皇宫式的腰身。使用的颜色包括全白、古典白、粉红、葡萄酒红、蓝、咖啡、黑色等，其配件包括发箍、花朵头饰、女用手提包及迷你的帽饰。

（4）庞克萝莉是结合了庞克文化基础的萝莉风格。主要是基于庞克衣着，例如破烂的布料，彩格布，安全扣、链子和短发都合并于萝莉。

哥特风格

关于“哥特”这个词的出处，最早来源于欧洲早期的一个叫作西哥特的部族。不过，哥特式艺术与哥特人并无任何联系，它乃“罗马式”艺术的更高发展，为中世纪天主教神学观念在艺术上的一种反映。

哥特式艺术是夸张的、不对称的、奇特的、轻盈的、复杂的和多装饰的，以频繁使用纵向延伸的线条为其一大特征。哥特式艺术是一种浪漫型的艺术，哥特式时装则可视为当下正流行的新浪漫主义时装的一个分支。

哥特式服装受建筑影响较大，其服饰上的特点是多采用纵向的造型线和褶皱，使穿着者显得修长，并通过加高式帽来增加人体的高度，给人一种轻盈向上的感觉。哥特式风格的服饰特别重视外表的浮标效果和线条。女装上装紧身合体，下半身的裙子宽大、伤情夏种，形成一种圆锥状造型，具有极强的装饰性。中世纪，裙长是一种等级的标记，只有高贵的太太们才允许后摆拖地，并有权把它染成绿色。服装上的分割线。装饰线多采用纵向的、垂直的线条。从 13 世纪到 15 世纪欧洲服装中哥特风格最为流行。那尖尖的埃宁帽就像一个小尖塔，还有两个裤腿颜色各异的紧身裤，尖尖的翘头鞋，饰以不对称图案的上衣等。时下流行的哥特式时装也常常是不对称的，但时下所谓的哥特式时装只不过是带有些许哥特式艺术的气息，它看起来带有更多的商业色彩，这使得“哥特式”听上去更像是一句促销口号。典型的哥特打扮是黑色高领紧身皮衣和有着复杂纹路的银饰，最关键是黑眼圈和悲伤麻木的表情。对他们来说，这意味着某种精神境界。

真正的哥特时尚体现为：黑色的东西，或其他暗色，如海军蓝、深红；可以透，但不露；银饰；苍白的皮肤，体现维多利亚时代关于“苍白的皮肤是贵族的标志”这一审美，也可能是反对沙滩文化里“太阳晒出的古铜色才是美的”健康理论；黑发、漂白过的极浅的金发、红发或紫发；黑白化妆，白色粉底，黑唇膏，黑眼影，细眉；自我束缚的装饰和恋物癖的服装，皮革、PVC、橡胶、乳胶都是必不可少的面料，中世纪的束腰也极为常见；领带或带钉子的项圈或紧紧系在脖子上的丝绒绳；T形十字章、太阳神之眼、五角星、十字架的饰品以及刺青；歌剧风格的披肩、斗篷和长手套；锁链和铁钉；身体穿孔，一般情况下舌头是首选部位，其次是鼻子，最后是私人部位和乳头。

哥特风格的实用装通常价值不菲。许多名贵的面料：东方丝绸、锦缎、天鹅绒、高级毛料、北欧的珍贵裘皮等。当时哥特式教堂中彩色玻璃窗被装饰得辉煌灿烂，引导女性追求天堂的色彩，因此服饰上充满宗教气氛的色彩被女性所向往。

小贴士

哥特风格服装如何凸显风格

哥特风格注重的是细节与整体的协调性。通过一些细节的处理凸显哥特味道。

（1）镂空：蕾丝与面料的叠加产生很好的镂空效果。从黑色花纹网中透出的红或紫色，产生神秘而性感的视觉感受。在镂空面料的服装下隐约透出苍白的皮肤，这正是哥特风格的特点之一。

（2）面料上的暗花纹：这种在面料上的暗花多以图腾或圆线条为主，也有花草图案，通常是直接织或绣在面料上，而印花并不常用。这种面料不显张扬却也不失内容，更代表了哥特族人的细腻与考究，充满了贵族的气质。

（3）捆绑束腰：带有自虐色彩的女士束胸衣代表着中世纪对女性的压迫，虽然已经被现今舒适服帖的胸衣所取代，但是这种装束仍沿用到现在的哥特服装中。加上漆皮，金属打造的捆绑式装束，更呼应了哥特风格中性与虐恋的主题。没有什么比丝带捆绑出的纤细腰肢更能让人激动的了。

（4）繁杂的褶皱与简约的线条：褶皱堆砌出的层叠效果给哥特装增添了一丝奢华，大荷叶边的领口、袖口、巨大的裙摆延续了18世纪没落贵族华丽的颓废。而与之相对应的细线条简约风格的裁剪不但可以修长身型，塑造魔鬼般的身材，更体现出沉稳与凝重，这正与哥特族的内心世界不谋而合。

军装风格

帅气有型的军装外套在经历了几季之后依旧热度不减。军装外套主要分为两大类：一类是华丽风格的军装大衣，另一类是更加中性的现代感军装外套。当然，一成不变肯定不是时尚界的作风，军装外套也在本季注入了更多新亮点，在传承经典样式的同时也紧贴着时尚脉搏。

充满贵族气质的宫廷风军装外套，拥有金属扣、金属肩章等装饰细节，同时剪裁非常重视廓型和曲线的塑造；而更加现代的军装风衣，则多为军绿、土黄等配色，装饰有徽章、多口袋等设计等细节。

波西米亚风格

波西米亚风格是指一种保留着某种游牧民族特色的服装风格，其特点是鲜艳的手工装饰和粗犷厚重的面料。层叠蕾丝、蜡染印花、皮质流苏、手工细绳结、刺绣和珠串都是波希米亚风格的经典元素。波西米亚风格代表着一种前所未有的浪漫化、民俗化、自由化，也代表一种艺术家气质，一种时尚潮流，一种反传统的生活模式。波西米亚服装提倡自由和放荡不羁和叛逆精神，浓烈的色彩让波西米亚风格的服装给人强烈的视觉冲击力。

浪漫是波西米亚风格的关键词，它源于东欧、吉卜赛、墨西哥的着装风格。它的魅力，源自它暗藏的叛逆，小小的不羁。当你随意在领口半露香肩，就会性感无限；手工绳结的流苏作包饰，就会带些流浪的味道了。

波西米亚风格的装扮，逃不了一条打满粗褶细褶的长裙，它可以是纯棉的、粗麻的、砂洗真丝的，可以是镂空设计的、缀满波西米亚式绣花的、加上婀娜的荷叶边的、垂垂吊吊满是流苏的，可以是布满无规则图案的、用其他风格面料拼镶的……总之它是繁复的、奢华的，无时无刻不在昭示着自己的独特，它让穿上它的女人变成超凡脱俗并蔑视一切。波西米亚风格的装扮，在总体感觉上靠近毕加索的晦涩的抽象画和斑驳陈旧的中世纪宗教油画，还有错乱的天然大理石花纹，凌乱而又惊心动魄。暗灰、深蓝、黑色、大红、玫瑰红，还有网络上流行的玫瑰灰便是这种风格的基色。没有底气的人一穿上便被无情地淹没在层层叠叠的色彩和错觉中。

如果还要披上外套，那最好是一件收腰收得恰到好处的长大衣，昂贵的羊绒当然是第一选择，退而求其次便是精纺亚麻，加一条粗犷而帅气的腰带，将硬朗与柔美完美地结合起来。还有饰品，不能不提波西米亚饰物，要做个地道的波西米亚女郎，你最好不要放过身体上任何能披挂首饰的部位，手腕上、脚踝上、颈前、腰间，还有耳朵、指尖，别人戴一串，你戴三串，别人挂细的，你就挂粗的，这两年疯狂流行的藏饰被波西米亚女郎们引为至宝，那些发黑的银器、天然或染色的石头，哪管它重不重、贵不贵，统统往身上手上套了再说。走动间，一定要浑身上下叮当作响；点烟时、端起大扎啤酒时，一定要让连着戒指与手镯的链子斜斜垂下。

时尚元素

花色

豹纹

豹纹的纹路让很多的乖巧女性排斥，却也有一些女性对它有着不可抵挡的狂热。这可能是性格上的差别造成的。拥有优雅体形的豹子，暗藏侵略性，拥有美丽而又难以驯服的眼睛。这正是一些女性所希望达到的特质，所以不难理解为什么她们会对豹纹情有独钟。

我们总觉得只有丰满的女人才能恰当地诠释豹纹的野性。实际上，豹纹除了包含性感，还有优雅和帅气，甚至能有俏皮感，关键看你怎么搭配。

此外，无论款式、剪裁多么利落、简洁，豹纹的图案总是比较花哨。但是只要运用得当，它的华丽也可以低调地显露。关键在与其搭配的其他单品上，越简洁越好，如果还加入皮草就绝对不可能营造低调感了。除此之外，豹纹的圆斑大小也得细心留意。尽量不要选择大个的豹纹，它会膨胀你的身躯，暴露缺点，而小个儿的豹纹看起来就低调许多了。

穿戴小方案

方案 1：豹纹裙

- **皮草领外套毛衣**
- **红色高领毛衣**
- **豹纹短裙**
- **豹纹皮包**

这是一套比较惹眼的穿着。豹纹的短裙和皮包透露着神秘而野性的特殊观感。它们是作为点缀出现的，这才是豹纹运用的上佳之作。如果是全套的豹纹就会让人避而远之了。

方案2：可爱虎皮纹

· 粉色虎皮纹套头衫

虎皮纹与豹纹有着相似的特质，所以在运用上也可以相互借鉴。这里的套头衫创新地运用了粉红色，让人不由得想起动画中的粉红豹，可爱感就这样被打造出来了。所以有时候，颜色的改变就能起到耳目一新的效果。

小贴士

女性如何穿着豹纹服才能避免厚重感

将豹纹穿“轻薄”可以分别在颜色、材质、款式和搭配单品四个方面下手。首先，在颜色上，可以选择其他色系的豹纹，如蓝色豹纹，白色豹纹来减轻豹纹的厚重感；其次，在材质方面，选择雪纺、透视、拼接等材质在给人清透感同时为搭配增添时尚气息；再次，选择经典豹纹图案时，宽松款式的豹纹单品则给人感觉更轻盈，而非沉重老气；最后，选择浅色、短款的单品搭配豹纹单品也可以减轻豹纹单品的厚重感。

格纹

说起格纹，可能最先想到的就是苏格兰士兵的格子裙。格纹装的确带有浓厚的英伦风情，在这个寒冷的冬日，这些排列规则而紧密的图案总是带给人一种温暖的感觉。所以冬装的设计上，总是不难看到格纹的身影。各种式样的格纹面料，苏格兰格纹、菱格纹、斜格纹，从外套到连衣裙，从提包到帽子，格子当之无愧地成为冬天最活跃的时装元素之一。

格纹看起来虽是循规蹈矩的，但要让它帮你的忙也不难。格纹用在包和鞋子上最合适，基本上与任何服饰搭配都能成为点睛之笔，当然，广受好评的格子裙也不错。格纹服饰的搭配之道就是全身上下最好只有一件格纹服饰，让它和素色或单色服装相碰撞，你的端庄和素雅就会在不知不觉间散发出来。

穿戴小方案

方案1：格纹呢子衣

· 短款黑白格纹呢子衣　　· 蕾丝边高领衬衣

· 牛仔裤　　· 长筒靴

格纹呢子衣最常见，黑白格纹、红绿格纹都是经常可以看见的图案。这一款黑白格的呢子衣，腰带的收缩起到了修身效果，不会显得臃肿。而内部选择了蕾丝边的高领衬衣，配上英伦风情浓厚的黑色领结，洋味十足。

方案2：格纹衬衣

· 灰色呢子外套
· 红黑格纹长款衬衣
· 白色高领羊毛衫

层层叠叠的装扮却并不让人感到累赘，相反觉得层次鲜明富有韵律。白色的高领衫打底，让鲜亮从内部透出来。温暖的格纹衬衣位居中间，让暖意萦绕。灰色的呢子外套随意敞开，内部的精彩就完全展现了。

方案3：格纹裤

· 黄色底黑格纹裤
· 蓝色高领羊毛衫
· 白色羽绒外套

透露着休闲气息的格纹裤可不是所有人都适合穿的。腿部较粗或者下肢较短的人穿着格纹裤会把缺点放大，也会让人更注意你的下身。格纹裤配上羽绒外套，可以将人们的视线从臃肿的羽绒服上转移。这本来是一套很平实的搭配，而格纹裤的存在让它有了新意。

条纹

简单而个性鲜明的条纹装无疑是时尚圈中生命力最强的元素之一。它似乎从未被抛离出流行的步履之外。每一季的时装发布会，即便不是主角，你也能在细节上窥见它们的身影。不过条纹装虽然讨人喜欢，但是身材略胖的人需要回避条纹装，因为它的横向拉长感太明显，在你的身上无疑会更暴露缺点。

单色条纹一向以经典著称，黑＋白、蓝＋白、红＋白，简单地搭配在一起，显得大方、高贵。从鞋子、包等一系列配饰，到衬衣甚至晚装，这一经典单色条纹的设计都有出色的表现，明朗的直向单色条纹将优雅延伸到底；而绚丽的彩色条纹，将同类色或者对比色都结合在一起，创造出缤纷效果。

穿戴小方案

方案1：黑白大条纹

· 黑白大条纹针织衫
· 黑色短裙

粗条纹总是显得比较轻松闲适。黑白色的强烈对比让人眼前一亮，如果选用细条纹的黑白条纹装难免让人联想到囚服，宽条纹的黑白配就避免了这份尴尬。配饰选择了银色闪亮的长链子，垂坠感十足，金属的硬气被遮盖，与整套服装的休闲气息相衬。

方案 2：小面积的条纹

· 白色长款西装外套　　　　　　　　　· 红（蓝）白条纹 T 恤

· 米色短裤

不喜欢大面积的条纹裹身，就从小处着手。敞开的西装外套露出了小部分的条纹，抹平了条纹的扩张感，身材微丰的女性可以尝试这种方案。而条纹作为点缀出现，所带来的休闲气息是无法被掩盖的。

小贴士

不同年龄段女性怎样穿条纹衫

选择条纹衫时，女性朋友们一定要考虑到自己的年龄，不同的年龄段所适合的条纹衫是不一样的。下面就来具体给女性朋友们介绍一下：

（1）20 岁的女孩子充满活力，任何一件条纹衫都能穿搭的很靓丽，尤其是运动款的条纹衫更能凸显活力和俏皮。

（2）20~25 岁的女性虽然已经出入社会，但性格依然叛逆，追求时尚，认为有个性的东西才是最好的，所以适合色彩拼接较大的条纹衫。

（3）25 ~ 30 岁的女性开始懂得追求品质，是办公室里的中坚力量，可以选择看起来干练的竖条纹衫。

（4）30 岁以上的女性成熟而有韵味，也更加追求着装的品位，所以更适合条纹针织衫，可以搭配风衣或者大衣。

印花

没有任何女人可以拒绝印花的魔力。印花的多样性和艳丽的色彩组合，可以让每个女人都穿出属于自己的魅力。

波点印花是非常时髦和前卫的，适合那些平时穿衣打扮就比较大胆前卫的女孩子，气质与元素必须是协调的，如果是浪漫甜美的气质，不推荐波点印花。波点印花比较适合短发女孩。全身波点印花会非常出挑，但是很挑身材，最好是瘦高个，否则这种密集的效果会让人看起来臃肿和矮胖。波点非常适合厚坡跟的高跟鞋，简洁的或者粗犷的都会好看。配饰方面，几何图形的颈链和手链都是不错的选择。

奇异的几何造型元素使服装的立体感突出，尤其讲究服装的“建筑美感”。几何印花比单纯几何元素来得随性自然，适合不那么爱耍酷的女孩子。最经典的黑白颜色组合，基本适合任何特质的女孩，尤其是上班族。

渐变

渐变色是时尚喜爱的元素，它渐渐过渡的色泽带来混合的质感，如同秋季一样斑斓。灿烂金秋，那些明亮的色泽，涂染在服饰上显现出或清新亮丽或时尚个性的气质。

（1）高领的束脖，秀发自然垂下，宽松蝙蝠短袖边沿折叠，露出细长的手臂。深蓝色向淡紫色的渐变，色泽明亮，清新自然。舒适柔软的面料带来灵动飘逸的质感，配以紧身牛仔和长筒靴，亭亭玉立如同优雅兰花。

（2）针织长体连衣的款式，V 形领口，连帽的设计随意休闲。明亮的火红色向黑色渐渐过渡，于腰处做过渡色泽的处理，有扎染的感觉，别具特色。袖口紧致，竖型条纹肌理分明，配以闪亮的挂饰，时尚张扬，热烈率性。

（3）卫衣款式，渐变色的运用自然妥帖，藏青色向草色的过渡，如同置身于高原，高耸山脉悠远呈深青色，视觉渐渐往下，便看到了广阔的草原，浅绿的草色铺展开去。拉链的设计如同流淌的小河，缓缓游于山脉草原之间。连帽上别致的粗线头，如同优雅的云，飘逸滑过。休闲而幽静的风格，略带自然质感。

造型

花朵

常言道“女人如花”，相信没有几个女人不爱花。花朵图案的衣服灿烂明媚，花朵造型的衣服就更是形神兼具了。花朵元素无论在女装，还是在男装上运用都非常广泛。花朵图案的变化多样，不同花式的选用，不同的堆积效果，不同的组合，都能创造出独特的图案形象，突出不一样的主题。女生天生就喜欢花，不论是娇媚的、可爱的、俏皮的，女性们心中都有自己向往的花样年华。美丽的花朵披在身上，就像夏日阳光下的美丽花蝴蝶，娇羞艳丽，挡不住的光彩。

（1）花朵堆积连衣裤：满满的花朵堆积，不留一点空隙，图案的设计给人满满的幸福感。雪纺面料，柔软清爽。连衣裤设计既轻快又可爱。

（2）泡泡袖花朵高腰连衣裙：裙身上部分是碎花设计的纯棉面料，搭配粉红色的裙下装，娇羞甜美。

（3）大花朵宽松 T 恤：宽松的衣身，加上大大的花朵图案，就像在画板上画出的彩绘图案，令人神怡。

（4）露肩碎花雪纺衫：领口的松紧带，让衣服不会因大领口而容易脱落。碎花雪纺面料，充满了法国浪漫田园色彩。

（5）深色花朵直身裙：深色的花朵面料，给人一种怀旧的感觉。复古风的花裙款，让人着迷。

小贴士

立体花朵服饰该怎样搭配

女性如果选择立体花服饰，也需要注意搭配。如果想平日穿着，首先，应尽量选择整体干净简洁的款式，色彩搭配也不能复杂，以单色为佳，否则就会和花朵造型乱成一团。其次，缩小花朵的面积，要么单朵大花造型，要么数朵小花造型。搭配时也要遵循简单原则，不过可以用配饰上的花朵来与衣服呼应，可以选择一双立体花朵的单鞋与其搭配。

铆钉

摇滚乐手穿普通黑衣黑裤就能散发出的强大气场一般人都没有，怎么办？必须借助强大的符号来撑场面，于是视觉攻击性颇强的铆钉成为最抢手的摇滚元素。

觉得自己不够硬朗的女生可以选择铆钉点缀的鞋和包包，这时候提升的绝对是时尚度而非摇滚的硬度。另外，日常穿着的话，一件带铆钉的单品就够，千万不要玩混搭。

流苏

如果觉得铆钉的男性气质太重，可以试试带绳索、流苏的设计。当年伍德斯托 克音乐节上，吉他之神吉米·亨德里克斯一身银白的流苏装成为其经典形象之一。其后，不同材质的流苏或仅仅是流苏印花都被各大品牌使用。而绳索这样带有特殊味道的装饰，则在哥特以及朋克服饰中打造出飘逸等各类迥异的风格。总的来说，流苏与绳索是属于低调派的。

虽然流苏看起来没有铆钉那么实用，但其可打造的风格实在太多了：哥特、华丽摇滚、朋克，甚至是小清新。但由于其视觉上的下垂感强，建议个子不高的人慎选。

褶皱

有时候一些细节上的流行元素往往最能打动人心，就拿褶皱元素来说，有时它带给大家一种怀旧的华美，有时候它又可以被表现得十分另类。有时它是如此充满华贵的宫廷气息，有时它又会散发出潇洒随意的气质。

无论是哪个品牌的包包，都能找到抽褶的痕迹，褶子抽得多的，如行将开放的花朵，娇俏妩媚；褶子抽得少点，马上摇身一变，严肃了许多。

抽褶的包包不挑人，但挑衣服。与有相同元素的服饰加在一起，自然不会出错，女人味更浓；和简洁的套装在一起，则有锦上添花的作用，不至于让人太过沉闷。有人把抽褶包称作办公室女性通勤包的最佳选择，也不无道理，穿着套装的女人拿着抽褶包而不是公文包上班，给人一种非常有气质的感觉。

荷叶边

荷叶边一直是春夏最时尚的元素之一，它可以让你显得既优雅又妩媚，一起来看看下面几组荷叶边元素装扮吧：

（1）白色蕾丝背心搭配粉色荷叶裙，温柔而甜美，外搭一件黑色的开襟针织衫，增加了几分都市女性的优雅感。

（2）浅紫色真丝衬衣的亮点在于荷叶领的设计，外搭一件普通的黑色西装和A字裙，更能显示女性温婉尔雅的个性。

（3）荷叶领白色真丝衬衣看起来非常纯净，搭配一件紧身灰色开襟针织衫，凸显出女性的纤细腰围，搭配米色A字裙更显知性风范。

（4）浅黄色衬衣搭配米色A字裙，中性的颜色却不失女性优雅的气质，外搭一件长款浅绿色风衣，让你更显白领稳重气质。

（5）中性的格子衬衣加上荷叶领的设计，让这件衬衣增加了一丝温柔的气息，黑色的A字裙采用了双排扣的设计，让你马上变成一个妩媚又时尚的都市女性。

（6）粉红色长T恤穿在外面，非常大方，而领口透出的蕾丝花边，让女性的脖子更显妩媚，搭配白色荷叶裙和绿色腰带，更显出一丝温柔。

蝴蝶结

蝴蝶结飞翔在我们童年的梦里，我们总是会去憧憬一条缀满红色缎带蝴蝶结的裙子，或者一双有蝴蝶结盘扣的皮鞋。当所有的童年往事都被时间尘封，那些属于蝴蝶结的梦想却依然陪伴着女人。

你可以在任何衣饰上寻找到蝴蝶结的影子：蝴蝶领结、经典的巴洛克式丝巾蝴蝶结、蝴蝶结胸花、蝴蝶结装饰……蝴蝶结无处不在，成为女性服饰的亮点。

穿戴小方案

方案1：丝巾蝴蝶结配衬衣

- 淡紫色薄纱衬衣
- 黑底圆点丝巾
- 牛仔迷你裙

衬衣配上蝴蝶结样式的领结是常用的做法。衬衣和迷你裙下装的造型都很简洁，不过从颜色搭配上来说，衬衣颜色显得浅了一点。于是用了黑色的丝巾点缀胸口，这样就平衡了上下身的色彩浓度。蝴蝶结的打法凸显了青春活泼的气息。

方案2：连衣裙配蝴蝶结腰带

·灰色吊带连衣裙　　·白色蝴蝶结腰带

本来是很普通的连衣裙因为有了腰间的蝴蝶结而显得格外精致。灰色吊带连衣裙本是帐篷型的宽松设计,用一条白色丝带系在腰间,立马显露了纤细腰身。而且将连衣裙收缩后，打造出百褶的效果，一条展示可爱的宽松连衣裙被成功改造成最文静的淑女裙。

方案3：背面的蝴蝶结

·青色无袖荷叶领衬衣　　·白色迷你短裙

本套着装的最大亮点便是背面的蝴蝶结。垂坠感十足的面料使得腰间的蝴蝶结姿态优雅，腰肢轻摆便流露万般风情，让你的背面也成为焦点。不过需要提醒的是，臀部过于丰满的女性不要选择这种样式的着装，因为蝴蝶结的膨胀感会让你的臀部显得更为肥厚。

方案4：边侧蝴蝶结

·黄白条纹T恤　　·白色休闲裤

没有这个蝴蝶结，整套搭配就过于平凡，而且也欠缺了些女人味道。边侧的白色蝴蝶结让你的腰间出现亮点，这种不对称的装饰为你增添了几分女孩的俏皮可爱。

场合搭配

正式场合

职场搭配

一提到职场服装搭配，很多美眉马上想到的就是经典的“黑白配”，其实职场着装并非如此千篇一律。作为职场新人，学点职场服饰搭配技巧，尤其是职场新人着装技巧，能让你的职场生涯更顺利。

半身裙是白领必备的职场搭配，上班场合选择优雅的半身裙搭配，让你看起来高雅知性，为赢得良好的人际关系打下基础。下面为大家介绍几款时尚又不失干练气质的职业搭配：

毛领毛呢外套搭配棕色的半身裙，穿上卡其色的高筒靴，高挑身材显出来。

蓝色的半身裙搭配黑色的蕾丝打底衫，还有一款别致的开衫，优雅知性的职场搭配。

白色的上衣搭配同色系的半身裙，披上一件皮草马甲，拎一个菱格链条包，甜美又雅致的职业装扮。

另外，极具时尚感的职业套裙也能尽显女士们高贵优雅的穿衣风格，所以，套裙也成为一种时尚。黑色的套裙给人一种端庄正式的感觉，用白色的衬衫作为打底，搭配黑色西装外套，在传统的职业装中，加上一条冬季非常流行的黑色铅笔裙，大秀优雅的淑女风格，加上鱼嘴高跟鞋和流行的手拿包，增加时尚感，让纤瘦笔直的小腿线条展露无遗，极具美感。将正式的职业装融入潮流元素，便能打造出时尚的造型。再比如，将流行的豹纹风格融入优雅的淑女高腰裙，打造出霸气又不失高雅的风格，搭配一件黑色的短款上衣，既展现出女性的曲线美，又有拉长腿部线条的效果，尽显高挑苗条的身材。

小贴士

冬季女性如何搭配职业装

寒冷的冬季，女性应该怎样选择职场搭配呢？简约是冬天女性的职场搭配的首选，不会显得臃肿，反而彰显了干练。比如，可以选择简单的上衣搭配皮质短裤，用透明丝袜和长靴来展示纤瘦的美腿线条和性感风情。或者选择高质感的毛呢外套，在简约的剪裁设计下配以蕾丝花边的点缀，优雅又透着小女人的柔美，用印花的丝质围巾增加层次感，展露高雅的格调。而橘色的时尚包包提高了整体搭配的亮度，尽显职场女性时尚的穿衣风格。

晚宴搭配

晚上 8 点以后的隆重晚宴，你该穿什么衣服呢？正装太死板，平日的职业装又显得过于休闲。赴晚宴，你需要选择合身的晚礼服。

晚礼服是女士礼服中档次最高、充分展示个性的礼服样式，又称晚宴服、舞会服，常与披肩、外套、斗篷之类的衣服相配，与华美的装饰手套等共同构成整体装束效果。相对日常的穿着，晚礼服似乎显得过于奢华，而且穿着机会并不是很多。但比起与晚宴气氛格格不入的尴尬，你还是应该准备一套适宜的晚礼服。

晚礼服以连身长裙的款式最为常见。通常在设计上会强调女性窈窕的腰肢，夸张臀部以下裙子的重量感，同时会在肩、胸、臂等部位给予裸露，为华丽的首饰留下表现空间。面料的选择也以丝光面料、闪光缎等一些华丽、高贵的材料为佳。

穿戴小方案

方案：晚礼服配小披肩

· 黑色吊带晚礼服　　　　· 白色纱质披肩

晚礼服的设计与剪裁不会很繁杂，所体现的是格调。面料的选择一定要高档，这样才能有华贵气息。配上纱质的小披肩，气质更加端庄贤淑。

新娘搭配

虽然新娘是婚宴上流动的风景、百分百的焦点，但宾客的眼光却是挑剔的，装扮出错的新娘，一定会被无情地当作经典错例。在婚宴这种美女云集的地方，身为绝对主角的新娘，当然不可轻易示弱，怎样才能体现出主角应有的魅力呢？关键就在于搭配。所以，新娘一定要对自己搭配了然于胸，有些禁忌也要早知道才好。

1. 各种打扮配搭，最好不要抄袭

虽然看到的杂志中的模特很漂亮，但因为有不少环境因素影响，是否适合自己不得而知，最好能将自己的喜好也放下，选择一些完全适合自己的配搭。自己的样貌与模特是否相像并不太清楚，若照样子学，实属不智，如果你很喜欢模特的化妆及发型，又自觉适合的话不妨一试，如果纯粹看到别人漂亮便抄袭那就不好了。往往自己喜欢的和专业人士的眼光有所出入，要接受他人的意见，许多时候都要经过反复尝试，接受各种试验。

2. 婚前一日最好不要刮面毛

好多人为了大婚的日子来个靓妆，都会去刮面毛，其实此举极为不当，可能你以前也刮过，事后什么事情也没有发生，便认为没问题，但今时不同往日，紧张的心情可能会影响皮肤导致敏感的情况出现，所以最好提早一星期刮，到了大婚前两三日再检查一下，只要不太杂乱便可以了。

如果面毛不是太多，也没有必要去刮，刮面毛其实是一件比较复杂的事，一个不留神还会有意外发生。

3. 不要过于因循守旧

化出来的妆，倘若感觉像欠缺什么似的，那可能是整个妆包括口红、肤色太接近了，这时候可选色泽浓一点的唇膏，将唇的轮廓勾出来。而面上可选一些健康而明朗的胭脂，逐渐将色彩扫上，直至满意为止，这样便能化出一个不夸张但又自然的妆了。

平日不化妆的女士，大婚日子也应该化一化，颜色可以不太强烈，最起码也要打一打阴影，将轮廓勾画出来。

4. 婚纱与发型要配合

一袭优雅的婚纱不应该配一个乱七八糟的发型，而宫廷式的礼服加卷曲的头发又会给人很隆重的感觉，至于一些时尚款的婚纱，若配以大大的皇冠头饰，看起来又不太合衬。化妆亦一样，如果拣选一件可爱款式的婚纱就不应该化一个成熟稳重的妆，这会破坏气氛，让人感觉不伦不类。

首先要客观地判断出所选的婚纱属于性感火辣型，还是纯纯的可爱型。一般A字形剪裁、大胆露背、露胸设计，以及暗花的用料，看起来感觉高尚兼有味道，而大蝴蝶的设计，加上花边围绕，可爱形象油然而生。两种的风格全然不同，自己将以什么形象出现要先做决定，这样方便发型及化妆的配合。

5. 选头纱，最好先听取专业人士的意见，然后再做决定

挑选婚纱时往往只顾看，头纱的配合往往被忽略了，其实这是整体的装备，若各自精彩，那便是失败之作了。纯白色的婚纱，与银色系列的头纱会比较匹配，而非纯白色的婚纱，最好就是配金色系列的头纱。皆因纯白色的头纱配纯白色的婚纱，拼在一起时会产生出微妙的变化，看起来会不一样的纯白。至于采用鲜花球亦要注意，花太小感觉冷冷清清，没有看头，反之，花太大又会影响平衡感，因此，最好还是听取专业人士的意见。

要穿什么款式的婚纱，要配什么样子的头饰没有一个准则。用鲜花做的头饰，所选用的鲜花头饰一定要与婚纱配合，例如花放的位置、所选花的品种等都很重要，不同的选择，都可以令你变得活泼可爱，又可以将你变得性感、成熟。即使同样

款式头纱，用碎花点缀就比插满花球来得亲切，所以，尽管是自己很喜欢的款式，但做出来的效果很可能和想象中有出入，因此必须加以调整，才能将自己最美的一面表露出来。

小贴士

新娘如何选择婚鞋

为了便于配搭礼服，新娘选择婚鞋时最好选择黑白红三种基本色彩，因为如今新娘的礼服不再单调和乏味，颜色不只有单纯的白，搭配礼服的鞋子也不再按常理出现，金、银、粉红、芥末黄、嫩绿、炫紫、孔雀蓝等炫丽的颜色也很常见。至于婚鞋的款式，多数婚礼布置的基调为雅致，因此，婚鞋选择时根据礼服款式变化即可，简洁或复杂、包裹或裸露也可随个人喜好挑选。至于鞋跟的高低，新娘即可选择高跟，也可选择坡跟和平跟，不过要适当考虑新郎身高选择。另外，穿着高跟鞋站久了，新娘会很累，所以最好选择平跟会舒适一些。

非正式场合

约会搭配

每次与男友约会是不是很烦要穿什么呢？在季节交替之际，淑女风格的约会装应该能打动他的心。一起来学学怎么搭配吧。

1. 宽松针织毛衣＋白色蕾丝短裙

宽松针织毛衣，清新淡雅的绿色，很有春天的气息，迷人养眼的设计，蝙蝠袖款式，宽松有致。搭配白色蕾丝短裙和浅灰色裤袜，高跟鞋尽显时尚个性魅力。

2. 撞色翻领西装＋高领打底衫＋丝巾

撞色翻领修身西装外套，淡淡的蓝色，清新的淡雅，不管是上班还是约会都是非常迷人的装扮。内搭白色高领打底衫，下穿深蓝色高腰裙，配上印花丝巾，更有时尚感。

3. 小蝴蝶结衬衫＋波点裙

小蝴蝶结衬衫，加入蕾丝元素，更显精致甜美。黑色蝴蝶结装饰可爱俏皮。搭配波点短裙和毛衣外套，高贵优雅，尽显淑女气质。

派对搭配

如果是非正式的如朋友狂欢聚会等，可以选择性感的蕾丝、轻盈皮草、野性的豹纹与一步裙结合在一起，展现你动感奢华的女人味。及膝优雅廓型小洋裙，性感窄小的迷你裙，都让若隐若现的蕾丝无数飘动。此外，还有条形皮草披肩、珍珠缀饰等装饰，在样式单一的小洋裙中尽显奢华华丽。一条款式简洁的、裙摆不对称设计的纯黑小洋裙，搭配红色狐狸毛马夹，或豹纹西装外套搭配光闪面料的抹胸短裙，都可以为派对带来一丝不一样的感觉。

如果是稍微正式的，比如公司酒会等，可以选一条出挑的小礼裙。夸张的轮廓、荷叶边装饰，以及亮泽的面料材质都可以焕发出小礼裙的新生命。黑白是最经典的组合，为了突破常规可选择有夸张装饰的款式，比如有荷叶边的立体轮廓设计，巧妙地打破了黑色的沉闷还增加了女性化元素，不妨大胆尝试。此外，吊带款小礼裙多半会和皮草披肩或小外套结伴出行，是寒冷冬日里的御寒法宝。

逛街搭配

在阳光明媚的日子里，约上几个好友一起去逛街，这就是日常生活中最幸福的事情。逛街搭配，不仅要舒适自在，还要打造100%的回头率。随意轻松的逛街穿衣打扮，一样能够穿出个人气质，让逛街过程充满趣味。

（1）宽松的短款T恤，搭配牛仔短裤、白色帆布鞋，充满了学生气息。

（2）黄色的连帽衫，搭配简单的长裤皮鞋，简直就像个大学生一样清纯可人，再加上黑框眼镜和双肩包，完全放松的状态。

（3）橘红色的罩衫是比较受欢迎的单品，搭配拼接牛仔布的小短裙，看上去清新又不失俏皮，鞋子也应选择舒服的款式。

孕期搭配

孕期是女人一生中一段最特殊的时光。身材急剧变化，肚子挺出准妈妈的骄傲，但也让穿衣成了难事。以往为了凸显迷人曲线而买的衣裤现在怎么也穿不上，难道就这样灰头土脸地敷衍自己，度过这样一段意义重大的时光？当然不可以，准妈妈也要穿出自己的风采。

现在很多品牌旗下都有专门的孕妇系列，这些服装在造型、结构、面料、色彩上都有着特殊的要求。孕妇装在整体款式上要求设计简单，避免过多累赘的装饰。面料除了考虑季节，还要求不能过于柔软，柔和而少有挺度的衣料最为合适。因为孕妇承担着两个人的生命，所以很劳累，这也是为什么大多数孕妇的脸色失去了往常的光泽。也正因为如此，孕妇装的颜色不能太过鲜亮，否则更容易衬得脸色不好。选择柔和、安静的颜色最能抚慰准妈妈的心。

掩饰技巧

面容掩饰

减龄装扮

每个女生都希望能够留住时间，永远都青春亮丽。其实这样也不是不可能的，首先我们就从减龄装扮上下手吧。选择亮色系的服装、较有活力的款式、百变的搭配，只要懂得一些减龄装扮的搭配技巧，我们的减龄梦想就可以实现。

（1）街头风的纯色连衣裙完美演绎了复古的大潮；棉质的布料上身更加舒适；黄色的鲜艳和灰色的经典都是无可挑剔的颜色。

（2）精致的荷叶边短款裙子，彰显着小女人的娇羞与妩媚，层叠的荷叶边，透着精明与浪漫，小女人的妩媚与优雅，又带着点甜甜的淡雅，配上可爱的天鹅T恤充满浪漫时尚感。

（3）俏皮可爱的猫咪采用红色的亮片，精致的烫钻让一只小猫美女活跃而上。卷毛式的发型，采用亮片的闪烁，让小猫的灵动活跃而上。精致的烫钻，重手工定亮片设计，更显灵动，莱卡棉的弹性面料，伸缩自然，适合所有喜欢这款T恤的女性。

（4）白色娃娃领浅蓝色雪纺衬衫，有点小透视的款式，隐约的性感十分有味道。搭配裸粉色包臀裙，秀气甜美。

显白穿搭

俗话说“一白遮三丑”，女孩子要想穿衣显白，可以选择以下几种搭配方式：

1. 宝蓝色收腰百褶连衣裙

无袖翻领百褶雪纺连衣裙，清爽亮丽的宝蓝色，怎么看怎么喜欢，超显白，清爽大气感十足。

2. 条纹撞色收腰连衣裙

甜美海派条纹无袖连衣裙，虽然竖条纹比横条纹更为显瘦，但横条纹只要加点腰间抽褶，显白效果也不弱，清爽百搭。

3. 一字领收腰连衣裙

伸缩领口束腰甜美连衣裙，靓丽好看的姜黄色，显白又俏皮可爱。

身材掩饰

矮个穿衣

矮个女孩们，总希望有一天能拥有高挑的身材。其实，只要最大限度地缩短下装的长度，矮个女孩照样可以穿出大长腿。

（1）纯白衬衫+碎花背带半身裙，裙子合适的长度，刚好露出美眉纤细的长腿。

（2）黑白色系的连衣裙，款式经典、大方，不过膝的设计，大秀纤细的美腿，清甜的样子很是惹人喜爱。

（3）明黄色的上衣，配上假领式的项链，俏皮的样子，凸显性感的小女人味。黑色的百褶裙是显高的心机美搭。

胖人服饰

肥胖的女孩，总是为自己的身材苦恼，不知如何穿着才漂亮。其实只要成功运用服饰的搭配、设计的技巧，便能装扮出迷人的风采，拥有优雅的步伐。

1. 深浅层次穿法

对于胖女孩来说，将浅色穿在里面，而深色套在外面不仅使整个人显得活泼，而且身材也会看起来很苗条。实用的穿法如内穿白色连衣裙，外套深色开衫，像黑色、墨绿、紫红都是不错的颜色。但切忌将浅色穿在外面，深色穿在里面，这样人看起来会有不胖也平添几斤的感觉，而且还显得很土气。

2. 色彩协调穿法

有位时装大师曾经说过，其实女性穿衣服最重要的是颜色，颜色比衣服的质地、样式更能体现女性美。但如果衣服颜色杂乱，对比度大，穿上去的效果就比颜色协调的衣服显得胖。所以丰满女性在衣服颜色搭配上一定要花些心思，尽量穿同一色系的服装，实用的穿法如深浅不一的蓝、灰、粉上衣与裙或裤相搭配，一定会让人有惊艳的效果。需要注意的是颜色对比一定要小，而且最好是上下衣分穿，这样看起来就不臃肿了。

3. 掩盖缺点穿法

其实一些女孩总体来说并不胖，只是一些部位脂肪多了一些，如胳膊、腰、腿比较粗，修饰这些毛病就更简单。可以用视线转移的方法，穿浅色衣服的同时佩带一些小饰品，如小丝巾、胸坠等，或夸张一下身上较瘦的地方，以整体效果掩盖局部的一些不足，把自己装扮成既时髦又有品位的女郎。

瘦人穿搭

炎炎夏日，那些瘦骨嶙峋身材干扁的女生们面对越穿越少的衣服，总会觉得撑不起来，穿起来没样子。更担心的是，细胳膊细腿和小学生般的胸部也将暴露无遗。其实，只要巧妙穿搭，也可以展现出靓丽的风采。

（1）多层次的叠穿给服装增加了重量感。

（2）亮丽色彩的格子裙配合高腰的设计，展现好身材。

（3）及膝的小蛋糕裙下摆巧妙地塑造了优美的身材曲线。

（4）清薄的雪纺运用上鲜艳的色彩与放大的肩部设计增加了蓬松感。

（5）漂亮的粉色礼服裙，宛若美丽的希腊女神。

（6） 横条纹加上一件短款与下身褶皱感极强的灯笼裤，立显玲珑腰线。

（7）腰部的抽绳设计，将平直的裙子产生褶皱，增加立体感。

（8）运用不同色块打造身体轮廓。

（9）运用两件叠穿的方法，会让衣服更有质感也更时尚，感觉精瘦但很健康。

平胸掩饰

女孩子要想从穿衣上来掩饰平胸的尴尬，可以借鉴以下几种方法：

（1）露肩的上衣有利于转移注意力，前襟波浪式雪纺起了很好的掩饰作用。上衣因为吊颈部分的扭转而使衣服在胸部形成一定空当，同时褶皱也增强了这种效果，使胸部看起来更丰满。

（2）挂一条精致的项链，可以把人的视线都集中到项链部分。

（3）低胸裙，但是开口的位置恰到好处，同时在开口处营造出层次感和肩上的细节都有助于转移注意力。

（4）前襟复杂的设计能够增强层次感，在掩饰的同时也在无形中扩张了胸部空间。

（5）罩在外面的透明丝质外衣起到分散视线的作用。

（6）恰到好处的花纹点缀，还有前襟的双层处理，都可以掩饰平坦的胸部。

粗腿掩饰

夏日街头，满目都是缤纷短裤、短裙，你是否还在偷偷烦恼自己那两条粗短的腿不知如何安置？下面教大家几招修饰粗腿的搭配方式：

第一招：长裤——宽松麻裤或垂坠缎面长裤

长裤对腿形的修饰功能很强大，所以好好利用不同长裤的特点可以达到令粗腿显瘦的目的。需要注意的是，多少有些牛仔裤很容易会让腿部显得更加臃肿，所以通常不建议腿粗女性选择牛仔质地的裤子。

第二招：过膝裤——束脚运动裤或棉质铅笔裤

阳光充足的夏天是挥洒热汗的季节。如果害怕长裤太过闷热，那么轻巧的过膝中裤就最适合你。当然，在选择中裤的时候必须很有技巧，之所以要过膝，是因为它们可以帮助你遮挡膝盖部位臃肿的线条，让你的腿部看起来更加匀称。

第三招：裙子——宽松长裙或棉质超短裙

比起会露出腿部线条的裤子，裙子最能便利地帮助女孩修饰粗壮的小腿，但前提是，你必须选择一条面料优良、剪裁出色、适合自己的裙子。

粗腰掩饰

水肚子，大粗腰，这些真影响爱美女性的心情，但是如果掌握一定的小技巧，这些统统都是可以掩饰的。

（1）宽松的款式，轻盈的雪纺质地，成功掩饰大肚子，大粗腰。

（2）腰部的繁复装饰，别致又不显腰形，也是不错的选择。

（3）高腰款式，突出胸部，掩盖腰部。

（4）长款的高腰裙子，不仅修饰腰部，而且掩盖大粗腿，但是适合身材高挑的女性。

配饰配件篇

配饰

饰品

耳坠

耳坠并非就只有环形小圈样式，耳钉、耳坠等耳坠家族的饰品都能在你的耳边唱出精彩的配饰曲。

一般来说，耳坠类饰品讲究成对使用，每只耳朵均佩戴一只。正式场合中，这一对耳坠需要一模一样。而休闲生活中，你可以采用互相呼应的两只不同的耳坠，比如一边戴小锁样式的挂坠，另一边戴着钥匙样式的挂坠，这样的组合让你的形象添了几分生动。

现在很多年轻人打破了两只耳坠的传统，戴单边耳饰，或者整个耳朵打满了耳洞。这样的形象只适合夜店，平时以这样的形象示人显得太嬉皮了。另外，戴单边耳饰的人需要注意，有时候这种形象会让人误解你的性取向，所以最好不要轻易尝试。

小贴士

珍珠耳坠如何保养

珍珠的硬度很低，极易因摩擦而使表面失去光泽。珍珠的成分是碳酸钙，遇酸便会遭受腐蚀溶解。夏日易出汗，汗水也会使珍珠的表面受到损害而失去原有的光泽。化妆品中的粉剂、香水和发乳等，也会使珍珠逐渐失色。如果被汗渍玷污之后，可放在清水中漂洗，再用柔软的织品轻轻擦干即可。珍珠耳坠在收藏之前，务必经过清水漂洗，存放之处也必须避开化妆品。

耳钉

耳钉是耳朵上的一种饰物，比耳环小，形如钉状。一般需穿过耳洞才能戴上，耳钉造型千变万化，但它改变不了这样的特点，即耳垂前边是耳钉造型，耳垂后边是耳背（也有称之为耳堵）。通常有银质、金质、塑料材质等类型。耳钉不佩戴的时候，或者佩戴之前，最好放入酒精里浸泡5分钟。有些人因为敏感会对一些金属产生过敏反应，建议如果过敏，最好使用银质的耳钉。

项链

项链是环形的颈部饰品，有长有短。短项链最配V字领的上衣，让领口的敞开处不至于显得空荡荡的。长项链不同的材质能传达出不同的气质：彩色硅胶项链突出青春气息；有些粗犷的藏银制成的长长的链子可以做毛衣链，民族风情浓厚；而长及胸前的珍珠项链则适合穿晚礼服，在隆重的晚宴上显出庄重和典雅。

戒指

戒指是一种戴在手指上的装饰珠宝。戒指可由女性和男性佩戴，材料可以是金属、宝石、塑料、木或骨质。戒指这种饰品，经过几千年的风雨洗礼，到如今已普遍为人们所接受，并且在现代生活中，扮演着一个不小的角色。或作为装饰，或作为婚姻的信物，或纯粹用来显富。戒指除了装饰的作用，还能暗示你的状况。不同的手指佩戴戒指含义可很不一样：

无名指佩戴戒指，是已婚的标志。也是在向周围的追求者宣告，你已经名花有主了。不过，婚戒一般都佩戴在左手的无名指上。

小拇指佩戴戒指，表示你是单身，也有独身主义者的意思。

中指佩戴戒指，不同的造型可以显示出不同的含义。比如心形的戒指，爱心的小尖朝里表明你心有所属，正在热恋中；而小尖朝外则表明你的心还在等待着爱人的来临。

当然，这些含义只是传统上的区分，现在戒指的装饰作用越来越被看重，这些含义有弱化的趋势。不过，只为装饰而佩戴的戒指也有一些法则需要遵守。同一只手最好不要戴超过两枚戒指，否则就有些俗气。而佩戴两枚戒指也要戴在相邻的两只手指上，而隔开的手指，就有不协调的隔断感。

小贴士

订婚戒指与结婚戒指的区别

订婚戒指和结婚戒指是不同的，订婚戒指是男方送给女朋友的戒指，用来确定你们准备结婚的意愿；结婚戒指是指男女双方一起佩戴的戒指，用来表示婚姻关系的确定。男女双方结婚时因为炙热的爱情使他们愿意永远厮守在一起，而非其他非物质的因素，订婚戒指和结婚戒指可以表达你的感情，但不是爱情只能用订婚戒指和结婚戒指表达。

手链

手链，一种首饰，佩戴在手腕部位的链条，多为金属制，特别是银制，也有矿石、水晶等制的。区别于手镯和手环，手链是链状的，以祈求平安，镇定心志和美观为主要用途。一般来说，手链是戴在右手的，而左手是用来戴手表的。

手链是在手镯的基础上，改制成的一种首饰。它既有手镯的气派，也有项链的灵气，可供选择的手镯链有：表带式，这种早期手镯链的款式比较大方、端庄、老少皆宜；手表式，它的特点是中间镶有一粒大宝石或一串小宝石，工艺精细，外形典雅、富丽，这种款式比较适合从事演出、翻译等工作的女性使用，对一些年过半百的妇女也很相宜；花式手镯链，有镶宝石的，也有不镶宝石的，有的用黄金、白金两种材料组成，色彩丰富，这种手镯链能两用或多用；多根式手链，由两根式或多根链条组成，也可以连接成一根当项链使用。

手镯

手镯是一种套在手腕上的环形饰品。按结构，一般可分为两种：一是封闭形圆环，以玉石材料为多；二是有端口或数个链片，以金属材料居多。按制作材料，可分为金手镯、银手镯、玉手镯、镶宝石手镯等。

戴手镯时，对手镯的个数没有严格限制，可以戴一只，也可以戴两只、三只，甚至更多。如果只戴一只，应戴在左手而不应是在右手上；如果戴两只，则可以左右手各戴一只，或都戴在左手上；如果戴三只，就应都戴在左手上，不可以一手戴一只，另一手戴两只。戴三只以上手镯的情况比较少见，即使要戴也都应戴在左手上，以造成强烈的不平衡感，达到标新立异、不同凡响的目的。不过在此应当指出，这种不平衡应通过与所穿服装的搭配来求得和谐，否则会因标新立异而破坏了手镯的装饰美。如果戴手镯又戴戒指时，则应当考虑两者在式样、质料、颜色等方面的协调与统一。

对初戴手镯者，还应注意选择手镯内径的大小，过小则会因紧贴腕部皮肤引起不舒适之感，甚至影响血液流通；过大则容易在手摆动过程中脱落而摔坏。对于玉质的手镯，试戴时宜在腕部下方垫上软物（如软垫之类），以免万一滑落坠地而摔断。

腰带

腰带用来固定裤子的实用性功能正在减弱，而作为配饰的装饰性功能却越来越强。平凡的衣装配上漂亮的腰带，就能焕发出意料之外的光彩。借由粗而宽大的腰带系在高腰位置，凸显出女性的修长曲线就是当下的一大穿衣要点。不论是穿着简单的T恤搭配牛仔裤、连身裤装等，还是长款衬衣、连衣裙，你都可以尝试系上一条别致的腰带，就能立刻让服装展现出不同的风貌，打造出时尚惬意的风采，呈现女性率性动人的一面。

目前市面上流行的腰带按材质可以划分为布料、皮革及其他等。布料腰带通常多是与服装一致的面料，一般比较长，可以在腰下一侧系一个结，飘然下垂，显出身材的苗条秀丽。你也可以用长丝巾来做腰带，深色低腰牛仔裤配上一条丝巾腰带，随意打结的蝴蝶结，尽情地展现你的窈窕腰身。

皮革则经常是宽腰带的材料，大多配有闪亮的金属扣装饰。颜色可以很多样，不过以黑色最多，因为它能搭配的色彩也更宽泛。使用这种皮革腰带，可以斜扣在胯上，让它呈现一个松松的弧形，给人潇洒大方的感觉。

配件

帽子

贝雷帽

无论是针织的还是绒料质地的贝雷帽，扁平的外形并不是每个女生戴上后都好看，只有五官轮廓较立体、脸型较小和下巴较尖的女生适合佩戴，甚至额高的女生戴上后也能在视觉上使脸型看来较细小。

有刘海的话，可以把该部位的头发置于一边，戴上帽子后仍可看到刘海部分。假如你把头发束成低发髻置在左右其中一旁，看起来便会多一点少女的时尚气息。

鸭舌帽

服饰的进化，总是从最初的遮羞、保暖功能，逐步升级到装饰、美化功能。帽子自然也不例外。传统的帽子，冬天用来保暖，夏天用来遮阳。逐渐演化，不同的帽子开始代表不同的身份、地位。就像古代皇帝都有加冕仪式，帽子还一度成为权力的象征。而现在的帽子，尤其是夏日的帽子，所承载的功能更多的是装饰性，与全身其他的服饰搭配，就能给人耳目一新的感觉。现在就让我们来看一看这场夏日的“帽子戏法”吧。

鸭舌帽是我们在夏季最常见到的一种类型的帽子。年轻人都喜欢鸭舌帽、T恤衫，再加牛仔裤的装扮。无论是男孩还是女孩，这样的搭配永远洋溢着青春的活力。不过，需要注意的是，帽子的色彩要与服装的色彩相协调。与服装主色调相近，就会给人舒适雅致之感；与服装色彩形成对比，则让人感到活泼清新。另外有这样一个小方法你可以尝试，选择与鞋子的颜色相呼应的帽子，可以让你首尾呼应，全身协调。

草编帽

草编帽子不仅样子美观，更是夏季必备的单品。雪纺不收腰连衣裙和平底凉鞋将女孩子的青春气息显露出来，而风情的大草帽则让你的气质不会过于幼稚。

此外，帽子的麻编质感带出浓浓的田园风味，帽圈的绿色丝带和服装的主题色彩融合，又不失时尚感。

针织帽

步入寒冬季节，想要搭配保暖又靓丽的造型，就选择一款适合自己的针织帽吧！韩国街头流行的针织帽，不但能为你带来无限温暖的感觉，还能帮助修饰脸部轮廓。

比如，宽边的黑色针织帽搭配条纹针织衫，将温暖与美丽升级；绒球装饰的针织帽尽显可爱气质，搭同色外套的针织外套，增加造型与色彩的和谐感；提花针织帽搭休闲外套升级冬日造型，个性的花纹搭出低价的华丽感。

货车帽

货车帽又叫卡车帽或卡车司机帽，是棒球帽的一种。有时它也被称为“广告帽”或“饲料帽子”，因为起初这类帽子是饲料或农业供应公司的宣传品，用来向农民和货车司机推广产品。嘻哈文化中，货车帽是装扮非常重要的元素之一，后来慢慢发展成为街头巷尾时尚年轻人喜爱的装饰品。

当下，货车帽不仅是男女通戴的必需品，也是明星日常装扮中不可缺少的一样，国内外大大小小的明星出门时都会戴一顶帽子并搭配太阳镜，让人们看起来星味十足。

棒球帽

棒球帽之所以叫棒球帽，主要是从美国流行起来的。棒球在美国非常流行，而比赛中防守一队的球员多数都是要戴一个棒球帽，所以很多球迷也会戴自己喜欢球队的帽子。流行起来后，当然就不只是棒球球队的帽子，各种款式和品牌的棒球帽在全世界都有很多，很流行。

棒球帽的传统搭法和卫衣或是休闲的服饰。但是现在时尚的元素不断向各个领域发展，棒球帽也开始进军时尚领域，只要你够胆，也可以学着时尚大师那样搭配。

丝巾

披肩

宽大气派的披肩，适当搭配，可以让你穿出优雅女人味。

1. 民族风披肩

波西米亚风格的时尚披肩，是很多大牌的经典之作，质地厚实，色彩艳丽，可做披肩又可当围巾，时尚又具潮味。

2. 皮草披肩

皮草披肩带着它特有的奢华与妩媚走进了这个冬天，保暖自不必说，最重要的是它的气场，无论是生活中还是宴会中都是出彩而尊贵的服饰。

3. 纯色披肩

纯色披肩是最具大众化的披肩，围巾、披肩怎么戴都是时尚，越简洁的服饰才是越百搭的好物。

小方巾

丝巾是女人飘动的情绪，总在不经意间轻轻流露，每条丝巾、每种打法都反映着不同女人的不同心态和情怀。方形丝巾是丝巾中最常见的一种，一直是增添女性魅力最有效的装饰，柔亮光泽的巾身与女人细腻的皮肤相得益彰。下面给女性朋友们具体介绍几种常见的方巾系法：

1. 平结

平结是很容易掌握的系法。式样端庄的衬衫与雪纺绸质地的丝巾相搭配，可以让你看上去显得更为淑女。

（1）丝巾按照对角折叠法折叠，将丝巾挂在脖子上，丝巾两端交叉在一起。

（2）把放在上面的一端拉长，然后将长的一端从短的一端下面向上穿过来系成一个结。

（3）将从下面穿过来的一端绕过较短的一端再系一个结。

（4）整理一下领结和丝巾两端的形状，将领结移到自己喜欢的位置。

2. 牛仔结

系法如其名，系后的效果给人热情活泼的印象。根据丝巾的材质以及花色图案的不同，系后的效果也会有所不同。丝巾系好之后，整理好丝巾褶，这样可以突出丝巾的花色图案。

（1）丝巾沿着对角线对折。

（2）将颈后的丝巾的两端系成一个平结。

（3）整理一下丝巾褶的形状。

3. 领带结

小领带结造型漂亮可爱，能够显示出少女的童心无限，最适合与外出游玩的服饰装束相配，能营造出一种休闲的感觉。选用饰有镶边的丝巾，会使领带结的形状更加醒目。

（1）丝巾按对角折叠法折叠，然后将丝巾以左右长度比为 2 ∶ 1 的比例挂在脖子上。

（2）将丝巾长的一端里面翻转过来，放到短的一端下面，然后将长的一端面朝上，从短的一端上面绕过去。

（3）将绕过来的部分从缠绕在脖子上的长的一端的下面穿过去。

长方巾

长方巾也是丝巾中常见的一种。女性可根据喜好或系法去选择适合的大小．搭配服装时，应根据丝巾面料材质选择最般配的系法，否则造型后的效果未必能如意。除真丝丝巾建议干洗外，其余材质的最好是手洗，晾干后用熨斗低温熨烫反面。收纳时，应尽量悬挂在衣架上，或轻轻折叠后放置在最上面，可避免褶皱。

素色的长方形围巾是运用最广泛的，无论何种年龄都可以使用，随意的挂在脖子上，或者绕上几圈。要特别注意围巾的颜色至少要有一种颜色与衣服的颜色相同或相近，从而达到和谐统一的效果。

长方巾可以随意披在肩上，如此的优雅气质必然让你成为晚宴焦点。海滩上的泳装女郎斜扎一条丝巾在臀部，就让它变成最热辣的短裙。若嫌身上的颜色太暗淡，系一条颜色活泼的丝巾在腰间，瞬间就能吸引众人的目光。

棉围巾

早春的来临意味着所有厚重的单品都要统统抛开，不过虽说是早春，但是冬季的寒冷也还没完全退去，在这时，棉质的围巾是保暖又时髦的首选。相对于厚厚的毛线围巾来说，棉质围巾更贴合节气，无论是颜色还是图案也比毛线围巾可选择的更多。

比如，蛇纹的图案看上去非常逼真，野性也被随之调动起来。用灰色的外衣做搭配让围巾看上去不那么突兀，优雅的气息也增加许多。

套头巾

头巾，最初是为了在地里干农活的劳动人民发明的朴实的物件，发展至今成为年轻人扮潮的一类时尚单品。很多人对于头巾一直有一种根深蒂固的印象，就是用毛巾扎成的西北汉子的羊肚头巾或者韩剧里洗三温暖室后的羊角头巾，而其实在潮流的发展下丝巾或针织头巾才是大势所趋，头巾价格实惠并且只要一扎上便可轻松凸显造型感。

箱包

钱包

对于大多数人而言，钱包是所有包袋中使用频率最高的单品之一，你可能会经常跟随你的着装风格更换你的手袋，但应该很少换钱包。因此，一款实用又好看的钱包绝对是最值得投资的单品之一。

（1）愉悦人的粉红色是青春少女们的最爱，边上一大圈的铆钉装饰带来时尚感，加上骷髅头扣子，更显个性。款型简洁大方，美观实用。

（2）浮雕般的面料美得让人惊艳。上面镶嵌着一只小小的象，小象上点缀着红色的水晶与白色五叶花，造型简洁又优美，堪称经典。

（3）蛇纹真皮带来肌理感，上面镶嵌着数十颗彩色的水钻，形成一个三角形，中间部分是一朵花的形状，造型极为光彩夺目，让人爱不释手。

手提包

皮包在装饰中到底占了多大的分量我们难以估量，但女人们对于它的热情倒是可以考察的。数一数你的皮包数量，不要被吓到，你真的买了这么多的包。

不同的衣服自然要配不同的包。使用皮包也可以采用撞色原理，尤其是你在穿着素色衣服的时候，如果挑选的包和衣服颜色太接近，就失去了装饰效果，应该用一些对比颜色的包。而如果你身上的色彩本身就很丰富了，不妨用一个净色包形成对比，画龙点睛的效果就是这样来的。皮包的种类多多，你在选择皮包时，除了考虑它和衣服的搭配，更要考虑场合因素。赴宴时，选择款式小的小型手袋，材质可以是丝绒、烫钻或者普通真皮等比较高档的材料。平时上班，选择容量较大、质地坚实、耐脏的皮包。而如果是和朋友一起逛街时，不妨选择一些造型活泼、颜色鲜艳的皮包。

帆布包

帆布包是用粗麻布制作的包，最大的特点就是结实耐用。其百搭性也令很多人青睐，可以和任何服饰搭配。帆布包本身独有的随性设计，加上最有话题的外表点缀与内在品质，是集合各大品牌流行元素于一身，针对年轻一族人群所设计的一系列时尚产品，轻盈的材质，百搭的色调，经过特殊处理，更散发出品牌向来秉持的低调时尚风格。秋冬季的新品种，激情奔放的造型搭配复古典雅的配饰成为亮点。

现实生活中，帆布包在其引人注目的程度丝毫不差，尤其是配饰上的运用，看起来十分典雅且高贵，不同的配饰给了人们不同的视觉冲击力，相同的材质又赋予人们多样的层次。并且，随着帆布包的设计元素越来越多，帆布包市场形成了以漂流木品牌为代表的时尚追求。帆布包是当下时尚潮人的新宠。帆布包基本是百搭类的，可以和任何服饰相衬。如何选择适合自己的帆布包呢？女性朋友们不妨从以下几个方面具体考虑：

1. 款式

选择帆布包时最好选择款式简洁时尚，色彩干净靓丽的，这样搭配起来也比较容易。

2. 面料

帆布面料由于坚实、耐牢的特质，早期更多被用于制造军用帐篷、降落伞等。随着科技的进步，纺织技术有了很大的提高，帆布的种类逐渐增加，应用更加广泛。在购买帆布包时，大家往往会有误区，有些女性认为面料越厚的帆布包，品质就越好，实则不然，面料品质与面料薄厚无关，含棉量及处理方式是决定面料品质的重要因素。

3. 做工

做工是否精细，决定着产品的档次品质。做工越细，越好。产品的档次就越高。女性朋友们需要查看的主要是：包的针脚是否流畅、均匀、不松线、不断线、走线要与包边保持平行；五金配件是否对称，锁扣结实，拉链拉合要顺畅；包体的重心是否偏移；两用包要注意长短带长度是否合适；很多人都忽略了包包的袋底，袋底要求平稳；包包有摺边的，厚薄应该适度，保持与包包的外观一样流畅；如果包包有磁性合盖，看合盖准确度是否合适，盖上时的手感是否顺畅。

4. 价格

价格其实代表的不仅仅是一个数字，而是结合了产品的品牌、用料，实用性、细节等综合因素。女性朋友们可以综合考虑自己的需求，购买适合自己的，最好能花同样的钱买到超值的东西。

小贴士

帆布包会不会掉色

很多女性都很关心帆布包会不会掉色。其实，纯棉帆布包在洗涤过程中都会有些许掉色的现象，这也是纯棉面料都会伴有的正常现象，像我们平时穿的深色纯棉T。但这也正是帆布包与众不同的独特魅力之一，经过水洗轻微脱色之后，颜色更显自然，进一步突显出帆布特有的层次质感。

手拿包

当7月的炎热让我们着装越来越少时，包包是不是也该轻便上阵？没错，背腻了挎包单肩包也要赶个时髦，手拿包出街，不光为了图轻便，时髦有范儿才是关键。

（1）蛇皮纹是手包设计中最常用的材质，米色配黑纹的色皮花纹给人一种舒适的跳跃感，很好地点缀了整身行头，鲜艳红裙和手镯的搭配更好地衬托包包的别致。

（2）商务实用的手包，金色链条可做装饰也可背挎，内部层次丰富的夹层设计颇具看点，各种东西都分门别类地安置好，像一个大号钱夹，对于繁忙的上班族再适合不过，橘红指甲油与包包也很搭调。复古腕表成为手部配饰的最佳单品，两三个小腕表和手链的混搭超级流行。

（3）复古风潮一直在流行，古董包从来没有离开过人们的视野，荧光色半腰裙把复古小包衬托得更加精致，荧光色指甲和手环更有玩味性，黑色系包包与荧色光的组合十分精彩。

漆皮包

漆皮分两种：一种是在皮质表面喷涂一层光亮剂，这类漆皮包尽量不要用湿布擦拭，如果遇到污渍可以用布稍沾一点水在有污渍的位置轻擦直到污渍消失为止。这是因为随着湿布反复擦拭可能导致光亮剂被擦掉，甚至使得光亮剂下的皮革受潮变硬，不仅包包光彩会慢慢暗淡下去，连包包本身都会慢慢变得僵硬，更有皮面裂缝的危险。用 PVC 薄膜贴制而成的漆皮包包相对结实，即使用湿布擦也不会有掉色等现象，但不要认为这样的包包就可以直接用湿布清洁，毕竟包的根本还是真皮，如果不慎令水渗透到内里还是会对包包产生伤害的，所以在用湿布快速擦拭过包面后，立即用一块干的软布把包面的水擦干才好。清洁后的漆皮包包在通风处晾干一下就行了。

宴会包

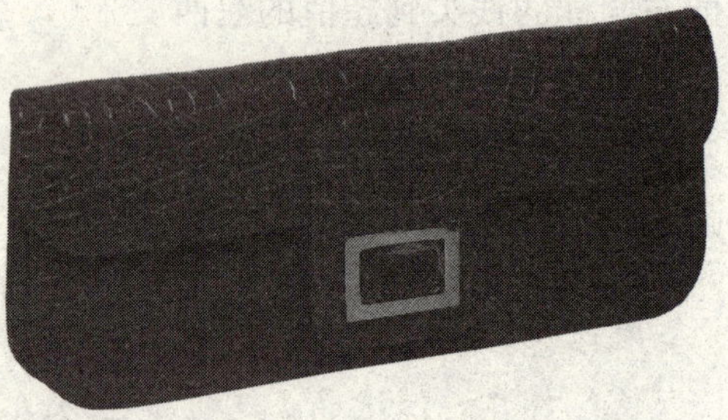

在各式宴会上，除了美丽的衣裳，宴会包的巧妙搭衬，绝对是增添整体感觉不可缺的重点，然而各式各样炙手可热的包款该如何选择呢？

（1）犹如糖果一般的亮丽银色，花瓣在包面盛开，奢华中带着性感的可爱氛围，十分迷人。

（2）设计风格独树一帜的包包，大蝴蝶结装饰成礼盒式包身，浓重色彩感的丝绒包袋配上流星般的包链，呈现出不一般的华丽感。

（3）黑色漆皮提包，简约流畅的线条和质感，呈现优雅别致的时尚美感，非常有品位。

（4）华丽的金色，复古的水晶装饰包身，呈现出一派高贵典雅的风情。

美容化妆篇

美颜护肤

清洁

洗面奶

洗面奶是一种高级洗脸剂，品质优良的洗面奶应该具有清洁、营养、保护皮肤的功效。一般来说，普通洗面奶是不具有美白效果的。若在优质洗面奶中添加适量的皮肤美白剂，久用是会有美白功效的。

女性朋友每天洗脸，勤换洗面奶。不同肤质的 pH 值是不同的，同一品牌的洁面品常常使用同一种基础的油脂、增稠剂、固化剂、表面活性剂等，因此它的酸碱值具有一定的特性。皮肤由于新陈代谢，会在毛孔里排出一些像皮脂、死角质细胞等废物，加上残留的化妆品，空气中的灰尘等污染物，使得毛孔里有很多的污垢。因此，我们选用的洗面奶要能清除掉这些污垢。

那么，到底该如何来选择洗面奶呢？护肤专家认为，女性应该根据肤质的需要进行选择

1. 油性皮肤

油性皮肤因为皮肤分泌油脂比一般人多，所以需要选择一些清洁能力比较强的产品。通常需要选择一些皂剂产品。因为皂剂产品去脂力强，又容易冲洗，洗后皮肤感觉非常清爽。

2. 混合型皮肤

这类皮肤主要 T 区部位比较油，而脸颊部位一般是中性，有的可能是干性。所以这种皮肤要在 T 区部位和脸颊部位取个平衡，不能只考虑 T 区部位清洁干净而选一些去脂力非常强的产品，尤其是在秋冬季节。

3. 中性皮肤

这类皮肤是最容易护理的。一般选泡沫型洗面奶就可以了。洗后感觉滋润，不紧绷。当然如果在秋冬时候，感觉皮肤比较干的时候也可以改用无泡洗面奶。

4. 干性皮肤

这类皮肤最好不使用泡沫型洗面奶。可以用一些清洁油、清洁霜或者是无泡型洗面奶。目前清洁油类产品在一些中高档产品中有，因为相对清洁霜而言，这类产品比较清爽。

小贴士

洗面奶使用方法

女性在使用洗面奶时，先将脸打湿，湿润面部后，然后在手上挤适量的洗面奶，在额头、鼻尖、两颊轻轻揉开，再按照从下到上从里到外的打圈方式按摩脸几分钟，要注意清洗鼻头等容易藏污垢的地方，然后用清水揉开，轻轻按摩半分钟，然后洗净。每天 1~2 次。由于自来水含氯气伤害皮肤，所以清洁时最好使用纯净水，水温 37℃最好，油性皮肤、黑头、痤疮皮肤可以用洗面奶按摩 1 分钟左右。有红血丝皮肤的女洗脸时注意不要水温过高，否则会加重红血丝的症状。

洁面皂

洁面皂又称美容皂、洁肤皂、滋养皂，是具有保湿、控油、抗痘、美白等功效的美容护肤类香皂，现在洁面皂已成为洁面家族的明星，拥有诸多铁杆粉丝。回归天然、使用有机成分，洁面皂摆脱以往洗颜皂给人干涩紧绷、肥皂味重的形象，再度席卷美容界。现在的成分更讲究，有针对不同肤质、不同肌肤问题及不同治愈效果的专属洁面皂。洁面皂分皂碱配方和非皂碱配方，洁面皂的好坏不是由 pH 值说了算，而是洗得干净，对皮肤又没有刺激性就可以了。由于洁面产品是用完冲掉，所以用了一次两次只能感受它的清洁力，没办法鉴别对皮肤的刺激性，最好使用大约一个星期，感觉是否有明显的不适或者刺痛感。当然如果用了一两次就有明显的刺激感和疼痛感，两个原因，一是你的皮肤太脆弱，二是产品太刺激，应立刻停用。

选用洁面皂时，应注意以下使用误区：

1. 肥皂洗完后超干

有的洁面皂里头含有丰富的油脂，以橄榄油、葵花油等天然植物油制作成的洁面皂保湿效果非常好，滑溜的触感会停留在脸上，帮肌肤润泽，不会有紧绷、洗完干痒的感觉。

2. 皂碱有害无利

洁面皂优越的清洁力，是来自于其中的“皂碱”，皂的制作过程一定需要碱性物质，皮肤是弱酸性，要达到清洁效果必须酸碱中和。比起洗面乳，肌肤里的污垢、脏污和多余的油脂，洁面皂更能洗干净。

3. 洗颜皂损害肌肤

药用配方的洁面皂比起一般洗面乳，更能对抗问题肌肤。像是添加天然泥、天然硫基植物成分、草药配方的洁面皂，是对抗油性、痘痘肌肤的好战将。而洁面皂里的蜡、甘油、植物精油等成分能温和地保护脆弱肌肤。

磨砂膏

磨砂膏，就是指含有均匀细微颗粒的乳化型洁肤品，含有不溶性固体磨料的，用于面部皮肤较深层次清洁的乳化膏霜。其主要用于去除皮肤深层的污垢，通过在皮肤上摩擦可使老化的鳞状角质剥起，除去死皮。所以大家挑选时一定要试试磨砂颗粒是否圆滑，是否过于坚硬。

使用时将膏体在皮肤上适当按摩，在发挥制剂中油分、水分及表面活性剂清洁作用的同时，通过杏壳粉、尼龙粉等磨料的摩擦作用，可将较难清除的污垢及堆积在皮肤表面老化的角质层细胞去除。此类制品不宜天天使用，干性皮肤、敏感肌肤慎用，且按摩时轻重要适度，以免造成皮肤损伤。

小贴士

使用磨砂膏的注意事项

女性在使用磨砂膏时，不管是在美容院还是自己DIY，按摩动作都一定要轻柔，同一部位按摩5次就可以了，不宜过多。如果用力过大也会伤害皮肤。并且在使用前，要保证脸上有足够的水分，以免过干而磨伤皮肤。另外，磨砂膏比较适合油性和混合性皮肤，干性皮肤慎用，过敏皮肤不能使用。有的部位角质过厚，也可以采用磨砂的方式来使肌肤光滑。如长有粉刺的部位，使用磨砂膏去除死皮也有助于油脂的顺利排出，有一定的治疗作用。

保养

柔肤水

柔肤水是指pH值接近7的较温和的化妆水。专家给出以下建议，油性皮肤使用紧肤水，健康皮肤使用爽肤水，干性皮肤使用柔肤水。对混合皮肤来说，T区使用紧肤水，其他部位使用柔肤水和爽肤水皆可。敏感皮肤则可以选用敏感水、修复水，而要想美白的话可以选用美白化妆水。

柔肤水有柔软角质的功能，通常通过两种方法实现：

（1）产品有去除老化角质功能，从而使肌肤柔软。

（2）添加了有效的保湿成分，从而使肌肤润泽柔软。

化妆水

爽肤水、柔肤水、收敛水统称化妆水，是一种透明液态的化妆品，涂抹在皮肤的表面，用来清洁肌肤、保持肌肤的健康。爽肤水、收敛水和柔肤水区别不是太大，爽肤水、收敛水更适合天气较热，脸上比较爱出油的天气使用，柔肤水更适合干燥的季节使用。

市场上有很多的保湿水、爽肤水、收敛水、柔软水，如何区分化妆水几种类型，在购买时一定要认清楚，针对自己的肌肤类型来进行挑选才是明智的做法。最常见的化妆水有如下几种类型：

第一类是保湿化妆水，对于肌肤干燥，特别是受空调日晒等影响下的肌肤，相当适用。它具有保湿护肤效果，通常是在夜间使用。

第二类是收敛水。由于它本身也具有补充水分的作用，因此常使我们分不清它与保湿化妆水的真正区别。顾名思义，收敛水主要以收敛作用为主，它能有效地收敛毛孔，调理肌肤，通常适用于白天，可以每天早晨洗完脸之后，化妆之前使用，既能在白天收敛粗大毛孔防止尘埃进入毛孔内，又能使持久妆效果良好，所以肌肤白腻、容易掉妆的人使用是最合适不过的。

第三类是柔软水。柔软水具有去角质功效，如果肌肤粗粗硬硬的，用它一擦即能除去多余角质使肌肤变得柔软，一般洗完脸之后使用，再用其他保养品，就像浇花时先松软土质后水分和养分才更易吸收一样，因此它有促使下一步保养品更好吸收的功效。不过因它有去角质作用，而肌肤新陈代谢 28 天为一周期是不能破坏的，所以应避免使用过多，特别是皮肤薄的人。

鉴别化妆水时，一般摇完之后看泡泡：

（1）如果泡泡细腻丰富，有厚厚的一层，而且经久不消，那就是好的化妆水。

（2）如果泡泡很少，说明营养成分少。

（3）如果泡泡多但是大，说明含有水杨酸。水杨酸洁肤的效果较好，不过刺激性大了点，对水杨酸过敏或是肌肤很敏感的女士尽量不要用。

（4）如果一摇就出现很多很细的泡泡但很快就消失了，那说明其中含有酒精。这类爽肤水偶尔可以使用起到消炎的作用，但是千万不要长期使用，容易伤害皮肤的保护膜。

收敛水

收敛水是指有收敛毛孔作用的化妆水，有保湿以及收敛毛孔的功用。选择收敛水要选酒精含量不会过高的，否则会刺激皮肤。

收敛水能够平衡皮肤的 pH 值，调理油脂分泌，补充丢失的水分，起到控油和保湿作用。但是，一般的收敛水本身并不具有清洁作用，收敛水的紧肤作用主要依靠控油达到。所谓收敛水可以清洁毛孔，并使毛孔变小的说法是不确切的。因为毛孔的大小是天生的，使用收敛水只是暂时使张开的毛孔恢复到紧闭的正常状态，或是从外部改善毛孔粗大的视觉印象，不能真正敛小毛孔。而含有酒精成分的收敛水，尽管具有清凉作用，并能够凝固蛋白质，达到收紧皮肤的目的，但现在的研究证明，凝固蛋白质本身会伤害皮肤，酒精的刺激作用也对肌肤有害。所以，选择收敛水，要针对自己的皮肤选择合适的产品，而不能一味地追求品牌。中性皮肤只要选择不含酒精的收敛水即可，而敏感皮肤最好不要选择具有美白功效的收敛水。

早晨洁面之后，很多女性就直接涂面霜了，实际上，这样做是不正确的。应该先用收缩水。因为，用洗面奶后，皮肤可能清洁得并不彻底，收缩水可以帮助皮肤再做一次清洁工作；收缩水可以给肌肤补充水分，用洗面奶洗面后皮肤的皮脂膜会暂时变薄，如果没有加以覆盖，水分就会流失，而收缩水会在皮肤表面“制造”出一个人工的皮脂膜，有效地防止皮肤失去水分。也就是说，要想使皮肤在白天一直保持湿润状态，洗脸后不使皮肤接触到空气，立刻涂上收敛水是最好的办法。

那么，涂什么样的收敛水最好呢？这要视早晨皮肤的状态而定。如果脸上出现疙瘩等导致皮肤凹凸不平的情况时应使用整理肌肤表面型的收敛水；如果肤色不佳，则宜使用恢复机能型的收敛水。不同功效的收敛水使用方法也有所不同。以恢复肌肤机能为特性的收敛水需要用拍打的方式涂抹：拍打脸颊、下腭、颧骨等有骨头突出的地方；用轻压的方式，逆着毛孔的方向拍打；在额头等处由下往上，用化妆棉轻拍肌肤数次；鼻头及鼻子两侧容易被忽略，一定要用化妆棉拍打到。以整理肌肤表面为特性的收敛水则要用擦拭的方式，其方法是：将收敛水喷到化妆棉上，由脸部中心向脸侧擦拭，由腭部下侧往耳朵下方擦拭，皮脂分泌较多的 T 字部位特别要注意，脖颈处也不要忽略。如果经济状况允许的话，这两种特性的收敛水最好都有，从而可以根据皮肤状况适时选用。

乳液

乳液，是水包油型的乳化剂，含水量在 10% ~ 80%，具有一定的流动性，形状颇似蜜，故而得名。乳液含水量较大，能为皮肤补充水分。乳液还含有少量的油分，又可以滋润皮肤。

乳液具有三个方面的作用，去污、补充水分和补充营养。去污是指乳液可以代替洁面剂清除面部污垢。补充水分，由于乳液中含有 10% ~ 80% 的水分，因此，可以直接给皮肤补充水分，使皮肤保持湿润。补充营养，由于乳液中含有少量油分，当脸上皮肤发紧时乳液中的油分可以滋润皮肤，使皮肤柔软。

乳液的使用方法：先将适量的乳液倒入掌心，由脸部易干燥的脸颊或眼睛四周开始涂抹。沿肌肉走向轻轻抹开。干性肤质可以多涂一些，T 区要少抹一些，涂得太多或油性肤质者，可用面巾纸轻轻按压，吸去多余的油脂。

乳液的选择也非常重要，将乳液倒入手中，加入适量的水，若乳液易与水混合，则表示乳液的质地柔和，对肌肤不会造成伤害。将适当的乳液倒进水里，如乳液浮在水上边，证明里边含油石酯，再轻轻摇晃，液体如果变成了乳白色，说明乳液含乳化剂，乳化剂是一种表面活性剂，它们会破坏皮肤的组织结构，导致皮肤敏感，并有很强的致癌性。反之，如果倒在水里，乳液下沉到底部，证明不含油石酯，可安心使用。

眼霜

眼部肌肤是人体最薄的肌肤，同时又是活动最频繁的部位，而且还是化妆中拉扯皮肤次数最多的地方，非常容易长出皱纹，并且一旦长出就很难消除。眼霜是用来保护眼睛周围比较薄的这一层皮肤的，对眼袋、黑眼圈、鱼尾纹等都有一定的效用，但是不同的眼霜有不同的作用。眼霜的种类很多，大致分为眼膜、眼胶、眼霜等；从功能上分为滋润眼霜、紧实眼霜、抗老化眼霜、抗敏眼霜等。

眼霜对于大部分人来说都是必需的。在一些特殊情况下，应及早使用眼霜：其一为极干性皮肤者，极干性皮肤在少女中为数不少，据了解，18~24岁时中性皮肤占大多数，但中性皮肤容易在某些时候呈现偏干或偏油状态。其二为季节因素，很多地方越来越干燥，尤其如今的全球暖冬现象，使很长时间空气湿度越来越小，而暖气、空调器的长时间使用，使面部缺水，眼部皮肤首当其冲。其三是用眼过度者，现代职业女性多数离不开文字和电脑，再加上大量的报刊、影视光盘占据休闲时光，眼部肌肉的极度疲劳，导致眼周皮肤皱纹过早出现。

很多人都以为眼睛下面的脂肪球是因为涂了油腻的眼霜造成的，事实上，除非使用的眼部保养品含有某些容易致痘或至粉刺的成分，否则，眼霜内的油脂并不会造成眼睛下方的脂肪球。

下眼皮下的小颗粒，如果是凸凸的小肉球叫作“汗管瘤”，这是天生体质造成的，并非眼霜所致，只要透过激光治疗便可去除，至于另外的一种有白色小颗粒，看起来像是长粉刺的突起颗粒叫作“粟粒肿”，只要用针头挑掉即可。

现在流行眼霜的趋势，胶原眼霜成为当下最红的眼霜，有效去除眼部细纹、干纹、眼袋、黑眼圈等。轻点于眼睛周围及眼尾等处；用中指及无名指，由内眼角向眼尾方向轻轻抹匀，也可随后轻轻拍打以加快吸收。

不过，眼部的肌肤非常细致而脆弱，格外容易受到伤害，因此，选择眼部产品，最好能选择温和、不刺激、低敏感型的眼部产品，以对抗干燥、细纹、黑眼圈等问题。

面霜

面霜是基础护肤最重要的一步。你可以根据自身皮肤需求，选择保湿面霜、美白面霜、抗衰老面霜等，面霜中的保湿、美白等有效成分能很好地被肌肤吸收。如何选择合适自己的面霜呢？

（1）面霜需要注意以下几个方面：日期、成分、颜色、香味、包装。最重要的是看日期是否过期和新鲜，其次看成分，是否适合自己和能否达到想要的效果，再次看颜色，闻香味，看一下外包装。包装虽然不是最重要的，但是包装很差的产品千万注意是否为不合格产品。

（2）皮肤适合使用面霜以及较为滋润的乳液，油性及混合性皮肤适合清爽的乳液及不含油分的面霜。干燥季节，如秋冬季节，适合使用质地较厚的面霜，而炎热季节，如春夏，适合使用质地清爽的乳液。

（3）搭配使用方面，建议美白/抗老精华搭配保湿面霜，美白/抗老面霜搭配保湿精华，保湿精华与保湿面霜搭配也可。最好不要把美白和抗老的产品混合使用，各种成分混在一起吸收效果并不好。

精华素

精华素，是护肤品中之极品，成分精致、功效强大、效果显著，始终保持着它的高贵和神秘。精华素含有微量元素、胶原蛋白、血清，它的作用有防衰老、抗皱、保湿、美白、祛斑等。精华素分水剂、油剂两种，所提取的是高营养物质并将其浓缩。

精华素应该在清洁完皮肤，均匀涂抹柔肤水后使用，切忌洁肤后马上使用。精华素用于爽肤水之后，护肤霜之前。柔肤水适合亚洲人皮肤，能够帮助皮肤形成皮脂膜，从而有效地吸收水分，祛除老旧角质，辅助肌肤吸收精华素的营养，令精华素的养分更充分直接地进入皮肤深层，令皮肤的柔软性、弹性更好。它是完全提取于芦荟并经过高渗透技术处理，所以它很快被肌肤吸收，无须洗去。由于它的纯植物特性，不会有过量或有其他任何副作用。

晚上临睡前在清洁过的面部涂抹一点点，均匀涂抹，轻轻按摩几分钟，让精华素被吸收。按摩的基本手法为自下而上、自内向外打螺旋，重点部位重复按摩。精华素需要在脸上停留至少 20 分钟，其中的营养成分才能被肌肤吸收，然后洗掉。若感到不舒服或者出现皮肤发红等不良症状应暂停使用，这表明已经超出了肌肤的承受能力。

精华素的量很少，一般都是 30 毫升左右，价格贵，每次使用的量也是有控制的，油性皮肤要注意，不是越多越好。

有一些适合每天使用的精华素，一定是配合专门的洗面奶、乳液、晚霜同系列使用，而不能单独代替面霜使用。 即使一些精华元素比较充分的精华素也不可以直接并连续使用，随着年龄的增长，肌肤的代谢能力也会有所降低。如果选用含高油分的精华素作为面霜天天使用，肌肤会因养分过高，无法正常代谢而呼吸困难，甚至长出小的油脂粒，所以间歇使用为佳。一般一周 2 ~ 3 次。每次的适用量：夏天每次 2~3 滴，冬天每次 3~5 滴；一小瓶精华素一般可使用半年。

小贴士

如何选购精华素

女性在选购精华素时要注意以下几点：

（1）要仔细观察精华素的包装是否完整，有无破裂现象。若包装不完整或出现破损现象，则此类精华素不宜购买和使用。

（2）液态精华素购买时一定要注意观察它的色泽和形态，若发现有浑浊、沉淀或变色等现象，则不能使用。

（3）油性、痤疮等易感染性皮肤，在使用精华素时应选择有消炎、杀菌作用的精华素。

肌底液

肌底液是含有精选活性物质的浓缩精华，这些物质能够从源头保养基因，使其基因活性显著提升，将修护蛋白质的合成恢复至最佳水平。一般的肌底液，大多含有既亲水又亲油的成分，能够将护肤品中的水分和油分同时瓦解，继而被肌肤更好地吸收。同时配合以软化角质、滋润角质的成分，令角质层更容易吸收后续的保养成分。

当你的肌肤比较干燥的时候，角质就会变硬，油性成分或是大分子的成分就很难被吸收。就好比已经僵硬的海绵块，你为它补充再多的养分，也于事无补。必须先把它像粉丝一样泡开，它才能够接受且更容易接受你给它的养分补给。而所谓的肌底液，就是那泡粉丝的水，将角质泡开，为后续保养打开方便大门。

那究竟怎么用肌底液才最有效呢？

1. 干性皮肤应多使用肌底液

一方面，肌肤干燥本来就不太容易吸收保养成分。另一方面，干性皮肤的人往往会选择滋润型的保养品，而滋润型的保养品所含的油性成分又相对比较大颗，较难被吸收。

2. 眼部要使用眼部专用肌底液

对眼部护理比较注意的，而且经常使用弹润系列眼部产品的人，也最好选择眼部专用肌底液。众所周知，为眼部肌肤注入弹力的胶原蛋白质地厚重，即便是水溶性胶原蛋白，也较一般的护肤成分黏腻，这就是为什么有的眼霜产品已经黏到可以拉丝的地步了。想要眼霜充分发挥效果，搭配一瓶不是那么贵的肌底液，往往就会事半功倍。

3. 肌底液搭配 SPA 和按摩

去做 SPA 的时候，带上一瓶万能的肌底液也是没错的。虽然做 SPA 的时候，往往会通过蒸汽、按摩等手法帮助你打开毛孔和促进吸收，但对于大分子和油性产品来说，促进渗透只靠外力是完全不够的。如果你总觉得 SPA 做了和没做没什么区别，那么不妨在正式的保养之前先使用肌底液。

护理

防晒霜

防晒霜能有效预防黑色素的产生，晒不黑、晒不伤，才能时刻保持青春润泽。防晒霜的作用原理是将皮肤与紫外线隔离开来。

女性在选择防晒霜时一定要考虑自己的肤质，油性皮肤最好选择渗透力较强的水剂型、无油配方的防晒霜，使用起来清爽不油腻，不堵塞毛孔；痘痘型皮肤也应选择渗透力较强的水剂型、无油配方的防晒霜，但是当痘痘比较严重，发炎或者皮肤破损，就要暂停使用防晒霜，出门时候只能采用遮挡的物理方法防晒；干性皮肤要选用质地滋润，并添加了补水功效以及增强肌肤免疫力的防晒品，现在很多防晒品已经增加了防晒以外的补水、抗氧化功效；敏感性皮肤应选择专业针对敏感性肤质的护肤品牌的防晒品，或者产品说明中明确写出“通过过敏性测试”，“通过皮肤科医师对幼儿临床测试”，“通过眼科医师测试”，“不含香料、防腐剂”等说明文字，最好选择物理性防晒品。

此外，不同的防晒霜有不同的功效，应根据自己的肤质进行选购。一般来说，应从以下几个方面加以留意：

（1）建议在购买防晒霜前做一次准确的皮肤测试。油性肌肤应选择渗透力较强的水性防晒用品；干性肌肤应选择霜状的防晒用品；中性皮肤一般无严格规定，用乳液状的防晒霜适合各种皮肤使用。

（2）计算一下 SPF 值。一般说来，SPF 指数越高，所给予的保护时间越长。

（3）了解不同防晒霜的适用人群。不同的防晒产品有不同的适用对象，最好的办法是在购买之前，先在自己的手腕内测试一下。10 分钟内如果出现皮肤红、肿、痛、痒现象，则说明自己对这种产品有过敏反应，可以试用比此防晒指数低一个倍数的产品。如果还有反应，则最好放弃该品牌的防晒霜。

（4）选择清爽防晒品，除应认清外包装上的 Oil Free（不含油脂）的标识外，可将所选中的防晒产品轻涂在手背或虎口处，若皮肤能很快吸收，无黏腻感、增白感，且没有光光的油亮感，感觉清爽湿润，就基本可以认定是一款合格的清爽防晒品。

（5）由于油脂分泌的不同，肤质会有所改变，应再做一次肤质检测。油性的肌肤宜选择洁力较强的泡沫洁面用品和渗透力较强的水性防晒用品；干性肌肤宜选择乳性的洁面用品和霜状的防晒用品；中性皮肤的选择性较为广泛。乳液状、喷雾状的防晒霜基本上适合各种肤质使用，或者使用性质温和的白蚕清润莹白防晒霜。

（6）针对肌肤较油容易长青春痘的人，应该要选择使用起来清爽不油腻的乳液状产品，千万不要使用防晒油、隔离霜类的防晒品，要特别注意产品有无标示 non-comedogenic（不会造成粉刺）。

（7）若平时有服用降血压药或减肥药者，应使用防晒系数较高的防晒品，因有服用此药剂者皮肤容易对光过敏，故要提高防晒系数。

小贴士

每天都在办公室待着，也需要防晒

很多女性朋友认为自己每天在办公室待着，晒不到太阳，所以就不需要涂抹防晒霜了。其实，这种想法是错误的。因为引起皮肤衰老的 UVA 紫外线具有很强的穿透性，它可以穿透玻璃、穿透云层而直接进入皮肤真皮层，对皮肤造成直接的伤害。所以说，在办公室同样要涂抹防晒霜，只不过选择那些质地轻薄些的防晒霜或者是隔离霜就可以了，也可以选择具有保养功能的防晒日霜，一般 SPF15/ PA+ 就足够了。需要强调的是，防晒霜或者隔离霜并不能阻挡电脑辐射，消除辐射的最重要手段是做好每天晚上的清洁工作。

隔离霜

使用隔离霜是保护化妆、保护皮肤的重要步骤。隔离霜对紫外线确实有隔离作用，而其实质就是防晒。隔离霜中所用的防晒剂和防晒霜中所用是一样，通常分为有机防晒剂、物理防晒剂两类。有机防晒剂和紫外线作用，改变紫外线波长，使原本对肌肤有害的紫外线，转变为无害；物理防晒剂主要是靠折射原理来阻挡紫外线。从这个角度看，隔离霜和防晒霜是一回事。

如果不使用隔离霜就涂粉底，会让粉底堵住毛孔伤害皮肤，也容易产生粉底脱落现象。在化妆前使用隔离霜就是为了给皮肤提供一个清洁温和的环境，形成一个抵御外界侵袭的防备“前线”。但是涂了隔离霜，如果不仔细卸妆清洁，就会直接导致皮肤晦暗缺乏健康光泽，肤质松弛，滋生暗疮。

隔离霜的作用是可以隔离彩妆、粉尘污染等对皮肤的伤害，相当于一层皮肤的保护膜，同时还可以起到修正、提亮肤色的作用。夏天还有防晒隔离霜，既能防晒又有隔离效果。紫色隔离霜适合偏黄的肤色，使皮肤看起来很有光泽；绿色隔离霜改善肤色效果非常到位，它是万能色，能调整不均匀的肤色，还可以遮盖脸上的瑕疵使肌肤看起来光滑，甚至于偏红或多粉刺的肌肤都可以用绿色来调整。它的增白效果也较紫色隔离霜明显，但不能涂得太多。

护手霜

护手霜，特别添加甘草精华和医用凡士林护手霜，可以愈合及抚平肌肤裂痕，有效预防及治疗秋冬季手部粗糙干裂。尤其适合秋冬季使用。

日常护手原则

（1）选购护手用品时，应注意购买成分中含维生素 E 和 B 族维生素为主的，要避免购买碱性过强的产品。

（2）白天出门前，除了必须涂上面部防晒品之外，手部最好也涂上有 SPF 防晒系列的产品，以防紫外光伤害，晒出皱纹和黑斑来。

（3）洗碗、洗衣服时要接触化学产品，切记要先戴好手套，避免双手被清洁剂的皂碱伤害。

（4）每星期做一次手部去角质的工作，使用手部专用的磨砂用品来去掉老化的角质层，让双手回复光滑。

（5）利用睡眠时间来加强手部滋养，临睡前涂上滋润力较强的润手霜，并戴上透气度高的手套以利吸收。

如何选购护手霜

（1）护手霜根据其不同成分可分为防护型、保湿型及活肤型等多种类型，选用时要根据不同的需要进行保养。

（2）经常做家务的人手会接触洗洁精、皂液等碱性物质，手部肌肤容易受到腐蚀而变得粗糙，可经常涂抹标有“天然果油”类配方的护手霜，这类护手霜含有天然胶原及维生素 E 等修复性元素，其中的果酸等成分对碱性物质有极强的综合修复作用；另外，使用护手霜的同时最好配合其他的保护手段，如在做家务和其他劳动时最好戴上外层橡胶、内层棉质的手套，以保护双手不受腐蚀。

（3）白领上班族，经常在空调写字楼里对着电脑进行工作，由于空调房间里湿度低，再加上电脑的一些辐射，手部比较干燥，需要天然营养物质的滋润，可选用滋润保湿型护手霜。这一类护手霜含有保湿因子，可以滋润双手，保持双手的柔嫩。

（4）长期在户外工作的人群，由于风沙会对皮肤产生刺激，并且紫外线的强烈照射也会损伤皮肤，因此建议选用防护型护手霜，以修复被风吹日晒严重伤害的双手。

（5）不同的季节根据实际需要选购护手霜。

靓丽彩妆

面部

妆前乳

现实生活中，很多女性想要化妆又担心让别人看出自己化妆，令自己哭心经营的自然美女形象瞬间崩塌。其实，大家无须担心，现在有了花样繁多、让大家上粉底前就能变漂亮的妆前乳，它们就是强大的“双面胶”，调整肤色的同时让底妆更贴合。关键的关键，它的无妆胜有妆，让化不化妆的女人都需要。妆前乳是为了修饰肌肤色泽不均、暗沉，局部使用能使肌肤完美无瑕，呈现出晶莹透亮的自然光泽。

妆前乳是名副其实的亲善大使，因为它貌似跟谁都能搭上一手，譬如粉底液、防晒霜、乳液之类，这不仅没因多添了这一步更复杂，反而因为它的混入，让后续更显轻松。有些妆前乳带粉底成分，有些带有隔离防晒。上妆前使用妆前乳能令妆容更服帖。但妆前乳属于彩妆品，所以要做好卸妆工作。

不过，女性在使用妆前乳时要注意以下几点误区：

1. 不管三七二十一，全脸都涂抹

很多女性认为妆前乳既然是为了打底妆的，肯定是要全脸涂抹，但殊不知，这样反而会起到不好的效果。化妆的最高境界是让你的优点突出，掩盖缺点，如果全脸都涂抹则跟不涂抹没有太大分别。因此使用妆前乳其实是对细节的勾画，比如你有一双漂亮的明眸，那就在眼周薄薄地涂上一层，打造眼部的透亮肌肤，让眼睛看上去更加有神，而忽略其他的缺点。

2. 手法不重要

有些女性认为，妆前乳和乳液差不多，胡乱涂涂就行了，没有什么手法可言。其实，涂抹妆前乳的手法大有讲究，用好了会事半功倍。一般手法是，首先，使用的时候取少量在指尖，轻轻地点在鼻子上。然后，从鼻翼向两侧推开，注意手法要细腻，这样毛孔就会盖得天衣无缝了。最后，涂好以后一定不能马上推粉底，要等 5 分钟，着急的话可以对着电扇吹。

3. 妆前乳只可以单个使用

一些女性之所以不愿意使用妆前乳是觉得十分麻烦，因为使用它就意味着又要多一层彩妆，又要多一点时间。其实，妆前乳还有一个更加便捷的用法，就是和粉底液混用。在使用的时候，先将粉底液倒在手心，然后以 1 ∶ 1 的比例倒进等量的妆前乳，两手心相对并旋转，用体温使其调匀，然后再抹在脸上。这样不但能够省去再涂一层的麻烦，还使底妆变得更加服帖、通透，也大大提高了粉底液的延展性。

小贴士

女性如何选择合适的妆前乳

先看肤质，油性或者混合性肌肤，首选无油配方。另外还要擦在手背上感觉一下，珠光很耀眼的就要慎选；如果是中性或者干性肌肤，就将妆前涂抹在细纹多多的虎口处，瞬间平纹效果明显，肌肤会变得很细腻。再看肤色，皮肤暗黄的用紫色；红脸蛋是全脸焦点的，就选绿色；皮肤看起来阴沉沉、晦暗无光的，就选蓝色或粉色系。

BB 霜

BB 霜，是 Blemish Balm 的简称，作用主要是遮瑕、调整肤色、防晒、细致毛孔，能打造出裸妆效果。BB 霜原来是对脱皮或美白后，受损和损伤的皮肤保护和修护使用的再生霜，因此对皮肤的问题给予及时迅速的改善，能够改善和弥补皮肤的缺点，而得名叫 BB 霜。

BB 霜因其天然性成分，因此阻断紫外线时间较短，建议使用前还是擦上抗紫外线的防晒乳，才能有效抵抗紫外线。BB 霜虽然具有遮瑕的功效，但如果需要较浓厚的底妆，还是需要擦上粉底类产品，达到长效护妆。

正确使用 BB 霜，应遵循以下几点：

（1）使用 BB 霜前要先进行基础护理。用 BB 霜前肌肤要先使用护肤水、乳液或者精华等进行基础保养，保证肌肤在保湿状态下再擦上 BB 霜。虽然 BB 霜有一定的护肤功效，但不能完全代替基础护肤品，否则会让皮肤干燥。

（2）BB 霜不能与粉底混合使用。如果将 BB 霜与粉底混合在一起涂在脸上，会影响妆效，也降低它对皮肤的护理效果。若希望底妆更明显，可以选择粉饼来定妆。建议每次涂完 BB 霜后，用蜜粉定妆，妆容会更持久。

（3） BB 霜不需要配合防晒霜一起使用，好的 BB 霜一般添加防晒成分，一般的 BB 霜（有防晒功效的）都能有效抵挡紫外线。

（4）用 BB 霜后需要卸妆。BB 霜属于粉底的一种，如不干净卸妆，也有可能导致堵塞毛孔。可以用卸妆水卸妆，脸部用洗面奶清洁完后，把卸妆水倒在化妆棉上，然后把脸部的各个位置擦拭干净，用干净的湿巾纸逆向向上擦拭皮肤，如果纸巾干净，代表已经卸妆干净。

干粉饼

干粉饼用的时候侧重于定妆的效果，能吸走脸上多余的油脂，基本没有遮瑕的效果。

上干粉饼的步骤如下：

（1）用粉饼直接取一定量的粉，由额头和颧骨等处向两边推开。

（2）用粉饼的边角处取粉，在眼角、眉头、鼻翼、嘴角等处擦上。注意鼻翼等凹槽处不要积粉。

（3）用另一块较干净的海绵轻轻按压全脸，使粉妆与脸部贴合。小地方也不要遗漏。

（4）用粉刷扫去多余的粉。

（5）可喷上一层细腻的喷雾水，使妆容更持久。

粉底液

粉底液是液体的粉底，粉底液适合用于中性及混合性、油性皮肤。与粉底霜的保湿效果相比，粉底液的控油效果要相对好一些。粉底液应针对不同皮肤选取不同的产品类型。粉底液是起保护作用的，它是上妆的第一步，也是护肤的最后一步，阻隔空气中的灰尘等进入皮肤，因此起保护作用。具有高效保湿成分的滋润粉底液可以“抓”住空气中的水分，并锁住肌肤中的水分，因此能使肌肤得到滋润，是最体贴肌肤的一层外衣。如果天气转热或者是油性肌肤，具有控油成分的粉底会带给你更好的效果。

女性朋友选择粉底液时，一定要注意以下几个方面：

（1）粉底色要与肤色协调，避免与肤色相差太大。因为粉底的功能是均匀修正肤色，而不是彻底改变肤色。想要完美白皙或者彻底无暇，只会让你的粉底越来越厚，缺陷却欲盖弥彰。

（2）粉底的颜色、质地要与肤质、季节或妆容等相协调。一般来说，如果你经常化妆，至少应该备有接近自己肤色的深浅两色粉底，比如说职业妆就可以白一些，健康的户外妆就可以深些。而油性皮肤需要控油亲水的粉底，干性皮肤可以适当选择亲油保湿的粉底。同样，干燥的秋冬，最好选择保湿效果比较好的粉底产品。

（3）涂抹时要均匀，薄厚恰当。涂抹均匀、薄厚恰当，妆容才有整体感，不然会像在脸上打补丁一样，东一块西一块的。涂抹粉底液时可以适当选用一些化妆刷具。粉底刷是很好的选择，使用粉底刷的话打出的粉底会更透更薄，更自然，裸妆效果更好。此外，与面部相连或者接近的地方，比如脖子、锁骨等处应该涂上适量粉底。

（4）深浅过渡要自然。为了加强脸部的轮廓感，我们常常会用深浅两色粉底搭配使用。有时为了遮瑕，还会使用比肤色稍深的遮瑕膏。这时，深浅两色要避免相差过大，过渡一定要柔和，可以用上遮瑕膏的小刷子涂抹后再用海绵点拍涂抹。

（5）防晒指数。粉底液一般都标有 SPF。所谓 SPF 是指防晒产品的防晒系数，表明防晒产品所能发挥的防晒效能的高低。SPF值越大，其通透性越差，会妨碍皮肤的正常分泌和呼吸，阻断维生素D合成，影响钙、磷的吸收，久而久之，就会增加骨质疏松的概率。

小贴士

怎样鉴别粉底液

将两款粉底分别涂于左右手，喷上清水，如果没溶出，证明粉底出汗都不会脱妆；如果有溶出，证明易脱妆。把粉底分别滴进装有清水的杯中，不溶于水的，说明粉底不透气不透汗，含有重金属，油性重、难清洁，容易堵塞毛孔、长粉刺、黑头和暗疮，毛孔越用越粗大；溶于水的，说明粉底能透气透汗，而且容易清洁，不含重金属，不会堵塞毛孔、长粉刺和暗疮。透气粉底用水就能彻底清洁干净。不透气的粉底，由于油性重，所以必须要用卸妆油清洁。

粉底霜

粉底霜是妆容的基础，粉状质地的粉底是最常见的，涂在脸上显得轻柔自然，是日常妆的最佳选择。进行化妆时，人们总不忘给自己打一层粉底霜。因此，在某种程度上说，粉底霜是女人妆容的基础，它比粉底更好，对肌肤的呵护更加细致与柔和。那么如何打好这层基础，那就得对照于你的肤色选择一款好的粉底霜了。任何颜色的粉底霜在选用的时候都不能脱离本身肤色，而试用也最好是在脸部皮肤上。

粉底霜的使用方法为：

（1）用挑棒取出一粒黄豆大小的粉底霜，以粉底刷蘸取适量，从两颊开始，由内向外，轻轻推展。

（2）在额头处由内向外，帮助舒展抬头纹。

（3）在眼窝、鼻唇沟处轻轻点按。

（4）最后用手指在脸部点弹，使妆容更持久。

蜜粉

蜜粉又叫定妆粉，一般都含精细的滑石粉，有吸收面部多余油脂、减少面部油光的作用，可令妆容更持久、更柔滑细致。此外，散粉还有遮盖脸上瑕疵的功效，令妆容看上去更为柔和，呈现出一种朦胧的美态，尤其适用于日常生活妆。所以，要使妆容精致、持久，用蜜粉来定妆这一程序不可或缺。

1. 蜜粉的使用心得

（1）扑蜜粉是帮助妆容持久，不易泛油光的重要步骤，但是毕竟是粉质的质地，上妆后，很容易变成“面粉脸”，特别是和亲密的人接近的时候，一下子就会被注意到脸上满是粉，所以一定要注意使用量。

（2）皱纹较多或面部表情丰富的人不宜扑过量的蜜粉，以免使脸部的细纹凸显，并使肌肤过度苍白，像面具般不自然。

（3）不要把蜜粉用力拍打在脸上，涂抹时越轻柔越好，不妨在鼻翼位置多扑一些，目的是减低油脂分泌，使妆容更为持久。

2. 挑选蜜粉的秘诀

首先要注意粉质是否细腻、保湿。而在颜色方面，蜜粉分透明及略带色彩的蜜粉两种。透明蜜粉的作用是维持粉底原色，增加肌肤的透明度，令面色更健康自然。而象牙色碎粉较贴近东方女性的肤色，可缔造出较自然又柔和的妆容效果；至于略带粉红、紫色或黄色的蜜粉，能发挥调整肤色的作用。像肤色偏黄的脸，使用紫色蜜粉可以令肤色呈现动人的光泽。若是出席晚间重要活动时，则应选择质感较亮丽的蜜粉，可以令你变得明艳照人。

散粉

散粉是彩妆的最后一步。刷好散粉，就代表妆容完成。它可以全面调整肤色，调整彩妆浓淡，帮助打造自然的妆容，并可防止脱妆。散粉虽然没有遮瑕的效果，但是可以提亮肤色，让皮肤看起来很通透。

使用散粉时，不同的肤质有不同的方法：

油性肤质：粉扑每次抓粉的量都会比较多，与皮肤接触的面积也比粉刷大，不容易让妆很快脱落。

中性肤质：散粉刷是你使用散粉时必不可少的一件利器。粉刷的蘸粉量要比粉扑小得多，没有厚重的堆积感。

混合性肤质：在T区爱出油的部位可以选用粉扑，让整个妆容显得细腻而厚实；而脸颊比较干燥，可以选用粉刷。

干性肤质：干性皮肤适合用粉刷轻扫散粉，但如果你的皮肤很干，最好还是省去散粉这步，以免发生浮粉现象。

遮瑕笔

遮瑕笔，是一种用来遮盖脸部瑕疵的美容工具，完美妆容的最后一步就是用它遮盖脸上的痘痕、轻微的痣等，使脸看上去完美无瑕。那遮瑕笔应如何使用呢？

在使用时要先把遮瑕笔点在瑕疵的地方（注意分量不能太多），然后用手指在这个位置轻轻拍，让遮瑕膏与周围的肤色尽量接近。

（1）选择与肤色相近或稍亮一些颜色的遮瑕笔。

（2）可用遮瑕笔直接点于皮肤上，也可用小刷子或无名指取出点于皮肤上。

（3）用无名指把遮瑕膏轻轻晕开，尽量把它的边缘与周围皮肤的连接处涂匀。

遮瑕膏

遮瑕膏可视作粉底的一种，不同之处在于遮瑕膏比普通粉底具有更佳的遮盖力，且更贴合肌肤，持久不易脱妆。每个人的脸上都会有这样那样的瑕疵，运用遮瑕膏可以让你的脸重现光滑细致。

遮瑕膏的种类通常有三种：液状、膏状和条状。液状和条状的遮瑕膏遮盖效果较佳，但是上妆技术必须熟练；膏状遮瑕膏的遮盖能力较低，但是因为质地清爽，反而容易创造出自然的妆容。一般情况下多为固体，但是黏度各不相同。你可以根据自己的需要，选择大面积使用或用于局部的产品。

在化妆前，首先要把脸上的瑕疵全部遮盖掉才上妆。专业彩妆师认为，遮瑕是化妆的基础，没有一张无瑕的俏脸，就不可能化出完美的妆容。如今，市面上的遮瑕产品有很多，购买的人也越来越多，遮瑕已成为一种潮流。

在色泽方面，当然要选用配合本身肤色的产品，不能使用偏白的色系，因为白色遮瑕膏涂在黑眼圈上会形成灰色的阴影，所以，肤色偏黄的东方人应该选用略带黄色的色彩，这样才能掩饰红斑或黑眼圈。

大多数女性都常备两种色泽的遮瑕膏，一种配合本身肤色，另一款则略浅一号，方便加强脸部轮廓。另外，你还必须针对个人的肤质或状况需要，备好滋润与粉质两种不同质地产品；当有黑眼圈、眼袋等现象出现时，若使用粉质质地的产品，便容易出现细纹或龟裂的窘况，因此要使用较滋润的遮瑕膏；相反的，长有青春痘、暗疮等部位，就必须使用粉质的遮瑕膏，因为较油的质地难以附着在这些部位上。

很多人因为怕遮盖能力不够，所以会涂上厚厚的一层遮瑕膏，反而使得粉妆更显突兀。事实上，遮瑕膏与粉底的不同之处在于其密度较高，所以只要涂上薄薄一层就已足够，并用手指仔细推匀。

不同的肌肤症状有不同的涂抹方式：不能直接涂在黑眼圈、眼袋等部位，会使眼睛看起来状况更糟，应该涂抹在眼圈与眼袋边缘的皮肤上，轻轻推开，让这两个部位的肤色与其他部位的肤色相近；对于粉刺、暗疮或红斑等，则可以直接涂在上面，只是要注意，分量一点点就可以发挥作用了。

遮瑕膏可以遮黑眼圈、红色粉刺印、雀斑、色斑等。除此之外，遮瑕膏还可以令眼部周围变明亮，面部轮廓会变得更加立体。

小贴士

如何选择遮瑕膏

女性要想选择合适的遮瑕膏，可以从以下几个方面进行考虑：

（1）依部位选择适合的质地。因为肌肤的部位不同，皮肤的厚薄程度也不同，遮瑕膏的质地当然也要跟着改变。泛红的肿痘建议使用膏状遮瑕膏来掩饰，至于脆弱的眼周肌肤，则推荐不伤肌肤的液状遮瑕品。

（2）依目的选择使用的方法。看遮瑕的目的是要修饰毛孔，还是消除暗沉，先了解自己遮瑕的目的，再来选择遮瑕膏的颜色和质地，如此一来才不会多花冤枉钱。

（3）利用打亮的效果让轮廓更立体。除了适度的修饰缺点之外，最重要的还是要像没有遮瑕过一般自然。所以，最好先打上和肤色接近的遮瑕膏，再叠上亮一号的颜色，不仅能创造天生的好气色，更能让五官更加立体。

（4）依照遮瑕膏比一比。依照遮瑕力进行选择：遮瑕膏 > 遮瑕霜 > 遮瑕液；依照质地轻薄度进行选择：遮瑕液 > 遮瑕霜 > 遮瑕膏。

眉眼

眉笔

眉笔是供画眉用的美容化妆品。现代眉笔有两种形式，一种是铅笔式的，另一种是推管式的，使用时将笔芯推出来画眉。

眉笔的主要成分是石蜡、蜂蜡、地蜡、矿脂、巴西棕榈蜡、羊毛脂、可可脂、炭黑颜料等。将上述原料制成蜡块并在压条机内压注成笔芯，并黏合在两块半圆形木条的中间，呈铅笔状以供使用。

不管你的眉毛是否浓密，倘若你没有修眉的习惯，一支削得很好的眉笔是很实用的。当然，尾部带有眉刷的那种眉笔使用起来会更灵便。而使用眉粉则较为复杂，宜用刷毛细而硬、刷面斜的眉刷，蘸着粉细细地扫刷。眉粉可以得到一种更为自然的效果，尤其能使稀疏的眉毛变得较为浓密，但较之眉笔的使用，操作手势更讲究技巧。

避免使用比头发颜色深的眉笔，这样才能使人为修整的痕迹不太明显。因此，即使头发是深棕色的，也要避免使用黑色眉笔。假如你的头发是红色或赤褐色的，不要轻易使用棕红色。如果你是金发或栗色、棕色头发，请选用中及冷色调的眉笔，如米色、灰色甚至绿色（金发者适用）。黑发黑眼睛者，适合选用深棕色或浅黑、黑灰色眉笔。一定要特别重视这些色彩的细微差别。

眉粉

眉粉是用眉粉刷蘸眉粉均匀涂在眉毛上，由眉毛头向眉尾方向涂，轻轻地用力涂匀。与眉笔相比，眉粉要自然些。

眉粉的使用应注意：

（1）选好适合你的颜色，皮肤白皙的不适合用太黑的颜色，不然会很不自然。

（2）一般来说眉粉里带的刷子有些硬，刷出来时颜色会不均匀，可以找一只柔软毛织的刷子代替。

（3）开始画眉，要稍微目测一下，如果是初学者则要量一下，用一支笔一头沿着鼻翼另一头沿着眼尾，这就可以确定自己的眉毛长度。同样，再以这样的方法一头沿着鼻翼另一头沿着自己的黑眼球，像是画圆的切线一样，这样就可以确定自己的眉峰，即眉毛的最高点。注意，眉峰应该是眉毛颜色最重的部位，切记眉头要画淡一些，不然眉毛会像两条虫子一样假。在使用眉粉前先用眉笔把自己的眉形勾勒一下，找眉峰、眉尾、眉头，把眉毛的宽度找准，眉形就勾勒出来了，接着用眉刷蘸眉粉，蘸好后轻拍眉刷，这样做是为了抖掉浮在刷子上的浮粉，然后从眉峰处刷起，因为这里颜色重，然后向前匀染。以上这些是基于自己的眉毛形状，画眉前，不妨先皱一下眉，把眉骨凸现出来，把眉骨旁边的杂毛先修剪好，确定眉毛的高低位置，这样画出来的眉毛会很自然。

睫毛膏

用睫毛膏的目的在于使睫毛浓密、纤长、卷翘，以及加深睫毛的颜色。通常包含刷子以及内含涂抹用色且可收纳刷子的管子两大部分。刷子本身有弯曲型也有直立型。睫毛膏的质地可分为霜状、液状与膏状。由于成分的改进与价格上的普及，以往重要场合才需要的刷睫毛步骤，现今渐次成为化妆必要的程序。

选择睫毛膏要注意以下几个方面：睫毛膏对眼部应安全无害、无刺激性，如使用时不慎落入眼中，没有刺痛感；睫毛膏应有适度的光泽，使用后使睫毛色深，有光泽，产生较好的美容效果；膏体均匀细腻、黏稠度适中，较易涂刷，黏附均匀，使用后睫毛不变硬、不结块；睫毛膏干燥后不粘眼皮，不怕汗、泪水、雨水的浸湿。

双眼皮胶

双眼皮胶可以跟双眼皮贴、双眼皮夹、双眼皮手术一样改变眼皮的形状——变成双眼皮。双眼皮胶使用后看着比较自然、牢固，而且想要多大有多大。以下的双眼皮胶带贴法攻略，教你贴出魅力电眼。

1. 选择合适的双眼皮胶布

市面上有很多那种成型的不用修剪的那种双眼皮贴。大家挑选胶带的时候一定要注意别选那种上面有一颗颗透气小孔的，这种胶带涂眼影的时候完全涂不上去，而且泛白严重。

2. 有弧度的大号剪刀

修剪双眼皮胶布的时候，最好还是选择有弧度的大号剪刀比较好。因为小剪刀一般我们平常人很难用好，剪出来的经常出现断断续续的锯齿状，不能成为一个光滑的月牙形，而大剪刀很好掌握，一般一刀成型。剪好以后，对照镜子，贴上即可。

小贴士

使用双眼皮胶要谨慎

目前，市面上的眼贴、胶水材料有多种，透气性好坏难以保证，里面的成分也不明确。我们都知道，眼睑是全身最薄和柔软的皮肤，其厚度最薄处仅有0.4毫米，具有延展性、弹性好并易生皱褶的特点，是十分娇嫩的。女性长期使用双眼皮胶水和眼贴会加速皮肤的老化和松弛，一旦出现这种情况会让你的美丽大打折扣。长期使用胶水和胶贴，眼皮变双了，但也受到了伤害。

眼线笔

眼线笔，用来描绘眼周的眼线，使眼睛更有神韵。杂志上令人心动的模特都有魅惑的眼神，秘密就在于那两条浓重的眼线上。对新手而言，化妆用具中最难掌握的恐怕要数眼线笔了。眼线靠近眼睛，所以画眼线的时候一定要格外小心。

眼线的画法视眼皮的单双有所不同。双眼皮女性如果睫毛浓密可省掉这一步骤，而单眼皮的女孩子们则需要重视眼线的画法了。下眼线可以不画，太浓烈的下眼线可能会让眼睛看起来小而无神。先翻开上眼皮，用干净的棉签将眼睑部位轻轻擦拭，除去灰尘颗粒。然后眼睛向下看，用眼线笔顺着眼睑由内眼角处向外描，在末尾处稍稍上挑，使得眼睛更动人。画完眼线后，用棉棒轻轻晕开，使之呈现模糊感。

画眼线时，因为靠近眼睛，人自我保护的本性会使得眼睑微微颤动，这时候画眼线就更困难了。一个小窍门是描眼线时，把嘴张开呈O形，眼睑就不会颤动得那么厉害了。

眼线液

传统观点里认为眼线液是专属于化妆师的道具，但是随着女人们对彩妆品的了解和拥有程度的加深，对妆容效果的要求升级，眼线液也与时俱进地变成一种民用产品。

东方女性常常利用眼线，勾勒出更有味道的眼部妆效，表现出眼睛的立体度来弥补眼睛不够深邃的缺点。不过如何运用眼线笔或眼线液，很多女性将其视为是件棘手、难度高的化妆法，宁愿能避则避，以免因为一时失手，把好不容易画好的眼影给一起毁了。

眼线笔或眼线液都能强调眼睛的线条，不过眼线笔可以运用手指晕开，创造出比较柔和的感觉，对于初学者也较容易操作；眼线液画出的感觉较为浓密，线条相对更为明显，对于画顺手的人而言，通常会觉得眼线液方便好用很多。不过不管你使用的是哪一种，必须要考虑到眼线液或眼线笔的品质，最好是质地细软且对于眼睛是低过敏、低刺激的，因为眼睛是相当脆弱的。

比起眼线笔来，眼线液有两个很明显的特点：第一是不容易晕妆，持久性好；第二是妆效线条流畅、突出、逼真，比较适合强调眼线、时尚感强的妆容。由于眼线液的炫目效果和使用的技术含量都有增加，它比较适合经常出入各种派对和大型活动的女性。

眼线膏

眼线膏几乎是眼线液的“衍生物”，它的效果和眼线液比较相似，都是利落的线条，使用时要搭配专业的眼线刷。眼线膏这种眼部化妆品有两个主要特点：第一是质感表现力强，眼线液除了上色明显，几乎没有特别的质感效果，但眼线膏可以表现珠光、金属光泽等不同的质地效果，第二是它的妆效比眼线液还要长久，是最长效的眼线产品，所以，很多专业化妆师的化妆箱里都会有眼线膏这项。

眼线膏的描绘步骤，和眼线液已经没有太大差别。会用眼线液就肯定能用眼线膏，唯一的区别就是需要有一把细头的小刷子来描画。凤眼、双眼长而细或眼尾肤色偏黑的女人，可以利用眼线膏勾画复古眼线来修饰。复古眼线即把上眼线画成前细后粗，末端部分向上翘起，下眼线则前粗后细。配合衬色眼影，可改善“尖眼”缺点。紫、墨绿、黑、啡等深沉颜色最适合做复古眼线，方法是先用细眼线笔蘸上紫色眼线膏画上眼线，由内眼角向眼尾、以前细后粗的方式画上，也可以逐笔慢慢加粗，防止失手破坏眼妆。在眼线末端、近眼角位置把眼线升高，翘起约一厘米，并将翘起部分加粗，画成三角形状，避免翘得过高而与双眼分隔太远。下眼线前粗后细，效果自然柔和，可平衡夸张上眼线的突兀感。

此外，由于眼线膏的质地在固态和液态之间，很容易凝结变干，因此选购眼线膏的时候，要在试用装上试验它的浓稠度，最好在质地感觉上偏油、偏稀释一点的。

小贴士

眼线膏的优点

眼线膏有几个特殊的优点：一是颜色非常饱和，颜色的选择也很多，从紫色、绿色到前卫的银色俱全；二是质感表现力特别强，传统的眼线液一般都没什么特别的质感，而眼线膏可以表现出哑光、金属光泽、珠光等各种特殊的质地；三是妆效极其持久，它可算是最为长效的眼线了，基本上一整天都能保持清爽而不会晕开。

眼影粉

单眼皮也好，双眼皮也好，大眼睛也罢，小眼睛也罢，每个人都有自己与众不同的特色。不管是什么样的眼型，都有其独特的魅力。但是，如果你因为眼睛不够标致产生自卑感，那么可以在眼影的涂抹方法上多下点功夫。

1. 在单眼皮上露出一点暗色，看起来显得朦胧

将亮色眼影粉涂在眼窝上并在眼梢处稍稍延长。要点是涂在眼边缘的暗色眼影粉，要将其涂抹成在睁开眼睛时能够露出 1 ~ 2 毫米的宽度。

2. 使内双眼皮的眼睛边缘显得深陷，看起来轮廓鲜明

将亮色眼影粉涂在眼窝上，将暗色眼影粉涂抹在双眼皮内侧，再在下眼睑距眼梢 1/3 处薄涂一层，并与上眼皮暗色粉自然连接。

3. 利用亮色眼影粉使小眼睛变大

将亮色眼影粉涂得比眼窝还要大一圈，并且要把下眼睑也圈进去，强调眼睛的范围。然后将暗色眼影粉沿着上眼皮的边缘涂得长一些，加大眼睛的宽度，使眼睛显大。

4. 使用暗色将细眼睛的中央立体化

将亮色眼影粉从眼窝向眼梢方向涂，将下眼睑眼梢部也圈进去，然后将暗色眼影粉涂抹在双眼皮内侧，并在黑眼球的上方晕色成山形。

5. 在吊眼梢下眼梢处涂暗粉以取得平衡

将亮色眼影粉涂抹在整个眼窝，然后涂暗色眼影粉，上眼皮由内眼角向眼梢由宽渐渐变细，相反下眼睑则从眼梢处向内眼角由宽变细。

6. 对眼梢下垂的眼睛通过在上眼皮使用暗色，使眼梢显得上翘

将亮色眼影粉沿着眼窝的圆形自然地涂抹，然后用暗色在眼梢处涂宽并向内眼角方向延伸变细，通过这样有层次感的晕色，眼梢会显得上翘。

7. 对于深陷的眼睛可用亮眼影粉使其变得柔和

将亮色眼影粉大面积地涂抹，涂得超过眼窝直到眉毛的下面，并且在下眼睑外边也涂上一圈，暗色眼影粉只在睫毛根部细细地淡淡地涂一些。

8. 对于眼距小的眼睛将重点放在眼梢处

将亮色眼影粉沿着眼窝涂抹，把内眼角和眼梢都圈进去并与下眼睑连上。暗色眼影粉沿着眼睛的边缘涂，在眼梢处涂长涂宽，在下眼睑距眼梢1/3处也涂一些。

9. 对于眼距宽的眼睛将重点放在内眼角

从眉头向鼻梁延伸的鼻梁线侧面淡淡地涂抹暗色眼影粉，亮色眼影粉从眼梢开始向内眼角涂。要点是不论亮色还是暗色都不要在眼梢处延长。

10. 左右两只眼睛大小不一时使用暗色的宽度进行调整

将亮色眼影粉在眼窝处涂抹均匀，对于两只眼睛的大小平衡通过暗色的宽度进行调整。大眼睛的眼边画得细一些，小眼睛的眼边画得粗一些。

唇腮

唇线笔

唇线笔，是英国人1948年发明的，用于改善唇型细节。嘴唇也是整张脸的妆容最吸引人的地方，唇线笔可以修改过厚的嘴唇以积极弥补过薄的嘴唇等缺陷，使得唇型基本达到标准。因此，唇线笔是唇妆的一大重点。

先选一款和自己嘴唇周围颜色比较相似的遮盖霜，用无名指取一点点，沾在唇线上，轻轻晕开，使其与四周皮肤结合比较自然，然后根据自己的脸型和想要改变成的形状，用唇线笔将唇线往外扩或往里缩。

一般认为，用唇线笔勾出轮廓有两大用处：一方面塑造更完美的唇形，一方面能防止口红晕开。但有的化妆师认为，现在都市女性选用的口红品质都过了关，根本就不用担心容易晕开。另外，如果用唇线笔勾勒，唇的轮廓也会显得比较呆板。目前，欧美流行的化妆趋势就是省去唇线笔，而直接发挥唇扫的勾勒作用，这样做并非单纯为了省时间、省事，而是要创造自然的生动唇形。

所以，日常化妆大可不必用唇线笔，正确的方法是用粉底将要改善的唇掩盖后，用唇扫蘸口红，然后按画唇线的笔触从上唇的正中开始勾勒上唇左侧的线条，要一笔带过，不能有任何停顿，接着是上唇右侧，下唇则从嘴角到嘴角一笔带过。

小贴士

唇线笔使用注意事项

女性在使用唇线笔时应该注意以下几点：

（1）向外扩或向里缩的范围最好不超过你本来嘴唇轮廓的1~1.5毫米。

（2）唇线笔的颜色选择必须接近嘴唇原色。

（3）过薄的唇，切忌用唇线笔画满整个嘴角；过厚的唇，嘴角处要比原来的嘴角分别向外画出一点，不要太多，这样会让整体线条比较自然流畅。

（4）过小的唇，唇线笔画上唇时略略扩展，最关键的是要扩展下唇线；过大的唇，轮廓线要描画得往里收一些。

唇彩

唇彩一种唇部的化妆品总称。黏稠液体或薄膏状，富含各类高度滋润油脂和闪光因子，所含蜡质及色彩颜料少。晶亮剔透，滋润轻薄；上色后使双唇湿润立体感强；尤其在追求特殊装扮效果时表现突出，但较易脱妆。

唇彩的特征如下：

（1）膏体柔软而富质感，呈黏稠液状或薄体膏状。

（2）颜色多为鲜艳夺目，也有浅淡剔透和无色透明的。

（3）上色后，双唇晶莹亮丽，湿润清爽，具闪烁反光效果，增加唇部立体感。

（4）无论哪个季节，使用唇彩呵护双唇，可滋润保持水分。

（5）因为油分含量高，所以容易脱妆，即“被吃掉”。

唇蜜

唇蜜是一种修饰唇形、唇色的稍稠密的液体。它可以营造水亮的效果，又想给嘴唇最大限度的修饰，可以配合唇膏使用。唇蜜一般来说，颜色都非常淡，视觉效果是晶莹剔透，但是遮盖力就比较差了，专业化妆上一般都用它和唇膏搭配使用，较少单独使用。它的好处就是亮晶晶的，适合淡妆、透明妆或者裸装。质地比较黏稠的唇蜜比质地较薄的唇蜜的效果要更好。

唇膏

唇膏就是最原始、最常见的口红，一般是固体，质地比唇彩和唇蜜要干和硬。唇膏已成了我国现代女性的常用化妆品。在口唇上涂一层恰到好处的唇膏能使人显得格外娇媚。色彩饱和度高，颜色遮盖力强，而且由于是固体一般不容易由于唇纹过深而外溢，常用它来修饰唇形、唇色。然而，经常地、大量地使用唇膏会给健康带来危害。

唇膏主要成分包含了蜡、油和色素。油及蜡质都具有较强的吸附性，能将空气中的尘埃、病毒、细菌等有害物质吸附在口唇黏膜上，在人不经意时随食物进入体内。唇膏常用的染料大多是对人体有害的非食用色素，专家通过实验证实，某些劣质染料还含有致癌的化学成分。因此，唇膏实际上是一种复杂的化学物质，鲜艳色泽的背后存在着不为人们注意的隐患。

尽管市售各种品牌的唇膏事先都必须经过安全性试验，但由于色泽不同及基料配方的差异，加上人们体质的千差万别，因此，仍然对使用者潜藏着过敏反应的危险。唇膏引起唇过敏已是一个严重而普遍的问题，约 10% 的女性用后会出现口唇干裂、烧灼、肿胀、瘙痒、表皮剥脱、轻微疼痛等。国家有关部门规定了唇膏中铅、汞等有毒物质的限量，但这并不等于唇膏中不含这些成分，再加上生产、销售和使用过程中受到不同程度的污染，即使有害物质含量甚微，但长期使用也会产生蓄积作用，对机体造成危害，一些人会发生中毒，甚至导致癌变。更应引起人注意的是：一些地下工厂生产的劣质唇膏很可能含有大量重金属（铅之类），以使其色泽鲜艳亮丽，不易脱落。若经常将这些“重金属唇膏”吞进肚子里，后果更不堪设想。

因此，广大女性在美唇时，除唇膏不宜涂得过多、不要经常连续使用外，还应注意学习使用知识。首先，有过敏体质的女性对唇膏应慎用，严重者需及时到医院诊治。其次，唇膏最好选择有安全保证的名牌产品，并先在下唇局部试用一天，经观察无不良反应时才继续使用，反之适合自己使用的品牌不要随意调换，若改换其他品牌或批号唇膏时也须先行试用，绝对不要使用过期或“三无”产品的唇膏。此外，唇膏应个人专用，不宜与他人合用，以免经皮肤和唾液等途径感染疾病。平时进餐前应先把唇膏拭净，且化妆宜淡不宜浓，临睡前必须彻底卸妆，清洗干净。总之，现代女性在靓丽的同时顾及身体健康，才能给生活带来更多的幸福。

小贴士

如何识别合格唇膏呢

其实，方法很简单。合格唇膏的表现，膏体平滑无气孔，并达到耐热和耐寒标准，一般不会出现弯曲和软化，即使室外温度较低，回到常温下几分钟就可以使用。而质量差的唇膏表面不平滑，细看有微小的膨胀或膏体出汗现象。因此，在选择唇膏时不要忽视了它的包装及底部标签。合格的唇膏无论是精装还是简装，标签上的生产日期、生产许可证号、保质期、生产厂家等清晰可辨。一般正规的大商场销售的唇膏，比较注重进货把关，产品要经过商检及市卫生防疫站检测通过，购买时较为放心，而小摊上销售的则保障性较小。

腮红

腮红，使用后会使面颊呈现健康红润的颜色。如果说，眼妆是脸部彩妆的焦点，口红是化妆包里不可或缺的要件，那么腮红就是修饰脸型、美化肤色的最佳工具。

腮红由天然矿物粉精制成，粉质轻盈，柔和细腻，优雅的粉饰，打造娇艳欲滴的双颊，使脸部更显立体感，演绎出恬美亮彩的妆容。温和粉红的粉末使用起来的效果更加有质感和真实效果，体现出一种自然健康的美，适合油性皮肤和混合型皮肤。能够有效抑制油光，使用时为了避免“下手过重”，可以先在手背上事先涂抹，减少刷头上的粉。

胭脂

胭脂是面脂和口脂的统称，是和妆粉配套的主要化妆品。古时胭脂又称作燕脂、焉支或燕支，关于胭脂的起源，有两种不同的说法：一说胭脂起于商纣时期，因为燕国所产故而得名；另一说为原产于中国西北匈奴地区的焉支山，匈奴贵族妇女常以“阏氏”（胭脂）妆饰脸面。

在化妆中，胭脂是不可或缺的最后一步。胭脂作为点睛之笔，能让你看起来有年轻几岁的效果，除修饰脸形外，还可让整个妆容看起来更健康。纽约明星化妆师特洛伊·史莱特建议，在使用时，用化妆刷将胭脂涂在脸上后轻轻匀开，因有持久配方，需要健康自然的效果时，开始用时量不宜太多，逐渐加深至满意效果。一是可以使脸部具有立体感；二是可使妆容看起来健康、时尚。如果想实现第一种的功效，可直接用在颧骨凹陷处斜向上扫均匀，即可达到立体的效果。一般适合稍宽大的脸形。要实现第二种的功效，由鼻梁两侧向脸颊处晕染，可使妆容具有健康、时尚感，适合任何脸形。

腮红和胭脂可以增添好气色，增加脸部肌肤的红润感，制造出粉嫩透明的肤色。腮红和胭脂还可以修饰脸型，甚至具有返老还童的功效。

高光粉

高光粉，平时化妆我们很少用到，但却是化妆师的最爱，也是聚会妆容中不可缺少的一步，可在额头、鼻梁，以及下巴处适量使用，提亮整个妆容，使你在霓虹灯下熠熠生辉。

高光，顾名思义，可以让打上高光的地方看上去有浮出明显的效果，而侧影就是暗色，让物体看上去后退，或者看上去不明显。高光一般是白色的粉，或者高光粉，使用在鼻梁、颧骨、眉骨等地方。暗影粉，一般是褐色或土黄色、棕色，打在鼻侧、下颌角等地方。注意，上高光暗影的时候都要和肤色有过度，不要上成一块。需要的话，一般化妆品店会专门卖高光粉和暗影粉的。 高光侧影，是为了把脸型修正，看上去比较标准而常用的手法，平时化妆可以采用，让脸部看上去立体，轮廓鲜明。

皮肤问题

美化

美白

因为“一白遮三丑”的传统美观念，亚洲女性对于美白的追求就像人类对于光明的追求一样从未停止，胭脂水粉几乎是每个成年女性的必备品，到了现在，更是有遮瑕膏、粉底、散粉、定妆粉、粉饼等林林总总的粉饰家族，粉饰美白、粉饰太平。其实，美白就像是治病，治标不如治本，只有把内在肤质调理好，根治影响美白的罪魁祸首——黑色素，肌肤才能展现真正由内而外的自然美白光彩。黑色素是存在于每个人皮肤基底层的一种蛋白质。紫外线的照射会令黑色素产生变化，生成一种保护皮肤的物质，然后黑色素又经由细胞代谢的层层移动，到了肌肤表皮层，形成我们所看到的色斑和肤色不匀等皮肤问题。

美白也是一个由内而外的护理工程。首先要选择一套适合自己的美白产品，因为美白成分各不相同，所以理论上最好是使用同一品牌同一系列的产品，这样可以防止不同美白成分互相冲突产生的不良反应。现在市面上比较多的美白产品都是以维生素 C 为主要成分。鞣花酸具有极高的抗氧化性，能够帮助肌肤抑制和调节黑色素的生成，并减淡已形成的色斑。

除了选用美白产品，还有一点很重要：从外部防护皮肤免受紫外线的侵害开始，一年四季都要做好防晒护理，无论在室内外工作都要用防晒霜，炎热的夏天在户外时，一定要带遮阳伞和具有防紫外线功能的太阳镜。

小贴士

补充水分是女性美白的首要条件

日晒后的肌肤水分已经大量流失，因此时刻保持肌肤的水分充足是美白肌肤的首要条件，女性可以买一瓶肌水，属于保湿化妆水，分子量极小，可直接透过皮肤渗入皮下，经常喷在脸上，既镇静皮肤又保湿。在室内工作，面对着电脑，紫外线和辐射依然不可小觑，脸上感觉干燥时，使用喷剂喷在脸上，可以保持脸部水分充足。

防晒

女性每年都防晒，是防晒产品不够好，还是大家对于防晒工作的认识不足呢？其实，女性要想肌肤白皙免受阳光的折磨，就要掌握全新的防晒理念、远离错误的防晒传统。

女性怎样做才能最大限度地防止晒伤呢？主要可以从以下几点考虑：

1. 保湿防晒择时外出

最有效果的预防办法是避开一天中从上午 11 时至下午 2 时这段紫外线最强烈的时间外出，慢慢地、少量地接触阳光是不会有晒伤危险的。尤其是 25 岁左右的女性，她们的新陈代谢已经开始变得缓慢，容易出现褐斑、雀斑，产生细小的皱纹，应当避免紫外线的直接照射。

2. 物理遮挡

宽檐的遮阳帽、防紫外线的阳伞、太阳镜是步行一族的必备品。如果您习惯骑自行车出行，那么也需要准备阳帽和阳伞，有的女性朋友喜欢用的白色披肩可以盖住裸露的手臂、肩膀，防止长时间的阳光直射。开车的人最好选择有防紫外线的太阳膜贴在车窗等部位，同时在车里准备长袖衬衫，既可以阻挡从一侧照来的阳光，还能不被空调直吹，出现胳膊、肩膀痛的现象。

3. 涂防晒霜

最重要的是“手勤”，因为防晒霜有自己的有效时限，另外在汗水的影响下它不可能在皮肤上停留太长的时间，所以无论涂得多厚，过一段时间功效也会减弱，所以在户外运动时间长，就一定要手勤。补擦防晒品时，最好把身上的水分及汗水拭净后再涂上防晒品。

4. 晒后修复

如果皮肤轻微发红，可以马上用具有镇静效果的化妆水敷面，将化妆水放入冰箱冷却，也是冰敷的好方法。皮肤感觉发热疼痛说明已经是接近烫伤的重度灼伤，补救的方法就是以冰敷面，将冰块放在疼痛部位或是用纱布蘸冰水敷脸，让肌肤感到冰凉。在这种情况下两周内不能进行其他保养。严重晒伤后肌肤可能会脱皮，千万不要使用需剥除的面膜，最好到医院的皮肤科请医生帮助处理。

5. 头发防晒

晒前可以使用含防晒配方的免晒护发素，让每根发丝都能均匀吸收。游泳前，尤其是在海里游泳，最好能先涂护发素再下水，减少海水盐分对头发的伤害。对受到紫外线伤害的头发，要在头发上擦足润发用品，再用热毛巾热敷然后洗净。晒后还可以为头发做一次特别护理：把橄榄油涂在头发上，然后用毛巾包上静置 1 小时，最后用洗发水冲洗干净，就像给头发做了个“油疗”，慢慢就会恢复光彩。

让娇嫩的肌肤免受阳光的炙烤，是爱美女性的头等大事。那么，到底该如何选择防晒霜呢？

（1）建议在购买防晒霜前做一次准确的皮肤测试。油性肌肤应选择渗透力较强的水性防晒用品；干性肌肤应选择霜状的防晒用品；中性皮肤一般无严格规定，用乳液状的防晒霜则适合各种皮肤使用。

（2）计算一下 SPF 值。一般来说，SPF 指数越高，所给予的保护越大。一般环境下，普通肤色的人以 SPF8~SPF12 为宜；皮肤白皙者建议选用 SPF30 的防晒霜；对光过敏的人，SPF 值选择在 12~20 为宜。

（3）了解不同防晒霜的适用人群。不同的防晒产品有不同的适用对象，最好的办法是在购买之前，先在自己的手腕内侧试用一下。10 分钟内如果出现皮肤红、肿、痛、痒现象，则说明自己对这种产品有过敏反应，可以试用比此防晒指数低一个倍数的产品。如果还有反应，则最好放弃该品牌的防晒霜。

小贴士

SPF 值越高的防晒效果越好吗

很多女性认为 SPF 值越高，防中波紫外线的效果越好。但是，过高的 SPF 则意味着在该产品中大量使用了紫外线吸收剂和散射剂，而过高含量的吸收剂和散射剂，会带来皮肤刺激、过敏等不安全性和使用上的不适感。SPF 只表明某个防晒产品对中波紫外线的防护能力，并不表示对于阳光中长波紫外线的防护。而且，据研究表明，长波紫外线是导致真皮胶原纤维破坏，引起皮肤衰老、产生皱纹的主要原因，而只有 SPF 指标的产品是不能防长波紫外线的，即使 SPF 值越高，也不能保障安全。所以，年轻女性选择防晒剂，应主要考虑紫外线刺激而导致的色素沉着，防晒产品选择应以防中波紫外线为主。而对于中老年人来说，主要以防止皱纹产生和防止色素沉着为主，在注意防中波紫外线的基础上，应兼顾防长波紫外线。

遮瑕

黑眼圈、小红斑等肌肤问题人人都有，要想肤色看起来均匀健康，就要依靠遮瑕。

（1）选用接近底妆又略为深一点的颜色用海绵粉扑蘸取遮瑕品，涂在阴影较重的部位，用手指腹推开即可。

（2）眼线笔刷仍然是最佳道具。蘸取些许遮瑕膏，以轻按压的方式，让遮瑕膏完全附着在斑点处。一点点遮瑕品就好，以免出现底妆厚度不均的情况。

（3）在黑眼圈部位，简单地涂上一层粉饼再用粉扑或手指轻轻点压即可。

保湿

在干燥的气候里，最适宜的洗脸频率为早晚各一次。对于干性和中性皮肤的人来说，应选用温和的洗面奶洗脸，而对于油性皮肤的人来说，不油腻、不含油脂或以水分为基本的洁面液是最好的选择。

选择一些水分、养分含量充足的护肤品。对于干性皮肤和中性皮肤，洗脸后需要用营养水或乳液，再抹油脂类的营养护肤品，如貂油、营养霜等，轻轻抹在脸上，按摩几分钟以便更好地吸收。而油性皮肤除了要注意清洁和控油调理之外，同时也需要做到补水保湿。我们还可以每隔两三天做一次保湿性较高的面膜，这样高密度的护理可以让我们在最短的时间里恢复亮丽的肌肤。

补水

缺水引起的肌肤问题绝不是干燥那么简单，几乎每种肌肤问题都与水分补充和保持有关。水分是美丽肌肤的第一要素，美白、防晒、控油等是在补水保湿的基础上完成。任何季节、年龄、肤质、肌肤问题，都可在水的抚慰和滋润中实现完美。敏感皮肤最不能缺少的是足够水分。不含油分而高度补水的配方（如玻尿酸）是较佳的选择，对于含有药性或强力抗敏成分的产品都会导致严重的干燥问题。在洁面和爽肤后涂上润肤霜，尽量避免 T 区位置，因为天然油脂可提供足够的滋润。如果太干燥的话，就用少量的乳霜从面额轻轻推至 T 区位。最后用以植物精华成分为主的眼霜，为同样脆弱的眼部肌肤提供滋润。

润唇

最有效的润唇方法就是敷唇膜，唇膜就是唇部的“面膜”，唇膜中往往含有去角质酶和滋润唇部的功能性成分，使用唇膜的目的是滋润软化、去除老化角质，为双唇提供营养和光彩，淡化唇部色素沉淀。由于唇部护理品直接使用在唇部，离口非常近，所以按照欧盟标准，唇膜必须不含对人体有害成分，不担心被食用，其中不得含香精、色素、防腐剂等，这是唇部护理产品的硬性指标。

要保持唇部的滋润，可不要忘了给双唇以特别的呵护。其实程序并不复杂，为了让自己娇唇欲滴，平时的保养工作一定要做。

1. 清洁

唇部的肌肤是比较敏感的，所以在选择卸妆液时，尽量选择性质温和的。用充分沾湿卸唇液的清洁棉轻轻按压在双唇上 5 秒钟，再将双唇分为 4 个区，从唇角往中间轻拭。

2. 去死皮

唇部专用去角质的产品一般都含有清凉的薄荷配方，在让双唇平滑滋润的同时，还具有修护和镇定的作用，一个星期一次即可。

3. 按摩

利用在家坐着看电视的时候，用大拇指和示指轻轻按摩一下双唇。方法是：用大拇指和示指捏住上唇，示指不动，大拇指轻轻揉按；再用示指和拇指捏住下唇，大拇指不动，轻动示指按摩下唇。然后，再以上述方法反方向有节奏地按摩上下唇，反复数次，这样可以减少嘴唇横向皱纹。如果你的嘴角有了纵向的皱纹，那么用两手中指从嘴唇中心部位向两侧嘴角揉磨，会使肌肤有被拉长的感觉。先上唇，后下唇，可反复几次。

4. 抹唇膏

记得使用不含香精和色素，含有天然酵母精华并具有水合作用的滋润唇膏。在出门抹口红前，先用唇膏打底，可加强对唇黏膜的保护，有的唇膏还可以防晒。在睡前沐浴后，唇部的血液循环很好，所以此时抹唇膏效果是最好的。

5. 上唇膜

唇膜会给予双唇更为贴切的呵护。你可以用精华素和柔和的营养霜按 1 ： 1 的比例混合后仔细地涂在嘴唇和唇角周围。

防水

化妆品上标有的 waterproof 比 water-resistance 的防水效果要更好、更强。而且，现在夏天我们最好用一些水溶性的润肤乳而不是油性润肤产品，因为太油的话，会加速脸上妆容的脱落。

优化

祛斑

脸上长斑对爱美的女性来说仿佛是一场噩梦，常见的斑点有晒斑、色斑、黄褐斑、雀斑，这四种斑点属雀斑最难去除。色斑在脸，让爱美的女性寝食不安，而她们辗转反侧间最想知道的就是怎样祛斑最有效了。没有哪一个女人希望斑点上脸、色斑扬威，白净水嫩的肌肤才是每一个女性的向往与追求。

怎样祛斑最有效，红糖排毒滋润的这种特殊作用，主要得益于它的天然成分。研究发现，甘蔗含有多种人体必需氨基酸，如赖氨酸等，还有苹果酸、柠檬酸等，是合成人体蛋白质、支持新陈代谢必不可少的基础物质。红糖直接食用就可以，或者制成面膜用来敷脸和按摩肌肤，也有不错的效果，可以促进血液循环，有利于舒展皮肤组织，舒缓肌肉组织的疲劳。

此外，市面上祛斑的产品层出不穷，但是真正有效的并不多，这让脸上长斑的女性朋友十分苦恼。护肤专家认为，女性在选择祛斑产品时，应该选择温和无刺激的，降低皮肤的损害程度，并能锁定黑色素沉积比较严重的部分，重点瓦解黑色素堆积，从而有效赶走斑点的困扰，达到净化美白肌肤的功效。

在借助温和性祛斑产品祛斑时，女性朋友们要注意以下两点：

1. 先去除老化角质

由于黑斑产生于皮肤的基底层，所以有效的淡斑护肤品应该是作用于肌肤深层，并且能够有效地去除老化角质，从内到外淡斑。平日里可以先进行局部去角质，再进行美白护理。

2. 加强保湿

祛斑本身是一个净化的过程，它令黑色素从表皮细胞脱落后，皮肤表层的角质变干净。但是刚刚更新的角质也非常需要添加水分和营养的保护。充足的水分可以维持肌肤的新陈代谢，加速祛斑的过程。晒斑即医学上所称的日光性皮炎，也称日光红斑。裸露的皮肤经过暴晒发生红斑、水肿等症状，过后有粉末状脱屑，并出现皮肤色素沉着。

小贴士

柠檬蜂蜜水是祛斑的圣品

护肤专家认为，柠檬蜂蜜水是很好的祛斑圣品，不管是外敷还是内服，都能起到显著的护肤祛斑功效。柠檬蜂蜜水的做法很简单，具体为：

（1）先将柠檬用粗盐洗净表皮，然后用工具将柠檬皮刨成丝，留做备用。

（2）将柠檬肉切成小丁块，放进准备的空的小玻璃瓶中。

（3）柠檬肉放在玻璃瓶的最底层，然后倒入蜂蜜。如果口感偏甜，可以多加一些蜂蜜，消除酸涩味。

（4）然后放进被刨成丝的柠檬皮，再用蜂蜜浸过柠檬皮。进行密封，约1周时间可取出来食用。

祛痘

油性皮肤由于油脂分泌旺盛，容易造成毛孔堵塞，导致黑头、粉刺，影响肌肤的通透性，因此油性肌肤长痘是很正常的事情，同时会伴随黑头、毛孔粗大、水油不平衡、皮肤粗糙等肌肤问题出现。日常去痘要从下面几点着手：

1. 做好肌肤清洁工作

不宜使用太过清洁性的产品，如果皮肤本身的油脂被清掉了，肌肤自卫机能就会再分泌更多的油脂，导致油腻及痘痘更加猖獗。

2. 做好补水工作

皮肤本身只能分泌油脂，而不能提供肌肤所需的水分，因此需要外界为肌肤注入水分，选择适合自己的补水护肤品，每天早晚洁面之后补水，保持肌肤表层水油平衡。

3. 选择适合的祛痘品

在长痘初中期选择适合自己的护肤品来治愈痘痘，避免使用药膏、药霜等含有激素的祛痘品，可以使用植物药妆祛痘产品，温和不刺激，祛痘除印控油修复多效合一，适合长痘群体。

4. 及时应对并发症状

除痘痘之外，油性皮肤出现的黑头、毛孔粗大问题应及时应对，平时需做好基础护理工作，像面膜、去角质每隔几天要做一次，多种问题并发也可以使用薰衣草精油来护理肌肤，精油的强大功效帮助油性皮肤控制表层水油平衡。

控油

控油指的是调整皮肤分泌的油脂含量。不管是中性皮肤，还是油性、混合性皮肤，一般都会出油，而容易出油的地方就是T区。一般的控油方法就是用控油产品和勤洗脸。

另外，肌肤控油还有一些实用的小秘方：

1. 食疗法

吃一段时间的芦荟，满面油光和痘痘的问题都有所解决。

2. 按摩法

洁面后，用一点盐放在手心里，用水融化，轻轻按摩面部，可改善面部出油，适合油性肤质。

3. 急救法

用凉水或冰箱里的冰可乐冰一下脸部让毛孔立即缩小，再使用控油品，效果加倍。

4. 面膜法

控油的同时一定要补水，自制的黄瓜面膜补水效果就不错。

5. 香水法

用半勺青柠檬和黄瓜的混合汁液敷脸。特别爱出油者，再加入几滴纯正的法国古龙水。

6. 日疗法

洗脸时在水里加一些日本清酒，可以起到控油效果。

抗菌

皮肤最易被细菌感染，想要保持洁净的肌肤，就要多吃具有抗菌作用的蔬菜，很多常见的食物都具有抗菌作用，同时含有多种维生素、矿物质等，既能抵抗体内病菌，又不至于破坏人体内的有益菌群。

1. 生姜

生姜可以参与人体细胞调节免疫力，提升溶菌酶活性，对女性阴道滴虫有较好的抑制作用，同时还能有效去除人体皮肤、指甲中所感染的部分细菌。

2. 葱白＋大蒜

这两种食物含有大量的大蒜新素，这一物质对葡萄球菌、链球菌、皮肤真菌有一定的抑制作用。如果人患上呼吸道感染、痢疾、肠炎等疾病，在没有其他疾病的情况下，多吃一些葱白和大蒜对恢复健康有积极意义。

3. 马齿苋

这种很寻常的野菜含有丰富的天然抗生素，可以抑制并杀死消化道黏膜的大肠杆菌、痢疾杆菌等，改善恶心、呕吐、腹痛等症状，同时，还能够有效减轻皮肤红肿、毛囊感染等症状。

4. 平菇

平菇中还有大量的蘑菇核糖酸，能够有效抑制细菌合成与繁殖。同时平菇中的营养成分还能促进人体新陈代谢、增强人的体质，对于肝炎、病毒性感冒、慢性胃炎等都有较好的辅助治疗作用。

5. 包菜

包菜又称圆白菜，在我们生活中很常见，可就是这种常见的蔬菜被誉为“溃疡愈合因子”，对人体的各种溃疡有着极好的治疗作用，能够促进创面愈合，是胃溃疡、口腔溃疡患者食疗的首选食物。

6. 茴香

茴香脑是茴香中非常活跃的一种成分，它对大肠杆菌、痢疾杆菌以及变形杆菌等都有很好的抑制作用，可以预防、治疗多种感染性腹泻。

抗皱

产生皱纹的原因主要有两大类：内因老化和外因老化。一般认为，手臂内侧的皮肤基本反映了自然老化的进度；如果脸上的皮肤比手臂内侧皮肤糟糕，出现肤色不均、松弛起皱等，都是外因老化带来的，尤其是防晒不足带来的光老化，占了80%以上。常见的祛皱方法不外乎整形手术、注射祛皱、医学美容、护肤美容品几个大类。

除此之外，改变不良的生活习惯，保持开朗的好心情、选择合适的护理产品外，合理的饮食也能在抗皱大战中助你一臂之力。因此，为了留住青春，你一定要记住下面的食品名称：鸡皮、鱼类、鱼子酱、虾酱、牡蛎、动物肝脏、蘑菇、木耳、花粉等。它们都含有丰富的弹力纤维或者核酸，有助于皮肤保持光滑和弹性。

抗敏感

冬季对所有人的肌肤都是一个严峻的考验，寒冷、干燥、冷风等成为冬季的代名词。寒冷往往会造成皮肤局部小血管收缩，皮肤血液循环减慢；皮脂腺和小汗腺分泌减少，水脂膜更为薄弱；细胞间的连接也有所改变；皮肤保护屏障水脂膜的受损。冷风、室内外环境的改变、污染会让皮肤变得更加敏感。皮肤干燥的相关原因很多，主要和皮肤表面的皮脂膜的锁水能力相关，能够影响到皮脂膜完整性的因素都可能导致皮肤的干燥。女性要想抗敏感，可以从以下几个方面着手：

1. 保湿修护两不误

红血丝皮肤的保湿工作不容忽视，皮肤干燥会引发敏感，敏感会加剧红血丝症状。因此对抗红血丝首先要做好保湿工作，喷雾可以随时为肌肤增添水分，给肌肤补充能量和营养，改善皮肤微循环。

2. 勤防晒，抵御紫外线伤害

冬天的阳光虽然看起来没有夏天那么厉害，但其实冬天大气离子层的浓度较稀薄，紫外线的威力仍然不容小视。如果忽视了防晒，皮肤反而更容易受到紫外线的伤害。对红血丝女性来说，成分温和、高耐受性的物理防晒是最佳选择，能最大限度覆盖紫外线光谱，抵御全波长紫外线对皮肤的伤害。

3. 正确使用彩妆产品

对红血丝女性来说，化妆品中的化学物质和致敏香料也很容易让皮肤受到更多的刺激和伤害。如果要化妆的话，最好选用专门为敏感皮肤设计的彩妆，避免外部刺激，给肌肤更周全的保护。

4. 彻底卸妆，不受妆容残余伤害

不管晚上有多累，第一件大事就是把妆容卸掉，把脸洗干净，避免化妆品残留物在脸上过夜而导致肌肤敏感暗淡。

5. 深层呵护，临睡前的美容法宝

睡前是细胞生长和修复的最旺盛时间段，因而肌肤对护肤品的吸收力也上升到最佳点。保持在晚上 11 点前准时就寝的好习惯，对抗过敏和保持肌肤健康美丽大有好处。良好的睡眠是女人最好的美容品，也能促进皮肤对临睡前使用的护肤品的吸收。

小贴士

怎样选择防过敏的护肤品

女性要想选择合适的防过敏护肤品，就要学会看其成分。其中含有防敏感四大成分，才能起到良好的防过敏效果。防过敏的四大成分是：

（1）洋甘菊，可以杀菌清热、抵抗敏感、加强保湿。

（2）芦荟，对晒伤、灼热等有镇静作用，经常被添加在抗敏感的护肤品中。

（3）甘草，消炎、修护效果极佳，帮助皮肤抵御刺激，用于抗痘消炎产品中。

（4）银杏，是很好的抗氧化剂，可以减少自由基对皮肤的伤害，预防敏感，促进血液循环。

总而言之，“外行看品牌，内行看成分”，品牌固然是产品质量的一大保障，但产品是否适合你，终究不在于品牌，而在于其中的成分，如果你希望选择的产品可以起到抗过敏效果，一定要查看其中是否含有上述四大成分。

抗氧化

抗氧化不仅仅是身体内的环保，现在连脸部肌肤也要开始进行抗氧化工作。简单地说，脸部的抗氧化就是将青春留在脸上，并且屏除外在环境，比如紫外线、脏污空气等对皮肤的伤害，再加上年龄的自然老化，让岁月不会在脸上留下明显的痕迹。

每天的生活中，有太多会加速肌肤细胞氧化的可怕杀手，手机、电磁波、紫外线、空气污染、油炸食物及压力等。真正健康的保养观念，必须加入修复因素，也就是抗氧化的因素；在日常的肌肤保养品中，加入抗氧化效果的产品，会使肌肤的保养更向上提升。一般来说，除了借助饮食之外，保养品也有助于脸部抗氧化工作的进行，除了定期的清洁之外，运用加强保湿的产品，或是在重点部位如眼部周围等进行保养，防止肌肤松弛、老化，进而达到抗氧化的成效。

抗衰老

从生物学上讲，衰老是生物随着时间的推移，自发的必然过程，它是复杂的自然现象，表现为结构和机能衰退，适应性和抵抗力减退。在生理学上，把衰老看作是从受精卵开始一直进行到老年的个体发育史。从病理学上，衰老是应激和劳损，损伤和感染，免疫反应衰退，营养不足，代谢障碍以及疏忽和滥用积累的结果。

随着女性年龄的增长，雌激素的分泌量日渐减少，真皮层的胶原蛋白，弹力蛋白、玻尿酸生成力因而逐渐衰弱，细胞的代谢能力也随之降低，造成皮肤内的保湿力不足，皮肤的支纤维及弹性丧失，结果细纹、皱纹、粗糙、斑点等困扰持续出现。

1. 饮食手段

合理的饮食与口服含有 SOD、DNA 等抗衰老物质和能提高机体免疫力的食物或药物。为什么要合理饮食呢？因为食物之间均有相生相克，合理搭配，达到平衡，才能拥有健康和美丽。

2. 运动手段

科学合理、有规律地定量运动。大量研究证实，真能使时光倒转的方法可能就是运动锻炼。国际关节炎基金会建议说：“解决方法可能是东方式的太极拳。”这里要注意：

（1）科学合理——即选择运动项目要适应自己的身体素质状况，所选择的运动项目本身要科学合理，当今世界上最推崇的是中国的太极拳。

（2）选定运动项目后，即运动量要达到一定水平。多大运动量为宜，有两种测算法，运动后每分钟心跳次数 =170 – 年龄。

3. 心理疏导

保持心理平衡，心情愉快，心地善良，宽厚待人，戒烟少酒，起居有序，饮食限量，多蔬果多水。做到这些，可以减少 LPO 的生成，激活 DNA 和 SOD 增强免疫力，激发运动兴趣，达到长寿目标。

祛粉刺

粉刺，也叫痤疮、暗疮、青春痘，是青少年时期最常见的炎性皮肤病，对于生了痤疮的人来说，只要积极寻找发病的诱因，并进行合理的治疗，消退皮疹并不困难，重要的是在治疗前后采取必要的皮肤护理，预防加重和反复迁延复发。

痤疮好发于面颊、额部、颏部和鼻唇沟，其次是胸部、背部和肩部。痤疮皮损一般无自觉症状，炎症明显时可伴有疼痛，可分为以下几种类型。①粉刺。包括白头粉刺和黑头粉刺，是与毛囊一致的圆锥形丘疹，不发红也不隆起于皮面，数量少则不易察觉，用手可以触及含在皮肤中的米粒大的皮损。可为闭合性的，也可为开放性的。开放性粉刺顶端呈黄白色，也可因色素沉积形成黑头粉刺。可挤出头部为黑色而其下部成白色半透明的脂栓。粉刺是痤疮的早期损害，加重时可形成炎症丘疹。②丘疹。可为粉刺发展而来的炎症性丘疹，皮损为红色丘疹。③脓疱。可在丘疹的基础上形成绿豆大小的脓疱。④囊肿结节。如果炎症继续发展，可形成大小不等的暗红色结节或囊肿，挤压时可有波动感。

不管哪种粉刺，都会导致毛孔粗大，使面部肌肤多坑洼，影响美观。

下面给女性朋友们介绍简单的祛粉刺方法：

1. 蒸脸清洁法

大半面盆热水，屏气将脸置于盆口，四周以湿毛巾围严，蒸汽浴面。这样重复几次，然后用温水洗脸。每周 2 ~ 3 次，使面部毛孔经常保持通畅，一般两周见效。

2. 简单冰糖调养法

250 克冰糖加 750 毫升左右的水烧开，温服，2 ~ 3 天一次。一般服 6 ~ 7 次便可自愈了。在服冰糖水期间，有时症状会加重，但过 1 ~ 2 天会慢慢自行退去。

3. 绿豆粉去粉刺面膜

绿豆粉煮成糊状，晚上睡前洗净患部。涂上此糊，坚持 2 星期，粉刺便会慢慢隐去。

4. 盐水冲洗 治疗初期粉刺

用 15 克盐水冲洗患部，每天 1 ~ 2 次。此方对粉刺初期尤为有效，2 ~ 3 天便可抑制粉刺的生成。

5. 鲜牛奶去粉刺法

鲜牛奶半杯煮沸，待其温热后以棉花蘸湿，轻涂于脸上，片刻后，牛奶渗入毛孔，软化黑头粉刺，再用清水洗去，然后轻轻将粉刺头挤出。牛奶中可加入少量植物油，这样能较快地清除粉刺且不留有斑迹。

6. 益母草去粉刺法

取等份肥皂和益母草灰捣烂成泥状，洗面后涂擦患处，每日 3 次。

7. 淘米水洁面法

每日早晚用淘米水洗脸，约两星期，粉刺就会消失。严重粉刺患者，用此法

3个月，也能收到成效。

小贴士

女性该如何防治痤疮

痤疮是一个容易复发的疾病，且本身病情轻重波动不定。影响痤疮因素很多，单一治疗往往很难收到良好的效果，患有痤疮的女性要根据病情采取综合治疗。首先要调整好心态，保持积极乐观的状态；少吃辛辣油腻的食品及甜食，这些食品都会刺激出油，加重痤疮；多吃蔬菜水果，保持大便通畅也很重要。另外，要根据皮肤类型，选择合适的面部清洁剂和保湿剂，并养成良好的洗护习惯，不要过分去除油脂而不进行保护，导致皮肤过于干燥，皮肤屏障功能受损，也会在一定程度上加重痤疮。坚持在症状较轻时外用药物治疗，症状重时加口服药物控制，以缩短痤疮的自然病程，降低其发生后遗症（痘印和痘疤）的可能性。

祛眼袋

眼袋俗称“肿眼泡”。人们在长期的生活和工作中，由于休息不当、劳累过度、睡眠不好，天长日久随着年龄的增长，眼睑慢慢下垂，不由自主地在颊部形成眼袋。它既是一种衰老的象征，同时也影响美容。那么有什么好办法使之尽快消除呢？

1. 眯眼运动

上下眼睑要有意识地做闭合运动，每日坚持在100次以上，使眼睑肌有收缩与放松的感觉，其目的是改善和消除眼睑下垂。

2. 盐水热敷

在一杯热水中放一茶匙盐，搅拌后用药棉吸盐水敷在眼袋上。待冷了再换热的，反复进行，数天后可促使眼袋逐渐缩回。

随着年龄的增长，身体必然会在各个方面出现衰老的症状，此时若能很好地注意养生，劳逸适度、不熬夜和保证充足的睡眠，将会杜绝和延缓眼袋的产生。

祛黑头

黑头是硬化油脂阻塞物，主要是由皮脂、细胞屑和细菌组成的一种“栓”样物，阻塞在毛囊开口处而形成的。如何有效去除鼻子上的黑头同时又要防止毛孔粗大是美女们关心的重中之重的问题。

下面我们来了解一下黑头形成的几个主要原因：

（1）因为每个人体质不同，所以毛孔的大小也不一样，而且，即使做了相同的保养工作，毛孔能够得到的改善程度也有差异，因此天生毛孔条件比较差一点的人可能就需要比别人付出多一点的力气来照顾皮肤。

（2）如果过度暴晒在阳光之下，除了会造成表皮细胞代谢不正常，还会造成结缔组织失去弹性，这也就是为什么有些人虽然已经过了青春期，毛孔还是越来越大。

（3）过度清洁肌肤，让皮肤发生紧绷干涩、干燥脱皮，甚至出现一些小屑屑，反而容易让我们的肌肤产生角质代谢不正常或老化现象，形成更大的伤害。

（4）挤痘痘、粉刺，使得毛孔周边的结缔组织受到压迫，进而变形，再也无法回复原有的弹性和支撑力，怎么样都无法恢复成原来的模样。

（5）皮脂腺分泌过多，或是毛孔发生堵塞，或是周围结缔组织失去弹性，进而扩大。

（6）压力过大和激素分泌失调导致痘痘进一步的恶化。

（7）不当的饮食，会让身体产生激素失调的现象，刺激雄性素或肾上腺素的分泌，进而让脸上长出粉刺和痘痘。

（8）不当的药物，也可能导致黑头和粉刺加重。

（9）保养或清洁用品不当，也会加重黑头和痘痘。

要想很好地去除黑头，女性朋友们就要注意上述几点，这样才能从源头上杜绝黑头的滋生。

小贴士

去除黑头的小方法

为了完美除黑头，恢复无暇妆容，女性朋友们可以借助以下 6 个小方法来进行：

（1）用深层去死皮膏去除角质。

（2）将植物黑头软化乳敷于黑头处，10 ～ 15 分钟后洗净。

（3）植物黑头溶化水对溶解油脂阻塞极为有效。将此溶化水倒在棉片上，贴在鼻子或下巴处 10 ～ 15 分钟后用水洗净。

（4）收缩毛孔调节水适合油性、混合性肌肤，洁肤后再使用。

（5）植物黑头阻塞精华能化解黑头，在使用调节水后取适量擦在有黑头的地方。

（6）用米饭去黑头。每次蒸完米饭捏一小团在脸上轻揉，会把脏东西都带下来。

祛角质

现代人因接触外在环境条件变差，饮食不均衡、生活作息不正常、熬夜、抽烟、喝酒、情绪等因素影响，常会使得代谢速度减缓，不正常的代谢使得角质细胞无法自然脱落，厚厚地堆积在表面，导致皮肤粗糙、暗沉，所用的保养品往往也被这道过厚的屏障挡住，无法被下面的活细胞吸收。因此，我们要预防角质增厚。肌肤表层每周都会有新陈代谢，过多的老废角质堆积于肌肤上会造成肌肤负担，因此利用去角质去除肌肤表面的老废角质，让肌肤重新呼吸。

全天然植物精华和纤维素，能有效去除表皮老化角质，洁净皮肤，有效辅助肌肤修复粗糙毛孔、平衡皮肤pH值和控制油脂分泌，为肌肤补气锁水，促进皮肤对护肤品的吸收，体验润泽透爽的感觉；蕴含的特殊成分，让皮肤保持柔顺细腻、润泽光滑。

肌肤原本就有将老废角质剔除的能力，但肌肤老化、紫外线暴晒、卸妆清洁不当，都有可能影响老废角质的自行代谢。参差不齐的角质遇上光线产生阴影，会让毛孔周围出现一圈黑影。另外，不同部位的肌肤角质代谢的速率也大有不同，T区角质堆积的速度就远大于U区，而手腕内侧的角质代谢周期甚至要达到100天，因此如果不加以人工干预，面部很容易就会因为代谢步调不一致而显得色泽不匀。哪种肌肤适合什么类型的去角质，其实没有定论，通常皮肤科医生会建议敏感肌肤避免化学性去角质，而用颗粒较圆滑的物理性去角质。不过产品温和还需配合温柔的按摩作用，否则手劲太强，肌肤照样受伤。

此外，值得注意的是，护肤专家认为必须分区保湿，分区抗衰，分区去角质。T区去角质频率最好为一周一次，U区去角质最好为两周一次。如果去角质产品中的，含有水杨酸、酵素这类成分，就要酌情降低去角质的频率，否则容易损坏皮肤。

祛黑眼圈

黑眼圈也是我们常说的“熊猫眼”，是由于经常熬夜，情绪不稳定，眼部疲劳、衰老，静脉血管血流速度过于缓慢，眼部皮肤红细胞供氧不足，静脉血管中二氧化碳及代谢废物积累过多，形成慢性缺氧，血液较暗并形成滞流以及造成眼部色素沉着。年纪愈大的人，眼睛周围的皮下脂肪变得愈薄，所以黑眼圈就更明显。黑眼圈其实分两种颜色，一种是青色黑眼圈，这是因为微血管的静脉血液滞留；另一种是茶色黑眼圈，因黑色素生成与代谢不全而产生，两种黑眼圈产生的原因完全不同。青黑色眼圈通常发生在20岁左右，生活作息不正常的人尤难避免。现在由于学生学习压力较大，年轻人熬夜已经成为家常便饭，所以出现黑眼圈的人群年龄有下移的趋势，18岁以上的人群里黑眼圈就已经很普遍。因其微血管内血液流速缓慢，血液量增多而氧气消耗量提高，缺氧血红素大增的结果。从外表看来，皮肤就出现暗蓝色调。由于眼睛周围较多微血管，因此睡眠不足、眼睛疲劳、压力、贫血等因素，都会造成眼周肌肤瘀血及浮肿现象。茶黑色眼圈的成因则和年龄增长息息相关，长期日晒造成色素沉淀在眼周，久而久之就会形成挥之不去的黑眼圈。

总之，黑眼圈的病因是多重的，女性朋友们要想更好更快地祛除黑眼圈，就必须做到以下几点：

（1）保持充足的睡眠及正确的仰卧睡姿，胜过多种护理方法。

（2）改正不良的饮食习惯，勿摄入过咸的食物和刺激性过大的食物，勿过多抽烟、喝酒。

（3）及时治疗所存在的慢性疾病，加强营养，适当补充维生素C、维生素A、维生素E。

（4）穴位按摩：黑眼圈是因为血液循环不佳而造成的，穴位按摩有助于打通血脉；在眼周皮肤上涂上眼部按摩霜或眼部营养霜。用无名指按压瞳子髎（在眼尾处）、球后（下眼眶中外1/3处）、四白（下眼眶中内1/3处）、睛明（内眦角内上方）、鱼腰（眉正中）、迎香（鼻翼外侧），每个穴位按压3~5秒后放松，连续做10次。用中指和无名指（中指放在上眼睑，无名指放在下眼睑）轻轻地由内眦向外眦轻拉按摩，连续10次。用示指、中指、无名指指尖轻弹眼周，3~5圈。

（5）温和热敷：热敷有助促进血液循环，用柔软的棉质毛巾浸入温热的清水中拧干后铺在上眼皮上，反复2~3次；水温不可太热，因眼睑皮肤很薄，过热会使皮肤松弛、起皱。

（6）彻底卸装：如果你经常化妆，一定要用眼部专用的液状乳液清除眼妆，特别是眼线和睫毛部位，不要让化妆品的色素渗透在眼皮里，否则眼睛看起来像捆了一个黑圈，平时应使用眼部专用化妆品，不可以面部化妆品代替。

小贴士

怎样借助饮食调理祛黑眼圈

黑眼圈形成的原因很多，包括饮食无规律、营养不良、缺乏铁质、烟酒过量或是熬夜引起睡眠不足等，但是，不管是哪种原因导致的黑眼圈，女性朋友都应该注意饮食方面的调理。

首先要增加营养，在饮食中增加优质蛋白质摄入量，每天保证90克以上蛋白质，多吃富含优质蛋白质的瘦肉、牛奶、禽蛋、水产品等，还应增加维生素A、维生素E的摄入量，因为维生素A维生素E对眼睛和眼部皮肤有滋养作用。

富含维生素A的食物有动物肝脏、奶油、禽蛋、胡萝卜、杏等，富含维生素E的食物有芝麻、花生米、核桃、葵花子等。同时还应注意含铁食品的摄入，如海带、瘦肉等。在摄入铁的同时还应注意摄入富含维生素C的食物，如酸枣、橘子、西红柿和绿色蔬菜等，因为维生素C有促进铁吸收的作用。

此外，不要吸烟、过量饮酒，因为吸烟会使皮肤细胞处于缺氧状态，从而使眼圈变黑。过量饮酒会造成眼圈周围暂时性缺血缺氧，长期饮酒，很可能会形成明显的黑眼圈。

消除水肿

水肿是指血管外的组织间隙中有过多的体液积聚，为临床常见症状之一。水肿是全身气化功能障碍的一种表现，与肺、脾、肾、三焦各脏腑密切相关。依据症状表现不同而分为阳水、阴水二类，常见于肾炎、肺心病、肝硬化、营养障碍及内分泌失调等疾病。中医认为，以下8种食物可以帮助消除水肿：

1. 荷叶

荷叶味甘，具扩张血管及排水瘦身的作用。

2. 香菇

含有丰富蛋白质，有助血液循环，消除水肿，最好将香菇煮汤吸收更好。

3. 薏米

薏米分生熟两种，生熟各半互相制衡又能速效，以达健脾利湿之效。薏米可以促进血液和水分新陈代谢，有利尿消除水肿作用，还可排走体内多余的水分。

4. 苹果醋

当中的果胶质能促进肠道运作并有酸化作用，碱性的体质很可能造成水肿，以苹果醋平衡身体的酸碱值有利尿作用，产生减轻体重的效果。

5. 冬瓜

性味甘淡寒，入肺、胃、大肠、小肠，利尿消肿、清热消渴。富含维生素 B_1 及纤维，有助大肠蠕动，排清废物和毒素。

6. 红小豆

红小豆富含维生素 B_1、维生素 B_2、蛋白质及多种矿物质、较多的皂角苷，可刺激肠道，有良好的利尿作用，对水肿有作用。

7. 西瓜

西瓜甘淡微寒，清甜生津之品，入心、胃、肺、肾经，具消暑利尿作用，可以很好地去水肿。

8. 咖啡

消脂去水肿运用得比较广泛，咖啡因能促进身体的新陈代谢，增加热能的消耗从而加速脂肪分解，同时，咖啡因还能加速身体排水，对面部、眼部去水肿也很有效果。每天两杯不加糖不加奶的黑咖啡，不仅去水肿还有很好的减肥功效。

损伤修复

损伤造成机体部分细胞和组织丧失后，机体对所形成缺损进行修补恢复的过程，称为修复，修复后可完全或部分恢复原组织的结构和功能。参与修复过程的主要成分包括细胞外基质和各种细胞。修复过程可概括为两种不同的形式：一是由损伤周围的同种细胞来修复，称为再生，如果完全恢复了原组织的结构及功能，则称为完全再生；二是由纤维结缔组织来修复，称为纤维性修复，以后形成瘢痕，故也称瘢痕修复。在多数情况下，由于有多种组织发生损伤，所以上述两种修复过程常同时存在。在组织损伤和修复过程中，常有炎症反应。

在实践中，皮肤损伤根据具体情况可分为主动性受损和被动性受损，根据皮肤受损的时间和局部症状反应则可分为陈旧性损伤和新发性损伤。

陈旧性皮肤损伤指的是在已往的生活中皮肤结构遭到有意或无意的破坏后遗留下来的问题性皮肤。陈旧性皮肤损伤一般受损时间较长，皮肤保护结构的形成和恢复较慢，皮肤的自我保护能力下降，经常出现不同程度过敏或其他不良现象，而且相比其他皮肤来说，这部分皮肤的颜色要明显加深。

新发性皮肤损伤指的是在生活中新近出现的对皮肤表面或皮肤结构的破坏，从而导致皮肤损伤。其中包括主动性损伤和被动性损伤。新发性皮肤损伤一般受损时间较短，受损后皮肤的保护结构尚未形成，皮肤的自我保护能力有所下降，不过还只是以局部充血发红和炎性反应为主。一般来说，新发性皮肤损伤，容易对各种外界刺激敏感，并且受伤部位的皮肤颜色相对会变得红一些。

不管是哪一种皮肤损伤，要想修复就得尽快恢复角质层和其他皮肤创面，使皮肤表面结构恢复正常;适当增加皮肤油脂分泌,通过油脂使受损创面与外界隔离。下面给女性朋友们分别介绍两种皮肤损伤后的修复方法：

1. 陈旧性皮肤损伤的修复

一般性皮肤损伤，先清洗面部，但最好不要祛角质。接着，在面部导入细胞因子修复冻干粉，并可适当加入少量B族维生素。然后，再适当使用一些具有抗敏作用的护肤霜或精华。

出现继发性黑化后，一定要定期去专业的护肤机构进行专业的修复护理，当然也可以适当配合中药调理。

2. 新发性皮肤损伤的修护

首先要进行局部创面消毒，并结合使用生物修复产品在局部进行修复，最后要确保创面与外界隔离，为此可以借助一些修复隔离霜 。

小贴士

如何修复被太阳晒伤的皮肤

人的皮肤很容易被晒伤，女性一旦被晒伤应该怎么修复呢？可以适当采取以下措施：

（1）适当使用防晒霜，有效隔离阳光，防止再度晒伤。

（2）适当使用皮肤漂白霜，帮助修复损伤的皮肤。

（3）选择专业的化学换肤，可以显著改善被太阳损伤的皮肤。

祛红血丝

红血丝主要是因为面部毛细血管扩张或一部分毛细血管位置表浅引起的面部现象,面部红血丝患者的面部看上去比一般正常肤色红,人们常称高原脸或红脸蛋,有的仅仅是两侧颧部发红，边界呈圆形，一般呈丝线状排列。这种皮肤薄而敏感，过冷、过热、情绪激动时脸色更红。严重者还会形成沉积性色斑，难以治愈，不仅影响外表的美丽，还会给心理造成阴影，给正常生活带来极大的不便。

因为红血丝主要是体质过弱导致的，所以需要补充身体的营养以及维生素，祛除红血丝效果比较好的产品是法国希泊妮活肤组合，它能改善血液循环，补充营养元素，以及改善皮肤。当然，保养皮肤效果也是很好的。

红血丝的保养，除了补充身体的营养，还有一些防止红血丝生成的方法：

（1）增强皮肤锻炼，经常用冷水洗脸，增加皮肤的耐受力。

（2）尽量不使用含重金属的化妆品，避免色素沉积，毒素残留表皮。

（3）经常轻轻按摩红血丝部位，促进血液流动，有助于增强毛细血管弹性。

（4）避免从冷的地方突然到热的地方，或者从热的地方突然到冷的地方，引起红血丝加重。

（5）热型红血丝严重时可以用冷敷，以减轻脸部发热、肿胀。

此外，女性如果希望减轻现有的红血丝症状，应注意以下几点：

（1）切不可再使用含有任何刺激性成分的外用品，注意防紫外线、果酸类等因素对肤质的刺激，一定使用熟悉的化妆品，每更换一次陌生的化妆品都会带来新的风险。

（2）平时注意面部的物理性防护，如夏天出门打伞，冬季戴口罩保暖等措施。

（3）皮肤要保持清洁，经常用温水洗脸，要保持皮肤吸收充足的水分；不要使用含敏感成分和具有刺激性的护肤品。

（4）避免风吹日晒，减少恶劣环境对皮肤的物理刺激。

修复

提亮肤色

女性一旦肤色暗沉，穿什么都不好看，整个人显得暗淡无力，失去所有的光芒。怎样才能提亮肤色，让自已瞬间提升光彩，不再被暗淡的肤色所扰呢？其实，想提亮肤色也很简单，做好以下 4 个步骤就可以了。

1. 清洁脸部

要想提亮肤色，首先要注意做好清洁工作，面部沾上灰尘，显得暗淡无光。清洁脸部可以帮助毛孔畅通，皮肤的呼吸也会得到改善，这样也有助于护肤品的吸收。

2. 做好保湿工作，适当利用面膜

偶尔做个面膜，可以及时给肌肤补水保湿，修复肌肤受损，还能让原本疲惫的肌肤变得水润光泽。

3. 泡澡舒缓神经，促进血液循环

泡澡可以促进血液循环，舒缓身体的疲劳。而且，泡澡时水蒸气可以将毛孔打开，使毛孔中的脏东西排出来，再抹上护肤品时也能更好地吸收。

4. 适当提拉按摩，防止肌肤老化暗淡

经常提拉按摩，可以帮助舒展皮肤的纹理，从而减少皱纹的产生。按摩时，配合保湿护理的霜乳，由表及里，可以更好地锁住皮肤水分，时间长了，皮肤会变得更加的饱满滋润，也就不会那么容易老化暗淡了。

晚上皮肤易缺水，所以睡觉之前要对皮肤做全方位的保湿护理，让肌肤在睡

眠的时候充足了“电”，第二天才会更有神采。利用保湿精华和晚霜从表层锁水到深层补水，配合脸部的提拉按摩，以舒展脸部法令纹、眼纹，让肌肤第二天起来焕发青春活力和迷人光彩。

小贴士

怎样DIY提亮肤色面膜

为了帮助女性朋友更好地提亮肤色，这里为大家介绍一款不错的面膜，闲暇时不妨试试看：

材料：玫瑰花瓣（新鲜或干燥的都可以）、酸奶、蜂蜜

做法：将7~10片花瓣卷一起，切成小小块。把花瓣放纸巾上，滴几滴水，纸巾对折包起花瓣。接着，用擀面杖，轻压纸巾直到稍微湿润。最后，将压扁的花瓣切碎，放在容器里，混合4汤匙酸奶，一汤匙蜂蜜，亮肤面膜就做好啦。

用法：洁面后，将亮肤面膜均匀地敷在脸上，10分钟后拿下，再轻轻按摩脸部后，用温水洗净即可。

晒后修护

烈日当头，持续高温，无论做多少防晒工作，肌肤都免不了受到紫外线的伤害。怎样才能做好晒后的皮肤修护工作呢？

（1）粉刺疤痕转深啡色，凹陷的疤痕更大。请医生给你开个药力较强的药方。白天可以使用不含油脂和对氨基苯的SPF15防晒品：先用小扫轻扫疤痕处，然后抹上比肤色稍浅的遮瑕膏，最后涂上与肤色相近的粉底。

（2）晒干的死皮积聚皮肤表层，使皮肤显得像鳞片一样，出现浅色的斑驳情况。不要试图擦掉这层曝晒的死皮。这时应该保持患处的高度湿润，一天三次涂上不含香料的润肤液，它可溶化干燥死皮减低其粗糙程度和减少鳞片表皮状。先在干燥处涂上一层薄薄的有色润肤霜，然后用亮粉底均匀涂抹整个脸部，令脸部肤色均匀亮丽。

（3）细纹加深，日光致皮肤产生鸡皮疙瘩，皱纹显现。可在患处局部涂用蕴含至少10%浓缩果酸成分的祛皱霜，或是含维生素C的新产品，早晚一次。若在日光下使用，应一并涂用SPF15的防晒品。使用具反光成分的透亮粉底，把光线折射以掩饰脸上的细纹或干纹。

（4）雀斑加重，使用能使肌肤恢复均匀色泽的松香油润肤霜，有助于祛除雀斑。但是如果你的雀斑色泽较深，则宜选用效力较强的松香油膏。防止长出雀斑的最佳方法是：戴阔边帽、涂上含二氧化钛或氧化锌、涂防水及抗晒指数SPF15的防晒品。使用有色润肤液可有效均匀脸蛋色泽，自然而有技巧地遮盖脸上的雀斑。

清洁毛孔

要预防毛孔粗大，最重要的是清洁工作要做好。清洁时先用卸妆油溶解毛孔脏污，

再用泡沫多多的清洁皂或清洁产品。在清洁之后，要注意保湿，让细胞充满水分，毛孔自然会缩小。有收敛作用的紧肤水或是收敛化妆水都有收敛毛细孔的效果。

除了每天早晚的基本清洁，每周必做的功课还有：每周 1~2 次去角质松弛老化的毛孔可以使肌肤恢复弹性。

此外，每周一次以保湿型按摩霜来按摩，由下而上、由内而外，让成分渗入肌肤底层。这样可以细腻肌肤，增强肌肤吸收能力。

收缩毛孔

当皮肤老旧角质积聚越多，会使肌肤变厚，变粗糙，毛孔变粗大，肌肤也因为无法顺利吸收水分与保养成分，变得暗沉、干燥，加速刺激油脂分泌量，毛孔会再度变大。毛孔之所以粗大，大致有以下一些原因：污垢阻塞毛孔、皮脂分泌旺盛、挤压粉刺不当、使用不当的化妆品或药物、皮肤松弛老化等。

想要有效预防或改善因皮肤老化松弛而导致的毛孔粗大症状，必须分时分次进行细化毛孔。

1. 清晨

（1）用一条毛巾包括一些冰块，可依据冰敷的肌肤面积大小，将适量冰块包裹在毛巾内，并将多余部分拧紧。

（2）敷在清洁干净的脸上至少 1 分钟，因为每个人的肌肤承受力各不相同，所以必须坚持 1 分钟，才能看到冰块的功效。

（3）冰镇毛孔后腰使用收敛水，才会使粗大的毛孔真正得到有效的缩小。

2. 中午

（1）将绿茶冲泡开，放凉之后待用。如果选择头次冲泡的绿茶水，效果更佳。也可使用泡了一上午变得淡而无味的绿茶水。

（2）用绿茶水轻拍面颊，用清洁后的手指蘸取茶水，轻拍鼻头等毛孔粗大的区域，能有效紧肤。也可以将绿茶直接冲泡在脸盆里，放凉后用绿茶水直接洗脸，紧致毛孔的作用更加明显。

3. 晚上

（1）准备适量的芹菜、油菜、柠檬、橙子，以及一台榨汁机，一块药用纱布，将蔬果切成丁状倒入榨汁机内榨汁。

（2）蔬果汁可饮用，然后用纱布包裹住榨出的菜渣，轻轻揉搓毛孔粗大的部位，有神奇的收缩毛孔的功效。

总而言之，女性只要平时多加注意，适当养护，就能收获光滑如绸缎的零毛孔肌肤，重现肌肤的白嫩亮丽。

舒缓肌肤

扫除肌肤浊质，摆脱肌肤暗沉，缓解肌肤干燥，淡化肌肤细纹，激发肌肤水润活力，修复舒缓肌肤，什么样的面膜有如此功效呢？

1. 水芝澳面部绿洲夜间密集补水面膜

净化排浊小柔珠排除日渐累计的浊质，扫去肌肤疲倦暗沉；海洋植物水润精粹深入补水；“海洋8杯水”，缓解干燥、淡化细纹，激发水润活力；珍惜冰山翠湖蓝藻和大西洋墨角海藻提供细胞夜间更生必需营养，令肌肤清透滋润。

2. 碧欧泉温泉至臻面膜

水润新肌，立刻享受密集的温泉面膜SPA。特别加厚的织布式设计，将25种矿物微量元素密集压入肌肤，唤醒肌肤新生活力。更有突破性三维补水系统，配合PTP强力保湿，能有效缓解干燥紧绷。

3. 玉兰油密集修护水凝膜

由维生素B_3和Aroma white香氛组成，集中作用于肌肤的美白黄金时间（夜间修复时间），能充分修复舒缓肌肤，密集修复日间损伤。

提拉紧致

1. 皮肤松弛的原因

肌肤的真皮层中有两种蛋白：胶原蛋白和弹力纤维蛋白，它们支撑起了皮肤使其饱满紧致。这两种蛋白由于人体衰老进程而自然地减少，细胞与细胞之间的纤维随着时间而退化就会令皮肤失去弹性。其他因素，比如地心引力、遗传、精神紧张、受阳光照射及吸烟也会使皮肤结构转化，最后使得皮肤失去弹性造成松弛。

2. 提拉紧致的方法

（1）毛孔训练。以汤匙背面持续拍打毛孔的方法，可以让毛孔竖立起来，达到毛孔紧致的效果。在拍到的过程中，顺便刺激一下平时不太运动的脸部肌肉，还可以提升松弛的脸部线条。

（2）排毒美肤按摩法。由额头中心开始，各往左右两侧按摩；顺着两颊静脉的方向，往斜下方按摩；顺着方向按摩到下方时，用双手稍微按压耳后；指压颧骨下方部位，并慢慢画圈；下巴部位用手指往下轻捏。

美甲护甲

护甲

护理上色

指甲护理的重点是对甘皮进行护理。甘皮是指甲的重要组成部分。甘皮过多的话，会吸收指甲的水分，是两重指甲的成因。祛除多余的甘皮，用指甲养护油补充油分。护理指甲主要有以下几个步骤：

1. 用指甲锉修剪指甲的长度

用指甲剪修剪指甲，它的冲击力会使指甲破裂或残缺。要用指甲锉修剪指甲的长度。与指甲成 45 度角修理指甲。

2. 用指甲瓶软化甘皮

往小瓶子中注入 38℃左右的热水，指尖浸泡 2~3 分钟，软化甘皮。同时也清洁指甲周围的污垢。若加入软化甘皮的精华素，指甲会很快被软化。

3. 慢慢祛除甘皮

指甲根部的甘皮若置之不理的话，涂抹指甲油时颜色很容易从那个部位脱落。软化之后，先用卷有柑橘油成分的化妆棉，使甘皮向着皮肤，画波浪线一点点地按上去。也可以使用棉棒。

4. 涂抹指甲油

首先涂抹护甲油，保护指甲的表面。为防止指甲根部的干燥，要涂抹指甲养护油，然后涂抹自己喜欢的指甲油，等待它干燥。为防止指甲油颜色的脱落，可使用高倍效果的护甲油。

小贴士

指甲油容易伤害人体

一般来说，指甲油是以硝化纤维为本料的，配上丙酮、醋酸乙酯、乳酸乙酯、苯二甲酸酐类等化学溶剂即可制成。指甲油涂在指甲上，能使指甲红艳润泽，并长期不褪色，因此受到广大女性朋友的喜爱。其实，指甲油的原料大多都含有一定的生物毒性，一旦进入人体，就会造成慢性中毒。尤其是一些女性不注意，用涂着指甲油的手拿油条、蛋糕等吃，更加容易慢性中毒，这是因为指甲油中所含的一些化合物属于脂溶性化合物，容易溶解在油脂中，女性使用了很容易就中毒了。

趾甲上色

人类的脚趾上面有一种名叫角蛋白的脆弱的纤维物质构成的保护甲称为趾甲。人的脚趾每天都在灰尘中“滚打”，是最容易“藏污纳垢”的地方，因此需要用心呵护。最好每周修剪一次脚趾甲，剪成椭圆形较为理想，然后，用小锉子将足趾的边缘磨光滑，最后，涂上与鞋子颜色搭配和谐的甲油。当然，如果你的手笨，又想修出完美漂亮的甲型，最好去专业美容院进行。

此外，女性朋友们还有注意对脚趾的保养，每天一定要洗脚。洗脚时，可以用小刷子和洗浴液将足趾一个个刷洗干净，注意去除趾缝间的污垢。如果发现脚趾上长了粗皮，记得先用浮石将其磨掉，切忌使用剪子或刀片。然后，用干毛巾彻底抹干足部，用乳液滋润。最后，一定要注意的是，要定期除掉甲油，让 10 个脚趾自由呼吸，否则，时间长了趾甲会变得光泽全无。

小贴士

怎样正确修剪脚趾甲

脚趾甲不能修剪得太短。趾甲和脚趾末端修剪成相同长度时，趾甲样式最雅致、美观大方。剪得太短，除了形状不美观外，还起不到保护脚趾的作用，而太长是很不优雅、卫生的表现。修剪趾甲可使用普通的指甲剪将趾甲剪短，如果趾甲硬且易脆裂，则改用指甲钳。注意，如果脚趾上长出细毛，也是很不美观的，这时要用剃刀和一点凝胶将之轻轻剃除。

护甲工具

1. 指甲剪

（1）分类：指甲剪有大小之分，其次以前端的形状来分，有平头和斜面两种。

（2）使用方法：在洗净双手之后，先用平头指甲剪剪出所需的长度，如指甲两侧的甲沟太深，且往甲沟方向长，应用斜面指甲剪剪掉两边的指甲。

（3）注意事项：在剪指甲时不管是用平头指甲剪，还是斜面指甲剪，都不可剪得太深，如经常把指甲剪得较深，那么甲床会变得越来越短，这样会影响指甲的美观，尤其是女性。在修方形指甲时指甲前端的两个角不要剪去。

2. 指甲锉

（1）分类：修指甲锉分钢锉和彩色锉条，也就是通常所说的花锉。

（2）使用方法：将剪好长短的指甲用钢锉或花锉按先两侧后前端的顺序修磨，修磨成所需的形状。（通常指甲有六种形状：方形、方圆形、椭圆形、尖形、圆形、喇叭形。美甲师可以根据顾客的手形建议顾客选择适合自己的形状。）

（3）注意事项：在使用钢锉和花锉修磨指甲形状时，一定要注意指甲两侧的修磨要精细，前端的形状一定要圆润。

3. 泡手碗

（1）分类：泡手碗有进口和国产两种，专业泡手碗应该刚好是一只手的形状，将手放在上面正好与碗的形状相吻合。

（2）使用方法：将泡手液或温水倒入泡手碗中，先浸泡左手，5 分钟后再换右手，这样既可清洁指甲，又可松软指皮。

（3）注意事项：泡手碗里不可放入凉水和太热的水。

4. 指皮软化剂

指皮软化剂是一种乳白色的液体，可加速软化程度。

（1）使用方法：把浸泡过的手用毛巾擦干，将软化剂均匀地涂在指甲表面上。

（2）注意事项：不要将软化剂涂在甲盖上，防止甲盖被软化。

5. 推皮棒

（1）分类：推皮棒分为木推棒、钢推棒和推皮砂棒。

（2）使用方法：在专业美容店用的多为钢推棒，用椭圆扁头的一面将手指上老化的指皮往手心方向推动，以使甲盖显得修长。再用另一头的刮刀刮净残留在指甲上的角质。

（3）注意事项：推指皮时应用力适度，不可用力过猛，以免损伤甲基，否则会影响指甲的生长。

6. 指皮钳

（1）分类：指皮钳一般都用不锈钢材料制成，有剪刀型（弯的指皮剪刀），也有钳子形。

（2）使用方法：用指皮钳剪去刚推完的死皮、肉刺，使手指显得美观整齐。

（3）注意事项：使用指皮钳时应注意不可拉扯，应直接剪断，以免损伤指皮，且不可剪得太深。

7. 美甲按摩油

（1）分类：美甲按摩油也叫营养油或甲缘油，可按成分分为含杏仁成分的、含维生素 A 的及含维生素 E 等营养物质的。

（2）使用方法：取少量按摩油涂在修剪过的双手指皮周围，用手指稍加按摩。

它能滋润指皮，防止指甲周围长肉刺，使皮肤柔软，并保护指甲健康、亮泽。

（3）注意事项：营养油每天使用，用量不宜太多，否则会显得太过油腻。

8. 抛光锉

（1）分类：有三面抛光条和四面抛光块两种。

（2）使用方法：一般按照黑、白、灰的使用顺序依次抛光，黑色面可抛去指甲表面的角质，白色面可把指甲表面抛得更细，灰色面可把表面抛亮，经过这三道程序后指甲即会显得晶莹亮泽。

（3）注意事项：如果顾客的甲盖较薄，不可用四面抛光块最粗的那一面抛，否则指甲会越抛越薄。抛光时切勿来回摩擦，因为摩擦所产生的热度会令人不适。

9. 底油

（1）分类：底油有加钙底油和蛋白质底油、保湿底油等。

（2）使用方法：在指甲抛光后上底油。根据顾客的指甲质地来选择底油，如顾客指甲较软即可用加钙油，如需上甲油在涂甲油之前上底油可防止指甲变黄，起到营养作用。

（3）注意事项：专业美甲中涂甲油之前必须涂底油。

10. 甲油

（1）分类：甲油分普通型和快干型。

（2）使用方法：深色甲油的涂法：深色甲油一次涂的量不宜太多，否则会显厚重、不均匀。涂2~3遍，下一遍比上一遍薄一些，效果会较好。浅色甲油的涂法：粉色等浅色甲油系列使用不当很容易露出涂抹不均匀的痕迹， 在涂第一层时需特别注意甲油的蘸取量和刷甲油的倾斜度，并在第一层未干时尽快涂第二层，这一点非常重要。珠光甲油涂法：珠光甲油容易干，在刷上蘸取稍多一些的甲油，尽快涂好。否则会显得不均匀，因此刷子应直立使用，为避免留下的痕迹，先涂两边，后涂中间。

（3）注意事项：涂甲油时不可涂到指皮，甲沟上一来显脏乱，二来会影响指甲的呼吸。

11. 亮油

（1）种类：亮油分普通亮油和UV亮油。

（2）使用方法：亮油涂在干后的指甲油上面，能保护甲油亮泽和延长脱落时间。如做水晶甲后，要使用防黄防UV的亮油。

（3）注意事项：亮油不可涂得太厚。

美甲

彩绘美甲

美甲彩绘历史悠久，花样繁多，题材广泛，几乎可以与世界上所有物体相关联。

每个国家、每个地区都有其各自不同的彩绘方法及风格，只需寥寥几笔，一片叶子、一朵小花、一个卡通图像便跃然于指尖。给人以无限遐想和美的享受。下面给女性朋友们简单介绍一种彩绘美甲的方法：

首先，我们先架上纸模，选择一个手指。先使用淡粉红的细璀璨粉，铺出渐层。接着我们再以大红色做出第一颗粉的延伸范围，并且要和刚铺的第一个粉色做渐层。底铺好后，我们就开始雕花，花的颜色使用的是粉红色的粉来雕花（不是白色），同样的我们是做出双色的花瓣，外粉红内桃红。接着我们做第二层的粉雕花，第二层只要 3 片就好。同样的方式，我们在右下角再做出另一朵，但这朵我们只要做一层就好。花心的部分我们再蘸取纯白色的粉，点 3 个小点。我们在上面再雕上一朵较小的，大致上花的部分就雕好了。花雕好后，用纯白色的粉雕出小花蕊。接着以白和绿雕出双色的叶子，先雕出小花蕊再雕叶子是因为花蕊会被叶子覆盖，所以先雕花蕊再雕叶子。同样在些许地方加上一点小亮片做点缀增加亮度，铺上透明粉即完成。

法式美甲

传统的法式指甲，是利用白色指甲油，在指甲前端画出有如微笑般的圆弧形——美甲界称为“微笑线”，这样就画出了基本法式指甲式样。

如今，在华丽的水钻和彩绘装饰之后创造的“前后留白”法则让法式美甲的升级有了更新的方向。甲面的尖端和底部，前、后分别留白，让炫目的奢华和恣意的张扬散发于每个细节的同时，创造出新型的法式美甲。这时，留白的形式反而显示出返璞归真般的正宗。

下面给女性朋友们简单介绍一种法式美甲的方法：

（1）上好护甲油及底色，等其完全干透。可以选择自己喜欢的颜色，不一定非得选择白色作为底色，可以选择深蓝色、黑色作为底色，好看又帅气。涂的时候分两次涂，使颜色有饱和度。

（2）用白色或亮片的指甲油，在指甲前端画出弧线。如果觉得自己不能把弧线画好，可以先取一条双眼皮胶带调整好弧度贴在指甲上，不过不要贴得太实，否则一会儿撕不掉。

（3）把弧线至指尖的部分涂上颜色，等干后轻轻撕掉双眼皮胶即可。

（4）将其他手指也照着做，这样一个漂亮的法式美甲就完成了。

水钻美甲

水钻是美甲中的美甲用品，主要用于指甲贴片上，也可以直接贴于自然指甲上。所达到的美甲效果可以很闪，就像眼影中添加的闪粉一样。适合参加比较时尚的场合时使用，也是美甲中使用率较高的美甲单品。因为水钻在美甲中普遍性的使用，使水钻已经成为大家较为熟悉的美甲单品了，水钻美甲有其自身的特点，水钻美甲也有其不同的分类。

（1）水钻美甲按颜色可以分为白钻、色钻和彩钻三种。其中色钻就是带有颜色的水钻，例如粉色、蓝色、红色等。

（2）水钻美甲按水钻的形状可以分为普通钻和异性钻。

（3）水钻美甲按用途分可分为平底钻和尖底钻两种。

一般说来，水钻操作简单，但效果很好，添加在指甲上特别能显现出女性高贵典雅的气质。下面给女性朋友们简单介绍一下水钻美甲的步骤：

1. 清洁消毒

要先用消毒液清洁整个手部，再用软化剂软化指头的角质层，最后用砂条将指甲磨成形。在此过程中，使用消毒液进行清洁是最重要的环节，因为可以隔离手部细菌，这是卫生美甲的重要保证。

2. 擦甲油

将选定的指甲油从中间到后两边均匀涂抹，当涂第一层的时候，甲面并不是很平整，加涂第二层后，甲面变得非常均匀光滑，厚度也刚好适中。

3. 镶钻石

可挑选配合甲油颜色的一款水钻，趁着手上的甲油没有干之前，直接粘在指甲上，组合成一个漂亮并凸显修长手指的图案。

4. 擦亮油

甲油稍干后，在指甲上涂最后一层保护油，这一层亮油既能保护装饰品不脱落，又能使甲油的光泽更出彩。

小贴士

自己动手做水钻美甲要注意什么

水钻美甲操作简单容易掌握，女性朋友们完全可以自己动手，只要去美甲店买一些水钻就可以的，不过自己动手时一定要注意以下两点：

（1）使用水钻进行美甲的过程中，由于水钻是粘在指甲上的，所以要使用黏合力较高的胶，否则容易脱落。

（2）要趁指甲油未干之前就贴上水钻，然后再涂上一层透明指甲油，这样水钻就不容易脱落了。

脚趾美甲

夏季，除了一双必备的凉鞋外，女性朋友们还可以适当进行给脚趾美甲。下面简单介绍一下脚趾美甲的步骤：

（1）修剪掉脚趾上太长的指甲，用挫条修型修脚趾甲，而且脚趾甲一定要修成方圆型的才好看。

（2）打磨脚趾甲边缘和脚趾甲表面，使脚趾甲边缘光滑，并让表面平整，用四面抛光块打磨脚趾甲表面，使脚趾甲表面更加平整，让涂抹的指甲油更加均匀。

（3）先涂上指皮软化剂，并按摩至吸收为止。指皮推推出死皮，用死皮剪剪掉周围的多余死皮和倒刺。由于刚才软化过，所以轻轻一推死皮就下来了。给剪完死皮的脚趾甲周围上营养油，并按摩皮肤使其吸收。

（4）用洗甲水洗掉脚趾甲表面的油脂，然后戴上隔指棉。然后给脚趾甲上底油，防止颜色油的色素沉淀到脚趾甲里面去。

（5）选指甲油的颜色，涂完再上亮油，均匀涂抹指甲油，而且还要仔细，别涂出脚趾甲的边缘。

（6）拿橘木棒沾点亮油，用带有亮油的棒尖点起一粒小白钻放到脚趾甲的表面上，从中间往外排列，并一粒一粒地粘上去，并在你选定的位置轻轻粘上小钻，要细心。由于钻石的疏密、位置完全由你掌握，可以随心所欲。连小脚趾甲也要认真粘，细节将成就完美。

（7）最后是擦亮油封层。这次示范用的是普通的钻，所以是用亮油直接粘上去的，为了不让亮钻那么快就掉下来，最后可用亮油封层，如果大家用好的亮钻，用专业胶水粘上去，不要涂亮油封层，否则亮油会盖住钻的切割面，会使亮钻没有以前那么亮那么闪。

小贴士

脚趾甲上涂什么颜色好看

女性给脚趾美甲时可以适当选择适合的颜色，这样提升脚趾的美观度。下面给女性们推荐几款不错的颜色以供选择：

（1）性格活泼的女性可以选择富有海洋气息的脚趾美甲。以浅蓝色为底色，绘上活泼调皮的小猴、可爱的帆船、萌动的白色脚印和樱桃等，都可以让你看起来更加活泼可爱。

（2）气质甜蜜的女性可以选择以白色作为底色，用淡蓝色画出斜格，在用红色指甲油轻轻描上横纹，用金色指甲油描边以强调线条，用黑色指甲油细细地画上音符，最后点缀上白色小珠。

（3）热情洋溢的女性则可以选择果绿、橙红、亮黄、鲜红和天蓝色作为底色，描绘着细致的各色鲜花，再用棕色指甲油轻轻地描边，打造出色彩缤纷、鲜花绽放的夏日气息。

3D 美甲

所谓的 3D 美甲，只得就是具有 3D 立体效果的美甲。看了很多漂亮的 3D 美甲图片，很多女性朋友会都想尝试一下。所以，3D 指甲彩绘如今越来越成为女性关注的焦点。

下面给女性朋友们介绍一种款式的 3D 美甲的步骤：

（1）先 使用天空蓝果冻粉做好透明状水晶甲，注意每根指甲的长度比例一致。

（2）水晶甲做好微干后，将指模拆下来，一只手拿着水晶指甲成型棒，放在水晶甲下方，紧靠水晶甲，另一只手则使用拇指与示指按压水晶甲两侧，使水晶甲能紧靠着塑型棒，形成完美的弧度。

（3）水晶甲完成抛磨修饰之后，在指尖 1/3~1/2 处往上涂红色的指甲油。

（4）使用 3D 笔蘸 3D 溶剂后，取白色 3D 粉在甲面上做出美丽的花瓣。

（5）最后使用 3D 笔蘸取黄色与绿色的 3D 粉，在主体白色花瓣旁边点缀黄色、绿色小花点。等候甲面全部干燥后，重复涂上两层透明指甲油保护。

光疗美甲

光疗美甲是近年来刚刚兴起的美甲方法，它是树脂胶通过特殊光照而达到快干、持久亮泽的美甲效果。光疗美甲使用的纯天然的树脂胶涂抹在指甲上，利用紫外线灯的照射使其快速干燥，凝结于真甲表面，从而塑造出坚韧透明的指甲。相比以往的水晶美甲，它不仅不伤害真甲，反而能增加指甲的强度，健康而且不损害指甲。并且它的持久度远远超过水晶甲，它不怕甲油或者其他洗甲水之类的产品，你不必害怕它会受损。持久的光泽，多长时间都如同新做出来的一样。

选择做光疗美甲的树脂胶有很多种颜色可供选择，透明的、纯色的。女性朋友们可以根据自己的需要随意选择色彩。光疗树脂甲需要每两周至三周使用树脂凝胶修补一次，一般可保持数月之久。脚趾做光疗美甲更实用，因为趾甲生长速度较慢，做一次光疗可以维持整个夏天。而手指指甲生长的速度较快，并且比较容易发生缺陷，所以要经常去做修补。

水晶美甲

水晶甲就是用各种水晶甲粉和水晶甲液通过美甲师运用特殊的技术操作手法，固化在自然指甲的载体上，延长、美化指甲。

水晶美甲是众多美甲工艺中比较受欢迎的一种，其主要特点是能从视觉上改变手指的形状，给人以修长感，这在一定程度上弥补了一些女性手形不美的遗憾。水晶指甲颜色晶莹剔透、粉白自然，可以和各种颜色的服装相匹配，衬托女性高雅气质。完美的指甲暗喻了充裕的时间、随意支配的收入及良好的自我控制，体现与众不同的个性，举手投足间尽显迷人风采。在西方，美甲是判断女性身份的标准之一，是生活品质优劣、文化修养高低的综合体现，能够反映人的艺术品位与独特个性。

下面简单介绍一下水晶美甲的步骤：

（1）先涂上两层裸色甲油，干透后再涂上一层透明亮油。

（2）亮油还未干的情况下，将牙签在透明指甲油里迅速蘸一下，然后沾取水钻放在指甲表面，按压停留 5 秒。

（3）剩下的指尖以同样的方法粘贴水钻，当然，你也可以用不同形状和大小的水钻带来更多变化。

（4）最后，所有的指甲都粘好以后，再全部涂上一层透明指甲油，让水钻更牢固不易脱落。这样一来，整套的水晶美甲步骤就完成了。

大理石花纹美甲

所谓大理石花纹美甲，指的是在指甲上使色彩混合而绘出的大理石似的花纹，属于色调具有微秒变化和动感的设计。大理石花纹美甲的具体步骤如下：

（1）选择一款适当的甲片。

（2）将浅米色指甲油在甲片上涂抹两遍。

（3）用海绵蘸取肉粉色指甲油准备待用。

（4）用海绵轻轻擦在底色上营造大理石纹。

（5）完成后在上面涂抹亮油营造通透光泽。

（6）将银色小珠子粘贴在大理石周围即可，其余甲片均按照此方法制作即可。

香氛物语

香氛入门

认识香水

香水是一种混合了香精油、固定剂与酒精或乙酸乙酯的液体，用来让物体（通常是人体部位）拥有持久且悦人的气味。精油取自花草植物，用蒸馏法或脂吸法萃取，也可使用带有香味的有机物。固定剂是用来将各种不同的香料结合在一起，包括有香脂、龙涎香以及麝香猫与麝鹿身上气腺体的分泌物。酒精或乙酸乙酯浓度则取决于是香水、淡香水还是古龙水。香水的保存期限通常是5年。

根据香型，香水可分为以下几种：

1. 单花型

单花型香水是指香水的原料以单一花香为主调，如玫瑰花型、茉莉花型等。

2. 混合花型

这类香水由几种花香配合形成综合花香型，具有香味浓烈的特点，给人以奇妙的感觉。

3. 植物型

以野外一些清香的植物为原料，配成清香淡雅香型，给人清新愉快的感觉。

4. 香料型

以丁香、桂皮、香草等香料为原料配成的香型，表现一种持久的情感和思念。

5. 柑橘型

以柑橘、柠檬为香型，具有香韵新鲜的特点，能引起愉快的心绪。

6. 东方型

东方型香水主要以薄荷和麝香为原料，味道辛辣。

7. 森林型

森林型主要以橡树和新鲜绿色植物为原料，表现一种深远莫测、宽广凝重的气质。

原料介绍

香水的原料有很多，一般可以分为人工和天然两种。其实，这种划分并不完全正确，因为还有介于两者之间的原料。

1. 天然原料

天然原料，是通过物理分离方法，例如蒸馏和提取，从生物或动物材料中获得的物质。最终得到的原料与原材料的化学成分基本相同，只是以一种浓缩的形式存在。这些精练香精通常含上百种不同化学元素，甚至通过这种方式得到的物质与原物质并不确切相同。

2. 人工香料

人工香料是经过化学反应获得的物质，原料通常是石油或松节油。一些人工化学制品可以从自然中分离或只能以人工合成方式产生。

3. 介于天然和人工香料之间的原料

对天然和人工香料的划分并非绝对的。一些化学物质既可以人工合成也可以自然提取。虽然基本物质的化学结构是相同的，但其他附带品使天然和人工香精的香味质量有所不同。

经过化学处理的天然香料，可以归入天然类，但事实上它并非完全源自天然。产品标准化程度，甚至其原料贵贱经常成为区分原料是天然与否的标准。这种情形下，问题也随之出现了，那就是，许多原料冒充是天然的，可事实并非如此。最难的问题是，现实生活中很难区分一种原料到底是人工的，还是天然的。

小贴士

常用的香水原料

常用的香水原料有以下几种：

1.龙涎香

很长时间都没有人知道它的来源，其实那是抹香鲸在吃了墨鱼以后的分泌物，一团团地漂浮在热带的海面和浪潮冲刷过的海滩上，形状和大小不一，在使用前最少要晾吹3年。

2.麝香

从雄性喜马拉雅麝鹿身上提取的颗粒状晶体，囊体约有胡桃大小，提取过程无须杀害麝鹿。这是所有香料品种中，香味最浓烈的，在手帕上滴一滴可以留香40年。

3.麝猫香

从香猫尾部的一个囊体里面提取的分泌物，看起来有点像黄油，埃塞俄比亚、缅甸和泰国都有这种香猫出产。

4.海狸香

从海狸的液囊里面提取的一种红棕色的奶油状分泌物。从公元9世纪起就有人用，最早的使用者是阿拉伯人。

了解精油

精油是从植物的花、叶、茎、根或果实中，通过水蒸气蒸馏法、挤压法、冷浸法或溶剂提取法提炼萃取的挥发性芳香物质。精油未经稀释一般不要直接使用。精油的挥发性很强，一旦接触空气就会很快挥发，也基于这个原因，精油必须用可以密封的瓶子储存，一旦开瓶使用，也要尽快盖回。

精油可由50~500种不同的分子结合而成。在大自然的安排下，这些分子以完美的比例共同存在着，使得每种植物都有其特殊性，也因此精油对人体的奥妙作用是无比的宽广。纯天然的植物精油有以下主要功能：

气味芬芳，自然的芳香经由嗅觉神经进入脑部后，可刺激大脑前叶分泌出内啡汰及脑啡汰两种激素，使精神呈现最舒适的状态，这是守护心灵的最佳良方。而且不同的精油可互相组合，调配出自己喜欢的香味，不会破坏精油的特质，反而使精油的功能更强大。

精油本质可防传染病、对抗细菌、病毒，可防发炎、防痉挛，促进细胞新陈代谢及细胞再生功能，让生命更美好。而某些精油能调节内分泌器官，促进激素分泌，让人体的生理及心理活动，获得良好的发展。

购买香水

购买香水时，试香也是一门重要的学问，试香时，最好先将香水喷在手腕上或是试香纸上，等香水干了再闻。一般来说，从开瓶到试香大约3分钟，一种良好品质的香水均具有三段式香味，由前味、中味、后味表现出起承转合的韵律感。

前味：香水喷在肌肤上约10分钟后会有遮盖住的香味产生。最初会有香味和挥发性高的酒精稍稍混在一起的感觉。

中味：在前味之后而得来的10分钟左右香味，酒精味道消失，此时的香味是香水原本的味道。

后味：香水喷后约30分钟后才会有的香味，是表现个性最好的香味。这种香味会混合个人肌肤以及体味所产生的综合味道。此外，在试香水时，也可向空中喷洒香水，再用手拨接味道至鼻边闻，此时直接呈现中味及后味，为香水的主调。此外，最好不要在饥饿时去试香，如此会对香味产生恶心感，另外要在确定知道第一种香味后才试第二种，不要在两者中闻来闻去。

香氛进阶

自制香水

喜欢香水的女性朋友，完全可以利用芳香精油，做出自己喜爱的香水。这样一来，你就可以制作出这世界上只属于你自己的香水了。

下面简单介绍几种自制香水的配方，女性朋友们不妨试试：

（1）灵气香水：柠檬 10 滴 + 佛手柑 10 滴 + 乳香 20 滴 + 花梨木 4 滴。

（2）浪漫情人：玫瑰 4 滴 + 檀香 12 滴 + 天竺葵 2 滴 + 花梨木 2 滴。

（3）嘉年华：佛手柑 8 滴 + 天竺葵 8 滴 + 橙花 4 滴。

（4）神秘之旅：广藿香 6 滴 + 檀香 4 滴 + 伊兰 4 滴 + 玫瑰 4 滴 + 茉莉 2 滴。

（5）清香佳人：玫瑰 5 滴 + 花梨木 5 滴 + 橙花 5 滴 + 雪松 5 滴。

（6）爱之恋：佛手柑 10 滴 + 天竺葵 10 滴 + 广藿香 10 滴。

（7）绿屋魔恋：佛手柑 10 滴 + 花梨木 4 滴 + 香柏木（雪松）5 滴 + 柠檬草 1 滴。

（8）提神：天竺葵 10 滴 + 花橙 10 滴 + 荷荷芭油 10 毫升。

（9）振奋精神：花梨木 10 滴 + 苦橙叶 10 滴 + 荷荷芭油 10 毫升。

（10）镇静安神：檀香 10 滴 + 薰衣草 10 滴 + 荷荷芭油 20 毫升。

在调配时，将上述精油加入 70 毫升的纯酒精，轻轻搅拌 3 分钟，使其能充分混合放入深色玻璃瓶内，48 小时后再加入 30 毫升蒸馏水，轻轻搅拌 3 分钟，再放置 48 小时，就大功告成啦！若想让香水更持久，于最后步骤时加入蒸馏水，放置少 4~6 个星期，若嫌香气过重，可加入适量的蒸馏水直到满意为止。

用香技巧

香水不要一次擦太多，少量多处才会令人觉得你笼罩在一片香气之中。为避免香味过于浓烈刺鼻，可以将香水喷于外套或夹克内侧，或擦于指尖与耳后。若想要制造迷蒙而若有似无的香水效果，可以先将香水喷空气之中，再以迅速的动作在其中旋转一圈，如此一来，香味分子就可均匀地落在身上；不过使用这种方式香味维持的时间较短，同时用量也较大。绝对不能将香水喷洒于珍珠饰品、毛衣以及皮件上，因为香水中的酒精成分容易破坏这些东西的质料，而且也会留下痕迹。

每天使用相同的香水，容易因自己的嗅觉疲劳而越喷越多；为避免嗅觉疲劳，相同的香水最好不要连续使用 3 天以上，你可以选择两三种香水互相交替使用。

白天使用浓度较淡的香水，到了夜晚若有约会或宴会，再补充浓度较高的香精。喷洒香水可以以较淡的淡香水或古龙水打底，然后再以香精或香水加强，可使香味维持较长时间。香水可以分装在小香水瓶中使用，但如果小香水瓶在之前曾经装过其他的香水，务必先用酒精将香水瓶清洁干净，并确定瓶内原有的气味已不存在后，再装入新的香水。

香水禁忌

闻香识女人，香水的味道浓淡，代表了一个女人的内在，什么性格，够不够精致……香水味道的选择可以说是因人而异，但是一些禁忌大家有必要了解一下：

（1）流汗处不要使用：避免香水和汗混合在一起，而产生变化的味道，特别是头发、腋下等汗多的部位。

（2）香水不要混合使用：若将已成的香味混合，会破坏每种香味的个性及调味感。

（3）香水应避免使用在宝石或皮革上：香水通常具有化学成分，若碰到宝石或皮革会使宝石及皮革的颜色产生化学变化。

（4）香水不要对着皮肤喷：擦香水时，须注意不要直接对着肌肤喷洒，尤其是会直接暴晒的部位，如脸部、脖子等，这些部位因香料碰到阳光紫外线的时候，会产生化学变化，导致皮肤黑色素的破坏而出现斑疹和雀斑，轻者也会使皮肤发痒，红肿。

（5）孕妇应避免使用香水：香水中含有的麝香成分，对婴儿会产生不良的副作用。

小贴士

3招淡化过浓香水味

身上的香水味太重了怎么办？很简单，下面几种方法就能淡化香水味：

（1）用棉球浸泡外用酒精擦拭碰过香水的部位，香水味道很快会消失。

（2）将适量的面粉和热水混合成面团，然后在皮肤上摩擦，几分钟味道就会消失。

（3）用白醋和油混合，拍打在皮肤上，等渗入进去以后，用香皂和水冲洗掉即可去除。

经典名香

法国时尚专家杰克曾经说过："名贵的香水，有'液体钻石'之称，虽价比钻石，但依然吸引着众多爱美之心。"谁能有这么大诱惑力，莫过于名牌香水。

经典名香是一种只要让你闻过一次，就会留下深刻印象的香味。想要调制出这种独特香味，是调香师们的梦想。

1. 阿玛尼高级定制茉莉香水，骄傲女人才配得起此款香氛

当一瓶香水敢以最本质纯净的单方味道示人，这原料就绝对要经得起琢磨。阿玛尼这套贵族香水系列，每瓶香只用一种味道做主打，完全是一种目中无人的矜贵与骄傲架势。

譬如埃及茉莉，茉莉出现在无数香水里，还能有多特别？但这里的茉莉香，却是当空日照下，最短暂却最强烈、让人目眩神迷的香，你得到的，也许是茉莉这辈子最漂亮的味道。

2. 莱俪水晶瓶香精，要藏就藏这样的香水瓶

有资格被收藏的香水瓶，一定要摆在灯光下看，光照射下的那种光泽和质感都是一流，普通材质根本无法模拟。而被这香迷倒，也因瓶子实在太梦幻，而且

制造者正是有着百年历史的 LALIQUE 水晶。

其实 LALIQUE 早在 1907 年就开始设计瓶子，像 NINA RICCI 经典的比翼双飞就是它的作品。只有这样精致的瓶身，才能让香水历久弥新。

3. Kenzo 花样年华冬之恋香水，只用冬天盛放的花朵

花香香水满柜台都是，但这一瓶绝对会艳压群芳，因为它口味相当各色，只用冬天盛放的花朵做材料，要的就是那红梅傲雪般的精气神，还有它们带来的那种希望，冰雪里温暖的花香还在，春天就不遥远。

而事实上，它带给我们的更多的是一种美妙的遐想，就像冰霜挂满眉毛，跺着脚口吐着白雾，手里却捧着发烫的烤红薯，又或围着温暖围巾咬着一串冰凉的糖葫芦，这味道该多么甜丝丝，清清凉。

4. Sisley 夜幽情怀香水，香水里的“双子座”

如果香水也分十二星座，这瓶香就必定是性格分裂的双子，因为这香的味道是极具双子特征的经典西普香，即常由柠檬、葡萄柚之类开头，苔藓、广藿香之类收尾，前者跳跃聒噪着搞怪，后者又出来装点深沉，这类香水还不少，香奈儿 19 号、GUCCI ENVY 男香，还有娇兰的 Chant D’Aromes 都是典型西普风。

5. 钻石星沙香水，钻石如果有味道就是这样

这瓶香最值得称道的地方，就是香水里竟然混入了钻石微沙，感觉又变态又疯狂又诱惑，比那瓶模拟阳光下金条味道的香水更豪放。赋予其灵魂的正是鼎鼎大名的 Solange Azagury-Patridge，卢浮宫珠宝走廊装饰师，伦敦城里最具鉴赏力的家伙和品位刁钻的摇滚歌手都爱死了她。

6. 纪梵希 Givenchy 冰火共舞女士淡香水

纪梵希于推出新绅士男香后，再度推出新款女性香水——冰火共舞。这款香水在全球同步发行。

透明的瓶身代表着女性冷酷的外表，红色的瓶盖充满了冰与火的交融，大胆的设计理念让人惊艳，激情且冷酷，前味散发着柠檬、佛手柑等清爽芬芳；宁静慧黠的中味含有茉莉带来夏季海滨的清甜；温暖的后味木质调更是冰火共舞的精髓所在，值得珍藏。

芳香疗法

芳香疗法，就是利用芳香植物的纯净精油来辅助医疗工作的另类疗法。说详细点就是人们从大自然中的各种芳香植物的不同部位中提炼出有不同气味和颜色的精油，如桉树的叶、玫瑰的花、佛手柑的果皮等。

芳香疗法是运用芳香植物蒸馏萃取出的精油，以获得身、心、灵之整合性疗效，在辅助疗法中经常被护理人员使用。精油含酮、酯等化学成分，这些成分决定它的治疗特性，可透过直接吸入、沐浴、按摩等方式来使用，改善焦虑、疼痛、疲倦及伤口愈合等情形。精油如同药物一般，主要通过吸嗅影响脑的边缘系统和通过皮肤渗透进入体内，也可能造成皮肤过敏，建议在专业治疗师指导下使用。

许多研究提供精油疗效的证据，然而除了方法学上的争议外，仍有安全性及疗效上的争议，例如，精油与药物的交互作用、副作用等，有待研究加以探讨确认，以提供精油使用的科学基础，并提高将芳香疗法正确使用于治疗的可能性。

要想利用芳香疗法，还得先了解一下常用的几种工具：

1. 燃烧式熏香灯

利用蜡烛隔水加热，来让精油分子经过受热后，借由空气传播达到吸入的方式，价格较为大众化，非常适合入门者使用，但使用时要注意火烛，避免发生危险。

2. 插电式熏香灯

利用灯泡隔水加热，来让精油借由空气达到呼吸式的目的，不需要担心火灾发生，使用场地更加弹性，价格比燃烧式熏香灯贵些，但较为安全。

3. 负离子振荡器

将精油滴入振荡器的容器中，将插头插好，打开电源即可。用轻微振荡的方式，让精油分子直接振荡成小分子在空气中扩散开来，不会因加热而破坏精油的功效。

4. 扩香石

使用时只要将精油滴在扩香石上，不需加水，插上电即可使用，且有恒温设计，不必担心被烫伤。

小贴士

芳香疗法的注意事项

芳香疗法主要有以下几点注意事项，女性朋友们一定要注意：

（1）最好在中医医师、西医医师和专门从事芳香疗法的专家的指导下使用。

（2）有些精油有收缩血管等作用，因此孕妇、高血压患者、青光眼患者慎用。

（3）有些精油有发汗作用，体虚多汗者慎用。

（4）有些精油对中枢神经有强烈的兴奋或抑制作用，一定要注意控制用量，且癫痫、哮喘等病的患者禁止或限制使用。

美发护发篇

护发养发

美发

洗发水

洗发水是一种气味好、含有多效功能的护发产品。女性朋友们买洗发水时，如果追求头发柔顺，就很容易令头发油腻、脏、塌。如果想追求头发清爽，又很容易令头发粗糙、干、飞散、修复性能差。这两者原就互相矛盾，很难同时做得到。所以，市面上一般都会存在2种洗头水：一种是偏油腻的洗发水，很容易积聚，相对来说容易冲洗，头发不打结，也容易梳理。但干发后就感觉油光光的，第2天就感觉很脏，不干净，而且头发很塌，让人感觉没洗头。另一种是偏干涩的发水，洗头时头发涩，难冲洗，头发容易缠结，湿梳时很涩，易断，容易掉头发。干发时毛躁乱飞，发尾开叉，还容易产出头皮屑，头发越用越干，越用越暗，越用越少。

好的发水是很难碰上的，既要湿发丝滑，湿梳滑，又要干发垂顺，手摸有丝质感，更要乌黑柔亮但不油腻，富有活力弹性，感觉非常健康。

市场上洗发水的价格差别并不大，超市里的洗发水基本上都是属于中档系列，比较适合大众。据相关专家介绍，看一种洗发水的好坏，有以下几点：

（1）先看包装。一般好的洗发水包装都很精致，做工很细，用的材质塑料都很硬，且色彩用得很正而且柔和，接口处严密，无裂痕，上面的字都印得很清晰。

（2）闻香味。越好的洗发水味道越淡，而且越接近自然的味道，比如水果味，清淡不冲鼻，而且用之后持久幽香。

（3）看泡沫。一般好的洗发水很好打泡，用一点点加一些水就能起很多泡沫，而且泡沫越细越好。

（4）看洗发水的膏体是否细腻。越好的越细腻，而且膏体连贯，黏性大，流的时候黏黏的，流动不快；也有极少数的发水添加了植物或者生物成分，并引起不连贯效果，不过这些成分对头发是非常有益的。

（5）极易冲洗干净。冲的时候很容易就能冲洗干净，而且没有黏腻的感觉。

（6）用完后的感觉。应该头发轻盈，而且自然顺滑，不会有梳不顺的现象。

不论女性朋友们选择什么样的洗发水，首先应该记住的是，不要每天都用洗发水，这会洗掉头发本身的油脂，使头发和头皮干燥。其次，应该隔一天用一次洗发水，其他时间如果你想自我感觉更干净一点，只用清水冲洗就可以了，这样既维护了你的卫生原则，又保证了头皮的健康，头发也会更漂亮；如果你的头发已经干燥受损或者是卷曲的，应该选择一种有滋润作用的洗发水，含天然油脂如鳄梨油的产品对理顺乱发很有效果，也可以使用含有人工合成润滑成分的洗发水；如果你的头发始终闪闪发光如打了发蜡，应该选择专供油性发质使用的洗发水，含有茶树油的洗发水效果不错。不要使用含有酒精和含有碱性的洗发水，虽然可以有效去除油脂，但它也会损伤头发并且使头皮干燥。如果是干性发质，一般要选用滋养型的洗发水，也可以选择使用护发素或发膜，使秀发得到更多的滋润，并定期做头发护理。

另外，浓度并不能成为衡量洗发水质量好坏的唯一标准，并不是越浓的洗发水就越好，稀一点的就不好。无论新牌子还是老牌子，最好选择自己洗着舒服，又感觉不伤发质为宜。

烫发

烫发是一种美发方法，分为物理烫发和化学烫发，现在用得最多的是化学烫发。烫发的目的其实有两个：使头发更丰富（有卷曲的效果）；改变头发的形状、走向（卷度不是很大的效果）。烫发的基本过程分为两步，第一步是通过化学反应将头发中的硫化键和氢键打破；第二步是发芯结构重组并使之稳定。

烫发虽然为女性提供了更多的美丽方式，但烫发用的化学药水容易损伤头皮，加上电热处理，会使头发变黄、变脆、折断脱落，从而引起头发的一系列问题。

建议应该从以下四个方面护理烫过的头发：

1. 洗发护发

在洗发时选择质量较好的（碱性低的）洗发水洗发，然后用护发素加以养护，以保持头发质地柔软，蓬松光亮，增加发花的牢固性。

2. 定期焗油

每隔一个月最好对头发做一次焗油护理，在焗油护理时将焗油膏均匀抹在头发上，并使发花保持蓬松自然状态。

3. 烫染分开

烫发、染发最好不要同时进行，因为烫发剂和染发剂都含有较多的化学成分，双重伤害，对头发伤害更大。在非染不可的情况下，将染发剂倒在头发上用手轻轻揉搓，切勿用梳子反复梳理头发。

4. 时间间隔

对新烫的发型不满意，有人会重烫一次或要求发型师帮她恢复原样，殊不知，这样对头发的伤害极大。若实在想重来一次，两次烫发的时间最好间隔半个月以上；而首次烫发的人，烫发时间应尽可能缩短，同时与第二次烫发的时间间隔半年以上为佳。

倒膜

焗油又叫作倒膜或给头发“施肥”，它通过加热，使营养成分进入头发内质层，填补螺旋蛋白质中的空缺，使头发光泽、柔亮。美发师建议发质特别差的女孩子最好一个月焗两次油。

电夹焗油：电夹焗油是干夹的一种，在头发吹干后，上焗油膏，并用锡纸包住，用电夹烘烤加热，在促进毛鳞片完全打开的同时，营养也能充分渗入内质层，修复受损的毛鳞片。

干发焗油：过去焗油都是洗发后湿着焗油，现在流行干焗在头发吹干后进行焗油。这样可以避免水分对焗油膏的稀释，使营养成分吸收得更快更充分；在对头发进行加热时，同等加热条件下，干发的温度要比湿发高，毛鳞片更好打开，对营养物质的吸收会更好。

护发

护发素

护发素也叫润丝，一般与洗发水成对使用，洗发后将适量护发素均匀涂抹在头发上，轻揉1分钟左右，再用清水漂洗干净，故也有人称为漂洗护发剂，属于发用化妆品。

护发素主要是由表面活性剂、辅助表面活性剂、阳离子调理剂、增脂剂、油分、螯合剂、防腐剂、色素、香精及其他活性成分组成。其中，表面活性剂主要起乳化、抗静电、抑菌作用；辅助表面活性剂可以辅助乳化；阳离子调理剂可对头发起到柔软、抗静电、保湿和调理作用；增脂剂如羊毛脂、橄榄油、硅油等在护发素中可改善头发营养状况，使头发光亮，易梳理；其他活性成分去头皮屑、润湿、防晒、维生素、水解蛋白、植物提取液等赋予护发素各种功能，市场上常见的有去头皮屑护发素、含芦荟或含人参的护发素等。

护发素的使用方法有两种：一种方法是在洗发后将头发冲洗干净，取护发素适量，揉擦头发片刻后，再用清水漂清即可；另一种方法是将洗后的头发冲洗干净，取适量护发素分散在盛有清水的面盆中，然后用分散的护发液和着头发揉擦片刻，之后再用清水漂清。

另外，女性朋友们在使用护发素的过程中要避免3个误区：

1. 用免洗代替营养护发素

洗发时，想到还要使用免洗护发素，所以在洗头时就不再使用护发素了。这是错误的。通常情况下，免洗护发素只拥有抗静电功能，只能在头发表面形成保护，根本无法深入发根，养护受损发质。所以，在洗头时，千万不能略去营养润泽的护发素。

2. 使用护发素过量

油性头发使用护发素时，一定要当心，过多使用护发素，会让头皮屑滋生，在使用时，只要涂抹在较为干燥发梢部即可，头皮部分尽量少使用护发素。

3. 干发质用高蛋白护发素

大家往往以为，干燥发质更需要保养，于是总使用含有高蛋白的特效护发素，却不料头发变得越来越干。其实，过多使用蛋白护发素，会影响正常的新陈代谢，反而适得其反，选用清洁型护发素即可有效地清洗头发。

修复

头发变差后就要进行修复，那么如何进行头发修复呢？下面给大家介绍的是快速修复头发的方法技巧，绝对对大家有用。

头发的受损往往是多个方面的，从头皮健康到生活方式都有原因。一般来说，头发不好头皮也一定不好，日常饮食也不健康。所以修复受损头发的方法是除了注意日常饮食外，还需要细心地维护好自己的头皮，在日常洗发护发时记得使用以下修复受损头发的方法：

（1）脱脂性强的或碱性的洗发水具有极强的脱脂性和脱水性，容易使头发干燥、头皮细胞坏死。应选用对头皮和头发无刺激性的天然洗发剂，或者根据自己的发质选用。

（2）经常吹风会加重秀发的干燥。吹风但不要吹干是一个好办法。吹风的时候，先开到冷风吹至五成干，然后用刷子把头发通开，再用吹风机的热风把头发吹到八成干，就此结束。

（3）从提高头皮的血液循环着手，保持毛囊的弹性与健康，并且控制油脂不正常的分泌，避免油脂累积毛囊引起养分无法正常输送至发根。有了健康的头皮，头发才会健康不毛糙。

（4）不想彻底洗发却希望迅速改善毛糙的头发，可以在干的头发上涂上护发素，再轻轻冲洗掉，使用电吹风，让头发变得柔顺飘逸。

（5）经常不当的梳理头发会让毛鳞片受损，毛鳞片破洞致使毛髓质的养分快速流失，于是发质变硬、毫无光泽。因此，一定要牢记正确的梳发方式——梳子要从头皮处往头发的末端慢慢移动，力道要适中，太用力或太急，都会损伤头发。

发膜

发膜，就像头发面膜，发膜中的营养浓度是润发素的数倍。女性常常会为了漂亮不停地换时尚发型。今天留个盘发发型，明天去染个色，后天再去剪个梨花头……在每一次变美中，头发都受到了损伤。发膜就可以很好地解决这个问题。发膜中含有的是营养物质和水分，它们会透过头发上的毛鳞片进入发丝中，帮助修复纤维组织，尤其适合干枯和受损发质。虽然发膜见效比较慢，但是它的效果更为稳定，能从根本上改变发质。

根据美发专家介绍，不管是短发发型还是扎发，实际上头发每天都在受到损害，我们必须注意保养。而发膜像是女性涂晚霜，是一个深层养护的过程。它最主要的功能就是让精纯养护成分更深入、更丰厚地渗入头发内部组织。所以，对于女生发型应该特别注意使用一下发膜。

为秀发选择适宜的发膜，不仅要考虑到自己的发质，同时还要注意秀发目前急待解决的是什么问题，最重要的一点是要看懂发膜的说明书，找到关键词，了解它是什么类型的发膜。

在使用时应注意：将秀发洗干净，然后将发膜均匀抹在头发上，注意涂抹时，要涂在距离发根 5 厘米的发干上，而后用保鲜膜或者浴帽将头发包裹起来，这样做能防止头皮表层热气散失过快，因为较高的温度，有利于秀发吸收营养。5~10 分钟后，先用少量水将发膜乳化，再彻底清洗干净。使用发膜不能太过频繁，每周一次即可，次数太频繁可能导致头发营养过剩，令头发变得较黏腻。

护发精华

护发精华液对于头发静电、暗淡无光、毛糙、缺乏质感等问题能够给予外观上的改观。但是对于一些深层原因造成的发质问题，如弹性、脱发、干枯等都无法给予根本性的解决，还需要借助更加专业的美发护理疗程来攻克头发的深层困扰。

不管是什么产品，都有利必有弊，好的精华液也不例外。在使用精华时应避开以下误区：

（1）用精华液代替营养护发乳：在洗发的时候，毛鳞片更容易张开，营养也就更容易进入深层。所以，相对来说，护发乳对头发的修护更加深入一些，两者应该配合使用。

（2）使用精华液过量：精华液每次只需要 1~2 滴足够，太多分量只会让头发显得油腻腻。

（3）油腻头发不能使用精华液：只要注意其使用部位，油性头发同样可以使用精华液。远离油脂分泌丰富的头皮，在发丝中端和尾端使用精华液将完全不给头发增加负担。

皮发问题

发质问题

干枯

头发干枯是指头发失去水分和油脂的滋润，而导致头发干枯易折断，发尾出现分叉现象。头发变得枯黄干燥易折断，表示头发的生命已受威胁，这都归因平日“淋水”不足，导致营养不良，再加上头发组织受到破坏，令头发的水分和蛋白质流失，要令它立刻起死回生，当然要立刻“施肥”，补充养料。

（1）食补护发，由内而外调养才能彻底改善头发状态。

（2）物理防晒，隔离紫外线才能远离伤害。

（3）洗护分开，细致养护才能让头发重现神采。

受损

怎样快速拯救过度烫染、干枯脱落的伤发断发，成功摆脱秀发无法承受之伤？以下四种方法，能让你简单快速地测出自身秀发是否受伤。只要符合其中任意一项，就足以证明此时你的秀发早已无法承受伤害。

1. 检查梳子

每次梳头后检查梳子上的断发，如果断发带着毛囊（发根白色小圆点），表明头发从根部脱落，属于正常脱发现象；如果头发从中间断裂，则表示其受损范围早已扩大，每天脱发量会比正常值多 50~100 根。

2. 拉长头发

抓住一根头发发梢用力向外拉，然后放手，如果发丝长度没有立刻复原，就表明头发早已失去弹性，更易遭受高温及化学试剂的不良伤害。

3. 待干时间

因受损发质上的孔隙较多，湿发会更快变干，如果发丝粗细属于中等偏粗，但自然晾干时间小于一小时，就代表发质已严重受损。

4. 发梢颜色

随意拉出一根发丝，如果发梢颜色比头发其他部位相对较浅（除非你将其染成浅色），则代表其最外层保护膜已被破坏，露出中间的髓质，唯一的解决办法就是将其剪掉。

分叉

头发长到一定长度后，如果不及时修剪，会引起头皮油脂代谢紊乱，而且容易出现头发分叉，影响头发的健康。很多女孩头发分叉后，常常自己动手剪掉开叉部分，认为这样就可以了，结果发现很快又会出现新的分叉。

女性朋友们一旦发现自己的头发出现分叉现象，就要注意以下几点：

（1）首先要将分叉的部分剪去，如果不剪掉，长发的发尾还是会分叉。由分叉点向上剪掉 2 厘米效果最佳。

（2）使用完全适合自己发质且温和的洗发精，并于每次洗发后用护发素，以供给头发所需的营养。

（3）尽量减少烫发、染发、漂发等化学处理。烫发及染发后，务必加强补给头发营养。

（4）每天梳发，尤其是睡觉前，许多人只顾洗脸、洗澡，却忘了刷去头发上的灰尘，因为头发所沾的污垢及灰尘比身体、脸部更多。

（5）进行户外活动，应做好护发的准备，能够准备一顶大帽子更好；活动结束后，应好好清洗头发，尤其是经过阳光曝晒或海水浸泡者，更应彻底滋润受损的头发。

（6）避免受夏季太阳的强烈曝晒。

（7）避免使用不当的洗发水。

（8）要保证足够的睡眠时间，防止疲劳过度。

（7）避免受海水侵蚀。

（10）留长发者，为避免头发分叉，最好 40 天左右剪一次发梢，并改用含油类洗发水，适当定期焗油。

（11）经常用鬃毛刷按摩头皮，增进血液循环，刺激油脂分泌。

（12）每次吹风时，必须先把头发润湿，切忌在头发干燥时吹风。

毛躁

顺滑如丝的秀发是每个爱美女孩的梦想，可在秋风的吹动下，头发不仅会变得毛躁，还会起静电。这个时候，即使再美丽的头发，打理得再好的发型，也不免受到破坏，影响整体效果。其实，头发变得毛躁与头发缺乏营养和水分有很大关系，洗发方法得当也可取得良好的防毛躁效果。

很多女性习惯在洗头的时候直接把洗发水倒在头发上清洗，其实这是不科学的。在洗发前应先用梳子将头发梳顺，不要让头发缠绕在一起，头发缠绕在一起不仅容易使头发脱落，而且也使头发清洗不彻底。在倒洗发水的时候尽量不要一股脑倒在头顶，这样会使头发更不容易清洗，并增加缠绕的程度。如果发质比较细软，洗头时不要直接把洗发水倒在头上，应该先将洗发水倒在手中再涂抹到头发上，不要接触头皮，最后用揉搓出来的泡沫清洗头皮就好。洗发水的功效在温水时最佳，用温水洗发后再冲一阵凉水，头发会变得更有光泽。

很多女性在洗发后都喜欢用毛巾擦干头发上的水分，这样反而使头发受到更大的损伤。在洗发后，用干发巾包裹住头发，吸干头发上的水滴后就可以使头发自然风干了。

有很多女性还喜欢洗发后用吹风机吹干头发，这样可以使头发更快地变干。刚洗完头，头发上的毛鳞片是张开的，用热风吹干后毛鳞片会闭合，这样头发才会更顺滑，所以洗完头发后用毛巾轻拍掉大部分水分，然后再用吹风机把头发吹干。用毛巾先拍在洗干头发上的多余水分后，用手轻轻梳顺头发，然后再用吹风机吹发做造型，就可以在很大程度上避免头发纠结造成的损伤，而且这样梳理过后，头发也更容易被快速吹干。吹发时，吹风机应距离头发 20 厘米左右，而且尽量选择低温状态，在头发吹到八成干左右，就可以改为头发自然风干了。吹风机虽然可以起到很好的造型效果，但其热量对头发也会造成一定的损伤，应当尽量减少使用的次数。

小贴士

秋冬消除头发毛躁的小妙招

在秋冬的时候，由于季节原因你，人的头发更容易毛躁，所以洗头的时候最好使用护发素，选择一款值得信赖的护发素，清水清洗后，可以用干净的手感受护理过的头发，即可感受到头发质感清润，没有黏腻感，不仅柔顺水润，原本毛糙的头发也变得很易梳理，并且持久亮泽。而且，还可以帮助补充头发所需的水分。

其他问题

静电

冬日气候干燥，头发很容易起静电，女性朋友们怎样做才能摆脱头发静电带来的烦恼呢?

（1）选择一把好梳子或者梳理头发的方式正确，就会使你的头发越来越好，静电消失。齿端滑，采用宽齿梳，如谭木角质梳或木质梳等天然材质的梳子就可以减少静电产生，梳发前可以先喷一些顺发喷雾或者清水，防止因梳齿在毛鳞片上造成的摩擦和拉力使头发产生的静电。另外，多花时间用齿疏的梳子把头发的凌乱处和打了结的地方梳顺。从头发的末端梳起，然后到发根，直到可以很顺地从发根梳到发尾。千万不要从发根开始梳。

（2）秋冬季节，空气干燥，衣物的低湿度状态会引发静电，女性衣服厚重，难免会与头发产生摩擦，静电也会传给头发。女性在衣物面料的选择上要注意，一般像丝绒、天鹅绒、化纤成分高材质衣物应避免与头发频繁接触。尽量穿含棉或天然丝质，含合成材料的面料也比较不容易引发静电。尽量减少衣物上的金属物品，并且勤洗澡，勤换衣。另外，柔顺剂的分子附着在衣物上会使不同的布料变得相近，所以在洗衣服时加入一些衣物柔顺剂可以有效防止衣物静电产生。

（3）在家、宿舍或办公室中，可以多拖地、洒点水，或用加湿器给室内加湿。工作或学习时，在办公桌前或书桌前放上一杯水。

（4）要减少热接触。秋冬季节尽量减少电烫板的使用，如果条件不允许，就等头发彻底晾干之后再进行，且切记不要涂抹任何东西。另外，在吹干头发的时候最好涂抹一些护发产品，使头发表面形成保护膜，避免头发因吹发整烫而产生缺水现象，干燥而引起静电。

（5）充足的睡眠，可以促进皮肤及毛发正常新陈代谢，而代谢期主要在晚上10时到凌晨2点之间，这一段时间睡眠充足，就可以使得毛发正常新陈代谢。反之，毛发的代谢及营养失去平衡就会导致油脂分泌紊乱，造成毛糙发质。

出油

油性皮肤的人，一般头发的油脂腺分泌也比较旺盛，分泌出的油脂含脂肪的物质，会迅速遍布每一丝头发的根部。油性头发形成的原因很多，但通常与个人体质间的关系最为密切。若再加上生活起居不正常、空气环境污染、个人清洁不良、使用了劣质的洗发或护发类制品，或经常上美容院接受不适当的烫、卷、吹、洗，过度的增加头发及头皮的负担，甚至改变了原有的头发或头皮的油脂平衡和正常分泌等，都是造成油性发质的主要原因。

如果女性朋友们头发出油厉害，可以从以下几个方面考虑改善：

1. 可隔次仅用清水冲洗

如果已习惯天天洗头，或不洗就会分泌过多油脂的话，即便是天天洗也不用一洗头就用洗发水、护发素，可视情况隔天用清水冲洗，这同样能清除头发及头皮上的污渍，但又不会加重油脂的分泌。而对于出油不严重的人来说，一周洗两三次头就可以了。

2. 选对洗发水

市场上多数产品都含有清洁和滋润双重功能。如果你的头发出油多，建议采用清洁能力强的产品，不要用有滋润或修护功能的；如果出油一般，只选用有护发和控油双重功效的洗发水即可；若是头皮很少出油甚至干燥的，可选择有营养作用的护发功能较强的产品。如同时有头皮屑甚至头皮瘙痒的，要选含有效抗真菌成分的产品。

3. 少做保健性梳头

虽然早晚用手指肚按摩头皮有一定的保健效果，但对于易出油的头皮来说，这样会使油脂被动分散到发干，刺激油脂分泌，加重出油。

头屑

头皮屑在医学上称为头皮糠疹，是一种由真菌引起的皮肤病。真菌在头皮上的大量繁殖引起头皮角质层的过度增生，从而促使角质层细胞以白色或灰色鳞屑的形式异常脱落，这种脱落的鳞屑即为头皮屑。头屑产生的原因通常分为生理性和病理性两种。

拥有一头飘逸的秀发是每位爱美女性所向往的，然而，头皮屑使女性的美丽潇洒大打折扣。头皮屑给女性的困扰不仅在外表，更在于内心和精神的折磨。不经意间回眸，却发现满头、满肩头皮屑，对自信心打击极大，还影响到职业的选择、婚姻甚至前程。

生理性头屑是我们皮肤、头皮、表皮细胞不停地新陈代谢产生的，头皮光滑，通常看不到明显的脱屑。病理性脱屑则是头皮上皮细胞过度增生，引起的临床上一系列的疾病。在临床上，我们根据头屑的多少，以及皮损的形态来分不同的病。

1. 脂溢性皮炎

脂溢性皮炎是引发头皮屑最主要的原因。常常出现在成年人群中，表现为头皮上有较厚的油性分泌物或者头发干燥。

2. 头癣

一般较厚而且较紧地附着在头皮上，表面覆盖银白色鳞屑，常呈斑状分布。

3. 干癣

有头皮和头发的微菌感染引起，表现为头屑和头发的破坏，严重时可伴有炎症反应。一般常见于儿童，多由于卫生习惯不良导致。

4. 异位性皮炎

表现为头皮弥漫性干屑。常见于儿童，一般同时全身皮肤干燥或湿疹。

女性一旦发现自己有头屑，就得仔细区分类型，对症下药，并加强日常的头皮养护，挑选适合自己的洗护发用品，以期达到很好的效果。

小贴士

温水洗头可适当减少头屑

凉水洗头不仅很难达到清洁的目的，还会引起头痛头晕的现象；过热的水容易刺激头皮，致使头皮分泌过多的油脂，皮脂过多会使脱落的细胞一起附着在头皮上，干燥后就变成细碎的头皮屑。所以用40℃左右温水洗头最好，不会刺激头皮，也不会引起头痛，清洁效果很好。

头痒

很多女性总是认为头皮瘙痒不是大问题，经常洗头就可以了。但事实上，头皮瘙痒也可能是由真菌引起的一种刺激反应，而瘙痒引发的抓挠会引起头部皮肤的进一步损伤，并且伤害到头发，所以，瘙痒需要对症呵护。

头皮瘙痒是头皮菌群平衡遭到破坏，有害菌大量滋生，若不加以防治，更会引发油脂、代谢的失衡，使整个头皮状态紊乱，严重破坏头皮的健康状况；而头皮作为人体最重要的指令控制中心——头部的天然屏障，其脆弱性和敏感性更仅次于眼皮，可谓牵一发而动全身。头皮问题不可小视，同样需要进行健康管理，只有对头皮进行全面、系统、科学的调理养护，才能从根源上消除头皮瘙痒等头皮问题，保持头皮的健康常态。

第一，要缓解焦虑，精神紧张状态，受情感困扰所致，会导致头皮瘙痒。第二，洗发水充分接触头皮，将洗发水在掌心揉出丰富的泡沫，然后轻轻按摩使洗发水与头皮充分接触，尽量保持一段时间再冲洗，这样不仅清洗更充分，也可以更好解除瘙痒。第三，调整头皮油脂失衡，健康的头部皮肤是不干也不油的，也不会出现瘙痒的情况。第四，尽量减少使用含酒精成分的美发产品，避免摄取过量的咖啡、烟、酒及麻辣等刺激性食物，这样可以减少对头部皮肤的刺激。第五，减少束缚，尽量避免戴帽子或束很紧的马尾，让头发自由呼吸，这样可以有效缓解头皮紧绷的不适感。

发型风格

气质

可爱发型

天生天真烂漫、可爱又有放肆个性的女孩，虽然爱摆架子要任性，但是男人的心也容易跟着而摇摆起伏，适合选择可爱的发型。

1. 随性浪漫卷有着名伶般的高雅

因为发质偏干无光泽与亮度，也让扁塌造型不易持久，以轻盈的高层次为改善基础，将头发的底色染上咖啡色调，再以黄色调来做轻度的挑染，增加头发的轻盈感让整体更亮眼。

2. 俏丽轻盈感卷度更显可爱动人

发根利用玉米烫制造蓬度改善头型扁塌问题，发中以下则是利用温塑SPA烫制造出丰盈且有卷度的发丝，让头发呈现出自然甜美发型。针对发质细软毛燥，利用两段式烫发，将发根烫玉米须增加蓬度，发中以下烫卷让整体更立体，制造出不同卷度发型改善头型缺点。

3. 蓬松空气感自然卷度更活泼

发根使用玉米须增加根部空间感，加强发根支撑效果，在发尾部分使用温塑烫让发尾有微卷度，可爱型女孩本身脸型小，所以在两颊加强自然卷度，让脸部轮廓更完美，在根部部分使用造型喷雾，增加根部的空间感，发尾使用冻腊让发尾的卷度立体更有跳动感。

淑女发型

在浪漫又有些安静的午后黄昏，甜美淑女风格的发型特别吸引人，尤其是在发梢做造型已经成为一大亮点，偏向于暖色系的发色，给人温暖的感觉，无形间散发淡淡的女人香气，让他为你怦然心动。

1. 温柔恬静的柔软长卷发

温柔恬静的柔软长卷发，富有生机的饱满弧度，将双眸衬托的分外迷人，发丝凌乱却不失优雅气质，中分的刘海造型制造了小脸的效果，自然的发色，打理成自然印象，削弱了整体的过分甜美，淡淡的慵懒气息营造出更加慑人心魂的动人魅力。

2. 典雅盘发

低位盘发典雅文静，与复古服饰配搭更显名媛淑女气质，乖巧的齐刘海令脸颊更精致动人，温润质感的发髻点缀着红色蝴蝶发饰，十分得体大方。

学生发型

学生发型时尚又不过度张扬，很适合还在读书的你，学生发型往往都千篇一律，最大的差别恐怕就在长度上。你想不想给自己换一个不一样的时尚发型，让你看起来既时尚又不会太张扬呢？

1. 温暖微卷学生发型

像奶茶一样温暖的发色，让整个发型更具有乖乖女孩的文静气息，发尾位置进行简单的微卷蓬松处理，让发型的甜甜滋味更为浓厚，视觉上也会显得特别饱满，长到眼眉的刘海，可以帮助修饰脸型。

2. 恬静 BOB 学生发型

丰盈饱满的发尾让可爱的 BOB 头又有了新的风貌，完美的发型弧度很好地营造出高贵的公主气质，发型正面看上去很像直发，很好地保持住乖巧恬静的女孩味道，而从侧面看简单的内卷处理，让发型的立体感更加凸显，摆脱了直发原本的服帖感。

3. 俏皮卷发学生发型

从头顶位置就开始卷翘的短卷发发型，让发型的弹性与动感更加凸显，刘海明显的内卷弧度可以凸显出发型的水润光泽，蓬松不规则的卷发还可以很好地包裹住脸颊，让脸型看起来更加的小巧，棕色系发丝还可以增加发型的魅力，营造出亲和力十足的成熟气质。

小贴士

怎么才能保护发型

好不容易做了自己喜欢的发型，怎么才能保护它，让它尽可能持久呢？女性朋友们可以从以下几点考虑：

（1）把洗发水倒在掌心，再抹在发丝上，这样可以避免发根紧贴头皮，头发干后没有立体感。

（2）要把头发柔顺地放下来洗，洗发时千万不要把头发堆在头顶乱揉一通，这样会造成头发的缠绕和拉扯，导致干后发型受影响。

（3）适当利用吹风机，避免头发紧贴在头皮上，或者粘在一起，从而难以保证造型。

复古发型

复古发型是宴会、典礼上的大热。复古的发型能神奇地改造一个人，衬托出女人的高贵典雅或是性感妩媚。根据年龄、脸型、气质的不同，各款复古发型适合的人群对象也不同。厌倦了太过流行的发型的你，是否也想反潮流一回呢，快尝试一款复古发型吧！

1. 梦露式短卷轻松重演火辣小性感

齐耳的短发、外翻的大波浪、高耸的刘海……这就是经典的梦露式短卷发，直到今天，还有大把的好莱坞明星照搬她的发型，当然更多的人还是加入了些现代元素，但总是留了那么点儿梦露味道和复古感。

2. 费雯丽式大卷高傲延续猫样妩媚

无论是《乱世佳人》还是《魂断蓝桥》，费雯丽的中长卷发总是温柔中透着刚毅。这个秋季，你也可以试着让整齐、精致的发卷垂落肩头，会有别样的古典、优雅韵味。

3. 赫本式盘发迅速回归公主般优雅

奥黛丽·赫本那标签式的盘发几乎成了优雅、可人、小女人的代名词，而像她那样光洁而高耸的盘发其实特别适合搭配秋天的高领毛衣、大衣。打造起来不用太复杂，只要一些点到即止的赫本式灵动感。

风格

日系发型

不管时尚的潮流怎么走、季节怎么变，可爱甜美的女孩子总是特别偏爱会招人喜欢的日系发型。日系流行发型主要以可爱的日本发型风格为主，可爱中又略带调皮。女孩子们不妨关注一下：

1. 发尾烫卷 + 卡其挑染巧克力色：清甜邻家女

略有些稀疏的发量打造长至耳下的短发十分清爽，发尾只需烫一个卷度来增加灵动感。近似色的挑染效果让整款发型层次感更加明显，也更时尚。

2. BOB 轮廓微卷发 + 卡其色：甜甜果味女孩

这款可爱的短发发型变化自稍短 BOB 头，发型师利用卷度和抓蓬效果来做变化，增加发丝间的空气感，更加适合夏天。

3. 顶部抓蓬 + 摩卡色：俏皮假小子

利落的短发最适合打造假小子似的率真感，同时短短的刘海和大卷处理让这款发型变得精灵十足，适合个性活泼可爱的年轻女孩。

小贴士

常见的3种基本发型

一般来说，发型有3种基本分类：

（1）直发类发型：是指没有经过电烫，保持原来自然的直头发，经过修剪和梳理后形成的各种发型。

（2）卷发类发型：是指直头发经过电烫后形成卷曲形的头发，通过盘卷和梳理而形成的各种不同形状的发型。

（3）束发类发型：是指根据不同的操作方法和造型，分为发辫、发髻、扎结等发型。

韩国发型

韩式的发型总是那么温婉淑女，是女孩子们的最爱。女孩子们，快来学学吧，让自己成为众人眼中的焦点。

1. 韩式发髻扎法

复古韵味的韩式发髻，利落的发髻盘发，干净简洁的盘发造型，高贵优雅，打造名媛气息。

步骤一：将头发收拢，用发绳绑扎成两个发束。

步骤二：将发束向一个方向扭转盘成发髻，发髻的位置需要认真地调整。

步骤三：用发夹将发髻固定，注意发夹插入的方向是横向插进去。

2. 韩式丸子头扎法

可爱活力的韩式丸子头，高高扎起的丸子头发包，充满青春的朝气与活力。

步骤一：用双手随意的把头发收集到头顶的中央。

步骤二：依据头发的方向，将头发自然地向一个方向扭转。

步骤三：等秀发盘成发髻之后，调整位置，用发夹固定即可。

非主流发型

非主流的女孩子一定很想拥有一个既有个性又时尚的发型，其实实现这一点不难，现在就手把手教女性朋友们如何自制非主流蓬松发型。

（1）用电发棒将头发由外向内的一点点电卷。

（2）在头发齐中线的部位取一小束发量，随意辫成不同层次的麻花辫。

（3）在麻花辫的根部取一小束头发，用梳子由上而下将头发随意刮出蓬松的雏形。

（4）将后面的头发挪到侧边用皮筋固定。

（5）放上麻花辫根部的发型，以达到蓬松的发型效果。

弄完之后可以适当加上非主流的发饰，整体的风格会更明显。

脸型发型

常规脸型

圆脸发型

圆形脸的额头、颧骨、下颌的宽度基本相同，这跟方形脸一样，不过两者的区别在于圆形脸比较圆润饱满，线条柔和。所以圆形脸的人显得比较年轻、可爱、活泼，很容易让人亲近，不过也会显出过分的孩子气，让人觉得不可信任。

圆形脸的人头发可以向上梳，但不宜梳得太宽。妆容上，在两腮和额头两边打深色粉底，下巴和额头中间加白色粉底，强调纵线条，拉长脸形；两眉距离近点，眉毛可画得高一些，不宜过长、过浓；嘴唇避免画成圆形，口红宜选择淡色；腮红刷高些、长些。另外，使用V字形的项链可起到拉长脸部的效果。

标准脸发型

看名称就知道，这种脸形是最符合人们视觉审美习惯的。其实标准脸也就是我们常说的鹅蛋脸、瓜子脸，特点是额头与颧骨基本等宽，但比下颌稍宽一点，脸宽约是脸长的2/3。标准脸匀称、合度，传统上一直以这种脸形为美，这也带来了一点小小的弊端：是不是显得特别没有个性呢？

标准形的脸几乎适合所有的发型和妆容，但容易千篇一律，让人看不到独特的风格。所以睿智的眼神和言谈才是标准脸形的女性们应该掌握的必杀技。

长形脸发型

脸形比较瘦长，额头、颧骨、下颌的宽度基本相同，但脸宽小于脸长的2/3。通常，长形脸会给人理性、智慧的感觉，这样的脸形让人觉得你具有很深的内涵，但也免不了会让人觉得你有些老气和孤傲。

长形脸的人要扬长避短，秘诀就在刘海上。留些刘海遮住过长的额头，尽量使两侧的头发蓬松一些，就会让整个脸形饱满起来。妆容上，在额部、两腮和下巴打上深色粉底，看起来脸部不会太长；眼线画椭圆形；不宜突出鼻形；腮红向耳边横刷为宜。

长形脸的人切忌把头发全部梳到脑后，让整个额头光光地暴露在外，更不可留中分的长发，让头发遮住脸颊，那样更显得脸形狭长。

小贴士

女性应该根据体型选择发型

人的身材高矮、胖瘦等与处理发式也有一定的关系，如身材较为瘦长的，留发就容易使人感到肩部两侧显得空虚，人也更显瘦长。身材矮小的，留长发会使身体显得更矮。身体较胖的，头发应采用直纹路，如果梳成规则的平波浪，身体就会更显发胖。所以，女性朋友们在选择发型时一定要先了解自己的体型适合什么发型，所选择的发型一定要与体型相适应。

特殊脸型

三角形脸发型

三角形脸有两种：正三角和倒三角。正三角形脸额头窄，脸的最宽处是下颌，呈现上小下大的正三角形。三角形是最稳定的形状，所以这种脸形也会让人觉得踏实可靠，又温和可近，但是下颚的宽度会让整个脸显得宽，缺少了女性的细致美。相反的，倒三角形脸，额头宽，下颌窄，下巴尖。通常让人觉得柔弱和细致，但也容易给人留下单薄、刻薄的印象。

正三角形脸可以把窄瘦的额头用蓬松的刘海掩饰，最好是留中长发，不要烫卷。倒三角形可以利用姣好的下巴线条，烫比较蓬松柔和的发型。妆容上两颊打深色粉底，下巴和额头两边加白色粉底。

方形脸发型

这种脸形，额头、颧骨、下颌的宽度基本相同，脸的轮廓分明，四方感现代性强，又给人意志坚定的印象。但是，这种脸形却不容易让人感觉到女性的柔美。

这种脸形的女性可以剪露出耳朵的短发，使下巴凸显后再用深色粉底遮掩下颌。如果留长发可以把一边的头发夹在耳后，增加层次。妆容上，眼线可以画椭圆形；上唇不宜画得太丰满，下唇可画得丰满些；腮红向耳边横刷为宜。

菱形脸发型

菱形脸的颧骨是脸形最宽处，额头和下颌都比较窄。因此脸形显得比较狭长和尖锐，会让人感觉到鲜明的个性，不过会有刻薄的感觉。

菱形脸的人适合利用刘海遮住上额，两鬓制造出蓬松的效果；阴影色打在颧骨上，视觉上可起到降低颧骨的效果；强调下眼线，注意外眼角；眉毛尽量自然。如果你佩戴眼镜的话，圆形及椭圆形的镜框是非常合适的选择，可以缓和脸部较硬的线条。

发型类型

经典发型

中分头

现实生活中，女人的发型可以是千变万化的，不过不管选择什么样的发型，刘海都算得上是改变脸型及感觉的最重要部分，简直就是“牵一发而动全身”。最棒的刘海当然是随着每天场合不同而改变，但说到中分头发型，却是最多女生不敢轻易尝试的。

中分头会让人看起来有距离感，稍微成熟、自我风格强烈，但其实中分头是最可以凸显女人的美丽、优雅气质和精致立体五官的发型，难怪许多名媛或演艺圈的超级大美女都选择留中分头发型。

女性朋友们在打理中分头的过程中有以下几点需要注意：

（1）把刘海部分剪得较短，可搭配直发或卷发。用吹风机加圆梳或电卷棒将刘海吹出弧度。

（2）低下头，将刘海全部往前梳。以手指随意简单地在头顶正中间，往前交错画出类似不规则闪电分线，之后抬头，把刘海依照分线往左右拨开。

（3）刘海不适合太短，搭配直发较佳。以尖头梳在头顶正中间画出笔直分线。而且对发型的发质要求高，干枯毛躁发不建议选用。

新娘头

梦幻般的婚礼上，新娘发型是一大看点，可以说，一个好看的新娘发型为即将到来的幸福讨个好彩头。这里介绍四款新娘发型，不失柔美的同时也将新娘对美满与幸福的期待掺入其中，期待婚姻的好运势降临。

1. 妩媚轻柔的卷发

没有哪种发型能比妩媚轻柔的卷发更能展现新娘性感迷人的气质，在婚礼那天，风情万种的纤柔卷发上飘落着点点的鲜花，将演绎出特有的甜美浪漫气质。

不同形态的卷发，能够创造不同风情的新娘形象，柔媚、性感、浪漫、野性……无论如何变化，只为尽显富有魅惑力的女人味。

2. 复古的新娘盘发

复古的新娘盘发，端庄高贵，能够让新娘的完美颈项展露出来，注意发饰和配饰的选择风格要统一才能突出高雅复古的感觉。

流畅细腻的整体造型使新娘周身散发出华丽雍容的贵族气息，精心的修饰设计与极致的细节处理能给新娘添加清灵温婉的淑媛气质。

3. 半头披发

半头披发传递着端庄秀丽的柔美气质，不经意散发的魅力都能让人无法忘记，斜刘海自然流露出新娘柔美清雅的淑媛气质。一款高贵的新娘发型必须在细节上精雕细琢，新娘发饰的选择和礼裙都要统一和协调。

4. 带有头纱的盘发

带有头纱的盘发是新娘发型的最佳代表，能够迅速提升新娘温柔含蓄的高雅气质，婉约而不失华丽感，让东方女性的古典浪漫气质得以复现。具有雕塑感蓬松饱满的后脑勺是这款新娘盘发的特色，清新幽雅的鲜花和清透的头纱就是最好的装饰。

梨花头

一直大热的梨花头，温婉又百搭的效果，成为很多女生的大爱，去发型屋烫头发做梨花发型不但花费高，而且时间长也会乱，还不如学学梨花头在家怎样烫出来，想在家烫发型的女生不妨试一试。

1. 梨花头怎么扎好看

首先，我们用38毫米的卷发棒把全部的发尾进行内卷一次，记住卷发棒和你的头发要成直角，这样弄出来的卷发效果才会是最好的。我们把卷发棒挪到刘海前，开始对前刘海部分进行卷曲处理，用卷发棒把刘海卷成弧形，让它拥有漂亮的弧形。就是这样，我们的简易梨花头就完成了，只需要卷出弧度就好，不用太复杂。之后，我们在捆上细皮筋的位置绑上一个稍大的、自己喜欢的发圈。

2. 梨花头在家怎样烫

从左边开始，脸侧的挑出一缕头发，不要太厚，否则头发烫发效果不好。从发尾开始夹住，慢慢卷起来。等几秒钟，手指可以小心地试试头发的温度。然后开始烫耳侧的头发，挑出一缕。发量较多的话，可以分成上下两层分别烫。从发尾开始慢慢向上卷。一样全部卷去。直到耳边一侧所有头发，都做出内卷效果。后面的头发要分三层烫，这样出来的效果才会自然，用发卡固定上面的头发。挑出一束，同样是从发尾开始卷进去。微热后放下，就可以。继续烫后面的头发，直到后面所有头发都做出内卷效果。上面固定的头发分为两层，上层固定，下层用同样的方法烫卷，最好取出头顶固定的头发。手蘸蓬蓬粉或其他造型产品，钻进头顶的头发里把头发抓蓬松，使头发不服帖，蓬松有精神。

流行发型

BOB 头

BOB 头特点主要是发型的整体长度都在肩膀以上，头发的厚度集中在枕骨的部位，从旁边看上去是一个圆弧度的发型，但过渡就要非常自然。下面给大家介绍几款典型的 BOB 头。

1. 妩媚轻熟女 BOB 头

该发型在中部向内包裹的同时，接下来的发尾向外翻卷，整体弧度呈现优美的 S 形，不再是以往 BOB 头 C 形弧度，除了保持同样的瘦脸效果，将发尾的优美更加表现出来，更能表现女人的妩媚。

2. 洋娃娃短 BOB 头

洋娃娃短 BOB 头发尾外翘更可爱。浅色调蓬松内卷短 BOB 洋溢浓浓西洋风。看似随意却不显得凌乱，连原本呆板的齐刘海也被刻意抓出了几缕卷度，营造出一种洋娃娃般的甜美感。而栗子色的发色对于皮肤白皙的亚洲女孩来说更添好气色。

3. 凌乱短发 BOB 头

该短款发型没有以往 BOB 头的齐刘海以及头发的垂坠感，更多体现一种凌乱美。将头顶的发丝抓乱，看似凌乱，却塑造一种蓬松的效果，上蓬下短能起到拉长脸型的效果，而凌乱的刘海，头顶两边的头发似乎向刘海中间靠拢，能够包裹住脸型，完美塑造小脸的效果。

4. 层次蓬松 BOB 头

该 BOB 头发尾更具层次感，将卷发的元素大胆应用到 BOB 头的发尾处，多层次的卷发更显出发尾的轻盈，发尾不再聚集在一起，摆脱以往的厚重感，发尾丝丝向内扣，更能衬托小脸效果。

蛋卷头

蛋卷头发型，是在梨花头发型的基础上改造而来的，这种发型最早出现在韩国。蛋卷头的发尾是厚重而齐平的，发卷是中小卷，打造出来的效果有点类似方便面感觉，不过很有时尚甜美感。下面给大家介绍几种不错的蛋卷头：

1. 优雅气质蛋卷头

复古优雅的蛋卷头，刘海选择侧分，露出一半的额头，显得十分清爽，厚重的头发从额头处开始大弧度的卷，层次的发尾很灵动，搭配自然感的栗色显得十分优雅，整体展现优雅大方魅力女人气质。

2. OL气质蛋卷头

侧分的长刘海，既能修饰脸型又显得轻柔甜美，蓬松而显厚重的发尾，十分灵动优雅，披肩的长度搭配亮眼的棕栗色发色，整体塑造甜美淑女形象。

3. 个性刘海露额蛋卷头

及肩的发丝，蓬松感与厚重感并重，整齐的发尾，规则的卷度，很有梦幻的公主气息，额前刘海用夹子或橡皮筋扎到脑后露出整个小脸，显得清爽又甜美。

荷叶头

荷叶头是BOB头和梨花头的升级版，最早由倾灵叶所创，外形很像一柄荷叶上尖下阔，头两侧和后面顺着大波浪，靠近脸颊的部分用扣边来扫尾，轻巧、放松、可爱、营造出整体的美感。

怎么弄荷叶头更好看呢?

（1）选择一条你喜欢的长长的发带。

（2）先把它们搭在脖颈上。

（3）把发带放在头发的最里面，也就是说，让头发把发带完全遮盖住。

（4）把发带绑扎在头顶上，先交叉固定。

（5）这个结口是绑扎的基础一点，所以一定要坚固一些。

（6）在发顶上用普通的蝴蝶结形式来绑扎。最后整体的效果就像我们的一个自然的发箍一样，但是一定要自然，而且这样会更加随意。不会让头发尾部以及根部的头发不顺畅。如果年纪较大，可以不用蝴蝶结。

丸子头

丸子头是日本的新兴发型，受到了年轻女孩和成熟女人的追捧。丸子头种类繁多，大多是在马尾的基础上，把头发拧成一股，盘成一个圆盘。以小黑卡固定。丸子头不断发展，如今有了更多的样式。盘发的方式也花样翻新。丸子头不仅能显出女孩子可爱的一面，也能在出席宴会时作为盘发，凸显高贵气质。

梳丸子头可按以下几个步骤：

（1）先把头发梳成一个高高的马尾，要高一些才会好看。在梳马尾的时候记得要把头仰着梳，不要低头，因为低头梳好的马尾，当你抬起头是会发现脑袋后的头发会很松，而且一天下来头发就掉下来，会很难看。

（2）如果是烫过的、头发比较毛躁的女孩就可以直接操作了，如果是直发或者头发比较顺滑的女孩就要先把头发打毛（可以用梳子逆刮）。把马尾压下来，就像开花了一样。

（3）现在我们把压下来的头，如果发量少一点的女孩可以多分几份，这样成形会比较饱满，比较好看。拿起一份头发向里面卷一下，形成一个小半圆，用卡子固定，卡紧。

（4）然后把每一份都这样做，向里面卷一下然后用卡子固定，这时候就已经成形。

（5）接着，调整一下，让每一份之间的缝隙稍微小一些。最后在从最上面稍微地揪一些小碎头发出来，有一点乱乱的感觉。

美体塑身篇

减肥瘦身

减肥

减肥误区

不少体态较胖的女性朋友，尽管采取了各种瘦身方法，一段时间后却发现自己越减越胖。如果研究一下这类瘦身者的减肥方式，便可发现她们在瘦身过程中，往往是被这样几种观点牵着鼻子走，结果走进了减肥瘦身的误区：

（1）脂肪是肥胖的孪生兄弟，只有与脂肪绝缘，才能获得苗条的体型。其实，脂肪在减肥过程中，不总是充当反面角色。食用的脂肪不仅不会很快在体内转化为脂肪储存起来，而且脂肪的分解还能在一定程度上抑制脂肪在体内合成。

含有单一非结合性脂肪的玉米油和橄榄油，具有降低低密度脂蛋白的作用，是减肥健美的理想食用油。另外，脂肪类食品耐消化、抗饿，食入后可减少对淀粉类食物以及零食的摄取，对减肥起积极作用。有些减肥者为了控制食物而用零食充饥，致使体重有增无减。所以说，摄取适量的脂肪不仅不影响体型，而且对健美有益处。

（2）肥胖是营养的积聚，所以不能吃有营养的食品。其实，有些人身体之所以肥胖，并不是单一的营养积累，在很大程度上是因为饮食中缺乏能使脂肪转变为能量的营养素。只有当人们的身体中能量得以释放时脂肪才能随之减少，而体内脂肪在转化成各种能量的过程中，则需要多种营养参与。这些营养包括维生素 B_2、维生素 B_6 及烟酸。富含这些营养素的食物往往是减肥者不愿问津的奶类、各种豆制品、花生、蛋及动物肝脏和肉。如缺乏这类营养食品，体内的脂肪就不易转化为能量，从而使体内脂肪积蓄以致肥胖。

（3）饮水会使身体发胖，要瘦身就不能喝水。其实，只有饮水不足才会引起人体不断积储水分作为补偿，并使体内更容易积聚脂肪，导致肥胖。饮水不足还可能会引起人体新陈代谢功能的紊乱，致使能量吸收多，释放少。所以对减肥者来说，饮水不足不仅达不到减肥目的，而且还会对健康造成更为严重的损害。

（4）辛辣食物可以减肥。有统计发现泰国印度等地很少出肥人，于是推断与他们平日嗜辣有关。因为吃辣容易流汗，而且吃一点点已令人有饱的感觉，所以有减肥效用。

但是，吃辛辣减肥若长久下去会影响胃部机能，有胃痛甚至胃出血的危险。而且吃太多刺激性食物亦会令皮肤变得粗糙，还会长出暗疮，绝对是得不偿失。

（5）每次坚持30分钟慢跑可减肥。每次坚持30分钟慢跑即可减肥。慢跑虽可达到有氧锻炼的目的，但减肥收效甚微。实践证明，只有运动持续时间超过大约40分钟，人体内的脂肪才能被动员起来与糖原一起供能。随着运动时间的延长，脂肪供能的量可达总消耗量的85%。可见，短于40分钟的运动无论强度大小，脂肪消耗均不明显。

（6）空腹运动有损健康。人们总担心空腹运动因体内贮存的糖原大量消耗而发生低血糖反应，如头晕、乏力、心慌等，对健康不利。美国达拉斯健美运动中心霍帕博士研究认为，饭前1～2小时（即空腹）进行适度运动，如定量步行、跳舞、慢跑、骑自行车等，有助于减肥。这是由于此时体内无新的脂肪酸进入脂肪细胞，较易消耗多余的脂肪，减肥效果优于饭后运动。另外，由于运动量适宜，热能消耗较少，体内贮存的糖原足够使用，不会影响健康。

（7）不吃早餐。有人误以为不吃早餐能减少热量的摄入，从而达到减肥的目的，殊不知不吃早餐对人体伤害极大，无益健康，还会影响一天的工作。

（8）固定食谱。这样做固然减少了许多东西的摄入，但久而久之会使身体缺少全面的营养成分，有害无益。

如果瘦身要以牺牲健康作为代价，那就太不值得了。因此，想美体塑身的女性朋友们千万别走进上述的几种瘦身误区。

小贴士

西式快餐易致肥胖

很多女性对汉堡包、油炸鸡翅等西式快餐情有独钟，事实上这类食物最容易导致肥胖，主要是因为它们热量很高，却往往缺乏维生素、矿物质、纤维素等营养。所以，女性朋友们要想饱口腹之欲，又想减肥，在选择西式快餐时可以适当搭配水果或蔬菜汤等，以维持营养均衡，不至于热量过高而增肥。

明星减肥

银幕上的女星们几乎无一不有着令人羡慕的身材，那么明星的减肥食谱究竟是怎样的呢？

明星的减肥食谱总原则：多吃纤维食物。

明星的减肥食谱特质：对节食和运动很积极，平衡是成功的关键。

代表明星：泰勒·斯威夫特、安吉丽娜·朱莉。

明星的6日减肥食谱：

第一天：早餐一颗柳丁、半杯脱脂牛奶燕麦粥、五颗葡萄干。午餐一杯鸡汤、四片苏打饼、一杯水果沙拉。晚餐一颗烤马铃薯配牛油、一杯水煮甘蓝菜、一个苹果、两颗杏仁。

第二天：早餐半杯炖豆子、一个水煮蛋和一块英国松饼。午餐由奇异果、草莓、香蕉构成的水果盘、一片起司、一杯菠菜。晚餐一杯米饭、一杯炒青菜、一杯爆米花和红萝卜细条。

第三天：早餐一杯脱脂牛奶燕麦粥。午餐菠菜沙拉、一颗水煮蛋和一片培根。晚餐一份意大利面、沙拉、一盎司咸饼干、一颗梨子。

第四天：早餐六盎司葡萄柚汁、一颗水煮蛋、半块英国松饼配奶油。午餐四盎司烤牛肉配一分凉拌包心菜丝。晚餐一份水煮鸡胸肉、两杯菠菜、一杯水果沙拉、一杯酸乳酪。

第五天：早餐一杯哈密瓜、一片起司、四片黑麦饼干。午餐鲜虾沙拉。晚餐四盎司烤牛肉串配上烤洋葱、青椒和蘑菇，一杯米饭、一杯低脂优格、两颗杏子。

第六天：早餐六盎司柳丁汁、一片培根、半块烤贝果配牛油。午餐一杯蛤蛎意大利面和沙拉。晚餐六盎司烤鱼、六根嫩芦笋、一份沙拉、一片起士、一个梨子。

快速减肥

很多女性都希望快速达到减肥瘦身的效果，所以，经常选择吃减肥药或者做抽脂手术等，其实，完全没有必要。下面给大家介绍三种减肥法，不仅健康高效，而且不容易反弹。

1. 经常转呼啦圈

节食不仅让你饥饿难忍，还会导致营养不良或者越减越肥的状况。除了要坚持均衡饮食，经常转呼啦圈也是能加快腹部脂肪的燃烧，对瘦腰有很大的帮助。

要记住，只要有时间就拿起呼啦圈。比如说看电视的时候都不忘边看边摇呼啦圈，保持半个小时都不掉落。可别小看摇呼啦圈这个小动作，算起来每千克每小时可消耗约 21 千焦热量，以体重为 50 千克的女性为例，1 小时就可以消耗 $50 \times 21=1050$ 千焦的热量，是不是很划算呢？长期坚持，一定能修炼成纤腰款款的大美人。

2. 随时随地抬首挺胸

纤腰，随时随地都可以。抬头挺胸，不仅可以让自己显得自信，还可以起到纤体的好效果。具体方法是：屁股往内夹紧，腰部两侧用力，肩胛骨的部位夹紧，肩膀完全打开，脖子和肩膀交接处往下垂，放松不能耸肩，下巴微微抬起，无论坐还是站，长期都保持这种抬头挺胸、肚子用力的姿势，小腹就会在不知不觉中缩小许多，肥肉囤积在腹部的窘况也大大改善。

3. 每天 10 分钟快速减肥

两脚平分站立，双手向上伸，然后慢慢弯腰，直至掌心平放到地面。双手保持在地上，一条腿向后伸，成弓箭步；随后手扶臀部，使躯干挺直，做 5 次压下、起来的弓步动作，再用另一条腿做 5 次同样的动作。弓箭步之后，前腿向后伸出，改俯卧撑姿势，做5个俯卧撑。做完俯卧撑以后，臀部放松，直至腹部几乎接触地面，向前挺胸，双手撑地，两臂伸直，保持1分钟。接着，把臀部朝向天花板，双臂保持平直，从地上提起脚跟，然后再放下。提起、放下的动作连做20次。最后手、脚一齐移动，轻轻抬起成站立姿势，并立即恢复到第一节初始姿态，开始重做本套动作。

小贴士

快速减肥需谨慎

不管怎么样，人的身体是最重要的，所以女性朋友们都不要盲目地去相信电视广告中介绍的一些快速减肥法，原因有两个：

（1）不安全。每种快速减肥的方法都是以破坏你身体的某些功能为前提，而且不宜长期坚持，帮助你减肥的这些方法往往是某种单纯的营养物质在作怪，让你的身体得不到更多的营养，单一的营养会使身体缺乏营养而导致头晕等症状。

（2）这些所谓的快速减肥法，都强调3天、5天、一个星期，不宜时间过长，但是，由于短期的减肥根本无法让身体处于习惯状态，在恢复饮食后就会反弹，其结果就是越减越肥。

按摩减肥

很多减肥者通过中医按摩来辅助减肥。所谓“按摩减肥”是通过按摩促动脂肪，使它经常处于柔软而且容易燃烧的状态。例如，平常缺乏运动而积存在腰间的脂肪，反复进行按摩促动，可以起到非常明显的效果。

按摩减肥是使用整个手掌来按摩，不是用力握着，而是使用力量的强弱来回搓揉地按摩，特别是肌肉硬的部位更有效果。抓捏用半只手指，使用到手指第二关节为止的抓捏式按摩。像拉着皮肤一样之后，手指以压着它的感觉来移动是重点。分成小部分，慢慢移动。适合松弛或脂肪多的部分。扭转按摩，使用两手手指的力量来按摩。以拇指为主力，其他手指为辅助，左右、反方向来扭转。比较适合于肌肉多而脂肪厚的部位，可分为小部分细心地按摩。

此外，女性朋友们在运用按摩减肥时应该注意以下几个问题：

（1）做好充分的按摩前准备，如修剪指甲、洗净双手、取下戒指等。

（2）按摩最好直接在皮肤上进行，如天气过冷，也可隔着衣服进行，同时注意保暖。

（3）饭后两小时再按摩，效果最好，过度饥饿或暴食后都不宜进行自我按摩。

（4）要集中精力，用力要均匀，臀部、腿部可用力大一点；腹部、腰部用力要适当，以免损伤内脏。

（5）妇女在经期、妊娠期、产后一个月内，不要做按摩，特别是腰部和腹部按摩是绝对禁止的。

（6）患有内脏器官疾病、恶性肿瘤，感染性、化脓性疾病，如烧伤、烫伤、皮肤病等，静脉曲张或血栓性静脉炎、结核性关节炎等疾病的肥胖者不宜采用按摩减肥。患有骨质增生者，增生部位也能按摩。

（7）自我按摩重在坚持，可在每天起床时和睡觉时各做一次。刚开始按摩减肥时，会出现全身酸痛，但只要坚持下去，酸痛感就会消失。

（8）如出现心慌、恶心和青紫瘢痕等症状时，应立即停止按摩，休息几天，在减轻力度、纠正按摩手法后再继续。

减肥食谱

在正常生理情况下，一般人习惯于一日三餐。人体最大消耗是在一天中的上午。由于胃经过一夜消化早已排空，如果不吃早饭，那么整个上午的活动所消耗的能量完全要靠前一天晚餐提供，这就远远不能满足营养需要。这样长期下去容易引起急性胃炎、胃扩张、急性胰腺炎、冠心病、心肌梗死等。吃夜宵反而就会产生超额能量，剩余的能量转为脂肪蓄积起来就容易发胖。所以在睡前 3 小时以内不要吃任何东西是最理想的减肥方法，特别注意不要喝酒、肉类食物。

下面为大家具体介绍一周的食谱，有助于帮助大家减肥：

周一食谱

早：咖啡、苹果。

午：米饭（一小碗），炒土豆青椒丝，生黄瓜一根，紫菜汤。

晚：煮虾（数只），烧豆腐，凉拌生洋葱、芹菜芽。

周二食谱

早：麦片粥（一小碗），面包（一片），葡萄 5 粒。

午：鲫鱼萝卜豆腐汤，煮鸡蛋（一个），蔬菜沙拉。

晚：绿豆粥（一小碗），馒头（一个），生拌茄泥，生黄瓜一根。

周三食谱

早：乌龙茶，猕猴桃。

午：烧竹笋，凉拌西蓝花，煮鸡蛋一个。

晚：牛肉，凉拌海带丝。

周四食谱

早：大米粥（一小碗），全麦面包（一片），橙子一个。

午：烧牛肉，蔬菜沙拉，冬瓜汤，生西红柿一个。

晚：玉米粥（一小碗），馒头，烧芦笋，生黄瓜一根。

周五食谱

早：咖啡，苹果。

午：米饭（一小碗），素焖扁豆，炒青菜，冬瓜汤。

晚：鸡肉，烧胡萝卜，凉拌芹菜。

周六食谱

早：麦片粥（一小碗），橙子一个。

午：煮鸡蛋一个，烧海鱼，蘑菇炒青菜。

晚：白薯粥（一小碗），凉拌菠菜、饼（50克）。

周日食谱

早：绿茶，苹果。

午：胡萝卜，芹菜炒猪肝，煮鸡蛋（一个），西红柿汤。

晚：绿豆粥，蒜拌海带丝，馒头（50克），生黄瓜一根。

上述这一周的食谱建议女性朋友们将蛋白质食物和碳水化合物食物分开吃，为的是让两种食物不会合成脂肪，这样不仅有利于人体健康，而且大家吃了也不会容易胖。

运动减肥

运动减肥是最科学、最绿色的减肥方法。肥胖者通过一定的有氧体育运动，消耗身体多余脂肪，促进新陈代谢，达到运动减肥的目的。通常运动量越大，运动时间越长，消耗的糖和脂肪越多，减肥效果越明显。最常见的运动减肥方法有游泳、慢跑、健身操、跳舞等……

1. 有氧运动

有氧运动，氧气能充分酵解体内的糖分和消耗体内脂肪，增强和改善心肺功能，预防骨质疏松，调节心理和精神状态。它可以提高身体健康水平和减去人体多余的脂肪。

2. 肚皮舞

如果你不够自信，或者你正在寻找一个别样的锻炼身体的课程，肚皮舞可能会很适合你。和大多数人想象的不一样，肚皮舞不只是扭扭肚子这么简单，它包含着很多向后翻转，全身舒展，它的健身效果和练瑜伽的静止动作是差不多的。

3. 骑自行车

骑自行车，是一项让人最愉悦自在的运动，不仅可以帮助你塑造美好的腿部线条，而且如果你习惯骑车上班的话，还可以使你免于交通拥塞，轻轻松松自由自在地去上班。

4. 跳舞

即使你不是幼儿园就开始学习芭蕾舞蹈，参加舞蹈班也可以成为你运动的一大有趣方式。不论是拉丁舞、爵士舞、霹雳舞、钢管舞，还是hip-hop，只要是你喜欢的、感兴趣的，都可以学。跳舞，可以通过大量运动甩掉你身上多余的脂肪。

5. 运动影片

运动影片的好处是，你不用出家门就能实现健身减肥梦，特别适合那些宅女们。

你无须再找借口说没有公共更衣室换衣服或者不习惯多人健身室，你只需在家跟着运动视频，就能在无干扰的情况下，随心所欲地健身减肥。

6. 健身球

如果你追求身体全范围的健身，那么健身球便是最好的选择。随着轻柔的音乐，全身心放松，以最舒展的姿态和健身球融为一体，这便是健身球的最高境界。轻轻松松的一个动作便能减肥，其效果特别神奇。

7. 转呼啦圈

呼啦圈又称健身圈，是一项老少皆宜的运动项目。经常参加呼啦圈运动能够保持良好的身段，使得身体的腰腹、臀腿肌肉不僵硬、不退化。而且，转呼啦圈还可以帮助肠道的蠕动，帮助消化和排便，更好地辅助瘦身并且帮助清除体内的垃圾，达到美容的效果。

8. 单排轮滑

单排轮滑是过去一项相当潮流的运动，那些排轮勾起大家孩童年代的无限回忆，但是在伦敦，单排滑轮真的是相当流行，尤其是在成年人间。如果你住在大城市，还能经常参加滑轮比赛盛事，在那些平常不允许大家滑轮的宽敞大道上任意滑行。

9. 跳绳

跳绳，每半小时消耗热量 1674 行焦，是一种非常有效的有氧运动，同时也是一项健美运动。它对心肺系统等各种脏器、协调性、姿态、减肥等都有相当大的帮助。

10. 普拉提

普拉提，来自德国，是一种静力性的健身运动，它注重身体肌肉和生理机能的训练，例如腰、腹、背、胸、臀等部位，通过一些速度缓慢的动作，较长时间地控制肌肉，达到消耗身体各部位能量的目的。但是，女孩子们一定要在专业教练的指导下练习。

11. 跑步

跑步，是最方便的一项减肥运动，只需每天花半个小时，你会发觉跑步之后整个人轻盈不少。

12. 游泳

游泳，是一种全身性的锻炼。人在标准游泳池中游 20 分钟所消耗的热量，相当于同样速度在陆地上的 1 小时。游泳既可陶冶情操、磨炼意志游泳，又可以保持身材。

13. 网球

网球运动很适合都市人群。网球运动能促进血液循环系统的改善，消耗多余热量，提高心肺功能，可以增加人体免疫能力，提高抗病能力和病后康复速度，达到增进健康、增强体质、强化身心的目的。

小贴士

运动减肥的种类

女性朋友如果想借助运动来减肥，必须根据自身的实际情况来选择运动的种类。一般来说，肥胖者可以借助平地步行、爬坡步行、慢跑、骑自行车、游泳等耐力性运动来减肥。身体素质好的，还可以适当采取加强肌肉力量的训练，可以消耗脂肪强化体质。不过，值得注意的是，身体素质不好的肥胖者，最好不要从事激烈的运动，那样不仅达不到减肥的效果，还有可能导致不必要的身体伤害。

减肥偏方

女性朋友们，下面的一些减肥偏方，你可能未必听说过，但是它们真的很有效，可以让你在享受美味的同时轻松减掉赘肉。

减肥偏方 1：西瓜减肥法

西瓜中的氨基酸，有利尿的功能，让身体的毒素能够顺利被排出，新陈代谢自然就会好，减肥的效果也很好。

西瓜减肥吃法：取稍带红色瓜瓤的西瓜皮，去除最外面的硬皮，切成小块，然后根据自己的口味，加糖、盐等各种调味品即可，不但爽口，而且美容又减肥。注意晚上 9 点以后不宜吃西瓜，容易长小肚子。

减肥偏方 2：鸡蛋减肥法

鸡蛋可以使血液中的高密度脂蛋白增高，保护血管防止硬化。鸡蛋减肥法很实用，当你的体重达到标准后，使摄入热量与热量消耗平衡，就可以使减肥效果持久。

鸡蛋减肥吃法：连续两星期吃白煮蛋、葡萄柚和少量青菜的减肥食谱。一天吃 5~9 个鸡蛋，分 3 次吃。每天的摄取量大约是 4120 千焦。

减肥偏方 3：苦瓜减肥法

苦瓜中含有一种极具生物活性的高能清脂素，这种物质只作用于人体吸收脂肪的重要部位小肠，通过改变肠细胞孔网，阻止脂肪、多糖等热量大分子物质的吸收，但并不影响维生素、矿物质等营养素的吸收。

苦瓜减肥吃法：假如你没有榨汁的条件，可以直接吃，但是建议你食用的办法是将苦瓜对半切开去籽后，切成 1.5 厘米宽的小块，然后不间断地食用，食用时请咀嚼细心，直到感到苦瓜嚼烂之后咽下。同样的，请你在临睡前 3 小时将苦瓜吃完。

减肥偏方 4：酸奶减肥法

买低糖酸奶或低脂酸奶（脂肪含量 1.0%~1.5%）当然可以。如果没有，用蛋白质含量 >2.3% 的普通酸奶也没有关系。注意不要买蛋白质含量 >1.0% 的，那不是真正的酸奶。

酸奶减肥吃法：一般来说，饭后 30 分钟到两个小时之间饮用酸奶效果最佳。人在通常状况下，胃液的 pH 值在 1~3 之间；空腹时，胃液呈现酸性，pH 值在 2 以下，不适合酸奶中活性乳酸菌的生长。只有当胃部 pH 值比较高，才能让酸奶中的乳酸菌充分生长，有利于健康。饭后两小时左右，人的胃液被稀释，pH 值会上升到 3~5，这时喝酸奶对吸收其中的营养最有利。

减肥偏方 5：豆浆减肥法

每天除了喝大量开水，还有一种饮品——豆浆，含有丰富蛋白质与纤维质，具有良好的新陈代谢作用，又有养颜美白的功效。

豆浆减肥吃法：餐前或用餐中饮用，豆浆在消化吸收的过程中，不断地发挥瘦身效果，所以用餐中饮用更佳。如果想利用豆浆的饱食感来防止饮食过量，也可在餐前喝。每天饮用的最好时机，是肌肉活动量大的上午到傍晚。活动量小的夜间，因为容易囤积体脂肪，所以应尽量避免。

减肥偏方 6：魔芋减肥法

魔芋食品的主要有效成分使得人食用后不在胃中消化，能有效吸附胆固醇和胆汁酸，并能抑制肠道对胆固醇和胆汁酸的吸收，具有降脂、降血压、开胃、通便、防癌、减肥、养颜等功能。

魔芋减肥吃法：①排毒通便者：魔芋粉 5~10 克，加沸水约 200 毫升搅拌均匀饮用，一日 1~2 次。②体胖减肥者：清晨空腹，魔芋粉 5~10 克，加沸水约 200 毫升搅拌均匀饮用，一日 1~2 次。③糖尿病病人：饭前 5~10 分钟，魔芋粉 5 克，加沸水 100 毫升搅拌均匀饮用，一日 3~4 次。

减肥偏方 7：七日瘦身汤减肥法

七八年前流行的七日瘦身汤，因为被认为"效果太神奇"，而且熬煮时必须把所有食材一起丢进去搅，又被称为"巫婆汤"，据说王菲的竹竿身材，除了决明子茶瘦身有功外，据说巫婆汤也帮不少忙。

七日瘦身汤减肥吃法：巫婆瘦身汤的煮法是用 2~3 个大西红柿和一整个高丽菜，加上 2 个青椒和 1 小把芹菜及 2 个洋葱放到大锅子中熬煮到所有的菜变软为止，在喝前依自己的喜好加盐、胡椒和香菜，除了每天建议可以吃的食物外，一觉得饿就喝巫婆汤，一大锅可以喝 7 天。

减肥偏方 8：食肉减肥法

食肉减肥法，又称阿特金斯减肥法、低碳减肥法，是美国医生罗伯特·阿特金斯创造的减肥方法，其要求完全不吃碳水化合物，而只吃高蛋白的食品，即不吃任何水果、蔬菜、淀粉类食品，而多吃肉类、鱼。这种减肥法颇受争议，但也有证据表明其有一定效果。

食肉减肥吃法：减肥期间忌食淀粉和糖，连水果也一点不能吃。最好以肉类配大量蔬菜或肉类配鸡蛋；要彻底戒糖和淀粉，就算喝咖啡、奶茶，也不能加糖；减肥期间要喝大量的开水。

减肥偏方 9：食醋减肥法

醋在中华民族传统烹饪调味中的应用十分广泛，能去鱼腥、解油腻、提味增鲜、生香发色、开胃爽口，同时醋还有收敛、固涩的效用，可帮助肠胃消化。下面介绍几种常用的醋的食疗方法。

食醋减肥法：蜂蜜 + 白醋：这是一种有效的减肥美容方法，在日常饮食规律不变的情况下，以 1 ∶ 4 的比例食用。早餐前 20 分钟空腹喝或中餐和晚餐后立刻喝。

值得注意的是在挑选白醋时要选择经大米、高粱、黄豆等加工而成的，尽量避免含有化学品的。同时建议不使用果醋，因为果醋是保健醋，相对于减肥就逊色些。同时，蜂蜜和白醋的比例可以根据个人需要调整，如果更注重美容就可适当增加蜂蜜的比例。

减肥偏方 10：蜂蜜减肥法

蜂蜜有排毒、美白的功效，早上喝一大杯温温的蜂蜜水，既可以“叫醒”大肠小肠，也可以将一晚上所沉积的毒素排出体外，使人神清气爽，下面就介绍一些蜂蜜的瘦身美体方法。

蜂蜜减肥吃法：早饭以前可以在喝水时加入蜂蜜，午餐与晚餐时则吃少量的粥。一般人在吃蜂蜜两天后就感觉到身体轻松，心情愉快。5 天以后可以吃面条等容易消化的东西，然后慢慢恢复原来的饮食。

采用这样的减肥方法，许多人在 3 天以内就减肥 3 千克。其次，便秘的症状以及焦虑不安的感觉也可以消除。

小贴士

节食减肥可能会让你更胖

生活中，很多女性选择用挨饿节食的方式来减肥，其实这样做是不对的。因为这样减掉很多热量，而且节食本身也会导致摄取热量严重不足。另外，当节食导致蛋白质不足时，身体就会开始忙着存储而不再消耗热量，这时身体内部原有的肌肉也开始充当起填补能量的角色。肌肉原本就是影响燃烧热量多少、新陈代谢速度快慢的关键，肌肉少了脂肪就多了，人也就会越来越胖。

产后减肥

有些产后妈妈生完小孩后，身材一直没有恢复过来，有些甚至说连喝口水也会长肉。新妈妈产后如何减肥有效果呢？很多新妈妈都认为坐月子让减肥更加艰难。其实只要月子“坐”得对，想要在一个月内恢复身材也不是没可能。

1. 注意排水

一般怀孕后妈妈体重都会增加 12 千克左右，其中水分占了 60% 以上。因此，产后妈妈减肥最关键的是排出身体水分。要想排出水分，坐月子时就要注意饮食了。味道太咸；含有酱油、醋、番茄酱等调味品；腌制罐头等食物都会阻碍身体水分的排出。

除了注意饮食外，产后新妈妈最好在产后第一周少喝水，否则会对新陈代谢产生不良影响，加大以后的排水消水肿的难度。

2. 阶段性食补

产后新妈妈在坐月子的时候要进行食补，但是食补方法要正确。正确的进补观念是：先排恶露，后补气血。产后第一周的主要目标是利水消肿，第二周的目标是排出恶露。如果恶露未净，不宜大补。这时应该将饮食的重点放在促进新陈代谢，排出体内水分上。

为了能够顺利排出恶露，第一周可以吃麻油猪肝；第二周改为麻油腰子；第三周才吃麻油鸡。有些新妈妈产后第一天就开始吃麻油鸡，一直吃到坐完月子，怎能不胖呢？

3. 穿腹带

腹带是产后减肥方法不可多得的道具。产后腹带不但可以帮助身材的恢复，还能消除妊娠纹，防止内脏下垂，收紧松弛的腹部。腹带最好选择长条状的带子。这样可以由下往上根据自己身体曲线自由绑腹。

4. 及时运动

产后新妈咪要避免劳动和劳累，但是适当的运动可以消除腰部、腹部、臀部和双腿的赘肉，帮助恢复身材。一般来说，产后两周可以进行收缩腹部的运动，例如仰卧起坐。但是运动前，一定要确定伤口不再疼痛才可以练习。

5. 母乳喂养

产后减肥方法怎能少得了母乳喂养呢？虽然新妈咪为了能有更多的乳汁，需要吃更多的食物，但是每天制造乳汁也需要消耗热量，消耗的热量为 2093~3349 千焦。而且，医学研究证明，母乳喂养的新妈妈能较快恢复身材。

手术减肥

医学减肥术不同于药物减肥术，它属于外科手术范畴。一切术前准备和术后护理均应按照外科手术的原则进行。它有严格的适应证和禁忌证，术前应与医生协商咨询，并征得亲属的同意。外科手术减肥也可能出现外形不规整、血肿、皮肤皱折、感觉减退、肿胀等并发症，患者术前应有一定的思想准备。但一般说来，只要在正规医疗单位就医，严格遵照医嘱行事，上述并发症大多是可以避免的，手术效果也比较理想。

如今，常见的医学减肥手术主要有：

1. 肠切除术

不少女性都认为自己的消化吸收功能似乎特别发达，连“喝水也会胖”，所以，想借外科手术切除小肠或做胃隔间，以减少营养吸收。这样虽可减少食物的吸收而达到减肥目的，但对身体的破坏力大得惊人。做过手术后，病人必须从以往的“鲸吞”改成“蚕食”，常常不能适应食量锐减，甚至连喝水都会拉肚子。

而切除小肠的后遗症更多，不但容易造成肝功能恶化，皮肤弹性疲乏；腹泻次数过于频繁，更会使电解质流失，影响传导系统，严重时还可能使心脏衰竭而死。如果肠子蠕动不对，也会形成胀气。而过短的小肠则会增加和大肠的接触面积，导致细菌感染。

这种减肥手术必须下很大的决心，从此节制饮食，不再暴饮暴食，否则脂肪将会撑开伤口，不易愈合。因此，若不是超级肥胖，影响心脏及呼吸功能，最好不要轻易尝试。

2. 闭式减肥术——脂肪抽吸术

所谓闭式减肥术，即采用小切口，借助特别的吸头及负压吸引装置，在盲视下操作，以吸取皮下堆积的脂肪组织，故又称脂肪抽吸术。这种方法发展较快，目前已有很多改进的方法，如超声吸脂术、电子吸脂术以及注射器抽吸吸脂术。以局部脂肪堆积为特征的轻、中度肥胖适合于此种吸脂术。术前医患双方反复协商，划出需要吸脂的范围，然后局部注射一种复合配方的“肿胀液”，开启电动负压吸引器，使负压达到66.5~93.1千帕，即可按照标记范围进行拉锯或刮吸。一般每次可抽吸1000~2000毫升脂肪。

3. 开放式减肥术

如果皮下组织严重松弛下垂且局部肥胖，例如腹部组织松垂已形成围裙样畸形时，不仅影响体形美，还会给工作、生活带来不便，往往需要做开放式减肥术。所谓开放式减肥术，即完全借助外科手术，在直视下切除松垂的皮肤及堆积的皮下脂肪组织，同时还可以纠正肌肉和腱膜的松弛变形，其优点是可以提紧松弛的皮肤、肌肉和腱膜。开放式减肥主要用于腹壁松垂凸出畸形。

腹壁美容术多采用低位横切口、水平切口及弧形切口等。切口位置隐蔽，一般不会暴露。但这种外科手术较大，需全身麻醉，一般应住院进行，且不适宜年龄偏高并伴有心脑血管疾病者。但因其能提紧松垂的腹壁，确实对中老年妇女有很大的吸引力。

4. 联合术式

将以上闭式和开放式减肥术联合应用，取二者之优，避二者之不足，尤其适用于中度或重度肥胖者的减肥。二者联合应用，既可吸除堆积的脂肪组织，又可借助皮肤脂肪切除术拉紧松弛的皮肤并恢复其弹性。此种手术多限于腹部。一般先行吸脂术，吸脂完毕后，再行皮肤脂肪切除术。

小贴士

吸脂手术后会不会反弹

很多女性都担心吸脂手术以后稍不注意就会反弹，其实吸脂后是不会反弹的，这是由吸脂手术的原理决定的。人体的脂肪细胞分为两种：一种是浅层脂肪，分布在全身各处，对能量代谢较为敏感，通过节食、运动等较容易减掉。另一种是深层脂肪，分布在腹部、腰部、臀部、臂部、大腿、小腿、下巴等部位，消耗异常缓慢，很难去除。吸脂手术主要针对的是深层脂肪。深层脂肪的细胞数目是一定的，人的胖或瘦主要是由细胞的个头大小决定的。当吸脂手术将深层脂肪吸走后，其数目会大大减少，即使以后细胞个头再胖也极其有限。所以，抽脂肪的部位不会再明显胖起来，但是如果女性朋友因此不加节制，大吃大喝，身体其他部位会变胖，体重照样会增加。

点穴减肥

点穴减肥是根据中国传统的自然疗法摸索出的一套全新的减肥方法，它完全摒弃化学合成药物，充分利用自然环境的各种因素、物质和信息防病治病，如森林、阳光、空气、药敷、熏浴和磁热能都是利用自然环境和资源为主的疗法。它能调理恢复人的自然性，激发人体抗御疾病的能力，达到减肥的目的。

点穴减肥的原理就是通过刺激你的穴位，让你感觉不到饥饿，实际上还是控制食量的摄入。它通过按摩特定的穴位，调整特定区域的经络，从而调节五脏功能及内分泌系统等达到减肥的目的。通过点穴可缓减饥饿感，帮助控制饮食。该点穴减肥法对局部肥胖，大腿和腹部、背部有很好的疗效，并可以起到调节月经、治疗便秘、降低血脂等作用，而且做起来特别舒服。

按摩和点穴主要集中在腹部，其他部位包括头部、腿部、手臂和足底的几个穴位。肚脐周围的穴位有气海、关元、天枢等，每个穴位通过 10 ~ 20 次按压，可以促进新陈代谢、降低食欲，调节内分泌等，改善腹胀、水肿、预防小腹突出等。通过按摩头部的下关、颊车等穴位，可以舒筋活络，促进血液循环，还有紧实脸部肌肤的功效。按压腿部及足部的足三里、三阴交等穴位，可以有加速腿部血液循环、增加胃肠蠕动、消除腿部赘肉。

点穴减肥主要有以下几种方法：

1. 针灸点穴法

原理主要是调整机体的各种代谢功能，抑制胃肠的蠕动，并抑制胃酸分泌，从而减轻饥饿感，达到减肥目的。适用于脂肪型肥胖。

2. 香穴疗法

运用大拇指对身体穴位的按压，打通能量管道，达到纤体窈窕的效果。针对因缺乏运动，造成身体脂肪囤积产生的水分型肥胖女性。

3. 反射疗法

通过对足底穴位施加压力，影响人体的内部器官和循环系统，达到减肥健体的目的。多用于肌肉型肥胖。

4. 耳穴埋压法

能有效调整脾胃功能，疏通瘀血，减少能量摄入，促进能量代谢，使脂肪运动分解，适合各种类型的肥胖。

此外，在点穴减肥过程中一定要注意以下两点：

（1）治疗过程中，可能会出现厌食、口渴、大小便次数增多、疲劳等反应，均属正常现象。症状会消失。

（2）点穴减肥的最佳时机是春夏季节，秋冬见效较慢。这是因为春夏两季人体新陈代谢机能旺盛，自然排泄通畅，从而有利于减肥。

埋线减肥

现在的减肥方法有很多，可是人为了追求物美价廉会选择埋线减肥方法来减肥。所谓的埋线减肥就是指在消毒条件下用针具把羊肠线埋藏在腧穴皮下组织肌层，运用埋藏的羊肠线等在腧穴内的持久刺激，以防治疾病的一种方法。它以施术简单，效好价廉而广为医患所接受。

穴位埋线疗法形成于20世纪60年代中期，随着针灸疗法治疗小儿脊髓灰质炎的广泛临床应用，我国针灸工作者开始探索选用一种能够在体内缓慢吸收的物质（主要是羊肠线）。经过临床观测，使用体内腧穴埋线疗法治疗小儿脊髓灰质炎时，埋线一次，治疗时间可持续一个月以上。不仅大大减低了治疗次数，而且疗效明显。

至20世纪70年代初，各类中西医刊物上发表的有关穴位埋线的已有十余篇，这些几乎都是治疗小儿脊髓灰质炎的报道。以后，穴位埋线的治疗范围不断扩大，如穴位埋线治疗哮喘、胃炎、十二指肠溃疡、慢性肠炎、癫痫、中风偏瘫、肥胖症等四十多种疾病，特别对慢性、顽固性、免疫低下性疾病疗效明显。在埋线方法上，也得到了不断的改善，方法有十余种之多，埋藏物质除羊肠线外，尚有狗脾组织、兔脑垂体、牛副肾活体组织等七种。

如今，本疗法已在内、外、妇、儿、五官、皮肤等各科100多种疾病中应用，所用腧穴已遍及全身。它不但对一些常见病、多发病有很好的疗效，而且对一些疑难顽症也有良好的治疗效果，由于本疗法独特的临床价值，使其表现出了广阔的前景，埋线减肥就是近年来进展最快的疗法之一。专家提醒大家，为了自己的健康着想，运用埋线减肥法时，一定要选择专业的医院。

针灸减肥

针灸减肥是通过传统的中医针灸方法，针灸身体相关穴位，达到调整机体内分泌的作用，而最终实现减肥。针灸减肥被认为是利用传统的中医针灸方法进行减肥，对比其他的减肥方式优势是无痛，没有副作用，治疗方式简单等。

针灸是中国传统医学宝库中的一朵奇葩，在调理肥胖中也能发挥重要的作用。针灸减肥的机理主要是调整人体的代谢功能和内分泌功能。 针灸减肥对20 ~ 50岁的中青年肥胖者效果较好。因为在这个年龄阶段，人体发育比较成熟，各种功能也比较健全，通过针灸治疗，比较容易调整机体的各种代谢功能，促进脂肪分解，达到减肥降脂的效果。针刺后能够抑制胃肠的蠕动，并有抑制胃酸分泌的作用，从而减轻饥饿感，达到针灸减肥的目的。

在针灸减肥治疗过程中，可能会出现厌食、口渴、大小便次数增多，这些均属于正常现象。因为通过针灸治疗，机体的内在功能不断调整，促使新陈代谢加快，能量不断消耗，而出现一些临床症状。等到机体重新建立平衡，这些症状就会消失。

针灸减肥的优势有很多，它无痛感，疗效显著又无须饱尝其他减肥方式可能带来的痛苦。有些女孩追求快速减肥，而不惜机体受到损伤，采用吃减肥药、过度节食、过强的体育运动，控制每日的饮水量等错误的做法来进行减肥。下面来看看这些减肥方法到底有哪些弊端：

1. 吃减肥药

腹泻利尿虽然减轻体重较快，但减去的都是水分，随着水分的丢失，体内电解质也随之造成紊乱，还易并发代谢性酸中毒，对减肥者来讲，可以说是有百害而无一利。

2. 过度节食

节食不但不能持久，而且易出现酮症酸中毒，出现疲乏无力，恶心呕吐等症状。

3. 过强的运动

易消耗葡萄糖，不利于脂肪代谢，对减肥徒劳无益。

4. 控制饮水量

造成机体脱水，不但对脂肪代谢不利，还增加了肝肾负担，使代谢过程中的废物不能及时排出体外，引起机体自身的中毒反应。

而针灸减肥就不存在以上这些问题，所以这些快速减肥方法都是不可取的。女性朋友们应该选择稳速健康的减肥方式。而针灸减肥就是安全、可靠，对人体无任何损害的一种减肥方式，女性朋友们不妨适当选择。

小贴士

针灸减肥针刺不当可能伤身

针灸疗法事实上属于医疗范围，施针时必须扎入皮肤，必然对人体产生创伤，所以一定要选择正规医院及医疗机构接受针灸疗法。否则很容易因为因针刺不当，引起心、肺、肝等内脏损伤情形均有发生。另外，银针插入人体穴位后，可能会碰破毛细血管，所以如果在重复使用时，银针没有经过充分的高温高压消毒，被施针者很容易互相传播血液类、乙肝等疾病。

抽脂减肥

抽脂瘦身术是利用器械通过皮肤小切口伸入皮下脂肪层将脂肪碎块吸出以达到减肥目的的方法。此法适用于因单纯性肥胖所致的某一部位的隆起，且皮肤弹性要好，抽吸脂肪后局部皮肤有很好的回缩弹力，才可能获满意的效果，故吸脂瘦身术适用于体态整形。

做抽脂手术必须先做全身麻醉，在抽脂的部位切开 0.5~1.0 厘米的伤口，然后将导管直接插入脂肪堆积的底层，再利用真空压缩机把多余的脂肪抽出，这种手术方法称为“干抽”。另一种方式是在麻醉后灌入水及药物，让抽脂部位的脂肪细胞膨胀起来，再插入吸管抽脂，这称为“湿抽”。一般成年人平均可以承受500 毫升失血量。所以传统的真空吸引抽脂法，只要一次别超过 4000 毫升；超音波抽脂一次不超过 10000 毫升，相当于 10 千克的脂肪，就属于安全范围。抽脂之后“增胖”细胞肥厚，会再胖，这时仍然可以抽脂治疗，只是手术部位已经纤维化，传统抽脂效果不好，需采用超音波抽脂才能有疗效。抽脂手术一生可做无数次，但是每一次技术上都会更加困难。

目前抽脂减肥手术的方法主要有电动法、注射器法、超声波、共振抽脂、电子脂肪抽吸脂。可抽脂部位包括面部、双下巴、颈部、肩背、四肢、手脚、上下腹部、侧腰、臀上及臀部。

减肥药减肥

减肥药，顾名思义就是具有减肥作用的药品。是随着审美观念的改变，衍生出来的一种能够使女性达到瘦身目的的药品。减肥药因为其快速的减肥效果受到女性的喜爱，但是如今有很多对女性身体有害的减肥产品也充斥着市场，让减肥药市场鱼龙混杂。

以减肥药药物的作用机理分类，常可分为四种类型：

1. 食欲抑制剂

主要为苯丙胺类药物。医学研究表明，人的食欲是由下丘脑腹内侧部的饱食中枢与腹外侧的摄食中枢共同调节的。苯丙胺类药物的作用为：通过兴奋饱食中枢，产生厌食反应，服药后食欲下降，容易接受饮食控制。同时，由于其兴奋作用，使睡眠减少，消耗增加，导致体重减轻。此类药物品种较多，但均因中枢兴奋作用所带来的失眠、不安、心悸、血压升高与成瘾性等副作用而较少应用。只有因副作用小，效果可靠而多用于减肥治疗。

2. 胃肠道脂肪酶抑制剂

以奥利司他为代表，奥利司他是目前国家唯一批准可用于减肥的药品。通过与胃和小肠腔内胃脂肪酶和胰脂肪酶的活性丝氨酸部位形成共价键使酶失活，失活的酶不能将食物中的脂肪（主要是三酰甘油）水解为可吸收的游离脂肪酸和单酰基甘油。未消化的三酰甘油不能被身体吸收，从而减少热量摄入，控制体重。

3. 激素类药物（亦称代谢刺激剂）

主要以甲状腺素为代表，它能提高机体的新陈代谢，增加脂肪的分解、消耗，从而减轻体重。但此类药物使用时若超过正常生理剂量，常可对心血管系统产生不利影响。需要在医生指导下，慎重使用。

4. 双胍类降血糖药

药理作用为增加肌肉组织的无氧糖酵解，增加葡萄糖的利用并减少其在肠道的吸收从而降低血糖。此类药物在治疗糖尿病时，常引起病人厌食而致体重减轻。利用这一副反应，可用于减肥治疗。双胍类降血糖药对正常人的血糖没有影响。因此，有糖尿病的肥胖病人同样可以服用。

减肥茶减肥

减肥茶，从医学原理，就是具有排毒养颜等功效的茶叶的总和。用来消减肥胖的茶剂。其处方各有不相同，多少加有适当的中草药，据称有减少脂肪、减少胆固醇、祛除疲劳等作用。

茶中含有的芳香族化合物可以溶解脂肪，化浊去腻可防止脂肪积滞体内。而维生素 B_1、维生素 C 和咖啡因，都可以促进胃液分泌，并有助消化和消脂。

减肥茶通过了功能学和毒理学实验证明，可促进脂肪代谢与分解，维持正常的生理机能，克服了替食型、神经抑制型等减肥产品破坏饮食规律，降低人体机能，而诱发其他疾病的缺点。

茶中的茶多酚具有提高新陈代谢、抗氧化、清除自由基等作用，可以由许多三酸甘油酯解脂酶及作用活化蛋白质激酶，减少脂肪细胞堆积，因此达到减肥的效果。

茶要在饭后 1 小时再喝，如果吃完饭后立即喝茶的话，时间一长会诱发贫血，而饭后 1 小时再喝，食物中的铁质基本吸收完，这时候喝茶就不会影响铁的吸收了。茶中含有大量鞣酸，大量饮用浓茶后铁质与鞣酸结合形成一种不溶性物质，有碍对铁的吸收，所以每天饮用绿茶不要超过 1000 毫升，否则会造成缺铁性贫血。要注意的是胃溃疡、贫血、经期或者常吃素的人不适合喝茶。

服用减肥茶虽然可以帮助女性减肥，但是也会有一定的副作用，比如：

1. 抑制食欲类

通过提高饱腹感、降低食欲来控制进食量。这种减肥茶的副作用不确定，因人而异。长期大量服用可能造成营养不良。

2. 脂肪吸收阻断剂

有研究显示，这类制剂可以减少小肠对脂肪的吸收。适当减少脂肪的吸收可以加快减脂速度。有很多知名品牌的减肥产品是基于这类原理制造的。减肥茶的副作用是常出现脂溶性维生素和矿物质吸收不足，腹泻。

3. 碳水化合物吸收阻断剂

有研究显示这类药物可以减少身体对碳水化合物的吸收，以防止过量的碳水化合物被转化为脂肪，长期副作用不明。

4. 腹泻类

通过致泻减少人体对食物的吸收。减肥茶的副作用是可能造成胃肠道功能紊乱，营养不良。

5. 利尿剂

这类产品主要是通过促进排尿而减轻体重。利尿剂只能减去身体里水的重量，一喝水体重又恢复了，对长期减肥没有意义。副作用表现为电解质代谢紊乱、低血压、脱水。

6. 产热类

这类产品主要是通过提高心率和血压、提高新陈代谢率，使身体产生并消耗更多的热量，来达到减脂和减体重的目的。在早上或健身前使用可以提高能量和脂肪消耗；运动前 15~20 分钟服用，可以提升力量和耐力。过量使用咖啡因及绿茶提取物等可能导致头疼、失眠、血压升高、心动过速等。有心脏病和高血压病的人不应该使用这类药物，可见这种减肥茶的副作用也是比较多的。

小贴士

首乌减肥茶

很多人都知道首乌可以用来养发，其实首乌还可以用来减肥，下面就给女性朋友介绍一种首乌减肥茶：

材料：首乌 10 克，荷叶 15 克，女贞子 5 克。

做法：将上面所有的材料一起用沸水冲泡后盖上盖子闷几分钟即可饮用。

功效：首可减肥的圣品，它味苦性凉，利水利尿，有效地促进肠胃的消化，加速胃肠蠕动，排出体内多余的垃圾，起到瘦身减肥的效果。

丰胸

丰胸误区

对于女性来说，无论潮流如何改变，丰满的胸部是女性身体最美的曲线，拥有完美的身材永远能使你成为万众瞩目的焦点。于是，很多的女性开始丰胸，丰胸是个永久不衰的话题。但你的丰胸方法安全吗？你知道丰胸的误区有哪些吗？下面，我们就来给女性朋友们介绍一下丰胸的误区。

误区一：手术丰胸，难言的“挺拔”

从 20 世纪 60 年代起，全球至少有 400 万人手术隆胸，与此同时手术隆胸的失败案例急剧增加，相关官司层出不穷。美国 FDA 经多年搜证，证实硅胶填充物并不安全，有可能溢漏或破裂流入人体，造成持续性疲劳、关节炎与破坏免疫系统。1992 年 FDA 下达临时禁令，停止硅胶隆胸的使用。1994 年硅胶制造商与消费者达成有史以来的最大一笔团体诉讼和解：赔偿 40 亿美元。但手术丰胸给女性带来的身体创伤却远远没有消去。

误区二：丰胸，切莫乱服用雌性激素

医学研究发现，女性乳房丰满与否与女性雌激素水平有很大关联，于是简单的药物丰胸诞生了，靠内服雌性激素刺激乳房发育。药物的后遗症随后慢慢显现：体内的雌激素平衡被打破，月经不正常了，腰部也变圆了，时间久了，明显感觉衰老加速。

误区三：丰胸产品见效越快越好

产后丰胸真要做到胸部增大而不回缩，胸部就一定要是从自身发育出来的。而错过了发育期的女性想要使自己的胸部再发育出来，就必须要卵巢功能完善与健康及胸部受体敏感。

误区四：用仪器按摩可以丰胸，力度越大效果越好。

丰胸仪器主要是增强乳房的肌肉强度，加速乳房的血液循环，不能从根本上解决丰胸问题。但有些仪器一味地追求效果，人为加大振动频率和振动幅度，使娇嫩的乳房不堪重负，乳房韧带撕裂，乳房充血等现象频频发生。有鉴于此，美国 FDA 严令禁止负压式丰胸仪器的销售。

广大的女性卷入丰胸的浪潮中，但是，爱美的女性一定要走出丰胸的误区，只有健康才是最美的。

明星丰胸

对于众多女明星们来说，当娱乐新闻越来越流于俗套和八卦，大众眼球越来越被“春光”图片所吸引时，美女尤物们只好用裸露自己的酮体来娱乐大众了。而“露”得最多的也就是一个个的“美胸”，但这需要资本才行，毕竟有些并不是天生的“巨乳”，很多女星就走上了丰胸的道路，不过明星丰胸和普通人的到底不同，她们一般准能丰胸成功，成功率可以说都是 99% 以上，所以只要向她们学习就可以。

下面来讲讲几个比较出名而且非常成功的女明星丰胸方法：

（1）选择国际顶级的丰胸机构或者知名度高的进口产品，技术远远高于国内就不用说，重要的是有保障及配套服务。这也成为很多女星选择进口丰胸品来丰胸的方法原因之一，最典型的就是法国的 Millasha 丰胸机构。Millasha 是欧洲知名度非常高的品牌，很多国际一些女星都是那里的常客，其中丰胸中最重要的吸收性就是其核心技术。其显著的吸收性成就了其见效快且安全保障的口碑产品，因此很多亚洲女星都会选择 Millasha 丰胸膏。当然，这类产品的价格比同类的会高一点，但进口的国际牌品产品绝对是物有所值的。

（2）你可能见过很多女星一夜之间就从“平胸”变成了“巨乳”，她们用的方法就是手术隆胸，说白了就是给乳房做个手术往里面填塞硅胶的东西使乳房变大，这种技术在韩国、日本已经非常成熟。但是，这种外界植入方式对身体还是有一定的影响，价格自然也是非常昂贵。

（3）慢慢耕耘细水长流，就是通过不断的日常护理来一步步增大丰胸或者保持丰胸的美观。巩俐就是其中一个，据说她自己还总结了一套美胸护理秘诀，具体的内容外界并不清楚，但主要还是饮食和运动两方面，比如需要长期吃那些富含胶原蛋白的食物，还有就是一些扩胸运动和丰胸的按摩。重点就是要长期坚持，当然效果也是慢慢体现的，对于那些本身并不小的女性来说，选择这种方式来护理美胸就够了。

总而言之，以上是从效果和作用几个方面分别来讲的几个方法。大家可以根据自身情况来选择合适的方法。

小贴士

女性丰胸黄金期是什么时候

从生理上看，女性在经后第11~13日是最适合丰胸的一段时间，第18日之后7天次之。在这10天内，影响胸部丰满度的激素会分泌达到高峰，此时女性朋友们进行相应的运动、食补和按摩，可以激发胸部脂肪迅速增厚，令胸部变得越来越丰满。

自然丰胸

不想胸部平平，想引来更多的羡慕眼光，但是偏偏就基因不好，不想隆胸，如何用自然方法丰胸呢？不妨看看这4种水果，你就不用愁着问如何用自然方法丰胸了。

1. 番茄

番茄含有丰富的维生素C和维生素E，维生素C能防止胸部变形，维生素E能帮助乳腺发育，让胸部更有弹性。另外，其所含的维生素B_1和维生素C能促进身体营养吸收，令乳房发育得更快。

丰胸吃法：番茄豆腐汤。如何用自然方法丰胸？将豆腐切块，用沸水过一下，然后将番茄切小块。炒锅放油，放入番茄块，翻炒后加糖促进番茄红汁渗出，然后加入豆腐块，倒入开水，煮约5分钟即可加入调味盛入汤盘食用。

2. 青木瓜

很多人都误以为只要是木瓜都能丰胸，其实不然，木瓜中具有丰胸作用的是木瓜酶，就是弄破木瓜时会流出的白白的乳状物，这种木瓜酶只有青木瓜中含量丰富，但熟木瓜中就很少，故想要吃木瓜丰胸一定要选青木瓜。另外，木瓜可分解蛋白质，促进身体对蛋白质的吸收，搭配肉类食用，丰胸效果最佳。

丰胸吃法：青木瓜排骨汤。青木瓜去皮去子，切块，排骨切块并用热水烫一下去腥，然后将青木瓜和排骨一起放入煲中炖煮至熟烂，去渣喝汤。

3. 西柚

西柚含有很多抗氧化元素，同时富含维生素C，能让你的胸部更美丽，形状更漂亮。而且西柚热量低，是减肥不减胸的水果最佳选择。

丰胸吃法：西柚苹果汁。苹果一个，西柚半个，将西柚切成小块榨汁，苹果洗净切块，然后将西柚汁和苹果放入榨汁机再加入白糖两匙，冰水130毫升，冰块几块，打成汁液即可饮用。

4. 葡萄

葡萄是水果中维生素含量较高的水果之一，能有效预防胸部外扩下垂等变形现象。

丰胸吃法：葡萄番茄汁。葡萄去皮去核，番茄去皮，分别捣碎成汁即可。番茄和葡萄都是瘦身丰胸的佳品，富含维生素，对改善激素分泌有显著效果。

针灸丰胸

针灸丰胸的原理是通过调理身体，使身体供应胸部的气血更加丰盛，乳腺得到充分的营养自然就会长大。实际上针灸丰胸，是促使乳腺发育，而且对于绝经的女士也有效果。

针灸丰胸主要有以下两个特点：

（1）针灸丰胸对身体无任何副作用，针灸丰胸法在安全保健的基础上实现快速丰胸，通过针刺人体穴位，激发胸腺，促使胸部再次生长发育，效果也十分明显，一个疗程胸围可以增大5~15厘米。

（2）针灸丰胸可加速乳房血液循环，增强乳房各组织细胞的活力，调节人体内分泌功能，进而刺激乳房中脂肪细胞及其他组织的生长和增大，从而使乳房丰满隆起，肌肤紧张度提高，从而坚挺、富有弹性。

丰胸按摩

丰胸按摩是采用按摩胸部、乳房的办法来增大乳房，方便有效。一般来说，先按摩乳头，用手指的指腹揉捏乳头，增加乳头柔韧度，再以双手手指，圈住整个乳房组织，用适当的手部力量由底部上推至乳头循环按摩，每天早晚10分钟这样按摩下来，促进血液循环以及淋巴循环，刺激卵巢分泌雌激素，使胸部皮肤更加有弹性，让乳房长大达到丰满目的。

下面具体介绍两种丰胸按摩的方法：

丰胸按摩方法一

丰胸按摩一般是采用一些效果显著的丰胸乳液或者是乳霜之类的东西，丰胸乳液精华，涂抹至乳房，然后开始丰胸按摩：

（1）直推乳房。先用右手掌面放在左侧乳房上部，即锁骨下方着力，均匀柔和地向下直推至乳房根部，再向上沿原路线推回，做20 ~ 50次后，换左手按摩右乳房20 ~ 50次。

（2）侧推乳房。用左手掌根和掌面自胸正中部着力，横向推按右侧乳房直至腋下，返回时用五指指面将乳房组织带回，反复20 ~ 50次后，换右手按摩左乳房20 ~ 50次。

（3）热敷按摩乳房。每晚临睡前用热毛巾敷两侧乳房3 ~ 5分钟，用手掌部按摩乳房周围，从左到右，按摩20 ~ 50次。只需按上述方法每天按摩一次，坚持按摩2 ~ 3个月，可使乳房隆起2 ~ 3厘米。

（4）体育锻炼。锻炼是丰乳的良方。参加体育锻炼，尤其注意锻炼胸部肌肉，使胸大肌发达，促进乳房丰满。平时注意站立和行走姿势，经常保持挺胸收腹，以利乳房发育，参加游泳运动特别有助于双乳健美。

（5）双手四指并拢。用指肚由乳头向四周呈放射状轻按摩乳房1分钟；在操作时动作要轻柔，不可用力过重。

丰胸按摩方法二

丰胸按摩一般是采用一些效果显著的丰胸乳液或者是乳霜之类的东西涂抹乳房，然后开始按摩几个关键穴位。

（1）膻中：胸骨正中线上，与第4、5根肋骨交界的地方，两乳头正中间。

按摩方法：以手指指面或指节向下按压，并做圈状按摩。

（2）乳根：下缘，胸部两侧，第5与第6肋骨之间左右距胸中行（即乳中穴下）各10厘米（两倍于3指宽度）外侧处。

按摩方法：以手指指面或指节向下按压，并做圈状按摩。

（3）大包：腑窝下，距腑下约14厘米处（两倍于四指宽度）。

按摩方法：以手指指面或指节向下按压，并做圈状按摩。

（4）乳中：身体平躺，位于乳头的中央。

按摩方法：以手指指面做圈状按摩。

（5）神封：胸口两侧，介于胸口正中与乳头之间，距胸中行各5厘米处（约3指宽度）。

按摩方法：以手指指面或指节向下按压，并做圈状按摩。

（6）少泽：小指指甲根部外侧的地方。

按摩方法：以手指指面或指面向下按压，并做圈状按摩。

小贴士

精油按摩有助于女性丰胸

大家都知道，适当按摩可以帮助胸部美形，如果可以搭配丰胸精油，可以让胸部美形效果加倍。精油按摩是把植物激素，经由皮肤和呼吸系统吸收，进入脑下垂体来调整身体内分泌。原理是通过嗅觉和皮肤吸收刺激脑下垂体的分泌，酵素及激素分泌等，再通过科学合理的按摩手法促进精油的吸收，促进细胞体积的增大，促进乳腺管道的加长和分支来增强乳腺组织的发育并帮助乳房的增大。不过值得注意的是，按摩方式最好以由外而内、由下而上的方向进行。

丰胸食谱

女性朋友们，其实平胸用不着太焦虑，下面介绍几种食谱将帮你重新拥有丰盈的胸部、迷人的身材。虽说食补不会一蹴而就，但只要循序渐进，你就一定会迎来罩杯升级的惊喜。

1. 山药＋青笋＋鸡肝

山药是中医推崇的补虚佳品，富含黏蛋白，具有健脾益肾、补精益气的作用；鸡肝富含血红素铁、锌、铜、维生素A和B族维生素等，不仅有利于雌激素的合成，还是补血的首选食品；莴笋则是传统的丰胸蔬菜。三者合用，具有调养气血的作用，可以促进乳房部位的营养供应，还能改善皮肤的滋润感和色泽。

材料：山药、青笋、鸡肝、盐、味精、高汤、淀粉各适量。

做法：山药、青笋去皮、洗净，切成条。鸡肝洗净，切片待用；全部原料分别用沸水焯一下；锅内放底油，加适量高汤，调味后下入原料，翻炒数下，勾芡后即成。

2. 木瓜 + 红枣 + 莲子

木瓜是我国民间的传统丰胸食品，维生素 A 含量极其丰富，而缺乏维生素 A 会妨碍雌激素合成。中医认为木瓜味甘性平，能消食健胃、滋补催乳，对消化不良者也具有食疗作用。木瓜可配牛奶食用，也可以用来制作菜肴或粥食。红枣是调节内分泌、补血养颜的传统食品；红枣配上莲子，还有调经益气、滋补身体的作用。

木瓜外皮青绿，内瓤橙红，味道甜美，适合所有爱美女性。制作这款甜品时，担心体重的女性可以加入“元贞糖”等无热量甜味剂调味，瘦弱女性可以加入蜜蜂调味。

材料：木瓜、红枣、莲子、蜂蜜、冰糖各适量。

做法：红枣、莲子加适量冰糖，煮熟待用；将木瓜剖开去子，放入红枣、莲子、蜂蜜，上笼蒸透即可。

3. 核桃 + 松仁 + 粟米

核桃和松仁都是经典的滋补食品，它们富含维生素 E 和锌，有利于延缓乳房衰老，此外蛋白质、矿物质、B 族维生素也十分丰富，还是美容美发润肤的佳品。更要紧的是，核桃和松仁都是亚麻酸的上好来源，这正是最近风行的健胸保健成分，有刺激雌性激素合成的功能。玉米本身富含维生素 E，也是专家推崇的健胸食品。

炒菜时使用葵花籽油最佳，因为葵花籽油中也富含亚麻酸。食用这道汤羹的时候不可过量，建议每天吃三四勺即可，否则有可能热量过多引起肥胖。

材料：核桃、松仁、粟米、冰糖、高汤、色拉油各适量。

做法：核桃仁、松仁用油炸熟；把粟米、炸熟的核桃仁、松仁按 4 ∶ 1 ∶ 1 的量放入锅中，放入适量水，熬成粥即可食用。每天吃三至四勺即可。

4. 黄豆 + 青豆 + 鸡翅

黄豆、青豆和黑豆都是著名的丰胸食品，不仅富含蛋白质、卵磷脂，还含有植物雌激素。“异黄酮类”物质，能有效提高体内雌激素的水平，从而保持乳房的青春美感。而且，它还具有预防中年妇女骨质疏松的作用。此外，人们只知道猪脚是美容佳品，却不知道鸡翅膀也含有大量胶原蛋白，而且蛋白质含量高于猪脚，与黄豆同食，对丰胸十分有益。

黄豆和青豆要整粒用水浸泡，不要除去外皮。鸡翅应选用翅中和翅尖，而不要选择胶原蛋白含量较低的翅根部位。

材料：黄豆、青豆、鸡翅、盐、味精、料酒、高汤各适量。

做法：黄豆、青豆用开水泡涨，用沸水焯一下，待用；把黄豆、青豆放入锅中，加入适量的水，炖至烧开；水开后放入鸡翅，炖熟后加入调料即可。

5. 枸杞＋酒酿＋鹌鹑蛋

酒酿鸡蛋是非常传统的丰胸食品，其中发酵产生的酶类、活性物质和B族维生素有利于乳腺发育。鹌鹑蛋当中含有丰富的蛋白质、B族维生素、维生素A、维生素E等。枸杞子则是滋补肝肾的佳品，也是美容药膳中常用的原料，维生素A含量特别丰富。除去美胸效果，这些食物还能促进营养吸收，让女性的脸色更加滋润动人。

鹌鹑蛋的滋补作用强于鸡蛋，但若有特殊情况，也可以使用鸡蛋。蛋黄比蛋白效用更好，其中的胆固醇对乳房发育有利。因此决不可弃去蛋黄部分。

材料：枸杞子、酒酿、鹌鹑蛋、冰糖、淀粉各适量。

做法： 鹌鹑蛋煮熟、去皮，枸杞子用温水泡胀，待用；将酒酿放入砂锅，加适量冰糖，下入枸杞子、鹌鹑蛋一起煮开，勾芡后即成。

6. 花生＋黑芝麻

花生与黑芝麻以富含维生素E著称，能促使卵巢发育和完善，使成熟的卵细胞增加，刺激雌激素的分泌，从而促进乳腺管增长，乳房长大。芝麻中还含有强力抗衰老物质芝麻酚，是预防女性衰老的重要滋补食品，其中的B族维生素含量十分丰富，可促进新陈代谢，有利于雌性激素和孕激素的合成，故而能起到美胸功效。

材料：花生、黑芝麻、炼乳、色拉油各适量。

做法： 花生仁用油炸熟，黑芝麻炒香，待用；用适量炼乳将花生拌匀，撒上黑芝麻，即可；将全部原料放入砂锅，加适量高汤小火炖熟，用盐、味精、料酒调味后，即成；取适量高汤，加入冰糖和粟米，小火炖熟，撒上核桃仁和松仁即可。

小贴士

女性丰胸过程中要注意什么

女性不管是采取哪种方式丰胸，在丰胸过程中都得注意以下几点：

（1）尽量少穿着无肩带内衣，因为少了肩带帮助的内衣，支撑性减弱很多，地心引力对你乳房的影响会相对增大。

（2）来月经时，胸部血管血液量增多，胸部会有胀大的现象。有些较为敏感的女生在碰触乳房时还会感觉有点痛，这都是正常现象。可如果过了经期乳房还有肿胀疼痛，就应该去看医生检查。

（3）要勤换内衣。尤其是一旦发现内衣的钢圈有些变形，或肩带失去弹性等情况时，应该马上更换内衣，这样才会让内衣的效果一直保持良好。一般内衣的使用寿命为2～3个月。

中药丰胸

丰胸已经是女性们比较重视的一种美丽方式，但是天生平坦的胸部也是女性们比较烦恼的事情。面对越来越多的丰胸方法越来越不知道哪种合适自己，而哪种又是更为健康的方法。其实中药丰胸绝对是一个很好的方式，它不仅有丰胸有效果，而且对于身体也是非常健康的，绝对不会有任何的副作用。

中药丰胸主要就是以刺激生殖发育为基准，而促进女性乳房的第二次发育。女性的发育不良就是由于肝肾的原因所导致的，中药就是看重了这一点，而从补充女性体内所需要的，然后再从内而外地改善，全面地调节女性体内的内分泌功能，让雌性激素不断增加，从而让女性的乳房进行第二次发育，逐渐丰满起来。

从中药来讲，很多都是健身补气的健康药品，不会对于身体有任何的副作用，而且中药丰胸都是对症下药，绝对不会有任何的不适应。在丰胸的同时，也可以促进身体的改善，对于肌肤的改善，睡眠的改善，精神的改善都有很大的效果。特别是对于体质弱的人更加的适用。

此外，用中药治疗丰胸的原则，与治疗小女孩的痛经一样，以改善体质为主，症状一：常常觉得胸闷、小腹闷痛，月经来时胸部胀痛明显，这种症状是属于中医的“肝气郁结”，可以使用旋覆花、香附、当归、川芎、丹参、甘草来治疗这种“气滞”的病症。症状二：容易头晕、贫血、疲倦、胃口差、发育迟缓、大便不成形、月经颜色较淡，这是属于血虚型的症状，可以用党参、黄芪、白术、茯苓、大枣来治疗这种血虚的病症。症状三：平时容易口干、心烦、口苦、胸闷、月经来时量较多，这是属于中医的血热型，可以用丹皮、地骨皮、生地、柴胡、当归等中药来矫正。症状四：平时喜欢吃冰冷食物、四肢容易冰冷、痛经、月经带血块，可以使用当归、白芍、桂枝、川芎、党参、甘草等中药来治疗这种“血瘀”的病症。

其实，自然才是美，既然上天给了我们每一个人都不一样的躯壳，那就不要对自己的身材太过于苛求，当然了，爱美的女士在中药丰胸时一定要对症下药。

瘦腿

瘦腿误区

目前在市面上可以看到很多有关瘦身、瘦腿的产品，还有很多瘦腿方法，那么这些产品及瘦腿方法真的管用吗？想瘦腿的女性还是先来看看瘦腿误区，能够帮助你快速瘦腿。

误区一：运动越剧烈就能起到很好的减肥效果

采用运动减肥瘦身的女性，认为运动越剧烈，减肥效果才会越好，对于瘦腿才是好的，其实剧烈的运动不但会使身体感到难受，还会加重身体肌肉以及各器官的负担。想瘦腿首先要选择有氧运动，慢跑一般控制在每小时跑 6~8 千米的速度即可，如果超出这个速度标准，不但不会瘦腿还会形成大象腿。

误区二：紧身裤可以紧实脂肪，使双腿更修长

现在市面上出现了紧身裤可以瘦腿的方法，其实这种瘦腿方法是完全不靠谱

的，因为穿紧身裤只能在视觉上给人一种苗条的假象，真实中并不会，反而会致使大腿内侧出现橘皮组织，腿部毛囊也会受到破坏，因为长期穿紧身裤会使身体的循环受阻，令肌肤不能自由呼吸，也不能顺利排汗，长期下去就会引起静脉曲张，以及腿部脂肪增多的情况。

误区三：跑步时前脚掌先落地

跑步瘦腿是不错的瘦腿方法，但是跑步的姿势对于不同情况的粗腿是有变化的，比如说跑步时前脚掌先落地的跑步法却不适合小腿粗壮的女性瘦腿，只会越跑越粗。瘦小腿的最好瘦腿方法就是先让脚跟落地，然后让全脚掌触地。

误区四：涂抹按摩乳液消水肿

涂按摩乳液消水肿也是一种瘦腿方法，不过也不一定有效。真正的瘦腿方法是需要配合按摩一起进行的，步骤是在皮肤上均匀地涂上按摩霜，之后轻轻地拍打双腿，让按摩霜充分被肌肤吸收，然后再以按压的方式从腿部的内侧向外侧按摩，这样就能发挥出护肤品的排毒功效，并且还能促进腿部血液循环，防止静脉曲张。

误区五：穿上静脉曲张袜，促进血液循环，腿就容易瘦下来了

现在市面上出现了有瘦腿功效的静脉曲张袜，用来治疗静脉曲张的袜子分为保健型与治疗型两种。此类袜子仅供重度静脉曲张者使用，如果普通人用来瘦腿，只会给腿部造成很大压力，让血液循环不畅，很可能最终导致毛细血管破裂等不良症状。如果要瘦腿，最好选择竹炭纤维成分的燃脂袜，然后配合有氧运动，达到真正的瘦腿目的。

误区六：穿上按摩拖鞋刺激足部穴位能美腿

按摩拖鞋也是最近市面出现的瘦腿产品，说是按摩拖鞋可以通过凹凸点针对足部的穴位疏通经络，有美腿的效果。不过这样的拖鞋也不能长久穿，因为凹凸设计会让腿部肌肉因为过度疲劳而过早松弛，腿部神经的敏感度会降低，对关节的磨损也不小。所以说穿按摩拖鞋瘦腿的最佳时间是饭后20分钟为宜。只有正确的瘦腿方法，才能起到事半功倍的效果。

小贴士

瘦腿饮食要少吃盐

女性朋友们如果希望拥有一双纤细美腿，就要注意每天摄入的盐分，不可过多。因为盐是美腿的大敌，女性每天最好摄入不超过10克的盐，超过这个量就容易聚积多余的水分，使腿部肥肿。

明星瘦腿

艳光四射的女明星都有着光洁、细长的小腿。她们是如何保养的？且看莫文蔚、郑秀文、舒淇等美腿女王的瘦腿心经，让你的小腿也越来越细，越来越诱人。

1. 小S床上瘦腿

平躺在床上做一些抬腰伸腿的动作，睡前将腿抬高，成90度直角，放在墙壁上，休息二三十分钟再放下。平时有意识地穿着适脚的高跟鞋慢走，对拉伸腿形和端庄体态都有好处。

2. 莫文蔚每天倒立

每天做一些倒立和空踢运动，并在运动后涂上紧致肌肤的润肤乳。她认为多快走，多纵跳，多抬腿，少坐少站少蹲，可以防止下肢血液循环不畅，让腿部看起来肿肿的。

3. 郑秀文饭后散步

饭后散步，有空的时候就跳舞。她总是在每一个可能的时候踮脚，例如等车时、上楼梯时、工作间隙时等。长期下来发现不但小腿变得修长，连脚踝也格外纤细。

4. 舒淇晚上 9 点以后不再进食

晚上 9 点以后不再进食。饭后至少站立 30 分钟，同时小腿有意识地收紧。并且，舒淇平时也很注意饮食，常吃香蕉、大豆、菠菜、紫菜等含钾的食物，帮助把多余的水分排出体外；少吃含糖分、盐分过多的食物，避免脂肪堆积以及水肿。

5. 陈慧琳杜绝脂肪类食物

多吃新鲜水果以及海鲜类有助于排毒瘦腿的食物，杜绝脂肪类食物。此外，她还每天坚持用温水泡脚，并按摩 5 分钟，从而有效地帮助腿部肌肉放松，增加其弹性。

快速瘦腿

不论上面胖，还是下面胖或全身胖，都可以恢复窈窕身材。如果有下身肥胖，肌肉松软，容易痰多、水肿，吃得少也不瘦，手脚冰冷特征，建议：

（1）多泡澡或足浴（泡脚），每周至少 3 次，以促进血液循环并强化新陈代谢。

（2）绝不能胡乱节食，或采用不当的减肥方法，像“苹果疗法”“七日断食法”。因为肥胖的人需要能减肥又能补身的方法才能成功。

（3）多喝温热的水和热饮等，绝不能喝极度冷的饮品。否则减肥成功的可能性会大大降低。

（4）吃一点辛辣的食品，如生姜、胡椒、花椒、辣椒等，对身体加温有很大的作用，会提升新陈代谢功能。

（5）不要吃白糖，可用红糖、蜂蜜代替。泡面、味精也不要吃。

此外，要想快速瘦腿还可以借助以下三种方法：

1. 睡前瘦腿法

（1）将枕头夹在小腿中间，坐在床边，大、小腿成 90 度角。缓缓抬起小腿，保持这个姿势 3 秒左右，然后放下，重复动作 10~15 次。

（2）卧在床上，伸直双腿，一只脚勾脚尖，另一只脚绷脚尖。轮流做 20~30 次，直至小腿感到疲乏。

2. 行走瘦腿法

（1）控制步伐的大小，走路的时候每一步的大小应当平均，步子不宜迈得过大，这样可以让左右腿迈步的力度差不多。

（2）迈步抬头挺胸，走路站立时身体的重心其实对腿部有非常重要的影响，让身体的重心稳固均匀就可以在走路时让腿部线条更优美。

3. 蹬自行车瘦腿法

（1）每天睡前蹬 100 下，有固定的节奏，速度适中即可。

（2）蹬完不要马上放下，保持预备姿势，两腿并拢，向上直直地伸向空中，膝盖不要弯曲，脚尖蹦直。坚持 3 分钟， 然后慢慢放下。

（3）做完动作后，整条腿会有些酸麻，这时要好好按摩一下腿部。

小贴士

经常拍打按摩可以瘦腿

经常沿着腿部的淋巴结拍打按摩，可以促使腿部的淋巴结和血液循环变得更加畅通，还可以消除腿部的沉重感与水肿现象。具体方法是：从脚踝开始向膝盖的背面用双手有节奏地，由下而上进行拍打。一条腿拍打完以后，换另外一条腿用同样方式进行。每周至少两次，每次半小时以上，一个月就能见到明显的瘦腿效果。

瘦腿方法

中医经络法不仅在治疗疾病方面效果神奇，在塑身美腿方面也有奇效。因其效果明显、无副作用等特点，深受塑身爱好者的青睐。中医经络减肥主要包括两种形式：

1. 磁石经络法

磁石经络法又称乐美塑身法。中医在经络瘦身方面有其独特的形式，以乐美塑身每日贴为代表的磁石经络法就是以黑膏药添加磁石的形式出现。千百年来，黑膏药在中医领域发挥着重要作用，是中医治疗形式的灵魂之一。清代著名医学家吴尚先。强调内病外治理论，即药效渗透作用于体内，在不伤害肾脏情况下，达到治疗的目的。通过磁石在神阙穴（肚脐）的调节功效及黑膏药的透皮吸收作用，可以激发经气，通经脉，促进气血运行，提高肠蠕动力度，增加脂质物质的排泄，消除排便不畅，腹胀等不良现象。

通过磁石经络法的治疗后，在全身减肥的同时，对腿部形状的塑造有非常明显的作用。针对脂肪腿、肌肉腿、水肿腿等不良腿型的特点，机体自然调节，形成美好腿型。

2. 穴位经络法

穴位经络法又称点穴法，指通过对身体穴位的按摩，达到疏通经络的目的，实现减肥瘦身的效果。下面详细介绍三招超效穴位按摩瘦腿：

如果脾脏功能弱，会让体内湿气过旺，气血不足，而且如果经常用同一种姿势坐着，还会造成大腿根部出现水肿或者胀痛现象，疲劳感增加，腿围增加。

而在上午 9 点到 11 点，脾经旺盛时，花 5 分钟的时间，就可以通过对其按摩、刺激来达到去除大腿水肿、消除脂肪，达到瘦身的目的。此时，按摩阴陵泉穴与血海穴、太白穴，就能达到瘦腿的目的。

（1）阴陵泉——二郎腿帮大腿消肿

阴陵泉穴是“小腿消肿穴”，经常给予刺激，便可以达到真正的消肿的目的，帮助身体除湿。值得一提的是，你会发现眼袋也在不知不觉中消失了。

位置：它就藏在膝盖内侧突起骨头的内下侧的凹陷处。

方法：每天跷二郎腿，用掌心拍打阴陵泉穴 3 ~ 5 分钟就可让此穴位畅通，不妨在上午工作中时常变化姿势，给予它足够的刺激，也可为身体减压。

（2）血海穴——按压为双大腿通气血

当身体气血不通时，大腿就容易出现胀痛，看上去胖胖的，此时就需要按压血海穴，帮助双腿通气血，消除胀痛感。

位置：想要找到血海穴并不难，让同事帮忙，两个人相视而坐，让对方用手掌抱住膝盖，五指自然指向前方，大拇指间所在的位置，就是血海穴。

方法：用按压的方式就可以让此穴位活动起来，并可通气血，瘦腿效果就不错。当时钟转到上午 10 点，你可能有些疲倦，那就休息一下，与血海穴亲密接触吧！

（3）太白穴——互踩消除大腿疲劳

每日在外奔波，双腿经常处在疲劳状态，大腿就会越来越健壮。需要在脾经旺盛之时，刺激太白穴，消除双腿的疲劳感，从而避免粗壮现象出现。

位置：当一只脚放在另一条腿上时，会看到脚中心有一条弧线，这条弧线的起点就是太白穴所在的位置。

方法：准备午餐前，经常用一只脚跟踩压另一只脚的太白穴处，便能消除双腿疲劳感，当然那也会促进双腿性感曲线的形成。

瘦腿按摩

不是每个人生下来都有一双纤细修长的美腿，腿长也许不可更改，但是粗细是可以通过自己的努力来改变的。比如，经常自己按摩腿部，就可以让双腿变得越来越纤细。

1. 瘦小腿按摩手法

（1）右腿伸直坐在地板上，左腿屈膝微微抬起，小腿要用力绷直，脚尖尽量向后翘起，拉伸小腿腿肚的肌肉。5 秒后放下，反复 10 次，换另一边做相同动作。

（2）双手扶住小腿两侧的肌肉，将腿部的肌肉放松，由下往上按摩小腿肌肉，反复 10 次后，换另一边做相同动作。

（3）虎口打开握住小腿肚，手指稍稍用力按压腿部肌肉，从脚踝开始向小腿肚指压按摩。10个来回后换另一边做相同动作。

（4）虎口打开，拇指和示指紧握小腿，按压在承山穴上，在承山穴轻柔按摩3秒后放开，反复10次后换边做相同动作。

2. 瘦大腿按摩手法

（1）坐在地板上，左腿伸直右腿屈膝。拇指向上用力握紧右大腿，手掌也要用力贴紧腿部皮肤，稍稍用力下压，并从膝盖往大腿根部按摩。反复按摩6次后换另一边做相同动作。

（2）拇指和示指用力握紧大腿，从膝盖处开始按压向大腿根部方向慢慢画圆按摩移动。按摩时要轻缓柔和，慢慢地移动，反复6次后，换另一边做相同动作。

（3）两手手掌放在大腿上，用力往下按压，并缓慢从膝盖往大腿根部方向移动。按压6个来回后换另一边做相同动作。

（4）握住膝盖下方，拇指按住膝盖的前下方，示指按压膝盖后方的委中穴。由轻到重再转为轻的节奏按压委中穴。按压3秒后放开为一次，反复进行10次后换另一边做相同动作。

小贴士

瘦腿按摩要注意什么

女性朋友们在利用按摩手法瘦腿时，一定要注意以下几点：

（1）按摩的时候必须认准穴位才能达到效果

（2）用力不宜太重，否则容易弄伤皮肤

（3）每次时间不可太长，可以分多次进行。

运动瘦腿

对于现代减肥而言方法很多，比如常用的节省减肥、吃苹果减肥、抽脂减肥等，其实在这所有的减肥方法中运动减肥是最为健康的一种减肥方法，那么做什么运动可以瘦腿呢？其实瘦腿的方法很多，下面给大家介绍几种简单而有效的运动瘦腿方法。

（1）将两手手掌交叉于后脑，双腿张开，比肩稍宽。

（2）一边吸气，一边慢慢往下蹲，蹲下时要抬头挺胸，并注意脚跟不要离开地板。

（3）慢慢站起，站时同时吐气，重复该动作24次。

（4）一边吸气，一边维持动作3~5秒，重复动作20次。

（5）侧躺在地板上，左掖朝下，右脚伸到左脚后方。右膝弯曲，脚掌着地。

（6）慢慢吐气，并使劲缩紧大腿内侧，左脚慢慢往上抬起，左脚踝位置一定要比脚尖高。

值得注意的是，运动瘦腿是一个持之以恒的过程，希望大家能够坚持下去，以达到瘦身效果。

瘦大腿

办公族经常坐着，所以大腿容易滋生赘肉变得越来越粗。很多女性都认为大腿是最难减肥的，其实也不难，要想瘦大腿就要注意两点：

（1）要适度运动。大腿会出现松垮的浮肉，多半是因为不爱运动，或是以前经常大量运动却突然停止运动习惯的人，像是退出体坛的运动员或舞蹈家。适度地运动可以让肌肉收紧结实，创造出好看的线条。

（2）要少吃肉类、淀粉类等主食，多吃蔬菜水果。肥腿族的另一项特征，就是主食往往吃得比副菜还多。这也是一般造成肥胖的主因，不爱运动的人，又吃了太多脂肪与碳水化合物，不只是腿，很多地方都会肉肉的。

女性朋友们在运用运动瘦大腿的过程中要注意运动适度。因为过度地运动并不见得有什么好处，还容易练出发达的肌肉。运动过后放松一段时间，然后轻轻地按摩自己的双腿，让肌肉松弛，才不会成为硬硬的萝卜腿。也不要经常提拿重物，否则会让大腿部的肌肉突起来。

除此之外，女性要想瘦大腿还要经常多到户外走走，让自己流流汗。大家都讨厌出汗时黏黏的感觉，但是其实适度流汗才是健康的事。每天待在冷气房里，只喝水、不流汗，不但腿容易水肿，皮肤也会变粗的。

小贴士

制胜运动操轻松去除粗大腿

要针对大腿局部的减肥，节食、药物等都不是有效的方法，下面为女性朋友们介绍一套减大腿部脂肪的运动。

（1）双腿屈膝，伏在地上，背脊向天，双手支撑上身，提起右脚，保持7~8秒，脊骨与臀部要保持笔直。左右脚交替练习，各做15次。

（2）坐在有椅背的椅子上，腰要挺直，将毛巾卷成条状，然后用右脚踏着，双手握住毛巾两端，向自己身体方向拉，直至有拉紧感觉，维持姿势7~8秒。右脚做相同动作，每组动作做15次。

瘦小腿

小腿的粗壮，穿裙子或靴子就不好看。所以女人小腿线条一定要匀称。冬天养生不宜过多出汗，所以像跳健美操、跑步、跳绳这一类让小腿粗壮的运动都停掉。

首先自检一下你的小腿类型。引起小腿粗的原因有三种：一是皮下脂肪太多，即小腿部位的肥肉多；二是骨骼的原因；三是小腿的肌肉容量，如曾经参加过体育训练或经常做腿部锻炼的人。

特别要注意的是，很多女性以为腿上能捏起来的部位通通都是脂肪，小腿捏起来硬硬的就以为是肌肉，其实不是的，有时候只是因为脂肪组织被撑得大大的，互相之间挨得十分紧凑，所以才有会硬硬的感觉。单个脂肪细胞特别大的时候当然是很难减了，所以总有女性错觉自己是肌肉型的。

下面我们看一看各种类型粗壮小腿该怎么瘦腿吧：

1. 脂肪型小腿的特点及瘦腿方案

（1）辣椒泡脚法；（2）刮痧法；（3）小腿抽脂法。

2. 水肿型小腿的特点及瘦腿方案

（1）10 分钟速瘦法；（2）高抬腿法；（3）拍打按摩法；（4）静脉曲张袜。

3. 肌肉型小腿的特点及瘦腿方案

（1）拍打软化肌肉；（2）按摩放松肌肉；（3）按摩 + 拉伸运动；（4）瘦小腿手术。

4. 懒人瘦腿美颜茶大搜罗

（1）马鞭草 + 迷迭香 + 柠檬草；（2）玫瑰瘦身茶；（3）消肿薏仁茶。

瘦腰

瘦腰误区

不少女性朋友努力尝试过很多种瘦腰方法，可效果总是不尽如人意，恼人的水桶腰依然存在。这时需要反思一下，也许是你的瘦腰方法存在误区。想成功拥有性感小蛮腰，一定要避免以下几个瘦腰误区。

误区一：高强度的锻炼一定能收到加倍的效果

把每一个瘦腰动作重复做 40 遍，就一定比做 20 遍的效果好吗？许多人都会连续做上几十个同样的瘦身动作，直到大汗淋淋才不得不停下来。其实比起量的累积，我们更应该重视每个瘦腰动作是否有做到位，只有动作到位才能发生质的变化。建议最好以 10 个瘦腰动作为一组，每次做 2~3 组就可以了。

误区二：健腹运动同样可以瘦腰

许多人都认为做健腹运动同样可以减去腰部脂肪，其实减掉腰部脂肪要比塑造腹部肌肉容易得多，只需在饮食上注意减少高热量的食物摄入，同时坚持相应的训练，就可以轻松地塑造苗条的腰部曲线了。但是，没有得到针对训练的腹部此时就会显得更加突出了。所以建议将健腹运动与瘦腰运动单独分开练习，这样才可以既健腹又瘦腰。

误区三：每次运动后都会有肌肉形成

腹肌和身体其他部位的肌肉形成过程一样，需要一段时间来塑造。经过大量的运动训练之后，虽然肌肉组织的细胞形态被改变了，却还没有完全定型，基本上要在 48 小时之后才能完成肌肉生成的任务。所以需要给腹肌的形成留下时间，建议每周的正确练习频率为 3 次。

明星瘦腰

银幕中身材性感，气质非凡的女星都有一个共同点，就是瘦腰，她们是如何瘦腰的？下面将介绍几位女性的瘦腰秘籍。

1. 小S 1分钟瘦腰操

《娱乐百分百》曾经推出新单元“1分钟瘦身操”，小S每天教观众做瘦身操。那我们一起来看看，小S的小蛮腰是如何炼成的。平躺于地板动作的软垫上，面朝上，双手放在头的两边，以手指尖端轻轻扶住耳朵后3厘米的位置。双腿屈膝，脚掌踩地。此项动作的诀窍在于同时抬起上半身和曲起抬高一脚，可先以左手手肘触碰右腿的膝盖，眼睛要看着右膝。然后回复原来的平躺姿势。再同时抬起上半身和屈起抬高一脚，以右手手肘触碰左膝，眼睛要看着左膝。然后回复原来平躺的姿势。可量力而为，每回交互各做20次。这样可以增强腰部的力量，也能增加协调性。

2. 容祖儿大法：游泳圈变小蛮腰

为了保持苗条身材，容祖儿自出道以来就已经不吃米饭及其他主食，只靠吃菜、水果及喝汤来保持体力。

3. 徐若瑄的瘦腰之道

忙碌的徐若瑄实在无法每天跑健身房，于是想到用跑步来代替，每天30分钟，换来好气色，整个人看来更有活力。至于她最为在意的小腹和腰，则以仰卧起坐来帮助消除。不过并不喜欢做重复动作的她，认为最好的减肥方法就是跳舞。

4. 舒淇的保鲜膜瘦身奇法

舒淇也有DIY的秘诀：将保鲜膜包裹在想瘦的部位，然后打开音响尽情跳舞，流汗之后自然便有成效，但要记得别包太长的时间，否则皮肤容易过敏。

5. 林心如的瘦身“哑铃操”

在林心如的诸多减肥法中，最特别的是用矿泉水当作哑铃来减肥，两星期就能看到成果。

小贴士

利用椅子做瘦腰操

很多女性在日常生活中很少能运动到腰部的肌肉，加上长期坐在办公室里，腰部的赘肉就不请自来了。面对这种情况，每天睡前做一下椅子瘦身操就非常必要了。首先，平躺在地板上，双脚搁置于椅子上，大腿与地面成直角。右手置于脑后，左手向旁伸直。然后逐渐升上半身，达到与地板成30度角，同时上半身前倾时右手肘要扭向左膝。这个动作每组15次，每天坚持做3组，两周内就可以看到明显的瘦腰效果。

瘦腰运动

腹部脂肪堆积的基本原因，不外乎是运动减肥消耗的热量不够，饮食控制的热量摄入不平衡。所以为女性朋友们推荐的这个腰部减肥最快秘籍就是运动瘦腰。通过运动调节热量平衡，来达到瘦腰的目的。

1. 纽扣瘦腰

方法：采取站立姿势，用肚脐夹住一枚纽扣，腹部保持用力，保证纽扣不掉下去。久而久之，腹部的脂肪就无影无踪了。这一方法还可以刺激腹部血液循环，增强胃肠蠕动功能，有防止便秘之功效。

2. 呼啦圈瘦腰

方法：呼啦圈对瘦小腹的效果是百试百灵。这一运动可以均匀地刺激腹部和腰部，对消除多余脂肪非常有效。要想达到最佳效果，转的时候注重两脚距离与肩同宽，缓缓转动。

3. 健身球瘦腰

方法：背靠健身球，做上下倒球的动作。这一动作需要腹部整体用力，利于锻炼腹肌，而且动作简单，不需要消耗太大体力，轻轻松松即可完成。

4. 常跳肚皮舞瘦腰

方法：站直，两腿伸直分开，宽度同盆骨宽度，盆骨前抵，两手放在腰际或朝两边伸直，保持盆骨不动，上身先朝右移，然后回复原位，再朝左移。然后直接右移左移，不用回复原位，运动渐呈圆形而非菱形。重复 3 次，每次 10 下。

快速瘦腰

怎么都减不掉腹部赘肉的你是不是很苦恼？穿宽松的衣服就像水桶，穿紧身的又变成游泳圈。腹部上的肉看似很容易减下来，也最容易反弹。长期久坐，不正确的饮食和减腹方法都会让腹部的脂肪越堆越多，赶紧来看看最新解救水桶腰的秘方，一周瘦腰餐，只要 7 天就能让水桶腰变小蛮腰。

1. 早餐

如果你想要把烦人的腹部赘肉彻底根除，早起空腹一杯淡盐水非常有必要。淡盐水能清理经过一夜消化的肠胃和食道，促进身体排毒。水桶腰的女性很多都有宿便的毛病，所以早餐一杯淡盐水，让宿便不再回来。

淡盐水之后可以用燕麦片和全麦面包、酸奶和鸡蛋进行组合搭配，早餐蛋白质要丰富，尽量避免油腻和刺激的食物，否则一早上的久坐又会让热量和毒素堆积在腰部。

2. 中餐

每日的中餐基本不限制，饭前半小时吃一点水果，减缓吃饭速度都是降低热量摄入的好办法。中餐七分饱即可，多食用绿色蔬菜，像芹菜、地瓜叶、洋葱等蔬菜热量很低，而且富含纤维素，是减腹最好的食品。

中餐之后最关键的就是下午茶，七分饱的中餐可能让你到下午3点左右就觉得有饥饿感。此时可以进行下午茶补充，下午茶选用香蕉最好，促进肠胃运动，减少食物堆积，还能减少晚餐的进食量。

3. 晚餐

晚餐可以吃得品种多一些，但一定不能过量。同样是七分饱，你可以选择水果加酸奶，或者海带汤加蔬菜，主食可以不用再吃了，热量高的油炸类、油脂类食物尽量避免，因为晚上的热量消耗不完就会全部堆积在身体里了。

睡前3个小时不再吃任何东西，睡前1小时不再喝水，这样可以预防腹部脂肪堆积，保证睡眠质量又保护消化系统。这样的饮食方法坚持一周，你会发现腹部脂肪终于不见了，良好的习惯也能帮助你预防水桶腰的复发。

腹部减肥

腹型肥胖又称中心型肥胖，是指脂肪在腹部的堆积，表现为腰围的增加。这些人的脂肪主要沉积在腹部的皮下以及腹腔内，腰围往往大于臀围，四肢则相对较细，从外观上看，腹型肥胖者的体型很像苹果，故又称苹果型肥胖。要想促使腹部减肥，可以从以下几点做起：

1. 天天至少吃3个水果和150克蔬菜

减小腹离不开全身减肥，因此控制摄取的总热量相当必要。多吃水果和蔬菜不仅轻易产生饱腹感，还能帮助你减少吃甜品的强烈欲望。此外，多吃富含纤维的食物能有效治疗便秘，而便秘是你小腹鼓胀的元凶之一。

2. 远离酒类

无论是啤酒、鸡尾酒、白酒，还是其他形式的酒精饮料，都可能是造成你腹部赘肉的主凶。酒虽然不含脂肪，但卡路里含量却很高，仅一杯200毫升左右的酒精饮料，热量便可达到412千焦。酒还会提高你身体的皮质醇水平，这种强力的激素恰恰是小腹储存脂肪的帮凶。

3. 仰卧起坐

假如想达到减去腹部赘肉的目的，就要控制住节奏，避免一开始就做很多次数的仰卧起坐，导致肌肉酸疼。最初可以尝试1分钟做5次，此后慢慢增加，直至达到每分钟30次左右即可。要注重控制发力的部位是腰部。

4. 挺腰直身端坐

减肥有时并不像人们想象的那么困难。有些人只要纠正坐姿，收腹挺胸，便能减去一些聚积于腹部的脂肪。随时提醒自己挺胸、缩腹、直腰、坐如悬钟，哪怕是不能始终保持，想起来就做，都有可能从肚子上减去1千克或更多累赘的脂肪。

5. 做一个爱干净的女人

自己的衣服自己洗，不要扔进洗衣机，然后就躺在沙发上看电视。饭后清理厨房，拖拖地板。抹抹桌子和其他家具，让自己成为勤劳而又干净的女人。这些日常家务活避免了你饭后马上躺着或坐着，阻止脂肪囤积在小肚腩，同时还能消耗不少热量。

小贴士

做家务也可以瘦腹部

很多女性都有小肚腩的烦恼，其实只要你勤劳一点，经常做些家务就可以瘦腹部。比如，扫地时不要使用吸尘器，要用抹布和扫帚，有意识地增加自己的运动量；在温度较高的中午选择洗衣服和熨衣服，会流一大堆汗；饿了就给自己做一顿精致的瘦身午饭，控制自己的食量。

瘦腰腹部

假如你还不是小“腹”婆，那么就赶紧防患未然，将生活习惯修正；很不幸地，假如已经是了，没关系，只要能努力做到以下小秘诀，我们也可以摆脱小“腹”婆，成为小“腰”精哦！

1. 坐姿要端正

平日长期待在办公室的女性，坐姿要端正，例如不可以驼背、脚也别到处乱摆，由于端正的坐姿不仅让仪态更佳，也可以让你的腹部及臀部保持在紧张状态，所以臀线不易变形，腿部曲线更因此而得到修正。

2. 不要忍便

由于轻易让肚子胀气，忍习惯了，会让直肠黏膜变得迟钝，甚至会形成惯性便秘，排便不顺畅，那么小腹自然会逐渐成长茁壮。此外，早晨起床时可以试着喝一杯白开水，或是多吃蔬果类，都能达到肠胃蠕动、促进便意的功效。

3. 运用腹式呼吸法

腹式呼吸的方法很简单，当我们吸气时肚皮放松，呼气时肚皮缩紧。如果刚开始可能不太习惯，但习惯了，有助于刺激肠胃蠕动、促进体内废物排出，另一方面也能使气流顺畅，增加肺活量。

4. 要无时无刻收小腹

平常走路和站立时，要记得用力缩腹，再配合腹式呼吸，也许前一两天会觉得很辛劳，但日子一久，你就可以看见自己的小腹肌肉变得紧实，轻而易举地就能达到快速减肥的功效。

5. 勤做运动

除了要经常提醒自己缩小腹，做提肛运动及勤走楼梯，可以让脂肪不再受地心引力影响而往下垂；此外常坐办公室的女性，可利用办公室的椅子，将上半身维持挺直，骨盆往后倒，坐于屁股上。然后，再慢慢将屁股往上拉，至紧绷处再恢复原状。

瘦手臂

瘦臂误区

苗条的手臂往往更能表现一个人的气质与情怀。很多人都感叹手臂上的脂肪不好去除，那么这脂肪是否真的如大家所说不好去除呢？专家介绍说，经过手臂吸脂，可以快速有效地去除手臂脂肪，让你的身材变得更加完美。

一般来说，上臂部位是我们身体上难以堆积脂肪的部位，但是如果蓄积了脂肪，也就很难除去。特别是善于上肢运动的人，如果一旦停了下来，上臂部就会堆积大量的脂肪，上臂处的脂肪堆积也是很难掩饰的，不管你采纳什么样的手段，还是很轻易让人发现。

手臂的部位就是以肱骨为中心，在四面包绕着驱使上肢活动的肌肉，一般最为发达的肌肉在前侧，内、外、后的肌肉则一般较薄，在内侧肌肉中间穿行着重要的神经和血管。

吸脂是瘦手臂最有效的方法，但是专家提醒你吸脂一定不要走入误区：抽脂瘦手臂并不像抽水那么轻易，哗啦啦地把脂肪全出来，脂肪抽吸量的多少应根据自身情况而定，不该抽的地方不能抽，该抽多少就抽多少，不能没有止境。

明星瘦臂

瘦手臂的方法有很多，而瘦手臂的方法越多越说明女性对纤纤玉指盈盈玉臂的向往。于是众多减肥者开始以明星为榜样寻找瘦手臂的方法，来看看明星是怎样瘦手臂的吧。

1. 希拉里 · 斯万克

曾获得奥斯卡影后的希拉里·斯万克，有着结实匀称的纤细手臂，这可是靠勤练肌力操得到的成果。

（1）双脚站开与臀同宽，双手各握住 5~8 磅的哑铃，放在身体两侧。左脚往前跨一步，屈膝，让大腿平行地面，并与小腿成 90 度。

（2）慢慢地把哑铃举到胸前，让手肘保持靠近身体，然后把手臂轻轻向外打开，手肘保持弯曲。重复 7~10 次，然后换脚。

想用游泳瘦手臂的人，可以多游运用到较多手臂力量的自由式。

2. 麦当娜

麦当娜瘦手臂的方法，就是每天进行强力瑜伽课程，既可以瘦手臂，又能调整身型、放松心情。为了让肌肉有线条，麦当娜每周还会搭配下面的做法 2~3 次。

（1）双腿站开与肩同宽，双手自然放在身体两侧，手掌朝向前方。

（2）深呼吸，同时将双手往上抬高过头部。再呼气，慢慢放下手臂。重复8~15次。

3. 陶晶莹

总嫌自己手臂有肉的陶子，每天回家都会努力做肌力运动。她都是趁着看电视时，左右手各拿两瓶装满600毫升矿泉水的瓶子，轮流上抬，持续15分钟。

4. 李玟

李玟说："我最爱哑铃运动了，它让我的手臂变得好结实，线条变得好漂亮！"通常李玟都会先做做暖身操，再开始哑铃或举重运动，做完20次后，休息一下，再开始第二组动作，分三阶段来完成让性感加分的手臂训练。

瘦手臂的方法有很多，适合你的一定有不少，找几个你喜欢又适合你的瘦臂方法坚持下去，瘦手臂就一定会成功的。

小贴士

瘦手臂要配合全身减肥

女性朋友们要想手臂彻底瘦下来，就要全身配合，否则效果也不会太好。因为上半身的脂肪，绝不可能仅仅只堆积在手臂上。手臂肥胖的人，通常肩膀、上后背以及前胸部的肌肉也是松垮的。所以，想要拥有一双结实的手臂，对那些高热量、高脂肪的食物要敬而远之，还要注意多做瘦手臂的运动。

瘦臂运动

当你举起手臂做个轻抛的动作时，惊觉手臂下的肉也跟着兴奋地狂甩不已，似乎整条手臂有一半都在流动，又尴尬又苦恼。其实手臂内侧部分，肌肉面积也不小，但是由于平日缺乏运动，就算你成天节食，也有可能在那里形成赘肉。

要想瘦手臂，可以适当借助运动，下面具体给大家介绍几种瘦臂的运动方法（每日任选其一）：

瘦臂运动之徒手伸展运动

这是简单、有效的结实手臂曲线的运动，它的好处在于：效果显著，容易操作，不需要任何辅助工具。

（1）伏墙挺身。双脚并拢站立，距离墙面约1.5米。两手贴于墙面，掌心向下，掌指尖相对，手臂伸直。身体慢慢往下压，压的同时，向外呼气，停3~5秒后起身，起身时吸气。重复做此动作30~50次。

（2）手臂转圈。两手往左右两侧伸直，掌心向下。手臂以顺时针方向转圈50下。手臂以逆时针方向转圈50下。

注意：双臂旋转时，一定不可以弯曲，双臂要尽量向外伸。

瘦臂运动之哑铃运动

这个运动可以强化松弛的臂部肌肉，使纤瘦效果更佳。

（1）举手运动。两腿站立，双手握住哑铃，从胸前举至头顶上停留约 5 秒。两手从头顶慢慢落至胸前。两手慢慢从胸前向下、向后举至极限，停留 3~5 秒。重复此动作 5~10 遍。

（2）扩胸运动。两腿站立，两手握紧哑铃。将手臂向身体两侧打开（呼气）、合拢（吸气），如此反复 10~15 次。

注意：做此运动时，要慢慢移动哑铃，动作快会使效果很差。

每日做完运动后需要赶紧放松，否则容易使臂部产生雄壮的肌肉。这里介绍入浴按摩放松法，可以帮助柔和臂部曲线，且使手臂感觉更结实。具体做法如下：

（1）坐在温水浴缸里，让身体微微发热。

（2）将浴盐涂抹在手臂上。

（3）以螺旋状方式由下往上按摩手臂。

（4）再以揉捏的方式，放松运动后的手臂。

注意：抹上浴盐后，要让其在手臂上停留 3~5 分钟再开始按摩，否则起不到帮助排汗的效果。如果觉得用浴盐直接在手臂上按摩有些刺痛，可以在浴盐里加些乳液或沐浴乳。

按摩瘦臂

如果一个女孩子觉得她自己瘦的时候，她的状态会很好，她愿意被别人看见。有些女孩我们会说她长得很讨巧，就是她的体重可能并不轻，但胳膊很细，看起来会有很瘦的感觉。而一个人的手臂如果粗的话，在视觉上就会觉得她胖。据说如果一个人的手臂比较纤细的话，她看起来的体重会比真正的体重少 1~1.5 千克。所以说想让自己看起来瘦，状态好，先瘦胳膊是聪明的做法。

通常来说，上臂分内侧和外侧，内侧相对来说组织比较松弛，如果这个松弛很严重，风吹来像旗帜一样晃荡，那就是我们所说的“蝴蝶袖”了，这个是挺不好看的。所以我们瘦手臂一是治粗，二是治松。

现在，检查一下你的手臂内侧，如果它比较胀的话，通常是水分比较多，我们可以通过加强静脉循环、淋巴回流使肌肉收缩，你不妨试试按摩。

按摩前要做好清洁工作，特别是手肘、手臂内侧等角质层容易积聚的位置，可以用较温和的磨砂膏先去除表皮污垢和死皮。最好可以用些按摩霜或塑身霜按摩，这样效果最佳，也能让肌肤恢复嫩滑，帮助养分的吸收。

1. 按摩指尖

以拇指与示指单侧拉引每根手指的指尖，然后于指甲处按摩 1~2 秒。每根手指均如此反复 5~6 次。若手能先浸泡热水，效果则更理想。

2. 拉引指尖

以拇指与示指由指根至指尖方向拉，至指甲处瞬间离开。每根手指均如此反复 5~6 次。

3. 敲打手背

手背均匀涂上按摩霜和护手霜后，双手背对背开始摩擦按摩。从手腕至指尖，反复 10~20 次。

4. 手腕的摩擦按摩

将按摩霜或护手霜涂抹手腕至于肘处，先从手腕处向上摩擦。然后，反复摩擦手腕至于肘的内外两侧，各进行 10~20 次。

上述按摩法每天坚持做上 30 分钟，很快你就会看到效果。如果在入浴时进行这套动作，更能促进体内血液循环，效果会更佳。好好地利用瘦手臂的按摩手法，将你手上的脂肪都赶走。

小贴士

穴位指压瘦臂效果好

女性朋友们想要瘦臂可以借助手腕至肩部的几个减肥穴位，由远端开始依次指压即可达到不错效果。

（1）阳池：是位于手背部的穴位。将手腕背曲后，可见到腕部有一粗大的皱纹，阳池即在其中央，它也常被称为散热的穴位。一般宜用对侧手的拇指肚按压。左右手各做 10 次。

（2）曲池：位于屈肘时出现的皮皱的前端。压迫时会引起强烈疼痛，指压时应将肘关节屈起并靠近身体，使肌肉松弛，有利于刺激的传导。左右各做 10 次。

（3）大陵：位于手腕内侧皱纹中央。宜用拇指按压，每 2~3 秒略停，必须有节奏的进行。左右各做 10 次。

（4）内关：在大陵上方距两横指处，按压时也有疼痛。左右各做 10 次。

夏日瘦臂

天气渐渐暖和起来，大街上随处可见的美女都迫不及待地露出自己的纤纤玉臂。还没有及时炼成美臂的女性朋友们也不要着急，这里有三套瘦手臂运动，能迅速打造你的纤纤玉臂，让你完美过夏。

1. 俯卧撑坐

首先在地上趴下，两手撑着地面，双手与肩同宽，手指朝向身体的外侧，整个身体的状态就类似于做俯卧撑时的状态。接下来两手手肘弯曲，同时将身体重心移向右边，整个身体向右倾斜。然后把身体的重心移回中间，再往左，重复以上动作。每次保持这样持续左右运动 5 分钟，很快就会发现手臂上的赘肉少了很多。

2. 手臂内外画圆

用手臂画圆的方法很简单，首先把双手向前伸直，然后转动双臂向外画圆 20 次，接着再向内画圆 20 次，注意画圆时圆圈形状不用画得太大，要用手臂的力量而不是用手掌使力。

3. 胸前拉手法

胸前拉手这个方法简单易学，不需要太大的力气，又能有效收紧小臂赘肉。首先两手上下勾住放在胸前，尽量张开胸部。然后两手分别向相反方向用力拉，坚持 20 秒，重复 3 次。最后交换左右手的上下位置，重复以上动作。左右手各做一次为一组，每天做 5 组即可。

4. 座椅辅助法

准备动作：坐在有靠背的椅子上，将双手置于身体两侧并扶在椅子的旁边。

动作一：将双手手肘伸直并将臀部缓慢离开椅子。

动作二：弯曲手肘但确保臀部不要接触椅子，保持 3 秒钟左右回复到动作一的姿势。重复 5~10 次。

5. 双手叉腰法

动作一：双脚张开站立与肩同宽，小腹收紧，向外伸直双手。

动作二：手指用力张开，从下方开始不断转动整条手臂，抬升到肩膀高度后，再慢慢转动放下。重复练习 5 次左右。

动作三：双手握拳包住大拇指，手肘弯曲向上高举，上手臂到肩膀高度。保持手肘与身体的垂直，以肩膀为中心点向左右平移，将手肘往外来回转 8 次，再往内转 8 次。

瑜伽瘦臂

手臂缺少运动常常会在腋下堆积很多的赘肉。所以，瘦臂减肥也是每个女性不容忽视的。下面教大家一组超简单的纤细手臂瑜伽招数，一学就会。

第一招：摩天式直立

做法：双脚保持与肩膀一样的宽度，吸气的时候，双手手臂慢慢地高举过头同时伸直头部，然后双手交叉，转动手腕，注意掌心向上，接着呼气的时候，双手手臂带动上身慢慢地弯下，直至身体与地面保持平行，再次吸气，慢慢地举起双手，吸气的时候双手要分开，在身体的两侧落下。

第二招：风吹树式直立动作

做法：并拢双脚，双手手臂放在身体的两侧，吸气的时候，双手要慢慢地高举过头部，在头顶合掌，同时要提起脚后跟，然后在呼气的时候，上身由腰部开始弯曲，倾向右侧，如此保持几秒钟，接着在吸气的时候收正，呼气的时候向左，吸气的时候收正。

第三招：腰部旋转式直立

做法：俯卧在地面上，手掌着地，并且平放在胸膛两侧的地板上，然后吸气，双手撑着地面抬起身体，直至双手手臂完全伸直，如此呼气保持一会儿，接着吸气，头带动身体转向右侧，在呼气的时候，眼睛看着左脚跟，如此保持几秒钟，再吸气，头带动身体转向左方，呼气的时候看着右脚跟。

第四招：腹部按摩功蹲下

做法：两手放在双脚膝盖上，弯曲左脚膝盖，并且将膝盖放在地面上，然后在吸气的时候将身体转向右方，呼气的时候将下巴放在肩头上，双眼注视着身后，接着吸气，恢复蹲下的姿势，在呼气的时候，弯曲右脚膝盖，在另一侧做同样的练习。

塑形健身

瑜伽

高温瑜伽

高温瑜伽又叫作热瑜伽，是由印度瑜伽大师比克拉姆与他的妻子创立的。在38℃左右的室温和严格的通风系统配合下，60分钟内完成26个固定的瑜伽姿势。

热瑜伽特别适合初次走进瑜伽房的人。因为高温瑜伽是在38～40℃的封闭房间内进行训练，人体各项机能处于兴奋状态，血液循环加快，各关节结合部润滑液体分泌增加，人体本身可以在少做热身情况下迅速进入训练动作状态。在这种环境中进行瑜伽训练，会减少受伤的概率，消除身体的紧张感。

瑜伽大师认为，在身体未热的情况下练习瑜伽很容易受伤，这就好比把一块钢铁加热后，你用锤子便很容易把它改变成你所想象的形状，而不加热的钢铁用锤子也没有办法让它改变形状。这套动作可以令身体恢复到一个平衡的境界，使全身都得到锻炼，能够系统地把充满氧气的新鲜血液100%地输送到身体的各个部位，让它们恢复到健康的、自然的工作状态。这样，即使是平时里非常缺少运动的身体，也可以更轻易完成不同的伸展动作，不容易受伤。

此外，高温瑜伽还有以下一些功效：

（1）减重（对因组织细胞积水而造成的肥胖效果显著）。

（2）燃烧体内脂肪（通过在高温下运动达到此效果）。

（3）增强心、肺和肾的功能（通过练习呼吸和全身的运动达到此效果）。

（4）增加身体的柔韧性、降低疼痛的感觉和减少受伤的机会。

（5）调节个人的情绪及压力，使心境平和、乐观。

（6）促进新陈代谢，增强免疫力，改善关节的灵活性。

（7）刺激淋巴系统，排出体内毒素，迅速消脂，令皮肤亮丽有光泽。

（8）平衡饮食及调节内分泌。

（9）通过调节压力而达到促进睡眠的作用。

（10）促进血液循环。

总而言之，高温瑜伽对体形锻炼、体态塑造和身体健康都很有帮助。高温瑜伽对人体最大的作用是其排毒过程，它通过温度和速度的练习，使人体的排汗量比平时多出几倍，身体里多余的脂肪通过汗水排出来，从而起到排毒和消脂作用。一节高温瑜伽课的时间大概为 90 分钟，动作编排基本上是固定的，练习都必须依照顺序一个接一个地练。经过 90 分钟的练习后，身体能达到一个平衡的境界。

小贴士

高温瑜伽真的能消除多余脂肪吗

高温瑜伽的深呼吸运动能增加体内细胞的氧气吸收量，使得氧化作用增加而燃烧更多的脂肪细胞。高温瑜伽能最大限度地激活人体腺体，使其功能最大化。练习高温瑜伽，在减少你身体多余脂肪的同时，你也能得到较好的肌肉线条与较高的活力水平。高温瑜伽26个动作中的几种体位，特别适合调整甲状腺，而甲状腺与身体的新陈代谢有直接的关系，能影响体重。脂肪代谢也会因高温瑜伽而增加，所以脂肪会转换为肌肉与能量。所以说，高温瑜伽能帮助消耗多余脂肪，创造理想的体重。

燃脂瑜伽

运动学专家认为，瑜伽在塑造体态，平衡身体，燃烧热量方面都非常有效。瑜伽可以使体力、耐力、柔韧性和呼吸状况都有明显的改善。下面是美国一位著名的瑜伽老师为中国女性量身定做的“瑜伽塑身操”。

练习规则：每项运动都要尽量伸展，并通过鼻子做深呼吸。练习顺序请按照指示。练习完毕后，请面朝上平躺在垫子上，伸展四肢，手心朝上，慢慢调整呼吸到均匀为止。

第一节，直立，右腿向前迈一大步，左脚向外转 45 度，使右膝盖和右脚脚趾在一条水平线上，尽量向下压身体，使右侧大腿和地面平行。弯曲身体，把右手的手掌放在右脚的后面，撑住地面。当你尽量伸展左臂的时候，仍然要保持右侧大腿和地面平行。

针对部位：整个后背、腿部肌肉、臀部肌肉、腹部和腰肌。

特别塑造：尽量伸展胳膊，不要驼背，这样才能扩展胸部。这个动作对收紧臀肌也非常有效。

第二节，脸朝下趴在垫子上，用胳膊肘支撑住身体，手臂张开的宽度和与肩膀同宽，手指指向正前方。收紧身体的肌肉，提臀。使身体保持一条水平线，脚趾支撑地面，这时你会感觉到压力。努力收紧腹部和腿部的肌肉，坚持一会儿，然后趴在地上休息片刻。重复这个动作数次。

针对部位：手臂、腿部肌肉、臀部肌肉、腹部和腰肌、胸部、后背和大腿。

特别塑造：收紧腹部和大腿内侧的肌肉，不让手臂肌肉形成难看的脂肪堆。

第三节，平躺在地上，脸朝上，脚平放，两脚打开的宽度与臀部同宽，弯曲膝盖，直到小腿胫骨和地面垂直。收紧臀部肌肉，将臀部抬离地面 10 厘米，让身体和地面成拱形。手臂紧贴在地上，收紧臀部和腿部的肌肉，让臀部抬起来，双手在身体下面紧紧地扣在一起。将这个姿势坚持一会儿，然后放松，躺在地上休息一下，继续重复这个动作。（如果你想让这个动作更有挑战性，可以试着把一条腿抬起来指向天花板。）

针对部位：臀肌、大腿、腰肌、背部的下半部分。

特别塑造：一旦你的身体形成拱形，就把自己的双手尽量放在身体下面，以便抬升你的身体和臀部，这样也可以使你的臀部肌肉更紧缩。

第四节，如果你是个初学者，从来没有用肩膀支撑过身体，或者颈椎有问题，那么最好在开始时不要尝试这个动作。开始动作和第三节一样。然后把手放在腰部后面，做个支撑。每次朝胸部屈腿。如果你还做不到用肩膀支撑身体，可以把膝盖弯曲起来，这样可以减少肩部的压力。再分别把两条腿笔直地伸向天花板，并拢双腿，想象着你把能量从头部传到脚尖了，如果这个姿势太累，就把腿弯曲一会儿，休息一下。（如果在脖子和肩膀底下放条毛巾，会减少对这些部位的拉伸，感觉更舒适一些。）

针对部位：肩膀、后背、腹部、臀部、腿。

特别塑造：注意眼睛向上看，紧紧收缩腹部，努力保持躯干和腿在一条直线上，与地面垂直。

健身瑜伽

运动学专家认为，瑜伽可以起到修身塑形的作用，还可以轻松达到健身的效果，缓解工作压力，让我们做个健康美人。

下面介绍六种简单的健身瑜伽方法，大家在闲暇时不妨尝试看看：

1. 基本呼吸法

瑜伽术认为人类依赖宇宙的能量而生存，而在有生命素之称的空气、阳光、泥土、水分和食物中，呼吸空气是最为重要的，呼吸包含着神奇的力量。

方法：坐在椅子上，双腿并拢。一手扶在大腿上，一手放在腹部，收下颌，脊椎伸直。先腹部放松，用鼻子吸气，并用力扩展喉和胸，使气充满胸腹部，肚子鼓起；然后放松下颌呼气、同时放松胸部，肚子渐渐下去。呼气时要用吸气时的两倍时间从鼻子慢慢呼出、呼尽后，保持屏息状态 1~2 秒钟。

意识力：放在腹部呼吸上。

注意事项：瑜伽的呼吸有深呼吸、轻呼吸和静呼吸。根据动作的幅度大小、难易程度而采用不同的呼吸方法。不论练什么，在练前练后都要这样调整呼吸，每次做 5 秒钟。

功效：会使心情稳定愉快，感到很舒畅。

2. 坐姿转背姿势

方法：坐在椅子上，右手扶左膝关节，左手扶在背后或右髋关节上，吸气时转体，静止 15~30 秒，自然呼吸，然后还原呼气。左右各做 4 次。

意识力：集中在腹部。

注意事项：回转时转腰、胸、颈、头、脚要固定，背肌要伸直，头尽量向后方转，往远处望，最好看绿色的物体，放松眼睛。

功效：消除背骨的弯曲，缓解腰痛、背痛及脚的风湿。拧转腹部，能给脊柱和各内脏器官造成刺激，促进激素分泌，使皮肤重现青春。还会使身体非常舒适，头脑清晰，消除肩、脖颈的瘀血。消除紧张，增强工作活力。

3. 骑士姿势

方法：坐在椅子上，双腿左右分开放在椅子两侧边沿，脖颈伸直，从头到尾骨要非常直。双手抬至胸前，上下重叠、挺胸立腰、颌下收，然后将臀离开椅子上提10厘米高，呈马步蹲式，要屈膝下腰，颈背尽量伸直，呼气。然后双腿逐渐上伸直，提腰，站立。

意识力：集中在腰腹上。

注意事项：呼吸与功法配合好，双脚要站稳。

功效：防治腰痛和背痛，提高脊柱和腰的活力，增强胃肠功能，提高性活力。消除腰部和骨盆内的瘀血，增加头脑和腿脚的血流量。

4. 虎士姿势

方法：（1）闭上双眼，肩放松，心情要定下来10秒钟，坐在椅子上，竖起两手的示指，双示指顶在一起，凝视指尖10秒，自然呼吸。

（2）右手往右边移动，双眼追逐右手指尖，直到看不到为止；再慢慢将双眼回到正面来。相反左手一样。

（3）将竖起的手指往左右两边移动，静静地看着手指，持续10秒。

（4）双手放下，身体不动，尽可能凝视上面，10秒钟，然后向下凝视10秒。接下来上下交互，做10次。

（5）将双眼往右、下、左、上移动转3次，然后是往左、下、右、上转3次。

（6）闭上双眼，保持身心轻松。

意识力：集中在指尖上，想象从眼中产生能量。

注意事项：移动眼睛时，头不动；在凝视时，不能眨眼，先吸气之后再终止。

功效：培养集中力，而且具有转换气息的效果，消除眼睛的疲劳，预防充血，对眼睛干涩也很有效果。坚持练习。会使眼睛变得美丽、生动、迷人。

5. 牛面式

方法：坐在椅子上，将背肌伸展，右手向后由上而下，左手由下而上，绕到背后，双手在背后勾住，胸廓尽量张开，静止10秒，然后换相反方向。

意识力：放在被拉扯向上的胸部。

注意事项：将手勾在一起，注意转头时双眼尽量向正后方望去，上面的肘关节有被强劲拉扯向后的感觉。重复3次。

功效：可以防止乳房下垂。治疗、预防驼背，治疗肩周炎。提高手臂、肩膀的血行，促进肩臂、侧腹、胸廓的肌肉发达，强化手的动作。

6. 收缩腹提举内脏功

方法：站在椅子后面，双手扶椅背，双腿开立，弯曲。闭上双眼，将气吐尽后屏息，收缩腹部，好像将整个内脏器官向上提起，保持这种姿势1~3秒。放松腹部，吸气。练5~10次。

意识力：放在小腹、呼吸上。

注意事项：尽量用鼻子呼吸，上提时，肛门也要同时上提。

功效：此功可消除腰部脏器的瘀血，促进血液循环，对防止便秘、消化不良和肝病等有效果。还可以调整自主神经，提高自我情感控制能力。

小贴士

冬天做个瑜伽也能有健身功效

冬天天气太冷，很多女性朋友不愿外出去健身房锻炼，渐渐长出恼人的赘肉。此时适选择室内塑身运动——瑜伽，可以帮助维系较好的身材。比如，居家闲暇时，可以平躺在地上，脸朝上，脚平放，两脚打开的宽度与臀部同宽，弯曲膝盖，直到小腿胫骨和地面垂直。收紧臀部肌肉，将臀部抬离地面10厘米，让身体和地面 成拱形。手臂紧贴在地上，收紧臀部和腿部的肌肉，让臀部抬起来，双手在身体下面紧紧地扣在一起。坚持几秒钟后，躺在地上休息2~3分钟。每天重复这个动作几次，长期坚持可以收紧臀部及背部的下半部分肌肉。

瘦腿瑜伽

腿部的比例几乎占据了身体的一半，纤细修长的双腿往往最能吸引人们的目光，更能散发出女性的魅力。打造模特般的修长美腿，瘦腿瑜伽是不错的选择。下面为大家推荐六步瘦腿瑜伽，让你马上变身美腿女王！

第一步：先双腿打开，左腿往上抬高约离地面10厘米，左脚脚尖踮起，使脚跟离开地面，重心放在右腿上。然后，双手抱住脑后，同时臀部往右方扭曲。接着，上半身往左边下压。停留10秒后恢复到开始的动作，左右边轮流重复5次。

第二步：取坐姿，双腿伸直，脚掌抵住墙壁。再双手抱住头部，上身慢慢往双腿方向下压，直到感觉双腿有酸痛的感觉，回到开始时的动作，重复做8次。

第三步：先仰躺地面，双腿并拢弯曲，双手抱住膝盖以下部位。然后，双腿慢慢放下，直至脚掌贴地，重复做5 ~ 8次。接着，双腿伸直慢慢往上抬起，然后继续往头顶方向伸展，直至脚趾触地。双手放在腰侧以支撑双腿，保持6秒。

第四步：先趴在地面上，前臂贴地，以支撑起上半身，小腿弯曲，与大腿成45度角。然后，脚尖绷紧，双手臂慢慢伸直，头部往上仰，眼睛注视天花板上。接着，放松身体，呈一字式俯躺地面。重复动作8次。

第五步：先取跪姿，双腿并拢，脚尖绷直。然后，左腿弯曲慢慢往前方伸展。接着，双手抓住右腿脚踝处，慢慢往上拉伸右腿，直至感觉右大腿肌肉有痛的感觉。

第六步：先仰躺地面，背部贴地，双腿往上抬起，双手抓住右腿的脚踝。然后，双手抓住右脚踝慢慢往头部上方拉直，直至感觉右腿有疼痛感，同时左腿往地面方向伸直。

瘦脸瑜伽

女孩子都争做小脸美人，小脸真的那么重要吗？没错，一张巴掌小脸是让你提高女性魅力不可缺少的法宝。肉肉的圆脸虽然可爱，可难免与女人味扯不上边。要想塑造巴掌小脸，以下八招瑜伽瘦脸动作可以尝试看看。

第一招：纠正脸型

（1）双手放在脸的两颊处。

（2）左手沿着顺时针方向往下方推动肌肉，右手沿着顺时针方向往上推动。保持5秒后换方向进行。

（3）右手放在额头上，左手张开放在脸部中间鼻子附近。左右手沿着逆时针方向紧贴脸部肌肉做移动，左右手交换换方向重复一遍。

（4）左右手放在脸颊的两旁，沿着箭头方向，左手往下拉扯肌肉，右手放上拉扯。左右手交换换方向重复一遍。

第二招：嘴部运动

（1）紧闭嘴唇，往前方伸直，形成嘟嘴的姿势，保持5秒。

（2）恢复原来状态，嘴巴保持紧闭，往两侧拉伸开，保持5秒。

（3）闭上眼睛，嘴巴紧闭，右嘴角往上扬起，保持5秒。

（4）回到原来动作，换左边进行，同样保持5秒。

（5）嘴巴含住一根筷子或吸管等长体小物。

（6）利用嘴唇轻轻转动筷子，以5秒作为单位。重复做5次。

第三招：面部表情运动

（1）慢慢张开嘴巴，尽量张到最大的状态。

（2）然后嘴巴慢慢闭上，动作重复做5次。

（3）用前牙轻轻咬住一根筷子。

（4）双手放在脸颊两旁，把肌肉往耳朵两旁方向推。

第四招：收紧脸颊肌肉

（1）双手放在脸颊两旁，把肌肉往嘴巴中间推。

（2）放松，慢慢回到初始动作。重复做5次。

（3）嘴巴紧闭，嘴角慢慢往两侧拉，做微笑动作，感觉脸颊肌肉有收紧的感觉，保持10秒。

（4）回到原来动作，重复5次。

第五招：眼肌运动

（1）脸部保持自然状态，眉毛慢慢往上伸，感觉自己的眼睛有张大的感觉。

（2）眉毛保持往上拉的状态，眼睛闭上，保持5秒。

（3）眉毛慢慢回到自然状态，眼睛睁开，动作重复 5 次。

第六招：眼睑拉伸运动

（1）上眼睑慢慢往下垂，眼睛呈半睁开状态。

（2）眉毛慢慢往上拉伸，尽可能拉到最高处，保持 5 秒。

（3）回到自然状态。动作重复 3 次。

第七招：拉伸眉间肌肉

（1）慢慢扬起眉毛，保持 5 秒后恢复原状。

（2）默数 5 秒，做皱眉动作，尽可能让眉间肌肉紧凑。

（3）慢慢抬起眉毛，保持 5 秒。

（4）恢复自然状态。动作重复 3 次。

第八招：面部肌肉运动。

（1）放松，轻轻闭上眼睛。

（2）眉毛至鼻子部分的肌肉尽量往中间挤，保持 5 秒后回到原来状态。

（3）慢慢抬高眉毛，同时鼻子慢慢往下伸直，尽可能拉伸面部纵向肌肉，保持 5 秒后回到原来状态。

（4）前牙轻轻咬住舌头，左眼做眨眼动作 3 次。换边重复进行。

小贴士

饮食配合瑜伽瘦脸更容易

想要做小脸美人，不仅可以适当选择瘦脸瑜伽，还可以在饮食上有所配合，如：牛奶 + 芹菜。牛奶有美白的功效，而芹菜的营养价值很高，能促进口腔活动，还可以降血脂。食用方法是把芹菜榨成汁与牛奶均匀搅拌后饮用。持续喝 1~2 个月，就会慢慢显效。该食物容易消化，可以起到通便排毒的功效，减轻女性的疲劳及压力，同时可以促进脸上脂肪燃烧，起到瘦脸的作用。

美胸瑜伽

大家都知道，性感的身材一定是要凹凸有致，胸部并不仅仅要大，而且要美。如何才能拥有性感的胸型？一起看看美胸瑜伽动作吧，促进血液循环，能帮助丰胸、提升胸线，健美胸型。

第一招，刺激胸部淋巴结，有助刺激胸部淋巴循环，排出毒素，让养分顺利到达。

（1）仰躺在瑜伽垫上，左腿伸直，脚背绷直，右腿膝盖弯曲，脚尖放在左膝盖上，左手放在右膝盖上将其向身体方向轻轻按压，右手向侧伸展，五指张开，掌心向下按住地面，与身体成 90 度角。

（2）将右腿向左侧地面放下，左手按住使其贴住地面，同时头部向左侧转动。注意右手、肩膀不要离开地面。

（3）保持姿势，将右手抬离地面向头顶斜上方伸展，五指张开。

（4）保持姿势，将右手向腿部方向上方伸展，五指张开。

第二招，促进胸部血液循环，让胸部和肩部获得新鲜的血液供应。

（1）俯卧在瑜伽垫上，两腿分开与肩同宽，脚背贴地，左手屈肘掌心放在胸侧，右手向侧伸展，与身体成直角，掌心向下。头部转向左侧。

（2）左手掌撑地，身体左侧抬离地面，左腿屈膝跨过右腿放在右膝盖后侧，左小腿垂直于地面。

（3）保持腿部姿势，将左手向背后伸展，与右手手指交叉，翻掌向后，拉伸肩胛骨，使得胸部获得扩展。

第三招，帮助胸部肌肉获得弹性，加强胸部、肩膀和手臂关节及肌肉的力量，增强柔韧性，让胸部形成无形的“外衣”，让胸型更漂亮。

（1）跪在地上，两腿分开与肩同宽，脚板勾起，两手分开略比肩宽，手臂、大腿垂直于地面。

（2）脚跟向地用力蹬，伸直双腿，臀部抬起，上身下压。

（3）先将右手前臂贴地，身体向右侧下压，然后左手前臂也贴地，身体下压。

（4）膝盖弯曲，臀部坐下，从跪坐姿，胸部贴住膝盖，额头触地，两臂贴地向前伸展。

瘦腰瑜伽

腰腹部的赘肉往往是肥胖者最头痛的地方，减肥一天天进行着，可小肚腩却一天天不断地成长。要赶跑这讨厌的游泳圈，除了饮食控制外，还需要加强运动。下面为女性朋友们推荐几招瘦腰瑜伽动作，帮你的腰部减减肥，甩掉水桶腰。

第一式：新月变式——滋养侧腰部

（1）双脚打开，吸气将双臂抬至水平，呼气，放松双肩，将掌心翻转向下。双眼平视前方。

（2）深呼吸，在吐气时放松，右腰上半身水平向右倒下。注意身体不要前倾，不要弓背，应感觉身体紧贴一面墙，双肩尽量向外打开，平面侧弯。感受左侧腰部得到拉伸。

特别提示：4 组 / 天。在侧腰时不要送胯。如果可以的话，在练习一段时日后，可以尝试，用手握住脚踝，并尽量保持 30 秒后再恢复站姿。

第二式：鸟王式——向前拉伸腰部

（1）双腿并拢，站姿。吸气，抬起双臂，掌心相对，左手臂压过右手臂，肘关节重叠，于胸前环抱，双手合十。如果双手无法合十，则右手握住左手手腕处即可。

（2）抬起左腿，缠绕右小腿，将身体重心置于双腿之间。右脚趾牢牢抓紧地面。

（3）调整呼吸，深吸气挺直背部缓慢下蹲，保持好平衡后，上身向前，让腹部靠近大腿，感受到腰背的拉伸。保持 15 秒后，恢复初始姿势，反方向进行。

特别提示：1 组 / 天。该组动作不但能够很好地向前拉伸腰部，同时还能够挤压到脏腑部，帮助你排除体内浊气及宿便，并锻炼下肢力量，培养你的专注力。

第三式：弓式——活动后腰部

（1）平趴于地面，下颚轻轻触地，双眼微看地面。调整呼吸，弯曲小腿，两手自外侧握住脚踝。

（2）吸气，腰部用力，将上半身抬离地面，感觉后腰部得到拉伸。在可以的情况下，夹紧臀部，双手用力，拉动双腿，让大腿抬离地面，整个身体像一张拉开的弓。头微微后仰，双眼睁开着上方即可。

特别提示：2组/天。在刚开始的时候，不要勉强自己，先试着只抬上半身就好。由于我们的腰部在平日总是前驱，很少得到向后的拉伸，所以这个动作，能有效活动腰、背部肌肉和脊椎，消除腰、背部的疲劳、疼痛，并有效减少腰围上的脂肪。

第四式：天鹅式——全面收紧腰部

（1）跪姿，大腿与小腿呈90度。头部微抬，平视前方。两手掌相并，反方向与小臂呈90度，小拇指并拢，掌心着地。微微弯曲肘部，令肘部支撑在肋骨下。同时将重心慢慢前移。

（2）前脚掌着地，调整好呼吸后，腰部用力，重心前移，慢慢向后伸直双腿，将身体撑离地面即可。

特别提示：3组/天。改组动作有一定难度，刚开始时，最好慢慢尝试，不要急于求成。尤其是肘关节一定不要伸直锁死，而是保持适度弯曲，以防止运动损伤。

第五式：猫伸展式——全方位放松腰部

（1）跪姿，大腿与小腿呈90度。保持头、颈、脊椎成一条直线。双眼看向双掌之间的地面。

（2）吸气，腰背下压，腹部用力贴向地面方向，双肩下压，挺胸。头部后仰，臀部上翘，从而与背部形成向下的弧线，从而使腰、背部肌肉得到挤压。

（3）呼气，弓背，反方向活动腰椎，同时低头，下巴尽力靠向胸部，从而使整个身体形成向上的弧线，感受腰背部肌肉的拉伸。

特别提示：3~6组/天。该组动作能有效活动并放松整条脊柱，尤其是腰背部刚才用力的地方，为整套动作画上完美的句号。

小贴士

做瘦腰瑜伽需要注意的细节

现在练瑜伽的女性越来越多，那么在练瑜伽时，有几个细节需要女性朋友注意。首先，最好在练功前洗个澡，然后休息20分钟至半个小时，提高身体的温度，减少肌肉紧张，帮助舒展身体，并打开各个关节。其次，在运动前后1小时保持空腹。如果运动前感觉饥饿，可以喝一杯牛奶或吃点易消化的食物；运动后要休息半个小时再吃东西，食用蔬果类为佳。注意以上两个细节后，再结合瘦腰瑜伽动作一定会有事半功倍的效果。

瘦臂瑜伽

是不是经常看到漂亮的无袖衣服很难抉择，因为自己手臂上的赘肉很不好看，那要怎样摆脱这些烦人的赘肉呢？下面来看看最快速有效的四个瘦手臂的瑜伽方法，让你永远告别“拜拜肉”。

第一式：床上瘦臂式

（1）手臂平衡伸展，双腿交叉盘坐在床上，自然抬头挺胸，脊柱要注意伸直，两手放在脚踝上。双手向两侧平举，到减半的高度，掌心要向下，保持均匀的呼吸。一只手向上扭转，掌心向上，这样的动作交替方向扭转双臂重复 15 次。

（2）手臂交叉握拳向上伸展，双腿交叉盘坐在床上，保持腰背挺直，两手向前交叠，扭转并手指交扣，握拳。慢慢将手臂向上伸展，越过头顶至脑后，并感觉脊柱到指尖往上延伸的感觉，尽可能地抬起你的头，保持缓慢的呼吸，重复3次。

（3）俯卧在床上，双脚分开与肩部同宽，脚板勾起，脚尖点地，将两手屈肘放在胸部两侧，下巴点地。四肢用力，尽量收紧腹部，将身体向上抬起，保持从头到脚在一个平面上，注意不要翘臀部。停 10~15 秒后，重复 3 次。

功效：有效帮助你消除手臂赘肉，舒缓手臂酸痛，减少疲劳感。

第二式：椅上松肩式

（1）自己坐正于椅上 1/3 处，坚持挺直腰背，双膝并拢，双眼平视。

（2）吸气，保持上身不动，将双肩耸起，止息，停留数秒。

（3）缓慢吐出气，上身不动，放松两肩，尽量舒缓自己绷紧的神经。

（4）还原，来回重复做数次。

功效：消除手臂脂肪，解除肩颈酸痛，促进肩部和颈部的血液循环等。

第三式：手臂旋转式

（1）做好坐姿准备。

（2）将双臂左右侧平举，掌心向下。

（3）保持整个身体不动，手指尖带动双臂顺逆时针地做画圆练习，每个方向 10 圈。

功效：延伸整个手臂线条，使其变得更加修长与更加紧实，让你彻底告别“拜拜肉”。

塑身提示：尽量收紧整个臂部的肌肉，双肩放松，不要耸起。手臂始终保持与地面平行，画圈时身体不要跟着动，将注意力放在大臂处。

第四式：曲臂式

（1）挺直上身，让臀部自然坐在椅子前的 2/3 处，平行垂放两脚。让两手臂握拳朝上并向前伸直，同时与肩同高。然后自然呼吸，放松，为下面的动作做准备。

（2）吸气的同时你需要弯曲两肘，让手臂弯曲成 90 度角；然后再吐气，随之将弯曲的两肘靠向肩部，然后往内收缩，重复动作 12 次，12 次为一回，建议每天做两回。

功效：将手臂抬平并向内收缩，再使到肱二头肌屈曲，让肱三头肌得到伸展。这样可以稳定肩关节，从而让手臂线条的线条更优美，手臂变得更加修长。

塑身提示：练习时手肘不能移动，而弯肘时保持位置与肩同高，同时放慢速度做效果更好。另外，大家可根据个人情况，适度增加练习强度，如手握矿泉水瓶，这样做能起到更好的效果。

全身瑜伽

现在的都市生活越来越紧张，很多的都市人的身体都有不同的小症状出现。现在就为大家介绍六式全身轻松减肥瑜伽，让大家平日绷紧的神经放松下来，而且还能助你塑造玲珑曲线。

减肥瑜伽第一式：瘦手臂瑜伽

（1）首先把手屈曲成 90 度张开，手肘举到与胸部平衡，手掌心向外。

（2）以手肘向后画圈，重复 10 次。

注意：做这动作时，画圆圈的动作幅度宜较大，动作愈大，运动的范围就愈多，可帮助瘦手臂，还有助于健胸。

减肥瑜伽第二式：丰胸瑜伽

（1）两臂移至胸前，两个手掌掌心合拢。

（2）吸气，两掌用力紧压，使两个胳膊肘程度展开。

（3）贯穿连接 2 的姿势，一边吐气一边努力挺直上身。

注意：该瑜伽使胸部感受到有拉力，宛如上身的前后和胸部被拉伸开的感觉，贯串连接 10 秒后放松身体。重复 5 次，丰胸效果很明显。

减肥瑜伽第三式：瘦腰瑜伽

（1）两脚打开，吸气时将双臂抬至水平，呼气，慢慢放松双肩，将掌心翻转向下。双眼要平视前方。

（2）深呼吸，在吐气时放松右腰上半身，上半身需要水平向右倒下。注意身体不要向前倾，也不要弓背，应感觉身体紧贴一面墙。

（3）两肩尽量向外打开，平面侧弯。慢慢会感受到左侧腰部得到拉伸。到达你舒适的位置即可。

注意：不要强求自己一开始就能达到教练的程度。保持 15 秒后，恢复初始姿势，反方向重复该动作即可。

减肥瑜伽第四式：瘦臀瑜伽

（1）仰卧，双臂置于体侧，调整呼吸，然后将身体抬起来，双手托住腰部，手臂支撑于地。

（2）呼气，将脚跟慢慢抬起，膝盖并拢，大腿内侧肌肉需要夹紧。

（3）先吸气，然后再呼气，同时将左腿向上伸直，保持 5~10 秒，自然地呼吸。

（4）吸气，把左腿落下，支撑住，呼气，把右腿向上伸直，保持几秒，然后再自然地呼吸。

（5）左右腿做 3 次，然后放松可还原。

注意：该瑜伽可以强化腿部肌肉力量和脚踝的力量，美化臀部线条，收紧臀部肌肉。

减肥瑜伽第五式：瘦腿瑜伽

（1）两腿打开，左腿向上抬高离地面约 10 厘米，左脚脚尖踮起，使脚跟离开地面，把重心放在右腿上。

（2）双手抱在脑后，同时臀部往右方扭曲。

（3）上半身往左边下压。停留 10 秒后即可恢复动作 1，左边右边轮流重复 5 次。

注意：该动作有一定的难度，如果是初学者就先做好热身，舒展身体，以防伤至筋骨。

减肥瑜伽第六式：全身瑜伽

（1）站在与凳子约几步距离的前方，弯曲上半身，双手分开 10 厘米左右，臀部往天花板方向抬起。

（2）右手往凳子前方伸展，右腿跟着也向前方移动，直至膝盖放在凳子上方，左手与左脚做出同样的动作。

（3）做俯卧撑姿势，手肘弯曲，背部往下压。重复做 8~10 次。

注意：事先应该准备一张小凳子，该瑜伽是帮助全身塑形，可以配合以上任意部位练习。

小贴士

做全身瑜伽的最佳时间

全身瑜伽得到越来越多的女性朋友的推崇，但想要让全身瑜伽的效果更好，女性朋友就需要注意练瑜伽的最佳时间。一般来说，练瑜伽的最佳时间是每天早上起床或晚间入睡前，因为早晨女性朋友体温较低，关节和肌肉僵硬，所以适合做一些简单的瑜伽动作。而晚间，女性朋友的体温上升，因而肌肉最为柔韧，适合做一些难度较高的瑜伽动作。注意做全身瑜伽的最佳时间，可以最大程度增加全身塑形效果。

无器械

街舞

街舞，最早起源于撒哈拉以南的非洲，是爵士舞发展到 20 世纪 90 年代的产物，它的动作由各种走、跑、跳组合而成，并通过头、颈、肩、上肢、躯干等关节的屈伸、转动、绕环、摆振、波浪形扭动等连贯组合而成的，各个动作都有其特定的健身效果，既注意了上肢与下肢、腹部与背部、头部与躯干动作的协调，又注意了组成各环节各部分独立运动。

街舞一般可以分为两种，一种是个人的技巧街舞。个人技巧街舞是最早流行的一种街舞，因为它能体现年轻人精力旺盛的一面，他们的很多地面动作，譬如说翻滚、倒立、弹跳都是技巧比较高，观赏性比较高的街舞表演。另外一种就是集体街舞，是目前比较流行的街舞形式。它反映了大众的需要，跳起来比较简单，节奏感比较强，它既有舞蹈的感觉又有健身的作用。所以目前比较普遍的就是集体街舞。

街舞是一种中低强度的有氧运动，在一个小时的运动中，消耗全身脂肪的作用是相当强的。跳街舞使人注意力集中，兴趣浓厚，动作优美、随意。此外，街舞是一种小肌肉运动，经常练习能增加你全身的协调性，让你的身材比例更趋标准。

街舞的各个动作都有相应的健身效果，不仅强调上肢与下肢、腹部与背部、头部与躯干动作的协调，而且注意针对具体部位进行训练。因此，它不但具有一般有氧运动改善心肺功能、减少脂肪、增强肌肉弹性及韧带柔韧性的功效，还可以协调人体各部位的肌肉群、塑造优美体态、提高人体的协调能力。

健身街舞通常一节课在 45 分钟至 1 小时。舞蹈中，能调动所有的运动细胞，消耗全身脂肪，同时也能够对局部肌肉起到塑造作用。

整套动作包含各种脚上功夫，如走、跑、跳等以及头、颈、肩、肢体各个关节的转动、屈伸以及波浪形扭动等组合动作，每个动作都能起到局部健身效果。

踩上节拍，脚上的动作比较简单，基本是重心的左右交换；上半身跟随重心的转移做整体的左右摆动。双手屈臂向上，然后交叉，做两个节拍；然后大臂向两侧打开，手掌打开向外，左右手肘分别下沉两次，同时腰部也要随之下沉。在偏重某一侧动作的时候，上半身向这一侧略微扭转，强调动作的幅度。然后在第四拍跟着节奏让上半身向前律动两次，双臂打开向前，跟随上半身在身体前侧划出弧线；其中一个节奏包含一个快速的腿部动作。右手向上伸展，左手向下，同时左脚向后迈出一步；紧接着下一个节拍右腿向后回收一步，双腿微屈，同时双手迅速收回至胸前；再下一个节拍打开双手，头向左看，同时右脚向右一步，最后一拍右腿收回，手掌收回合拢。

左脚向左侧迈出一步，脚前掌着地，重心仍然放在右腿，上半身向右上方拉动，两侧各做两个节拍。后面两个节拍身体做一次从下而上的波浪滚动，像是传导电流一般，然后再由上到下做一次从下而上的波浪滚动。

小臂略屈，高举双手，身体向前律动，第二拍左手在身体前侧弯曲，靠近右肩，右手向后贴近后背，同时右脚向前迈出一步，重心仍然放在左脚。第三拍双脚同时向后跳一步。第四拍左臂伸直击向地面，右臂放松微屈，左脚向前踏一步，脚后跟着地。第五拍左腿膝盖抬起，用腰部力量控制身体平衡，上半身微微向后倾，同时左手伸直，在身体前侧向右伸展。第六拍同上，在右侧做一次。

最后一拍左脚向左迈出一步，腰部及肩膀向左拉伸，头部转向右，这一拍的后半拍需要立即把右腿收回，然后把头彻底偏向左侧。

此外，运动学专家建议大家，跳街舞每周应运动 3 ~ 5 次、每次运动 30 ~ 60 分钟，这样减肥的效果才会明显。在街舞锻炼过程中，随着时间的延长，脂肪的供能比例也在增大。如：在 40 分钟、90 分钟、180 分钟连续运动时，脂肪的供能分别占总耗能的 27%、37% 和 50%，想达到更好的减肥效果，就应适当延长锻炼时间，并且持之以恒。

肚皮舞

现在，在众多的都市白领中开始流传着“肚皮舞加高温瑜伽等于完美身材”的秘密。肚皮舞起源于埃及，兴起于中东，在艳丽的服装、欢快的旋律中，会使人心情与身体一同升腾。肚皮舞练习中，“筛米”是基本功，能够帮习舞者很好地燃烧腰、臀部脂肪，塑造出迷人的腰部线条。通过一系列腰部不同节奏和速度的摆动，让舞者能快速减少腰部赘肉，拥有迷人的“小蛮腰”。

下面给大家介绍一套肚皮舞的动作，经常练习，假以时日，一定能练出婀娜多姿，性感诱人的优美曲线。

第 1 式：8 字美臀

重点：纤腰、翘臀。

将注意力集中在腰部，双脚张开，身体微微坐低，将重心放在下半身，做动作时背部要挺直。

两手张开，呈“8”字形式来回摆动腰部，注意不要用背部力量旋转。

第 2 式：提手纤腰

重点：纤腰、手臂。

将注意力集中在腰部，身体微微坐低，将重心放在下半身，做动作时背部要挺直。

双手合十提高伸直，双腿保持静止，向右弯腰将上半身向左方伸展，维持动作数秒后返回直立姿势。左右方交替重复进行。

第 3 式：拉扯修臂

重点：修正上手臂、手臂内侧、肩膀及背部。

整个动作都只用到上手臂的力量。

先提高右手，左手自然垂放，双手同时向后拉扯；接左手提起，右手垂放同时向后拉扯，快速地交替进行。

第 4 式：旋转丰胸

重点：丰胸。

做动作时只用上半身力量做旋转。

双脚张开，两手微弯放在大腿上，注意力集中在上半身。用上半身力量往左、右、前、后方，做 360 度旋转式扭动，注意腰部保持不动。

第 5 式：纤腿步操

重点：收紧大腿及小腿。

将注意力集中在大腿，两脚张开比肩略阔，身体微微坐低，将重心放在下半身，做动作时背部要挺直。

两手自然垂放在身体两边，先将右脚抬高，然后两脚交替快速地向上抬起，以脚尖点地，注意身体要挺直不要左右摆动。

第6式：快速瘦臀

重点：修减臀部外侧。

两手举高手心向上互握，身体微微坐低。用臀部力量由右向左快速摆动，左右交替练习。注意摆动时只有臀部用力，其他部位维持静止状态。

以上每一套动作需做10分钟始见成效。

小贴士

跳肚皮舞是否可以穿高跟鞋

跳肚皮舞时穿的高跟鞋并不是我们平时穿的普通高跟鞋，而是特制的高跟舞鞋。但是，由于肚皮舞初学者胯部开度还没打开，动作要领不熟，不适合穿高跟鞋练习。即便是已经掌握了肚皮舞基础动作，但为了避免受伤，女性朋友也应该在熟练了舞步以后再考虑穿高跟鞋。毕竟，健康是美丽的基础。

芭蕾

练芭蕾的女人也许不美丽，但挡不住一种优雅、一种沉静、一种由内而外的魅力。因为，芭蕾具有很强的塑造个人气质和形体的效果，哪怕在静止时也在消耗着脂肪，减肥效果非常好。

下面我们介绍的这套腹部修身练习法就是从“皮拉兹”动作中选出的。“皮拉兹”是芭蕾舞演员加强力量素质的一种方法。它强调练习要身心统一。练习者在动作中要把主要注意力放在肌肉感觉上，而不是仅仅数次数。以下是六个练习的做法。

（1）“吊床”——垫上铺一条大浴巾，仰卧于上。两手抓住浴巾的两个角，兜住后脑。屈膝，脚平放地面。吸气，收腹向上抬头、颈直至肩抬离地面。保持这个姿势，吸气同时把一条腿慢慢蹬直，脚跟不离地。呼气，把腿收回到屈膝姿势。换另一侧腿。注意呼吸顺序要正确，每次呼气时腹肌向内用力收紧。

（2）“旋转鸟”——仰卧，屈膝团身。双手置脑后，收腹。呼气，同时头与肩向上抬，颈保持自然。吸气时双腿伸出，上下分开成剪刀状。左腿与地面呈75度，右腿与地面呈45度。保持这个姿势，呼气时两腿在空中划半圆形交换上下位置。吸气，收回双腿，再重复，交换左右腿。

（3）仰卧腿屈伸——仰卧，屈膝团身。两臂伸开于体侧成“十”字。收腹，肩保持触地。吸气，把膝向胸收拢。呼气，双腿向前上方伸出，同时头与肩抬起，右手尽力向腿的方向伸。吸气，屈膝，呼气，用力收腹。换做对侧，每边10次。

（4）舞者旋围——预备姿势为右手撑地，右腿屈膝着地坐于地面。左腿屈膝，膝盖向上。左手侧举。动作开始，腿伸直，脚一前一后触地支撑，腹肌用力臀部离地，左臂高举。收腹，向左转体，左臂着地成仰支撑。眼向上看。呼气时挺髋，吸气时放下身体。还原成预备姿势，重复后做另一侧。

（5）指尖侧转体——俯卧，脚趾手掌触地。臀肌收缩，收腹，背肌用力（肩胛骨向中间靠），挺身至胸离开地面，手指仍触地以保持平衡。吸气，右臂用力后伸触右大腿后部。头与上体同时右转。呼气时恢复开始姿势。重复后做另一侧。

（6）滚动划船——坐直，收腹。腿向前伸出，两脚分开比肩宽。双手持一块卷成卷的毛巾于体前，手心向下。挺胸，臀肌收缩。呼气，身体慢慢后倒，同时放松腰肌使之向后展，直至你能控制的最大角度。停留1秒，吸气时把毛巾卷拉向胸前。再呼气，把毛巾举过头顶。吸气还原，再重复。这些练习应该按顺序一星期做3~5次。前两个动作是起热身作用，后3个动作难度加大。按动作要求每组做10次（每侧5次）。如果开始觉得太难，可从4~6次开始。在有镜子的舞蹈室练最为理想。

要练出漂亮的腹部除了进行多样化的腹肌练习以外，还需要长期坚持有氧运动与合理的饮食。三者结合起来才会取得最佳效果。

健身舞

以夸张的姿势，给肌肉带来负荷，从而刺激全身每一个角落，更能让你集中躯干的力度，以骨盆为中心带动上下身，配合有氧运动的呼吸法，让你轻易燃烧脂肪，甩掉赘肉。非凡活力健身舞燃烧瘦全身，让你青春活力每一天！下面具体给广大的女性朋友介绍一套健身舞：

第一步：抱手扭动

（1）双腿张开站立，幅度比肩宽，上身挺直，腰腹与臀部的肌肉收紧。手肘弯曲，双臂手掌向上、向左侧平举。

（2）臀部进一步收紧，双膝向前弯曲，上身与大腿成直角，腰一边向后倾斜一边向右扭，令重心后移下沉，同时右臂后拉，左臂向前递。

第二步：甩臂振腿

（1）双手手肘弯曲，前臂与后臂成90度举起，右腿站直，左腿向前踮起，膝盖弯曲，上身挺直，向右侧转。然后左右手掌上下晃动，带动手臂，同时双腿震动。

（2）左右互换，上身向左转，右脚在前踮起，重心落在左腿上，左右各做10次。

第三步：举手压腰

（1）双腿大大地张开，注意脚掌正向前方，全身挺直，左臂伸直向上举起，手掌张开，手指绷直，右手肘弯曲，手扶左臂手肘。

（2）保持双腿伸直的状态，上身向右侧扭下，慢慢地加大幅度，使左腰充分伸展，右腰侧收缩，注意上身不要前倾或扭腰。

第四步：扭腰抬腿

（1）双臂弯曲自然上举，右腿站直，重心向右移，左脚脚跟离地。

（2）左膝弯曲，左腿向左侧抬起，小腿后抬，同时腰部向左下压，带动右臂上举，左手拍在左脚上。

第五步：弯腰踢腿

（1）右腿站直，上身挺直，左腿向后踮地，右臂伸直举高，左臂自然垂下。

（2）腰部下弯，左腿向前踢起，保持膝盖不弯曲，右臂滑下，手掌拍在左脚的鞋尖上，同时左臂为保持平衡甩向身后。

第六步：交叉腿弯腰

（1）双腿伸直，并与膝盖交叉，右腿在前，左腿在后，上身挺直，双臂自然垂下。

（2）保持双腿的姿势，腰部向右前方弯下，上身下倾，双臂不施加任何力度，自然地随之下垂。然后收回上身，换脚向左下弯腰。

小贴士

跳健身舞需要注意的事项

健身舞是集欣赏性、娱乐性、互动性于一体的大众健身活动，适合中老年人。跳健身舞的最佳时间是每天下午 5~7 点，但是每天的锻炼时间最好固定，那样会有更好的效果。虽然夜间跳健身舞是很好的活动形式，但目前还处于打游击阶段，很多中老年人在马路边跳健身舞，这样既会吸入汽车尾气，又很容易影响交通。而且锻炼结束最好不要吃油性大的食物，最好在饭后 20~30 分钟后再进行健身活动。注意跳健身舞的事项，才能让中老年有更健康的身体。

减肥操

办公室生活，每天腰酸背痛腿抽筋……这样的苦日子你还要继续吗？新生代白领，我们要健康也要美丽，午休 10 分钟，简单减肥操就能帮你舒筋活络，还能轻松雕塑完美身材。

第一步：紧实腹

（1）坐在椅子上，坐稳，双手扶在身后，保持身体平衡，双脚并拢脚尖垫起，收腹挺胸。

（2）屈肘，双腿夹紧，大腿用力将双腿抬起向胸部靠拢，注意身体与椅子最好呈 60 度角左右。注意保持匀速呼吸。

（3）保持上身不动，用力向外伸直双腿，感觉腹部肌肉和大腿肌肉紧绷，坚持 5 秒后回复初始姿势。

动作频率：6 组 / 天。

该组动作的目的：有效锻炼腹部肌肉，练就有线条的腹肌，和办公室女生常见的小肚腩说再见。

第二步：修长腿

（1）双腿打开，比肩略宽，脚尖外展，手臂伸直，双手手心相应。收腹挺胸，屈膝下蹲，感觉大腿、小腿及臀部肌肉紧绷。

（2）大腿用力，臀部夹紧，手臂由前向上伸展，手心相对。调整呼吸，保持10秒。

（3）上身姿势保持不动，并拢双腿，挺腰翘臀，膝盖用力，感觉大、小腿肌肉拉伸。

（4）屈膝下蹲，将右腿盘起紧贴支撑腿的大腿上侧。初学者可以用手扶住膝盖和脚踝，以保持身体平衡。坚持5~10秒后放下右腿，换左腿重复该动作后回复初始姿势。

（5）熟练上述动作后，可以尝试将腿放置好后，慢慢将双手延伸侧向上抬起，在头顶处汇合且手心相对。

动作频率：4组/天。

该组动作的目的：有效缓解长时间坐姿造成的腿部静脉曲张现象，并能锻炼大腿、小腿和臀部肌肉，减少大腿尺寸，令小腿肌肉呈完美的线条状。

第三步：美人颈

（1）找一把结实的椅子，坐好坐稳，双脚脚后跟微抬，吸气挺胸，调整呼吸，双手在体侧张开，注意收腹直背。

（2）吸气，手臂由外向内，从丹田向上，在胸前时手背相对。

（3）手臂继续向上，在头顶打开，努力伸长颈部，脚后跟始终微抬。

（4）吸气，放下手臂，向后伸展，注意始终保持头部上扬，腹部收紧，坚持5秒后回复初始姿势，完成该组动作。

动作频率：5组/天。

该组动作的目的：拉伸颈、胸、肩部肌肉，锻炼背部和手臂，同时有助于放松端坐一上午而僵化的肩颈部。

第四步：坚挺胸

（1）双手合十，并掌，向胸部用力，双脚打开比肩略宽，调整呼吸，并保持收腹挺胸。

（2）腰部直立，吸气，双手手肘慢慢向一起靠拢，感受胸大肌向中间收紧。注意保持后臂与地面水平，前臂与地面垂直。

（3）保持并肘状态，呼气，慢慢转动身体呈45度角左右，感受腰侧肌肉收紧，吸气，调整呼吸，保持5~10秒。

（4）慢慢转向另一侧，注意保持匀速呼吸，手肘始终尽力靠近。

动作频率：10组/天。

该组动作的目的：有效锻炼胸部、手臂及腰侧肌肉，保持胸部坚挺，腰部肌肉有线条感，同时活动脊椎，缓解长时间坐在办公桌前造成的弓背现象。

瘦身操

炎夏身材大战之际，众多女性加入了速效瘦身行列，下面为大家介绍两套另类速效瘦身操，每天坚持 10 分钟，3 周即可收到惊人的局部瘦身效果。赶快行动起来吧！

第一套：借助防身术招数，瘦身无极限

招数一：胳膊肘正面攻击。

原为胳膊肘击打对方脸部的动作。此动作有助于锻炼手臂肌肉。左右各 20 下，反复 2 回。

动作分解：

（1）双腿张开，膝盖稍稍弯曲，腰部挺直。右侧胳膊肘弯曲，双手握拳，紧贴下颚处。左侧胳膊肘也弯曲，拳头紧贴右侧胳膊肘处。

（2）右侧胳膊肘用力向上击打，左侧胳膊肘向后击打，同时伸直膝盖。

招数二：乘人不备胳膊肘攻击。

原为使用胳膊肘攻击背后人的动作。此动作有助于减去肋下赘肉。左右各 30 下，反复 2 回。

动作分解：

（1）左手握拳，右手手指张开握住左拳，置于右侧肩膀处。双腿张开比肩稍宽，膝盖稍稍弯曲。

（2）左侧胳膊肘用力向左下方击打。

招数三：后踢腿攻击。

原为背后受到攻击时打退对方或主动攻击时的动作。此动作有助于收缩腿部肌肉。左右各 20 下，反复两回。

动作分解：

（1）上半身先前倾斜，右侧膝盖弯曲后向上提，双手握拳紧贴下颚处。

（2）右侧弯曲的腿部用力向后踢，注意保持与臀部在同一水平线上，视线停留在右腿。

招数四：一次猛击。

原为边跳跃边击打对方的动作。此动作有助于减去手臂、肩膀和小腿赘肉。左右各 30 下，反复两回以上。

动作分解：

（1）双腿一前一后张开，双手握拳，紧贴下颚处。

（2）轻轻跳跃的同时挥拳向前击打。

招数五：抓住对方肩膀用膝盖攻击。

原为使用膝盖攻击对方的动作。此动作有助于减去肋下和腿部的赘肉。左右各 20 下，反复两回。

动作分解：

（1）双腿尽量张开，左侧膝盖弯曲，右侧膝盖伸直。双手像抓住对方肩膀似地稍稍弯曲。

（2）右侧膝盖弯曲用力向上提，同时左侧膝盖伸直。

招数六：孤注一掷正面攻击。

原为使用前踢腿攻击对方的格斗动作。此动作有助于减去腿部赘肉。左右各20下，反复两回。

动作分解：

（1）右侧膝盖弯曲呈直角向上提，大腿保持与臀部在同一水平线，双手握拳紧贴下颚处。

（2）弯曲的右腿向前踢，上半身稍稍倾斜以维持身体的重心。

第二套：舞池瘦身术，边玩边瘦身

（1）速瘦部位：手臂。

双腿张开，膝盖稍稍弯曲，身体向前倾斜30度。左侧胳膊肘弯曲成直角，右侧手臂向下伸直。弯曲的手臂分别向前，向左侧移动。

（2）速瘦部位：臀部。

双腿张开比肩稍宽，双臂向两侧张开，胳膊肘稍稍弯曲。慢慢转动臀部。

（3）速瘦部位：腹部。

双腿张开比肩稍宽，双臂向两侧张开，与身体呈直角，膝盖稍稍弯曲。上半身向前倾斜。轻轻跳跃的同时合拢双腿并拍手。

（4）速瘦部位：后腰。

右腿张开，右侧手臂弯曲并向上提，左侧手背贴紧臀部。交换方向。再次交换方向时，双手重叠同时置于头部上侧。

（5）速瘦部位：腰部。

左腿张开，膝盖弯曲，双臂向两侧张开，胳膊肘稍稍弯曲。弯腰身体向前倾斜45度，双臂同时向下伸，重心向下，上半身呈放松状态。

（6）速瘦部位：肩部。

两腿一前一后站立，胳膊肘稍稍弯曲。两手臂交替提升的同时交替弯曲膝盖。

小贴士

经期是否可以做瘦身操

其实只要不是剧烈运动，或是动作幅度太大，我们是可以做些简单的减肥动作，以此达到月经期瘦身的效果。首先，双腿屈膝躺卧，两脚张开至与肩同宽的幅度，两臂往肩部以后的方向摆，并放松着地，掌心向正上方。其次，慢慢呼气，臀部往上抬起令上身与大腿连成直线，大腿与小腿成90度直角，同时两臂往正上方举起，伸直垂直于地面，保持这个姿势，继续呼气，再缓慢放下，如此重复10次，坚持到经期结束的两周后，可以达到比较好的减肥功效。

健美操

健美操是一项深受广大群众喜爱的、普及性极强，集体操、舞蹈、音乐、健身、娱乐于一体的体育项目。女性常练健美操有助于塑造美好身形，强身健体。

1. 活动骨盆

受身体构造的影响，女性的骨盆较易变形。骨盆变形是由于盘腿而坐等生活习惯引起的，甚至会诱发身体其他部位变形，直接关系到全身的水肿问题。因此，首先让骨盆活动起来吧。

（1）有意识地让骨盆活动起来。分开双膝而坐，吐气的同时慢慢地弯腰，使盆骨向后方倒置。这时臀部尽可能地贴着床板。立起盆骨，使肚脐向正上方提升。重复这个动作三次。若想倍增运动效果的话，建议做 10 次。活动了盆骨之后，一边吐气，一边慢慢地伸展向前倒置的盆骨周围的肌肉。

（2）骨盆前后顺畅运动 塑造理想身材。模仿猫弓背伸懒腰的健身操，即 CAT 健身操，更加顺畅盆骨的运动。刚开始可以只做 3 次，习惯之后最好增加到 10~20 次。首先端正地跪着，双手触地。然后挺起后背，使手腕和膝盖分别移到肩关节和腰的正下方。

（3）使骨盆周围的肌肉也有柔韧。从 2 的姿势开始，抬起背和腰，一边吸气一边立腰。这时很容易只抬背而忽略了腰，所以一定要注意稳稳地抬起腰，像绘制一条大大的弧线。这时要一边吐气，一边使弓背恢复到挺背的姿势。但要注意不能太向后挺，否则会感到腰痛。

2. 改变粗壮大腿

要想获得到腿部曲线，大腿的内侧是值得大家重视的地方。单靠盲目地锻炼只会让大腿肌肉渐渐发达，离曲线之美越来越远。要想改变粗壮大腿的问题，首先，温柔地放松和收紧大腿的内侧十分关键。这个方法还能提高与大腿内侧联动的骨关节的柔软性。

（1） 不要水肿和血液不畅。盘腿而坐，右脚在前，按摩大腿内侧。双手分别置于其大腿内侧的两旁，使其被夹在中间。按照从膝盖再到腰关节的顺序按摩。右腿完成之后更换左右脚前后位置，用同样的方式按摩左大腿内侧。最好用能感到腿微痛的较大力度，并采用按压和揉搓结合的方式按摩。

（2）舒适地伸展，促进脚的血液循环。放松大腿内侧的肌肉后，接下来仰躺，伸直两腿。吐气的同时用手将右膝拉到身体的一侧。一旦使劲呼吸，吐气 15 秒。左边大腿内侧也是同样方式伸展。不能屏住呼吸十分关键。若因吐气时间过长而感到难受的话，吸气就好了。

（3）从端正的姿势提高，培养的身体平衡性。首先，两脚膝盖和脚尖朝外，使盆骨向后突出。两手叉在腰关节上，能处于最好的状态。微微弯曲右膝，以转移重心位置。接着水平滑动臀部，使重心向左脚方向移动。回到原来的基本姿势后再重复。另一面也同样做法。要点是臀部要正横地移动，不能上下摇晃。

3. 运动上臂

理想的上臂是纤细而柔软的，但皮肤较薄因此易产生赘肉。使用频率低是上臂内侧肌肉松弛的原因。那么，怎样才能更好地运动我们的上臂呢?

（1）放松腋下，祛除赘肉。抬起左上臂，向后弯肘。整只右手紧抓腋下，并从腋下开始朝肘方向按摩。背侧的肌肉也一起按摩，使其柔软自然地呼吸，并用能感到微痛的力度进行认真的按摩。右上臂也用同样的方式进行按摩。感到上臂紧绷的女孩们，最好按摩得稍微久一点点。

（2）运动使用机会较少的内侧。在头上方合掌，伸展上臂后，再慢慢向后弯曲。到感觉到上臂内侧充分张开时，保持此姿势 3 秒钟。接着弯曲的上臂返回头上方，同样静止 3 秒钟。反复做以上动作，注意在此过程中不能张开手肘。特别烦恼手臂松弛的女性应以 10 次以上的数目为目标。

（3）扭转动作塑造紧致上臂。微微弯曲两肘，握拳并贴于身侧。接着向后伸直上臂，并保持 3 秒钟。然后扭转从肘到大拇指一侧的上臂。退回原来的位置再静止 3 秒。扭回上臂使其恢复到最初的姿势才是完整的动作。

4. 塑造平坦小腹

无论如何锻炼或节食，小肚子仍然突出，对此许多女性感到无比烦恼。实际有小肚子的原因并不全是脂肪，有可能是骨盆离开了正常的位置。让我们恢复盆骨的机能，运动下腹部，塑造平坦小腹吧!

（1）首先放松整个腹肌。仰卧，放松腹部周围的肋骨下方和沿着腰骨的肌肉。以胸口窝为起点。从中心开始，沿着肋骨的下方按压至侧腹。要领是用不会使下腹部疼痛的力度进行按压。到达腰骨后顺着其斜下方按压，最终到达耻骨。最后，从耻骨向其正上方返回，回到起点就结束了。

（2）下腹部柔软，盆骨归正位。为伸展下腹部，身体呈俯卧姿势。吐气的同时使右脚向左后方向伸长，膝盖要伸直，胸要贴着床板。此时要感到右侧下腹部在伸展，并保持这种状态 15 秒钟。注意途中要大口地吸气，再吐气，持续呼吸。慢慢地使其返回原来的姿势，左脚也是同种方式向右后方伸。

（3）持续刺激腹肌，以完美体型为目标。再次仰卧。两肘支撑床，弯腰并微微扶起上半身。保持整个腰紧贴床板的姿势。抬起双膝后，一边吐气一边移右膝至胸前，伸直左腿。然后又移左膝至胸前，同时伸直右腿。这样左右相互交换，反复运动共计 10 次。

舍宾

舍宾，起源于 20 世纪 90 年代的俄罗斯。其含义就是形体整形、塑造或雕塑。字面的解释为塑造、成形。它包括形体测试系统、形体锻炼系统、形体营养处方系统、形体模特服装、发型优化系统、软组织运动雕塑程序方法体系。它是有别于健美操、有氧操的一种全方位追求形体美和形象美的运动。

女人向舍宾寻求美丽。在舍宾健身房，你会得到科学的训练。首先是形体电脑测评，并找出你与此类别最佳模型间的差距，然后在教练的指导下进行训练调养，最后达到健康、自信和优雅的完美境界。

下面我们向大家介绍一些有关腿、腰、下腹和背的塑形方法：

1. 大腿前侧

侧卧在垫子上，保持身体一条直线，立腰，抬起左腿弯曲，大腿和小腿成90度，直腿落下。第二次抬起腿膝关节伸直，绷脚尖，腿部垂直于地面，此动作需连贯重复。

2. 大腿后侧

跪撑在垫上，手臂和腿部垂直于地面，抬起左腿与臀部平行，屈小腿大腿不动，尽可能使脚后跟踢到臀部。

3. 大腿内侧

侧卧保持身体一条直线，立腰，曲左腿于右腿后侧，右腿伸直上下摆动。

4. 大腿外侧

侧躺在垫上，手臂支撑头部，保持身体直线，屈腿抬起，注意髋关节不动，脚尖高于膝关节。

5. 臀部

（1）跪撑在垫上，手臂和腿部垂直于地面，屈腿 90 度上下摆动。

（2）肘关节和膝关节撑于地面，抬起腿部到最大限度，直腿落下。1 ～ 2 动作反复数次。

6. 侧腰

站立，双脚分开与肩同宽，双手握棍于肩部，出右腿伸直侧点地，同时右肩向下倾斜，换左侧重复。

7. 后腰

站立，双脚分开与肩部同宽，双手握棍于肩头，曲右腿时上身向右侧旋转到最大限度，换左侧重复。

8. 上腹部

身体平躺在垫上，屈腿，双手放在头下，上身抬起于肩胛骨以上离开地面，还原上身落地。重复 2 次。

9. 下腹部

小臂支撑住上半身，屈腿抬起左腿成 90 度，右腿伸直离开地面，双腿上下交替摆动。

10. 上臂后

单手伸直握 2 磅重的哑铃，手心向外，肘关节弯曲置于肩部，反复数次。

11. 上背部

站立，双脚分开同肩宽，双手握哑铃，手臂伸直于耳两侧，屈臂用力向下，背部向内夹紧。

小贴士

青少年舍宾运动的简易训练方法

舍宾运动不仅适合于女性，也适合于6~18岁的儿童和少年，它可以改善青少年不良姿态和体型，矫正脊柱，对青少年的智力和体力产生良好的影响。如：调适运动。身体直立，右脚前跨半步，与左脚呈丁字形，双臂左右平伸。弯腰向前，左手在右脚前方触地；心中默数十个数。身体直立，收回右脚，左脚前跨半步，与右脚呈丁字形；双臂左右平伸，弯腰向前，右手在左脚前方触地，心中默数十个数。如此，重复5~10次，可以让青少年的脊柱伸展有力，调适肢体匀称。

跆拳道

在很多人眼里，跆拳道是和武术、摔跤、柔道并列的一种对抗较为激烈的运动项目，然而，现在的它却和瑜伽、健美操、芭蕾等艺术活动一起，成为最具诱惑力、现代感最强的健身运动之一，越来越多的年轻人加入到这项运动中来，把跆拳道推向时尚的舞台。据调查，目前全世界有140多个国家和地区的3000多万人热衷于此项运动。

跆拳道是一项高雅、古老的运动，起源于朝鲜半岛，是韩国的“国术”。所谓跆拳道，就是不用任何武器，通过较为猛烈的精神和肉体训练，锻炼手、脚和身体的各个部位的方法与技术。而现在流行的时尚跆拳道，则集健身、瘦身、减压、自卫于一体，发挥着它更多更广泛的功效。

跆拳道是集柔韧和锐利、力量性很强的技术一同使用，所以是锻炼身体各部位的全身性运动，同时还需要准确性、速度、力量及控制能力。对于女性来讲，跆拳道不仅是一种具有攻击能力的技术，而且还是一种精美的形体艺术和行之有效的健体、瘦身方法。

跆拳道的许多训练程序与有氧瘦身操相当一致。如从最开始的热身、伸拉，到踢脚靶、直踢、侧踢再到最后对抗战等，都是一种有氧耗脂运动。一般来说，训练两个月后，就能掌握基本的搏击技术，形体也将发生惊喜的变化，大腿与手臂的赘肉都将减少，身材也会更加挺拔。由于跆拳道的发力部位在腰身，所以瘦腰的效果最为明显。

普拉提

普拉提是由德国的约瑟夫·休伯特斯·普拉提于1926年创立并推广的一种运动健身体系，一种静力性的健身运动。随着现代社会的发展，普拉提越来越受到欢迎，其不受场地限制，拿块垫子，甚至在地板上就能练，看起来有几分像瑜伽，它在中西合璧方面做得更出挑，既融入了西方人的“刚”，注重身体肌肉和机能的训练，又融入了东方人的“柔”，强调练习时的身心统一，每个姿势都要和呼吸协调。

运动专家认为，普拉提是一项很有针对性的运动。无论如何你的肌肉要紧张起来，腿尽可能往远处伸展，配合呼吸。想象一下，你的头就要顶到天花板了。在优美的音乐声里，健身教练在指导着你进行练习。没有压力，没有烦躁，处在这种环境下的确会感觉自己就像一个超脱一切的人，只在运动中沉醉。你还可以通过做普拉提获得以下的益处：

1. 一个健康柔软的背

普拉提可以给你的脊椎更多的支撑，给你的脊椎骨之间创造出更多的空间。这些多余的空间不仅会让你看起来更加修长，它同样可以让你有更多的灵活性，把你的脊椎从一个坚硬的棍子变成一串珍珠。新的柔软的脊椎可以让你避免退化的脊椎问题，比如说滑倒危险。它同样可以帮助你在活动时更加的优雅和容易。

2. 体形塑造

普拉提不会给你的关节带来任何的压力，不会给你关节周围的软骨和韧带带来任何的损伤，尤其是你的膝关节和你的肩关节。它会让你的肌肉更加的协调，把你的注意力拉回到对于自身内在的关注上来。普拉提的恢复很快，它更多的是去做物理治疗疗程。实际上，不像其他的运动，你可以安全地每天做，而不必担心你的肌肉和关节有过多的压力。然而，为了达到锻炼效果，你只需要每周做3次普拉提就可以了。但是，你必须要持之以恒，这是关键所在。

3. 提高精神面貌和活力

普拉提可以促进人的情感的健康。平缓的、稳定的动作可以让人心灵平静，缓解精神紧张。在拉长和加强肌肉的时候，可以促进循环系统的运转，扫除紧张情绪。每一个动作都会让人感到平静、协调和有活力。把注意力集中在赶走压力，你将会得到身心的健康。

4. 更好的平衡性和协调力

在你四五十岁的时候，你的平衡性会因为你的肌肉的萎缩和神经感受器失去灵敏性而退化。普拉提通过稳定你的核心而扭转这种老化的过程。普拉提运动有助于保持身体的稳定性，同时让你的脊椎更加的柔软和强壮。

5. 减少疼痛和僵硬

如果你因为骨关节炎的疼痛而感到苦恼，你会发现通过做普拉提可以来拉长你的身体从而减少你的痛苦。恰当的运动对于治疗关节炎是至关重要的，因为它通过拉伸运动可以增加你的柔韧性，减少你的疼痛和疲劳。拉伸会让营养物质流向你的肌肉和腱，它们可以让你的肌肉健康，将受伤的可能性降到最低。普拉提还可以刺激关节润滑剂的产生，可以让你的腿、背、颈和肩膀的肌肉放松，缓解疼痛感和紧绷感。

6. 快速恢复到怀孕前的体形

很多女性朋友都会问：生完孩子之后小腹如何保持平坦？这并不需要很长的时间，但要有规律地做一些运动，你就会看到效果。肌肉有一个很好的记忆力，你只需要稍做运动，它们就会回到原状。

小贴士

如何用普拉提锻炼腿部线条

现在的上班族，每天都要长时间坐在桌子旁、电脑前，到下班时，经常腰酸腿疼，这时回家做普拉提是很有必要的。首先，身体平躺在垫子上，双臂放于体侧。先把一条腿向上举起，另一条伸直或者弯曲放在地上，腹部收紧，腰部贴紧地面。其次，吸气的时候用向上举起的腿画圈，方向顺逆均可，呼气时则回到起点，并停止动作。这样一个方向做4～6次，然后换方向再做4～6次。这组动作可以让腿部保持优美的曲线，同时能合理调节内脏功能，让动作更灵活和协调。

游泳

游泳有什么好处？可以减肥健身，调节肺活量。还有什么好处呢？是不是所有的女人都适合游泳？需要注意什么？

游泳是一项很值得推荐的运动，在游泳的同时，全身的肌肉都可以运动，血液循环也会较为顺畅，对维持身体的健康相当有帮助。

同时对消耗体内过多脂肪，都有不可磨灭的作用，因此游泳是兼具保健、减肥于一体的多功能运动项目。研究还表明，女性游泳可以助性。

游泳对女性的帮助很多，不同的游泳姿势所运动到的肌肉不同，对身体带来的影响也就不同，其中以蛙式及蝶式最适合女性朋友。

蛙式及蝶式必须运用到大腿及骨盆腔的肌肉，经常游这两种姿势，长期锻炼下来，除了可以有效预防子宫脱垂、直肠下垂、膀胱下垂的疾病外，因腹部肌肉的结实，还可以提升女性性功能，在做爱时感觉会更为美好。

不同的游泳姿势所运动到的肌肉不同，对身体带来的影响自然不同，蛙泳由于有张腿、合腿的动作，所以对女性盆腔肌肉及会阴部肌肉的锻炼更多一些，能有效提高腹肌功能。蝶泳时要求身体像海豚似的起伏，对腰腹部的力量比蛙泳要求更高，因此，体力不足的人一般是游不了蝶泳的，反之如果一个人可以游蝶泳，则说明她的力量很强。相对其他泳姿来讲，蝶泳对腹部、臀部的运动幅度和强度更大，而这些部位恰恰是性生活时最需要用力的部位，因而说，多游游蛙泳和蝶泳能提高女性的性功能一点儿也不夸张。

游泳可以调节女性的内分泌，让皮肤光滑柔嫩，令心情放松，而这些因素在适当的时候都可能成为“催情素”，增加女性在性生活时愉悦的感觉。

总而言之，游泳是很“火”的运动，它的益处，如给全身的肌肉做水疗，血液循环变得顺畅等，都是众所周知的。而对性生活感觉日渐平淡的女性来说，游泳还会成为性动力的“马达”，能提升性能力。

有器械

钢管舞

钢管舞，可称作杆舞蹈或者极舞，是指利用钢管为道具，进行攀爬、旋转、倒立等动作来完成有序舞蹈动作的道具性舞蹈，其着装、动作决定了钢管舞具备性感表演性以及娱乐健身价值。

钢管舞是一种全身得到锻炼的运动，但最主要的是腹肌、臀部和手臂肌肉的锻炼。比如在你围着钢管回旋身体时，必须收紧腹部肌肉才能完成各种动作。只要一放松，身体马上就会往下掉。钢管舞也会锻炼到臀部肌肉，爬管子时就像孩童时的游戏，臀部内侧也会慢慢地变得更紧实浑圆。钢管舞靠手臂的肌肉完成动作，更是打破所有塑身纪录，好像得集合全身的力气。钢管舞每小时燃烧 2093 千焦，一个半小时的钢管舞课程相当于你慢跑 10 千米，正常练习钢管舞 20 天可以瘦掉 5 千克，练习钢管舞还可以减缓生活和工作压力 、增强女性自信、美容，预防皮肤松弛增加皮肤弹性、治疗产后忧郁症、增进夫妻感情等的优势。

下面给大家介绍一下钢管舞的一些基本动作，以便大家在练习时事半功倍。

（1）正转。第三步时右脚向左前方 45 度伸直抬起，打平顺时针腘窝处勾管，左脚用力一蹬惯性顺势弯曲，双脚脚尖合拢，两膝打开顶胯，腰向后弯曲，成三角形，顺时针旋转 2~3 圈。

下法：落地前右脚脚尖点地，左腿打直向左 90 度随惯性将其甩向右脚，双脚脚尖合拢，抬臀起身。

（2）反转。第四步左脚向左前方 45 度伸直抬起，右脚同时蹬地转身左腿（腘窝处）反勾管，右腿打直顺时针向后滑动，双脚脚尖合拢，两膝打开顶胯，成三角形，腰向后弯曲，顺时针旋转 2~3 圈。

下法：右脚点地，左腿向前踢直，向后点地，右脚收回。

（3）左勾脚转。第四步左脚向右 45 度抬起，右脚用力蹬起左脚踝顺势勾杆，右腿向后打直，身体向左倾斜，顺时针旋转 2~3 圈。

下法：左脚脚尖点地，右腿向后甩起右手同时抓高转地旋转 360 度。右腿向后退一步，右脚合拢。

（4）直腿小转。第三步右腿向里勾杆，左腿蹬地甩起伸直平行于地面。顺时针旋转 2~3 圈。

（5）反飞。前期以直腿小飞方式飞起，胯向右转，双腿弯曲，身体在钢管前侧。

下法：左蹲式。

（6）反向团身转。身体站在钢管的右侧，左手抓高，逆时针走管，第三步手腿同时，左手向下，左脚落地，右手向上抓高，左脚蹬地，右腿向上甩起。双腿逆时针旋转 2~3 圈。

下法：自然落地，抬臀起身。

（7）正转—反转。当正转将转落地面时，右脚点地，站直，左腿打直向左90度，顺时针扫腿点地，右脚点地向右45度抬起，成反转转姿。

下法：反转下法。

（8）正转—左勾脚。当正转将转落地面时，右脚点地，站直，左腿打直向左90度，右手抓高成左勾脚转。

下法：左勾脚下法。

（9）左勾脚—反转。左勾脚转起，将落地时，左脚点地，右腿打直，右手抓高，身体向后仰，成反转转姿。

下法：反转下法。

（10）正V小飞—左勾脚。正V小飞转姿，弯曲左腿，左脚脚踝勾杆，成左勾脚转。

下法：左勾脚下法。

（11）直腿小飞—反转。直腿小飞飞起，身体向后旋转，左腿勾杆，右腿由直变弯。成反转转姿。

下法：反转下法。

小贴士

练好钢管舞中旋转的技巧

女性朋友在练习钢管舞时，往往只注重圈的数量，而忽视了下一个动作，要想把旋转练好，还需要注意：首先，要把脚尖立到最大限度，这样脚与地面的接触面才会减小，接触面小了，才能够用很小的劲，转得更快、转得圈更多。其次，膝盖腰背脊要直立，不要含胸驼背。注意以上钢管舞旋转技巧，女性朋友就可以优美的跳出舞蹈。

球类运动

无论是在健身还是减肥大军中，球类运动都是很受大家青睐的。但是，这么多的球类运动，你喜欢的是哪一种？你喜欢的是适合你的吗？下面为大家推荐三种球类运动，大家可以挑选适合自己的。

1. 网球

特点：网球是训练肌肉耐力的运动，对于体格不甚强健的人来说，同时亦能锻炼心肺带氧功能。但对于心肺功能已经相当良好的人来说，网球却不能进一步提升带氧能力。网球主要训练腿部肌肉、手腕灵活、肩膀柔软度、臂力以及反应能力。

适合对象：有兴趣尝试具有竞赛意识运动的人。

消耗量（每小时）：1729千焦。

运动量：中至高。

危险度：低。

注意事项：由于经常运动右臂（或左臂），容易造成两臂粗细不均匀。

营养补充：补充流失水分，补充钙质以防止肌肉劳损，其他补充剂可考虑维生素 B、维生素 E 等。

装备：网球拍、网球及穿着合适的服装和运动鞋。

2. 壁球

特点：壁球对于心肺功能的要求较大，运动量比网球大。打 1 小时壁球会将心跳率提升至心跳极限的 80%~90%，带氧功能则会到达带氧极限的 60%~75%。打壁球是一种有氧运动，却不是训练带氧功能的运动。壁球主要训练腿部肌肉、手腕灵活、肩膀柔软度和臂力。

适合对象：体格已经非常强健的人。

消耗量（每小时）：2964 千焦。

运动量：高。

危险度：中。

注意事项：体质差、身体过重和心肺有问题的人不宜尝试。

营养补充：打 1 小时壁球会令你缺水两升（只会多，不会少），所以于打球过程中也要注意及时补充水分。另外，可以补充 B 族维生素、维生素 E 及锌。

装备：壁球拍、壁球、壁球鞋及舒适的运动装。

3. 羽毛球

特点：羽毛球主要训练腿部肌肉、手腕灵活、手脚伸展能力、肩膀肌肉和弹性。由于羽毛球场的网较高，对于训练弹跳能力也有少许帮助。

适合对象：喜欢对打人士，有兴趣者皆可尝试。

消耗量（每小时）：2113 千焦。

运动量：低至中。

危险度：低。

注意事项：容易因过度伸展而拉伤肌肉，事前应做好伸展的热身运动。

营养补充：经常补充水分。

装备：羽毛球拍、羽毛球、舒适的服装及运动鞋。

动感单车

科学证明，骑车是一种非常好的有氧代谢运动，可对人体起到健康的影响，对于防止肥胖、重塑身材更为明显。而风靡全球的动感单车，就是一种通过对不同的速度及阻力的练习。这种运动或在单车上以坐姿蹬车，或站起来用立姿蹬车，而有时又会模拟上山、下坡等自然的骑车动作。动感单车训练可以让健身者在快乐运动中有效地加强肌肉的耐力及心肺的运转功能，而且在锻炼耐力的同时，会燃烧大量的脂肪，达到减肥的目的。

动感单车与普通的自行车不太一样，它虽然也有车把、车座及车轮，但它是固定在地面某一位置上，当你坐在上面，进行着与普通自行车一样的蹬车动作，就可以使这种单车的车轮转动，但是它的底盘始终是固定的。

动感单车训练课程不受任何天气的干扰，健身者都可以跟随着教练带有煽动性的口号，在音乐的伴奏下，忘情地蹬车，从而达到健身目的，又能释放一天来自各方面的压力，增强健身者的自信心。

动感单车所用的车体是按人体工程力学设计的，可供不同的身高、体重的人士随意选择，安全脚套始终固定在蹬板上，这有效地提高了运动的安全系数。而且，动感单车可以作为一种团体运动，几个人相伴骑车，相互鼓励，能够充分地体现集体团结、合作、相互支持、鼓励的精神，非常适合培养年轻人的团队合作精神。

同时，骑动感单车可以针对臀部、大腿等大肌群起到健美作用，增强人体的下肢力量。但是单车教练马艳惠说，一般单靠动感单车是达不到很明显的减肥效果的，必须配合一些器械练习，同时在每次练完动感单车时，还要有一些舒展性的类似瑜伽这样的运动。

练习动感单车的注意事项：

（1）第一次参加动感单车课程，可将目标定为坚持上完课。慢慢根据自己的情况相应增加强度。

（2）正确的单车设置非常重要，车座位置过低会造成膝部酸痛和其他损伤。在开始蹬车前一定请教练指导你如何正确设置单车。

（3）由于单车的齿轮是圆的，正确的骑车技巧是注意用脚蹬整圈。

（4）大多数人骑车时习惯重踏脚蹬，喜欢向下时用力蹬、向上休息。实际上，向下压脚蹬会削弱腿部、小腿和股二头肌肉组织的力量，骑车时所传输的力量就减少，大腿就特别容易疲劳，所以用力要均匀。

小贴士

女性使用动感单车减肥的姿势

动感单车是目前在健身房里大受欢迎的有氧运动，但错误的骑行姿势会影响减肥的效果。正确的骑行姿势是：身体稍向前倾，两臂伸直，腹部收紧，采用腹式呼吸方法，双腿和车的横梁平行或稍向内扣，膝、髋关节保持协调，身体不要左右摆动。如此骑行的姿势不仅节省体力，还能起到最好的减肥效果。

踏板操

踏板操起源于美国，近年来在国内也渐渐流行开来。作为一种有氧运动，踏板操在上下板时，主动肌群都集中在下肢，大腿和臀部要克服的重力比普通体操更大，属于长时间的小重量抗阻肌肉练习，所以哪怕是同一动作，踏板操要消耗的能量也多过普通体操，而且这种运动负荷的增加也会提高心肺功能。

踏板操作为有氧健美操，是在供氧充足的状态下进行长时间、中低强度的练习。在这种强度下运动，会使腿部结实起来，肌肉的线条更修长，有效地解决臀部下垂的问题，加之踏板操动作中的舒展与拉伸，使动作更灵活、更轻盈。

板上招式：

抬腿一次：单腿抬高，然后点地。触地时间要短。

侧踢一次：侧展髋部，侧踢的腿要尽量伸直。

后屈一次：上身略前倾，单腿后屈，脚跟尽量往臀部靠拢。

前踢一次：单腿前踢，腿要伸直。

每组动作可以进行多种组合，并且反复练习，（一般一组动作重复 3 次）。

踏板操练习提示：

（1）要穿弹性好的衣服，成分以棉、莱卡为宜。当然你还应该穿运动鞋，气垫式的更好，这样可以起到缓冲的作用。有些人赤脚跳，这样很容易损伤脚踝。

（2）每周至少应做3次，3个月为一个周期（一节课可以消耗4120~6279 千焦）。

（3）练操时若出现腿部疲劳导致的动作不协调，身体任何部位已有明显的疼痛或头晕等情况，应立即停止运动，合理休息。

（4）很多女性担心练踏板操容易使腿变粗，其实，这种担心没有必要。据专家介绍，踏板操是在供氧充足的状态下进行的长时间、中低强度的练习，不会让肌肉发达。

哑铃操

哑铃是人们用来练习健美的常用器械，经常使用可以增加人体肌肉量，提高新陈代谢的水平。哑铃操对全身各部位都有减脂塑型的效果，特别是手臂、双肩、背部，还可以拉长肌肉，让身体变得纤长。大概两个月，效果就出来了。

下面给大家介绍一套哑铃操的基本动作：

（1）持铃屈肘。站立，两脚开立与肩同宽，手持哑铃，置于大腿前，拳眼朝外。上体正直，两肩不动，两臂交替屈肘 20~60 次。练习过程中，腰部不得前后闪动，上臂微贴胸部两侧。

（2）颈后弯举。站立，两脚开立与肩同宽，手持哑铃正上举，拳眼朝后。两臂交替向颈后屈肘 20~60 次。向颈后屈肘时，腹部不得向前挺出。

（3）体侧绕环。站立，两脚开立略宽于肩，手持哑铃，置于胸外侧，手心微向上，且略屈肘。两臂同时或交替由内向外或内外向由绕环 20~60 次。练习时上体不得随之转动。

（4）体前后屈。站立，两脚开立略宽于肩，手持哑铃，置于颈后，两肘微向前。连续做体前后屈 20~60 次。练习时两腿伸直，做体后屈时应挺胸并微展腹。

（5）体侧屈。站立，两脚开立与肩同宽，手持哑铃，置于大腿外侧，拳眼向前。连续交替做向左右侧屈体 40~70 次。向左侧屈体时，右臂上举并屈肘，左臂尽量往左小腿部位伸。练习时两腿伸直，腰部不得向前弯曲。

（6）深蹲。站立，两脚开立与肩同宽，手持哑铃，置于肩上。连续做下蹲起立动作 30~60 次。下蹲时两脚跟不得离地，臀部靠近脚跟成全蹲姿势。

（7）提踵。双脚并拢站立，手持哑铃，置于大腿外侧，拳眼朝前。连续做提踵 25~75 次。练习时动作应伸展，提踵瞬间脚跟离地要高，动作节奏平稳，中速进行为宜。

（8）体绕环。站立，两脚略宽于肩，手持哑铃，置于大腿外侧，拳眼相对。连续做由左向右体绕环 10~15 次，再向反方向做体绕环 10~15 次。练习时两腿伸直，直臂，动作幅度逐渐加大。

（9）仰卧扩胸。屈膝仰卧在凳子上，手持哑铃，置于胸前，拳眼朝后。连续做直臂（也可以微屈时）扩胸动作 30~70 次。练习时以头的枕部、肩背和臀部做支点。

（10）俯卧展体。俯卧，同伴压住小腿（单人练习时也可将小腿穿压在肋木格内），手持哑铃，置于颈后。连续做上体后展再前俯动作 10~15 次。练习时可先从徒手开始而后再负重，数量由少到多。上体后展时，应抬头挺胸，同时两肘略向外展，使胸部尽量伸展。

（11）仰卧起坐。仰卧，同伴压住脚面（单人练习时可将脚面穿压在肋木格内），手持哑铃，置于锁骨部位。连续做仰卧起坐 15~30 次。每当上体坐起时应尽量向前俯身，后仰时肩背着垫。

整容整形

皮肤

除疤

每个女人都希望自己拥有完美的肌肤，可是斑点和疤痕影响了外形的美观。激光祛斑除疤，可以让女性拥有无瑕的肌肤。下面给大家介绍一下激光祛斑除疤。

激光能产生一种具备高强度瞬间能量的可见光，不同波长的激光会被皮肤中特别的颜色或色素吸收，例如雀斑容易吸收绿光。各种波长能量的激光功能也各不相同，目前用于治疗皮肤问题的激光有七八种之多。像常听说的红宝石激光就是运用激光原理，以红宝石为媒介，主要针对黑色及咖啡色色素、色斑，将光线和色素结合，使之被分解，当色素渐渐被身体吸收后，色斑的颜色就会随之变淡了。

现代激光治疗色素性皮肤问题已经达到了近乎完美的效果。一般而言，太田痣、雀斑、老年斑以及蓝黑色的文身激光治疗效果理想，而黄褐斑、炎症后色素沉着的治疗效果欠佳。因此在治疗前应先请皮肤科医师为你做出完整的评估，并详细了解治疗费用及术后注意事项，以免理想与现实落差太大而造成“花钱又受气”的结果。

激光祛斑方法是针对一般色素斑，可选用色素性激光进行治疗。治疗时，医师将光束施打在皮肤色斑部位，感觉就如橡皮筋弹到一样，疼痛感不是很大。由于各人的肤质不同，对激光的反应和适应程度也就不同，因此，不妨先进行局部试打，看看皮肤反应如何，也以此让患者可以了解术后恢复的过程，若效果不错再针对其余的斑点做一次全面性治疗。至于激光的疗程，较表浅的色素斑如雀斑和蓝黑色文身通常只需 1 ～ 3 次治疗就能达到满意的疗效，而太田痣一般则需要 5 次左右的治疗（每次间隔 3 个月以上）。激光祛斑方法对晒斑、老人斑等斑点生长部位角质化程度较为严重，或者表皮细胞较肥厚，则可先用磨皮性激光如超脉冲二氧化碳激光将斑点凸起部分削平，待皮肤伤口完全恢复后再使用色素性激光来祛除残留的黑色素。

如果一旦已经形成成熟凹陷疤痕，皮肤呈现凹凸不平外观，这时便可以考虑进行激光磨削治疗。同机械磨削比较，激光磨削的过程当中不会有出血，磨削之后也不需要纱布包盖；与微晶磨削相比，一次激光磨削可以达到数次微晶磨削的效果。虽然是能够调整剥皮厚度的先进技术，但也仅适用于比较浅的疤痕的矫正。根据波长的长度或激光的光源物质，激光也可分为很多种。专挑褐色或黑色素进行破坏的激光主要用于色斑或雀斑，而用于疤痕治疗的激光起到削除表皮的作用，另外，还有能够选择性地治疗血管性病变的激光等，所以根据不同的症状，具体激光除疤的方式也是不同的。

在进行激光除疤时，铒激光等可以使疤痕周边的组织汽化，从而使局部组织获得再生修复机会，通过治疗，皮肤外观可以得到相当明显的改善。如果只是轻中度的凹陷疤痕，经过一次治疗，有时即可达到满意的效果。

进行激光除疤后，需要注意的事项也有很多，如果暴露在强烈的阳光之下的话，因为会形成黑色素的堆积，从而使脸部变黑，因此，在术后的3个月，要尽量避免户外活动。但也不是说完全不要进行外出，在避免到滑雪场、海边或野外之外，在日常的生活当中，在进行外出之前一定要涂抹防紫外线剂。

小贴士

腿部除疤法

每位女性朋友都希望拥有完美的腿部肌肤，但各种创伤给女性腿部带来了疤痕。虽然激光或者手术的方法可以去掉疤痕，但如果不注意保养，会产生不均匀的色斑。女性朋友应该多用些自然除疤法，如：涂抹维生素E。把维生素E胶囊用针戳破，取其内部的液体涂抹在腿部疤痕上轻轻揉按5~10分钟，每天两次，如此做法坚持2~3个月后会有明显效果。

嫩肤

医学研究表明，绝大多数人的皮肤从25岁开始走下坡路，逐渐出现衰老的征象，但不同个体在出现时间上稍有差异。皮肤出现衰老，早期会有一些较为明显的表现。年龄是女人最大的秘密之一，对女性来说，测定肌肤年龄是很重要的，由此可以及时知道肌肤当前的状况，并采取相应措施以防皮肤衰老。这里我们要说的是整形手术中的光子嫩肤。

在不少整形美容院的宣传介绍："光子嫩肤适合所有人，除了嫩肤以外，像脸上的黑斑、痣、深皱纹都可以祛除干净，一次嫩肤相当于10年保养。"这到底是真实还是夸大呢?

光子嫩肤对于普通解决不了的美容问题的确能起到极好作用，但是它并不是适合所有人群和多种肌肤问题，更不是返老还童的灵丹妙药。例如，光子嫩肤只对皮肤表面的浅皱纹有效，而对因横纹肌的变性而引起的深皱纹就没有效果。另外，一台进口的光子嫩肤机售价高达百万元左右，治疗成功与否又取决于所用设备是否合格，医师的操作是否规范及他的临床经验。因此，顾客如果打算做光子嫩肤，一定要选择国家卫生部注册的正规医疗整形机构。

光子嫩肤本质是治疗，并不是一劳永逸。一般一次治疗效果可以维持2~3年。保持时间也会根据患者自身的情况和术后保养两大问题来决定，术后保养一定要常年防晒，并且注重美白，否则麦拉宁黑色素还是会被诱发，当然黑斑就会再出现。光子嫩肤后最忌讳用偏酸或含酒精的产品，如磨砂去角质、酵素去角质、果酸、酸性维生素、果酸、水杨酸等，都不可以使用。可以使用例如含有胶原蛋白、细胞生长因子等的保养品，能够有利于伤口组织的再生。

除皱

除皱术，俗称祛皱术是指由于面部皮肤松弛下垂，通过药物、物理等方法无效时，采取的使面部皮肤提紧、皱纹减轻消除的面部年轻化手术。早在20世纪初，就有医生开始尝试做面部除皱术。但那时的除皱术是为贵族妇女或演员名角服务的。早期的除皱术只是将面部皮肤做梭形切除，效果不甚理想。到了1973年，通过解剖，提出了面部浅表肌肉腱膜系统（简称SMAS）的概念，认为只有将皮肤及SMAS一起提紧才能有效祛除皱纹，开创了第二代除皱术。1988年，美国医生又提出随着年龄增大，颅骨的体积在缩小，面部的软组织也在整体松弛下移，故光拉紧皮肤筋膜还不足以彻底祛除皱纹，还应将下垂的面部表情肌止点上移，据此提出了骨膜下除皱的概念，人称第三代除皱术。近20年来，随着医学人员对面部解剖结构的不断深入研究，除皱术式不断得到改进、发展，高新技术（激光、内窥镜等）也不断应用于除皱领域，使的除皱术越来越有针对性，选择的余地也越来越大，无疑，这是美容患者的一大福祉。1997年，Hoefflin提出了扩大的颈阔肌浅面面部提升术，同年我国著名除皱专家胡劲松教授提出了HS全颜面提升术，率先将显微外科技术应用到了除皱领域。

除皱最有效的方法只有两种：一是调理；二是手术。这里我们主要介绍一下手术除皱：

适宜年龄：除皱手术的适宜年龄为40~60岁。手术不能阻止老化的发展，但能治疗和预防老化的征象。近年30~40岁者要求做除皱术的人增多，但一般仅列为小范围局部手术的相对适应证。

术前准备：确认病史，是否有出血性疾病史；用药史，如曾服用阿司匹林、双嘧达莫、维生素E和激素类药物者，应停用10天方可手术；吸烟史，吸烟者应于术前两周戒烟；月经史，手术必须避开月经来潮期。

脱毛

脱毛，是指通过脱毛技术及产品祛除腋部、腿部、手部等部分的毛发，达到干净美观的效果。

常用的脱毛方法有两种：永久性脱毛和暂时性脱毛。去除皮肤表面汗毛，例如用剃毛器剃掉，这种暂时性的脱毛方法可以使皮肤在短时间内感觉光洁，但随着时间的推移，新的汗毛会迅速长出来，那么再刮掉或剃掉，反复几次，会使汗毛变得又黑又粗又硬，更甚于原来。但其优点是不疼，对皮肤无损无刺激。相反，对于永久性脱毛方法，虽然保持时间长，不用再次重复，但都对皮肤有或多或少的损伤或刺激。因为这些方法都是作用于毛囊，使毛囊受到破坏以达到除汗毛的目的。相比之下，也许冰点脱毛是一种比较新颖同时又比较安全的脱毛方法。

脱毛手术卫生方面要求必须严格，所有正规专业的机构的器械要经过认真消毒，否则许多传染病尤其是血液传播的疾病就会难以控制，比如艾滋病、乙肝、梅毒等。其次，皮肤脱毛后，尤其是拔掉以后，很容易使毛囊及周围组织受到感染，发生炎症，不及时处理，会给患者带来痛苦。此外，在做冰点脱毛之前，还应先做检查，看是否是斑痕体质，如是，则不易进行脱毛，否则虽然少了汗毛又多了疤痕，仍然是得不偿失。

下面具体为大家介绍一下冰点脱毛：原理是高科技冷光脱毛对皮肤实行冷麻醉，利用毛囊中的黑色素细胞对特定波段光的吸收，产生光热解反应，破坏毛囊中的毛乳头部分，不损伤皮肤、汗腺，从而达到永久性脱毛效果，同时收缩毛孔，美白皮肤。可应用于冰点眼部皱纹救急，冰点棉布除皱收紧，冰点额部除皱收紧，冰点改善鼻唇沟皱纹，冰点颈部皱纹收紧，冰点手部皱纹收紧，冰点退步肌肤收紧。此项技术一般可用来修眉毛，脱上、下唇毛，脱全脸毛，脱手毛，脱腋毛，掩大、小臂毛，脱大、小腿毛，比基尼部位，脱发际线，脱胸毛和其他部位多余毛发。

小贴士

女性要正确使用脱毛膏和脱毛露

炎炎夏日，浓重的体毛成为女性朋友的一个心病，各种脱毛膏和脱毛露成为女性在夏季的一个主要选择。但在使用脱毛膏和脱毛露前要注意必须做斑贴试验。而使用时，应先将皮肤清洗干净，然后将脱毛膏均匀涂在要脱毛的部位，待5～10分钟后毛发变软，用刮板将其刮净。这种方法敏感体质的女性应慎用，生理期不宜使用。

塑形

眉眼

有一张秀气、上镜的脸庞是许多女孩子的梦想，而其中眉眼在面容中的重要位置不言而喻。眉眼整形给你定制勾魂眼。做一双漂亮的双眼皮是许多女孩子的梦想，但双眼皮手术并不是只把单眼皮切成双眼皮了事，采用方法及术式一定要适合自己。

1. 小眼睛

眉眼整形给你定制勾魂眼，一般来说，眼睛较长，眼皮薄，眼皮弹性好的人适合做宽一点大一点的双眼皮，但眼睛短、小眼睛的人就不适合做宽大的双眼皮。

设计时必须考虑眼睛长宽比例的协调性，运用黄金分割比例保证做出双眼皮的效果自然逼真、漂亮，看不出人工的痕迹。这种眼形如果没有皮肤松弛可以采用最新的S克定位双眼皮方法，不用开刀，不用拆线，几乎没有创伤，术后不红不肿当天即可上班。

2. 肿泡眼

作为最多人拥有的眼睛，看似水肿的情况是眼皮厚。比起只做双眼皮手术，把厚眼皮做薄更为重要。这时用切开法把厚的脂肪层和肌肉切除，把眼皮做薄以后再把切开的部分缝合。

对于这种情况，也可以选择吸脂而不必开刀。因肿眼泡上眼皮脂肪较多，可将上眼皮的脂肪吸出，即可收到很完美的效果。而且这种手术方法还有一个最大的优势就是可复原，也就是说做完双眼皮如果不喜欢可恢复原来的状态；如果上眼睑皮肤松弛，要看具体情况，可以采用切开去脂去皮的双眼皮方法，也可以考虑眉下缘切口的方法来纠正上眼睑松弛的问题。

3. 鼻梁低眼距长

适当的眼与眼之间的距离会随着脸的大小有所差异，但平均设想为34~36毫米程度就可以。眼睛之间距离远的话就会影响到面部的表情。

眉眼整形给你定制勾魂眼，只通过双眼皮手术也有眼睛开大的效果，但对这种类型的眼睛通过切开眼的外侧（外眦手术）或内侧（内眦手术）并行的话，实际眼睛的长度会变长，眉间显得窄而使眼睛看起来更有神采、更大。内眦或外眦手术不一定非要与双眼皮并行，但有很多人为了更好的效果而并行。但是因开外眦没有开内眦效果好，所以内眦更值得推荐。

4. 眼角上翘眼角耷拉

眼角上翘的人有时会看似妖艳，但大部分给人厉害、冷漠的印象。而眼角耷拉的话，虽然给人温顺的感觉，但是会看似忧郁或显得上了年纪。这种情况可以做剪下能够固定眼角部分的韧带，移动位置的手术。也可以采用把双眼皮做薄的方法，让它看起来有更柔和的印象，或通过切除一些耷拉皮肤的方法，让眼睛看起来更神采飞扬。

5. 大眼睛眼皮薄

这种眼睛，最适合做成漂亮的双眼皮。用缝线法手术最好。因为不切开双眼皮，所以没有手术印。

6. 凹陷眼

与东方人眼睛周围骨骼不同的西洋人通常都是凹陷眼，看起来敏锐且有魅力。但是对于东方人，因为骨骼结构不一样，凹陷的上眦不仅没有魅力，通常随着年纪逐渐变大，眼上长皱纹，凹陷的上眦会成为更显老的主要原因。可通过自体脂肪移植的方法矫正为眼皮厚且有魅力的眼睛。

7. 突出的眼

对于向外鼓出的眼，在做双眼皮手术时可把重睑线位置定低，少做皮肤切除或脂肪清除。如果把重睑线定高的话眼睛看起来会更突出。

8. 惺忪睡眼强睁眼

正常的人睁眼时眼皮搭在眼睛瞳孔上侧棕色部分的位置。但是已睁开的眼皮位置耷拉下来的话，会变成发困的眼睛模样，看起来总是像没睡醒的样子。这部分人眼皮肌肉的力量是弱的，医学用语叫眼睑下垂症。在这种情况下，用单纯的双眼皮手术很难完全矫正眼睑下垂，可与双眼皮手术同时进行眼睑下垂症手术，有助于做出美丽的眼神。

面部

脸庞是视觉的第一印象，和谐流畅的轮廓凸显人的美感，反之则缺乏美感，甚至严重地影响人们的视觉享受。许多女性都希望自己拥有一张生动靓丽的面孔。脸部轮廓整形无疑是美丽脸庞的“希望工程”。眼睛能表现一个人的外在美和内在美，它们不仅影响着脸部的美观，也是传情达意的窗口。一双炯炯有神的眼睛能够给人们以机灵、聪慧的感觉。而鼻子位于人的面部中心，决定着整个面部的均衡，整个脸蛋的立体感都在鼻子上有所体现。现在我们来了解在面部整形手术中，比较常用到的整形术吧。

1. 最常见的整形术：重睑术

人的面部五官中，最能表达情感的是眼睛。双眼皮使人眼神更显明媚、灵活、容貌更俊俏，清秀，有魅力，更富于情感的表达和明眸的显露。单眼皮往往给人以一种单调、臃肿、缺乏生机的感觉，为了改变这种欠缺，诞生了手术形成重睑的方法。目前常用的方法大致分为两类：手术切开法和结扎法，结扎重睑法是用缝线通过各种方法将皮肤与睑板缝合在一起。这种方法术后肿胀不明显，不遗留瘢痕。通常美容广告上说的“非手术”“缝一针”重睑多属此类。这种方法适应证局限，仅年轻、眼睑皮薄、眼轮匝肌和眶膈脂肪不多的人适用。

2. 最显效果手术：隆颏，俗称“垫下巴”

标准的下巴应和鼻子、上唇在一条直线上。如果在直线之外则会大大影响面部美观，因此，我们说隆颏是最显示效果的面部整形术之一。此手术大多在全身麻醉下进行，但也可以在局麻加镇静剂下完成。

植入下颏假体可能需要 1 小时左右。在手术过程中，医师要选择适当大小和形状的假体植入下颏前方。一般沿下唇在口内做切口，有时也在颏下做切口，直接将假体放置在下颌骨前方。通常在手术后下颏要用胶布固定，以减轻肿胀和不适。缝线在术后 5~7 天拆除。如有口内缝线将会自行脱落。

3. 发展最快手术：下颌角磨削术

做下颌角磨削术的顾客增多了是近年脸部整形最突出的特点。小脸美女的流行，让下颌角磨削术变得非常流行。下颌角磨削是通过锯除、磨削下颌角，俗称“腮帮子”的突出部分，一步到位显出小脸美态。下颌截骨术有口内切口法、口外切口法、口内口外联合切口法。目前多采取口内切口法，手术比口外切口复杂，恢复得也略为慢一些，但脸颊不会留下任何伤口。

4. 最保守的手术：颊脂肪垫摘除瘦脸术

颊脂垫在两侧面颊部，脂肪垫肥大会引起颊部过度丰满，使脸丰满成圆形，颊脂垫摘除可使过于丰满的面颊变得平滑。手术一般选择口内切口，手术简单创伤小，不影响正常生活，也不会留下痕迹。

5. 最中国的整形术：隆颞术

天庭不够饱满在中国人看来是不够完美的，现在越来越多的人开始尝试颞部凹陷充填术，让天庭饱满起来。隆颞是针对面部颞区（太阳穴）低平，不够丰满而实施的一种手术。瘦削的人由于皮下脂肪少，经常有这种现象，但也有一部分人是由颅骨本身的遗传特征造成。

6. 最受中年人欢迎的手术：除皱术

除皱术又称作皮肤拉紧术，又称为“返老还童术”。原理是将面部和面颈部的皮肤拉紧移位，并去除多余的皮肤，从而使皱纹展平，隐蔽。由于手术切口都在发际内，面部不留瘢痕，术后不仅能使人的容貌焕然一新，与术前相比能年轻许多，而且还能在心理上得到宽慰和满足。手术的最佳年龄在 33~60 岁；面部皱纹深且明显，皮下脂肪少，脸型瘦长者比较适合，术后一般可维持 5~10 年的时间。另外，术后的自我保养也非常重要，每天除认真正确地做皮肤保养之外，还要保持心胸开阔，乐观豁达，才能延长年轻肌肤的年龄。

7. 最能消灭“老相”手术：祛眼袋手术

眼袋是正常人的一种生理变化，上了年龄的人多数都有。但有些人过早地出现了，让人看起来疲惫，没有活力，使人显现出老相，影响容貌。除此之外，个别严重者还产生一些并发症，如下睑外翻、下睑缘内翻倒睫、引起流泪、眼刺痛等不适。因此，对眼袋有碍美容以及伴有并发症者均可通过手术祛除眼袋。眼袋矫正术可以恢复青春的容颜，并能矫正下睑内翻和倒睫。因面部的衰老过程是不可逆的，故要求行眼袋祛除术的求美者日益增多。

隆鼻

许多爱美人士都会选择垫鼻子来提升自己的鼻子精致度，而在目前，隆鼻术又是一种很好的方法，如何更好地打造你的高鼻子美美气质，大家不妨一起了解一下吧。

隆鼻术是指通过在鼻部填充自体、异体组织或组织代用品以垫高外鼻，达到改善鼻部容貌的手术。隆鼻手术切口有鼻小柱切口、鼻腔内切两种术式，其中鼻腔内切口（靠近鼻小柱一侧）因切口隐蔽、外表看不到痕迹而被普遍采用。

高高的鼻梁给人一种高贵的气质，总能吸引不少男士的眼光，让众多鼻梁不够完美的爱美女士心生嫉妒，垫鼻子的方法有多种，但是到目前为止做隆鼻术是唯一一种一劳永逸的方法。

垫鼻子是隆鼻术的一种，隆鼻术是利用鼻部皮肤的松动性，在其下面垫入雕塑成型的支架物来增高鼻梁的。而鼻部皮肤的松动性有限，所以它的高度受到皮肤组织量的限制，不可能垫得很高，况且也无须垫的太高。东方人有东方人的美，因此没有必要再造一只“洋鼻子”。

安全是美容整形垫鼻子手术的首要因素，为安全起见，鼻梁可垫得稍低一些，使皮肤不会太高太紧，否则皮肤承受的张力过大，轻者引起紧迫不适感，重者导致皮肤缺血。个别人以为鼻子垫得越高显得越洋气越好，这是一种错误而危险的想法。

整形垫鼻子专家根据就医者的自身客观条件，在许可的范围内充分发挥自己的专长去塑造和谐的美。鼻形的俊美不完全取决高低，而是与脸型的协调、与其他面部器官的配合。通常认为，脸型较窄长的人，鼻子挺拔显得高贵洋气；圆脸鼻子太高太窄显得不配；平坡型前额的人，鼻子的高矮要适度，太高更显前额低平。

隆胸

人对美的追求从古至今都存在，五彩缤纷的衣服、奇特新奇的配饰无不为了修饰自身的美丽。随着技术的发展，美容整形也成为现在的时尚。很多爱美人士对自己胸部曲线看得非常重要，纷纷想通过隆胸方法来使自己的胸部线条更加性感更加突出，下面我们就来说丰胸的最快方法。这也是很多人都想要知道的问题。

生活中会有很多的方法，比如丰胸药、丰胸霜、丰胸手术以及一些丰胸食物。但是要说到效果，就只有丰胸手术是最有效的，目前常用的丰胸方法是假体丰胸和自体颗粒脂肪注射移植丰胸。

假体隆胸：隆胸一般都是植入假体，按照患者的年龄、职业、文化素质、胸廓形态宽窄、体形肥瘦、身高、个体审美观等因素来选择体积、宽度、隆起坡度合适的乳房假体。植入位置的选择非常重要。隆乳术的切口一般选在较为隐蔽的部位，目前常用的手术切口是乳晕周围切口和腋窝切口。乳腺后间隙植入，是将乳房假体置入胸大肌浅层乳腺组织下，手术简单，损伤小，隆乳位置外观形态，手触摸感均很自然。胸大肌下层植入，是将乳房假体置入胸大肌深层，可以减少假体破损和纤维囊性挛缩的机会。间隙分离准确，出血少，易分离。但分离到近胸骨体缘 1.0 厘米时，应注意避免损伤胸廓内动脉肋间支，否则易出血。

自体脂肪隆胸：自体脂肪移植隆胸技术是利用女性腰、腹、臀、腿等部位脂肪较丰厚的特性，将这些部位的脂肪颗粒移植到胸部。手术将隆胸者自身的多余脂肪用细针吸出，特别活化处理成纯净脂肪颗粒，通过微型管针分层次均匀注入隆乳区使之成活。不开刀、不出血，丰胸效果真实自然，同时又达到了减肥塑身的效果。

以上介绍的科学丰胸的最快方法，专家提示：如果你有整形的需要，请到正规的整形医疗机构，以保证手术的完美效果。

吸脂

吸脂减肥就是利用一个负压真空吸引器（0.5~1.0 大气压）与一种金属的末端带有吸孔的吸引管相连，通过皮肤的小切口进入皮下，将局部堆积的脂肪组织吸出，以改善肥胖体型的一种方法。

吸脂的常见部位有：面部、双下巴、颈部、肩背、四肢、手脚、上下腹部、侧腰、上臀、臀部缩小及提臀等。下面为大家具体介绍一下身体各部位如何吸脂：

1. 面部吸脂

面部脂肪的去除对皮下脂肪厚的情形效果明显。脸部的脂肪层不像腹部或大腿部位那么厚，因此脸部吸脂术后下颌角会显得更明显、清晰，下颌缘也会更明显。需要注意的是，因为面部神经靠近脂肪，所以最好不要抽取得太多。

2. 腰腹部吸脂

腰部是即使通过运动来减肥其效果也很微小的部位。腰和臀中间像呼啦圈一样附着的赘肉，人们常戏称为腰围火腿，这种情况采用吸脂术能得到很好的效果，而且这里也是用吸脂手术以外的方法很难产生实效的部位。手术可以在睡眠麻醉下进行，吸脂效果非常好。

3. 背部吸脂

背部的脂肪细胞比身体其他部位的紧实致密，而且含很多纤维成分。背部也需要有美丽的身体曲线，所以可以在充分考虑自身的情况后施术。背部吸脂术大多在全身麻醉或睡眠麻醉下进行。日常的步行等简单的运动，术后即刻就可以进行，但需背部肌肉参与的运动要术后过 2~3 周才可以进行，一般要达到消肿且变得自然，然后再到可以展露细嫩的背部肌肤则需要 1 个月左右的时间。术后要使用加压服。

养生保健篇

女性饮品

花茶

玫瑰花茶

中医认为，玫瑰花味甘微苦、性温，最明显的功效就是理气解郁、活血散瘀和调经止痛。此外，玫瑰花的药性非常温和，能够温养人的心肝血脉，疏发体内郁气，起到镇静、安抚、抗抑郁的功效。女性在月经前或月经期间常会有些情绪上的烦躁，喝点玫瑰花可以起到调节作用。在工作和生活压力越来越大的今天，即使不是月经期，也可以多喝点玫瑰花，安抚、稳定情绪。

玫瑰花含丰富的维生素 A、维生素 C、维生素 E、维生素 K、单宁酸，能改善内分泌失调，对消除疲劳和伤口愈合也有帮助。调气血，调理女性生理问题，促进血液循环，利尿，缓和肠胃神经，防皱纹，防冻伤，养颜美容。身体疲劳酸痛时，取些来按摩也相当合适。玫瑰花蕾制成干花，每次用 5~7 朵，配上嫩尖的绿茶一小撮，加红枣 3 颗（要去核），每日开水冲茶喝，可以去心火，保持充沛精力，增加你的活力，长期饮用，还能让你容颜白里透红，保持青春美丽。

玫瑰花茶性质温和，降火气，可调理血气。且有消除疲劳，愈合伤口，保护肝脏胃肠功能，长期饮用亦有助于促进新陈代谢。

泡制方法：

材料：干玫瑰花苞 20 朵，水 250 毫升，红茶 1 包，蜂蜜或糖适量。

做法：将锅中放入 250 毫升水煮开，接着放入干玫瑰花苞，改小火煮 2 分钟后熄火。 再将红茶包放入锅中浸泡 40 秒，马上取出。 将茶汁过滤到杯中，加入适量的蜂蜜拌匀即可。

桃花茶

桃花也是一味中药，药性是味苦，平，功用主要是除水气，利大小便，下三虫，其实就是一种轻泻药，泄下速度非常快，但是这个泄下和一般的泻药还不同，不是拉稀，根本就是拉水，但是速度比任何泻药快，可是药力不算很猛，不会让人拉个不停，或者拉得很厉害，不过会让人脱水。

《本草纲目》里说，“桃花，性走泄下降，利大肠甚快，若久服，即耗人阴血，损元气”，所以桃花不是越喝越漂亮健康，而是越来越虚弱难看，损害阴血元气，女孩子尤其不可以喝，因为会影响月经和内分泌，会使皮肤越来越暗沉难看。

用桃花减肥更加不可能，虽然是一种泻药，不过排泄的主要是水分，一点意义也没有，而且拉肚子减肥必然会引起反弹和损害肠胃，造成依赖型减肥。

芍药花茶

中医认为，芍药花可以养血柔肝，散郁祛瘀，改善面部黄褐斑，皮肤粗糙衰老，强五脏，散恶血，调经，可以治疗内分泌紊乱引起的雀斑、黄褐斑、暗疮。促进新陈代谢，提高肌体免疫力，抑制脸上的暗疮，延缓皮肤衰老。养血柔肝，使气血充沛，容颜红润。具有清热解暑、祛斑、清心润肺、平肝明目、护肤养颜等功能。常饮可使气血充沛，容颜红润，精神饱满。能调节女性内分泌，祛除黄气及色斑，令容颜润泽。

泡制方法：

材料：干芍药花瓣一茶勺，水 250 毫升，红糖、蜂蜜适量。

做法：一茶匙干燥的花瓣，用一杯滚烫开水冲泡，闷约 10 分钟。加入适量红糖或蜂蜜饮用。

百合花茶

中医将百合花入药使用，主要也是用在慢性肺部疾病，如慢性支气管炎或肺气肿的经常咳嗽或久咳的人身上，有安心、定胆、益智、润肺止咳作用，可以润肺止咳，宁心安神，还能减轻胃疼。清凉润肺，去火安神，清凉润肺。对阴虚久咳，润肺化痰，痰中带血，虚烦惊悸，失眠多梦，精神恍惚有奇效。调肺，用于肺燥嗽、肺虚咳嗽及肺癌吐血、治咳嗽、眩晕、夜寐不安等功效。

闲暇时光邀三五好友，泡一杯赏心悦目的百合花茶，既愉悦心情，又能清火润肺、清心安神，实在是一款朋友欢聚时难得的好茶饮。

泡制方法：

材料：百合花适量，水适量。

做法：每次取百合花 2~3 克，用开水闷 10 分钟左右即可。

茉莉花茶

茉莉花茶是将茶叶和茉莉鲜花进行拼和、窨制，使茶叶吸收花香而成。外形秀美，毫峰显露，香气浓郁，鲜灵持久，泡饮鲜醇爽口，汤色黄绿明亮，叶底匀嫩晶绿，经久耐泡。根据不同品种的茶胚，例如用龙井茶做茶胚，就叫龙井茉莉花茶，如用黄山毛峰，就叫毛峰茉莉。根据形状的不同，如珍珠状的，著名的有产自福建的龙团珠茉莉花茶，针状的有著名品种银针茉莉花茶。

茉莉花茶的茉莉花香气是在加工过程中就逐步具有的，所以成品茶中的茉莉干花起的仅仅是点缀、提鲜、美观的作用，有的品种中有此点缀，有的没有，虽然有无良茶商用别人用过的废花拌入茶中以次充好，但有无干花做点缀并不能作为判断花茶品质好坏的标准。判断茶叶好坏还应该以茶叶本身的滋味为标准。

泡制方法：

材料：茉莉花适量、水适量。

做法：当水温接近 100℃时放入茉莉花，通常茶水的比例为 1 ∶ 50，每次冲泡时间为 3~5 分钟。

红花茶

红花，又称草红花。双子叶植物，菊科，干燥的管状花，长约 1.5 厘米，橙红色，花管狭细，先端 5 裂，裂片狭线形，长 5 ~ 7 毫米，雄蕊 5 枚，花药黄色，联合成管，高出裂片之外，其中央有柱头露出。具特异香气，味微苦。以花片长、色鲜红、质柔软者为佳。主产河南、浙江、四川等地。活血通经，去瘀止痛。活血通经药。

红花茶对女性畏寒，生理不顺等有效，经常饮用，可以让皮肤干净透亮。

泡制方法：

材料：红花适量，水适量。

做法：将红花放入热水中，加盖闷 5 分钟。

小贴士

孕妇为什么不能喝红花茶和山楂茶

虽然茶是对女性朋友身体健康有益的饮料，但不是所有茶都适合女性朋友，如红花茶。红花有活血化瘀之效，不合适怀孕的女性喝，而山楂茶是带有酸性的，比较适合孕期准妈妈嗜酸的味觉，但是山楂果及其制品对子宫有收缩作用，如果大量食用山楂食品，会刺激子宫收缩，甚至导致流产，准妈妈在选择果茶时最好不要喝山楂茶为妙。

草茶

益母草茶

女性朋友都知道，喝益母草茶有很多好处，甚至还可以缓解痛经。当然，痛经的症状也有很多，怎样喝才能对症治疗呢？下面我们一起看看。

在经期前2天到1周前便可以开始饮用，此时饮用茶饮缓解痛经的效果会更好。在经期的第一天中也可以饮用，不过需要注意的是连续喝3天后就要停止，不然易导致经血量过多。做法基本都是把材料分成4等份，每一份中加入250毫升沸水，并闷上5~10分钟后，加入适量红糖即可饮用，2天内喝完。

泡制方法：

1. 火热型茶饮

材料：益母草、黄芩、白芍、延胡索各9克，当归5克，香附6克，红糖适量。

做法：加热水，冲服即可。

2. 寒湿型茶饮

材料：益母草5克，白芍、香附、茯苓、泽兰、艾叶各10克，红糖适量。

做法：加热水，冲服即可。

3. 郁阏型茶饮

材料：益母草、玫瑰花、白芍、川楝子、川芎各10克，郁金6克，当归5克，红糖适量。

做法：加热水，冲服即可。

4. 瘀阻型茶饮

材料：益母草、归尾、赤芍、白芍、延胡索、川芎各10克，香附6克，红糖适量。

做法：加热水，冲服即可。

总而言之，益母草茶饮对女性身体的保健功效很强大，帮助女性解决最烦人的经期问题，有效缓解痛经，预防妇科疾病，呵护女性健康。

葛根茶

葛根具有改善脑部血液循环之效，对因高血压引起的头痛、眩晕、耳鸣及腰酸腿痛等症状有较好的缓解功效。葛根茶具有清热、分解酒精、醒酒健胃、解酒护肝等功效，对降低血脂、血压、血糖，辅助治疗冠心病、心绞痛、神经性头痛等有明显效果。酒前泡服可使酒量大增，酒后泡服可促使酒精快速分解和排泄，将其作常规饮料泡服，久服可降血脂、降血糖、降血压，养肝护胃。

泡葛根茶的时候第一泡最好用冷的纯净水泡3~5分钟（冷水为杯子的1/4），

再倒开水，之前的冷水不要倒掉以利于葛根王茶里的水溶性葛根素和葛根黄酮充分释放出来。

泡制方法：

材料：葛根适量，水适量。

做法：将葛根洗净切成薄片，每天 30 克，加水煮沸后当茶饮用。

女性补品

名贵补品

燕窝

燕窝又称燕菜、燕根、燕蔬菜，为雨燕科动物金丝燕及多种同属燕类用唾液与绒羽等混合凝结所筑成的巢窝，形似元宝，窝外壁由横条密集的丝状物堆垒成不规则棱状突起，窝内壁由丝状物织成不规则网状，窝碗根却坚实，两端有小坠角，一般直径 6~7 厘米，深 3~4 厘米，主要产于我国南海诸岛及东南亚各国。燕窝因采集时间不同可分为三种：白燕，古代曾列为贡品，故又称宫燕、毛燕、血燕。燕窝的营养较高，含 50% 蛋白质、30% 糖类和一些矿物质。燕窝是中国传统名贵食品之一。

燕窝的功效主要有以下几种：

（1）补肺养阴、止肺虚性咳嗽、减少肺气病变。包括肺阴虚之哮喘、气促、久咳、痰中带血、咯血、支气管炎、出汗、低潮热。

（2）补虚养胃、止胃寒性、呕吐。胃阴虚引起之反胃、干呕、肠鸣声。

（3）凡病后虚弱、痨伤、中气亏损各症，配合燕窝作食，能滋阴调中。

（4）止汗、气虚、脾虚之多汗、小便频繁、夜尿。

（5）使人皮肤光滑、有弹性和光泽，从而减少皱纹。

（6）燕窝含多种氨基酸，婴幼儿和儿童常吃能长智慧、增加思维、抗敏感、补其先后天之不足。

（7）孕妇在妊娠期间、产前产后进食，则有安胎、补胎之效。

（8）燕窝含多种氨基酸，对食道癌、咽喉癌、胃癌、肝癌、直肠癌等有抑止和抗衡作用。

小贴士

冰糖燕窝的简单做法

燕窝对于女性朋友保养皮肤、保持青春有显著的疗效，是女性所喜爱的清润极品。而冰糖燕窝有让女性肌肤白皙，提高免疫力的功效。首先，把燕窝放入冷水里发6~7小时后，撕成丝备用。其次，加入去核红枣、冰糖及水放入炖盅，水的分量以稍稍高于燕窝的表面为准，入锅慢火炖20~30分钟，待锅中发出蛋白清香即可食用。女性不可过量食用燕窝，每天一次或隔天一次即可。

雪蛤

雪蛤，学名“东北林蛙”，是一种珍贵的蛙科两栖类动物，生长在长白山脉，小兴安岭大部，张广才岭腹地地区，以野果和昆虫为食，因其在寒冬中可冬眠长达5个月之久，因此得名“雪蛤”。

雪蛤的神奇之处在于它独特的生长环境和顽强的生命力。钟灵毓秀的长白山赋予雪蛤天地之精华，严冬酷寒的自然环境造就雪蛤极强的生命力。所以，雪蛤有自然界“生命力之冠”之称。每年的秋季，正是雪蛤储存能量准备冬眠的时候，也是雪蛤生命力最强之时，尤其是雌雪蛤的输卵管（雪蛤膏）更是聚集了来年繁殖后代的所有营养，此时的雪蛤，其滋补功能更是无与伦比。

实际上，雪蛤作为养颜补品的功效已广为人知。其性味咸平，含有大量的蛋白质、氨基酸、各种微量元素以及动物多肽物质，尤其适合作为日常滋补之品。

孢子粉

孢子粉是灵芝发育后期弹射释放出来的种子，生物学上称为担孢子，集中起来后呈粉末状，通称灵芝孢子粉。它的利用和研究是近几年来新发现的。孢子粉在自然环境下收集非常困难，大约出产100千克椴木灵芝才能收集1千克孢子粉，每个孢子直径只有5~8微米，孢子内含有比灵芝更丰富的多糖肽、腺嘌呤核苷、蛋白质、酶、三萜类、有机锗、微量元素等特殊成分。

灵芝有“血管清道夫”的美称，清理血液、软化血管、降低血液黏度、抑制血小板聚集防止血栓形成。灵芝可以用于心绞痛、心肌梗死、高血压、高脂血症、动脉粥样硬化、老年痴呆等病症。

灵芝孢子粉能维持舒张压稳定，使头痛、目眩、耳鸣症状很快消失，当血压过低时，服用灵芝孢子粉后血压升高，说明有双向调节作用。灵芝孢子粉有显著降低转氨酶，有效减轻和防止肝损伤，减轻由于乙硫氨酸引起的脂肪肝、促进肝细胞再生、加强肝脏解毒能力、对于肝功能衰竭也有疗效。灵芝孢子粉对失眠和神经衰弱有明显效果，顽固的神经衰弱者在服10~15天后能有效改善睡眠，表现为精神振奋、记忆力增强。对耳鸣、乏力、胃寒等症状也有缓解作用。灵芝孢子粉有双向调节免疫功能、增强免疫细胞和体液免疫的活性、增强清除体内异物、杀伤肿瘤细胞的能力。灵芝孢子粉在预防癌症、抗肿瘤癌症、阻止癌细胞扩散与转移等是通过提高患者免疫力实现的，对接受放、化疗患者可提高对放化疗治疗毒性的耐受性，能消除癌症特有的剧痛，减轻或消除放化疗引起的白细胞减少，脱发，食欲减退，呕吐等副作用，能改善恶病质，提高生存质量，延长生命。

冬虫夏草

冬虫夏草是一种真菌，是一种特殊的虫和真菌共生的生物体。是冬虫夏草真菌的菌丝体通过各种方式感染蝙蝠蛾的幼虫，以其体内的有机物质作为营养能量来源进行寄生生活，经过不断生长发育和分化后，最终菌丝体扭结并形成子座伸出寄主外壳，从而形成的一种特殊的虫菌共生的生物体。入药部位为菌核和子座的复合体。

服用冬虫夏草补虚，要因人因病而异，或单药服用，或配合他药同用。可以煎水、炖汤、做成药膳服食，也可泡酒、泡茶等。例如有腰痛虚弱、耳鸣健忘及神思恍惚诸症，可单用冬虫夏草每次 2 克，研末，空腹送服，每日早晚各一次；也可用冬虫夏草 5 克，配杜仲、川断等，煎汤饮服。属病后体虚，或平素体虚容易感冒、畏寒自汗者，可常用虫草与鸡、鸭、牛、猪、羊肉等炖服。如用冬虫夏草 5 ~ 10 枚，老公鸭一只，去除肚杂，加少许黄酒，煮烂食用，可增强体质。或每天用虫草 4 枚，煎汤后空腹服用。虫草对中枢神经系统能起镇静、抗惊厥、降温作用；对心血管系统有降压、降低心肌耗氧量，改善心肌缺血，抗心律失常作用；对呼吸系统能扩张支气管、祛痰平喘，另外对慢性肾炎、肾衰竭都有显著疗效。

小贴士

哪些人不宜食用冬虫夏草

虽然冬虫夏草是一种名贵补品，但有几类人是不适合食用的，如：儿童，因为冬虫夏草具有雄性激素的作用，可能导致儿童早熟，因此儿童不宜食用。而吸烟、酗酒、长期服用药物、免疫功能低下、急躁、乏力、容易感冒、过敏的女性不宜食用。对于已经患病的女性，要遵医嘱服用，这样冬虫夏草才能起到辅助治疗作用。

雪莲

雪莲花除产自西藏外，在我国的新疆、青海、四川、云南也有分布。各地民间将雪莲花全草入药，主治牙痛、风湿性关节炎、月经不调、白带等症。印度民间还用雪莲花来治疗许多慢性病患者，如胃溃疡、痔疮、支气管炎、心脏病、鼻出血和蛇咬伤等。在藏医藏药上雪莲花作为药物已有悠久的历史。藏医学文献《月王药珍》和《四部医典》上都有记载。

雪莲花具有生理活性有效成分。其中伞形花内酯具有明显的抗菌、降压镇静、解痉作用；东莨菪素具有祛风、抗炎、止痛、祛痰和抗肿瘤作用，临床上治疗喘急性慢性支气管炎有效率为96.6%，芹菜素具有平滑肌解痉和抗胃溃疡作用；对羚基苯酮有明显的利胆作用。特别饶有兴趣的是雪莲花中所含的秋水仙碱，该成分是细胞有丝分裂的一个典型代表，能抑制癌细胞的增长，临床用以治疗癌症，特别以乳腺癌有一定疗效，对皮肤癌、白血病和何金氏病等亦有一定作用。对痛风急性发作特异功效，12~24小时内减轻炎症并迅速止痛，长期使用可减少发作次数。

此外，由于雪莲花中含有疗效好而毒性较大的秋水仙碱，所以民间在用雪莲花泡酒主治风湿性关节炎和妇科病时切不可多服。

家常补品

红枣

枣又名红枣、干枣，原产于中国，在中国已有4000多年的种植历史，自古以来就被列为“五果”（桃、李、梅、杏、枣）之一。枣最突出的特点是维生素含量高，据国外的一项临床研究显示：连续吃枣的病人，健康恢复得比单纯吃维生素药剂的人快3倍以上。因此，枣就有了“天然维生素C丸”的美誉。

枣性温，味甘，具有补中益气、养血安神、健脾和胃之功效，是滋补阴虚的良药。

干枣含糖量高达70%以上，对促进小儿生长和智力发育很有好处；所含钙、铁对防治老年性骨质疏松症和贫血十分有益；所含维生素P能降低血清胆固醇和三酰甘油，有利于防治高血压、动脉硬化、冠心病和中风。

常食枣能收到增加肌力、调和气血、健体美容和抗衰老之功效。不过，生吃枣时，枣皮容易滞留在肠道中不易排出，因此吃时应吐皮。腐烂的枣在微生物的作用下会产生果酸和甲醇，人吃后会出现头晕、视力障碍等中毒反应，严重者可危及生命，因此，腐烂的枣不宜吃。枣也不宜与海蟹同吃，否则容易患寒热病。

薏米

薏米，又名薏仁、六谷米等。它的营养价值极高，被誉为“世界禾本科植物之王”。它不仅作为佳馔，还被视为名贵中药，在药膳中应用广泛，被列为宫廷膳食之一。

薏米还是一种美容食品，常食可以保持人体皮肤光洁细腻，可消除粉刺、雀斑、老年斑、妊娠斑、蝴蝶斑，对脱屑、痤疮、皲裂、皮肤粗糙等都有良好疗效。经常食用薏米食品对慢性肠炎、消化不良等症也有效果。

薏米既可煮饭，也可熬粥做汤。夏秋季和冬瓜煮汤，既可佐餐食用，又能清暑利湿。除治腹泻用炒薏米外，其他均用生薏米入药。

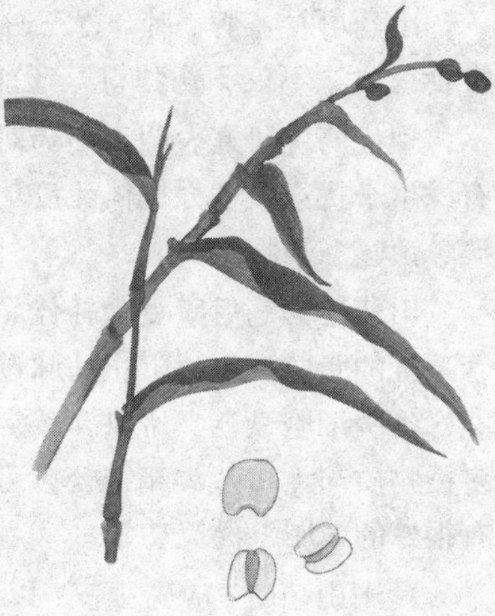

1. 薏米煮猪肺

材料：猪肺 1 个，薏米 150 克，萝卜 150 克。

做法：将猪肺洗净切块，萝卜洗净切块，和薏米一起放入砂锅，加水文火炖煮 1 小时，加调料即可食用。

功效：理虚润肺，止咳平喘，适用于支气管哮喘、慢性支气管炎。

2. 良姜猪脊骨粥

材料：良姜（高良姜）10 克，薏米 30 克，生姜 10 片，杜仲 10 克，寄生 20 克，猪脊骨 250 克，粳米 120 克，盐适量。

做法：将良姜、薏米、生姜、杜仲、寄生洗净，一起入砂锅煎水去渣，再加入洗净的猪脊骨和粳米，煮成粥，加盐调味即可。

功效：温中止痛，补骨髓，滋肾阴，补虚损。

3. 薏米生姜羊肉汤

材料：薏米 50 克，生姜 20 克，羊肉 250 克，盐适量。

做法：羊肉洗净，切块。薏米、生姜洗净，与羊肉块一起放入砂锅，加清水小火炖约 1 小时至熟，加盐调味即可。

功效：消水肿，补气血，温肾阳，止痛祛风湿。

小贴士

女性美白可吃薏米养颜粥

薏米粥对女性保持肌肤光洁白皙有良好的效果，且做法简单。首先，将薏米放入锅中，加适量的清水，炖煮约 20 分钟后，再向锅内加入粳米和适量的开水，然后再用文火煮 10 ～ 15 分钟，加入白糖即成，每日早晚各服一次。薏米粥具有健脾渗湿、利水消肿的功效，适合脾虚腹泻、小便不利的女性朋友食用。

山药

山药又称薯蓣、薯药、长薯，为薯蓣科多年生缠绕草本植物的块茎。它是我国卫生部公布的食药两用蔬菜，是一种具有高营养价值的健康食品，外国人称其为“中国人参”。

山药营养价值很高，它含有人体需要的多种氨基酸、维生素 C 和黏液质，对人体有很好的滋养、补益、强壮作用。其所含的淀粉酶可帮助消化，增进食欲。

山药口味甘甜，性质滋润平和，中医认为它能补益脾胃、生津益肺、补肾固精。对于平素脾胃虚弱、肺脾不足或脾肾两虚的体质虚弱者，以及病后脾虚泄泻、虚劳咳嗽、遗精、带下、小便频数等人非常适宜。

山药可补益脾、肺、肾三脏，补而不燥，润而不腻，既能益气，又可益阴生津，常食久食，不仅不伤脾胃，还能增强消化功能，对身体健康极为有利。

现代药理研究表明，山药对实验性动物糖尿病有预防作用，并有降血糖作用；有诱生干扰素，增强机体免疫功能，改善冠状动脉和微循环的血流等作用，并能祛痰、镇咳、平喘。

山药还为病后康复食补佳品。山药含脂肪较少，而且所含的黏蛋白能预防心血管系统的脂肪沉积，阻止动脉过早发生硬化；可增加人体T淋巴细胞，增强免疫功能，延缓细胞衰老。所以，“常服山药延年益寿”的说法是科学的。山药中的黏液多糖物质与无机盐类相结合，可以形成骨质，使软骨具有一定弹性。此外，山药还有很好的减肥、健美功效。

食用山药时，应先去皮，以免产生麻、刺等异常口感。由于山药有收涩的作用，因此大便燥结者不宜食用。

桂圆

龙眼俗称“桂圆”，是我国南亚热带名贵特产，历史上“南桂圆，北人参”之称。龙眼果实富含营养，自古受人们喜爱，更视为珍贵补品，其滋补功能显而易见。

龙眼营养丰富，是珍贵的滋养强化剂。果实除鲜食外，还可制成罐头、酒、膏、酱等，亦可加工成桂圆干肉等。此外龙眼的叶、花、根、核均可入药。龙眼树木质坚硬，纹理细致优美，是制作高级家具的原料，又可以雕刻成各种精巧工艺品。龙眼花是一种重要的蜜源植物，龙眼蜜是蜂蜜中的上等蜜。

白术

白术多年生草本，喜凉爽气候，多年生草本，高30 ~ 60厘米。根状茎肥厚，略呈拳状。茎直立，上部分枝。叶互生，叶片3，深裂或上部茎的叶片不分裂，裂片椭圆形。边缘有刺。头状花序顶牛，总苞钟状，花冠紫红色，瘦果椭圆形，稍扁。花期7 ~ 9月，果期8 ~ 10个月。

以根茎入药，具有多项药用功能。健脾益气，燥湿利水，止汗，安胎。用于脾虚食少，腹胀泄泻，痰饮眩悸，水肿，自汗，胎动不安。

小贴士

三白汤——女性美容养颜的良方

白术有安胎的作用，而白术与白芍、白茯苓配合煮汤更有美容祛斑的作用。首先取白芍、白术、白茯苓各5克，甘草2.5克，水煎，温服。白术和白茯苓有润泽、美白皮肤的功效，而白术有双向调节肠道蠕动功能，既能对脾虚引起的腹泻有用，又能缓解脾虚引起的便秘。三白汤从调和女性气血、五脏的功能入手，从而起到美白祛斑的作用。

五味子

五味子，俗称山花椒、秤砣子、药五味子、面藤、五梅子等，唐代《新修本草》载“五味皮肉甘酸，核中辛苦，都有咸味”，故有五味子之名。古医书称它茎藉、玄及、会及，最早列于神农本草经上品，中药功效在于滋补强壮之力，药用价值极高。

五味子含有丰富的有机酸、维生素、类黄酮、植物固醇及有强效复原作用的木酚素，它也是兼具精、气、神三大补益的少数药材之一，能益气强肝、增进细胞排除废物的效率、供应更多氧气、营造和运用能量、提高记忆力及性持久力。

五味子的作用主要有以下几点：

（1）五味子具有明显的镇静作用。

（2）五味子醇提物及五味子甲素、乙素、醇甲、醇乙、酯甲、酯乙等对化学毒物引起的动物肝细胞损伤有明显保护作用。

（3）五味子有扩血管作用。

（4）五味子乙素、五味子酚均具有抗氧化作用，能清除自由基、抑制过氧化脂质形成。此外，五味子能降低血清胆固醇，增加脑和肝中蛋白质含量，均表明具有抗衰老作用。

（5）五味子能“收肺气”“宁嗽定喘”。

（6）五味子能促进肝糖原的合成，使糖代谢加强，又能增加肝细胞蛋白质的合成。

（7）能抑制应激性溃疡的发生，使溃疡指数减少，并能抑制胃液分泌。

西洋参

西洋参别名花旗参、洋参、美国人参等。五加科，人参属。多年生草本。全株无毛。根茎较人参短，根肉质，呈纺锤形，少有分枝状。茎圆柱形，长约25厘米，有纵条纹，或略具棱。掌状出复叶，通常3 ~ 4枚，轮生于茎项；小叶片膜质，广卵形至倒卵形，先端突尖，基部换形，边缘具粗锯齿。总花梗由茎端叶柄中央抽出，较叶柄稍长，或近于等长。伞形花序，花多数，等片绿色，钟状；花瓣5，绿白色。浆果，扁圆形，呈对状，熟时鲜红色。花期6 ~ 7月，果期7 ~ 9月。

西洋参中的皂苷可以有效增强中枢神经，达到静心凝神、消除疲劳、增强记忆力等作用，可适用于失眠、烦躁、记忆力衰退及老年痴呆等症状。常服西洋参可以抗心律失常、抗心肌缺血、抗心肌氧化、强化心肌收缩能力，冠心病患者症状表现为气阴两虚、心慌气短可长期服用西洋参，疗效显著。西洋参的功效还在于可以调节血压，可有效降低暂时性和持久性血压，有助于高血压、心律失常、冠心病、急性心肌梗死、脑血栓等疾病的恢复。

小贴士

女性如何用西洋参祛火

西洋参是一种非常好的药材，同时西洋参蜂蜜汤对女性朋友来说，也是祛火、防暑、防便秘的药膳。首先取西洋参 10 克，蜂蜜 50 克，冰糖 200 克，然后加水文火炖煮，直至有参味，凉后倒出参汤再加蜂蜜和冰糖调服。西洋参蜂蜜汤可存放在冰箱，随时取食。女性每日一食或隔日一食即可。

固元膏

固元膏，也叫阿胶核桃膏，据传是慈禧晚年非常喜欢的一道药膳。也有说此方是由唐代杨贵妃所创，常食可以养血润肤，头发乌黑。目前市面上大多数固元膏的配方为阿胶、红枣、黑芝麻、核桃仁、桂圆、冰糖、黄酒。有些配方面对不同人群需要，会添加枸杞、酸枣仁、蜂蜜、莲子等。适宜气血亏虚的中青年女性、肾阴阳两亏、肝血不足的老年人，以及体质差的人群食用。需要注意的是固元膏较为滋腻，脾胃虚弱者不宜长期服用。

蛋白粉

所谓蛋白粉，一般是采用提纯的大豆蛋白或酪蛋白，或乳清蛋白，或上述几种蛋白的组合体，构成的粉剂，其用途是为缺乏蛋白质的人补充蛋白质。

蛋白质是保证机体健康最重要的营养素，它是维持和修复机体以及细胞生长所必需的，它不仅影响机体组织如肌肉的生长，还参与激素的产生、免疫功能的维持、其他营养物质和氧的转运以及血红蛋白的生成、血液凝结等多方面。

一般脑力劳动者每天所需的蛋白质为每千克体重 0.8~1.0 克，从事大强度的运动员及健美爱好者的需要量则为他们的 2~3 倍。因为高强度的运动会不同程度地破坏肌细胞，引起肌肉蛋白的分解，蛋白质的及时补充能减少肌肉组织的破坏，促进蛋白的合成，甚至超量恢复，从而使肌肉得到增长，力量得到提高。传统做法通过吃肉补充蛋白质往往会摄入过多的脂肪，引起体脂增加，甚至影响心血管的健康。

处于生长发育期的儿童需要大量的蛋白质满足身体发育的需要，怀孕妇女则需要大量的蛋白质以制造红细胞和胎儿的发育，而传统的大鱼大肉的补法往往让许多女性生完孩子后仍然大腹便便，因为她们在补蛋白质的同时，也补进大量的脂肪。手术之后以及大病初愈的病人也需要大量的蛋白质以促进机体康复，提高免疫力。

食欲不好或消化功能不良的人以及通过节食方法来减肥者、素食主义者都可能蛋白质摄入不足，这不仅会导致儿童发育迟缓，影响机体水分代谢，还可能导致免疫功能低下，睡眠不良和贫血等多种疾病。在这些情况下，优质蛋白粉就成为一种良好的补充品。

对于健康人而言，只要坚持正常饮食，蛋白质缺乏这种情况一般不会发生。奶类、蛋类、肉类、大豆、小麦和玉米含必需氨基酸种类齐全、数量充足、比例适当。只要坚持食物丰富多样，就完全能满足人体对蛋白质的需要，没有必要再补充蛋白质粉。而且，食物带给人的心理享受和感官刺激，是蛋白质粉所不能替代的。蛋白质摄入过多，不但是一种浪费，而且对人体健康也是有危害的。

小贴士

减肥的女性怎么服用蛋白粉比较健康

现在女性朋友夜间活动丰富，营养不足会带来大量不良后果。蛋白粉对于减肥的女性而言是低负作用的热量和营养来源。首先用温水或冷水中完全溶解蛋白粉（不可使用热水），蛋白粉也可溶解在饮料、牛奶、汤水中，运动后30~40分钟内，喝1杯蛋白粉。这样不仅不会使女性的免疫力下降，也达到了瘦身作用。

女性排毒

排毒食物

红薯

红薯，又名甘薯、番薯、山芋、地瓜等。它味道甜美，营养丰富，又易于消化，可供给大量的热量，有的地区将它作为主食。此外，红薯含有糖类、蛋白质、脂肪、胡萝卜素、维生素C、维生素B_1、维生素B_2、烟酸、钙、磷、铁等成分，营养十分丰富。因此，它还有着“土人参”的美誉。

现代医学研究还表明，红薯还可以增强皮肤的抵抗力。皮肤也是人体免疫系统的一员，是人体抵抗细菌、病毒等外界侵害的第一道屏障。维生素A在结缔皮肤组织过程中起重要作用，而补充维生素A最好的办法就是从食物中获取β胡萝卜素，红薯是获得这种营养的最快途径，它含有丰富的β-胡萝卜素，且热量低。

每百克红薯含热量532千焦，粗纤维0.5克，脂肪0.2克，碳水化合物29.5克，另含无机盐和维生素等物质。红薯中含有大量胶原和黏多糖物质，不但有保持人体动脉血管弹性和关节腔润滑的作用，而且可预防血管系统的脂肪沉积，防止动脉粥样硬化，减少皮下脂肪。此外，红薯含有大量膳食纤维，能刺激肠道，增强肠道蠕动，通便排毒，有利于减肥。

《本草纲目》中说，红薯“性平，味甘；补虚益气、健脾强肾、补胃养心”。因此，红薯适宜脾胃气虚、营养不良、习惯性便秘、慢性肝病和肾病及癌症等患者食用，但胃肠疾病及糖尿病等患者应忌食红薯。另外，红薯含有气化酶，吃后有时会有胃灼热、吐酸水、肚胀排气等症状出现，但只要一次别吃得过多，而且和米、面搭配着吃，并配以咸菜或喝点菜汤即可避免。食用凉的红薯也可致上腹部不适。

排毒药膳

黄油煎红薯

材料：红薯500克，黄油50克，蜂蜜50克，熟芝麻15克。

做法：先将红薯洗净去皮，放开水中煮软捞出，控去水分，切成圆片待用。然后在平底锅内放上适量黄油，熔化后，下入切好的红薯片，煎至两面发黄为止。

盛出后放入盘中，浇上蜂蜜，撒上熟芝麻即成。

功效：补虚益气、通便。

小贴士

女性怎么吃红薯可以起到减肥作用

红薯含热量低，又具有饱腹感，无论是用作主食还是副食，对女性朋友都是一种良好的减肥食品。把红薯去皮，切成3厘米的长条放入水中用微弱的中火煮，等红薯变软取出，将黄油放入水中，再放下洋葱用中火炒软，加入煮软的红薯，炒至半透明后，倒入器皿中，加入牛奶、盐和胡椒，放上装饰用的黑芝麻即可使用。女性朋友可用红薯芝麻浓汤代替米饭，帮助自己减肥。

茶叶

自古中国人都有饮茶的习惯，尤其在烈日炎炎、酷暑难当之时，清茶一杯，消暑解渴，如同玉酿琼浆一般，妙不可言。不仅中国如此，茶叶在国外也受到了礼遇。英国人都有“下午茶时间”，可见茶已经与人们的生活融为一体了。

《本草纲目》中称茶叶“味苦、甘，性寒，无毒”，而传统中医理论认为“甘者补、苦者泻”。茶叶味苦而甘，所以它同时具有补泻两种功效，是具有苦寒性质，同时可以清热解毒的良药。

不仅如此，茶叶还具有其他很多功效。茶水中大多数维生素和微量元素具有保护血管、防治动脉硬化和高血压等作用。茶中所含的氟有防龋能力，并可助牙质脱敏。所以，在饭后用茶水漱口，可以起到保护牙齿的作用。各种茶都能阻断亚硝胺在体内的合成，抑制致癌物质的产生和阻止癌细胞的生长，所以能防治肠癌和肝癌等。绿茶的防癌作用优于红茶。绿茶中所含茶多酚、儿茶素、黄酮类物质、叶酸和硒等在防癌方面有极大作用，所以有饮茶习惯的人得癌症的概率也比其他人小。

茶叶虽好，却也需要饮用有方，才能发挥它的作用，否则就得不偿失了。这里告诉你几个不宜喝茶的时机。

（1）空腹：空腹喝太多茶会伤胃。

（2）睡前：茶叶有提神的功效，会影响睡眠，造成失眠。

（3）服药时：由于药中成分可能会和茶叶中的物质彼此干扰吸收，所以吃药时还是以开水配药较为适宜。

（4）饱餐后：茶中大量的鞣酸会与蛋白质结合生成鞣酸蛋白，这种物质会使肠道蠕动减弱，从而延长食物残渣在肠道内的滞留时间，进而导致便秘的发生。所以，饱餐后可以茶水漱口，但不要立即饮茶。

排毒药膳

红糖茶

材料：茶叶3克，红糖5克。

做法：用开水冲泡5分钟，饭后停一段时间即可饮用。

功效：通便。

胡萝卜

胡萝卜所含营养成分丰富，在蔬菜中享有盛名，民间称它为“小人参”就是此理。美国人爱吃的俄罗斯饺子，馅料就是胡萝卜，他们认为胡萝卜是最好的美容菜。胡萝卜还是一个舶来品，是公元13世纪从伊朗引进的，自此之后就成为老少爱吃的蔬菜。

《本草纲目》里说，胡萝卜“性平，味甘，健脾，化滞”，具有健脾消食、补血助发育、养肝明目、下气止咳的功效。

现代医学研究证明，胡萝卜的功效涉及方方面面，是蔬菜中的“全才”。

1. 美容功效

胡萝卜所含的B族维生素和维生素C等营养成分有润皮肤、抗衰老的作用。著名演员蒋雯丽就将胡萝卜视为美容良品，把胡萝卜当成日常水果，甚至切成条随身带着。

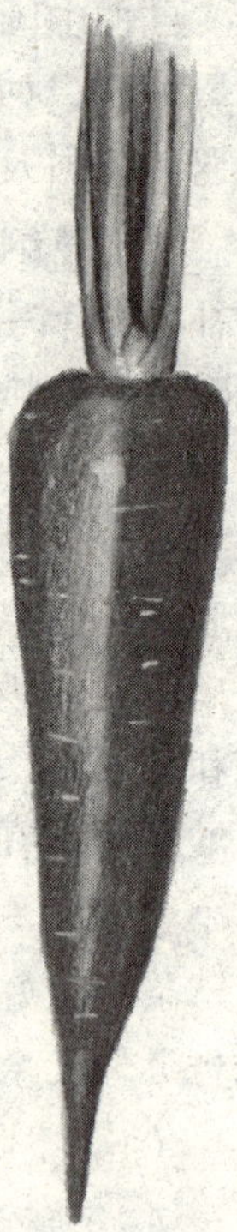

2. 护眼功效

胡萝卜能提供丰富的维生素A，具有促进机体正常生长与繁殖、维持上皮组织、防止呼吸道感染及保持视力正常、治疗夜盲症和干眼症等功能。维吾尔族人中近视率极低，有专家认为这与他们的饮食有关。因为胡萝卜是维吾尔族人经常食用的蔬菜，几乎所有菜色都会用到。经常食用胡萝卜也就减少了近视发生的概率。

3. 抗癌功效

胡萝卜素能增强人体免疫力，有抗癌作用，并可减轻癌症病人的化疗反应，对多种脏器有保护作用。妇女食用胡萝卜可以降低卵巢癌的发病率。

4. 抗菌功效

胡萝卜的芳香气味是挥发油造成的，能促进消化，并有杀菌作用。其实胡萝卜还有一大功效——解毒。胡萝卜是有效的解毒食物，能够清除体内毒素，尤其是在排出汞离子上具有特效。胡萝卜能与体内的汞离子结合，有效降低血液中汞离子的浓度，加速体内汞离子的排出。

工业生产用汞的残余在自然界极难分解，加上汞具有挥发特性，可以进入空气，并可以少量融入水中，然后经过蔬菜、水果等食物富集在人体内，引发慢性中毒。慢性汞中毒表现为头痛、失眠、健忘、多梦、焦虑、多汗，所以慢性汞中毒比例甚高。汞中毒可以导致肾功能减退、性功能减退、夜尿增多、全身水肿；引起高血压、冠心病、脑血栓、不孕症、慢性支气管炎等疾患。如果儿童汞中毒，还会影响到生长发育。

所以，居住地周围有化工厂所的人群应该在饮食中多多注意，添加胡萝卜等能排出毒素的食物。

排毒药膳

白菜萝卜汤

材料：大白菜叶子2片，白萝卜、胡萝卜各80克，豆腐200克，香菜末、盐、味精少许。

做法：将大白菜、白萝卜、胡萝卜与豆腐洗净，切成大小相仿的长条，在沸水中焯一下捞出待用。锅置火上，放入适量油烧至五成热，炒香辣椒酱后倒入清汤，把白萝卜、胡萝卜、豆腐一起放入锅中。大火煮开后加入大白菜，再次煮开，用盐、味精调味，最后撒上香菜末盛出即可。

功效：解渴利尿、帮助消化、排毒。

小贴士

胡萝卜外用美容法

胡萝卜是一种营养丰富、老幼皆宜的蔬菜，胡萝卜外用对女性朋友的皮肤可以起到晒后修复的作用。首先，将马铃薯，胡萝卜洗净捣成汁与蜂蜜调匀。其次，将捣成的汁直接敷于皮肤上20分钟后洗去。坚持每日使用，4~5周后有明显效果。这两种蔬菜对皮肤干燥，晒后皮肤粗糙、角化有很大的修复作用。

黄瓜

黄瓜原名叫胡瓜，是汉朝张骞出使西域时带回来的。为何“胡瓜”变“黄瓜”，这其中还有一段故事。

据说，后赵王朝的建立者石勒是入塞的羯族人，也就是百姓口中的“胡人”。他登基做皇帝后，对这个词很恼火，于是制定了一条法令：无论说话写文章，一律严禁出现“胡”字，违者问斩。法令听起来严酷无比，不过也只是石勒用来警醒人民的，真的遇到了犯忌的人，倒不一定真的会问斩。某次，石勒召见地方官员，襄国郡守樊坦就无意间犯了忌讳。他急忙叩头请罪，石勒也并没有多加指责，不过等到召见后例行“御赐午膳”时，石勒指着一盘胡瓜问樊坦：“卿知此物何名？”樊坦看出这是石勒故意整他，便恭恭敬敬地回答道：“紫案佳肴，银杯绿茶，金樽甘露，玉盘黄瓜。”石勒听后，龙颜大悦。自此，胡瓜就有了新名字——黄瓜。

《本草纲目》中说黄瓜有清热、解渴、利水、消肿的功效。也就是说，黄瓜对肺、胃、心、肝及排泄系统都非常有益，能使人的身体各器官保持通畅，避免堆积过多的体内垃圾，生吃能起到排毒清肠的作用，还能化解口渴、烦躁等症。

现代医学则认为，黄瓜富含蛋白质、糖类、维生素 B_2、维生素C、维生素E、胡萝卜素、钙、磷、铁等营养成分，同时黄瓜还含有丙醇二酸、葫芦素、柔软的细纤维等成分，是难得的排毒养颜食品。

黄瓜的美容功效历来为人们所称道。因为黄瓜富含维生素C，比西瓜还高出5

倍，能美白肌肤，保持肌肤弹性，抑制黑色素的形成。经常食用它或贴在皮肤上可有效地对抗皮肤老化，减少皱纹的产生。而黄瓜所含有的黄瓜酸能促进人体的新陈代谢，排出体内毒素。

黄瓜就像是人身体内的“清道夫”，认认真真地打扫着人的内环境，保持着它的清洁和健康。

不过需要提醒你的是，黄瓜性凉，患有慢性支气管炎、结肠炎、胃溃疡的人宜少食为妥。如果要食用，也应先炒熟，而要避免生食。

排毒药膳

香干炒黄瓜

材料：黄瓜 500 克，豆腐干 100 克。

做法：将黄瓜和豆腐干洗净切片，放置一边备用。锅置火上，烧热油后，下入葱末炝锅，放入黄瓜煸炒片刻后再下豆腐干，烹入料酒，加入味精、盐，淋上香油，翻炒几下即可出锅。

功效：清热、降糖、排毒。

红豆

“愿君多采撷，此物最相思。”王维的《相思》传诵至今，让人回味无穷。他所咏唱的相思之物——红豆，不仅在精神内涵上承载着丰富的内容，而且具有众多实际功效。《本草纲目》称红豆为赤小豆，说它具有“利小便、消胀、除肿、止吐”的功效。因为它富含淀粉，因此又被人们称为“饭豆”，是人们生活中不可缺少的高营养的杂粮。李时珍称红豆为“心之谷”，可见其食疗功效。现代医学证明，红豆富含维生素 B_1、维生素 B_2、蛋白质及多种矿物质，多吃可预防及治疗脚肿，有减肥的功效。红豆所含的石碱成分可增加肠胃蠕动，减少便秘，促进排尿，消除心脏或者肾病所引起的水肿。

红豆虽好，却不宜多食。因为红豆含有较多的淀粉，吃得过多会导致腹胀，肠胃不适。所以，一次 50 克左右为宜。另外，《本草纲目》中说“赤小豆，其性下行，久服则降令太过，津液渗泄，所以令肌瘦身重也”。所以，尿多的人忌食。

古籍中记载，用红豆与鲤鱼烂煮食用，对于改善孕妇怀孕后期产生的水肿，有很大的帮助。但是鲤鱼与红豆两者均能利水消肿，正是因为利水功能太强，正常人应避免同时食用二者。

排毒药膳

（1）莲子百合红豆沙

材料：红豆 500 克，白莲子 30 克，百合 10 克，陈皮适量，冰糖约 500 克。

做法：把红豆、莲子、百合先洗干净，用清水浸泡两小时。煮开水，把红豆、陈皮、莲子、百合放入锅中，泡豆子的水也倒入。煮开后用中慢火煲两小时，最后才用大火煲大概半小时。煲至红豆起沙和还有适量水分，就可以加糖调味。

功效：清心养神、健脾益肾、固精益气、排毒止血、强健筋骨。

（2）黑米红豆粥

材料：红豆、黑米、白砂糖各适量。

做法：将红豆和黑米洗净，清水浸泡 5 小时以上。将浸泡的水倒掉，将黑米及红豆和适量冷水放入锅里，大火煮沸，转至小火煮至熟透加糖即可。

功效：气血双补，滋阴排毒。

小贴士

红豆不能和什么食物一起搭配食用

红豆营养价值很高，可以熬粥喝，红豆粥喝起来具有清热解渴，消除水肿的功效，而且还能够解暑，但在做红豆汤粥的时候要注意材料的搭配，与红豆相克的食不要搭配在一起做。如：鲤鱼。鲤鱼和红豆都能利水消肿，但是两者利水功能很强，正常人应避免同时食用二者，尽量隔几个小时再食。

茄子

茄子是夏秋季节最大众化的蔬菜之一。鱼香茄子、地三鲜更是许多家常菜馆的必备菜肴，深得人们的喜爱。茄子营养丰富，富含蛋白质、脂肪、碳水化合物、维生素及钙、磷、铁等多种营养成分。特别是维生素 P 的含量很高，每 100 克中含 750 毫克。所以经常吃些茄子，有助于防治高血压、冠心病、动脉硬化和出血性紫癜。

《随息居饮食谱》说茄子有“活血、止血、消痈”的功效。夏天常食茄子，尤为适宜。它有助于清热解毒，容易生痱子、生疮疖的人，夏季多吃茄子是可以起到预防作用的。而且，《本草纲目》中说：“茄子性寒利，多食必腹痛下利。”所以，这种寒性的蔬菜最适宜的季节应该是夏季，进入秋冬季节后还是少吃为宜。

茄子的吃法有多种，既可炒、烧、蒸、煮，也可油炸、凉拌、做汤，不论荤素都能烹调出美味的菜肴。茄子善于吸收肉类的鲜味，因此配上各种肉类，其味道更加鲜美。

排毒药膳

（1）清蒸茄子

材料：茄子两个。

做法：把茄子洗净切开放在碗里，加油、盐少许，隔水蒸熟食用。

功效：清热、消肿、止痛，可用于内痔发炎肿痛、内痔便血、高血压、痔疮、便秘等症。

（2）炸茄饼

材料：茄子 300 克，肉末 100 克，鸡蛋 3 个。

做法：将茄子洗净去皮，切片；肉末内加黄酒、精盐、葱、姜与味精，搅拌均匀；鸡蛋去壳打碎，放入淀粉调成糊，用茄片夹肉撒少许干淀粉做成茄饼。锅内放油烧至六成热时，茄饼挂糊，逐个下锅炸至八成熟时捞出。待油温升到八成热时，再将茄饼放入复炸，至酥脆出锅，撒上椒盐末即成。

功效：和中养胃，胃纳欠佳、食欲不振者尤宜服食。

芹菜

芹菜是一种能过滤体内废物的排毒蔬菜。对于爱美的女性来说，芹菜更是养颜圣品。

《本草纲目》中说，芹菜“旱芹，其性滑利”。就是说芹菜清肝利水，可帮助有毒物质通过尿液排出体外。芹菜中含有丰富的纤维，可以像提纯装置一样，过滤体内的废物。经常食用芹菜可以刺激身体排毒，预防由于身体毒素累积所造成的疾病。不仅如此，芹菜的食疗功效也让人吃惊。

1. 降压

芹菜含酸性的降压成分，对兔、犬静脉注射有明显降压作用。临床上对于原发性、妊娠性及更年期高血压均有效。所以，血压偏高的人不妨常食芹菜。

2. 镇静安神

从芹菜子中分离出的一种碱性成分，对动物有镇静作用，对人体能起安定作用。

3. 防癌、抗癌

芹菜是高纤维食物，它经肠内消化作用产生一种木质素或肠内脂的物质，这类物质是一种抗氧化剂，高浓度时可抑制肠内细菌产生的致癌物质。它还可以加快粪便在肠内的运转时间，减少致癌物与结肠黏膜的接触，从而达到预防结肠癌的目的。

4. 养血补虚

芹菜含铁量较高，能补充妇女经血的损失，经常食用能避免皮肤苍白、干燥、面色无华，而且可使目光有神、头发黑亮。

排毒药膳

芹菜粥

材料：芹菜 40 克，粳米 50 克。

做法：把芹菜洗净去根备用。倒入花生油烧热，爆葱，添米、水、盐，煮成粥，再加入芹菜稍煮，调味精即可。

功效：清热利水，可作为高血压、水肿患者的辅助食疗品。

小贴士

芹菜与梨搭配吃有什么好处

芹菜具有清胃涤热、通利血脉等功效，而梨具有清热润肺、化痰止咳、降火等功效，将二者放入榨汁机中榨取原汁，再加入1匙蜂蜜搅拌均匀即可食用。这种果菜汁对于经常熬夜造成眼睛红肿、疼痛的女性有特殊疗效，且对咳嗽痰喘者有特殊疗效。

海带

全智贤、李英爱、崔智友……韩剧里每个女明星的头发都是柔顺有光泽的，这其中的奥秘，海带应该记首功。海带是韩国最普遍的食物之一，韩国人从过生日、坐月子到吃早餐，顿顿都少不了它。海带在韩国常见的吃法是加醋凉拌，或者放点蒜末做成韩式海带汤。

海带中的碘极为丰富，此元素为人体内合成甲状腺素的主要原料，而头发的光泽就是由于体内甲状腺素发挥作用而形成的。海带不但能美发，还能清肠排毒。中医认为，海带味甘、性温、微咸，有润肠通便、祛火清热的功效。

《本草纲目》中说："海带能催生，治妇人病，疗风下水。治水病瘿瘤，功同海藻，昆布下气，久服瘦人。"

海带所含营养物质特别丰富，其中包括大量的褐藻胶，即海带中的黏性物质。它是一种可溶性膳食纤维，能够与食物中的胆固醇结合，将其排出体外。它还具有降糖、降脂、抗饥饿、减肥、通便、防毒解毒、增加抗病能力等作用。除此之外，褐藻胶还能清除致癌物质和放射性污染物。海带是急性肾功能衰退、脑水肿、急性青光眼患者的理想食疗菜品。

海带中含有矿物质碘。碘是人体中的重要激素——甲状腺素的主要成分。甲状腺素可调节人体的生物氧化速率，影响生长发育和各种营养素的代谢。胎儿、青少年的器官、组织分化和脑发育也都需要充足的碘。

从美容方面来说，甲状腺素还可影响头发的光泽。另外，海带中含有的铁、钠、镁、钾、钴、磷、甘露醇和维生素 B_1、维生素 B_2、维生素 C 等多种物质都对美发大有好处。因此，常吃海带，对头发的生长、润泽、乌黑、光亮都具有特殊的功效。

海带中的矿物质也极为丰富，常食用能预防骨质疏松症和贫血症，使人骨骼挺拔壮实、牙齿坚固洁白、容颜红润娇嫩，变得更健美。

但是，患有甲亢的病人不要多吃海带，因海带中碘的含量较丰富，会加重病情；孕妇和哺乳期的妇女应少吃海带，否则海带中的碘会随血液循环进入胎儿和婴儿体内，引起甲状腺功能障碍；脾虚腹泻、痰多者也不宜食用海带，会加重病情。而且，吃海带后不要马上喝茶（茶含鞣酸），也不要立刻吃酸涩的水果（酸涩水果含植物酸），海带中富含铁，以上两种食物都会阻碍体内铁的吸收。

排毒药膳

海带炖肉

材料：瘦猪肉300克，水发海带600克，酱油两匙，料酒、精盐、白糖、葱段、姜片、香油、味精少许各少许，大料2粒。

做法：将肉洗净，切成1.5厘米见方、0.5厘米厚的块；葱择洗干净，切成段；姜切片；海带择洗干净，用开水煮10分钟，切成小块待用。将香油放入锅内，下入白糖炒成糖色，投入肉块、大料、葱段、姜片煸炒，等肉上色，再加入酱油、精盐、料酒，略炒一下，加入水（以漫过肉为度）。用大火烧开后，转微火炖至八成熟，投入海带，再炖10分钟左右，海带入味即成。

功效：帮助排毒，促进儿童骨骼和牙齿的生长。

绿豆芽

绿豆芽清爽可口，是不少人非常青睐的食物，但是很多人只知道绿豆芽好吃，却不知道绿豆芽的营养非常丰富。

其实，绿豆在发芽的过程中，维生素C的含量会增加很多，所以绿豆芽更有营养。更为可贵的是，绿豆芽还有药用价值。据说，第二次世界大战中，美国海军就是因为无意中吃了受潮发芽的绿豆，竟治愈了困扰全军多日的坏血病，这就是豆芽中维生素C的功劳。此外，绿豆芽富含纤维素和膳食纤维，可清肠排毒，是便秘患者的健康蔬菜。而且它含核黄素，可以用来治疗口腔溃疡。另外，绿豆芽所含的热量很低，经常服用，还能起到减肥的目的。

我国栽培制作绿豆芽已有近千年的历史。《本草纲目》说它“解酒毒热毒，利三焦”。中医认为，绿豆芽性凉、味甘，不仅能清暑热、通经脉、解诸毒，还能调五脏、美肌肤、利湿热，适用于食少体倦、热病烦渴、大便秘结、小便不利、目赤肿痛、口鼻生疮等患者。

凡体质属痰火湿热者，平日面泛油光，胸闷口苦，头昏，便秘，血压偏高或血脂偏高，而且多嗜烟、酒、肥腻者，常吃绿豆芽，可清肠胃，解热毒。但是，绿豆芽所含的膳食纤维较粗，不易消化，且性偏寒，所以脾胃虚寒之人不宜久食。绿豆芽也不宜与猪肝同食。

排毒药膳

凉拌绿豆芽

材料：绿豆芽400克，糖、醋少许。

做法：将绿豆芽洗净，用沸水焯30秒，沥干水分，加入糖、醋拌匀，即可食用。

功效：清热、利尿、排毒。

炝绿豆芽

材料：绿豆芽1000克，精盐25克，花椒油25克，葱丝5克，姜3片，香菜2棵，醋15克。

做法：将绿豆芽择好，用清水漂洗干净，放入开水氽一下，捞出控干，盛入盘里。

将盐、醋撒在豆芽菜上拌匀，最后放上葱、姜、香菜段，浇上花椒油即可食用。

功效：清热解毒。

小贴士

怎样在家里发绿豆芽

绿豆芽有清热解毒的功效，女性朋友可以在家自制绿豆芽。首先，取绿豆若干，切记不要太多。其次，将绿豆泡软，放入密闭的容器，盖好，放置在阴凉处，每天洒 3~4 次水，3 天后豆芽就能生好。豆芽的长短取决于温度和湿度，要豆芽长的长就想办法增加湿度和温度即可。

竹笋

竹笋又名竹肉、玉兰片，是禾本科植物毛竹等多种竹的幼苗。鲜笋有冬笋和春笋之分，冬笋是在冬天笋尚未出土时挖掘的，质量最好；春笋则是在春天笋已出土时挖掘的，质量较次。

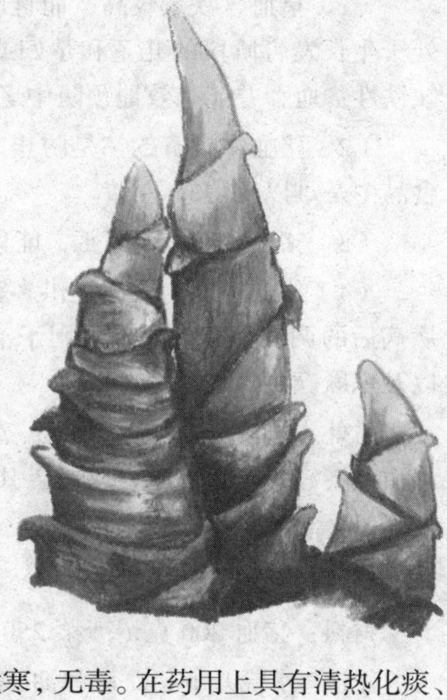

我国人民以笋入菜，历史悠久，《诗经》与《楚辞》中均有记载。北宋时期，京城的居民不尚食用鲜竹笋，认为它“刮肠饱”。但大文学家苏东坡却特别喜欢食笋，他称竹笋为“玉板和尚”，赞美烧笋是“禅悦味”，将竹笋奉为“素中仙”。宋仁宗时，苏东坡曾提笔赠诗：“无竹（笋）令人肥，无肉令人瘦。不肥又不瘦，竹笋加猪肉。”

《本草纲目》中记载：竹笋“性寒，味甘；滋阴凉血、开胃健脾、清热化痰、解渴除烦、利尿通便、养肝明目”。中医认为，竹笋味甘，微寒，无毒。在药用上具有清热化痰、益气和胃、治消渴等功效。现代医学证实：竹笋甘寒通利，其所含有的植物纤维可以增加肠道水分的量，促进胃肠蠕动，降低肠内压力，减少粪便黏度，使粪便变软利排出，可用于治疗便秘，预防肠癌。竹笋具有低糖、低脂的特点，富含植物纤维，可降低体内多余脂肪，消痰化瘀滞，治疗高血压、高血脂、高血糖症，且对消化道癌肿及乳腺癌有一定的预防作用。

需要注意的是，患有胃溃疡、胃出血、肾炎、肝硬化、肠炎、尿路结石等病的人不宜多吃。

排毒药膳

驴肉炒竹笋

材料：卤驴肉 300 克，竹笋 150 克，葱 10 克，盐 6 克，味精 3 克。

做法：竹笋洗净切成片，驴肉洗净切成片，葱洗净切成段。锅中放油。再加入竹笋片、香葱段，然后下入驴肉，炒匀后调入盐、味精炒香，炒入味即可出锅。

功效：滋阴排毒、开胃健脾。

猪血

猪血，又称液体肉、血豆腐和血花等，性平味咸，是最理想的补血佳品。猪血以色正新鲜、无夹杂猪毛和杂质、质地柔软、非病猪之血为优。

《本草纲目》记载，猪血可"补铁、止血、解毒"。中医认为，猪血是养血之宝。猪血中的血浆蛋白被人体内的胃酸分解后，可产生一种解毒、清肠的分解物，能够与侵入人体内的粉尘、有害金属微粒发生化合反应，易于毒素排出体外。

猪血的功效有以下几种：

（1）猪血含铁量较高，而且以血红素铁的形式存在，容易被人体吸收利用，处于生长发育阶段的儿童和孕妇或哺乳期妇女多吃些有动物血的菜肴，可以防治缺铁性贫血，并能有效地预防中老年人患冠心病、动脉硬化等症。

（2）猪血中含有的钴是防止人体内恶性肿瘤生长的重要微量元素，这在其他食品中是难以获得的。

（3）猪血含有维生素 K，能促使血液凝固，因此有止血作用。

（4）猪血还能为人体提供多种微量元素，对营养不良、肾脏疾患、心血管疾病病后的调养都有益处，可用于治疗头晕目眩、吐血衄血、崩漏血晕、损伤出血以及惊厥癫痫等症。

另外，高胆固醇血症、肝病、高血压、冠心病患者应少食猪血；患病期间忌食。猪血也不宜与黄豆同吃，否则会引起消化不良；忌与海带同食，否则易导致便秘。

排毒药膳

猪血菠菜汤

材料：猪血 200 克，菠菜 250 克，水 500 毫升，精盐、油、味精各适量。

做法：水烧开下猪血块和油、盐，再烧开后下菠菜煮至熟，加入味精调匀即可。

功效：可治疗痔疮、便秘，特别是老年人肠道干燥引起的习惯性便秘。

小贴士

猪血适宜什么人群食用

猪血，含有丰富的微量元素，是天然的润肠通便食品。女性常吃猪血能延缓机体衰老，提高免疫功能，增强新陈代谢。猪血适宜贫血的老人、妇女，从事粉尘、纺织、环卫等工作的女性朋友食用；适宜血虚、头风、眩晕、腹胀的人食用。

排毒方式

断食之旅

“断食”并不如一般人所想象的那么可怕，断食并不是什么都不吃，而是禁食固态食物，以清水代之。断食也不可一下子就完全进入情况，它需要有断食前的“减食”以及断食后的“复食”，一切都要循序渐进，否则只有反效果。下面我们来介绍两种断食法。

1. 一日断食法

一日断食法就是每隔一段时间后，断绝进食一天。

实行一日断食法应逐渐缩短间隔时间，刚开始时可以一个月实行一次，两三个月后可以每周实行一次。

（1）米汤断食法。米汤不仅味道可口，具有一定的营养，可以避免正规断食引起的全身乏力和精神不安，而且对胃黏膜有一定的保护作用。因此，米汤断食法非常适宜胃肠功能虚弱的人实行。

具体做法：先用糙米熬粥，然后将米渣去掉，即成米汤。或者直接使用糙米粉末，熬熟后，不去渣滓，即为米汤。

可以根据自己的爱好选择做法。每餐可用糙米25克，熬取米汤一碗。喜欢稍稠一点儿的话，可以用糙米30克。喝的时候可加入少量食盐或糖。每日三餐。

（2）清汤断食法。清汤味道鲜美，具有较丰富的营养。在断食过程中，很少发生强烈的饥饿感，有的甚至照常坚持工作，好像没有断食一样。具体做法：首先将10克海带和10克干燥的香蕈放入550毫升水煎煮，待汁液充分煎出后，再把海带和香蕈捞出去，仅留清汤汁，再加入酱油20克，黑砂糖或蜂蜜30克，在冷却之前全部喝完。一日三餐。断食期间，每日应喝纯水或茶水1～2升，其他食物一概不吃。

（3）蜂蜜断食法。此断食法简便易行，尤其是蜂蜜甘甜可口，备受欢迎。

具体做法：每次用30～40克蜂蜜，以350毫升水溶化冲淡后饮用。一日三餐。

提示：在每次断食后的第二天，不可突然恢复平常的饮食量，而应当将饮食量减为平常的70%左右，以免损伤胃肠功能。有可能的话，最好吃些容易消化的食物，如喝稀粥等。特别要注意的是，断食日前后，绝对不可过食。

2. 月初两日断食法

如果认为实行一日断食法，每周一次，间隔时间太短，难以长期坚持。那么可以把间隔时间适当延长，选择月初两日断食法。也就是把每月的头两天作为断食日。如果能坚持实行这样的断食法一年左右，同样会收到明显的效果。

果汁排毒

清肠胃排毒养颜的蔬果饮料，长期服用，保证你皮光肉滑，由里到外渗透出动人光彩。

1. 胡萝卜＋苹果＋芹菜汁

功效：保护眼睛，帮助消化。

做法：胡萝卜去叶，切成块状，苹果也做同样处理；芹菜的须根，并整理成束，折弯曲；在榨汁机内先放入冰块；胡萝卜和芹菜放入榨汁机榨汁，接着再放入苹果一起榨汁；调味上以咸味为宜，也可加入少许柠檬汁。

2. 胡萝卜＋苹果汁（冰块及柠檬适量）

功效：对肾脏病、胃肠病、高血压、肝病、过敏、腹泻、消除疲劳有明显疗效。

做法：去除苹果果核后，切成块状，先浸泡在盐水中。胡萝卜也切成同样大小；冰块放进榨汁机内，有助于防止果汁起泡；胡萝卜和苹果放入榨汁机压榨成汁；柠檬汁滴入做好的果汁中。

3. 桃子汁＋蜂蜜（或黑砂糖）＋牛奶（或豆浆）＋冰块

功效：具有美容效果。

做法：剥掉桃子皮，削下果肉；在牛奶中加入蜂蜜，用果汁机搅拌，然后加进冰块，继续搅拌；把削下的果肉放进牛奶中，搅拌 30 ~ 40 秒。要注意的是，如果搅拌过久，会产生很多的泡沫。桃子汁和其他果汁一样，加上少许柠檬汁，味道会更好。

4. 苹果＋小黄瓜＋柠檬汁（冰块）

功效：高血压、肾脏病、整肠作用有较好的疗效，具有利尿作用。

做法：苹果去核后，切成块状，小黄瓜也做同样处理，柠檬连皮切成 3 块；冰块放进榨汁机内；首先把柠檬放入榨汁机，压出柠檬汁。接着分别把苹果和小黄瓜放入榨汁机，挤压出汁液。调味上以咸味为宜。

小贴士

喝果汁时应该注意什么

果汁含有多种有机酸、芳香物质和酶类，能刺激食欲，有助于消化。因此，两餐之间或饭前半小时是饮用果汁的最佳时机。喝果汁时不宜一饮而尽，应该细斟慢品，且数量也不宜太多。

食物之毒

现实生活中，有不少看似没毒的食物却内含毒素，那么在提防那些容易引起中毒的食物的同时，你更要知道一些解毒的方法。所以，以下知识一定会对你有帮助。

1. 鲜黄花菜

鲜黄花菜含有秋水仙碱，进入人体后，被氧化为二秋水仙碱就有了毒性。二秋水仙碱对呼吸道和胃肠道黏膜有非常大的刺激作用。

解毒宝典：在食用前，将鲜黄花菜用冷水浸泡 2 小时以上，或用开水烫一次后再用冷水浸泡 2 小时，这样就能够消灭秋水仙碱的危害了。

2. 腌制的青白菜、甜菜

腌制的青白菜、甜菜中含有亚硝酸盐，这种物质进入人体后，可使血液中的低铁血红蛋白氧化成高铁血红蛋白，失去运输氧气的功能，导致身体内的组织低氧，出现青紫而中毒。

解毒宝典：坚决不吃存放或腌制太久的蔬菜。腌菜时盐应多放，至少腌制 15 天以上再食用；现泡的菜最好马上吃，不能存放过久，腌菜时选用新鲜蔬菜。

3. 四季豆

四季豆中含有皂苷的有毒成分，当皂苷进入胃肠道后，会刺激胃肠道黏膜产生炎症反应。它还含有溶血素，具有溶血作用，轻易就可入侵血液中的红细胞，攻击红细胞导致溶血。

解毒宝典：食用四季豆时，务必将其切成细丝或薄块，在开水中过一下再凉拌。要不然就煮沸 10 分钟再炒透。

4. 发芽的马铃薯

马铃薯的发芽部分有一种被称为龙葵素的有毒物质，可以引起相关的器官损害而导致中毒，并且发芽越多，引起的中毒症状越严重。

解毒宝典：马铃薯发芽后，如果芽多就不要食用，芽少的可以把芽和芽周围的部分去掉，并放在水中浸泡一段时间，使毒素溶解后再食用。烹调马铃薯时加入醋，可以使毒素被破坏掉。

“垃圾”之毒

你是否也曾出现过排便不净的感觉，总觉得有宿便累积在肚腹里，久而久之，小肚子就越来越大，人也渐渐水肿起来。这其实就是宿便惹的祸。我们可以从日常的饮食入手，从根本上铲除宿便产生的渊源，让自己远离宿便的干扰。下面我们就一起来了解消除宿便的食物有哪些？

1. 杂粮：将废弃物带出体外的主力

少吃精白米和精白面粉，而多食用糙米和胚芽精米，以及玉米、小米、大麦、小麦皮（米糠）和麦粉（黑面包的材料）等杂粮。此外根菜类和海藻类中食物纤维较多。纤维较多的食品还有糙米和小米等谷类，牛蒡和胡萝卜等根菜类、豆类、薯类、羊栖菜和裙带菜等海藻类。

2. 水：使大便变软，易被排出

为了使大便变软，除了充分地摄入食物纤维，多饮水也很有效。早上一睁开眼睛就立即喝水，一天保证 8 杯水。

3. 谷物、豆类：刺激肠道，排便更快

谷物、豆类富含纤维质，易吸收体内水分，与体内废物一起变成粪便排出。不习惯食粗粮的人，可以将粗粮和精白米一起混合食用。此外，早餐的时候，可以用粗粮煮粥喝。

4. 海藻类：黏滑性令排便时不伤害肠壁

海藻类对付便秘的有效成分就是食物纤维。纤维溶于水后，膨胀的同时黏性也增强，有使大便软化的作用。

5. 苹果：既可治便秘，又可治腹泻

实验证明，苹果的果胶能增加肠内的乳酸菌，因此能够清洁肠道。苹果中不溶性的食物纤维有纤维素、半纤维素和木素等，能够使便量增加。

6. 酸奶：促进有益菌增殖，减少毒素

在牛奶中加入乳菌，便之凝固所制成的酸奶，与食物纤维一样，都是习惯性便秘者不可缺少的食品。不过酸奶中所含的乳酸菌，效果不持久，所以应每天都喝。

7. 富含寡糖的食物：有益菌的食物

我们把葡萄糖和果糖这些无法再分解的最小单位的糖称为单糖，而寡糖是由两个以上单糖所构成的。根据其原料的不同，功效和名称也各不同。比如，大豆中所含的是大豆寡糖，洋葱、芦笋和牛蒡中含的是果寡糖。除此之外，还有乳果寡糖、半乳果寡糖等。

小贴士

如何自我清肠，清除宿便

宿便一旦无法被排出体外就会造成女性体臭、口臭、皮肤暗晦、皮肤过敏、发疹及色素斑等问题。想要清除宿便，可试试以下方法。首先，是生活中多吃富含食物纤维的杂粮。其次，坚持适度的运动锻炼。最后，每天要保持要有愉悦的情绪。如此，女性朋友可以科学的清除宿便。

早盐晚蜜排毒

苗条的身材、细腻光滑的皮肤是任何一个女人都渴望拥有的，减肥、美容也成了姐妹们经常探讨的话题，更有很多爱美女性不惜委屈自己的胃、虐待自己的身体来让自己美丽一点点儿。其实，女性朋友们只要掌握了“早盐晚蜜”的养生经，减肥、美容就都变成了轻而易举的事情。

所谓“早盐”，就是每天早上空腹喝一杯加了一小勺竹盐的纯净水。能促进肠蠕动，解除便秘，减少脂肪在肠道中的堆积和过量吸收，减少肥胖的机会。竹盐比一般的盐更具有解毒排毒功能的原因是它的提炼技术。它将产自韩国西海岸的天然盐灌进 3 年生竹筒内，放入黄土做成的窑中，用松木做燃料煅烧，融合了竹子、黄土、松脂等多种天然材质的药性，所以有很好的保健效果。韩国女人皮肤都很好，主要是和她们在生活中使用竹盐及相关的产品有关，内服可以清肠，帮助消化，外用还能消炎排毒，瘦身减脂，改善酸性体质。

多数肥胖的人身体四肢总感觉胀胀的，这是人体内积蓄了过多的水分、脂肪和老旧废物所呈现出来的水肿。买一些美容竹盐做做按摩就能消肿，这是因为竹盐中的有机物能够渗入皮肤，促进皮肤的新陈代谢，排出体内多余的水分和废物，当你在按摩的过程中感觉到浑身发热就表明体内垃圾正在伴随着汗水和你说拜拜了。另外，竹盐中含有大量矿物质，可以让你的肌肤变得紧紧绷绷，细滑粉嫩。还可以直接选用含有竹盐成分的沐浴乳和身体磨砂膏，均匀涂抹在身上再进行适度按摩，尤其是大腿、腹部、臀部等部位要重点“照顾”。坚持下去，你会感觉身体逐渐变轻了。

所谓“晚蜜”，就是睡前用温开水调服 10 ~ 20 毫升蜂蜜。蜂蜜味甘，性平，自古就是滋补强身、排毒养颜的佳品。《神农本草经》记载：“久服强志轻身，不老延年。”蜂蜜富含维生素 B_2、维生素 C，以及果糖、葡萄糖、麦芽糖、蔗糖、优质蛋白质、钾、钠、铁、天然香料、乳酸、苹果酸、淀粉酶、氧化酶等多种成分，对润肺止咳、润肠通便、排毒养颜有显著功效。近代医学研究证明，蜂蜜中的主要成分葡萄糖和果糖，很容易被人体吸收利用。常吃蜂蜜能达到排出毒素、美容养颜的效果，对防治心血管疾病和神经衰弱等症也很有好处。

“早盐晚蜜”的排毒效果虽好，但每个人也要考虑自身的体质，因为竹盐中含有较多的钠，会引起血压增高，而蜂蜜中含糖量较高，所以，高血压、糖尿病患者要慎用此法。

此外，盐水和蜂蜜结合起来喝也很不错，因为二者有互补作用。蜂蜜中钾的含量较高，有助于排出体内多余的钠。

当然，在此基础上，平时还要注意多运动，以促进体内机能的正常循环和代谢，才能排毒健康两不误。

排出酒毒

长期饮酒会让身体存有大量酒毒，诱发多种疾病，所以，一定要及时排出体内已经存在的毒素，而饮食成为排酒毒最直接最实用的方法。

下面就介绍几种消除酒毒的食物，以供参考。

1. 水：恢复水分平衡

含无机盐和糖分的饮料，除了有水分补给作用之外，还有消除体内酒精的作用。比如，一些运动型饮料和果汁，效果就很好。特别是运动型饮料，其成分构成接近人的体液，易被体内吸收，不仅对宿醉有效，饮酒时如果一起喝，还可防止醉得太厉害。此外，用含有茶多酚和维生素 C 的茶，或者用柠檬和蜂蜜做成的蜜汁柠檬水，对于宿醉也很有效。

2. 柿子：分解酒精

柿子叶也含有相当于柑橘数十倍的维生素 C，其鲜嫩的幼芽可以炸着吃，或者干燥后做柿叶茶喝。柿叶芽有利尿作用，多喝一些，能促进酒精排出体外。

3. 贝类：强化肝脏的解毒作用

贝类营养均衡，在饮酒后和宿醉时食用，其解酒功能非常有效，所以很受欢迎。以蚬为例，它的营养成分中的蛋白质的含量可以与鸡蛋相提并论，而且由于含有均衡的必需氨基酸，不会对肝脏造成负担，能够促使肝脏恢复功能。

4. 姜黄：对酒精造成的肝脏损伤很有疗效

姜黄中含有姜黄色素，它具有解毒、促进胆汁分泌的作用，对于因酒精造成的肝脏损伤非常有疗效。

5. 芦荟：降低血液乙醛浓度

在饮酒之前，如果喝些芦荟汁，对预防头痛和恶心、脸红等症状很有效。此外，芦荟中的苦味成分芦荟素有健胃作用，对治疗宿醉引起的反胃和恶心等，简直是特效药。

6. 富含蛋白质的食物：减轻肝脏负担

如果胃中有食物，为了消化食物，胃的幽门部收缩，这样酒精到达十二指肠的时间就会延长。因为蛋白质和脂肪在胃内停留的时间最长，所以最适合作为下酒菜。不过摄入过多脂肪会导致发胖，所以最好选择鱼贝、瘦肉、鸡肉、豆制品、蛋、奶酪等蛋白质含量高的食品做下酒菜。

小贴士

解酒毒的茶

经常要应酬喝酒的女性朋友，可以在回家后喝些茶来解酒毒，而酸甜山楂茶具有理气消食、提神醒酒作用。将陈皮、山楂洗净，放入不锈钢锅中，加水煮 20 分钟，放温后加入蜂蜜调匀。这种茶对经常饮酒的女性有解酒、护肝、消食、健胃之功效。

自然排毒

健康排毒不应依赖于各种保健品、排毒药物，而应着眼于健康的生活方式，用顺其自然的方法来排毒才是最好的。

1. 强力按摩法

早晨用丝瓜筋手套对肌肤进行干按摩，它被誉为促进身体排毒的真正妙方。按摩加速血液循环和淋巴液畅通，从而使体内有毒废物易于被冲洗出去。通常可采用圈状按摩手法，自下而上地对全身施加按摩力，注意按摩方向为肢体末端向心脏方向。若想提升按摩的效果，在按摩结束后，再用一条预先在添加了苹果酸（比例为 1 汤匙苹果酸，3 升水）的热水中浸泡过并拧掉水分的毛巾来搓擦肌肤。

2. 印度排毒手指操

这套手指操通过刺激手指来清除体内酸性废物。先将两手放在身前，然后分别用大拇指各紧压在同一手上的无名指第 3 节的内关节上，保持此姿势 5 分钟。

两手的大拇指、中指和无名指分别相互对压住，而小指和示指则保持伸直状态。保持此姿势不超过 3 分钟。每天分配不同时间进行操练，共 5 次。这样就能经常不断地促进体内排毒。

3. 定期去除角质

肌肤表面的老化角质会阻碍毛孔代谢毒素，定期去除角质，可帮助肌肤的代谢机能维持正常运作。

4. 蒸桑拿

每周进行一次蒸汽浴或桑拿也能帮助加快新陈代谢，排毒养颜。但是，蒸桑拿时要注意多饮水。浴前喝一杯水可帮助加速排毒，浴后喝一杯水能补充水分，同时排出剩下的毒素。另外，蒸桑拿时不要在皮肤上涂抹润肤油，免得阻塞好不容易张开的毛孔，影响排毒效果。

运动排毒

人体具有完善的排毒系统和强大的排毒功能，那么，怎样才能充分发挥人体的排毒功能呢？运动就是调动人体排毒功能的最有效方法。

运动会使人出汗、咳嗽、排便，使毒素迅速地排出体外。只要坚持运动，可以达到良好的排毒效果。要排毒，还是运动来得最天然、最完全、最有效。

这里向你推荐几种利于排毒的运动方式：

1. 快步走

快步走是最简单方便的排毒运动，它可以降低高胆固醇。

2. 呼吸排毒

呼吸不仅维持我们的生命，还可以排出体内毒素，特别是深呼吸，更能消除体内毒素。

3. 咳嗽排毒

肺是人体最易积存毒素的地方，时不时主动咳嗽两声，能起清扫肺的作用。

4. 骑自行车

这对许多人来说不必另外抽时间。骑车不仅能够锻炼肌肉，还可以降血压。骑自行车的紧张性运动可以让你发发汗，加速体内毒素的排出。肌肉的反复收缩促进血管的收缩与扩张，对淋巴系统也大有好处。

心灵排毒

心理学家认为，心理病毒既包括外来之毒，如世俗的不良观念、他人的恶意嘲讽，又包括内在之毒，如错误的观念、思维方式和行为模式。前者往往是各种不良心理刺激源，后者则是前者堆积、滞留于心，内化而形成的一种心理反应机制。因此，及时清除体内毒素、保持内心环境的卫生，是非常重要的。

1.摆脱心理疲劳

心理疲劳是不知不觉中潜伏在人们身边的一个“隐形杀手”，它不会一朝一夕就置人于死地，而是像慢性中毒一样，到了一定的时间，到了一定的疲劳量，就会引发疾病，引起慢性疲劳综合征。

排毒攻略：

（1）劳逸结合，张弛有度。不能一直处于高强度、快节奏的生活中。

（2）不要害怕承认自己的能力有限，学会在适当的时候对一些人说“不”。

（3）做错了事不要自悔自责，错了就错了，继续正常生活和工作。

（4）找出自己精力变化的规律，合理安排每项活动。

（5）放慢节奏，留些时间休闲娱乐。

（6）健康的开怀大笑是消除疲劳的最好的方法，也是一种愉快的发泄方式。

2.赶走焦虑

焦虑已经成为现代人普遍的心病。人人都有焦虑情绪，不过通过自我调节大部分人都可以恢复正常。但如果焦虑心情持续3个月以上，并伴随着失眠、心慌、头痛、困倦、食欲不振、精神萎靡、坐立不安、记忆力减退等症状，就是焦虑症了，必须要找心理医生进行治疗。

3.远离抑郁

抑郁症通常表现为长时间情绪低落、闷闷不乐或悲伤欲绝，对日常生活失去兴趣，精神萎靡不振，失去自信。患上抑郁症后，人体免疫功能下降，生理机能减退，社会交往、工作和生活能力也随之下降，也就是人们通常所说的“人体内在功力”缺乏，提不起精神。

排毒攻略：

（1）通过心理调节维持心理平衡。

（2）不同的阶段找不同的事做，制定合适的短期目标，每做完一件事停下来充分享受完成任务的成就感。

（3）多与人交流，尤其应多交乐观活泼的朋友。

（4）晒太阳提神。在上午接受日照半小时，对经常处于萎靡状态、有忧郁倾向的人很有效。

4.赶走压力

压力大或情绪急剧转变会刺激人体一种叫可的松的激素分泌，这种激素会压抑人体的免疫能力，降低体内垃圾和毒素的排出效率，癌细胞就容易产生了。

小贴士

如何培养自信心

一些女性朋友之所以精神萎靡，坐立不安，多是因为自信心不足。其实，这类女性应该调整心态，始终如一；挺胸抬头，阔步向前；与人主动交流，放弃冷漠；多注意自己的优点，多自我激励，对于一些有建设性的批评意见，要虚心接受，好好反省。如此，才可能增加女性的自信心，保持心理健康。

药物排毒

通过各种方法把身体中的毒素排出体外，人才会重新恢复健康活力。药物排毒是排毒方法之一，在其他方法效果不佳时，可以选用适宜的药物排毒，也可以运用药物配合其他方法以取得理想的效果。但请注意，运用药物排毒一定要在医生的指导下进行，选择合适的药物，并正确服用。下面介绍几种经过长期临床验证，行之有效的排毒小药方。

1. 绿豆甘草汤

材料：绿豆 250 克，生甘草 10 克，丹参 15 克，石斛 15 克，生大黄 6 克。（要点：绿豆用量要在 250 克以上，先将绿豆煮至水发黑，再加入其他药物共煎，生大黄宜后下。）

功效：排毒、解毒。

适应证：可用于食物、农药等中毒。（注：患者急性中毒应立即送往医院进行洗胃及相应处理。）

解析：绿豆为药食两用，具有清热、解毒、利湿的作用；生甘草较为平和，具有解毒、补气的作用；丹参凉血解毒、活血通络，可以解毒；石斛补益阴津，并可通便；大黄解毒、通腑，打通排毒管道。本方虽小，通不伤正，补不留邪，体现了通补结合的原则。

2. 苏叶生姜汤

材料：苏叶 10 克，生姜 15 克（或生姜汁 10 毫升）。（要点：煎汤顿服。或用苏叶煎汤，兑入生姜汁饮服。）

功效：解鱼蟹中毒。

适应证：可用于鱼蟹中毒，呕吐、腹痛、腹泻。

解析：苏叶、生姜均可解鱼蟹中毒。

3. 大黄甘草汤

材料：生大黄 10 克，甘草 10 克。（要点：大黄宜后下。煎汤，保留灌肠。）

功效：排毒、解毒。可有效地将血中尿素氮、肌酐等从肠道排出体外。

适应证：可用于肾功能不全的患者。

解析：大黄解毒、通腑，打通排毒管道；甘草解毒、补气。二者相配，通补结合。

4. 紫草麻油

材料：紫草 30 克，芝麻油 200 毫升。（要点：麻油煎炸紫草，至油色紫，味焦臭，沥渣，留油，局部外用。）

功效：凉血排毒、解毒，透疹敛疮。

适应证：可用于痈肿、疮疡、湿疹、牛皮癣、神经性皮炎及水火烫伤等。患部干燥起皮屑者，用之为宜。

解析：紫草具有清热凉血、排毒、解毒、透疹的作用；芝麻油作为有机溶剂，可使紫草有效成分充分溶出，并有濡润肌肤之功。

一日排毒法

吉莲博士是美国著名的营养学家，他针对人们的身体和饮食规律，制订了适合于各种人群的排毒方案，你可以根据自己的生活习惯将此方案中某些环节进行适当的改动从而使它成为你自己的排毒法。

1. 早上 7 点热柠檬水

根据个人喜好将一定量的柠檬汁挤在热水中。热柠檬水可以给你一个轻松的开始，它直达肠道，有助于身体将前一天的粪便尽快排出体外。

2. 早上 7 点半亚麻子

前一天晚上将 1 餐匙亚麻子浸入一杯沸水中，第二天早上只取液体部分饮用。

3. 早上 8 点早餐

从以下两种选择一种作为你的早餐：

（1）水果。在下列水果中任意选择一种或几种来做你的早餐：苹果、梨、木瓜、菠萝、樱桃、桃子、李子、西瓜、杏、浆果。

（2）日本豆面酱汤。蔬菜汁，原料包括：1 根黄瓜，1 / 4 块姜（去皮），4 根芹菜茎，100 克苜蓿芽，3 枝欧芹和 1 根胡萝卜（去皮）。

4. 上午 9 点半茶点：喝一两杯药草茶

不要再继续饮用平日里饮用的咖啡因含量严重超标的红茶，而是选择以下茶饮品：荨麻、蒲公英、春黄菊、撒尔维亚或刺参茶。

5. 上午 10 点果汁茶点

选择四季鲜果，挤出或用榨汁机榨出汁。如果是在冬季，并且你感到寒冷，可以在果汁中加一些热开水。如果你在这时有饥饿感，那就可以多喝一些果汁。

6. 中午 12 点半午餐

将小米、大米、苋菜子之类的谷物进行加工之后，从以下草本植物中选择一种或几种与其混合在一起烹饪：小茴香、细香葱、细叶芹或蒲公英叶。选用以下蔬菜作为配菜：西蓝花、菜花、卷心菜、黄瓜、深绿色莴苣叶、芹菜或抱子甘蓝。

7. 下午 2 点药草茶

将 2 根黄瓜，4 根芹菜茎，1/4 片姜（根据个人口味而定），1 枝罗勒或香菜榨成汁饮用。

8. 下午 3 点半点心

将葵花子、南瓜子或生泡菜作为下午的小点心。再将胡萝卜和苹果放入榨汁机中榨汁。加入其他原料，一同放入搅拌机或食品加工机中，将柠檬汁挤在制作好了的饮品中。

9. 下午 5 点半晚餐

这一天快要告一个段落了。现在你可以尽情地享用一餐生的沙拉和嫩芽，如果真的感到饿，可以吃一些谷物。

10. 下午 6 点半含钾的汤点

（1）含钾的汤

每次都将原材料清洗彻底，但如果你购买的是有机蔬菜的话就不需要去皮。

原料：2 个大土豆；2 根胡萝卜；1 茶杯红色甜菜（可根据个人口味而定）；4 根带叶的芹菜茎；1 茶杯欧芹；1 茶杯芜菁。

（2）一小撮红辣椒粉调味

用不锈钢器皿和锅烹饪，在一个大锅中加入大约 1.8 升水，将蔬菜切片直接放入锅中——千万不要将蔬菜长时间搁置在一边。将水加热至沸腾，然后把燃气灶开到小火，在低温下烹饪（微炖）大约 2 小时，将蔬菜控水捞出，只饮用汤汁。不要发愁如果你感到此汤制作工艺太过繁琐，或是嫌麻烦不愿尝试，没有关系，你可以到附近的健康食品店购买一些包装好的日本豆面酱汤。你所要做的只是加入沸水，并尽情享用此汤。

11. 晚上 7 点半柠檬水茶点

只要将新鲜柠檬挤出的汁滴在一茶杯温或热水中，你就可以轻松享受愉快的茶点时光了。

12. 晚上 8 点半你所得到的奖赏：一个矿泉浴

当浴盆内盛满水时，在水中加入以下物质（均在健康食品店有售）：

2 茶匙亚麻油；一些液体矿物质；1 茶匙液体二氧化硅（硅油）；2 茶匙芦荟；3 ~ 4 滴乳香和没药精油。

这将会成为你一生所放掉的最贵的洗澡水。但值得注意的是皮肤是人体面积最大又最具强吸收能力的器官，所以沐浴的水中所含的这些营养元素最终都会通过你的汗毛孔和其他明显的孔隙被人体有效地吸收。

13. 晚上 9 点深夜零食

在睡前充分咀嚼莴苣和芹菜茎（芹菜富含矿物质镁，镁是最有效的镇静剂之一），如果可能的话，早上床睡觉（在晚上 9 点半到 10 点半之间）。

小贴士

适合备孕中女性吃的排毒食物

准备怀孕的女性最重要的是保证自己身体的健康，这时候女性朋友应该多吃一些蔬菜瓜果，如：紫菜、芝麻、香蕉、苹果等。

蔬菜瓜果中蕴含丰富的纤维素及矿物质，可帮助女性排泄身体内的废物及毒素，促进新陈代谢、排尿，减少便秘。

两天排毒

如果你已经持续几天没排便，如果你早晨发现眼睑水肿，如果你没怎么工作就浑身乏力……

那么，你要注意了，因为你身体里积攒了大量的毒素，如果你想制止毒魔的侵袭，那么以下为期两天的排毒菜单会助你一臂之力。

第一天

起床：喝一杯鲜榨的蔬果汁或者任何纯净水。

早餐：一大碟水煮蔬菜和一大盘新鲜水果。

上午小食：一小盘葵花子，12 片水果。

午餐：大盘水煮蔬菜或者蔬菜沙拉。

下午小食：少许干果、果仁、一杯果汁。

晚餐：蔬菜沙拉，或大盘水煮蔬菜，一小盘水果。

睡前：小杯脱脂奶或乳酪。

第二天

起床：一杯水或一杯鲜榨果汁。

早餐：小碗米粥。

上午小食：一大盘水果（各种水果）。

午餐：小碗米饭，一大盘水煮青菜。

下午小食：小碟干果、果仁、小碟水果。

晚餐：小碗米饭、大盘水煮青菜、水果（如苹果、香蕉）。

睡前：一小杯乳酪或脱脂奶。

但病人和孕妇以及一切身体不适者不可随意尝试，在排毒前要请教医生。

两天过后，你将会发现光洁重新在你脸上出现，身体不再疲倦，周身活力充沛，精神更加饱满。如果你不信，就试试看吧。

睡眠排毒

睡眠排毒时刻表：

晚上 11 点 ~ 凌晨 1 点肝部排毒

凌晨 1 ~ 3 点大肠排毒

早上 7 ~ 9 点小肠大量吸收营养

保证良好的睡眠是排毒的关键，睡不着时不妨做做下面的工作：

1. 沐浴

睡前沐浴会使体温自然升高，血液循环更加顺畅，血行速度和水压的促进，使全身的新陈代谢加快，使每一寸肌肤得到完全的放松。

2. 照镜子

多照镜子，对着镜子反复做出自己认为最美好的表情，然后在欢乐的心境中入睡。

3. 听音乐

利用睡前的时间，聆听音乐，使自己沉浸于音乐所营造的宁静、柔美的意境，让精神及肌肤都得到音乐的抚慰，这有利于增加肌肤对保养品的吸收能力。在晨间，皮肤经过整夜充足的睡眠刚苏醒，放一曲古筝、竹笛的音乐，再配合按摩保养动作，可以活化肌肤细胞、让头脑清醒。

4. 喝牛奶

睡前喝一杯热牛奶，丰富的钙质和色胺酸可以放松肌肉。牛奶中含有两种催眠物质，这两种物质可以和中枢神经或末梢鸦片肽受体结合，使全身产生舒适感，有利于入睡和解除疲劳。对神经衰弱者的催眠作用尤为明显。

素食排毒

环境污染越来越严重，这令许多敏感的人开始做出反应，排除宗教意义之外，即便只从自身健康出发，素食也符合人们对自身健康越来越重视的潮流，它更能有效排出自身毒素。

另外，科学家对素食者和非素食者做过多次不同的测验，结果令人震惊：素食者无论在体力、耐力、效率上都是非素食者的 2 ~ 3 倍。

素食更有利于身体健康，素食者如何做到营养均衡呢？

1. 早餐

选择易消化、吸收，纤维质高的食物为主，最好能在主食的比例上占最高，如此将成为一天精力的主要来源。早餐吃生的果菜汁或精力汤，可配上全麦面包或馒头、麦饼、五谷米饭、燕麦粥或各种早餐谷类。在吃主食时，可配上亚麻油，这是当代人们最缺乏的必需脂肪酸，对各种慢性疾病预防极有功效。

2. 午餐

午餐是三餐中补充食物最好的时候，应多摄取完整营养，尤其可强调蛋白质的补充。午餐前半小时，最好能喝一杯生蔬菜汁或是吃些水果。五谷米饭是最好的主食，但若能将豆类加入，则营养更加完整，并配有一盘以生菜为主的沙拉菜，其中各式芽菜、生坚果都是很好的选择。

3. 晚餐

晚餐接近睡眠时间，不宜吃得太饱，尤其不可吃夜宵。选择含纤维和碳水化合物多的食物，仍与午餐相同的是：餐前半小时应有蔬菜汁或是水果的供应，有一道以上的生菜沙拉盘，内有各式芽菜，芽菜在吃食时可用海苔卷包起，做些变化。主食与副食的量都可适量减少，因为睡觉时正好是空腹状态。

晚上大多数人的血液循环较差，所以可以选些天然的热性食物来补足此现象，例如，辣椒、咖喱、肉桂等皆可。寒性蔬菜如小黄瓜、菜瓜、冬瓜等晚上用量少些。晚餐尽量在晚上8点以前完成，8点后吃的食物都是对人体不良的食物。

小贴士

女性素食减肥食谱

对于女性朋友来说，享受美食很重要，吃不胖更过瘾。而鸡蛋馅饼这道素食可以满足女性的这个要求。鸡蛋馅饼的做法很简单，在一块全麦面包上铺一层蛋白即可。因为全麦面包是饱腹不发胖的，而去了蛋黄的鸡蛋低脂、低热量，所以女性朋友不用担心会发胖。

清刷皮肤排毒

准备好一把短毛刷或干燥的法兰绒连指手套。短毛刷的毛或法兰绒手套先扎好固定，但不能太硬，因为你将经常用它们刷你的全身，不要将皮肤打湿，以免产生阻力。

脱掉你的内衣，最好是一丝不挂。站着或坐着使你自己能触及身体各部位。从脚部开始有规律地刷到头顶部。所有的动作都要朝向心脏，心脏是一部很好的泵，它将血液输送到全身，但血液和淋巴液都要克服重力，在身体内进行循环。如果你从心脏往外刷，会削弱血液循环或者阻塞血液正常流动。用毛刷或连指手套从脚踝刷至膝盖，重复几次直至你的小腿部分都被清刷过，然后再从膝部刷到大腿部分直至臀部。

然后再从手指尖一直刷到肩部，微微仰起头，再刷脖子。

刷胃部时，轻轻地用毛刷在胃部画圈，然后再刷肚皮，顺着体内肠道，避免破坏肠子的任何功能。

清刷皮肤的整个过程要持续三四分钟，做完后，你会觉得神清气爽。每天只需花一点儿时间，你就会获得巨大的惊喜。

主动咳嗽排毒

主动咳嗽，多做深呼吸，呼出体内的废气，能帮助身体排毒。

方法：每天清晨、中午或睡前，到室外空气清新处做深呼吸运动。深吸气时缓缓抬起双臂，然后做主动咳嗽，使气流从口、鼻喷出，咳出痰液。每做完一遍后进行数次正常呼吸，以防过度换气。

1. 呼吸排毒

正确的深呼吸方法是：找一个空气清新的地方，首先放松肺部，用指尖轻轻触及肺部，接着用鼻子平稳地深深吸气，此时指尖可感觉到肺部鼓起，直到整个肺部充满了气体，让气体在肺部停顿 4 秒钟，再用嘴慢慢呼气。

2. 水果蔬菜排毒

新鲜水果和蔬菜中的维生素 C、胡萝卜素，可增加肺通气量，每天食用至少含 300 毫克维生素 C 的食品，可使支气管哮喘及支气管炎的患病率降低 30%。诸如洋葱、大蒜、萝卜、银耳，尤其是梨，其味甘性寒，有化痰止咳、清心润肺、解毒利尿及除风热、止烦渴和清热降火等多种功效，是治疗咳嗽痰喘、咽喉肿痛、热咳伤阴和因热所致的咯血等病症的上品。

当你用正常的呼吸力量吸入污染物并在你的肺内沉积顽固的污垢时，你可以使用一个非常简单的行为——吹口哨，来帮你移走那些易产生过敏症的废物。

在任意一个玩具店为自己买上一个口哨，它耗费不多。无论何时，只要你用力地吹口哨，其有力的吹动将吸走你肺中的灰尘，有毒废物和灰尘将被有效地清除掉。

保持好心情

快乐的时候，心情好的时候，充满爱心的时候，乐观积极的时候，意志力坚决的时候，免疫细胞的数目及活性都会增强；悲伤的时候，心情恶劣的时候，充满怨恨的时候，悲观消极的时候，颓丧萎靡的时候，免疫细胞的数目及活性都会大幅减少。

为了健康起见，我们应该尽量避免负面的情绪和悲观的想法。了解思想情绪影响身体的健康和免疫力的内在机转之后，我们甚至可以“用心”来创造自己的健康和免疫力。因为如果我们能够主动开创自己的喜悦，主动发出正面的思想和心念，就可以使能量提升，也可以刺激大脑分泌“良药”而提升健康和免疫力。

喜悦的秘诀有：

（1）随时向外发出感恩的心，我们在感恩的时候，内心一定会充满欢喜。

（2）主动帮助他人，因为帮助他人是世界上最快乐的事，助人是快乐之本。

（3）给别人快乐是让自己快乐的一大秘诀，因为快乐会立即反射及回馈。

（4）做利于他人的事，利人的行为必定利己。

小贴士

如何每天保持好心情

每天保持良好的心情状态，女性朋友才能做好自己的工作。首先，不要怕失败，失败了可以从头开始，重要的是做真正的自己。其次，顺从自己的兴趣爱好，情绪低落的时候就可以做自己喜欢的事。最后，在感觉疲惫时就休息，休息过后你做事的效率会更高。

清除体内“三浊”

人体内的毒素千千万，其寄居体无外乎固、液、气三种形态。这三种形态的积聚体就是我们所说的三浊：固态浊物、液态浊水、气态浊气。

气态浊气有三种形式，即鼻中呼出的气、肛门放出的屁和口中打出的嗝。

液态浊水有四种形式，即尿液、汗液、痰液和泪液。

固态浊物包括粪便和胆结石、尿结石等各种结石。

三浊包含了人体内大多数毒素，如果能将这些毒素逐一排出，人体内环境清洁了，有害细菌减少了，繁殖变慢了，人生病的概率自然降低了。

有一位医者用了一个很好的比喻，他将三浊比作家里的垃圾，将细菌等比做蚊蝇蟑螂之类，单是将蚊蝇蟑螂消灭是没用的，因为只要滋生蚊蝇的垃圾在，蚊蝇等就会再次滋生。所以治标不如治本，清除掉家里的垃圾，蚊蝇自然无法生存。

同样道理，清除“三浊”的过程也是如此。

首先，应该开窗通风，把浊气放出来；其次，要把下水道疏通；最后，把角落里的脏东西清理出来。

什么意思呢？就是我们要把体内所有排出毒素的通道通通打开，不管是浊气、浊水还是浊体通通排出。一言以蔽之，就是我们要打开体内所有的排毒阀门，进行一次彻底的大扫除。

腹式呼吸排毒

走廊的一角，两位女士在唠家常：

“最近脸色不好，便秘，痔疮都出来了。”

“那你去买点儿果导片（泻药）吃吧，排排毒。”

“是啊，是该排排毒了。”

一说起排毒，很多人想到的是吃排便的药，其实用自己的能量排出体内这些东西是最好的，因为你的身体最知道应该排泄什么，而药就不知道，它会把身体里的好东西比如水分一起带出去，而体内积蓄脂肪的环境没有改善，很快又会堆起来。

所以，我们不妨试试腹式呼吸法，它是调动身体能量最好的方法。

平常走路和站立时，用力缩腹，再配合腹式呼吸，内脏会得到更好的按摩，肠道内的脏东西也会更有效地排出体外，腰变细，消化功能也会变得更好。

这个有点难，前一两天会觉得很辛苦，所以建议大家刚开始就做 3 次好了，慢慢地加到 5 次。

另外，站着或躺着的时候，经常屈膝压一下自己的小腹，也能消除胀气，排出肠子里的油和废物。

营养食谱

按人群分

白领食谱

环境污染、电脑辐射、不良饮食习惯等都有可能导致人体产生各种生理垃圾，毒素长期在体内堆积，则会引发记忆力减退、面色灰黄、便秘、痔疮等系统疾病。因此，如何排毒成为不少白领女性关注的健康话题。其实在我们常吃的蔬菜中，就有不少具有解毒功效。采用蔬菜排毒法，既简便易行，又无副作用，何乐而不为?

1. 海带：降低胆固醇、排出放射性物质

海带中含有一种叫硫酸多糖的物质，能清除附着在血管壁上的胆固醇，使胆固醇保持正常含量。海带中的褐藻胶因含水率高，在肠内能形成凝胶状物质，有助于排出毒素物质，阻止人体吸收铅、镉等重金属，排出体内放射性元素，同时有助于治疗动脉硬化，并可防止便秘和肠癌的发生。海带中还含有大量的碘，可以刺激垂体，使女性体内雌激素水平降低、卵巢机能恢复正常，消除乳腺增生的隐患。

推荐食谱：海带炖鸭

做法：将鸭剁成小块，海带切成方块，将鸭和海带用开水烧开，捞去浮末，加入葱、姜、料酒、花椒，用中火将鸭炖烂，再加精盐，出锅装盘。

2. 黑木耳：消除血液热毒

木耳因生长在潮湿阴凉的环境中，中医学认为它具有补气活血、凉血滋润的作用，能够消除血液里的热毒。黑木耳中的植物胶质有较强的吸附力，可将残留在人体消化系统内的杂质排出体外，起到清胃涤肠的作用。黑木耳对体内难以消化的谷壳、木渣、沙子、金属屑等具有溶解作用，对胆结石、肾结石等也有化解功能。黑木耳还能减少血液凝块，预防血栓病的发生。

推荐食谱：黑木耳豆腐汤

做法：将黑木耳泡发后洗净，豆腐切成片，将两者一起加入鸡汤及盐同炖，

10分钟后即可食用。

3. 绿豆：解百毒

中医认为绿豆可解百毒，能帮助体内毒物的排泄，促进机体的正常代谢。绿豆可解酒毒、野菌毒、砒霜毒、有机磷农药毒、铅毒、丹石毒、鼠药毒等。绿豆还含有降血压及降血脂的成分。取食绿豆芽，可治疗因缺乏维生素A引起的夜盲症、缺乏维生素 B_2 引起的舌疮口炎、缺乏维生素C引起的坏血病等。绿豆芽脱下的豆皮名为绿豆衣，有清热解毒、明目退翳之功。

推荐食谱：醋熘绿豆芽

做法：将绿豆芽洗净，用沸水快速焯一下，在凉水中浸泡后捞起、沥干；将花椒在油锅内炸焦，去掉花椒，放葱炝锅，投入绿豆芽，加盐、糖、醋、味精翻炒几下，用湿淀粉勾芡即成。

4. 胡萝卜：降低体内汞浓度

胡萝卜是有效的解毒食物，与体内的汞离子结合之后，能有效降低血液中汞离子的浓度，加速体内汞离子的排出。胡萝卜中所含的琥珀酸钾，有助于防止血管硬化、降低胆固醇。胡萝卜中所含的胡萝卜素可清除导致人体衰老的自由基，所含的B族维生素和维生素C等营养成分也有润肤、抗衰老的作用。女性进食胡萝卜还可降低卵巢癌的发病率。

推荐食谱：胡萝卜炖牛肉

做法：将牛肉洗净、切块，放入滚水中烫去血水后捞出；将胡萝卜洗净、去皮、切块，和牛肉一起放入锅中用大火煮开，加入调料改中火煮至熟软即可。

5. 大蒜：降低体内铅浓度

大蒜中含有的辣素，其杀菌能力可达到青霉素的1/10，可以起到预防流感、防止伤口感染、治疗感染性疾病和驱虫的作用。大蒜中所含的大蒜素，可与铅结合成为无毒的化合物，能有效防治铅中毒。大蒜具有降血脂及预防冠心病和动脉硬化的作用，并可防止血栓的形成。大蒜还能提高肝脏的解毒功能，阻断亚硝胺致癌物质的合成。

推荐食谱：蒜味鸡汤

做法：将锅烧热下油，放入番茄、大蒜煸烧几下，加鸡汤、盐和胡椒粉，用小火炖4~5分钟，将鸡蛋打入汤内，3~5分钟后即可食用。

6. 南瓜：除体内重金属及农药

吃南瓜可以有效地防治高血压、胆结石、糖尿病以及其他肝肾病变，帮助肝、肾功能减弱患者提高细胞再生能力。南瓜中富含的果胶，可以延缓肠道对糖和脂质的吸收，还可以清除体内重金属和部分农药，故有防癌防毒的作用；南瓜中富含的钴是合成胰岛素必需的微量元素。南瓜还能消除致癌物质亚硝酸胺的突变作用。

推荐食谱：蒸酿老南瓜

做法：锅内水烧开时投入南瓜块，煮至八成熟时捞起、沥干，拍上干生粉，摆上火腿片；鸡肉泥加入韭菜花粒、姜、盐、味精、生粉拌成馅，酿入南瓜、火腿片，蒸 8 分钟后拿出；烧锅下油，注入清汤，调入盐、味精、白糖，用湿生粉勾芡，淋入熟鸡油，浇在蒸好的酿南瓜上即可。

7. 花椰菜：清理血管

花椰菜是含有类黄酮最多的食物之一，除了可以防止感染，还是很好的血管清理剂，能够阻止胆固醇氧化，防止血小板凝结成块，减少心脏病与中风的危险。它还能使血管壁加强，对肥胖、视力衰弱及水肿有功效。常吃花椰菜可增强肝脏解毒能力，预防感冒和坏血病的发生，长期食用还可减少乳腺癌、直肠癌及胃癌等癌症的发病概率。

推荐食谱：香炸花椰菜

做法：花椰菜切颗、洗净、沥干，放入鸡蛋、生粉后搅匀；油锅烧热后，放入花椰菜，炸至金黄时捞起；锅内留油，放入姜、红椒，下入炸好的花菜，调入椒盐、味精、葱花炒透，淋入麻油即成。

8. 菠菜：清理肠胃热毒

菠菜能清理人体肠胃里的热毒，防治便秘，使人容光焕发。菠菜叶中含有一种类胰岛素样物质，能使血糖保持稳定。菠菜丰富的维生素含量能够防止口角炎、夜盲等维生素缺乏症。菠菜中还含有大量的抗氧化剂，具有抗衰老、促进细胞繁殖作用，既能激活大脑功能，又可增强青春活力，防止大脑老化。

推荐食谱：菠菜拌豆干

做法：菠菜洗净，用开水焯烫，捞出冲凉后，沥干水分，切碎；豆干切碎，用 1 大匙油炒香，加入 1 小匙酱油，调味后盛出；将菠菜和豆干混合，加入调味料拌匀即可。

小贴士

女性多吃青色水果有助于身体排毒

青色的水果可以通达肝气，起到很好的疏肝解郁，缓解情绪的作用。女性朋友可以将青色的橘子或柠檬，连皮一起做成青橘子果汁或青柠檬果汁。如果女性朋友觉得青色水果比较涩口，也可榨成果汁喝。

熬夜食谱

随着工作压力越来越大，有人为了工作熬夜加班，有人为了发泄熬夜玩乐，结果是身体处于亚健康状态，面色蜡黄，气色差，人终归要多爱惜自己的。下面给熬夜的女性朋友推荐几款食谱：

（1）生地炖鸭蛋：每次用生地 20 克、鸭蛋 1~2 个，加水适量隔水炖之，蛋熟后去壳，再放入汁中炖 20 分钟，冰糖调味，食蛋饮汁，每日 1 次或每周 2~3 次。有滋阴清热、生津止渴等效果，适合熬夜后口燥咽干、牙龈肿痛者食用。

（2）猪腰炖杜仲：每次用杜仲 25 克、猪腰 1 个，加水适量隔水炖 1 小时，每日或隔 2~3 日服食 1 次，有滋补肝肾，强壮筋骨之功效，适合熬夜后腰酸背痛、四肢乏力者服用。

（3）莲子百合煲瘦肉：每次用莲子（去心）20克、百合20克、猪瘦肉100克，加水适量同煲，肉熟烂后加盐调味食用，每日1次。有清心润肺、益气安神之功效，适宜于熬夜后干咳、失眠、心烦、心悸等症者食用。

（4）粉皮生鱼汤：每次用粉皮250克洗净切成小块，生鱼一条去腮及内脏，加水适量共煲，鱼熟后放入姜丝、油盐调味，食鱼饮汤，每月或隔日1次。有舒筋活络、益气和血、解肌痛等功效，适合劳力过度熬夜后的肌肉酸痛、颈肌胀痛者服用。

（5）夏枯草煲瘦肉：每次用夏枯草10克、猪瘦肉50~100克，加水适量共煲，肉熟后加盐少许调味，吃肉喝汁，每日1次。有清肝火，降血压之功效，适合患有高血压病人熬夜后头晕头痛及眼红者服用。

孕妇食谱

适合孕妇的营养食物多种多样，主要分为以下四类：

1. 主食

以谷麦类为主，每日需要量为400 ~ 450克，粗细粮、米、面、豆适当搭配。我国民间流传杂合面的饮食习惯，有利于补充身体缺乏的多种必需氨基酸，而现代化的去壳精制加工则造成大量营养丢失，故孕妇应注意多吃些粗加工的食物。

2. 蛋白质

主要有动物蛋白和植物蛋白两种，孕妇每日需要量为75 ~ 108克。动物蛋白以鱼、瘦肉、家禽和蛋奶类为主，这些食物除含有蛋白质外，还含有丰富的维生素、矿物质、饱和脂肪。植物蛋白有豆类、米、麦、坚果和种子等。这些食物是孕妇的理想食物，但应注意搭配合理，如每天吃肉可以不喝奶，也可以每天吃2 ~ 3个鸡蛋或喝奶200 ~ 250毫升，如果其他食物中含有丰富的植物蛋白，也就不必天天食用动物蛋白。总之，要使动、植物蛋白搭配合理。

3. 脂肪

孕妇每日需要量为60克左右，主要来源于动植物。动物脂肪来源于肥肉与动物油，植物脂肪来源于豆油、菜籽油、花生油及芝麻与核桃等。

4. 维生素与矿物质

孕妇对维生素与矿物质的需求较大，一般大量存在于新鲜蔬菜、水果、动物蛋白、鱼肝油、海藻类及海产品等食物中，如果孕妇不偏食，一般不会缺乏维生素和矿物质，但应注意制作方法。如水果不去皮，蔬菜先洗后切，并注意烹调时尽量不用煮或炸的方法，少许油翻炒后略加盖微烧后食用，可以减少营养流失。如确因种种原因造成维生素和矿物质缺乏者，不妨在增加饮食的同时补充一些合成剂，但不要过量，以免造成不必要的危害。

按效果分

长寿食谱

现代社会，许多人重视吃，希望吃能保住青春、健康长寿。欲要吃出健康长寿，在饮食上必须实行低（无）糖、低碳和健康营养的饮食原则，要注意控制体重，降低三高（高血压、高血糖、高血脂）和预防三病（心脏病、糖尿病、关节炎）。

吃出健康与长寿要遵循七项饮食计划原则：

第一，多喝水、喝汤，不喝或少喝含糖饮料、碳酸饮料和酒。

第二，不要节食，但也不要暴食。最好吃八成饱，要吃早餐。

如果你晚上 6 点吃饭后，直到第二天中午 12 点才吃饭，你已经有 18 个小时未进食，还要承受大量的工作，你会严重缺乏热量和营养素。

第三，能生吃，不熟吃（西红柿例外）；能蒸煮，不煎炒；能煎炒，不炸烤；少放盐和味精。

第四，多吃鱼类、海鲜、肉类、蛋类、坚果、种子、天然植物油、绿叶蔬菜和低糖水果等卡路里比较低的食品。

第五，少吃你过敏的、含有害物质的食品，如油炸食品、氢化油食品或腌制食品。

第六，严格控制糖和淀粉的摄入。最好戒糖，不吃或少吃细粮，少吃血糖指数高的食物如土豆。要多吃粗粮（未进行精加工的食物）；吃饭时最好先吃含膳食纤维多、血糖生成指数低的食物，如绿叶蔬菜、坚果和肉类。

第七，增补多种营养素。增补抗氧化剂，包括维生素 A、维生素 C、维生素 E 以及含原花青素高的食物，如可可和绿茶。增补矿物质，包括钙、镁、铁、锌、硒、铬等。

小贴士

女性午餐吃些什么既健康长寿又减肥

午餐是女性朋友健康状况的关键，精心搭配的营养午餐能保证充足的热量和各种营养。鱼肉里含有优质蛋白质，消化吸收率极高，而且鱼肉中的胆固醇含量很低，在摄入优质蛋白的同时不会带入胆固醇。这样女性朋友就不用忌讳吃肉长胖了，而且鱼肉还是健康长寿的食物。

瘦身食谱

苦瓜具有健脾作用，如果脾健康，就能很好地吸收对肾、肝、脾有益的食物，提高自身代谢率，加快排出体内毒素以及有害油脂。所以苦瓜是不错的减肥食物。

1. 酿苦瓜

材料：肉馅、黄瓜、苦瓜、鸡精、酱油、香油。

做法：（1）黄瓜洗净切丝，控干水分，拌入肉馅中。

（2）将苦瓜洗净切段，然后掏出里面的瓤，将肉馅塞入苦瓜段中。

（3）将苦瓜段装盘，隔水蒸 8~10 分钟后取出。

（4）将装苦瓜段的盘中的汤水倒入锅中，再次烧开，加入食盐、鸡精、酱油，用湿淀粉勾芡，然后滴入香油，出锅时淋在苦瓜上即可。

2. 蛋黄苦瓜酿

材料：苦瓜、咸蛋黄、蜂蜜。

做法：（1）将咸蛋黄放入锅中蒸熟，然后用小汤匙碾碎。

（2）苦瓜洗净，切成四段，将里面的瓤掏出。

（3）烧开一锅水，加入少许盐及油，放入苦瓜，煮 2~3 分钟，捞出过凉。

（4）将咸蛋黄塞入苦瓜中，然后切成薄片，在每一片上滴一滴蜂蜜即可。

3. 苦瓜煎蛋

材料：苦瓜、鸡蛋、红甜椒、盐、料酒、胡椒粉。

做法：（1）苦瓜洗净去蒂，对半儿切开，掏出里面的瓤，切成长条，再切成薄片。

（2）将苦瓜片用食盐揉搓 5 分钟，然后用清水冲洗干净。

（3）往锅内加入适量的清水，加入少许食盐和料酒，烧开后倒入苦瓜薄片，焯至变色，捞出沥干水分。

（4）红甜椒切丁，鸡蛋打散，用食盐、胡椒粉和料酒拌匀，然后加入苦瓜薄片和红甜椒继续搅拌。

（5）烧热油锅，倒入苦瓜蛋液，用小火煎成蛋饼即可。

美容食谱

古人常用“面若桃花”来形容女人的美貌，面色的润泽反映了其内在气血的充盈程度。好气色的女人即使不化妆，也会有超尘脱俗的气质，由里及表的美会让女人如花般持续长久地盛开。下面给大家特别推荐几款美容养颜的食谱。

1. 银耳枸杞羹

材料：银耳 15 克，枸杞子 25 克。

做法：将银耳、枸杞子同入锅内，加适量水，用文火煎成浓汁后，加入蜂蜜，再煎 5 分钟即可服用。隔日 1 次，温开水对服。

功效：此方有滋阴补肾、益气和血、润肌肤、好颜色之功效。

2. 姜枣茶

材料：生姜 200 克，大枣 200 克，盐 20 克，甘草 30 克，丁香、沉香各 30 克。

做法：将上药共捣成粗末和匀，每天晨取 10~15 克，沸水泡 10 分钟即可代茶饮用。

功效：此方长期服用可使容颜红润，肌肤光滑。

3. 银耳红枣羹

材料：银耳 25 克，红枣 15 克，陈皮 6 克，鸡蛋 1 个，冰糖适量。

做法：先将红枣去核与银耳同煮 30 分钟，然后放陈皮再煮 10 分钟，加冰糖，打入鸡蛋，拌匀即可食用。

功效：此方有养颜美肤、祛皱纹、消色斑之功效，常服可使皮肤白嫩、细腻、富有弹性。

4. 山楂赤豆汤

材料：山楂 15 克，金银花 5 克，赤小豆 200 克，冰糖 100 克。

做法：先将山楂、金银花同入锅内，加水适量，煮 20 分钟后，滤去渣质，入赤小豆同煮至烂熟，放少量冰糖调味食用。

功效：味道酸甜，是开胃、健脾、清热、养颜、美容之常饮佳品。

小贴士

女性食用美容食谱应注意的事项

虽然很多食物具有滋阴养肺、美容生津的功效，但不是每位女性朋友都可以食用的，如银耳。银耳对患有支气管炎、肺炎等呼吸系统疾病的女性患者很有帮助，但当有黏痰且痰不易咳出时，不宜食用银耳。女性朋友要食用对自己有益的美容食谱，才能起到美容的功效。

滋阴食谱

一般来说，女性阴虚最常见的就是肝肾阴虚，肝肾虚常表现为眼花、目干、易疲劳、肢麻、胁隐痛等症状；肾阴虚则腰膝酸痛，遗精、耳鸣等症状。

中医认为，女性肝肾阴虚在饮食上需要吃一些滋阴的食物，下面我们为女性朋友们介绍两种特别适合的食谱。

1. 山药大枣粥

材料：糯米 250 克，山药 40 克，干大枣 4 ~ 6 枚。

做法：（1）山药去皮切碎，大枣用清水浸泡半小时后去核洗干净，糯米洗净后用清浸泡 20 分钟；

（2）将洗净的糯米连水一起入锅大火烧开，然后调小火，用文火煮 15 分钟；

（3）加入红枣，再把山药放入锅中，搅拌均匀后继续熬 15 分钟即可。

功效：山药味甘，性平。能补脾胃、益肺肾，是一种滋阴效果很好的食物，大枣有补气养血的作用。此粥适合阴虚中老年妇女进补，也适合病后食补。

2. 蛤蜊汤

材料：蛤蜊（花蛤、白蛤、青蛤、海瓜子均可，最好不要用毛蛤，因为清洗起来麻烦）250 克，葱姜蒜等调味品若干，豆腐、白萝卜、白菜或其他青菜选数样。

做法：（1）先将蛤蜊清水浸泡一晚上，弄干净沙土。

（2）用油将葱姜蒜等调味品爆香，加入蛤蜊 2 ～ 3 分钟过一遍油。

（3）撇去油，加水烧开，可以放一点儿料酒，至少熬 1 小时以上。

（4）出锅前 10 分钟，放豆腐青菜，出锅前放少一点儿盐，吃菜喝汤。

功效：水里生产的东西都有滋阴的功效，特别是蛤蜊壳。所以，在做的时候汤要熬的时间长一些，充分发挥蛤蜊壳的滋阴功效。适合任何肝肾阴虚体质的女性。

中医养生

经络养生

艾灸养生

随着年龄的增长，女性的肌肤会慢慢变得松弛，比如眼角会出现一些细小的鱼尾纹等，这是因为眼角周围的皮肤细腻娇嫩，皮下脂肪较薄，弹性较差。再加上眼睛是表情器官，睁眼、闭眼、哭、笑时眼角都要活动，故容易出现皱纹，而且一旦出现则较难祛除。此外，随着年龄的增长，有的人还会出现双下巴，面部轮廓也不再棱角分明。由于松弛的原因，皮肤在地心引力的作用下，开始往下垂，原来面部的最高点也在往下游移。

中医认为肌肤衰老、松弛及皱纹的产生是由于气血不足、气滞血瘀造成的。因此主张疏通经络、滋阴养血、润燥生津、濡肌除皱。艾灸能使面部气血通畅，并能调整内分泌功能，从而有利于消除皱纹和预防未老先衰。

女性肌肤衰老也意味着身体逐渐衰老。中医认为，人体肾气逐渐减少，肌肤衰老、皱纹就会产生。肾是先天之本，肾精充足，人体衰老的速度就会减慢。脾是人体的后天之本，可以促进机体的营养吸收。肺主管皮肤。因此在灸治时，取穴以肺俞、脾俞和肾俞为主。取滑肉门配三阴交、合谷、曲池，能从根本上调理早衰的肌肤。将艾条点燃后，在距离皮肤2厘米左右处施灸，每次每个穴位灸5～10分钟，隔天灸1次，10次为一个疗程。

通过艾灸治疗后，可使面部皮脂腺分泌协调，促进皮肤光洁柔润。但艾灸疗法属全身调整性疗法，治疗周期长，非短时间所能奏效，故应长期坚持治疗才能收效。在采用艾灸疗法灸治的同时，还应注意皮肤保养，尽量避免长时间日晒，还需戒烟并变换调整睡眠体位，这对预防加重皱纹有积极意义。此外，还应积极治疗所患慢性疾病，加强营养，使身体壮实，气血充盛，皮肤丰润，这是防止皱纹提早出现或加重的关键。

拔罐养生

拔罐疗法，又称“角法”，通过物理的刺激和负压人为造成毛细血管破裂瘀血，调动人体干细胞修复功能及坏死血细胞吸收功能，促进血液循环，激发精气，调理气血，提高免疫力，是物理疗法中最优秀的疗法之一。

拔罐疗法采用的罐有多种，如玻璃罐、陶瓷罐、竹罐、橡胶罐等，甚至家中的罐头瓶也可以。拔罐疗法的另一个工具就是探子，或叫火把。可用一截较粗的铅丝，一头弯成圆圈状，另一头缠上棉花及纱布，用来蘸酒精、点火。

拔罐的方法主要有四种：拔罐、闪罐、走罐、放血拔罐。拔罐，最简单、最基本的方法，一般用一只手持罐，另一只手拿已点着火的探子，将着火的探子在罐中晃上几晃后，撤出，将罐迅速放在要治疗的部位；闪罐，将已拔上的罐子，迅速取下，然后再拔再取下，反复多次，多用于虚寒证或肌肉萎缩、需重点刺激的穴位；走罐是指在罐子拔上以后，用一只手或两只手抓住罐子，微微上提，推拉罐体在患者的皮肤上移动；放血拔罐，在选定的穴位上或脓肿处，用三棱针刺破小血管，再在上面拔罐，体内的瘀血、脓血会沿着针眼流出。

黄褐斑是每个爱美女性的噩梦，黄褐斑也叫作肝斑和蝴蝶斑，是面部黑变病的一种症状，是发生在颜面的色素沉着斑。黄褐斑主要因女性内分泌失调，精神压力大，各种疾病（肝肾功能不全，妇科病、糖尿病）等以及体内缺少维生素及外用化学药物刺激引起。

中医认为，本病归属于中医的“肝斑”“面沉”等病证范畴。多因肝气郁结，气血不畅至血瘀颜面，或脾胃虚弱，气血不足不能润泽，或肾气不足，肾水不能上承颜面。多因邪毒蕴滞肌肤，经脉少畅；或饮食不洁，虫积内生，以致虫毒气滞，郁于颜面肌肤所致。因此，只有使气血充盛、脏腑功能正常、阴阳协调，黄褐斑才会随之消失。

用拔罐疗法治疗黄褐斑时，可取大椎、至阳、肺俞穴等。女性先取俯卧位，暴露背部，穴位常规消毒，术者用梅花针叩刺，以出血适量，留罐 10 分钟，器官后将皮肤上的血迹擦净；再将患者耳背常规消毒，用三棱针将耳背经脉点刺出血，用 75% 的乙醇棉球擦净，边擦边轻轻挤压，直至血凝为止；随后用乙醇棉压上针眼，以防感染。每隔一天一次，10 次为 1 个疗程。

当然，在用拔罐疗法进行调治的同时，女性朋友们还应该养成好的生活习惯，保持良好的情绪；注意降温，科学饮食，多喝开水，多吃水果，饮食以新鲜蔬菜及高蛋白、低脂肪的食物为主，以补充体内水分和蛋白质。

拉伸养生

在现代社会，科技进步使生活舒适多了，女人大多使用电梯、汽车等移动工具，从而使自己的运动量大大减少，筋缩的现象也就越来越突出。那些长期坐着工作的白领女性，尤其是女老板，连一杯水都要职员送到手上，所以筋缩的可能性更是大增。如果女人觉得自己身体经常有酸、麻、胀、痛等症状，她的身体可能就筋缩了，就应该拉一拉筋了。

从拉筋的方式来说，拉筋可分为立位拉筋法和卧位拉筋法。立位拉筋法则是说女人站着拉筋的方法，而卧位拉筋法就是指女人躺在床或长椅上的拉筋方法。下面，我们就来具体介绍两种拉筋法的特点。

1. 立位拉筋法

中医认为，采用立位拉筋法可拉松肩胛部、肩周围、背部及其相关部分的筋腱、韧带，有利于肩颈痛、肩周炎、背痛等症的治疗。

一般来说，立位拉筋法主要依赖门框来进行，具体步骤如下：

（1）先选定一个门框，举起双手，尽量伸展开双臂，按住门框上方的两个角。

（2）一脚在前，站弓步，另一脚在后，腿尽量伸直。

（3）身体要与门框保持平行，抬头，平视前方。

（4）保持这个姿势三分钟，换一条腿站弓步，也站立三分钟。可多次重复这个过程，但不宜使身体过于劳累。

2. 卧位拉筋法

卧位拉筋法主要用于拉松腰至大腿膝后的筋腱，拉松大腿内侧韧带及大腿背侧韧带，也有助于拉松髋部的关节，所以卧位拉筋法又称卧位松髋法。

一般来说，卧位拉筋法要依赖椅子、茶几或床来进行，具体步骤如下：

（1）将两张安全稳妥、平坦的椅子或是一张茶几摆放近墙边或门框处，或是选择一张两面靠墙边的床。

（2）坐在靠墙边或门框的椅子、茶几、床边上，臀部尽量移至椅子、茶几、床边。

（3）躺下仰卧，将靠里面的一条腿（左腿在里则用左腿，右腿在里则用右腿）伸直倚在墙柱或门框上，另一只腿屈膝，让其垂直落地，尽量触及地面，无法触及地面时可用书本等物垫在脚下。

（4）仰卧时，双手举起平放在椅子、茶几或床上，期间垂直落地的腿亦可做踏单车姿势摆动，有利放松髋部的关节。

（5）保持这个姿势十分钟，然后再移动椅子、茶几到另寻一面墙或门框，或是到床的另一靠墙的边，再依上述方法，左右脚转换，再做十分钟。

在中国传统养生文化中，筋占据了重要的地位，古人修炼的很多武功都与筋有关，比如我们经常在影视剧里看到的分筋错骨手、分筋擒拿法、收筋缩骨法等，甚至还有一本专门的书是用来练筋的，那就是我们非常熟悉的《易筋经》。

为什么筋这样重要？我们还是先来了解一下什么是筋。《易经》云：“筋乃人之经络，骨节之外，肌肉之内，四肢百骸，无处非筋，无处非络，联络周身，通行血脉而为精神之辅。”可见，最初的筋是指分布于身体各部分的经络，经过时代的演变，筋的定义也发生了改变，逐渐成韧带和肌腱的俗称，也就是我们现在所说的筋。

筋附着在骨头上，起到收缩肌肉、活动关节和固定的作用，人体的活动全靠它来支配。中医认为，肌肉的力量源于筋，所谓“筋长者力大”，筋受伤了自然使不出力气来，尤其是后脚跟这根大筋，支撑着身体全部的重量。

筋的最基本功能是伸缩、牵引关节，做出各种动作，并且筋只有经常活动，也就是抻拉，才能保持伸缩力、弹性，这就是我们通常说的练筋。古代有许多功夫高手，能够年过百岁而不衰，与练筋是分不开的。但是在现代社会，人们的生活舒适多了，出门乘车，进门乘电梯，工作时坐在办公室里操作电脑，运动量大大减少了，所以筋缩的可能性大增，而一些疾病的根源正是筋缩。下面我们列举的各种症状，都是筋缩导致的：

（1）颈紧痛。

（2）背紧痛。

（3）长短脚。

（4）腰僵直痛。

（5）不能弯腰。

（6）不能蹲下。

（7）腿痛及麻痹。

（8）转身不灵活。

（9）肌肉收缩或萎缩。

（10）手不能伸屈（手筋缩短）。

（11）步伐迈开不大，密步行走。

（12）髋关节的韧带有拉紧的感觉。

（13）大腿既不能抬举，亦不能横展。

（14）脚跟的筋有放射性的牵引痛。

（15）手、脚、肘、膝时有胀、麻、痛感，活动不顺。

如果你在生活中遇到以上情况，就应该意识到你这是筋缩了，应该拉一拉筋了。那么，究竟应该怎样拉筋呢？下面就教给你两种简易的拉筋法。

1. 卧位拉筋法

这种拉筋法共分为四个步骤，比较适合在家里练习。第一，先将两把安全稳妥、平坦的椅子摆放在近墙边或门框处；第二，坐在靠墙或门框的椅边上，臀部尽量移至椅边；第三，躺下仰卧，右脚伸直倚在墙或门框上，左脚屈膝落地，尽量触及地面，双手举起平放在椅上，保持 10 分钟（这期间左脚也可以骑车的姿势摆动，以放松髋部的关节）；第四，移动椅子至另一面，再依上述方法，左、右脚转换，再做 10 分钟。

这种方法不仅可以拉松腰至大腿后部的筋腱，还有助于拉松髋部的关节，也能拉动大腿内侧韧带及大腿背侧韧带，是一种高效的拉筋法。需要注意的是，一般高血压、心脏病、骨质疏松症、长期体弱的患者，在拉筋时必须有专业医生的配合，否则可能会发生危险。

2. 立位拉筋法

这套方法也分四步：第一，找到一个门框，双手上举，扶两边门框，尽量伸展开双臂；第二，一脚在前，站弓步，另一脚在后，腿尽量伸直；第三，身体与门框平行，头直立，双目向前平视；第四，以此姿势站立 3 分钟，再换一条腿站弓步，也站立 3 分钟。

这种方法可拉肩胛部、肩周围、背部及相应部分的筋腱、韧带，可以治疗肩颈痛、肩周炎、背痛等症。

其实，拉筋是一种非常简便的保健方法，随时随地都可以进行，无论你采用什么方法，只要你感觉到自己的筋被拉动了，就会收到相应的效果。比如，在家里的餐椅上、窗台上，在公园的亭柱上、长椅上等都可以拉筋。需要注意的是，饭后最好不要拉筋。

按摩养生

当女人过了 25 岁，身体内部各器官开始走向衰老，脸上的毒素与老废物质将不再像以往一样能自动的更新代谢，这时候就得多多利用外在的辅助来帮忙，利用刺激脸部肌肉，来唤醒肌肤细胞，增强活化更新的机能，一旦循换变好，弹力紧实度与肌肤明亮度都能获得明显改善。而按摩则是女性抗衰老的最佳方法。

按摩是中国最古老的医疗方法，主要是患者自己或是他人用双手在患者身上推穴道，循经络，并结合有关部位进行按摩，使机体内部产生发散、宣通、补泻等作用，从而达到散寒止痛、健脾与胃、消积导滞、疏通经络、滑利关节、强筋壮骨、扶正祛邪的目的。

通过按摩来抗衰美容的原理，主要有以下几种：

（1）刺激血液循环。按摩有助于肌肤排出毒素，将血液中的养分带到皮肤细胞内，同时顺畅地排出废物，保持肌肤健康。同时，也能帮助肌肤调节油脂分泌，促进肌肤天然皮脂膜的形成，保持肌肤滋润且富有光泽。

（2）改善淋巴流动。当淋巴循环功能变差时，废物及毒素就会不断地在体内积聚，导致面部容易浮肿。按摩能帮助淋巴正常流动，排出毒素及废物，令肌肤轮廓更紧致。

（3）提升新陈代谢。按摩有助于提升肌肤表皮及真皮细胞的新陈代谢，达到理想水平。这个稳定的肌肤更新过程对于维持肌肤的弹性和活力非常重要。按摩还有助于紧致面部肌肉，预防肌肤松弛下垂及皱纹的形成。

（4）对抗自由基。如果肌肤获取了充足的氧气和营养，自由基就难以生成，从而保持了肌肤的弹性，增加肌肤的透明感，令肤色更明亮。

按摩的手法很多，下面我们介绍几种最为常用的按摩手法：

1. 推法

用手指或手掌在人体某一个部位或穴位上做前后、上下或左右的推动。适用于全身各个部位。在应用时所用的力量需由轻而重，根据不同部位而决定用力大小。

一般频率50～150次/分，开始稍慢，逐渐加快。推法根据不同的部位和病情可分为拇指推、手掌推、肘尖推、拳推。

2. 拿法

用大拇指或其他手指进行对称使劲，拿捏治疗部位之肌肉或筋腱关节的方法。此法是强刺激手法之一。使用拿法时，腕要放松灵活，要由轻到重，再由重到轻。在拿法的同时可结合提法，提拿并用。适用于四肢、肩、颈、腋下，一个部位拿1～3次即可。

3. 按法

用手指或手掌在身体某处或穴位上用力向下按压的方法。按压的力度可浅到皮肉，深达骨骼、关节和部分内脏处。操作时按压的力量要由轻而重，快速法每分钟120次左右，慢速法每分钟50次左右。按法在施术时根据不同部位，不同疾病及不同治疗目的，可分为拇指按、中指按、拳按、掌按、肘按，也可借助于按摩工具按压，适用于全身各部。

4. 揉法

用手指或手掌面在身体某个部位做回旋揉动的一种方法，此种手法较温和，多在疼痛部位或强手法刺激后使用，也可在放松肌肉、解除局部痉挛时用。操作时手指和手掌应紧贴皮肤，与皮肤之间不能移动，而皮下的组织被揉动，幅度可逐渐扩大。根据按揉的部位不同可分为拇指揉、大鱼际揉、肘揉、掌揉等。全身各部均适用。

5. 摩法

用手指或手掌在身体某一部位或穴位上，做皮肤表面顺、逆时针方向的回旋摩动的方法。这种方法比较温和，频率根据病情的需要而定，一般慢的30～60次/分，快的100～200次/分。此法多用单手摩，也可用双手摩，一般按顺时针方向运动。根据不同部位有指摩、掌摩、掌根摩三种。适用于全身各部。

6. 捏法

用拇、示二指或五指将患者皮肤、肌肉、肌腱按走向或经络循行方向，连续不断向前提捏推行。捏法可用单手操作，也可用双手操作。捏法常用于治疗小儿疾患，如食欲不振、消化不良、腹泻，也可用于成年人按摩。适用于全身各部。

7. 搓法

是用双手在肢体上相对用力进行搓动的一种手法。其作用力可达肌肉、肌腱、筋膜、骨骼、关节囊、韧带等处。强度轻时感觉肌肉轻松，强度大时则有明显的酸胀感。频率一般30～50次/分，搓动速度开始时由慢而快，结束时由快而慢。搓法有掌搓和侧掌搓两种。适用于四肢、腰背、胸腹部。

8. 滚法

是用手背部着力在身体上滚动的一种手法。操作时将掌指关节略为屈曲，以手掌背部近小指侧部分，紧贴于患部，前臂作连续内旋、外旋动作，带动指掌关节滚动。一般用单手或双手交替操作，也可用双手同时操作。适用于颈、腰、背、臂、四肢部。

9. 掐法

以拇指和示指上下对称地掐取某一部位或穴位，并用力内收。掐法刺激较强，操作时用力应由小到大，使其作用为由浅到深。适用于四肢、头面部，有开窍提神的作用。

10. 摇法

是以关节为轴心，做肢体顺势轻巧的缓慢回旋运动的方法。在施术时要将体位安置合适，摇动的动作要缓和稳妥，速度要慢，幅度应由小到大，并要根据病情，适可而止。同时也要注意被运动关节的正常生理活动范围。摇法常用来预防和治疗各种关节活动功能障碍。双轴和多轴关节都可做环绕运动治疗，如腕关节摇动等。适用于四肢、颈部及腰关节。

只要女人能长期坚持按摩，保持体内气血的畅通，自然能拥有如25岁般青春亮丽的容颜。

刮痧养生

刮痧疗法，以中医皮部理论为基础，用刮痧器具（牛角、玉石、火罐）刮拭经络穴位，通过良性刺激，使经络穴位处充血，改善局部微循环，是传统的自然疗法之一。它集针灸、按摩、点穴、拔罐等非药物疗法之所长，对人体有预防保健、治疗疾病、活血化瘀、排出毒素、调整阴阳、信息调整、舒筋通络等功效。

刮痧的用具十分简单，只要是边缘比较圆滑的东西，如梳子、搪瓷杯盖子等均可以。若长期使用，还是用天然水牛角为材料制成的专业刮痧板较好，既可避免对人体肌表的毒性刺激和不良化学反应，又有发散行气、活血的作用。

中医认为，良性的面部“刮痧”刺激，不仅能改善面部血管的微循环，增加血液、淋巴液及体液的流量，使皮肤中的细胞得到充分的营养和氧气，加速细胞的新陈代谢，促进衰老细胞的脱落，维护纤维的弹性状态，激发人体“潜能”，使大脑信息反馈而重新分配全身能量，起到了排毒养颜，舒缓皱纹，行气消斑，保健养颜的功效。

女性朋友们可以借助面部刮痧来达到美容的效果。面部有很多美容的穴位，用平面按揉法依次按揉下面的穴位：鱼腰穴、丝竹空穴、太阳穴、印堂穴、承泣穴、四白穴、下关穴、听宫穴、迎香穴、人中穴、承浆穴、地仓穴、大迎穴。

下面教大家一招简单的紧致肌肤刮拭法，可以帮助女性朋友们紧致面部肌肤：

将刮痧板平面贴在皮肤上，将按压力渗透至面部肌肉深部，自下颌部向内上方均匀、缓慢、柔和的连续做旋转移动刮拭。再以提拉法从下颌部向面颊、额头做提升刮拭，以提升、收紧肌肤，可瘦脸，并预防肌肉下垂。

其他养生

药膳养生

药膳，源于中国传统的饮食和中医食疗文化，在中医学、烹饪学和营养学理论指导下，严格依据配方，将中药与某些具有药用价值的食物相配伍，采用我国独特的饮食烹调技术和现代科学方法制作而成的具有一定色、香、味、形的美味食品。

药膳用于养生保健方面的范围很广。滋补膳食，常用药、食包括人参、冬虫夏草、黄芪、山药、当归、芝麻、大枣、银耳、龙眼肉等。食药结合也可制成多种保健佳肴，如具有食疗保健作用的药膳菜肴、点心、糖果、蜜饯等；具有药膳保健作用的汤、饮、酒、浆、乳等。另外，茶类多为单独的茶叶或与某些药物混合制成，如枸杞茶等。

中医认为，女性适当食用药膳，可以起到保健强身，美容护肤的效果。下面给大家介绍一些可防止皮肤色素沉淀的药膳，以免女性面部的斑点问题越来越严重。

1. 枸杞酒酿蛋

材料：酒酿 200 克，枸杞 5 克，鹌鹑蛋液 50 克，冰糖适量。

做法：先将 200 克酒酿煮开，然后依次加入枸杞、适量冰糖和 50 克搅拌均匀的鹌鹑蛋蛋液，最后大火煮开即可。

功效：每天一碗，让女人的皮肤细嫩有光泽而且能达到祛斑的功效。鹌鹑蛋中含有丰富的蛋白质、B 族维生素和维生素 A、维生素 E 等，与酒酿一起煮，它还会产生有利于女性皮肤的酶类与活性物质。枸杞子则是滋补肝肾的佳品，也是美容药膳中常用的原料之一，维生素 A 的含量也特别丰富。这些食物加在一起后，更能促进营养成分的吸收，女性食用后的脸色更加滋润动人，而且还达到了祛斑的效果。

2. 桃仁牛奶芝麻糊

材料：核桃仁 30 克，牛奶 300 毫升，豆浆 200 毫升，黑芝麻 20 克。

做法：先将核桃仁、黑芝麻放小磨中磨碎，与牛奶、豆浆调匀，放入锅中煮沸，再加白糖适量，每日早晚各吃 1 小碗。

功效：刺激皮肤新陈代谢、保持皮肤润泽细嫩。

3. 黑木耳红枣汤

材料：黑木耳 30 克，红枣 20 枚。

做法：将黑木耳洗净，红枣去核，加水适量，煮半个小时左右。每日早、晚餐后各食一次。

功效：《本草纲目》中记载黑木耳可祛面上黑斑。经常服食，可以驻颜祛斑、健美丰肌；大枣和中益气，健脾润肤，有助于黑木耳祛除黑斑。

气血养生

中医理论认为血是人体最宝贵的物质之一，它内养脏腑，外表皮毛筋骨，维持人体各脏腑组织器官的正常机能活动。著名中医妇科专家朱南孙认为，妇女以血为用，因为女性的月经、胎孕、产育以及哺乳等生理特点皆易耗损血液，所以女性机体相对容易处于血分不足的状态。正如“妇女之生，有余于气，不足于血，以其数脱血也”。

女性因其生理有周期耗血多的特点，若不善于养血，就容易出现面色萎黄、唇甲苍白、头晕眼花、乏力气急等血虚证。严重贫血者还容易过早发生皱纹、白发、脱牙、步履蹒跚等早衰症状。血足皮肤才能红润，面色才有光泽，女性若要追求面容靓丽、身材窈窕，必须重视养血。

女性朋友们养血要注意以下几个方面：

1. 神养

心情愉快，保持乐观的情绪，不仅可以增进机体的免疫力，而且有利于身心健康，同时还能促进骨髓造血功能旺盛起来，使皮肤红润，面有光泽。

2. 睡养

充足的睡眠能令你有充沛的精力和体力。养成健康的生活方式，不熬夜，不偏食，戒烟限酒，不在月经期或产褥期等特殊生理阶段同房等。

3. 动养

经常参加体育锻炼，特别是生育过的女性，更要经常参加一些体育锻炼和户外活动，每天至少半小时，如健美操、跑步、散步、打球、游泳、跳舞等，可增强体力和造血功能。

4. 食养

女性日常应适当多吃些富含“造血原料”的优质蛋白质、必需的微量元素（铁、铜等）、叶酸和维生素 B_{12} 等营养食物，如动物肝脏、肾脏、血、鱼虾、蛋类、豆制品、黑木耳、黑芝麻、红枣、花生以及新鲜的蔬果等。

5. 药养

贫血者应进补养血药膳。可用党参 15 克、红枣 15 枚，煎汤代茶饮；也可用首乌 20 克、枸杞 20 克、粳米 60 克、红枣 15 枚、红糖适量煮粥，有补血养血的功效。

妇科疾病篇

乳房

乳房保养

乳房保健

拥有健康的乳房，是每个女士的希望。乳房既是女性的骄傲，也是女性的烦恼。傲人的乳房增添女性的迷人气息，但是乳房疾病高发又日渐成为女性健康的困扰。现代女性必须掌握乳房保健的健康知识，让健康的乳房成为你一生的自豪。

1. 忌受强力挤压

这一点要特别注意。乳房受外力挤压，有两大弊端：一是乳房内部软组织易受到挫伤，或使内部引起增生等。二是受外力挤压后，较易改变外部形状，使双乳下垂等。避免用力挤压乳房应注意两点：睡姿要正确。女性的睡姿以仰卧为佳，尽量不要长期向一个方向侧卧，这样不仅易挤压乳房，也容易引起双侧乳房发育不平衡。另外，夫妻同房时，应尽量避免男方用力挤压乳房，否则会成内部疾患。

2. 忌穿着乳罩不合适

切忌穿着不合适的乳罩，或干脆不戴乳罩。选择合适的乳罩是保护双乳的必要措施，切不可掉以轻心。要选择型号适中的乳罩，应做到以下三点：

戴乳罩不可有压抑感，即乳罩不可太小，应该选择能覆盖住乳房所有外沿的型号为宜。

乳罩的肩带不宜太松或太紧，其材料应是可少许松紧的松紧带。

乳罩凸出部分间距适中，不可距离过远或过近。另外，乳罩的制作材料最好是纯棉，不宜选用化纤织物。

有些少女常常不戴乳罩，认为乳房未长成，故不必戴乳罩。其实，若长期不戴乳罩，不仅乳房易下垂，而且也容易受到外部损伤。只要乳罩穿着合适，就不会影响乳房的发育，有利无害。

3. 忌用过冷或过热的浴水刺激乳房

乳房周围微血管密布，受过热或过冷的浴水刺激都是极为不利的，如果选择坐浴或盆浴，更不可在过热或过冷的浴水中长期浸泡，否则会使乳房软组织松弛，也会引起皮肤干燥。

4. 忌乳头、乳晕部位不清洁

女性乳房的清洁十分重要，长时期不洁净会引起麻烦，如出现炎症或造成皮肤病。因此，必须经常清洁乳房。

5. 忌过度节食

饮食可控制身体脂肪的增减，营养丰富并含有足量动物脂肪和蛋白质的食品，可使身体各部分储存的脂肪丰满。乳房内部组织大部分是脂肪。乳房内脂肪的含量增加了，乳房才能得到正常发育。

有些女性一味地追求苗条，不顾一切地节食，甚至天天都以素菜为主，结果使得乳房发育不健全，干瘪无形，那么其他养护措施也就于事无补了。

6. 切忌不锻炼

适当做些丰乳操，轻度按摩可使乳房丰满，做丰乳操是实施乳房锻炼的措施之一，这对于乳房组织已基本健全的女性是十分重要的。

实际上锻炼的本身并不能使乳房增大，因为乳房内并无肌肉。锻炼的目的是使乳房下胸肌增长，胸肌的增大会使乳房突出，看起来乳房就大了。

7. 少女忌用激素类药物丰乳

少女正处在生长发育的旺盛时期，卵巢本身分泌的雌激素量比较多，如果选用雌激素药物，虽然可以促使乳房发育，但同时潜伏着一些极不利的危险因素。

女性体内如果雌激素水平持续过高，就可能使乳腺、阴道、宫颈、子宫体、卵巢等患癌瘤的可能性增大。常用的雌激素有苯甲酸雌二醇等。滥用这些药，不但易引起恶心、呕吐、厌食，还可导致子宫出血、子宫肥大，月经紊乱和肝、肾功能损害。

8. 忌长期使用肝脏酶

系统紊乱，胆汁酸合成减少，易形成胆固醇结石。因此，一定要慎用丰乳膏，特别忌长期使用。

小贴士

简单的乳房保健瑜伽

瑜伽姿势不仅可以提拉胸腺，让乳房更性感，还可以通过按摩脏腑，疏导肝气，让乳房更健康。首先，跪坐，十指相交，双臂伸展平行地面。其次，头放低，下巴靠在胸骨上，将掌心转向前方，双臂尽量向远处伸展，背部尽量向后弓起，保持这个姿势 1 分钟，每天坚持做 10~15 分钟。如此可以帮助女性朋友有效的呵护乳房健康。

乳房自测

女性的乳房是女性重要的性器官，发育的乳房是女性的第二性征之一，在产后哺乳期有着正常泌乳功能，用以哺乳下一代。健康的乳房应该饱满傲人，充满活力，失去活力的乳房就像干枯、凋零的花朵，让人感叹青春易逝、芳华不再，成为威胁女性美丽、自信的一大障碍。女性朋友们，想知道自己的乳房还好吗？做一做以下的测试吧！

（1）是否每次来月经前感到胀痛？

（2）月经来临前胸部是否有边界不清的肿块？

（3）乳房上方是否可以摸到肿块？

（4）乳房胀痛是否为周期性发作？

（5）哺乳的乳房上是否出现皮疹？

（6）浅表处是否有边界清楚的肿块？

（7）乳头附近是否有可推动的肿块？

（8）乳房肿块是否出现橘皮样改变？

如果上述八题答案为“否”，那么恭喜你，你的乳房很健康。如果答案为“是”，那么请看下面的分析，可具体帮你了解自己乳房的情况。

第（1）题答案为是。每次月经来临前都会出现乳房胀痛，甚至连戴胸罩都会难受，还伴有头疼、乏力、紧张、失眠、便秘等症状。月经来潮后，胀痛感逐渐消失。这说明你可能患有经前综合征。月经前后还有可能出现痤疮、情绪烦躁等症状，此时只要控制饮食，保持良好的心理状态即可得到缓解。

第（2）题答案为是。月经前乳房开始出现间断性胀痛或钝痛，还有一些边界不清肿块，这说明你可能患有乳腺小叶增生。此病症大多与女性内分泌失衡有关，只要保持乐观、平和的心态，注意饮食调节，即可得到缓解。

第（3）题的答案为是。乳房上方有边界清楚的肿块，很可能是乳房纤维腺瘤。患有此病症的女性应该积极就医，以防止癌变的可能。

第（4）题的答案为是。乳房的胀痛时轻时重，具有周期性发作的特点，月经前会加重，这可能是乳房囊性增生病，鉴于可能有癌变的危险，患有此病症的女性要积极就医，并且要密切关注病情。

第（5）题的答案为是。女性乳房上出现一些皮疹，可能是患有乳房湿疹。女性应该注意调整饮食结构，严重者要积极就医。

第（6）题的答案为是。乳房的肌肤上出现浅表的肿块，有可能是乳房脂肪瘤。患有此病症的女性应该早日就医，避免加重病情。

第（7）题的答案为是。乳头附近出现可被推动的肿块，这有可能是乳管内乳头状瘤。此病症也可能发生癌变，所以，患有此病症的女性朋友一定要及早就医。

第（8）题的答案为是。乳房上的肿块出现橘皮样的改变，很有可能是乳癌的征兆，一旦发现此症状一定要立即就医。

乳腺肿块

乳房肿块是妇女的常见病。因其位置浅表，大多能通过自我检查，在没有出现症状之前就得到早期发现。关键是患者要有定期自我检查的意识，掌握正确的检查方法，一旦发现肿块及时就医。

1. 早发现

定期（每月一次，时间在月经过后一周较好）在洗澡时自我检查。正确的方法是：双手交叉检查双侧乳房（左手检查右侧，右手检查左侧）。除拇指外的其余四指并拢，紧贴胸壁，通过各手指交替轻压，按顺序触摸整个乳房的各个区域。正常乳房较柔软，有肿块时感觉有东西在手指下滑动。切忌用手抓捏乳房，因为抓捏会使正常的乳腺组织缩成团，感觉就像是肿块，即使其中真有肿块也查不清。

2. 早诊断

根据患者的年龄、病史特点、肿块性质，结合必要的辅助检查（如B超、红外线、细针穿刺活检等）才能对乳腺肿块做出诊断。各种病变都有其特点：如常见的乳腺纤维腺瘤，多见于青春期女性，肿块光滑、易活动；导管内乳头状瘤位于乳晕区，肿块小，不明显，伴乳头溢血；叶状囊肉瘤可在短期内快速生长成很大的肿块；多见于年龄较大者，肿块硬，活动差，可有腋窝等。此外，可发生于一侧或双侧乳房，常于月经前胀痛，月经来潮后减轻或消失；触诊可扪及增生的腺体厚实，表面不光滑，有触痛，边界不清，质地较硬。

3. 早治疗

乳房良性肿瘤也有恶变的可能，因此，对于乳房肿块一般应予手术切除。即使是乳腺癌，也非不治之症，如能早发现、早诊断和早治疗，术后配合必要的综合治疗（如化疗和放疗），同样能够得到根治。

小贴士

乳腺肿块手术后饮食应该注意什么

乳腺肿块手术后，女性朋友可以多食含维生素A、维生素C、维生素E的食品，多吃绿色蔬菜和水果；饮食要定时，定量，少食多餐；多吃含有抑制致癌作用的食物，如茎蓝、包心菜、胡萝卜、油菜、蒜、植物油、鱼等；少吃或不吃盐腌、烟熏、火烤和油炸的食物，特别是烤煳焦化了的食物。如此才可能在术后得到良好的恢复。

乳房疾病

乳腺结节

乳腺结节就是乳腺囊性增生病，是一种非肿瘤的疾病。常见育龄女性，绝经后自行缓解。

乳腺结节是乳腺组织导管和乳小叶在结构上的退行性病变及进行性结缔组织的生长，其发病原因主要是由于内分泌激素失调。

中医认为，情志不畅，肝气不得正常疏泄而气滞血瘀，冲任不调者，常有月经紊乱，面部色斑。现代医学认为，婚育、膳食、人生存的外环境和遗传因素是乳腺发病的主要原因。乳腺结节症的临床常表现为乳房疼痛和乳房肿块，个别还会有乳头溢液。乳房疼痛的表现常不稳定，在月经前可加重，也常在情绪变化、劳累、天气变化时加重。如果疼痛超过3个月，而且疼痛影响到了日常的工作和生活，就需要进行药物治疗干预，建议少吃刺激性食物，如：辣的、浓茶、咖啡、可乐。

乳房肿块是诊断乳腺病的主要依据，多数为多发，肿块大小不等，质地硬或硬韧，肿块不与皮肤粘连，肿块表面常不光滑，触之有颗粒感。部分患者有乳头溢液，溢液多为清凉无色，浆液性。如果溢液为黄色或血性，量较多时可能为病理性，应引起足够重视，及时去医院诊治。此外，个别乳腺增生患者还有口苦肋胀、胸闷、厌食、月经紊乱等全身症状。

目前治疗乳腺增生最好的方法就是中医中药的治疗原理：

1. 疏肝理气，调畅气机

乳头乳房及肝经循行之处，女子以肝为先天，肝藏血、主疏泄、体阴而用阳，易于怫郁。乳癖者，每多有性情抑郁，忧思多虑或心烦急躁易怒，胸闷嗳气，而乳房疼痛与肿块大小变化，亦多情绪变化有关。肝郁气滞在乳癖发病学上有重要影响。七情不畅，肝失条达，肝郁气滞结于肠子络则疼痛结块，故疏肝理气，调畅气机为治疗乳癖的主要原则。

2. 活血化瘀，疏通乳络

乳房疼痛及肿块为主症，二者均为血瘀证特征性表现。忧思恼怒，抑郁寡欢，必致肝气不畅，气机阻滞，久则由气及内，使血行不畅，经隧不利，下不能充胞宫，上不能溢乳房，乳络闭阻，气滞血瘀，凝结成块，不通则痛。经前冲任血液充盈，乳房肿痛加重，月经后气血得到疏泄，肿痛亦随之减轻。可见乳癖者出现血瘀证势所必然，治疗中必须重视活血化瘀，疏通乳络作用。

3. 化痰软坚，消肿散结

思虑伤脾或肝郁气滞，横逆脾土，均可致脾失健运，痰湿内生，肾气不足，冲任失养。不能温煦脾阳，则精液不得运化，聚湿成痰，肝郁日久，化热化火，灼津为痰，痰、气、瘀互结而成乳癖。因此，痰凝在乳癖发病学上有一定影响，化痰软坚，消肿散结可促使肿痛消散于无形。

乳腺囊肿

乳腺囊肿又称为乳汁淤积症，是哺乳期因一个腺叶的乳汁排出不畅，致使乳汁在乳内积存而成，临床上主要表现是乳内肿物，常被误诊为乳腺肿瘤。

引起乳腺囊肿的原因有很多。哺乳期如曾患乳腺增生症、炎症或肿瘤压迫，可造成乳腺的一个腺叶或小叶导管堵塞，使乳汁积聚在导管内而形成乳腺囊肿。也可因哺乳习惯不良，乳汁瘀滞于导管内，致使导管扩张形成囊肿，细菌侵入，继发感染，导致急性乳腺炎或乳腺脓肿。

如无细菌侵入感染，囊肿可长久地存在于乳腺中。哺乳期因乳腺肿胀，肿块不易被发现，往往在断奶后才可清楚扪及。囊肿呈圆形或卵圆形，表面光滑，可以推动，多数为单侧、单个囊肿，可有轻微压痛，触之可有囊性感。早期囊肿内为稀薄的乳汁，以后由于囊肿长期存留，乳汁中水分被吸收使乳汁浓缩为乳白色黏稠物，如炼乳。偶可为凝乳块，甚至像奶粉一样呈固体状态。

乳腺囊肿患者改变饮食结构，少吃油脂类食物，防止肥胖尽量避免使用含有雌激素的药物，禁止滥用避孕药及含雌激素的美容用品，不吃用雌激素喂养的鸡、牛肉。因为这些都可使乳腺出现增生，或使乳腺增生加重。

乳腺囊肿的饮食应注意少吃油脂类食物、防止肥胖尽量避免使用含有雌激素的药物、禁止滥用避孕药及含雌激素的美容用品，专家建议患者宜常吃海带、橘子、橘饼、牡蛎等行气散结之品。

乳腺囊肿患者宜常吃海带，有消除疼痛、缩小肿块的作用，多吃橘子、橘饼、牡蛎等行气散结之品，忌食生冷和辛辣刺激性的食物。

小贴士

患有乳腺囊肿的女性应该忌口

有乳腺囊肿的女性在疾病治疗中要有忌口。在治疗中忌食生葱蒜、母猪肉、南瓜、醇酒以及辛温、煎炒、油腻、荤腥厚味、陈腐、发霉等助火生痰有碍脾运的食物；也可以使用一些气养血、理气散结之物，如山药粉、菠菜、丝瓜、海带、山楂、玫瑰花等，以巩固疗效，以利康复。

乳腺增生

乳腺增生的发病原因与卵巢机能失调有关，常同时或相继在两侧乳房内发生多个大小不等、圆形较硬的结节，结节可被推动。乳房胀痛，月经期前更甚。

1. 营养方案

（1）推荐食物：多吃蔬菜和水果，多吃粗杂粮、黑豆、黄豆，多吃核桃、黑芝麻、黑木耳、蘑菇等。

（2）限量食物：忌高热量、高脂肪、低膳食纤维的食物。不吃用雌激素喂养的禽、畜肉。

2. 营养食补

（1）虫草川贝炖瘦肉

材料：冬虫夏草3克，川贝母粉5克，猪瘦肉100克，料酒、葱段、姜片、盐各适量。

做法：将冬虫夏草洗净，与川贝母粉、猪瘦肉片一起放入砂锅，加清水、料酒、葱段、姜片共煨约一小时至熟，加盐调味即可。

功效：调理冲任二脉，补肾散结。适用于乳腺小叶增生，证属冲任二脉失调的患者。

（2）橘饼饮

材料：金橘饼50克。

做法：将金橘饼洗净，沥水后切碎，放入砂锅，加适量清水，用中火煎煮约15分钟即成，饮汁食金橘饼，早晚服用一次。

功效：疏肝理气，解郁散结。适用于乳腺小叶增生，证属肝郁气滞的患者。

乳腺癌症

长期不合理的饮食结构、生活习惯等因素造成体质过度酸化，人体整体机能下降，引起肾虚。肝肾同源，肾虚肝亦虚，进而引起上焦代谢循环变慢，造成甲状腺疾病和内分泌失调，免疫功能下降，从而发展为乳腺组织异常增生，终致癌变。

1. 营养方案

在放疗期间，饮食应力求清淡适口，治疗期间可视病情选服白参或西洋参。治疗结束后，每值冬令，仍可进补参类。豆类、大枣、大蒜、小麦麸、菜花、茴香、菠菜、冬瓜、小白菜、胡萝卜、西红柿、花生油、玉米油、菜籽油和豆油等可以明显地降低女性绝经前乳腺癌的发病率。

忌吃高脂肪食物，在服药期间不宜吃香蕉、乳酪。

2. 营养食谱

（1）菱粉芋头羹

材料：菱角粉50克，芋头250克，白糖20克。

做法：芋头在清水中浸泡片刻，放入布袋中捶打搓揉，除去外皮及杂质，洗净，切成碎丁，放入砂锅，加清水，大火煮沸后，改小火煨煮约10分钟，撒入菱角粉和白糖，边撒边搅，待其黏稠成羹状即可。

功效：益气健脾，通络散结，防癌抗癌，适用于各期乳腺癌。

（2）大枣炖兔肉

材料：大枣60克，兔肉250克，料酒、葱花、姜末、盐、味精、五香粉、香油各适量。

做法：大枣洗净去核，兔肉洗净，入沸水焯透，捞出，清水过一遍后，切成小块，与大枣同放砂锅内，加清水，大火煮沸，烹入料酒，改小火炖约40分钟。待兔肉酥烂，加入葱花、姜末、盐、味精、五香粉、再煮至沸腾，淋入香油即成。吃兔肉、大枣，饮汤汁。

功效：补气血，恢复体力，适用于乳腺癌术后气血两虚、神疲乏力、精神不振等症。

小贴士

女性喝豆浆会不会降低患乳腺癌的风险

喝豆浆的女性患乳腺癌风险大大降低。这是因为豆浆中有一种很像雌激素的物质，叫“大豆异黄酮”，能起到以假乱真的作用，和抗癌药物的机理非常相像。它对所有和雌激素有关的癌症都有预防作用，比如乳腺癌、子宫内膜癌、宫颈癌和前列腺癌。

乳腺炎症

乳腺炎症是乳房的急性化脓性感染，为细菌（金黄色葡萄球菌等）经乳头皲裂处或乳管口侵入乳腺组织所引起。本病以初产妇为多见，好发于产后第3~4周。

发病前常有乳头皲裂，乳头畸形，乳房受挤压，乳汁淤积等诱因。是初产妇常见的一种病症，轻者不能给婴儿正常喂奶，重者则要手术治疗。但能及早预防或发现后及时治疗，可避免或减轻病症。

1. 乳腺炎的治疗方法一

（1）暂停喂奶，用吸奶器或手挤出奶汁，避免奶汁残存引起新的感染。

（2）可采取有效的验方进行治疗。这方面的验方在民间流传的较多，有些有效，有些则缺乏科学道理，如果不慎，其采用的验方无效，就会贻误病人。

（3）干蒲公英20~25克（或鲜草50克），瓜蒌15克，没药15克，连翘15克，青皮15克，共煎水内服，发高热时第一天服两剂，从第二天起，每天一剂。同时用鲜蒲公英捣烂成泥，外敷每隔12小时换一次。

（4）热敷。当发现有乳腺炎时，就要进行热敷，用干净毛巾，在热开水中泡过，试着热敷，无论乳腺炎发展到何种程度，都有消炎去肿效果。

2. 乳腺炎的治疗方法二

（1）猪蹄1只，黄花菜25克、炖熟后不加佐料食之，每日一次。用于乳腺炎初期未成脓者。

（2）乳鸽1只、黄芪30克、枸杞子30克。将乳鸽洗净，黄芪、枸杞子用纱布包好与乳鸽同炖，熟后去药渣，吃鸽肉饮汤。用于乳腺炎溃破后康复期。

（3）粳米100克、蒲公英50克。将蒲公英煎水取汁，加粳米煮粥，每日分服。用于乳腺炎溃破后脓尽余热者未清者。

（4）葱须不限量、枯矾少许，将葱须洗净，切碎放入枯矾同捣为泥，捏成小丸如黄豆大，每次服4丸，每日2~3次，服后微发汗。本方治乳疮，具有消肿散瘀、行气活血的作用。

（5）鲜大葱250克，将葱洗净，切碎，捣烂取汁1杯，加热顿服。每日服1次，可连续服用。本方用治妇女乳生痈疮，红肿热痛，具有解毒、散热、消肿之功效。

（6）鲜葱须不拘多少，枯矾用量斟酌与葱须能捣成丸即成，先将葱须洗净切碎，再和枯矾同捣如泥。捣时，枯矾须逐渐增入，以防湿干不匀。捣匀后做成丸，如豆大。每次服4丸，白开水送下，每日服2~3次。服后微发汗。本方用治乳疮。

服此丸后，有时发生心烦不安现象，是药力所致，片刻即安。

乳腺纤维瘤

乳腺纤维腺瘤是乳腺疾病中最常见的良性肿瘤，可发生于青春期后的任何年龄，多在20~30岁之间。其发生与雌激素刺激有关，所以很少发生在月经来潮前或绝经期后的妇女，为乳腺良性肿瘤，少数可发生恶变。一般为单发，但有15%~20%的病例可以多发，单侧或双侧均可发生。

乳腺纤维腺瘤的病因及发病机制尚不十分清楚，但多数专家认为与以下因素有关：

（1）雌激素水平失衡。如雌激素水平相对或绝对升高，雌激素水平的过度刺激可导致乳腺导管上皮和间质成分异常增生形成肿瘤。

（2）局部乳腺组织对雌激素过度敏感。正常乳腺的各部组织对雌激素敏感性高低不一，敏感性高的组织易患病。不同妇女乳腺组织对雌激素刺激的敏感性不同，对雌激素刺激敏感的妇女得病概率大大增加。

（3）饮食及身体因素。高脂、高能量饮食、肥胖、肝功能障碍等使体内雌激素增多，进而刺激乳腺导管上皮及间质纤维组织增生引起本病。

（4）遗传倾向。

女性朋友们要想预防此症，可以从以下几个方面着手：

（1）保持良好的心态和健康的生活节奏，克服不良的饮食习惯和嗜好，有规律地工作、生活是预防乳腺疾病发生的有效方法。

（2）少穿束胸或紧身衣，合理使用文胸。型号合适的文胸对乳房健康很重要，最好能选用柔软、透气、吸水性强的棉制文胸。平时能不戴文胸时尽量不带，不要戴文胸睡觉。

（3）慎用含雌激素类药物和保健品，慎用丰胸产品。

（4）洗澡时避免长时间用热水刺激乳房，更不要在热水中长时间浸泡，洗澡时的水温以27℃左右为宜。规律的性生活能促进乳房的血液循环、性激素分泌的增加，有利于女性乳房的健康。

（5）保持适量的运动。运动不仅有助于乳房健美，还能降低乳腺疾病的发病率。

（6）每月进行乳房自检，每年进行专业检查。一般选择月经后的一周到两周是检查的最佳时期，如果发现乳房有肿块、乳房局部皮肤或乳头凹陷、腋窝淋巴结肿大时，一定要及时就诊。

小贴士

患乳腺纤维瘤的女性应该吃些什么

患乳腺纤维瘤的女性应多食高蛋白低脂肪的饮食，如奶制品、鱼类、豆类、鸡蛋等，高蛋白可以多补充体内氨基酸，还应该多食用些含丰富维生素的食品，如胡萝卜、青菜、芹菜、苹果、猕猴桃、椰子等新鲜的水果蔬菜。乳腺纤维瘤的发病与雌激素过盛有关，所以饮食应该避免含有雌激素的食品，否则会加重病情。

子宫

肿瘤

宫颈癌

宫颈癌是女性常见恶性肿瘤之一，宫颈癌发病原因目前尚不清楚，早婚、早育、多产及性生活紊乱的妇女有较高的患病率。

宫颈癌的基本症状主要有以下几种：

1. 阴道出血

不规则阴道出血，尤其是接触性出血（即性生活后或妇科检查后出血）和绝经后阴道出血是宫颈癌患者的主要症状。菜花状宫颈癌出血现象较早，出血量较多。

2. 阴道分泌物增多

白色稀薄，水样、米泔样或血性，有腥臭味。当癌组织破溃感染时，分泌物可为脓性，伴恶臭。

3. 晚期表现

由于癌肿的浸润、转移，可出现相应部位乃至全身的症状。如尿频、尿急，肛门坠胀、秘结，下肢肿痛、坐骨神经痛，肾盂积水，肾衰竭、尿毒症等，最终致全身衰竭。

中医学认为子宫颈癌的发病由脾湿、肝郁、肾虚，脏腑功能亏损，致冲任失调，督带失约而成。《内经》中说："任脉为病，女子带下瘕聚。""盖冲任失调，督脉失司，带脉不固，因而带下。"因肝郁气滞，或脾虚湿盛，或肾虚不固，皆可导致本病的发生。因冲任之脉系于肝肾，冲为血海，故临证时，应明辨虚实，分清脏腑，或疏肝理气，或健脾祛湿，或补肾固涩，与肝、脾、肾三脏密切相关。

中医药对子宫颈癌，早期以局部用药为主，阴道给药，使子宫颈癌病灶发生凝固、坏死、脱落；而晚期癌，需辨证论治进行治疗，扶正祛邪、攻补兼施、标本合治，能使子宫颈癌患者症状减轻，延年益寿，常用药有莪术、天南星、鸦胆子、紫草根等。

而放射治疗是子宫颈癌主要治疗方法，在进行放疗时，应用中药配合治疗，减轻副反应，如食用具有抗癌、增强抵抗力，减轻化疗效果的药物，也可用养阴清热法，治疗放疗所致带下黄白、腥臭，阴部疼痛，口渴，大便硬结的症状，可用生地黄、沙参、麦门冬、天花粉、苦参、金银花、蒲公英等，水煎服。

子宫癌

子宫癌在世界各地都有发生，是人体最常见的肿瘤之一，不但在女性生殖器官癌瘤中占首位，而且是女性各种恶性肿瘤中最多见的癌瘤，但其发病率有明显的地区差异。我国宫颈癌的发生，在地理分布上的特点是高发区常连接成片。宫颈癌患者的平均发病年龄，各国、各地报道也有差异，我国发病年龄以 40 ~ 50 岁为最多，60 ~ 70 岁又有一高峰出现，20 岁以前少见。

1. 子宫癌疾病预防

（1）避免不洁性交及不正当的性关系，活动性生殖器疱疹患者绝对禁止与任何人发生性关系。

（2）治疗期间禁行房事，必要时配偶亦要进行检查。

（3）对局部损害的护理，应注意保持清洁和干燥，防止继发感染。

（4）治愈后或有复发者，要注意预防感冒、受凉、劳累等诱发因素，以减少复发。目前尚无特异性预防方法，动物实验表明，接种 HSV 死疫苗或减毒活疫苗，均有免疫效果，因此病毒与某些癌症的关系密切，故不作常规预防使用。最近用纯化的疱疹病毒包膜糖蛋白作疫苗，可避免疱疹病毒 DNA 的致癌危险性。ACV 也有预防作用。阴茎套可能减少疾病的传播，尤其是在无症状排毒期，但出现生殖器损害时，使用阴茎套也不能避免传播。

2. 子宫癌饮食疗法

子宫癌后较为适宜使用饮食疗法，以下方法可供患者自选。

（1）芹菜连根 120 克，粳米 100 克。煮粥食用（适用于血热型患者）。

（2）鲜生地、枸杞子各 30 克，粳米 100 克，白糖适量。煮粥食用（适用于阴虚火旺者）。

（3）泽兰、绿茶各 10 克。代茶饮（适用于肝郁化热者）。

（4）山楂 15 克，红糖适量。代茶饮（适用于瘀血阻滞者）。

（5）益母草 60 克，鸡蛋 2 枚。将鸡蛋煮熟后去壳再同煮数沸，食蛋喝汤（适用于瘀血阻滞者）。

（6）干芹菜 30 克。水煎温服，每日 1 剂，经前服用，连服一周（适用于实热月经错后）。

（7）绿茶、红糖各适量，先煮浓茶 1 碗，去渣放入红糖调化后饮服。月经前，每日 2 剂，可连用数天（适用于血热经量偏多者）。

（8）韭菜 150 克，羊肝 200 克。韭菜洗净切断，羊肝切片，放铁锅内急火炒熟后，佐餐食用。每日1剂，月经前可连服5~6剂（用于肝肾不足性月经错后）。

（9）乌骨鸡1只（去毛及内脏洗净），党参20克，炙甘草10克，当归、熟地、桂圆肉、白芍各5克。各味洗净装入鸡腹内，入瓷钵旺火蒸1.5小时，待鸡烂即可，吃肉喝汤。月经前根据食量，每1～2天1剂，可连用3～5剂（适用于气血俱虚者）。

（10）乌骨鸡1只，黄芪、当归、茯苓各9克。乌骨鸡活杀去毛及内脏洗净，药放入鸡腹内缝合，入砂锅内旺火煮烂熟，去药渣后调味，食鸡肉喝汤。月经前，每天1剂，分2次服完，连服3～5剂（适用于气虚性月经错后）。

（11）党参9克，黑豆、红糖各30克。三味一起加水煎汤，至豆烂饮服。月经前每天1剂，可连服6～7剂（适用于气血虚者）。

（12）核桃肉60克，莲子30克，粳米100克。煮粥食用（适用于肾气不足者）。

（13）青皮山楂归芍汤：青皮6克，山楂肉15克，当归10克，白芍12克。将青皮、山楂肉、当归、白芍放入砂锅中，加水适量，煎煮15分钟即可。

小贴士

子宫癌的早期症状有哪些

子宫癌虽然早期多无症状，与慢性宫颈炎无明显区别，但还是可以根据一些症状判断的。年轻患者常表现为接触性出血，发生在性生活、妇科检查及便后出血，老年患者常表现为绝经后不规则阴道流血。其实，子宫癌并不可怕，落实防治措施，宫颈癌的治愈率还是很高的。

子宫肌瘤

子宫肌瘤是指由子宫平滑肌细胞增生而形成的良性肿瘤，也是女性生殖器官中最常见的肿瘤之一。其中有少量结缔组织纤维仅作为一种支持组织而存在，所以不能根据结缔组织纤维的多少称为子宫纤维肌瘤、肌纤维瘤或纤维瘤，其确切的名称应为子宫平滑肌瘤，通称子宫肌瘤。

临床上常见的症状是子宫出血、乳房胀痛、小腹部有隐痛、邻近器官的压迫症状、白带增多、不孕、肛门有下坠感、月经量增多或淋漓不断、腰部酸痛、面部有色素沉淀或黄褐斑、眼圈发黑、面黄肌瘦、贫血、心脏功能障碍，盆腔检查可扪到子宫体增大和质硬。

1.营养方案

（1）推荐食物：饮食宜清淡，以新鲜蔬菜及高蛋白、低脂肪的食物为主，坚持每天吃一定量的水果。多吃谷类、豆类及其制品、瘦肉、动物肝脏、鸡蛋、鹌鹑蛋、海带、白菜、香菇、苹果等。

（2）限制食物：忌食虾、蟹等海鲜发物。忌食辣椒、白酒等辛辣刺激性食物。禁食桂圆、大枣、蜂王浆等热性、凝血性和含激素成分的食物。

2. 营养食谱

（1）桃红鳝鱼汤

材料：桃仁 12 克，红花 6 克，鳝鱼丝 250 克，料酒、姜片、葱段、盐、味精、高汤各适量。

做法：桃仁、红花加清水煎约 30 分钟，去渣取汁。姜片、葱段入热油锅中爆香，加鳝鱼丝和料酒略爆炒后，加高汤及桃仁、红花煎汁同煮，熟后加盐和味精调味即可。

功效：活血消瘀，补肾养血。适用于子宫肌瘤、月经不畅者。

（2）核桃仁粥

材料：核桃仁 15 克，鸡内金 12 克，粳米 100 克。

做法：将核桃仁、鸡内金捣成粉，加清水研汁去渣，同淘洗净的粳米煮粥食用。分顿食用，连服 10 天。

功效：破瘀行血，通络消瘀。适用于子宫肌瘤证属气滞血瘀、腹中瘀滞疼痛、月经量不多者。

高发病

宫颈炎

宫颈炎已成为困扰现代女性的一大疾病，据世界卫生组织对中国妇女的调查：我国育龄女性为 1.5 ~ 2 亿，其中约 35% 的女性患有不同程度的妇科炎症，已婚女性发病率更高达 50%。专家指出，许多女性习惯上药店买药进行自我治疗，但若走入用药误区就会造成不良后果。

误区一：大量使用抗生素

目前，市面上大多数妇科药品仍含有甲硝唑、克霉唑类抗生素，过多使用这类药品的直接后果就是使病菌产生耐药性，破坏阴道菌群间的制约关系，导致真菌生长旺盛，治疗周期不断延长，不断增加药品剂量，疾病得不到有效治疗。

误区二：长期使用高锰酸钾类溶液洗下身

高锰酸钾是一种强氧化剂，其杀菌消毒作用已为许多妇女所熟悉，但有些妇女为“讲究卫生”，没病也经常使用高锰酸钾溶液清洗，往往适得其反。正常妇女的前庭大腺分泌的一种黄白色液体，可润滑阴道口。经常用高锰酸钾液体，不仅会刺激和腐蚀外阴皮肤和阴道黏膜，还会吸收该处水分，造成阴部皮肤干燥。另外，健康女性阴道内生存着大量有益的阴道杆菌。它们能将阴道表皮细胞里储存的糖原分解成乳酸，杀死侵入阴道的病菌。如果长期使用高锰酸钾溶液，就会杀死大量阴道杆菌，使阴道失去酸性环境。

小贴士

宫颈炎的几种简单预防方法

女性朋友可以从几个方面预防宫颈炎。首先，发现异常情况，如白带增多、异味、腰骶部疼痛等，要及时到正规医院规范检查、治疗，不要自行用药。其次，注意经期、流产期及产期卫生，经期、产后应严禁性交、盆浴，避免致病菌乘虚而入。再次，注意个人卫生，勤洗内裤。最后，定期进行妇科检查，发现宫颈炎后配合医生积极治疗。

宫颈糜烂

宫颈糜烂是慢性子宫炎病变过程中最常见的局部特征。由于受炎性分泌物浸渍，宫颈鳞状上皮脱落，由宫颈管的柱状上皮覆盖代替，即表现为宫颈糜烂。临床上按宫颈糜烂面积的大小，将宫颈糜烂分为Ⅰ、Ⅱ、Ⅲ度。主要症状有：

1. 白带增多

白带增多为本病的主要症状，通常白带呈乳白色或淡黄色的脓性分泌物，有时为血性或夹杂血丝。

2. 外阴痒痛

外阴阴道由于白带增多刺激可继发外阴炎或阴道炎而引起外阴阴道瘙痒疼痛。

3. 下腹及腰骶部疼痛

炎症较重时可沿子宫骶韧带、主韧带扩散而导致盆腔结缔组织炎，引起下腹部或腰骶部疼痛，并伴有下坠感。

4. 尿频或排尿困难

当炎症波及膀胱三角区或膀胱周围，可出现尿频或排尿困难。

5. 不孕

黏稠的白带不利于精子穿透，故严重的宫颈炎可引起不孕。

患有宫颈糜烂的病人饮食要清淡可口，注意以下四点：

（1）宫颈糜烂患者饮食适宜清淡，避免吃羊肉、虾、蟹、鳗鱼、咸鱼、黑鱼等发物。

（2）宫颈糜烂患者忌食辛辣和刺激性食物，如辣椒、麻椒、生葱、生蒜、白酒等刺激性食物及饮料。

（3）宫颈糜烂患者的饮食应注意多食富含蛋白质和维生素的食物，如瘦肉、鸡肉、鸡蛋、鹌鹑蛋、鲫鱼、甲鱼、白鱼、白菜、芦笋、芹菜、菠菜、黄瓜、冬瓜、香菇、豆腐、海带、紫菜、水果等。

（4）宫颈糜烂患者的饮食应注意禁食桂圆、红枣、阿胶、蜂王浆等热性、凝血性和含激素成分的食品。

子宫囊肿

子宫囊肿是慢性宫颈炎的一种病理表现。在子宫颈囊肿症状愈合过程中，新生的鳞状上皮覆盖宫颈腺管口或伸入腺管，将腺管口阻塞。腺管周围的结缔组织增生或瘢痕形成压迫腺管，使腺管变窄甚至阻塞，腺体分泌物引流受阻、潴留形成囊肿。囊肿大小不等，一般较小而分散。可单独出现这些子宫颈囊肿症状，亦可多个出现。

关于子宫囊肿症状，在子宫颈囊肿检查时可以看到宫颈表面突出多个大小不一的青白色囊泡（并非紫色），内含黏液，小的有米粒大，大的有玉米粒大，有的可以长得很大，且一些子宫颈囊肿症状会有突出于宫颈表面的特点，更有甚者可到达阴道口，根部与宫颈之间有蒂相连，常合并有宫颈肥大。

子宫囊肿可分为两大类，即先天性与后天性两种。先天性子宫囊肿的原因主要是来源中肾管和副中肾管，多发生在子宫后壁或子宫底部。后天性子宫囊中多是由于浆膜的间质细胞进展而来。总体来说，子宫囊中的原因大多是由于我们日常生活中不良的生活习惯、较大的心理压力或者由于各种妇科疾病致使身体机能下降，气血运行不畅，局部气血凝滞而积聚囊肿形成。

子宫囊肿的治疗不能单单依靠药物治疗，还需要在日常生活中多加注意，尤其是饮食方面，多吃些有益的食物，并且了解哪些食物是不可多吃的，例如有益的食物有鱼、鲜奶、肉类高蛋白质食物等易消化食物，以及多纤维质的食物，多吃水果、蔬菜。但对于咖啡、茶、辣椒、酒等刺激性食物尽量不要摄入，有百害而无一益。

此外，患者在治疗子宫囊肿的过程中还应该注意以下几点：

（1）子宫囊肿的治疗需要坚持，尤其是中医治疗，中医治疗讲究标本兼治，虽然无伤害、无副作用，但是疗程较西医而言更长，故需要患者坚持治疗。

（2）子宫囊肿患者需要注意个人情绪，患者多数心情不佳，情绪不定，这时家属就应及时进行疏导，避免负面情绪的出现，不利于治疗。

（3）子宫囊肿患者还需注意个人清洁卫生，以及日程作息时间的安排，不要熬夜，规律生活，保证充足的休息睡眠。

小贴士

患子宫肌瘤的女性饮食应该注意哪些方面

患子宫肌瘤的女性饮食应该定时定量，不能暴饮暴食；坚持低脂肪饮食，多吃瘦肉、鸡蛋、绿色蔬菜、水果等；多吃五谷杂粮，如玉米、豆类等；常吃富有营养的干果类食物，如花生、芝麻、瓜子等；忌食辛辣、酒类、冰冻等食品。这样才有可能减轻子宫肌瘤对身体的伤害。

子宫前位

子宫前位指的是子宫颈向下指向阴道后穹窿，它在体内的位置较低，所以性生活后，精液容易在那里集中，子宫颈易被精液浸泡，有利于精子穿过宫颈口与卵子相遇而受孕。所以前位子宫受孕的机会多。

子宫前位可能造成前置胎盘，前置胎盘是引起妊娠晚期出血的主要原因之一，威胁着母儿生命安全。建议子宫前位的患者还是到医院进行检查，以免引发不良影响。

子宫后位

子宫后位，就是子宫的纵轴不变，整个子宫向后方倾倒，容易使子宫颈呈上翘状态，即子宫后倾，致使子宫颈不易浸泡在精液池中而可能影响受孕。子宫后位临床上比较常见，子宫后倒与子宫颈交界处形成一个锐角者，则称为“子宫后倾后曲”，临床上较少见。子宫后位的形成有先天性与后天性的区别，但大多数的子宫后位都可通过一定的生育指导顺利怀孕，只有少数较严重的患者需要接受外科治疗子宫后位。

1. 子宫后位对受孕率的影响

子宫后位一般不会影响性生活，但子宫后位有可能会影响怀孕。在阴道深处子宫颈后方阴道围绕宫颈的部分有一个穹隆，叫阴道穹隆，性交射精后精液易积聚在此处，便于向后向下的子宫颈开口浸泡在精液中，使精子易于穿过子宫颈口进入宫腔与卵子相遇而受孕。当子宫是后位时，子宫颈呈向前向上状态，子宫颈开口不易浸泡在精液里，受孕机会明显降低。

2. 提高子宫后位受孕率的方法

（1）积极纠正子宫后倾。坚持每天侧卧、仰卧、跪起 2~3 次，每次半小时，让子宫有一次前倾前屈的机会。在月经期每天也应俯卧一次，因这是子宫稍软，有利帮助前倾。若子宫后位较严重，应常做跪姿的膝胸卧位，即跪时与地平垂直，腰向下，而不可向上弓，每次 15 分钟左右。

（2）同房时采用适当体位。在同房时改变体位，采取背后跪式，以便将精液射到阴道前穹窿处距离子宫颈口较近，尽量为精子能够进入子宫内创造条件或性交时采用正常体位，待性交后女方即刻变为俯卧位，腹部垫上枕头，静卧 30 分钟，以便能使精子顺利地进入子宫颈口，这样的方法都可以提高子宫后位的受孕率。

或者正常体位女方臀下垫一适当厚度的软垫或小枕头，使臀部垫高，让射入的精液向阴道后穹隆处集中，并继续抬高臀部卧床 20~30 分钟，同时射精后女方在半小时内不解小便，以免精液外流，让宫颈口与精液充分接触，从而增加精子进入子宫腔的概率。

子宫切除

在妇科治疗时，一些妇科疾病治疗，有些为了保全生命，不得不将子宫切除，对女性的生活带来极大的不便。在切除子宫后，一定要注意保养，要不然女人会加快衰老的速度，那么女人子宫切除如何保养呢？

子宫切除后的保养应注意以下几点：

（1）每日观察伤口是否有红、肿、热、痛或不正常的分泌物，若有以上症状请尽速回诊。

（2）饮食无特别禁忌，但刺激性及易产气食物尽量少吃，别吃容易胀气的食品，如洋葱、高丽菜、豆制品等。避免油腻的食品，因为脂肪会堆积，导致伤口很难愈合，对细菌免疫力降低。

（3）若有双侧卵巢切除者，易有骨质疏松症的发生，应多增加钙质及激素摄取，如动物骨骼、大豆类食物及适当运动避免跌倒骨折；多摄取含蛋白质、维生素及铁质的食物，如鱼汤、葡萄、樱桃、蔬菜等。

（4）子宫切除者，不会再有月经。如果是子宫全切术后应禁性生活 3 个月并避免重体力劳动，3 个月后恢复正常的工作和生活，3 个月内勿久坐、长途旅行、避免瑜伽及韵律舞等易增加腹压的运动，以免造成骨盆腔内出血。

（5）手术后 6~8 周内避免提重物超过 3 千克、弯腰取物及爬楼梯，可适当使用束腹带。

（6）如厕后，由前往后擦拭以避免感染，于 6 周内勿采用阴道灌洗及盆浴。

（7）多吃蔬果及高纤类之食物，每天摄取 2000~3000 毫升水分，预防便秘。

子宫切除后的保养问题是很重要的，建议大家按时复诊。如果在手术后出现任何异常情况，要及时去医院进行检查，以免危害女性的身体健康。

此外，子宫切除后引起的生理和心理改变被称为“子宫切除综合征”。子宫全切后很痛苦，如果处理不当会降低生活质量，具体表现如下：

（1）便秘，尿失禁。这是子宫缺如盆腔中出现空位，直肠、膀胱和尿道向中间移位出现的症状。

（2）消瘦无力，不能持重，这是盆底韧带断裂盆底支持力下降造成的。

（3）性生活不和谐，主要是无性高潮，因阴蒂的神经与子宫相连，切除了这个阴蒂就不再接受刺激，再加上宫颈丢失就更甚了。其次是性交痛，这是阴道变短造成的。

（4）卵巢早衰，因为卵巢血供有一直来自子宫。

（5）闭经和不孕，被人戏称为“被阉割的女人”。

（6）下腹重垂感或偶尔疼痛等，这是一种漏空现象，因为子宫位于盆底的膀胱和直肠之间，是内脏、膀胱和直肠的支持物，切除后就像拔牙后留下“豁子”一样，周围器官向这个缺损填充。

（7）如果经腹切除，还会导致腹壁大瘢痕影响美观。

（8）全切术后很多女性的性格发生改变，总觉得自己不再是完整女人，甚至假装去买卫生纸，假装痛经请假等。

小贴士

子宫切除术后饮食应该注意什么

子宫切除后的女性要多吃蔬果及高纤类之食物，每天摄取 2000~3000ml 水分，避免油腻的食物，多摄入富含蛋白质的食物，如鱼、肉、豆、蛋、奶类等，最后适量的蔬菜水果，这样可以帮助女性加快伤口愈合的速度，增加体力，减少手术带来的伤害。

子宫内膜

子宫内膜是指构成哺乳类子宫内壁的一层。对动情素和孕激素都起反应，因此可随着性周期（发情周期、月经周期）发生显著的变化。

子宫内膜分为致密层、海绵层和基底层三层。内膜表面 2/3 为致密层和海绵层统称功能层，受卵巢性激素影响发生周期变化而脱落。基底层为靠近子宫肌层的 1/3 内膜，不受卵巢性激素影响，不发生周期变化。

据调查显示，子宫内膜炎影响了 10%~15% 的壮年女性。此症的症状通常在 20 多岁出现，一直持续至更年期。大多数患者在 25~35 岁期间，都会检验到自己是否患有此症。有时候，在月潮开始渐趋稳定时，子宫内膜炎便已形成。危害子宫内膜炎的感染导致不孕症的比例占不孕症妇女的 9.4%。

此症可以引起不孕的原因有：

（1）精子进入宫腔后，细菌毒素、白细胞吞噬等炎症因素造成精子死亡或活动力降低，使精子进入输卵管的数量减少，从而影响生育。

（2）受精卵不易在有炎性的子宫内膜着床，或者因抗子宫内膜体导致着床障碍，造成不孕。

（3）受精卵着床不稳固，极其容易流产，导致不孕。

子宫出血

凡由调节生殖系的神经内分泌机制失常引起的异常子宫出血，均称为功能失调性子宫出血（简称功血），是一种常见的妇科疾病，多见于青春期和更年期。

造成子宫出血的原因有很多，像子宫的病变，如子宫肌瘤、宫颈病变、子宫恶性肿瘤等；如果子宫正常，内膜不规则脱落也会引起出血，是由于内分泌紊乱引起的，如过度紧张、过度疲劳、环境改变、代谢性疾病、营养不良等；长期服用抗凝血药物、绝期后激素替代也会引起子宫异常出血。

青春期功能失调性子宫出血，大多由下丘脑管理垂体促性腺激素合成与释放的中枢延迟成熟而引起。下丘脑、垂体、卵巢轴不能正常活动。卵巢排卵发生障碍，卵巢内有卵泡发育，能分泌雌激素去不能成熟。血内雌激素水平随卵泡的生长和萎缩而上下波动，雌激素水平高时，子宫内膜增生；雌激素水平低时，则子宫内膜失去支持而坏死、剥脱与出血。

所以，青春期功能失调性子宫出血常表现为月经周期紊乱、经期长短不一和出血量时多时少。有时大量出血；有时先短时间停经，然后出血不止；有时一开始就是不规则出血；也有周期尚准，但经量增多和经期延长。倘若出血多或出血时间长且反反复复，必然引起贫血。因此，必须抓紧治疗。

治疗原则为纠正贫血，补充营养，适当休息；在医生指导下应用性激素止血，然后诱发排卵，调整周期。病情控制以后，必须注意锻炼，增强体质，提高健康水平，防止过度疲劳，避免精神刺激，注意经期卫生，以防复发。

小贴士

秋季功能性子宫出血女性应忌食什么食物

秋季是桃成熟时节，桃虽好吃，备受女性朋友的喜爱，但是有功能性子宫出血的女性忌多吃桃。因为桃性味甘、温，活血消积，可通行经血，患有功能性子宫出血的女性多食桃可能加重出血的病情。女性朋友要多注意饮食，才有可能保持子宫的健康。

子宫炎症

子宫炎症是子宫内膜的炎症。按照病程的长短，可以分为急性子宫炎症和慢性子宫炎症两种。当炎症进展至严重阶段时可影响子宫肌层，成为子宫肌炎，这是子宫炎症的延伸。导致急性子宫炎症的主要原因是流产、产褥感染、子宫腔内安放避孕器、子宫颈扩张、诊断刮宫或宫颈电灼、激光、微波等物理治疗。性病等病原体上行性感染也可引起此病。

急性子宫炎症的主要表现为发热，下腹痛，白带增多、有时为血性或有恶臭，有时子宫略大，子宫有触痛。慢性者表现也基本相同，也可有月经周期过多、下腹痛及腰骶附胀明显。

女性生殖系统的生理防御功能被破坏后，在机体抵抗力低下的情况下，细菌侵入子宫内膜所引起的炎症，称为子宫炎症。它分为急性子宫炎症与慢性子宫炎症两种。

急性子宫炎症主要发生在分娩、流产或官腔手术操作尤其是非正规人工流产之后，病原菌有大肠杆菌、葡萄球菌、链球菌等，发病急骤，畏冷。下腹痛，有下坠感，阴道有大量脓性分泌物流出。病情如未能及时控制，炎症可继续上行蔓延，进展为急性输卵管炎、卵巢炎或盆腔炎。如治疗不彻底，病情可时好时坏，迁延时日，形成慢性子宫炎症。

子宫炎症治疗方法很多，有手术治疗，西药及中医治疗等子宫炎症吃什么药要到正规专业的医院进行全面检察，待查明子宫炎症具体发病的原因后在医生指导下进行选择。所有的药物为化学制剂，以应用抗生素为主，可根据药物敏感试验，选择相应的抗生素，若病情较重，应在配伍公道的情况下适当用药。西医治疗方法主要是去除发病的原因：如因胎盘或胎膜残留引起的，可经刮宫祛除病灶，如因子宫内膜息肉或黏膜下肌瘤引起，应手术切除息肉及肌瘤，如果是带环引起的，则应及时取环，老年人发生慢性子宫炎症时应行诊刮术，并扩张宫颈口，以便引流通畅。治疗同时，配合口服抗生素以防反复感染。

此外，患急性子宫炎症时切忌性生活，因易引起炎症进一步扩散。又因阴道分泌物增多、腹痛、腰酸、坠胀等病痛存在，女方对性爱好下降和乏味。炎症被操纵，刚恢复性生活时也不宜次数过多，以免盆腔充血、反抗力低下时再次发病。

子宫下垂

子宫下垂也叫子宫脱垂，子宫内壁不能良好收缩复原，下垂到阴道中，严重的可能伸到体外。子宫下垂一般的症状，至少会有下坠感（下腹有东西要掉出来的感觉），平时就会腰酸背痛，严重时还会拖累膀胱及直肠，而会有尿频、小便解不干净或大便不顺之感。

一般来说，女性患此症主要有以下几点原因：

（1）生产造成的伤害（例如巨婴、难产等）。

（2）腹腔内的压力太高（例如过度肥胖、久咳、便秘，或盆腔内有肿瘤压迫，都会使腹腔压力增高）。

（3）年龄及器官衰老加上女性雌激素的降低，使骨盆腔底部肌群失去张力，子宫韧带也逐渐退化萎缩。

（4）经过各类盆腔手术之后也可能造成子宫脱垂的后遗症。

（5）纵使没有以上经验，但是先天性盆腔肌群软弱松弛也可以引起子宫脱垂。

子宫下垂最好的治疗方法还是手术疗法。就是以阴道式子宫切除术之后，再将基韧带等支撑组织好好固定，同时修补盆骨底肌群和阴道壁，包括缝补前阴道壁黏膜预防膀胱脱出，缝补后阴道壁黏膜层预防直肠的脱出等。

而对于准备怀孕的人，可以使用别的治疗方法，例如采用运动强化盆骨底的肌群组织，或使用雌激素药膏涂在阴道内强化阴道加强对子宫的支撑。也有使用外用支撑物，就是将合成树脂材质的矫正环放到阴道之内预防子宫脱出等，但这只是暂时性的姑息疗法而已。

所以，女性在生活中应该积极预防此症，下面介绍几种帮助预防的食疗方法：

（1）黄鳝散：黄鳝 1 条，除去内脏洗净，用新瓦焙干，拌红糖 9 克研末，温开水送服，隔日 1 次，连服 10 ~ 15 天。

（2）二麻炖大肠：猪大肠 300 克，黑芝麻 300 克，升麻 30 克，炖烂，分次服食。

（3）首乌煮鸡蛋：鸡蛋 3 个，何首乌 30 克，山萸肉 9 克。首乌、山萸肉共水煎，去渣取汁，入鸡蛋煮熟后调味服食，早、晚各一次，连服数日。

（4）升麻黄芪炖鸡：母鸡 1 只，杀后洗净，将升麻 9 克，黄芪 15 克纳入鸡腹内，加少量水和调味品，隔水蒸至熟烂，吃肉喝汤，分2次食用。

子宫息肉

凡生长于宫颈、宫颈管内，或宫腔借细长的蒂附着于子宫壁内的肿块，临床都可称为子宫息肉。子宫颈息肉是妇科常见病慢性子宫颈炎的一种临床表征。它是因为慢性炎症刺激使子宫颈管黏膜组织局部增生，而由于子宫自身有排异的倾向，致使增生的黏膜逐渐自基底部向宫颈外口突出而形成的息肉样改变，故也叫作宫颈内膜息肉。

中医认为子宫颈息肉的发生是由于郁积的湿热，伤及血海养分，损伤了脉络及胞带所致。当妇科常规检查用阴道窥器暴露宫颈时，所见的息肉外形大小不等，形状不一，大致可分为两种：第一种子宫颈息肉根部多附着于宫颈外口，或在颈管内，一般体积较小，直径多在1厘米以下，单个或多个，色鲜红、质软、易出血、蒂细长，外观如水滴形成扁圆体。

另一种宫颈息肉发生于宫颈阴道，这种息肉位置表浅，向表面突出，基底部宽，颜色淡红，质地较韧。子宫息肉多数良性，有极少数恶性变，恶变率为0.2% ~ 0.4%，若作宫颈息肉摘除后常常要复发。宫颈息肉多发生于40 ~ 60岁经产妇。息肉极小时患者没有什么不适症状，多数是因其他疾病在进行妇科检查时方才发现。少数息肉较大者表现为白带增多，或者白带中央有一丝一丝的血丝，至有少量的阴道出血，即血性白带或接触性出血，尤其在性交后及蹲着用力大便时极易出血。息肉形成的原因可能与炎症内分泌紊乱特别是雌激素水平过高有关多数学者认为息肉来自未成熟的子宫内膜尤其是基底部内膜。

扩张宫颈，摘除息肉，继之搔刮整个宫腔，可将弥漫型小息肉刮除，并送病理检查。术后应定期随诊，注意复发及恶变，及时进行处理。近年来有人采用宫腔镜下手术切除或激光治疗小型息肉，获得成功。

对40岁以上的患者，若出血症状明显，上述治疗不能根除或经常复发者，可考虑全子宫切除术。

由于子宫息肉是宫颈慢性炎症的一种表现，虽然切除了息肉，但子宫的慢性炎症并没有祛除，致病菌仍然潜伏在宫颈组织内，也就是说致病原因依然存在。因此在摘除子宫息肉后，还应对子宫的慢性炎症予以治疗，以防息肉复发。

当息肉较大或合并严重的炎症时，还须考虑子宫部分切除或全切除。子宫息肉手术后还应按医嘱定期去医院复查，因为如有炎症时或有较小的和藏于深处未一并摘除的息肉仍可造成复发。定期复查可尽早发现新的复发性病灶，以利及时对症处理，彻底消除隐患，确保身体健康。

卵巢

卵巢护理

卵巢保养

卵巢保养，狭义的卵巢保养是指目前美容院把药放在肚皮上按摩，让药物由皮下毛细血管渗透到卵巢，上述方法可以使精油渗入卵巢，延缓卵巢早衰等妇科疾病。广义的卵巢保养概念是指女性保养卵巢要顺应卵巢的周期性变化特点，来改善卵巢功能，提高卵巢储备能力，促进卵泡发育和排卵，延缓卵巢早衰，调整月经周期，延缓衰老。

水桶腰、黄褐斑都是中年女性的大敌，而这些外形上的不良改变和卵巢衰退息息相关。随着年龄增大，卵巢功能会自然衰退，这是正常生理现象。在现代社会中，还有不少人为因素导致卵巢加速衰退，如压力较大、过度劳累、手术损伤、促排卵不当等。而如果卵巢功能衰退和发生疾病，就会导致如下不良后果：

（1）生殖系统：月经不调、卵巢萎缩、阴道干涩、排卵率低下、不孕、性生活障碍和性冷淡等。

（2）自主神经系统：潮热、易怒、抑郁、失眠等。

（3）体形：发胖、小腹臃肿、臀部下垂、水桶腰等。

（4）皮肤系统：干燥、缺乏弹性、脱发、皮肤光泽减退。

（5）免疫力降低：易感冒、患感染性疾病等。

（6）心血管系统：动脉粥样硬化如心肌缺血、心肌梗死等。

（7）泌尿系统：尿道萎缩、尿多、尿频、尿失禁等。

（8）骨骼：颈椎病、风湿病、关节炎、骨质疏松症等。

（9）消化系统：胃部不适、食欲减退、便秘等。

因此，女性如果发现以上九大系统的症状，就要开始留意自身卵巢的功能。因为卵子不能再生，一旦卵子耗竭，卵巢功能衰退将不可逆转，所以珍爱卵子、保护卵巢至关重要。

那么女性怎样更好地保养卵巢、延缓衰老呢？在生活方式上，应注意缓解压力、劳逸结合、修身养性、保证睡眠、适度锻炼等，同时可以采用不同的方法进行卵巢保养。下面介绍卵巢保养的不同方法：

（1）卵巢保养药方

配方：女贞子 15 克，旱莲草 15 克，大生地 15 克，京玄参 12 克，粉葛根 30 克，紫丹参 15 克，益母草 20 克，淮山药 12 克，山萸肉 12 克，莲子肉 12 克，野百合 12 克，仙灵脾 15 克。

制作与食用：大火沸腾后，以文火慢煎 1 小时，饭前服，1 天两次，1 次 1 碗；在月经干净后连续服两周，到下个月经期完后再服，连续服 3 个月经周期。

（2）卵巢保养食疗方

配方：红皮花生米 250 克，红枣 150 克，莲子肉 250 克，猪蹄 3 ~ 4 个。

制作与食用：先将猪蹄去毛洗净，用 1500 ~ 2000 毫升水慢火熬 3 小时后，将花生、红枣和莲子放进去，同煮 1 小时。每天早晨和临睡前空腹喝 1 小碗。

（3）卵巢保养按摩方

膝关节上的血海，踝关节上的三阴交，踝关节旁边的复溜、照海，足底的涌泉，下腹部的关元、气海、神阙等穴位，自己用示指在这些穴位上点按，每天 2 ~ 3 次，每次 20 分钟，可促进女性内分泌和生殖系统功能的改善，有益于卵巢保养。

卵巢早衰

卵巢早衰是指妇女青春期发育后若在 40 岁前发生闭经、卵巢萎缩、体内雌激素水平低落、促性腺激素水平高达绝经期水平的现象。发病机理为：染色体核型异常，卵泡生成障碍，自家免疫性卵巢衰竭，卵细胞储备过少或耗竭过多。病理类型包括无卵泡型和有卵泡型。无卵泡型患者染色体核型异常、卵巢发育不全及皮质无卵泡。患者常需要少量的雌激素，或雌孕激素周期治疗，不但可消除更年期综合征，而且可预防骨质疏松。

卵巢早衰的病因复杂，多为综合因素致病，在绝大多数患者中尚不清楚，很多专家认为与遗传、自身免疫过程、感染、内分泌等有关。

1. 卵巢早衰症状

（1）性腺未发育者，原发闭经，性腺发育不全者初潮延迟或月经不规则，痛经。

（2）性腺发育继发不孕，数年后月经逐渐稀少直到闭经。

（3）有排卵者，典型的 POF 有潮热，性腺功能减退表现，如盗汗，便秘，脱发，阴道干燥，性交痛、性欲下降，甲状腺功能低下，泌尿系感染，体重增加，焦虑，多疑等。

（4）乳房萎缩下垂，皮肤松弛粗糙，紧张，多梦，多疑，心悸，骨质疏松，关节痛，生殖器官炎症，子宫下垂，尿失禁，便秘，痘痘，色斑等。

2. 卵巢早衰治疗

（1）全面调理，增强免疫力：利用中医进行全面调理，通过调理气血、化瘀散结、补益冲任，调理女性各脏器功能，使雌孕激素的分泌水平趋于均衡状态，增强全身免疫力。

（2）辨证施治，由内而外：利用中药治本的特性，从内调理。对卵巢早衰原因引起的痤疮、黄褐斑、月经不调、痛经、闭经等病灶，进行排毒、活血、化瘀、美肤治疗。

（3）中医指导，灵活治疗：以现代中西医理论指导，对患者进行生活、饮食、精神等进行调理，帮助患者保持思想意识和生活行为的良好状态。

3. 卵巢早衰患者日常禁忌

（1）卵巢早衰女性一定要避免久坐，久坐姿势直接影响盆腔生殖器官卵巢、子宫等的血液微循环，阻碍卵巢子宫组织的营养供给。久而久之影响卵巢正常功能，从而加重卵巢早衰和治疗卵巢早衰的难度。

（2）卵巢早衰女性一定要禁忌过食更多刺激发性食物，女性多盆腔炎症病变，刺激类食物直接加重炎症，波及影响卵巢子宫功能，从而加重卵巢早衰和治疗的难度。

（3）一定要学会保持长期心情愉快，这是一门学问，女性长期情绪抑郁不舒，直接影响乳房和卵巢，中医的肝经直接通过乳房和输卵管卵巢，乳房和卵巢是相通的，长期肝气郁结势必直接影响卵巢功能，加重闭经。

（4）闭经女性一定避免长期熬夜工作，长期熬夜直接耗伤女性经血，暗耗女性精气神，损伤肾气，影响卵巢功能，从而加重病情。

（5）闭经女子多虚损，一定要避免房事过度，要房事有节，夫妻性生活是一把双刃剑，频繁性事，直接损伤肾精、肾阴、肾阳等，导致肾气衰败，从而直接引起卵巢功能衰退，加重闭经。

（6）女性不要乱补激素类药物或保健品，不当的激素补充和不良保健，会导致卵巢的过度刺激，产生副作用，结果会事与愿违，适得其反，加重闭经。可适当补充非人工合成类雌激素，如林蛙油、大豆异黄酮等。

（7）现代生活的女性很喜欢电脑聊天或整天坐在电脑跟前工作，殊不知长期坐电脑工作对大脑的辐射是很大的，大脑通过垂体神经调节直接影响生殖—卵巢—子宫轴，影响生殖卵巢功能，尤其对闭经女性，可能加重闭经，一定要高度重视。

小贴士

“卵巢保养”女性一定要谨慎做

现如今，美容院流行的“卵巢保养”，其实这并不十分可靠。有关的健康组织在对亚洲400多家美容院抽查后发现，用作卵巢保养的香精油良莠不齐，合格的不到20%。所以，如果不是非常有保障、值得信赖的美容院，女性朋友们千万不要随便去做“卵巢保养”。不合格的卵巢保养香精油渗入身体后，会影响内分泌水平，甚至降低卵子活性。

卵巢疾病

卵巢囊肿

卵巢囊肿属广义上的卵巢肿瘤的一种，各种年龄均可患病，但以20~50岁的女性最为多见。卵巢肿瘤是女性生殖器常见肿瘤，有各种不同的性质和形态，即单一型或混合型、一侧性或双侧性、囊性或实质性、良性或恶性，其中以囊性多见，恶性变的程度很高。早期诊断困难，就诊时 70 % 已属晚期，很少能得到早期治疗，5 年生存率始终徘徊在 20%~30 %，是威胁妇女生命最严重恶性肿瘤之一。

卵巢囊肿在临床上多表现有小腹疼痛、小腹不适、白带增多、白带色黄、白带异味、月经失常，而且通常小腹内有一个坚实而无痛的肿块，有时性交会发生疼痛。当囊肿影响到激素分泌时，可能出现诸如阴道不规则出血或体毛增多等症状。如果卵巢囊肿发生蒂扭转，则有严重腹痛腹胀、呼吸困难、食欲降低、恶心及发热等。较大的囊肿会对膀胱附近造成压迫，引起尿频和排尿困难。尤其当这些症状比较严重、出血频繁且同时出现时，女性患卵巢囊肿的可能性更高，病变恶性卵巢癌的危害就更大。

卵巢囊肿在早期并无明显的临床表现，患者往往因其他疾病就医在行妇科检查时才被发现，以后随着肿瘤的生长，患者有所感觉。其症状与体征因肿瘤的性质大小、发展有无继发变性或并发症而不同。

卵巢囊肿的发病因素目前尚不清楚，环境因素、生活习惯、精神状态等都可能与卵巢囊肿的发病有关系，但与已婚未婚没有什么关系。所以，卵巢囊肿可以发生在任何年龄段，未婚女性如发现有月经失调、经量减少甚至腹痛等症状时，应提高警惕，及时检查，特别是身材偏胖的青少年女性更需注意。

（1）未婚女性卵巢囊肿较易发现，这是由于少女身材苗条，腰身狭细，腹腔里的空隙小，卵巢肿瘤长大时，易压迫腹腔脏器。

（2）未婚女性的卵巢囊肿多为良性，但恶性的比例也不少，对比其他年龄组要高些，因此应提高警惕，尤其是发现肿块较实、较硬、长得迅速时。

（3）未婚女性患卵巢囊肿时，有的也会出现子宫出血和月经不规则等症状，因此发现这些常见症状又持续无好转时，也应及时去医院检查。

（4）一般未婚女性卵巢囊肿的瘤蒂较长，常因运动、跳跃、旋转等而发生突然扭转，会出现剧烈的腹痛。

卵巢肌瘤

卵巢肌瘤是妇科常见病之一，其种类之多在全身各器官的肿瘤中居首位，其在妇科疾病中患病率为 1.3%~23.9%，其中恶性肿瘤约占 10%。卵巢肿瘤可发生在任何年龄，大多数发生在生育年龄，良性卵巢肿瘤大多发生在 20~44 岁，恶性卵巢肿瘤多发生在 40~50 岁，青春期或幼女也可患卵巢肿瘤，常为恶性，而绝经后期患卵巢肿瘤也多为恶性。由于卵巢肌瘤位于盆腔，早期无症状，而恶性肿瘤扩散快，患者就医时多为晚期，据国内外报告卵巢癌五年存活率仅在 30% 左右，其死亡率居妇科恶性肿瘤之首位。

多囊卵巢

多囊卵巢综合征是一种生殖功能障碍与糖代谢异常并存的内分泌紊乱综合征。因排卵障碍而致不孕则是多囊卵巢综合征的主要临床表现。多囊卵巢综合征的确切病因不详，目前认为是卵巢产生过多雄激素，而雄激素的过量产生是由于体内多种内分泌系统功能异常协同作用的结果。

多囊卵巢综合征患者的主要症状有以下几种：

1. 肥胖

约半数患者有此表现，与雄激素过多、未结合睾酮比例增加及雌激素的长期刺激有关。

2. 月经失调

初潮后出现月经稀发、继发性闭经及无排卵性宫血。

3. 双侧卵巢增大

通过腹腔镜直视卵巢增大；通过腹腔镜直视卵巢或 B 超显像检查可确定卵巢的体积。

4. 多毛

体毛丰盛，阴毛呈男性分布，油性皮肤、痤疮，系雄激素集聚所致。

5. 不孕

婚后伴有不孕，主要由于月经失调和无排卵所致。

6. 黑棘皮症

即颈背部、腋下、乳房下和腹股沟等处皮肤出现对称性灰褐色色素沉着，如天鹅绒样、片状角化过度的病变。

多囊卵巢一旦确诊，即应该马上治疗，不论有无生育要求，以免留下不可挽回的遗憾。

小贴士

多囊卵巢综合征如何护理

患有多囊卵巢综合征的女性在生活中一定要做好护理工作，具体来说，有以下几方面：

（1）环境调摄：不宜居住在潮湿的环境里；在阴雨季节，要注意湿邪的侵袭。

（2）运动锻炼：痰湿体质的多囊卵巢综合征患者，多形体肥胖，身重易倦，故应长期坚持体育锻炼，散步、慢跑、球类、游泳、武术、八锦、五禽戏，以及各种舞蹈，均可选择。活动量应逐渐增强，让疏松的皮肉逐渐转变成结实、致密之肌肉。气功方面，以动桩功、保健功、长寿功为宜，加强运气功法。

（3）放松心情，建立治病信心，耐心治疗。

良性卵巢肿瘤

良性卵巢肿瘤发展慢，早期往往无症状，常在妇检时偶然发现。随肿瘤增大会出现腹胀感，患者自己可从腹部触及肿物，若肿瘤长大而占满盆腔时可产生压迫症状，如尿频、便秘等。腹部检查可触及轮廓清楚的肿物。妇检时在子宫一侧或双侧触及囊性或实性的肿物，表面光滑并可活动，与子宫不相连。一般良性肿瘤无疼痛，只在发生并发症如扭转、破裂或继发感染时引起腹痛。

良性卵巢肿瘤应手术治疗。手术范围可根据患者年龄、有无生育要求及肿瘤情况选择：肿瘤剥除术、一侧卵巢切除术或双附件切除等。

恶性卵巢肿瘤

恶性卵巢肿瘤早期多无自觉症状，如出现症状往往已到晚期。肿瘤短期内迅速生长，腹胀，出现腹水及压迫症状或发生周围组织浸润，功能性肿瘤可产生相应雌激素或雄激素过多症状。晚期病人出现衰弱、消瘦、贫血等恶病质现象。

妇科检查触及肿瘤多为实性，双侧性，表面不平，固定不动，子宫直肠陷凹可触及大小不等的结节，有时腋下、锁骨上可触及肿大的淋巴结。无论良性、恶性肿瘤均可发生并发症，如瘤蒂扭转、肿瘤破裂、感染、恶性变。

恶性卵巢肿瘤治疗以手术为主，辅以化疗或放疗。手术范围原则上均应行全子宫及双侧附件切除术。Ic 期以上应同时行大网膜切除术，Ic－Ⅲ期应行彻底手术，包括全子宫、双附件、大网膜、阑尾及腹膜后腹主动脉旁及盆腔淋巴结切除术。尽量切除转移瘤及受累的其他脏器。

卵巢癌对化疗比较敏感，可酌情于术前、术中、术后使用。现多采用联合化疗，近年来腹腔化疗又重受重视。放射治疗常作为手术后辅助治疗。免疫疗法治疗作为辅助治疗之一。恶性卵巢肿瘤的治疗监护甚为重要，再次探查术是其重要手段。

卵巢癌

卵巢癌是女性生殖器官常见的肿瘤之一，发病率仅次于子宫颈癌和子宫体癌而列居第三位。但因卵巢癌致死者，却占各类妇科肿瘤的首位，对妇女生命造成严重威胁。卵巢癌的病因尚不清楚，其发病可能与年龄、生育、血型、精神因素及环境等有关。

由于卵巢的胚胎发育，组织解剖及内分泌功能较复杂，它所患的肿瘤可能是良性或恶性。因卵巢癌临床早期无症状，鉴别其组织类型及良恶性相当困难，卵巢癌行剖腹探查术中发现肿瘤局限于卵巢的仅占 30%，大多数已扩散到子宫双侧附件，大网膜及盆腔各器官，所以卵巢癌无论在诊断和治疗上确是一大难题。多年来专家们对卵巢恶性肿瘤的病理形态，临床发生发展规律及治疗方案进行了许多的探讨，积累了大量的经验。到目前为止，就国内外临床资料统计，其五年生存率仅 25% ~ 30%。卵巢癌是相对常见的病，大约有 1.4% 的女性会患上这种病。但是如果发现得早，90% 的病人都能活下来；发现得迟，癌细胞扩散到卵巢，存活率就低于 30%。

卵巢癌发病原因

1. 环境因素

工业发达国家及上层社会妇女卵巢癌发病率高，可能与饮食中高胆固醇有关。另外，电离辐射及石棉、滑石粉能影响卵母细胞而增加患卵巢癌的机会，吸烟及维生素 A、维生素 C、维生素 E 的缺乏也可能与发病有关。

2. 内分泌因素

卵巢癌多发生在未产妇或未育妇，妊娠对卵巢癌似有对抗作用，认为每日排卵所致卵巢表现上皮反复破损与卵巢癌发生有关。另外，乳腺癌、子宫内膜癌多并发卵巢癌，此三种疾病都对此激素有依赖性。

3. 遗传和家族因素

20%~25% 卵巢癌患者的直系亲属中有癌瘤患者。

月经

问题

痛经

痛经多数在月经初潮或初潮后不久发病，下腹痛是痛经的主要症状，疼痛常于经前数小时开始。大多数妇女是轻度痛经，表现为月经时下腹部轻度疼痛、坠胀。

1. 营养方案

多食 B 族维生素、铁、钾、镁含量高的食物，如动物肝脏、金枪鱼、沙丁鱼、大豆、蘑菇、瘦肉、血、柑橘、西红柿、牛肉、绿叶蔬菜、蜂蜜、果仁等。

2. 营养食谱

（1）补血养颜黑米粥

材料：红枣、枸杞各 25 克，黑米 50 克，红糖适量。

做法：将红枣、枸杞、黑米洗净后，放入锅中，加水，用旺火煮沸后改文火煨煮，粥成时加入红糖调匀即可。

功效：此粥养肝益血，补肾固精，丰泽肌肤，适用于营养不良、缺铁性贫血者。

（2）乌骨鸡汤

材料：当归、黄芪、茯苓各 9 克，乌骨鸡 1 只，红枣、枸杞、板栗各适量，盐少许。

做法：将当归、黄芪、茯苓放入洗净的乌骨鸡腹内。将鸡置于砂锅内加水煮开，然后改小火慢慢炖煮，出锅前加少许盐调味即可。

功效：此汤健脾养心，益气养血。

闭经

闭经是妇科疾病中常见的症状，可以由各种不同的原因引起。通常将闭经分为原发性和继发性两种。

1. 闭经发病原因

（1）闭经有生理性和病理性之分。青春期前、妊娠期、哺乳期、绝经后月经的停止，均属于生理性闭经。此处讨论的只是病理性闭经的问题。

（2）月经是由下丘脑—垂体—卵巢轴的周期性调节造成子宫内膜周期脱落形成的，因此在下丘脑、垂体、卵巢和生殖道特别是子宫的各个环节上出现的任何器质性或功能性的变化，均可能引起闭经。其他内分泌腺的器质性和功能性异常，也可能影响月经以致发生闭经。

2. 闭经治疗方法

（1）对引起闭经的器质性病变进行治疗：对宫腔粘连者可扩张宫腔，分离粘连，放置宫内节育器以防重新粘连，并使用雌孕激素以促进子宫内膜增生和剥落。对卵巢或垂体肿瘤，在确诊后可进行手术治疗。对生殖道结核患者，给予抗结核治疗。

（2）雌孕激素替代疗法：对先天性卵巢发育不良，或卵巢功能受到抑制或破坏以致功能衰竭者，可用外源性卵巢激素进行替代疗法。这些患者因缺乏正常卵泡和卵母细胞，不分泌性激素，如给予雌激素或雌、孕激素人工周期疗法，可纠正患者缺乏雌激素的生理和心理状态，促进生殖器官和第二性征一定程度的发育，改善性生活，并可导致出现酷似月经的周期性撤药性出血。

（3）诱发排卵：对要求生育、卵巢功能未丧失的患者，可采用激素或类似物诱发排卵。

（4）中药治疗：治疗闭经针对性强。其中理、血、通、经具有恢复女性卵巢、子宫的功能，促进自体雌激素分泌，真正达到补气养血，提高雌激素水平的目的。

小贴士

如何预防提前闭经

要想防治提前闭经，就做好计划生育，尽量减少宫腔手术。另外，闭经与七情内伤关系密切，宜调节情志，正确处理产程，防止产时、产后大出血。一旦发生大出血，应及时输血抢救，防止出现席汉氏综合征，发生血枯经闭。

月经不调

月经不调主要是指月经周期或出血量的异常，或是月经前、经期时的腹痛及全身症状，属妇科常见病。中医一般将月经不调归纳为月经先期、月经后期、月经过多或月经过少。

一般症状表现为：

（1）不规则子宫出血。包括月经过多或持续时间过长；月经过少，经量及经期均少；月经频发即月经间隔少于 25 天；月经周期延长即月经间隔长于 35 天；不规则出血，出血全无规律性。以上几种情况可由局部原因、内分泌原因或全身性疾病引起。

（2）功能性子宫出血。指内外生殖器无明显器质性病变，而由内分泌调节系统失调所引起的子宫异常出血，是月经失调中最常见的一种，常见于青春期及更年期。

（3）绝经后阴道出血。指月经停止 6 个月后的出血，常由恶性肿瘤、炎症等引起。

（4）闭经。指从未来过月经或月经周期已建立后又停止 3 个周期以上。

1. 营养方案

（1）推荐食物：在行经期间及经后，应多摄取一些铁、镁、钙，同时补充维生素 D、维生素 C，以助于钙的吸收，锌、铜的补充量应避免高于正常水平。中医认为山楂具有活血化瘀的作用，是血瘀型痛经、月经不调患者的最佳品。另外，要多食用一些有缓解精神压力作用的食物，如香蕉、卷心菜、土豆、虾、巧克力、火腿、玉米、西红柿等，还可以食用瘦肉、全谷类、深绿叶蔬菜、牛奶、奶酪等。

（2）限量食物：减少盐的摄取。避免生冷、不易消化和刺激性食物，如辣椒、烈性酒、烟等。

2. 营养食谱

（1）韭菜炒羊肝

材料：韭菜 250 克，羊肝 200 克，姜片 10 克，盐、水淀粉各适量。

做法：韭菜择洗干净，切段。羊肝切片，加水淀粉挂浆。锅中放油烧热，加姜片炒香，加羊肝片爆炒，放韭菜段炒熟，加盐调味即可。

功效：温肾固精，补肝明目。适用于月经不调、经漏带下等。

（2）当归补血粥

材料：黄芪 30 克，当归 10 克，粳米或糯米 100 克，红糖适量。

做法：黄芪切片，与当归共煎，去渣取汁，再与洗净的粳米或糯米同入砂锅，加清水共煮为粥，加红糖调味。温热食。

功效：益气补血。适用于气血不足，月经失调，量多色淡，质地清稀等。

月经周期

女性月经周期以月经来潮第一天为周期的开始，到下次月经来为止。周期的长短因人而异，为 21~36 天不等，平均约为 28 天。月经来潮的持续时间一般为 3~7 天，平均 5 天。月经周期又以排卵日为分隔，分为排卵前的滤泡期，与排卵后的黄体期。滤泡期长短不一定，但黄体期固定为 14 天前后两天。

1. 女性月经周期偏长

经期延长的发病机理有虚有实，实证多因为瘀血阻滞冲任，新血不得归经；虚证多因为阴虚内热、扰动血海以致经期延长。

（1）气滞血瘀

如果女性平时心情郁闷，时间久了就会造成气滞血瘀。或者女性在行经期，生产后感受到寒邪，寒邪阻碍气血运行而形成瘀血。因瘀血阻滞胞脉，新血不能归经，以致经血延期不绝。

（2）阴虚内热

如果女性属阴虚体质，或者因久病耗伤阴液、生产过多，房事过度，使体内阴血亏耗。阴虚内热而血海不宁，经血不能正常运行，从而导致经期延长。

所以，中医认为，女性经期延长的原因有虚实之分，所以调理月经也要分清虚实以后再着手。另外，中医的治疗注重整体的察言观色，从女性的气色也可观察出是否有月经不调的现象。这不是因为中医师会看面相，而是中医师认为脏腑、气血发生变化时，都会在人的脸部表现出来。

2. 月经周期缩短

（1）神经内分泌功能失调引起：主要是下后脑－垂体－卵巢轴的功能不稳定或是有缺陷，即月经病。

（2）器质病变或药物等引起：包括生殖器官局部的炎症、肿瘤及发育异常、营养不良；颅内疾患；其他内分泌功能失调如甲状腺、糖尿病、席汉氏病等；肝脏疾患；血液疾患等。

要想改变月经周期缩短的症状，女性朋友们就要做到以下几点：

（1）养成运动习惯，运动可以增强体力，促进血循，并可减少服药时间。

（2）日常作息，不要熬夜，以免影响生理节律及内分泌协调性。

（3）情绪保持平和，紧张焦虑也会使卵巢功能紊乱。

（4）在水上活动或一般运动后，请速擦干身体着衣，勿贪凉吹风；若不慎淋雨应尽速吹干头发及换衣保暖；月经期间应避免水上活动。

小贴士

女性月经周期不宜饮茶

经期女性面临着大量的血液流失，与此同时，人体合成血红蛋白的重要元素——铁，也随着血液一起流失掉了。如果经期饮茶，茶叶中的单宁则会在肠道中与食物或药物中的铁结合，形成不能被吸收的复合物。从而妨碍肠黏膜对铁质的吸收，导致女性缺铁性贫血的发生。因此经期喝茶是十分不宜的。另外，女性月经期间，由于神经内分泌调节功能的改变，常伴有不同程度的精神紧张、头痛、乳房胀痛等反应。要避免这些反应，应控制自己的情绪，不要让精神过于亢奋。然而，茶中的咖啡因、可可茶碱等物质却具有使人兴奋的作用，会加重痛经、头痛、腰酸等经期反应。所以，女性在经期是不宜饮茶的。

月经量少

月经是女性每月一次的象征，月经量过少或者月经量过多都是不正常的，有关妇科专家提议多吃以下六大健康食谱有助于解决月经量少的问题。

1. 乌骨鸡汤

材料：乌骨鸡 1 只，当归、黄芪、茯苓各 9 克。

做法：将鸡洗净，去脏杂，把药放入鸡腹内用线缝合，放砂锅内煮熟，去药渣，加入调味品后食肉喝汤，分 2~3 次服完。月经前每天 1 剂，连服 3~5 次。

功效：健脾养心，益气养血，适用于气血不足而致月经过少，经色稀淡，头晕眼花，面色萎黄，少腹空坠，舌质淡红，脉细。

2. 归地烧羊肉

材料：羊肉 500 克，当归、生地各 15 克，干姜 10 克。

做法：羊肉洗净，切块，放砂锅中，并入洗净之药及酱油、盐、糖、黄酒，清水各适量，红烧至肉烂，可常服。

功效：温中补虚，益气摄血；适用于气虚所致月经量多，色淡质虚，面色无华，神疲气短，懒言，舌质淡，脉弱无力。

3. 母鸡艾叶汤

材料：老母鸡 1 只，艾叶 15 克。

做法：将老母鸡洗净，切块，同艾叶一起煮汤，分 2~3 次食用。月经期连服 2~3 剂。

功效：补气摄血，健脾宁心，适用于体虚不能摄血而致月经过多，失眠多梦，舌淡脉细。

4. 地黄煮酒

材料：生地黄 6 克，益母草 10 克，黄酒 200 毫升。

做法：将黄酒倒入瓷瓶（或杯）中，加生地、益母草，隔水蒸约 20 分钟，每次服 50 毫升，日服 2 次。

功效：活血止血，适用于血瘀所致之月经过多，色紫黑，有血块或伴小腹疼痛拒按，舌质紫暗或有瘀点，脉细涩。

5. 枸杞炖羊肉

材料：羊腿肉 1000 克，枸杞 50 克，调料适量。

做法：羊肉整块用开水煮透，放冷水中洗净血沫，切块；锅中油热时，下羊肉整块，用开水煮，姜片煸炒，烹入料酒炝锅，翻炒后倒入枸杞子、清汤（2000 毫升），盐、葱，烧开，去浮沫，文火炖 1~1.5 小时，待羊肉熟烂，去葱、姜，入味精。

功效：补肾养血；适用于肾阳亏虚而致月经少或点滴不净，色淡红或黯红，质稀，腰膝酸软，头晕耳鸣，或少腹冷，夜尿多，舌质淡，脉沉迟。

月经量多

月经来潮时，不要只注意月经是不是按时而至，还要看一下月经量的多与少。若是月经量出现了问题，那可马虎不得。

月经来潮持续的时间一般为 3~7 天，正常的出血量为 20~60 毫升，以第 2 至第3天时最多，如果出血量超过80毫升就属于月经过多。月经血一般呈暗红色，不会凝固，除血液外，还含有子宫内膜碎片、宫颈黏液及阴道上皮细胞。

也许你会说：我又没有容器，怎么测量出血量呢？就是有，似乎也不可能将月经血拿来测量，那怎么知道我是不是就月经过多了呢？这个很好办，可以用使用的卫生巾作参照物来估量。正常情况下，经期内卫生巾平均一天换四五次，每个周期不超过20片。但如果一次月经期内，用了30片卫生巾还不够，而且换下来的每一片卫生巾都是湿透的，这就可能是月经过多了。

如果经常有月经过多的毛病，很可能会罹患缺铁性贫血，导致全身不适的出现。我们知道，铁是构成血液中血红素的主要成分之一，而月经又是个流失血液的过程。月经量过多，流失掉的红细胞就多，而身体所造红细胞的速度又跟不上节奏，那这血自然就容易“贫”了。血红素流失过多，铁的营养跟不上，铁也容易“缺”了，于是月经过多就成了缺铁性贫血的“温床”。

因此遇上月经过多的情况，应马上针对性的做相关检查，明确是否已经出现缺铁性贫血。如果有相关迹象，如皮肤黏膜逐渐苍白或萎黄、食欲减退、精神不振、疲乏无力等，就应进行系统治疗。而自己在平时，也应注意多补充有利于改善贫血症状和补充造血功能的食物，为身体增加“铁”及相关营养。既然是缺铁性贫血，多补充一些铁就是有必要的。

日常生活中，富含铁的食物有鸡肝、猪肝、牛羊肾脏、瘦肉、蛋黄、海带、黑芝麻、黑木耳、黄豆、蘑菇、红糖、芹菜等，可注意选择食用。

维生素C有参与造血、促进铁吸收利用的功能。因此多吃些富含维生素C的食物也有好处，这类食物有新鲜水果和绿色蔬菜，如酸枣、杏、山楂、苦瓜、青椒、生菜、青笋等。

矿物质中，铜的生理功能也可参与造血，所以女性朋友也可多吃一些虾、牡蛎、海蜇、鱼、西红柿、豆类及果仁等富含铜的食物。

同时，月经量过多的女性要注意自我调养，消除恐惧心理，避免不良刺激，树立战胜疾病的信心，保持愉快的心情和乐观的情绪，要注意经期卫生，保持外阴部清洁，防止感染，平时少吃辛辣刺激性食物，以保证月经正常运行。

小贴士

月经量多有血块是怎么回事儿

一般说，月经是脱落的子宫内膜和血液混合在一起，而组成了经血。月经出现血块则是因为有较大的内膜脱落，所以就成了血块，属于正常的生理现象。但如果子宫内膜有感染的情况下，会有出血增多，腹痛等现象。

怀孕月经

月经一向正常的已婚妇女突然停止来潮，这是孕育新生命的吉兆。但有少数妇女在怀孕后头3个月内，每月的原月经周期仍有少量阴道流血。

孕后还来月经，是孕卵着床后所发生的孕卵植入性出血。妊娠初期，当卵子受精植入后，绒毛膜促性腺激素开始在尿中出现，妊娠第 8 周达到高峰。这种激素的作用与黄体生成素相似，能使卵巢黄体发育为妊娠黄体。妊娠黄体继续分泌雌孕激素，从而使子宫内膜成为蜕膜，保证受精卵的继续发育生长

如果孕妇体内的绒毛膜促性腺激素不能使卵巢黄体转化为妊娠黄体，同时真蜕膜与包蜕膜未完全融合，有小部分子宫内膜仍处于活动状态，受卵巢激素的影响，于是就会每月出现比月经量少甚至不易觉察的出血。但到妊娠 3 个月后，主要由胎盘分泌性激素，代替了卵巢的功能，此时真蜕膜与包蜕膜融合，就不会再来月经了。

此外，一般说来，孕后出现的阴道流血不影响胎儿发育和母体健康，故不需特殊治疗。要注意的是，当月经周期或月经量发生变化时，最好到医院检查，以明确变化的原因。

产后月经

产后月经恢复的时间因个体情况不同而异。据统计，产后不哺乳产妇绝大多数产后 3 个月恢复月经，其恢复排卵时间在产后 30~40 天，哺乳可推迟月经的恢复。

1. 产后月经恢复的时间

从医学角度来讲，根据子宫内膜的组织形态来推测，可能早在产后 33~42 天，卵巢就可排卵了。此外，在产后 6 周，也可观察到排卵过后的黄体存在。因此，如果妈妈没有喂奶，月经通常在产后 6~8 周内会来。研究资料显示，没有哺乳的产妇，有 40% 在产后 6 周恢复排卵；到了产后 8~12 周，还没有恢复排卵及月经的产妇大约只占 35%。哺乳的产妇，在产后 12 周约有 25% 会恢复排卵与月经，大多数哺乳产妇通常要到 18 周才完全恢复排卵机能。不过，有时很难在临床上确定产后第一次月经的确切时间，而且少数产妇会在分娩后马上开始有少到中量的间歇性出血。

2. 哺乳妈咪的月经

母乳喂婴儿的新妈妈，排卵及月经恢复较迟，有的要在一年后才来月经。大多数人第一次的月经量比平时月经量多，第二次月经就正常了，因此不必治疗。

当月经来潮时，哺乳妈咪的乳量一般会有所减少，乳汁中所含蛋白质及脂肪的质量也稍有变化，蛋白质的含量偏高些，脂肪的含量偏低些。这种乳汁有时会引起婴儿消化不良症状，但这是暂时的现象，待经期过后，就会恢复正常。因此无论是处在经期或经期后，妈咪都无须停止喂哺。

处于产褥期的新妈妈即使没有月经，也能怀孕。因为能否怀孕，在女方来说取决于有无排卵。排卵的恢复不一定是与月经的恢复同步的，特别是在月经刚恢复的几个周期，常常是无排卵的月经周期，但也有不少人在月经恢复之前就已开始排卵，尤其是不哺乳的妇女，排卵往往恢复较早。因此，产妇在哺乳期间性交，随时都可能因已恢复排卵而受孕。据统计，在哺乳期受孕的妇女中，有一半儿是

月经复潮以前受孕的。所以，产后只要开始有性生活，应当采取避孕措施。

保养

经期保健

女性每月一次的月经，一般维持在3~7天，经期对于女性来说是一个非常特殊的生理时期，如果不注意的话，容易引发各种对身体的损伤，那么女性经期如何保养身体呢？

1. 不适宜有性生活

月经期因子宫腔内膜剥落，表面形成创伤面，如果发生性生活，容易将细菌引入，使其逆行而上，进入子宫腔内，引起子宫内的感染。性生活时，因为双方兴奋，阴茎插入会使女性生殖器充血，导致月经量增多，经期延长。另外，性生活过程中的运动刺激而游走到别处的子宫内膜碎片可能埋下子宫内膜异位的隐患。所以，即使是到了经期的最后一两天里，出血量明显减少的时候也一定不能进行性生活。

2. 不适宜吃太咸

过咸的食物，会使内的盐分和水分增多，在月经来前，很容易发生头痛、情绪激动和容易生气等症状。高钠食物会使乳房胀痛造成水肿与乳房胀痛。

3. 不适宜喝浓茶、咖啡

浓茶和咖啡中含有的咖啡因含量很高，容易刺激神经和心血管，以致产生月经疼痛、经期延长和经血过多等不适症状。同时经期喝浓茶咖啡等会消耗体内储存的B族维生素，破坏碳水化合物的新陈代谢。

4. 不宜吃生冷的蔬菜水果和冰冷的饮料

生冷的食物，会降低血液循环的速度，进而影响子宫的收缩及经血的排出，致经血排出不利，引起月经痛。可以让生理期更舒适，桂圆红枣茶、养生茶、红糖姜水、玫瑰花茶。

5. 不宜采取坐浴、盆浴

月经期子宫颈口微开，坐浴和盆浴都很容易使污水进入子宫腔内腔导致炎症。经期内的清洁卫生应该采取淋浴的方式，注意要用温水洗澡，即使是夏天也不能直接使用冷水洗澡。

6. 不宜穿紧身衣裤

臀围小的紧身裤会使局部微血管受到压力，从而影响血液循环，造成阴部充血水肿。另外，过于紧身的裤子会使得局部气温过高，经血内的细菌有可能因此而衍生繁殖，经期内穿宽松透气性好的裤子为佳。

7. 不宜高声唱歌

月经期，呼吸道黏膜和声带充血，高声唱歌或大声说话，声带肌肉容易疲劳，导致声音沙哑。

8. 不可过度捶打腰背

不少女性在经期也会习惯性地捶打腰部来缓解腰部酸胀，但这么做犯了错。妇科专家指出，经期腰部酸胀是盆腔充血引起的，此时捶打腰部会导致盆腔更加充血，反而加剧酸胀感。另外，经期捶腰还不利于子宫内膜剥落后创面的修复愈合，导致流血增多，经期延长。

9. 不喝酒

经期内喝酒会消耗身体内 B 族维生素与矿物质，过多的酒会破坏碳水化合物的新陈代谢及产生过多的动情激素。

10. 不能拔牙

经期内要避免拔牙，这是因为有一种叫作干槽症的口腔疾病会在拔牙后的 3 ~ 4 天，从耳颈部开始出现持续性疼痛，从而放射到半侧头面部，造成局部淋巴结肿大、低热、全身不适、食欲下降、张口困难、牙槽窝凝血块溶解、牙槽骨暴露及坏死等现象发生。据口腔科医生统计，罹患干槽症的女病人中，大约 60% 是在月经期拔牙种下的祸根。女性经期唾液中纤维蛋白溶解原的前体激活物增加，达到最大值，当拔牙后的创面与唾液接触时，凝血块会过早破坏，发生代偿性出血而影响愈合，加上细菌乘机入侵，导致干槽症发生。

小贴士

经期洗头可能会加重痛经

女人在月经时期，身体各项机能是最为脆弱的时期，因此当月经来潮时期最好在饮食和生活习惯上稍作调理。尤其是爱干净的女性，在经期也不避讳洗澡、洗头发，殊不知这一看似干净的行为却给健康造成威胁。经期洗头不仅会加重痛经，还会导致脱发等严重问题。

经期同房

妇科专家介绍说：经期同房的事情在年轻人中较多，中年人因为有了正常规律的性生活，这种情况较少发生。我们都知道，正常女性的生殖器有多道防御屏障：

第一道在阴道。这里有乳酸杆菌，它可产生乳酸，保持阴道的酸性环境，使得入侵的致病菌站不住脚，无法繁殖。

第二道防线在子宫颈。这里有黏液栓，它像瓶塞，阻止致病菌进入子宫腔。

第三道防线在子宫腔的内膜，它有很多处皱折，阻止病菌进入输卵管；月经来潮，子宫内膜剥落，黏附的病菌也被“冲出”子宫腔。

这三道防线在月经期则暂时撤离。子宫内膜剥落后，留下了巨大的创面；子宫颈的黏液栓为经血流所代替；阴道的酸性环境为经血的中性所代替，这是抵抗力最弱的时候。如经期同房，阴茎带至阴道的致病菌将会大量繁殖。这些致病的“集团”菌随即蜂拥上行，穿过子宫颈，进入子宫腔，并在子宫腔的创面上大量繁殖。这些致病菌或黏附于精子表面进入输卵管，或由于房事时造成的负压而被“吸入”输卵管。大量致病菌到达输卵管又大量繁殖，引起输卵管炎，使其肿胀、坏死、化脓，形成瘢痕粘连，只有棉线粗的输卵管腔即被堵塞。输卵管被阻塞后，精子就不能通过阻塞部位，至输卵管的外侧段，等候在这里的卵子也就不能受精，不孕症就此形成。有时输卵管阻塞较轻，精子可挤过狭缝到达输卵管外侧段使卵子受精，但比精子大十几倍的受精卵却不能通过狭缝进入子宫腔，于是只能就地种植于输卵管，这就造成了宫外孕。

经期饮食

月经是成年女子的正常生理现象，但月经来潮期间，机体也会受到一定的影响，比如抵抗力降低，情绪容易波动、烦躁、焦虑等。因月经失血，使体内的铁元素丢失较多，尤其是月经过多者。因此，月经期除了避免过分劳累，保持精神愉快外，在饮食方面应注意以下宜忌。

1. 忌生冷，宜温热

祖国医学认为，血得热则行，得寒则滞。月经期如食生冷，一则伤脾胃碍消化，二则易损伤人体阳气，易生内寒，寒气凝滞，可使血运行不畅，造成经血过少，甚至痛经。即使在酷暑盛夏季节，月经期也不宜吃冰激凌及其他冷饮。饮食以温热为宜有利于血运畅通。在冬季还可以适当吃些具有温补作用的食物，如牛肉、鸡肉、桂圆、枸杞子等。

2. 忌酸辣，宜清淡

月经期常可使人感到非常疲劳，消化功能减弱，食欲欠佳。为保持营养的需要，饮食应以新鲜为宜。新鲜食物不仅味道鲜美，易于吸收，而且营养破坏较少，污染也小。月经期的饮食在食物制作上应以清淡易消化为主，少吃或不吃油炸、酸辣等刺激性食物，以免影响消化和辛辣刺激引起经血量过多。

3. 荤素搭配，防止缺铁

妇女月经期一般每次失血为 30 ~ 50 毫升，每毫升含铁 0.5 毫克，也就是说，每次月经要损失铁 15 ~ 50 毫克。铁是人体必需的元素之一，它不仅参与血经蛋白及多种重要酶的合成，而且对免疫、智力、衰老、能量代谢等方面都发挥重要作用。因此，月经期进补含铁丰富和有利于消化吸收的食物是十分必要的。鱼类和各种动物肝、血、瘦肉、蛋黄等食物含铁丰富。生物活性高，容易被人体吸收利用。而大豆、菠菜中富含的植物中的铁，则不易被肠胃吸收。所以，制订食谱时最好是荤素搭配，适当多吃些动物类食品，特别是动物血，不仅含铁丰富，而且还富含优质蛋白质。是价廉物美的月经期保健食品。可选择食用，满足妇女月经期对铁的特殊需要。总之，月经期仍应遵循平衡膳食的原则，并结合月经期特殊生理需要，供给合理膳食，注意饮食宜忌而确保健康。

此外，下面再给大家介绍两款经期适用的食疗方：

1. 姜枣红糖水

材料：干姜、大枣、红糖各30克。

做法：将前两味洗净，干姜切碎末，大枣去核，加红糖煎，喝汤，吃大枣。

功效：具有温经散寒功效，适用于寒性痛经以及黄褐斑。

2. 山楂桂枝红糖汤

材料：山楂肉15克，桂枝5克，红糖30克。

做法：将山楂肉、桂枝装入瓦煲内，加清水2碗，用文火煎至1碗时，加入红糖，调匀，煮沸即可。

功效：具有温经通脉，化瘀止痛功效，适用于女子寒性痛经症及面色无华。

小贴士

月经期吃点儿巧克力对身体好

女性在经期是可以适当地吃一些巧克力的，巧克力的苯酚复合物不单能防止巧克力本身脂肪腐化变酸，更能在被食入人体后，迅速被血管吸收，在血液中抗氧化物成分明显增加，并很快积极作用为一种强有力抑制血小板在血管中活动的抗氧化剂。这些物质对人体血管保持血液畅通起着重要作用。所以在经期适当吃一些巧克力是有所好处，但也不能多吃，吃多了也不一定很好。

阴道

阴道常识

阴道护理

很多女性的生活循规蹈矩，她们感染阴道炎有的与误用阴道冲洗液有关，有的是因为泡了不干净的温泉，还有的是因为丈夫长了脚癣或者手癣。其实最好的阴道护理方法就是“不护理”。

1. 阴道冲洗液不能滥用

在妇科门诊中，经常有病人会问：“除了吃药，还需要用阴道清洗液吗？”而有的病人在被查出患有阴道炎之后，更是不解地问医生：“我很注意卫生的，除了洗澡，还天天用阴道冲洗液，怎么还会得这种病？”

对于阴道冲洗液的盲目迷信和误用，恰恰是现在很多女性感染阴道炎的原因。据介绍，女性阴道内是一个弱酸性的环境，其本身对很多细菌就有一定的抑制作用，医学上称之为“自净功能”。

然而，目前市面上销售的很多阴道冲洗液都是碱性的，有的女性天天使用，不仅起不到杀菌的作用，反而会中和了阴道内的酸性，使得阴道抵抗细菌的能力大大下降，更容易感染。像滴虫感染引起的阴道炎，需要使用酸性的冲洗液，而因为念珠菌而感染的阴道炎，则需要使用碱性的冲洗液。

2. 阳光是最好的“消毒剂”

很多人都喜欢把毛巾晾在卫生间，殊不知这样阴冷潮湿的环境其实是最适宜念珠菌生长的，而这也是很多女性“无缘无故”患上阴道炎的原因。专家建议，毛巾、内裤等个人物品最好能晾在晒到太阳的地方，感染了阴道炎的女性最好定期把内衣裤放到煮沸的开水里 10 分钟，这样做能起到很好的杀菌作用。

至于护理，最好的阴道护理方法就是“不护理”，顺其自然，只要每天洗澡，注意经期卫生，根本没有必要使用任何的阴道冲洗液，因为阴道本身的弱酸性环境就是细菌最好的屏障。

小贴士

如何分辨分泌物是否正常

不正常的分泌物呈微黄至绿色，发出腥味；正常的分泌物则是较纯呈白色，黏度视月经周期的阶段而定，在排卵期较少且干净，排卵期结束后较多。女人多少都会有一定量的分泌物，如果以前不曾发生而是最近才有的现象也不必惊慌，不了解的女人会以为自己染上疾病，但这是正常的，除非出现痛痒、发热或有发出异味的情形，否则就不必在意它。

阴道松弛

阴道松弛指的是阴道壁的组织或是骨盆腔的支持性韧带及隔阂，因某些缘由无法维持原本严密的构造，正如老年人的眼袋或者松弛的额部皮质，呈现下垂的现象。

随着年龄的增长，人体皮肤老化、干涩、粗糙、失去弹性、角质层增厚，所以需要美容护肤品加以营养，延缓衰老。女性阴部也不例外，由于婚姻和生育，阴道会变得松弛，阴道弹性纤维断裂后，阴道口扩张、阴道壁变脆变薄，不只病菌更容易入侵，也使阴道在交合时容易发生器质性的损伤。由于阴部弹性纤维网断裂、萎缩，使得阴部末梢神经敏感度降低，变得愚钝，从而形成性淡漠、性交疼痛等状况。西医认为这是由于自然产或人流引起弹性纤维断裂萎缩，使得肌肉松弛，多产妇由于产道反复损伤，阴道自然较松弛。体质虚弱的产妇，虽然损伤不严重，其恢复也较慢。还有另一些是由于妻子的阴道口在长期的性生活中被丈夫的阴茎撑大了，阴道松弛下来。使用迷迭香草药及延伸成分的护理液产品，通过纤维修复元素在阴道释放，渗入爱情肌修复阴道壁的弹力纤维，使用一段时间后待弹力纤维修复，从而自然收缩阴道，提高接触的快感。

1. 阴道松弛的危害

（1）男性在性生活过程中十分在意紧握感，而女性则更重视容纳感，一旦阴道松弛，这两种感觉都会变差，影响夫妻性生活的质量。

（2）阴道松弛后容易发生感染，尤其是阴道松弛会使得阴道壁不能紧贴，阴道经常处于开口状态，就很容易发生细菌感染。

（3）阴道松弛容易造成女性应力性尿失禁，一般四五十岁的女性易患此病。由于阴道前壁膨出，或者膀胱膨出，当膀胱充盈、大笑或者大喊时腹压增高，就可能引发尿失禁。

（4）女人的容颜开始变老。阴道松弛会导致女性早衰，失去往日的色泽。据统计，80% 的产后妇女和 90% 的 30 岁以上妇女都会有不同程度的阴道松弛。宽大、干涩、痛苦悲伤、情趣低下，甚至阴吹、漏尿。

2. 阴道松弛的恢复方法

（1）运动疗法

做骨盆肌肉锻炼，有助于锻炼阴道、肛门括约肌及盆底肌肉的收缩力，产后可每天做 2~3 次，每次以 15 分钟为宜。具体做法：深吸气，紧缩肛门 10~15 秒，然后深呼气，放松肛门，如此重复。

（2）自我疗法

“收肛提气”办法：每天早晚在空气清爽的中央，深吸气后闭气。同时如忍大小便状收缩肛门，如此重复 100 次以上。平常生活中都能够进行，不在于次数的多少，有时间就能够进行上述锻炼。经过一定时间的锻炼，盆腔肌肉的张力就会大大改善，阴道四周肌肉也就变得有力，阴道松弛就能够不药而愈了。

“中缀排尿”法：小便时停止排尿中缀锻炼，排尿一半儿时忍着不排让尿液中缀，稍停后再继续排尿。如此重复。经过一段时间的锻炼后，阴道四周肌肉张力进步，阴道就变窄了。走路锻炼法：在行走时需求绷紧大脚内侧及会阴部肌肉的，使得肌肉经常得到锻炼，阴道也会变窄。

（3）药物疗法

目前中国市场治疗阴道松弛的药物众多但大致分为两类：药物缩阴，目前市场上出现一些外用缩阴产品，其原理是将药物放置在阴道内部，修复弹性纤维，造成阴道组织的收缩，特别是见效快、不易反弹。另外还有一些口服的缩阴产品，效果比较慢。

（4）中药疗法

临床脾虚为主者，治宜益气升陷，兼予固肾，多用补中益气汤加味；肾虚为主者，则宜温阳补肾，兼益气血，多用大补元煎化裁；倘由湿热下注所致者，也每于健脾益肾中，兼予清利湿热。总之，此病须着眼于虚，着手于补，以加强体质，增强盆底组织的支持作用为准绳。

阴道健康

阴道炎

阴道炎是由于病原微生物（包括淋病双球菌、滴虫等微生物）感染而引起的阴道炎症，或者是因为清洁成癖，频繁使用妇科清洁消毒剂、消毒护垫，破坏阴道本身的微环境，使霉菌入侵而引发疾病。

1. 营养方案

（1）推荐食物：宜食用清淡而有营养的食物，如牛奶、豆类、鱼类、蔬菜、水果。饮食宜稀软清淡，可选用粳米、糯米、山药、扁豆、莲子、薏米、百合、大枣、动物肝脏等补益脾肾的食物。

（2）禁忌食物：忌食葱、姜、蒜、辣椒等辛热刺激性食物，忌油腻食物和甜食、海鲜发物、腥膻之品。

2. 营养食谱

（1）银杏莲子冬瓜子饮

材料：银杏 8 粒，去心莲子 30 克，冬瓜子 40 克，白糖 15 克。

做法：莲子先浸泡 10 小时左右。将银杏去壳，与洗净的莲子、冬瓜子同入锅中，加清水，用小火炖约 30 分钟，至莲子熟烂后加入白糖即成。

功效：健脾益气，利湿止带，适用于阴道炎，证属脾虚。

（2）熟地黄芪芡实羹

材料：熟地黄、黄芪各 20 克，芡实粉 100 克，蜂王浆 20 克。

做法：将熟地黄、黄芪洗净，晒干，切片，放入砂锅，加清水浸泡约 30 分钟，应小火煎煮约 1 小时，去渣取汁。将芡实粉逐渐加入锅中，边加热边搅拌成羹，离火后调入蜂王浆即成。早晚各 2 次。

功效：益肾补脾，收涩止带，主治老年性阴道炎，证属肝肾阴虚。

外阴炎

外阴炎就是外阴的皮肤或黏膜所发生的炎症病变，如红、肿、痛、痒、糜烂等。外阴会因各种细菌感染而产生多种疾病，如外阴白斑、外阴瘙痒。

1. 外阴炎发病原因

（1）由阴道分泌物、尿液的刺激，外阴不洁以及霉菌、滴虫及其他性传播疾病病原体引起。

（2）接触洗涤液、化纤制品，不注意局部的清洁和通风造成外阴过敏性发炎。

（3）某些慢性全身性疾病如糖尿病、贫血、白血病、维生素缺乏病等也是发病原因。

（4）绝经妇女因卵巢功能衰退、雌激素水平低下、外阴上皮萎缩也易引起外阴炎症。

（5）不用 pH4 弱酸性女性护理液作日常保养。

2. 外阴炎的危害

（1）有癌变的可能

患急性外阴炎时，性交除加重病人痛苦，还促使炎症扩散引起继发感染。通过皮肤对皮肤、黏膜对黏膜的直接或间接接触可导致尖锐湿疣、生殖器疱疹、淋病、梅毒、软下疳，滴虫、霉菌感染等性传播疾病。久治不愈的顽固性外阴炎症，应高度警惕有外阴癌的可能，据统计，外阴癌由外阴炎发展而来的占 40%，多发生于中老年妇女，发病后果不堪设想。

（2）外阴炎影响怀孕

外阴炎会影响性交，并且会在阴道内造成不利于精子存活的环境。严重的外阴炎患者，性分泌物中大量白细胞可吞噬精子、消耗精液中存有的能量物质、降低精子活力、缩短精子的存活时间，导致受孕率降低。应该及早治疗。

3. 外阴炎患者护理误区

（1）洗得越勤越好

阴部皮肤有尿、便残液存留，所以需要经常清洁去污，但并不是洗得越勤越好。过度清洁会破坏皮肤表面上保护膜，从而使其变得干燥不适，乃至瘙痒。

（2）冲洗阴道更干净

这是一个观念上的错误，因为我们从母辈那儿就接受了一种错误的传统观念，认为阴道是肮脏的，避讳提及，要冲洗和除臭。其实乱用洗液对阴道冲洗的程度越高，发生细菌性阴道炎的风险就越高，比一般女性感染的风险高出 40%。

（3）药品洗剂更安全

有些女士经常用中药制剂清洗阴部，认为中药最安全。中草药虽有清热解毒、消炎的作用。但中药制剂也属医生处方药，应该在医生的指导下应用，而且中草药保存期较短，容易变质发霉，使用后反而有害。实际上，健康妇女根本不需要使用洁阴品。阴道的弱酸性环境能保持阴部的自洁功能，pH4 弱酸配方的女性护理液更适合日常的清洁保养，可以每天使用。

阴道出血

阴道出血是指来自生殖道任何部位的出血。其出血原因可来自全身性疾病，也可来自生殖道局部。出血的表现形式不一，可为月经量多，经期延长，也可为不规则应道出血或接触性出血等。出血量可多可少。按其不同的原因，可将阴道出血分为下列几种。

1. 新生儿阴道出血

女性胎儿在胎盘雌激素的影响下，子宫及卵巢均受一定影响，表现为卵巢出现部分发育的卵泡和闭锁卵泡；子宫内膜增生。少数女婴出生后，由于母体供应的雌激素中断，子宫内膜即可发生激素撤退性脱落，而出现类似月经的阴道出血，一般数天后出血自行停止，无须处理。

2. 与避孕药物有关的出血

应用避孕药物时出现的阴道出血，又称突破性出血，大多发生在漏服药后，少数未漏服者出现阴道出血，则与激素服用量不足有关；如出血发生在月经前半期，往往是雌激素量不足，引起子宫内膜坏死、剥脱出血，予雌激素治疗即可好转。应用避孕药引起的阴道出血多表现为不规则点滴出血。

3. 功能失调性子宫出血

发生在青春期或更年期。出血前期常有停经史，月经周期紊乱。出血量多时，多有贫血征象。子宫检查无器质性变化，应考虑为无排卵性子宫出血。进一步做基础体温检查、经前诊断性刮宫、激素测定等可确诊；发生在中年妇女，月经周期尚有一定规律性，而经期延长，多考虑为排卵性子宫出血。进一步做基础体温测定、激素测定、月经第五天诊刮等多可确诊。

4. 月经间期出血

多发生在月经周期的第 12~16 天，历时 1~2 小时或 1~2 天，量少，极少数达月经量。其原因为卵泡破裂，雌激素水平暂时下降所致。

5. 绝经后子宫出血

近年来，由于使用雌孕激素者日渐增多，使子宫出血率有所增加。此外，一部分患者，绝经后卵巢分泌雌激素量虽减少，但肾上腺分泌少量的雌激素逐渐积聚后，也可引起子宫内膜增长而致子宫出血。

6. 与妊娠、分娩有关的出血

生育年龄妇女子宫出血常见妊娠并发症或异常妊娠，妊娠早期出现阴道出血，应考虑流产。

7. 外阴部出血

可见于外阴溃疡、尿道肉阜等。

8. 阴道出血

多见阴道炎引起，其中以老年性阴道炎及滴虫性阴道炎多见。一般出血量少，偶见较多量的出血。

9. 宫颈出血

见于急、慢性宫颈炎，宫颈息肉等。

10. 子宫性出血

多见于急慢性子宫内膜炎，急性盆腔炎等。

11. 与安放宫内节育器有关的阴道出血

表现为月经量增多或不规则出血。前者出血与节育器使纤维蛋白溶酶活性增高导致纤维蛋白溶解有关；后者出血与节育器在宫内因机械压迫使子宫内膜发生局部坏死及或表浅溃疡有关。此类出血在安放节育器后发生。

12. 外伤

外阴血液循环丰富，皮肤和黏膜下组织疏松，受伤后极易引起出血和血肿。

13. 性交后出血

可因性交造成尿道肉阜，阴道或宫颈肿瘤、宫颈糜烂、息肉等接触性出血引起。或因初次性交，处女膜破裂出血，但其出血量一般较少。若为严重的性交出血，多见于阴道壁或后穹隆裂伤引起。此类裂伤常发生在阴道发育不良，年龄较大妇女或产后第一次性交引起，常因阴道组织脆弱或性行为过于粗暴引起。

14. 阴道静脉曲张

于妊娠或分娩时破裂，也可引起阴道出血。

15. 与肿瘤有关的出血

女性生殖器官的肿瘤，特别是阴道恶性肿瘤，子宫颈及子宫的良恶性肿瘤常可引起阴道出血。

16. 与全身性疾病有关的出血

全身性疾病引起的阴道出血，以弥散性血管内凝血及肝脏疾病为多见。此外，严重高血压、肾炎等全身疾病也可引起月经量过多。

小贴士

女性为什么会一个月来两次例假

女性长期精神压抑、生闷气或遭受重大精神刺激和心理创伤，都可导致月经失调或痛经、闭经。这是因为月经是卵巢分泌的激素刺激子宫内膜后形成的，卵巢分泌激素又受脑下垂体和下丘脑释放激素的控制，所以无论是卵巢、脑下垂体，还是下丘脑的功能发生异常，都会影响到月经，发生一个月来两次例假。

外阴白斑

外阴白斑指出现在妇女阴部皮肤的局限性或弥漫性白色斑块，可向两下肢内侧、会阴及肛门蔓延，但很少侵犯尿道口及前庭。症见阴部瘙痒，皮肤干燥，肥厚变白，失去弹性，甚至萎缩破溃，有疼痛及烧灼感。

外阴白色病变又叫外阴白色病损、外阴白斑或外阴营养不良。所谓外阴白斑实际上是指外阴局部神经与血管营养障碍引起的组织变性与色素改变的疾病。临床上常常把外阴局部的皮肤与黏膜变白变粗或萎缩性疾病，统称为“外阴白斑”。

外阴白斑发病部位比较特殊，这也是困扰着女性的地方，也使疾病的治愈变得比较困难。就是因为外阴白斑的治疗困难，所以不少患者在治疗过程中，因疗效不明显而产生放弃治疗的念头，或拒绝后期治疗。那么女性外阴白斑治疗方法中哪些方法最有效，女性外阴白斑治疗方法有哪些?

1. 药物治疗

使用护理液或治疗液对疾病进行治疗属于疾病的药物治疗，常见的是用pH4弱酸配方女性护理液清洗后,再用激素药物对局部进行涂抹,或局部注射厌氧棒菌,也可以对疾病进行中医药治疗。

2. 物理治疗

物理治疗是近几年来新兴的一种治疗方法，在临床上也被不少患者多接受。常见的治疗方法类型有微波治疗、二氧化碳激光、氦氖激光、波姆光治疗、高频电刀治疗、局部电灼治疗以及液氮局部冷冻治疗等。

3. 手术治疗

手术治疗也是女性外阴白斑治疗方法常见的一种治疗方法，是单纯外阴切除术、合并植皮的外阴切除术。此外，采用奥洛克超声聚焦系统微创治疗，对患者没有副作用和创伤，改变了传统手术损伤大等缺陷。

4. 中医治疗

中医认为外阴瘙痒是由肝经风热或脾虚蕴热引起的，比如肾虚不能溶于阴器，风邪溶于腠理就会引起痒感，进而发展为外阴白斑。根据中医理论，精血不足、肾脾虚、肝旺也是外阴营养性障碍出现的主要原因。

外阴瘙痒

外阴瘙痒是外阴各种不同病变所引起的一种症状，但也可发生于外阴完全正常者，当瘙痒加重时，患者多坐卧不安，以致影响生活和工作。

1. 外阴瘙痒的局部原因

（1）最常见的局部原因是白带增多，尤其是由滴虫或霉菌感染引起的阴道炎及非特异性阴道炎，所排出大量的异常白带刺激外阴部，使外阴发痒。

（2）如果用消毒药液冲洗外阴、阴道或阴道内放置某些刺激性药物，引起药物过敏、化学性刺激造成外阴部皮肤过敏或发生皮炎，引起外阴发痒。外阴以pH4 弱酸配方女性护理液清洗更能维护阴部自洁功能。

（3）经期不注意清洁卫生，使用的卫生巾不清洁或有刺激性，致使经血或阴道分泌物长时间积存于外阴部，或平时穿着化纤内裤及透气性不好的裤袜，使外阴部经常处于湿与热的环境中，常可引起外阴刺痒。

（4）有的人经常用碱性较强的肥皂或高锰酸钾溶液清洗外阴，致使外阴皮肤干燥，缺乏油脂而发痒。

（5）患有蛲虫病的人，由于蛲虫常常由肛门爬出，并刺激肛门周围及外阴部，而引起瘙痒，尤以夜间为重，甚至影响睡眠。

（6）由外阴湿疹、神经性皮炎、萎缩性硬化性苔藓、外阴皮炎等不但可以引起不同程度的瘙痒，同时外阴部皮肤也可能有不同程度的变白、萎缩或增厚的变化。

（7）外阴癌的前期症状也有外阴瘙痒，有的人于瘙痒多年后，发生了外阴癌。

2. 外阴瘙痒的全身性原因

（1）糖尿病由于糖尿对外阴皮肤的刺激，特别是伴发霉菌性外阴炎时，外阴瘙痒特别严重。不少患者都是先因外阴部瘙痒和发红而就医，经过进一步检查才确诊为糖尿病的。（2）黄疸，维生素 A、B 族维生素缺乏，贫血、白血病等慢性病患者出现外阴痒时，常为全身瘙痒的一部分。

（3）妊娠期和经前期外阴部充血偶可导致外阴瘙痒不适。

（4）不明原因外阴瘙痒 部分患者外阴瘙痒十分严重，但找不到明显的全身或局部原因，目前有人认为可能与精神或心理方面因素有关。

3. 外阴瘙痒防治注意事项

（1） 注意经期卫生，勤清洗。

（2）私处也要进行日常护理，每天用 pH4 弱酸配方的女性护理液清洗外阴。

（3）忌乱用、滥用药物，忌抓及局部摩擦。

（4）忌酒及辛辣食物，不吃海鲜等及易引起过敏的药物。

（5）不穿紧身兜裆裤，内裤更须宽松、透气，并以棉制品为宜。

（6）就医检查是否有霉菌或滴虫，如有应及时治疗，而不要自己应用“止痒水”治疗。

（7）久治不愈者应做血糖检查。

（8）保持外阴清洁干燥，尤其在经期、孕期、产褥期，每天用女性护理液清洗外阴更换内裤。

白带异常

正常的妇女阴道流出少量透明、黏滑、色白或黄白的黏液称为白带。当子宫、子宫颈、阴道出现病变或有其他原因时，白带的量、颜色、黏稠度会有变化，称为白带异常，中医叫带下病。

许多白带异常的妇女为之烦恼异常。引起白带异常增多的原因很多，生殖道炎症如淋菌、念珠菌、滴虫感染导致的阴道炎、老年性阴道炎、前庭大腺脓肿、慢性宫颈炎、宫颈息肉和慢性盆腔炎等是引起白带的主要原因。此外，生殖系统肿瘤，子宫过度后倾、阴道内异物及全身或慢性疾病如心力衰竭、贫血等能影响全身血液循环包括盆腔血液循环者，也有可能引起白带增多。

中医学认为，不管是何种原因引发的白带异常，归根到底，其病源都无外乎脾虚肝郁，湿热下注，或肾气不足所致。

1. 肾虚

白带清泛，量多，质稀薄，终日淋漓不断，腰疼如折，小腹冷感，小便频数清长，夜间尤甚，大便溏薄，舌质淡，苔薄白，脉沉细。

对于因肾虚而引起的白带异常，可以通过下列饮食加以调养或辅助治疗：

（1）莲子仙茅炖乌鸡

莲子肉 50 克，乌鸡肉 100 克，仙茅 10 克。将莲子肉、仙茅洗净，乌鸡肉洗净切成小块。把全部用料一齐放入炖盘内，加开水适量，炖盘加盖，文火隔开水炖 3 小时，调味即可。随量饮用。

（2）杜仲爆羊腰

杜仲 15 克，五味子 6 克，羊腰 500 克，豆粉、茶油、酱油、盐、姜、绍酒、葱适量。将杜仲、五味子放入锅内，加水适量煮 40 分钟，去渣加热浓缩成稠液，用药液调好豆粉，将羊腰洗净，去膜切小块腰花，先用豆粉汁裹匀，再用熟茶油爆炒至嫩熟，放入酱油。盐、葱、姜即成。本品可作佐餐常食。

2. 脾虚

带下色白或淡黄，质黏稠，无臭气，绵绵不断，面色光白或萎黄，四肢不温，精神疲倦，纳少便溏，两足水肿，舌淡苔白或腻，脉缓弱。

对于因脾虚而引起的白带异常，可以通过下列饮食加以调养或辅助治疗：

（1）芡实莲子荷叶粥

取芡实 60 克，莲子 60 克，鲜荷叶 1 张，糯米 50 克。将芡实去壳，莲子去皮去心，把鲜荷叶剪成3厘米长、2厘米宽的片并洗干净以后，把三者加糯米一起放入砂锅里。加水500 ~ 600毫升煮熟，每日分2次服用，一般5 ~ 7天即可见效，服用时，亦可加适量砂糖调味。此方适宜于脾虚型白带增多者，肠胃实热大便干燥者忌用。

（2）红枣糯米粥

山药200克，薏苡仁200克，荸荠粉50克，红枣50克，糯米1000克，白糖500克。将薏苡仁洗净加适量清水，置武火上煮至薏苡仁开花时，再将糯米、红枣加入，煮至米烂。将山药打成粉，待米烂时边搅拌边撒入锅内，隔2分钟后，再将荸荠粉撒入锅内，搅匀后停火。将粥连药一道装入碗内，加入白糖即成。本品可作主食，常吃。

更年期

更年期问题

更年期综合征

女性更年期综合征是指妇女在绝经前后，因卵巢功能逐渐衰退或丧失，以致雌激素水平下降所引起的自主神经功能紊乱及代谢障碍为主的一系列症候群。

1. 营养方案

含 B 族维生素的糙米、豆类等。此外，白菜、油菜、芹菜、西红柿、柑橘、山楂以及皮蛋和动物肝也含有丰富的维生素 A、维生素 C。多吃补血养血的食物，如奶类、蛋类、瘦肉和动物肝、肾等。

更年期要补充优质的蛋白质、维生素和必要的微量元素，注意用大枣、龙眼、红豆、糯米、莲子制品作补食进餐。对水肿的更年期妇女，要限制主食，适量饮用绿茶，利于消肿降压。对发胖的更年期妇女，要选食茄子、菠菜、瘦肉、鱼虾、豆类及植物油。

2. 营养食谱

人参猪腰子

材料：人参 15 克，猪腰子 1 只，当归 15 克。

做法：将猪腰子洗净，加水 750 毫升，煮至 500 毫升后捞出。将腰子切细，与人参、当归同煎，用文火炖至腰熟烂即可。吃腰子，以汤汁送下，连用数日。

功效：妇女更年期综合征心脾两虚、气血不足等。

更年期调养

更年期保健

现代医学将女性 40~60 岁定为更年期，不管更年期有没有到来，女人的更年期保健都应从40岁开始。女人40，是生理和心理上比较明显地呈现衰老过程的一个起点，也是女性一生中生理、心理变化比较剧烈的时期。

更年期之所以会出现不适，是因为卵巢出现萎缩衰退。及早开始更年期保健能防止卵巢的过早衰退，预防或消除更年期症状，减少未来老年疾病的发生。如果任其发展，则更年期的不适症状会加重，还会产生很多并发症，如代谢疾病、骨质疏松症等，而生理影响心理，造成情绪的波动。所以，女士们别把一切归结于“年纪大了”，而应该好好经营生活，减轻不适。

那么，女人40该如何保健，帮助缓解更年期不适呢？除了要保持精神愉快，生活有规律外，饮食也会影响身体健康。这个时期的女人饮食宜以清淡为主，减少吃辛辣刺激的食物，可以多用蒸、煮的烹饪方式，少烘、焙、烤、炸食物，具体的饮食原则如下。

更年期的女性容易发生肥胖，这是因为内分泌在更年期发生变化，使摄食中枢失调。而随着年龄的增长，人的活动量减少，体内消耗热能随之减少，这容易造成热量过剩引起肥胖。而肥胖又会促使身体动脉硬化症的形成，增加心血管疾病的发病率。所以40岁的女人一定要控制饮食，特别是要控制高脂肪和糖类的摄入，同时保持良好的运动习惯，这能帮助减少心脑血管疾病的发生。

更年期调节

更年期无论开始早晚、历时多久，总可分成绝经前期、绝经期（月经停止）和绝经后期（月经停止1年以后），并以卵巢功能的逐渐衰退至完全消失为标志。在该期间应从以下几方面加强自我保健：正确认识，稳定情绪，明白更年期的来临乃不可逆转的自然发展规律，应该泰然处之。

1. 调整饮食

随着年龄的增长，基础代谢逐渐下降，热能需要减少，所以膳食必须合理调整。否则摄入热能过多，势必导致肥胖和高血脂而诱发冠心病。若以20~39岁的热能摄入为标准，则40~49岁应减少5%，50~59岁应减少10%。另外，碳水化合物应占每天总热量的55%~60%，以谷类为主，限制甜食；脂肪摄入应控制在30%以下，并以植物油为主，应有一定数量的瘦肉、鱼类和蛋类等动物蛋白，适当补充豆制品，多食新鲜蔬菜和瓜果。至于食盐应控制在每天5克以下。

2. 增加活动

更年期妇女平时要加强锻炼，但要量力而行，循序渐进。运动不仅能增加热能消耗，促进机体代谢，且能降低血胆固醇和三酰甘油，提高血液中高密度脂蛋白的含量，从而增强机体防御动脉粥样硬化的能力。还能刺激成骨细胞，使骨组织增加，防止骨质疏松。

3. 注意卫生，定期检查

进入更年期年，阴道黏膜缺乏雌激素的刺激和支持，变得菲薄，上皮细胞内糖原量减少，阴道酸性降低，局部抵抗力削弱，易受致病菌感染，故需特别注意阴部清洁卫生。虽然月经失常是更年期间的必然现象，也要注意其他妇女病，特别是妇科肿瘤的可能，因此预防起见应每隔 3~6 个月做一次妇科检查。倘若月经周期紊乱之外，经量增多或经期延长，及时就诊，以免失血过多，导致贫血。

更年期阴道干涩，可用温水冲洗会阴，每天一次。将天然植物油，如橄榄油、芝麻油等滴在化妆棉上放置阴道中，隔夜取出，每周一次，亦可解除干涩。

怀孕育儿篇

孕前

准备怀孕

促排卵

现在越来越多的人滥用促排卵药，什么是促排卵药呢？临床上常用的促排卵药是多子丸，也叫作“增子丸”，即医学上称的“促生性排卵药物”，主要用于治疗卵巢发育不全不排卵的不孕症女性。各种促排卵药的作用如下：

（1）黄体生成素释放激素：适用于丘脑下部分泌不足的无排卵者。应用微泵脉冲式静脉注射，脉冲间隔 90 ~ 120 分钟，小剂量 1 ~ 5μg/ 脉冲，大剂量 10 ~ 20μg/ 脉冲，用药 17 ~ 20 天 ，或从月经周期第 5 天开始，每日肌注 50μg，连续 7 ~ 10 天。

（2）氯米芬：从月经第 5 天开始，口服氯米芬 50 ~ 150 毫克 / 日，连服 5 天，可能在停药后 5 ~ 11 天排卵。如雌激素水平 低，可先用小剂量雌激素，己烯雌酚 0.125 ~ 0.25 毫克 / 日，连服 20 天，应用 1 ~ 3 个周期，以增加丘脑下部—垂体—卵巢系统的敏感性，然后用氯米芬促排卵，能提高疗效。如宫颈黏液量少且黏稠，在服完氯米芬后，加用己烯雌酚 0.125 ~ 0. 25 毫克 / 日，连服 7 天。

（3）人绒毛膜促性腺激素：具有促黄体激素的作用，于卵泡发育近成熟时给药可促排卵。

（4）雌孕激素人工周期：对一般月经失调而有一定雌激素水平者，可序贯应用雌孕激素作人工周期治疗 3 月，停药后可能出现排卵。

（5）溴隐亭：适用于无排卵伴有高泌乳素血症者。

专家指出，促排卵药对不孕症者确实有效，但不可滥用，否则就会出现促排卵药的副作用，给自己的卵巢健康带来影响。

小贴士

促排卵药的副作用

促排卵药物就像一把双刃剑，慎重服用可能“喜得贵子”，随意服用则有可能为此付出沉重代价。那么，促排卵药到底有哪些副作用呢？

（1）过度排卵，卵巢功能损害严重。

（2）促排卵药带来的不一定是双胞胎。

因此，女性不要自行服用促排卵药，如果确实希望怀双胞胎或多胞胎，也应该去正规医院接受医生的科学指导。

试管婴儿

试管婴儿是体外受精联合胚胎移植技术的俗称，是指采用人工方法让卵细胞和精子在体外受精，并进行早期胚胎发育，然后移植到母体子宫内发育而诞生的婴儿。

1. 试管婴儿移植后注意事项

（1）到家后卧床休息 48 小时，除了上厕所，可以平卧，侧卧，也可以趴着睡，但是不要起床。可以斜躺在床上，但是角度必须小于 45 度。

（2）48 小时内不要洗澡。

（3）移植后要避免用力气的运动，慢跑或者骑自行车都不行，但是慢走是有益健康和安全的。

（4）不要拿任何重的东西直到怀孕测试，1/2gallon 大约是 1.89 升这样的重量。

（5）起床的时候不要一下坐起来，先侧身，用手撑着床，慢慢起来。

（6）移植后活血化瘀的食物不能吃，有祛湿排毒功能的食物不能吃，如补药、藕、麻油、西洋菜、黑木耳、桂圆、薏米等。

（7）不能用热水袋敷肚子，高温会让宝宝死掉或者畸形的。

（8）移植后 3 天内不要上下楼梯。

（9）一定要保持平和的情绪，不要着急，不要生气。

2. 哪些人可以做试管婴儿

（1）严重输卵管疾病，如患盆腔炎导致输卵管堵塞、积水；或输卵管结核而子宫内膜正常；或异位妊娠术后输卵管堵塞。

（2） 子宫内膜异位症。

（3）免疫性不孕症，男方精液或女方宫颈黏液内存在抗精子抗体者。

（4）男性因素，即少精症、弱精症、畸精症。

（5） 原因不明性不孕症。

（6）其他原因的不孕治疗无效者。

（7）有遗传性疾病需要做移植前诊断者。

（8）其他如卵泡不破裂综合征等。

人工受孕

人工受孕即人工授精，即将男性精液用人工方法注入女性子宫颈或宫腔内，以协助受孕的方法，主要应用于男女不孕症。人工授精有配偶间人工授精、非配偶间人工授精两种。人工授精有严格的要求，所以不一定不孕就适合做人工授精，具体操作要就医咨询。

人工授精关键之一是要选对最佳授精时间，授精时间选择得好，可以大大提高人工授精的成功率。在排卵前48小时至排卵后12小时内人工授精最容易成功。

人工授精有配偶间人工授精和非配偶间人工授精两种。

1. 配偶间人工授精

配偶间人工授精是指用新鲜或冷冻保存的丈夫精液进行人工授精，其进行条件是：丈夫精液正常，但有难以矫治的性交障碍，精子不能达到宫腔内，而女方检查生殖道通畅和排卵功能正常。

2. 非配偶间人工授精

非配偶间人工授精是指用非配偶关系的男子提供的健康、正常的新鲜或经冷冻保存的精液进行人工授精。考虑非配偶间人工授精时必须十分谨慎。需做非配偶间人工授精的前提是男方完全无恢复生育的能力的希望，检查应包括睾丸活检，证实丧失生精能力，而女方生育力完全正常。

人工授精适用于男性不育，包括少精、弱精、死精、无精、严重尿道下裂、逆行射精以及阳痿等，是将处理过的精液通过导管放入女性生殖道内。人工授精的前提是女方必须经过系统检查证明无不育因素存在，在月经第5天开始促排卵，以提高受孕率。无须住院。

小贴士

人工受孕适用人群

人工受孕主要用于由男性原因造成的不孕，如严重的尿道下裂、逆行射精、勃起障碍、无精症、少精症、弱精症、精液不液化症。有些女性方面造成的不孕也能采用人工受孕，如阴道痉挛、宫颈细小、宫颈黏液异常、性交后试验欠佳等。另外，有一些特殊情况，如免疫学原因的不孕，夫妇双方均是同一种常染色体隐性遗传病的杂合体或男性患常染色体显性遗传病，也可用人工受孕的方法获孕和避免不健康后代出生。

注意事项

排卵期

卵子自卵巢排出后在输卵管的内能生存 1~2 天，以等待受精；男子的精子在女子的生殖道内可维持 2~3 天受精能力，为了保险起见，我们将排卵日的前 5 天和后 4 天连同排卵日在内共 10 天称为排卵期。因为在排卵期内性交容易受孕，所以排卵期又称为易受孕期或危险期。

排卵期该如何计算呢?

1. 观察宫颈黏液

接近排卵期黏液变的清亮，滑润而富有弹性，如同鸡蛋清状，拉丝度高，不易拉断，出现这种黏液的最后一天 ±48 小时之间是排卵日，因此，在出现阴部湿润感时即排卵期，也称“易孕期”。

2. 测量基础体温

每天早晨醒后测量体温，一般情况下，月经前半段时间体温较低，到达排卵期时更低，排卵后会逐渐上升。

这种方法只能提示排卵已经发生，不能预告排卵将何时发生。

若月经不规律或生活不规律，如夜班、出差、失眠、情绪变化、疾病等，不能用此法判断有无排卵。

3. 经期推算法

对于月经周期正常的：

推算方法就是从下次月经来潮的第 1 天算起，倒数 14 天或减去 14 天就是排卵日，排卵日及其前 5 天和后 4 天加在一起称为排卵期。

对于月经不正常的：

排卵期第一天 = 最短一次月经周期天数减去 18 天；

排卵期最后一天 = 最长一次月经周期天数减去 11 天。

例如：月经期最短为 28 天，最长为 37 天，需将最短的规律期减去 18（28 — 18=10）以及将最长的规律期减去 11（37 — 11=26），所以在月经潮后的第 10 天至 26 天都属于排卵期。

女性排卵期的症状

1. 女性排卵期正常变化

（1）食欲下降，这几天大部分女性食欲不好，饭量变小。

（2）精力旺盛，在排卵期，女性的本能，使她们更加喜欢表现自己。

（3）性欲较强，因为这几天是可能怀孕的时候。

（4）身体的抵抗力会较差。

2. 排卵期时异常症状

排卵期阴道分泌物增多的现象是正常的，外阴瘙痒，红肿，是外阴各种不同病变所引起的一种症状。

安全期

传统来说，月经前 7 天和月经后 8 天为成年女性的安全期，是多数人用来避孕的一种计算方法。除了使用天数计算的日历法外，尚有基础体温法和分泌物观察法。然而安全期并非绝对安全，有时候女性排卵会提前或者延后，此时安全期的判断就会变得无效。判断安全期只能减少怀孕的概率。

安全期计算方法：

1. 日历法

如月经周期一直准确，排卵日可能在下次月经来潮前的第 14 天，卵细胞排出后，能存活 2 ~ 5 天，精子进入女性生殖道可存活 1 ~ 3 天，因此，在排卵日前 5~7 天和排卵日后 4~6 天内性交容易怀孕，除此之外的日期则相对安全。

一个月经周期规律的妇女，其排卵的时间基本稳定。在安全期性交，达到避孕的目的，叫作安全期避孕法。这种方法不适合年轻人，因为他们性交的频数不可能相隔一周左右。这种方法对中年人适用。

2. 基础体温法

基础体温是指健康人清晨醒后的体温，一般它是一天最低的体温。正常生育年龄的妇女，排卵后体温立即升高，并持续到下个月经周期开始。利用女性基础体温这一变化规律，找到排卵日，并在其前 3 ~ 4 天和后 5 ~ 7 天不性交。

3. 阴道分泌物观察法

女性阴道分泌物随月经周期的不同时期而有规律的变化着。排卵期黏液越来越多，阴道内有潮湿感，黏液变清，黏液可以拉丝，最长可达 10 厘米。这种黏液持续的最后一天，一般为排卵日。在其前 3 ~ 4 天和后 5 ~ 7 天不性交。

安全期性交适用于月经周期正常，夫妇常在一起生活，并能熟练掌握和严格遵守安全期的人使用；不经常生活在一起的夫妇，分娩或流产后的妇女，精神情绪、生活环境和健康情况有变化的妇女以及不能掌握安全期的妇女，新婚夫妇情绪激动、性欲旺盛，都暂不适宜安全避孕。

生理期避孕只适用于月经周期规律、长期同居、生活规律、双方能相互配合及谅解的夫妇，但基于其安全性不高，请采用此种方法避孕的女性注意以下几点：

（1）许多疾病会改变女性的排卵时间，比如内分泌疾病、肾脏疾病等。如果在此期间内用安全期避孕，常可导致避孕失败。

（2）经期同房一般不会导致怀孕，但经期有意外排卵的可能，而且经期同房容易引起感染，有百害而无一利。

（3）如果是处于绝经期年龄的女性，当阴道还有少量出血时，应在出血停止后第4天才可同房，因为这种出血可能是一次排卵引起。

（4）如果你是从口服避孕药改为生理期避孕的话，那么在停服避孕药后的头几个月可能会出现额外排卵或不规则行经，所以这几个月应尽可能不采用安全期避孕。

最后，我们要提醒所有的女性朋友，妇女排卵时间虽然多在月经中期，但由于外界环境、气温、情绪、健康状况等因素影响，可使排卵时间提前或延后。有些妇女受性生活的刺激时还可出现额外排卵，结出不情愿的果实。为此，育龄妇女最好根据自身的具体情况，来选择较好的避孕方式。

小贴士

安全期避孕并非百分之百有效

安全期避孕效果由于排卵期的掌握上的困难，有效率只有65% ~ 95%。有效率的变化幅度大，是因为女性可能在一个月的任何时候排卵，不同月份排卵期也不同，由于个人体质、气候、饮食、情绪、环境、体内激素等的变化，排卵期会经常发生波动，甚至发生额外排卵，因而避孕失败率高。

受精卵

精子与卵子在输卵管里奇迹般地会合后，形成一个受精卵，生命开始了。卵子受精后，分裂为两个细胞，大约每隔12小时分裂一次。这团细胞从输卵管进入子宫时，分泌出液体，于是膨胀成一个空心球，叫作胚泡。这个空心球在几天内会变成两层，球内含有微量液体，细胞团堆在球的一侧。球壁以后会变成胎盘和羊膜，里面的细胞则会变成胎儿。受精卵靠输卵管的收缩来到子宫，输卵管内壁的许多纤毛，不断推动管内的液体，对输送受精卵也起辅助作用。一般在排卵后4天左右受精卵到达子宫腔，约在卵子脱离卵胞的第9天，胚胎钻进子宫内膜，发育长大。

受精卵的形成

性交后，男性射出的精液中含1~3亿个以上的精子，这支庞大的“队伍”就在女性生殖道内“争先恐后”地逆流而上。精子靠它的尾巴摆动，以每分钟2~3毫米的速度游动，经过漫长的“旅程”——阴道、宫颈、宫腔后到达输卵管，在这里精子和卵子会合。在上述过程中，精子在数量、形态结构、生化反应等方面都发生了很大的变化，最后仅有几十个至200个精子能够到达终点。

首先卵外周的放射冠细胞在输卵管黏膜和精液内的酶作用下分散，若干个精子借尾部运动穿越放射冠。精子顶体释放透明酸酶和神经胶酶，消化卵子外周的透明带，并穿入透明带。精子穿入透明带后，精子头部与卵细胞表面接触，接触点间的精、卵细胞膜破裂，精子的头部和体部进入卵细胞内，精子细胞膜融合于卵细胞膜上，此卵称为受精卵。尽管可有数百个精子穿入透明带，但通常只有一个精子能进入卵细胞内部与之结合成受精卵，这种阻止多个精子进入卵细胞内的生物学反应，称为透明带反应。

精子进入卵细胞后，尾部消失，头部变圆膨大，形成雄原核；卵细胞完成第二次有丝分裂后，其细胞形成雌原核。雄原核与雌原核接触，融合，二性染色体在其后的台子分裂中混合、配对，受孕宣告结束，一个新生命宣告开始。受精过程约需 24 小时。

着床

受精后第 6~8 天开始着床，至第 11~12 天完成。一般着床于子宫体后壁比前壁略多，中线多于侧壁。

（1）附着

随着透明带的局部穿孔或整个消失，靠近内细胞群一端的滋养层迅速分裂，并贴近子宫内膜上皮。两个相对组织面的微小绒毛跨过空隙，广泛地呈指状互相交错，随后绒毛互相交织。

（2）植入

囊胚（又称胚泡）附着在子宫内膜后，内膜上皮细胞的胞膜逐渐消失，变为多核细胞体。滋养层也分化为两层，内层保留细胞膜，称细胞滋养层；外层细胞膜消失，称合体滋养层。合体滋养层有很强的侵蚀力，侵蚀子宫脱膜，形成小缺口，使胚泡慢慢地陷入子宫内膜致密层下。到受精后约第 10 天，整个胚泡位于子宫内膜中，第 11 天在子宫内膜处有小血块和细胞碎片构成的闭锁栓，第 12 天胚泡几乎全部被增生的上皮所覆盖，并形成一个小隆起，着床即完成。

发育

受精发生于黄体形成后，黄体分泌的孕激素促使输卵管上皮细胞分泌营养性液，以滋养受精卵，并使之运行。受精后 24~36 小时，受精卵分裂为两个细胞，继续分裂，边分裂边运行。受精后 72 小时，分裂成 12~16 个细胞的实心团，称桑葚胚。

由于输卵管平滑肌的舒缩，黏膜上皮纤毛的摆动，受精卵越过壶腹—峡部连接处。经峡部，形成桑葚胚，进入子宫。受精卵在输卵管内发生卵裂，但体积不增大。

桑葚胚从宫腔中吸收营养，宫腔液渗入到桑葚胚内，细胞分裂增生，至受精后约 96 小时，发展成为囊胚。囊胚的构成：由外周的细胞群构成滋养层；被滋养层包围的间隙，含有液体，称为囊胚腔；位于囊胚腔一端的细胞群，称为内细胞群，以后发展成为胚胎。

最佳时机

（1）让刚排出的卵子立即受精，可避开外界环境，孕育体质佳、智商高的孩子概率最大。

（2）中国妇女最佳生育年龄为24~34岁，父亲在30~40岁，母亲在24~29岁时生下的孩子易成才。

（3）夏末秋初气温适宜，避开了病毒流行，疾病暴发的时间。有丰富的食品可使孕妇得到最充足的营养并贮备于体内，以预防妊早期孕吐反应所造成的营养损耗，利于胎儿早期大脑发育。到妊娠中、晚期正值春季，宜人的环境非常有利于胎教。

（4）受孕时避开自然界环境这些变化：太阳磁暴、地震、月圆之夜都会使人的情绪发生很大改动，并且精卵细胞质量下降。雷电交加之时产生强烈的X射线，会引起生殖细胞染色体畸变。太阳黑子周会发生太阳耀斑，对生殖细胞和胚胎有伤害，导致出生后婴儿智力不良。

基础体温

基础体温，又称静息体温，是指人经过6~8小时的睡眠以后，比如在早晨从熟睡中醒来，体温尚未受到运动饮食或情绪变化影响时所测出的体温。基础体温通常是人体一昼夜中的最低体温。

1. 基础体温怎么测

（1）买一支基础体温计。基础体温计与一般体温计不同，它的刻度较密，一般以摄氏36.7℃（刻度24）为高低温的分界。（36℃——刻度10；38℃——刻度50）。

（2）将基础体温计于睡前放在枕边可随手拿到之处，于次日睡醒，尚未起床活动时，放在舌下测量3分钟，并记录在基础体温表上。

（3）早晨量体温有困难者，可在每天某一固定时间量，切记事前半小时不可激烈运动或饮用冷热食品。

（4）月经来潮和同房日须附加记号标示，遇有发热、饮酒、过度晚睡、晚起等会影响体温的状况，亦应特别注记说明。

2. 基础体温的原理

正常育龄妇女的基础体温与月经周期一样，呈周期性变化，这种体温变化与排卵有关。

（1）若无怀孕，黄体萎缩停止分泌黄体素，体温下降，回到基本线，月经来潮。

（2）若是已经怀孕，因黄体受到胚胎分泌激素支持，继续分泌黄体素，体温持续高温。

（3）若卵巢功能不良，没有排卵也没有黄体形成，体温将持续低温。

3. 测量基础体温的作用

（1）判断是否排卵

虽然在一般情况下人体的正常体温是37℃，但在不同的身体状况下也会略微有些差别。通常女性在来月经之前，体温较高，处于高温期；来月经之后，体温则相对较低，处于低温期。如果在24小时之内，体温增高0.3 ~ 0.6℃，甚至更高，那么则表示处于排卵的状态。

另外，基础体温也大略可以看出排出卵子的质量优劣程度。如果基础体温高温期较长，可以持续 13 ~ 14 天，那么就表示卵子的质量不错。

（2）怀孕的早期诊断

如果持续两周以上较高的基础体温，就要考虑去医院检查一下，因为你有可能是怀孕了。

（3）卵巢机能

基础体温处于高温期代表黄体机能的减弱、甲状腺素过低、泌乳激素过高，代表排卵的质量会比较差，甚至会不排卵。

小贴士

什么叫危险期

基础体温为高温期属于安全期，低温期则属于危险期，但低温期也会有个别差异。比如对年轻女孩而言，她们的卵巢功能好，分泌物多，危险期就相应的长一些，精子在子宫内存活的概率也会相对比较高。所以，很可能在排卵前 5 天开始，就必须看作是危险期。

意外怀孕

意外怀孕指的是已婚女性计划外怀孕，或者未婚女性怀孕。但事实上，有 50% 以上的准妈妈是意外怀孕的，而另外 50% 在计划内怀孕的准妈妈中，又有约 50% 曾经遭受过宝宝的突然袭击。在没有做好充分准备，小宝宝就不邀自来，所以意外受孕往往会弄得你措手不及。

1. 如何判断自己是否意外怀孕

所有的女人在知道自己怀孕时，实际上孕期已经过了一个月，而检查自己是否怀孕，可以通过身体的变化觉察到。

（1）停经

停经是怀孕早期最早、最重要的信号。凡是月经周期一向正常的已婚育龄妇女，如果月经过期超过 10 天以上，就应考虑到有怀孕的可能，如停经超过两周以上就需要到医院检测原因。

（2）早孕反应

多数妇女怀孕 6 周以后可出现头晕、乏力、嗜睡、唾液分泌增多、食欲不振、恶心呕吐等现象，呕吐多在清晨或空腹时发生。有些孕妇特别喜好吃酸性和生冷食物。上述这些现象称为早孕反应，多在怀孕后 12 周左右自行消失。少数人的早孕反应比较严重，持续时间也较长。

（3）排尿次数增多

怀孕 8 周以后，可能有排尿次数增多的现象，这是由于子宫增大后压迫和刺激膀胱引起的。怀孕 12 周以后，子宫超出盆腔，膀胱不再受压迫和刺激，尿频症状自行缓解。

（4）乳房发生变化

怀孕后，在雌激素和孕激素的共同刺激下，于第 8 周起，乳房逐渐长大，乳头和乳晕部颜色加深，乳头周围有深褐色结节等现象，12 周以后还会有少许清水样乳汁分泌。

2. 如何有效避免意外怀孕

避孕方法有很多种类：男性可采用男用避孕套；女性可采用口服避孕丸、避孕注射针、子宫环、子宫帽、女用避孕套、外用避孕药物或排卵期推算法等。至于已决定不再生育的人士，更可采用男性输精管结扎或女性输卵管结扎的永久避孕法。

但若在性交的过程中没有采用任何避孕方法，又或避孕失效，可使用事后避孕措施来避免意外怀孕——即在性交后 72 小时内服用紧急避孕丸，或在性交后 5 天内戴子宫环。但两者均须先咨询医生意见，方可使用。目前药房里能够买到的非处方类紧急避孕药主要有毓婷、米非司酮片、诺爽等。毓婷、诺爽的服用方法都是一样的：房事后 72 小时内服用第一片，再过 12 小时服用第二片。而米非司酮的服用方法是：房事 72 小时内空腹服 1 片，之后需禁食 2 小时。在医生的指导下，它还可与前列腺素类药物合并使用，用于终止停经 49 天内的妊娠。

孕前检查

孕前检查是指夫妻准备生育之前到医院进行身体检查，以保证生育出健康的婴儿，从而实现优生。男士孕前检查和女士一样重要。男女双方都需做孕前检查，以确保正常怀孕和生育健康宝宝。

1. 孕前检查包括事项

（1）常规血液学检查。

（2）梅毒血清检查及艾滋病病毒检验。

（3）麻疹抗体检查。

（4）乙型肝炎检查。

（5）子宫颈刮片检查。

2. 孕前检查的注意事项

（1）针对女性而言，在体检当天清晨需禁食、禁奶制品；需要空腹，不要吃早饭，也不要喝水，因为有些检查项目需要空腹。早晨起床第一次排的尿液，收集少许，放入干净的小玻璃瓶中，备化验用。B 超检查前要憋尿，因为要在膀胱充盈的情况下做 B 超检查，所以要憋尿。此外，专家提醒，女性孕前检查注意还应避开月经期，体检前一天休息好，保证精力充沛。

（2）男性孕前检查主要是针对生殖系统疾病等，以保证能孕育出一个健健康康的宝宝。由于男性泌尿生殖系统的毛病对下一代的健康影响极大，因此这个隐私部位的检查必不可少。

（3）仅做婚检，不能防范出生缺陷。首先，孕前检查基本上可以涵盖婚检的内容，如体格检查、生殖器检查、慢性疾病检查等。其次，唾液、染色体等孕前检查，可以排除女性巨细胞病毒感染、男性染色体平衡异位，这些在婚检中是没有的。而且，很多新婚夫妇婚后并没有马上要小孩。即使婚检正常，但到怀孕时夫妻俩的健康状况可能已有变化。

小贴士

孕前检查的最佳时间

一般建议在开始做检查，包括夫妇双方。女方的孕前检查时间最好是在其月经干净后3~7天之内进行，注意最好是不要同房。孕前3～6个月无论从营养方面，还是接种疫苗方面以及补充叶酸，都留有相应的时间。一旦孕前检查发现其他问题，还可以有时间进行干预治疗。所以，至少提前3个月进行孕前检查为宜，而且夫妇双方应同时进行。

孕前用药安全

是药三分毒，药物虽然可解人的病痛之苦，但如果不注意服用药物的科学性，对健康确实有害的。如一些药物中含有致畸成分，可能会引起胎儿畸形。因此，计划怀孕的夫妻，最好计划受孕前就咨询医生，按医嘱慎重地服药。如果患有慢性疾病，长期服用某种药物，停药前要征得医生的同意。

计划怀孕的孕妈妈们，应该谨慎用药。卵子从初期卵细胞到成熟卵子需要14天，在此期间卵子最易受药物的影响，如果一些激素类药物、某些抗生素、止吐药、抗癌药、安眠药、治疗精神疾病药物等，都会对生殖细胞产生不同程度的不利影响。所以，长期服药后不要急于怀孕，最好还是去妇科咨询一些，确定安全怀孕期间在进行受孕。一般情况下，女性在停服药物的20天后受孕，对胎宝宝的影响较小，比较安全。但由于各种药物的药理作用不同，所以不能一概而论，20天只是个最低底线。

如果你在服药期间，应立即将用药情况详细告知医生，医生可以根据用药在种类（性质）、用药时胚胎发育的阶段、药物用量多少以及疗程的长短等来综合分析有否终止妊娠的必要，不要立即决定终止妊娠，留下遗憾。

关于的致畸效应，国内外学者进行了大量的研究，至今意见不一。有人发现：在怀孕前6个月内曾服过避孕药的妇女，自然流产胎儿染色体畸变率有增高的趋势；如果在怀孕时误服避孕药或者在停药1个月内怀孕的胎儿，其先天性畸形的发病率有增高的趋势。

国外有人报道，近几十年来女孩的阴道癌发生率有所增高，并发现这些患儿的母亲大多数在怀孕期间用过雌激素，因此得出结论：认为妇女在妊娠期间服用雌激素可能会影响到下一代的女性婴儿。因为口服避孕药大多数含有孕激素和少量的雌激素，用药后可能会使女性胎儿发生男性化，还可使阴道癌发病率增加。

有些人认为，用避孕药失败而怀孕，或者停服避孕药后马上怀孕，会引起胎儿脊柱、肛门、心脏、气管食道、肾脏和四肢畸形。不过，也有些人却提出异议，他们统计了服药妇女和未服药妇女所产生的胎儿畸形率资料后，发现并无明显的差异。有些学者通过淋巴细胞培养法研究，也未发现有染色体的畸形。英国皇家医师协会通过大量的调查，将5000名在怀孕前或怀孕早期曾经用过口服避孕药的孕妇和10000名未服过避孕药的孕妇作了对照观察后发现，所分娩婴儿的畸形率并没有什么差异，从而证实了口服避孕药并不会引起胎儿畸形。而且，国外口服避孕药1号片中孕激素炔诺酮的含量是2.5毫克，而我国目前用的口服避孕药1号片中仅含孕激素炔诺酮0.625毫克，为国外含量的1/4，所以更加安全，不必担心。

尽管这样，一般认为：在只生一个孩子的情况下，要生就要优生优育，应该慎重些为好。口服避孕药后又想怀孕者，至少要停药后再怀孕为宜，若能停半年，则更好。不过，在停药期间要采用其他可靠的避孕措施。

最佳受孕时机

父母都希望自己生出来的宝宝可以健健康康、聪聪明明的，生一个这样的宝宝，很多父母都知道经过周详的计划，才能迎接新生命的到来。下面给你介绍几个最佳受孕时机，想要宝宝的父母可以从中学习。

1. 最佳的受孕年龄（24~27岁）

女性生育旺盛时期是20~30岁。从生理上看，女性生殖器官一般在20岁以后才逐渐发育成熟，骨骼的发育成熟则要到24岁左右。如在骨骼尚未发育成熟前怀孕，母子就会互相竞争营养，从而影响母亲骨骼发育的进程。而且由于子宫收缩无力、胎位不正、胎儿发育不良等，又会影响婴儿的健康。所以，女性在24~27岁生育比较合理，最好不超过30岁，特别不要超过35岁。因为妇女年龄过大，卵细胞发生畸变的可能性增加，受孕后胎儿畸形率也会上升，不利于优生。

随着年龄增长，人的生育能力在不断下降，此外，过晚怀孕，卵子质量下降，胚胎畸形的概率增高。同时，也不利于及时发现问题，从而增加了治疗难度。

生理学家公认，女性在23~28岁之间是生育的最佳年龄段。这一时期女性全身发育完全成熟，卵子质量高，若怀胎生育，女性并发症少，分娩危险小，胎儿生长发育好，早产、畸形儿和痴呆儿的发生率最低。

2. 最佳的受孕季节（春末、秋初）

四季的变化对人类受孕、怀孕和生育有着明显的影响。选择怀孕的理想季节，对母亲的健康和胎儿的生长发育有很重要的意义。专家认为受孕最佳的季节是春末或秋初即3~4月份或9~10月份怀孕较为理想。

春末3~4月份怀孕，正是春暖花开的季节，此时气候温和适宜，风疹病毒感染和呼吸道传染病较少流行。孕妇的饮食起居易于调适，这样使胎儿在最初阶段有一个安定的发育环境，对于预防畸胎最为有利。日照充足是春季怀孕的又一个好处，在整个妊娠过程中能提供良好日照条件。孕妇皮肤里的麦角固醇在太阳光中紫外线的照射下，能变成维生素 D，促进对钙、磷的吸收，有利于胎儿骨骼的生长和发育。另外，太阳光照射到皮肤上，能促进人体的血液循环，还能杀菌消毒，对孕妇的身体健康也大有益处。

秋初，9~10月份受孕也较为合适。由于9~10月份正值秋高气爽，气候温暖舒适，睡眠食欲不受影响，又是水果问世的黄金季节，对孕妇营养补充和胎儿大脑发育十分有利。孕妇的预产期又是春末夏初，气候温和，有利于产妇身体康复和促进乳汁的分泌，孩子衣着逐渐减少，护理较为方便。另外，春夏之交，日光充足，婴儿可有良好的光照条件，有利于婴儿生长发育的骨骼钙化，不易患佝偻病；当进入冬季时，婴儿已逐渐长大，可避免肠道传染病流行高峰。

3. 最佳的受孕时间（排卵期）

一项最新的研究结果表明：在排卵期当天及前 5 天，性交受孕率较高，受孕率的顶点是排卵那天。为了增加受孕的机会，提高胎儿质量，排卵期前男女双方之间应节欲一段时间，使双方精血旺盛。性交次数过疏或过频都不利于受孕，性交间隔过短，精液稀薄精子量少，不利于受孕，通常要在排卵期性交前节欲 3~5 天，以保证足够数量高质量的精子受精。另外，应尽量安排在最接近排卵日的时间性交。因为排卵之前过早性交，精子在妇女性生殖道里停留时间过长，至排卵后过迟性交，卵子等待时间过久，受精时质量差。两种情况都影响受精卵的质量，不利于优生。

女性受孕不一定必须有性高潮，但性高潮可以增加受孕机会，因为性高潮中子宫内为正压，性高潮后急剧下降到负压，子宫内产生吸引作用，有利于精子的游入。另外在性兴奋中，阴道的内 2/3 段膨大，变成性交后的精液池，外 1/3 段收缩，减少精液外流，而且兴奋时子宫上提，消退期子宫下降，这也有利于精子从精液池流入子宫。再者，性兴奋中，阴道分碱性黏液，使平常呈酸性的阴道环境 pH 值上升，有利于精子的生存和活动。

那么一天当中，何时受孕最为合适呢？科学家根据生物钟的研究表明，人体的生理现象和机能状态在一天 24 小时内是不断变化的，早 7 点至 12 点，人的身体机能状态呈上升趋势；下午 1 点末至 2 点，是白天里人体机能的最低时刻；下午 5 点再度上升，晚 11 点后又急剧下降，普遍认为晚 9~10 点同房受孕是最佳时刻。除此之外，同房后女方长时间平躺睡眠有利于精子游动，可增加精卵接触的机会。

小贴士

节育环取出后多久可以怀孕

节育环取出后，其干扰精子和卵子结合的作用随之消失，子宫内膜恢复正常。研究证实，有 75% 的妇女在取环后 6 个月内可受孕；有 90% 的妇女在取环后 1 年内可受孕。而且，取环后受孕，胎儿发育无任何影响。但为使子宫内膜很好地修复，取环后，应先用其他方法避孕 1~3 个月后再怀孕，否则不利于优生。

易受孕性爱姿势

受孕的原理是精子首先经过宫颈进入宫腔，再到达输卵管，与卵子结合，所以，要想受孕成功，最重要的是使宫颈口浸泡在精液池中，给精子进入宫腔创造条件。

最佳受孕姿势一

生殖器可从正面交合，这是最普遍的一种性交方式。女方平躺仰卧，双膝微弯稍分开，这样可使精液射在宫颈口周围，这样的体位对子宫前位的女性最佳。如果你想怀孕，性交后就应该老老实实地在床上躺着休息一会儿，这样可以防止精液外流。也不要冲澡，可以等一等。

最佳受孕姿势二

采取后位式，从背面进入，这样的体位对子宫后位的女性可能更佳，更有利于宫颈浸泡在精液池中。

所有的女性在性交后采取仰卧平躺姿势时，都会有液体从阴道中流出，并不是你的阴道容纳能力低下。为了确保受孕，性交后女性可把双腿朝空中举起，或者在臀下方塞一个枕头，使上身处于一个臀高头低的位置。再或者采取侧卧姿势，膝盖尽量向胃部弯曲。同样可以延长精液在阴道的存留时间。

放轻松，享受性爱，对受孕更重要。在性爱中享受到高潮的女性，子宫和盆底肌肉发生收缩，子宫产生负压吸引效应，有利于精子进入宫腔。

此外，据调查显示，女性在达到性高潮时，血液中氨基酸和糖分能够渗入阴道，可以使精子在阴道中的运动能力增强；而性快感与性高潮又促进子宫收缩及输卵管蠕动，有助于精子上行，同时，小阴唇充血膨胀，阴道口变紧，便于精液贮存于阴道内，并使平时闭锁的子宫颈口松弛张开，使精子容易进入。三者使更多强壮而优秀的精子与卵子有结合的机会，达到受精的目的，获得优良的受精卵。

不孕不育

宫外孕

正常情况下，受精卵会由输卵管迁移到子宫腔，然后安家落户，慢慢发育成胎儿。但是，由于种种原因，受精卵在迁移的过程中出了岔子，没有到达子宫，而是在别的地方停留下来，这就成了宫外孕，医学术语又叫异位妊娠。

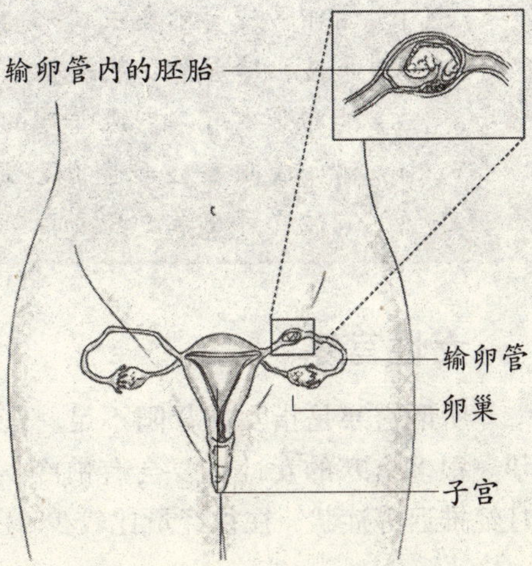

宫外孕是妇科一种危险的急腹症，必须对之高度警惕。一旦出现停经、腹痛并伴有阴道出血现象时，应立即去医

院检查确诊。并进行及时抢救，以减少或防止腹腔出血，避免因出血过多而发生严重后果。

1. 宫外孕防治保健

既然宫外孕是一种相当危险的疾病，那么就要对其保持高度警惕性，在日常生活中做好防治宫外孕的保健。

（1）积极防治输卵管炎。由于引起宫外孕的常见原因是慢性输卵管炎，所以做好输卵管炎的防治显得非常重要。在产后、流产后和月经期要注意卫生，预防感染现象，应及时彻底地治疗，以免后患。

（2）临时急救的保健。输卵管妊娠经确诊后，应立即输血以补充失血，并进行开腹手术，切除病灶。

（3）保守治疗及保存生育功能的保健。对于一些轻症患者，如内出血不多，可应用中西医结合的非手术治疗方案，非手术治疗也必须在医院进行，并严密观察血压、脉搏，做好手术准备，以防出现意外来不及抢救。如病情不见好转，应立即进行手术治疗。

2. 宫外孕注意事项

（1）宫外孕是比流产更严重的疾病，随着胎儿长大，输卵管会破裂而引起大流血。不仅是胎儿，更重要的是威胁着母亲的生命。

（2）宫外孕也易和其他一些腹痛的毛病相混淆，应注意区分。阑尾炎的疼痛是从心口开始逐渐移至右下腹；肠扭转是突然导致痛腹胀；胆石是右上腹痛。而宫外孕，也就是子宫外妊娠破裂，是下腹剧痛，出血。

（3）在救护车来到之前，应当头低、脚高，保持安静，防止出血，用毛毯等物品保温。

小贴士

易发生宫外孕的5类女性

引起宫外孕的常见原因是输卵管炎及粘连，如慢性输卵管炎、结核、子宫内膜异位等。那么，宫外孕通常会发生在哪些女性的身上呢？

（1）输卵管发育不良或畸形的女性。

（2）患慢性输卵管炎的女性。

（3）输卵管发育不良或畸形的女性。

（4）输卵管阻塞后再通的女性。

（5）有过宫外孕病史的女性。

女性宫寒

所谓宫寒是指女性肾阳不足。宫寒可以导致不孕，但并不是说宫寒就一定不孕。很多宫寒的女性主要会有怕冷、腰酸腿软、小便清长、夜尿多、性欲淡漠、月经推迟等症状，往往经量比较少、颜色比较淡，或痛经，严重的会闭经、不孕。

从另一个角度讲，子宫温度偏低，不适合胎儿生长，即使怀孕也容易流产。所以，女性在准备怀孕前先调理子宫环境是很有必要的。

临床医学发现，造成宫寒的原因有很多。一方面与人的先天体质有关，不过，现在导致宫寒的原因大多是不良的生活方式，如爱吃冷饮、贪凉、将空调温度调得过低或是为了漂亮穿露脐装、冬天衣着单薄等，而月经期受凉的话，影响更大。另外，过度疲劳或情绪变化也会损伤身体的阳气。所以在平时的日常生活中特别是月经期间女性要注意，不要吃冷饮、贪凉以免引起宫寒。

1. 女性宫寒怎么调养

（1）要改变自己的生活习惯，注意保暖，特别是在寒冷的冬季，“美丽冻人”是要不得的。

（2）在饮食上，要避免吃生冷食物，少吃白菜、白萝卜、绿茶等寒性食物等，多吃些温阳的食物，如羊肉、狗肉、韭菜、核桃、桂圆、枣、花生等。

（3）宫寒的人还应适当加强运动，一般来说，宫寒的人偏于安静沉稳，运动过多时容易感觉疲劳。其实“动则生阳”，寒性体质者特别需要通过运动来改善体质。快步走是最简便的办法。步行，尤其是在卵石路上行走，能刺激足底的经络和穴位，可以疏通经脉、调畅气血、改善血液循环，使全身温暖。

此外，还可以采用艾条温灸的方法。一般选取两个穴位：肚脐正中直下 1.5 寸处的气海穴、肚脐正中直下 3 寸处的关元穴。每天用艾条每日熏烤 30 分钟，可以起到很好的效果。

2. 女性宫寒吃什么好

（1）鸡煮益母草：乌鸡 1 只，益母草 500 克（分 4 份，分别用酒、醋、姜汁、川芎汁浸透炒干）。将制好的益母草，放入鸡膛内，用清汤煮，鸡淡吃，或酒送下亦可。鸡骨并药渣焙干为末，加当归 120 克、续断 60 克、姜 18 克为末，炼蜜为丸，每丸 9 克。每日早、中、晚各服 1 丸。主治久不孕者。

（2）红花孕育蛋：取鸡蛋 1 只，打一个口，放入藏红花 1.5 克，搅匀蒸熟即成，月经来潮的第二天开始服，每天吃 1 个，连吃 9 个。持续服 3 ~ 4 个月经周期。主治气虚夹瘀不孕。

（3）当归远志酒：当归、远志各 150 克，甜酒 1500 克。将当归与远志用纱布封好，以酒浸泡，密封。7 日后可开取，去渣备用。每晚温饮，随量饮之，不可间断。酒用尽，依法再制。功能是活血通经，调和气血。适用于妇女月经不调或气血不足者。

腹腔镜检查

腹腔镜检查是通过腹腔镜对腹腔进行检查、治疗的一种方法。腹腔镜检查可清楚地观察到盆腔组织结构及卵巢肿瘤的外观性状，这对诊断及治疗卵巢疾病意义重大。特别是在决定对卵巢进行何种手术时，如是做肿瘤剔除、卵巢切除还是保留卵巢，对肿瘤性质的判断非常重要。

1. 异常结果：

（1）诊断性腹腔镜：不明原因下腹疼痛的病因检查；对盆腔肿块的定位、定性、分期和治疗后的复查；探查不育症的病因；明确生殖器官畸形的分类；探究内分泌或内分泌疾患等。

（2）手术性腹腔镜：计划生育手术；组织活检术；粘连分解术；子宫内膜异位症保守性手术；宫外孕手术；附件手术；子宫手术；卵子采取；盆腔脓肿引流术。

需要检查人群：生殖系统出现疾病的女性，内分泌失常的女性。

2. 腹腔镜注意事项

检查时要求：

（1）腹水患者须先放腹水 3000 毫升左右，再行检查。

（2）行人工气腹时，须防止气腹针刺入血管及大网膜。

（3）检查上腹部器官时，可取头高足低位；查下腹部器官则相反。必要时可随时稍转动患者体位，如从平卧位转至右侧抬高位等。

可发生以下并发症，应注意预防：

（1）人工气腹时发生皮下气肿、腹部气肿、大网膜气肿、纵隔气肿、气胸、空气栓塞等。

（2）插入腹腔镜穿刺套管时，可发生出血及脏器损伤，故操作勿用暴力。

（3）采取活体组织时可引起出血，应早期发现，及时处理。

不适宜人群：心脏病、高血压患者需要征求医生意见。

小贴士

腹腔镜在治疗不孕不育症中的作用

腹腔镜在女性不孕症的治疗中，已经显示出不可替代的一面，通过腹腔镜技术，医生可发现盆腔及腹腔内的组织和脏器情况，可以迅速明确诊断各种不孕原因，同时可在腹腔镜直视下行输卵管伞部行造口术，消除伞部积水、粘连、盆腔粘连分离术，在宫、腹腔镜下手术，可以最大限度地减少患者因其他手术造成的各种损伤，且住院时间短，手术安全可靠。

输卵管堵塞

输卵管堵塞是不孕症的常见原因，占不孕患者的 1/3，近年来有逐渐上升的趋势，是不孕症的治疗难题。输卵管阻塞主要由于炎症经子宫内膜向上蔓延，首先引起输卵管黏膜炎性改变，输卵管上皮发生退行性或成片脱落，导致输卵管黏膜粘连，继而输卵管管腔或伞部闭锁。

1. 输卵管堵塞五大成因

（1）阴道炎、宫颈炎、子宫内膜炎、卵巢疾病、阑尾炎、结核病的病原菌上行感染。

（2）人工流产、上环、取环等宫腔操作并发输卵管炎症引起堵塞。

（3）月经期间行房事，不洁性交、长期阴道出血等人为和疾病因素造成的输卵管堵塞。

（4）腹腔手术也会波及输卵管导致炎症扩散，造成的输卵管堵塞。

（5）不健康生活方式：流产后休息太少导致不孕，饮咖啡过多，久坐的女性导致的。

2. 输卵管堵塞明显症状

（1）腹部不适。下腹能够出现不同程度的疼痛，大多数是隐性不适感，腰背部及骶部酸痛、发胀、下坠感，经常会因为劳累而导致症状加重。

（2）月经不调。输卵管以及卵巢是相邻的，通常输卵管的疾病对于卵巢的功能没有影响，对于月经量的多少也不会有影响，只有炎症扩散到卵巢，对于卵巢功能产生损害的模式才会出现月经的异常。

（3）痛经。因盆腔充血而导致瘀血性痛经，大多数是在月经前一个星期开始就会有腹痛，越接近经期就会越重，一直到月经来潮。

（4）不孕。输卵管自身受到了病损的侵害，导致阻塞的形成而进一步引起不孕，以继发不孕比较的常见。

（5）其他症状表现。会有性交疼痛，胃肠道障碍乏力，白带量的加多，劳动会受到影响及精神抑郁等症状。

3. 输卵管堵塞治疗方法

（1）经 X 线子宫输卵管造影检查。

（2）经 X 线的输卵管介入复通术及选择性输卵管造影检查及再通术。

（3）经 X 线的选择性输卵管插管造影再通术。

（4）服药治疗输卵管阻塞。

（5）中医治疗。

抗精子抗体

抗精子抗体是一个复杂的病理产物，男女均可罹患，其确切原因尚未完全明了。男性的精子、精浆，对女性来说皆属特异性抗原，接触到血液后，男女均可引起免疫反应，产生相应的抗体，阻碍精子与卵子结合而致不孕。

精子对于妇女来说显然是一种异物。正常情况下妇女不会产生抗精子抗体，但是在某种情况下，可能由于女性生殖道的炎症和损伤，在女性血清和宫颈黏液中也会产生抗体。这种抗体的存在会阻碍精子穿透宫颈黏液和受精。如果在性交后取这些妇女的宫颈黏液来观察，会发现其中活动的精子数目低于正常数。

一些学者对比了妓女和未婚妇女体液中的抗精子抗体存在情况，发现妓女中的阳性率为73%，而未婚妇女中仅有20%。所以妓女的怀孕可能性比其他妇女要低得多。

治疗免疫性不育的目的，是使体内抗精子抗体的滴度降低，甚至使抗精子抗体消失，从而精卵可正常结合，受孕生子。

西医的治疗方法是使用避孕套，使精子与女方脱离接触，不会产生新的抗精子抗体，原有抗体可逐渐消失。这一过程较为漫长，至少需半年。另外可配合口服小剂量皮质类固醇激素，抑制免疫反应，一般需连服3个月以上。

此外，近年来中医学在治疗免疫性不育方面，经过临床探索和总结，积累了许多经验，显示了一定优势。中医学治疗免疫性不育常用的治疗方法有滋阴补肾法、清热解毒法、活血化瘀法、利湿化浊法、健脾祛痰法等多种。这些治疗方法以内服药为主，简便易行，没有激素长期使用引起的副作用，安全有效，缩短疗程。

小贴士

抗精子抗体吃什么药

一般是需要采用小剂量的阿司匹林和肝素还有中医药进行治疗，以及进行避孕套进行避孕结合屏障作用来治疗的。还是需要先到医院确认致病的原因，再对症治疗效果会更好。

还可以选择中医的药物治疗，可以对免疫性不孕症有着独特的效果。然后还需要选择正规的医院进行检查，然后找到致病的原因，从根本上治疗，这样才会有好的疗效。

生育办证

超生

超生即超出计划的生育。在我国，按照法律规定，违法生育子女的，由县级人民政府人口和计划生育行政部门或者受其委托的乡（镇）人民政府、街道办事处按下列规定对生育者征收社会抚养费：

（1）符合再生育一个子女的条件未取得生育证生育的，按照上年度总收入的30%征收。征收社会抚养费后补办生育证。

（2）违法多生育一个子女的，按照上年度总收入的2~6倍征收，其中重婚生育或者与配偶之外的人生育的，按照6~8倍征收；每再多生育一个子女的，依次增加3倍征收。符合结婚条件但未办理结婚登记怀孕第一个子女的，应当在子女出生前补办结婚登记和生育证。非婚生育和非法收养子女的，依子女数量按本条前款第2项规定标准征收社会抚养费。

独生子女

独生子女指的是没有兄弟姐妹的孩子。独生子女若家庭教育失当，容易出现以下一些心理偏异：

（1）父母和祖辈的溺爱娇宠，容易使孩子变得自私，凡事先考虑自己的利益得失，从不知为别人着想。

（2）对“独苗苗”百般袒护，长者不愿约束孩子。孩子在家庭这个最早加入的社会结构中，未能养成尊重长辈、遵守纪律的自觉性，而是任性骄横，家庭成员关系颠倒，走向外部社会也不懂得尊重别人。

（3）独生子女没有兄弟姐妹为伴，幼时缺少与小伙伴一起游戏的集体活动，既不易养成与人协同合作精神，又缺少竞争性，所以社会适应能力差，容易形成孤僻、缺少热情的个性倾向。

（4）在家里，父母代劳独生子女的许多本应自理的工作，易于形成依赖性，自主精神和自主能力都差，也缺少劳动自觉性。

（5）家长望子成龙，请家庭教师，买钢琴，成天逼孩子认字、弹琴、习画、学外语，没完没了。孩子缺乏应有的游戏时间，会产生厌学情绪。

其实，只要家长能发挥孩子的优势，独生子女的体格和心理都会得到很好的发挥。

准生证明

准生证，也就是计划《生育证》，是夫妇想生孩子前必需的准备手续，也叫计划生育服务证。它起到一个备忘录的作用，便于计生部门为已婚妇女上门提供避孕药具。

办理准生证有以下几点要求：

（1）拿夫妻双方的户口本和身份证，男方单位出具婚育情况证明（就是证明你已经结婚，无单位的就去居委会问问）。

（2）在男方户口所在地办事处或公司的人事部门办理《生育服务证》，即准生证，也即“指标”。（如果你在外地务工，必须回家才能办理）。

（3）女方到指定地点去检查，开具怀孕化验单或诊断证明，地点可以询问女方单位的计生管理部门，无业的去问居委会。

（4）如果办事处没有生育“指标”，而你未经许可出生的小孩将是“非法”的，会遭到严厉的惩罚。现在户口政策放宽了，原则上讲凭医学出生证明就可以上户口。一些地方政府把上户口与计生挂钩只不过是计生管理上的手段，违反计生会让你交所谓的社会抚养费。

（5）普通人办理该证一般要经受计生部门严格审核。关键是各地不联网，各机构信息不共享，婚姻登记处你几年前领证了，户口机关你的信息还是未婚，因此办证时很可能要往返多次。

（6）先跟女方居住地的社区相关部门沟通下，不然一个公章卡在那里，你欲哭无泪。另外即使你符合条件，也不是很容易就办好的，要有多跑几回的准备。不过马上为人父母了，就要有为人父母的准备才是。

（7）在外地工作的流动人口，国家专门有政策，方便流动人口办理生育服务证，详见《流动人口计划生育工作条例》的规定。流动人口计划生育工作的办理，以现居住地为主，户籍所在地配合。

婚育证明

婚育证明，是指在出具证明时要写清姓名、性别、年龄、婚姻状况、居民身份证号码、生育情况、落实避孕节育措施状况、计划生育奖罚情况等，办理生育证明一定要在有身孕的情况下才能办理。

1. 已婚未育情况的婚育证明

婚育证明

兹有某地区某人，性别，民族，出生日期，身份证号码，与某地区某人，性别，民族，出生年月，身份证号码，于某年某月某日依法登记结婚，双方均为初婚，现无子女，望给予办理一胎生育登记卡，公示十天无异议，特此证明。

某地计生办（公章）

年　月　日

2. 未婚未育情况的婚育证明

婚育证明

兹有我某地区某人，性别，民族，出生日期，身份证号码，属未婚无违法生育，情况属实，特此证明。

某地计生办（公章）

年　月　日

3. 已婚已育情况的婚育证明

婚育证明

兹有某地区某人，性别，民族，出生日期，身份证号码，与某地区某人，性别，民族，出生年月，身份证号码，于某年某月某日依法登记结婚，双方均为初婚，于某年某月某日政策内生育第一胎男孩（女孩），现采取避孕节育措施为宫内避孕节育器（或工具或药具），情况属实，特此证明。

某地计生办（公章）

年　月　日

小贴士

流动人口婚育证明办理条件

流动人口婚育证明办理条件：符合下列条件的，可由现居住地计划生育管理部门为其办理临时《流动人口婚育证明》，并将办理情况通报其户籍地：

（1）经现居住地计划生育管理部门核实，流动人口的婚姻、生育信息完整、准确的。

（2）在现居住地依法办理暂住登记或居民登记1年以上，并具有稳定职业和住所的。

（3）已采取绝育措施的。

（4）已在现居住地购买住房的，并办理《住房产权登记证》的。

围产保健卡

围产保健卡是为了加强孕产妇系统管理，掌握孕产妇的基本情况，保证围产期的健康，便于孕产妇动态保健，发现高危妊娠要进行专案追踪调查，同时做好产后随访工作。目前国内外围产期多以妊娠28周起至产后1周为限。但是为了做好孕期、产期、产褥期等特殊生理时期，孕产妇和胎儿、婴儿健康保健，我国妇幼保健部门及单位的围产期监护工作，大多从妊娠3个月左右即开始，到产后1个月止（各地执行有差异），有的地区延迟到产后3个月。

办理《围产保健卡》通常有如下几步：

第一步：确诊

如女方一个半月不来月经，应去医院检查是否。

第二步：申领《生殖健康服务证》

如确诊，女方凭单位或居委会证明、户口簿、男女双方身份证、结婚证和医院诊断书、女方单人照1张，到女方户籍地街道计生办领取《生殖健康服务证》。

第三步：申领《生育医疗证》

城镇企业女职工凭身份证、《生殖健康服务证》，由用人单位向社保机构申领《生育医疗证》。

第四步：建立《围产保健卡》

妇方持户口簿、《生殖健康服务证》《生育医疗证》在84天内到辖区内的妇幼保健机构建立《围产保健卡》，进入孕产妇系统管理。

涉外婚姻证明

涉外婚姻是指一国公民同外国人（包括无国籍人）的婚姻，包括涉外结婚和涉外离婚。根据我国法律，我国公民和外国人结婚适用婚姻缔结地法律，离婚适用受理案件的法院所在地的法律。凡涉外婚姻当事人在我国境内结婚或离婚的，都必须按照我国法律的规定办理。

根据最新出台的《涉外民事法律关系适用法》，对于涉外婚姻的法律适用进行了新的规定。结婚条件适用当事人共同居住地法律；没有共同居住地的，适用共同国籍地法律；没有共同国籍，在一方当事人经常居所地或者国籍国缔结婚姻的，适用婚姻缔结地法律。

结婚手续：符合婚姻缔结地法律，一方当事人经常居所地法律或国籍国法律的均为有效。

协议离婚：当事人可以协议选择适用一方当事人经常居所地法律或者国籍国法律。当事人没有选择的，适用共同经常居所地法律；没有共同经常居所地的，适用共同国籍国法律；没有共同国籍的，适用办理离婚手续机构所在地法律。

诉讼离婚：适用法院地法律。

孕期

孕期注意

孕妇用药

妊娠后，孕妇体内酶有一定的改变，对某些药物的代谢过程有一定的影响。药物不易解毒和排泄，可有蓄积性中毒，在孕早期胎器官形成时，药物对胎儿有一定的影响，故感冒最好不吃药。但万事都是一分为二，孕妇用药有一定的风险，并不是完全无益。一些疾病本身对胎儿、母亲的影响远远超过药物的影响，这时，就应权衡利弊，在医生指导下，合理用药。

专家认为，孕妇妊娠期用药要考虑到两方面的因素：

1. 妊娠期用药可能引起的危害

（1）药物透过血胎屏障：药物可透过血胎屏障进入羊水和胎儿循环，对胎儿产生作用。有些药物进入胎膜甚少或对胚胎危害较轻。但也有一些药物却有较强的危害胚胎的作用，属致畸药物。下面一些是较公认的致畸药物：细胞毒类、维生素 D（高剂量）、华法林、异维生素 A、多数抗癫痫药、雄激素、已烯雌酚、放射性药物、活疫苗、四环素类等。

（2）药物影响妊娠过程：药物可引起子宫收缩而导致流产，如峻泻药和奎宁等。不过本节讨论的内容主要是药物对胚胎的影响。

2. 药物对不同时期胚胎（胎儿）的影响

根据妊娠的不同时期，药物可能对其产生以下一些影响。

（1）受精和着床期：时间从受精起到怀孕第 17 天。在这时期内，药物有何作用知之尚少，通过动物试验可了解到某些药物的作用。在药物的作用下，受损的胚胎往往引起流产。有些药物在体内潴留时间较长，故想要怀孕的妇女也应注意，要求在受精前 15~30 天停药，以保证安全。精子的质量也是一个重要的决定因素，在受精期间，男方服用药物可能影响胚胎的质量。

（2）器官形成期：时间为怀孕第 18~55 天。在此期内服用一些药物可能造成畸胎，但只有明显的畸形在出生时才可观察到。有一些微小的畸形往往不被发觉，但会影响机体的功能。

有些致畸作用是迟发的，如母亲在怀孕期间服用己烯雌酚，所生下的女孩到青春发育期时可出现阴道上皮癌。

（3）生长发育期：时间为怀孕56天后至出生前。在此期间，许多药物可影响胎儿的器官功能，如抗甲状腺药可致新生儿甲状腺功能低下症；四环素影响骨和牙的发育；氨基糖苷类可对神经造成损害；一些可致依赖性的药物引起新生儿药物依赖性（戒断综合征）；强烈的前列腺素合成抑制药（如吲哚美辛等）在妊娠后期可致胎儿动脉导管早闭等。

小贴士

“孕妇慎用”药能用吗

我们常常会在药品的说明书里看到“孕妇慎用”这四个字，这些药能不能用呢？美国食品和药物管理局根据药物对动物和人类所具有不同程度的致畸危险，将其分为5类，称为药物的妊娠分类，可供孕妈妈们参考。

（1）早孕期用药，危险性极小，如多种维生素。

（2）对胎儿有损害，但临床对照研究未能证实。如一些抗生素、青霉素族、头孢类等。

（3）对胎儿有不良影响，如阿司匹林等。

（4）对人类胎儿有危害，但临床非常需要，又无替代药物时，应充分权衡利弊后使用。如一些抗生素、激素类药物。

（5）危害性远超过其可能获得的任何有利效果的药物，在妊娠期禁忌使用。如抗癌药物、避孕药等。

孕期睡眠

良好的孕期睡眠对孕妈妈和宝宝的健康都非常重要，但是怀孕期间会产生一些睡眠问题，主要是由怀孕期间激素的变化和怀孕带来的身体不适所造成的。这些因素都会影响孕妇的睡眠质量。

想要改善孕期睡眠，可从以下方面着手：

（1）放弃坏习惯。

（2）把卧室好好收拾一下。

（3）让床只用来睡觉和做爱。

（4）把焦虑关在卧室门外。

（5）运动完至少三四小时后再上床睡觉。

（6）只要有机会就小睡一下。

（7）建立有规律的、轻松的睡前程序。

（8）如果睡不着，就起来一会儿。

（9）练习一些放松技巧。

（10）睡前吃点儿零食防止恶心。

（11）睡前避免不易消化和辛辣的食物。

（12）下午晚些时候或傍晚时少喝水。

（13）左侧卧睡。

（14）睡不着也别有压力。

孕期性生活

1. 孕早期应适当减少性生活

妇女怀孕后因内分泌机能发生改变、早孕反应和顾及对胚胎的影响，对性生活的要求和性反应降低。

妊娠前3个月，一方面由于胎盘尚未发育成熟，胎盘与子宫壁的连接还不紧密，另一方面孕激素分泌不足，不能给予胚胎强有力的维护，此时进行性生活，可能会造成流产。所以，孕早期的性生活应适当减少。性爱时，应采取不压迫腹部的体位动作，如丈夫手臂伸直的正常体位、不压迫腹部的交叉体位或扩张体位，动作要缓和，避免剧烈刺激。

2. 孕中期适当性生活

怀孕中期，胎盘已形成，妊娠较稳定；早孕反应也过去了，性欲增加，可以适度地过性生活。孕中期适度地进行性生活，有益于夫妻恩爱和胎儿的健康发育。国内外的研究表明：孕期夫妻感情和睦恩爱，孕妇心情愉悦，能有效促进胎儿的生长和发育，生下来的孩子反应敏捷，语言发育而且身体健康。但性生活也不是多多益善，须合理安排，对性交姿势与频率要加以注意，避免对胎儿产生不良影响。此时为安全期，性生活以每周1~2次为宜，性生活可采取夫妻双方习惯和舒适的姿势，但要注意不要压迫腹部，体位可采用前侧体位、侧卧体位、前坐体位或后背体位。丈夫不要刺激孕妇乳头。孕妇要注意自身调节，不要过度兴奋，以免诱发流产。

3. 孕晚期应尽量避免性生活

怀孕后期，孕妇腹部明显膨隆，体型和体重发生明显变化，身体笨重，腰背酸痛，性欲减退。子宫敏感性增加，任何外来刺激即使是轻度冲击都易于引起子宫收缩，引发早产。夫妻间应尽可能减少性生活次数，以免发生意外。性生活时间要缩短，动作要柔和，最好采用丈夫从背后抱住孕妇的后侧位，避免造成腹部受压。

孕36周后严禁性生活。此时，胎儿开始下降，性生活易使宫口张开，引发细菌感染，造成胎膜早破、早产和宫内感染。健康提示：为了母子健康，要绝对禁止性生活。夫妻可以采用亲吻和拥抱等方式传达爱意，增加交流增进感情。

小贴士

孕晚期没性欲，孩子出生后会恢复过来吗

在怀孕晚期胎儿已经长得比较大，也会有各种身体不适，再加上这时孕妇的心思都在即将临产上，这时候性生活更像是表演而不是做爱了。另外，胎儿的胎动燃起了母爱，这时性欲往往会降低。

不要期望刚生完孩子情况就有所改变，但是最终会恢复。在新生儿出生后的几个月，妈妈们会感到很劳累，再加上激素的变化以及初为人母的心情，这些都让妈妈们暂时没什么性欲。给自己点儿时间，别让性爱成为夫妻间矛盾的起因。

分娩方式

剖宫产

常规分娩无论是对产妇还是对宝宝都是很好的锻炼，但产妇需要承受较大的痛苦；剖宫产产妇承受的痛苦较少，但不利于产后的恢复和宝宝的健康。常规分娩和剖宫产各有利弊，到底选择哪一种生产方式，很多准妈妈在妊娠期都会考虑这个问题。

剖宫产作为一种手术，尽管现在已是一种非常成熟的技术，而且整个生产过程不必经历分娩阵痛、产道不会裂伤、没有难产的忧虑，但与阴道分娩相比，剖宫产的出血多、卧床时间长、住院时间长、增加住院费用、产妇恢复慢，会有一定的风险和并发症。所以，除非有医疗上的手术指征，否则不建议孕妇去做剖宫产术。

一般来说，自然生产对大部分的准妈妈而言，相对比较安全且伤害性较小，并且随着临产时子宫有节律的收缩，胎儿的胸廓受到节律性的收缩，这种节律性的变化，使胎儿的肺迅速产生一种叫作肺泡表面活性物质的磷脂，因此出生后的婴儿，其肺泡弹力足，容易扩张，很快建立自主呼吸。其次，在分娩时，胎儿由于受到阴道的挤压，呼吸道里的黏液和水分都被挤压出来，因此，出生后患有“新生儿吸入性肺炎”“新生儿湿肺”的相对减少。另外，随着分娩时胎头受压，血液运行速度变慢，相应出现的是血液充盈，兴奋呼吸中枢，建立正常的呼吸节律。据观察统计，通过阴道分娩的胎儿，由于大脑受到阴道挤压而对其今后的智力发育大有好处。

剖宫产则是经腹部切开子宫取出胎儿的过程，它并非是胎儿最安全的分娩方式。首先，由于没有子宫节律性收缩的刺激，肺泡表面活性物质的产生相应要少且慢，出现有规律的自主呼吸相应减慢，而且新生儿易于并发肺部疾患。其次，剖宫产因产道的改变，使孩子降临人世时的自然环境发生变化，正常产道生产过程带来的神经接触等感觉失去，从而使孩子在成长过程中易得多动等神经精神疾病。另外，剖宫产新生儿的脐血中，免疫球蛋白含量比自然分娩的新生儿要低，能抗病的抗体含量更低。所以，剖宫产生的新生儿更易感染疾病。从婴儿角度看剖宫产并不如自然分娩。

自然分娩和剖宫产到底如何选择，一要看准妈妈自身的情况，二要看胎宝宝的发育情况。如果无不适症的话，建议准妈妈们选择常规分娩，毕竟对宝宝和妈妈们自身都是大有好处的。

自然产

自然产也就是自然分娩，是指在有安全保障的前提下，通常不加以人工干预手段，让胎儿经阴道娩出的分娩方式。一共可以分为三个产程。

第一产程——规律性的阵痛开始至宫口开全

第一产程是指从腹部开始出现规律性阵痛，宫口逐渐扩张，直至扩展到 10 厘米，即宫口开全的过程。对于第一次分娩的初产妇，这一阶段经历 10 ~ 12 个小时，经产妇大约经历 8 个小时。在整个分娩过程中，第一产程历时最长，并且会因越来越频繁的腹部阵痛而最为痛苦。

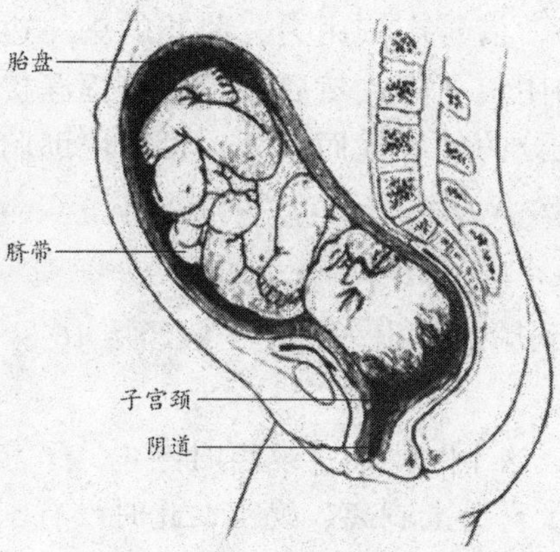

1. 胎儿头抵着已张开并变薄的子宫颈。

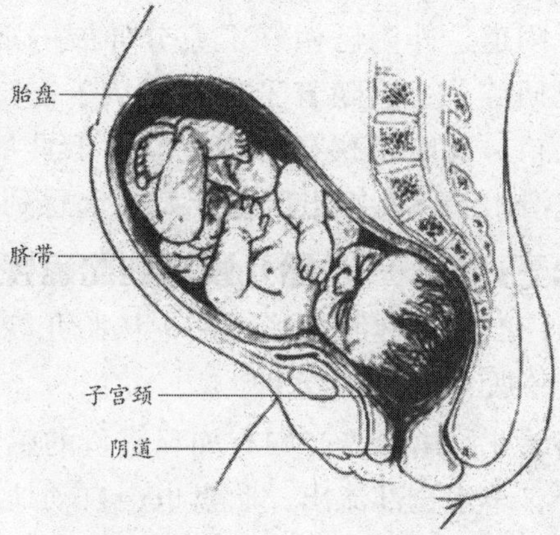

2. 随着宫颈口的开放，胎儿头开始被挤压进阴道。

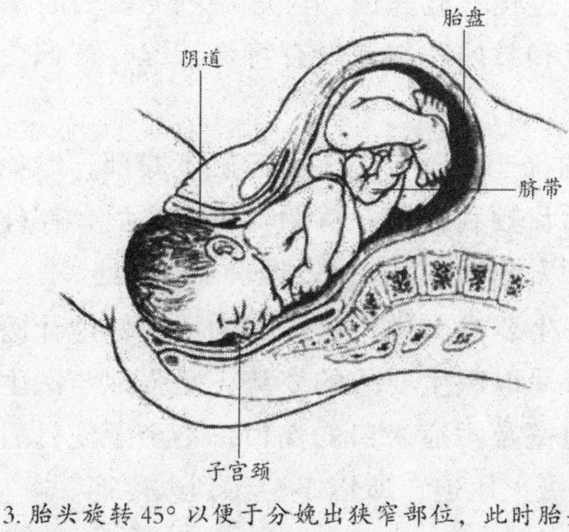

3. 胎头旋转 45° 以便于分娩出狭窄部位，此时胎头已露出。

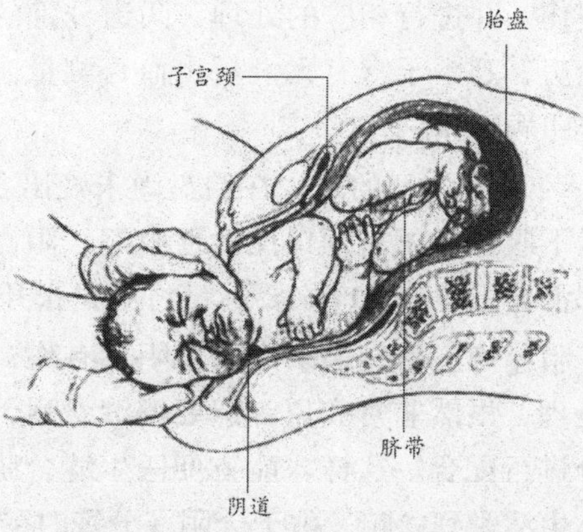

4. 一旦胎头娩出体外，医生将一边嘱产妇继续用力，一边帮助胎儿的肩及其他部位娩出。

一般来说，在开始生产的前 8 个小时里，子宫颈口开大的速度较慢，只开到 3 厘米左右。规律性宫缩表现为产妇每隔六七分钟出现一次宫缩痛，每次持续 30 秒以上，产妇常有腰酸及腹部下坠感。随着产程进展，子宫收缩越来越强烈，即阵痛间隔越来越短（2 ~ 3 分钟），持续时间却越来越长（40 ~ 50 秒）并疼痛越来越厉害，导致子宫颈口开大速度迅速加快，当宫口近开全时，宫缩持续时间可长达 60 秒，间歇时间仅 2 分钟。

由于子宫收缩与缩复作用，子宫颈管逐渐缩复变薄直至展平，子宫颈口逐渐扩张从 1 厘米开张到 10 厘米为宫口开全，胎儿就能够从这里通过了。

第二产程——宫口开全至胎儿娩出

第二产程也称娩出期，是指胎儿从宫口开全到胎儿娩出为止。对于初产妇来讲，这个阶段需要 1 ~ 2 个小时，经产妇需要数分钟至 1 小时，产妇是在产床上度过这一阶段的。此时，虽然比第一产程时间短了很多，但却是整个产程中最关键的时期。

这时，子宫每隔 1 ~ 2 分钟收缩一次，每次持续时间长达 50 秒至 1 分钟，宫缩间歇仅 1 ~ 2 分钟。虽然宫口已经开全，但由于产道的外侧被骨盆的骨头包围，宽度只能让胎儿勉强通过，所以产妇必须有效地用力，才能使胎儿顺利通过。阴道、外阴已做好了充分伸展的准备，借着产妇用力，胎儿的头一边在产道里回旋，一边随着子宫收缩从子宫口向阴道下降，然后沿着阴道逐渐接近外阴出口。这时，狭窄的阴道口由于具备充分的伸展性而扩大，可以协助胎儿一口气滑出。胎儿娩出后，产妇马上感到轻松。

第三产程——从胎儿娩出到胎盘娩出

第三产程也称胎盘娩出期，从胎儿娩出到胎盘娩出为止，一般经历 10 ~ 15 分钟。一般不超过 30 分钟。

当胎儿娩出后，产妇有如释重负的感觉，这个时候的宫缩暂时停止，子宫逐渐缩小，羊水全部流出，胎盘也会自动地从子宫壁上剥离、娩出，此时没有剧烈的腹痛。这个时候产妇可以放松休息了，医生会检查胎盘胎膜是否完整，产道有无裂伤，并进行相应的处理，阴道分娩的全过程就此完成。产后产妇需要暂时留在产房，观察子宫有无大量出血，测量血压和脉搏。如果没有特殊情况，产妇会被送回病房休息。

需要注意的是，在胎盘尚未娩出之前，产妇不要用手去碰触下腹部，以免刺激下腹造成子宫颈口反射性收缩，阻碍胎盘顺利娩出。待胎盘娩出之后，在外阴部消毒干净前，产妇要尽量将双腿张开，以方便医生进行处理。

胎盘娩出后，如果产妇会阴部有伤，医生要马上进行缝合。为了更好地让医生处理，虽然非常疲累，但要继续忍耐，并采取医生要求的姿势，坚强地与医生充分进行配合。这样才能方便医生缝合阴道壁及阴道入口的伤口，不至于使日后的性生活受到影响。由于会阴在分娩时受到极大压迫，所以不会感到太疼痛。

小贴士

脐带绕颈分娩中要注意什么

脐带绕颈的发生占分娩总数的20%左右，对分娩的影响主要有两方面：

（1）引起胎先露下降受阻，由于脐带缠绕使脐带相对变短，影响胎先露部入盆，并可使产程延长或停滞。

（2）引起胎儿宫内低氧，当脐带缠绕周数过多、过紧时或宫缩时，脐带受到牵拉，可使胎儿血循环受阻，导致胎儿宫内低氧。

所以，脐带绕颈分娩时应注意：绕颈3周以上最好行剖宫产。严密观察产程，如进展缓慢或停滞应果断决策。密切监测胎心率，一旦发生胎儿窘迫应立即终止分娩，行阴道助产或剖宫产。

无痛分娩

我们通常所说的“无痛分娩”在医学上其实叫作“分娩镇痛”，指的是用各种方法使分娩时的疼痛减轻甚至使之消失，目前临床上通常使用的分娩镇痛方法有药物性镇痛和非药物性镇痛两种：

药物性镇痛是应用麻醉药或镇痛药来达到镇痛效果，有全身用药、局部麻醉和吸入麻醉等，目前较为常用的是椎管内阻滞镇痛和笑气镇痛。椎管内阻滞镇痛包括硬膜外阻滞和腰麻—硬膜外联合阻滞等。当宫口开到3厘米，产妇对疼痛的忍耐达到极限时，麻醉医生在产妇的腰部将低浓度的局麻药注入蛛网膜下腔或硬膜外腔。采用间断注药或用输液泵自动持续给药，达到镇痛效果，镇痛可维持到分娩结束。麻醉药的浓度大约相当于剖宫产麻醉时的1/5，浓度较低，镇痛起效快，可控性强，安全性高。这种无痛分娩法是目前各大医院运用最广泛、效果比较理想的一种。产妇头脑清醒，能主动配合，积极参与整个分娩过程。

另一种方法是笑气镇痛。笑气即氧化亚氮，是一种吸入性麻醉剂。这种气体稍有甜味，分娩镇痛时，按一定比例与氧气混合吸入，对呼吸、循环无明显抑制作用，对子宫、胎儿也无明显影响。吸入混合笑气后，数十秒可产生镇痛作用，停止数分钟后作用消失。在助产人员的指导下，易于掌握。可以使分娩的妈妈保持清醒状态，很好地配合医生，还能缩短产程。但是在临床上，部分产妇可能会出现镇痛不全的情况。

非药物性镇痛是指通过产前训练、指导子宫收缩时的呼吸等来减轻产痛，以及通过在分娩时按摩疼痛部位或利用中医针灸起到镇痛作用。

无痛分娩一般采用的是硬膜外麻醉，这种麻醉总体来说是安全的。有极少数人可能会感觉腰疼、头疼或下肢感觉异常等，发生率很低，而且这些不适都不会很严重，短时间内就可以自然消失，并不会对身体造成太大的影响，临床上由无痛分娩导致后遗症出现的概率微乎其微。

无痛分娩在国外已经是常规分娩的形式，它让准妈妈们不再经历疼痛的折磨，能减少分娩时的恐惧和产后的疲倦，让产妇在时间最长的第一产程得到休息，当宫口开全该用力时，因积攒了体力而有足够力量完成分娩。大多数产妇都适合于无痛分娩，但是如有妊娠并发心脏病、阴道分娩禁忌证、麻醉禁忌证、药物过敏、腰部有外伤史的产妇应向医生咨询，由医生来决定是否可以进行无痛分娩。需要注意的是，如果产妇有凝血功能异常，那么则绝对不可以使用这种方法。

会阴侧切

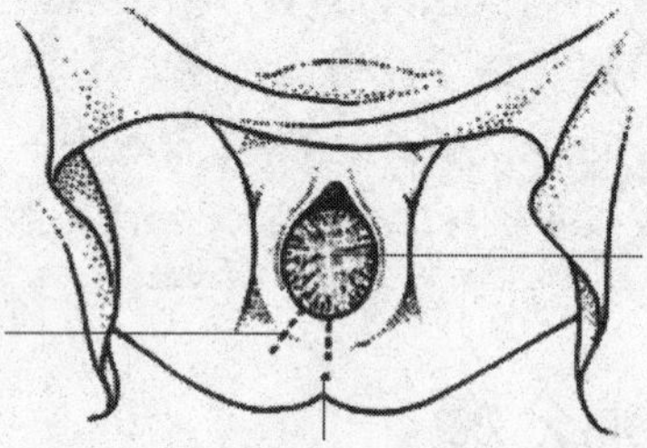

孕妇在分娩时，阴道内层的黏膜皱褶完全展开，中间肌肉层充分扩张，以便于胎儿离开宫体，通过阴道娩出。尽管阴道的特点是利于胎儿顺利娩出的，但实际上，当直径约 10 厘米的胎儿头娩出时，如果没有助产医生帮助保护会阴部，那么肯定会致使产妇会阴部发生不同程度的撕裂伤，继而在产后遗留下不同程度的后遗症。利用会阴切开术，就能够很好地避免上述后遗症的发生。

一般来说，产妇若出现会阴弹性较差、阴道口狭小或会阴部有炎症、水肿等情况，或是胎儿较大，胎头位置不正，子宫口已开全，胎头较低，但是胎儿有明显的低氧现象，胎儿的心率发生异常变化时，医生会对产妇进行侧切术。

实施侧切时，医生会在产妇宫缩到来时，左手中、示指深入阴道内撑起左侧阴道壁，用会阴侧切，即自会阴后联合中线向左侧 45 度方向剪开会阴，但如会阴高度膨隆时，剪开角度为 60 度到 70 度，以免损伤直肠。侧切的切口一般为 2~5 厘米，医生在施术时动作也是很快的，再加上侧切是在阵痛较严重的时候，所以很多产妇基本上不会感觉到会阴切开，疼痛的感觉也很微弱。

分娩方法

诱导分娩

诱导分娩法是指透过往静脉血管内注射药物的方式，促进分娩的方法。如果孕妇或胎儿出现了异常症状，需要提前分娩，或者超过预产期 2 周后还没出现阵痛，或者分娩时间延迟，就需要采用诱导分娩。

一般透过静脉注射脑下垂体后叶激素，就能促进分娩。脑下垂体后叶是一种子宫收缩剂，不仅能促进分娩，还能收缩阵痛的时间。在分娩过程中，根据孕妇的状况，注射量会有所不同。

另外，如果把含有前列腺素的果冻或栓剂放入阴道内，可以使子宫颈放松，促进子宫口的开启，通常是先透过这种方法打开子宫口，然后再注射下垂体后叶激素。

1. 怀孕 40 周以上的过熟儿，需要采用诱导分娩

怀孕 40 周以后，随着胎儿不断成长，分娩的危险性也与日俱增，而且由于胎盘老化，不能发挥基本功能，因此就应该采用诱导分娩。如果孕妇怀有过熟儿，那么在阵痛期内就不能为胎儿提供充足的氧气，而且胎盘也不具保护作用，因此胎儿的生命将受到严重的威胁。

另外，如果孕妇患有糖尿病、妊娠毒血症等疾病时，应该采用诱导分娩。如果孕妇患有糖尿病，那么在怀孕末期很容易导致胎儿死亡，因此必须在怀孕 38 周时进行诱导分娩。如果孕妇患有高血压或肾脏疾病，也应该进行诱导分娩。

2. 阵痛微弱而导致分娩延时，需要进行诱导分娩

如果分娩过程过于缓慢，应该实施诱导分娩。如果胎儿的头部位置不佳，或产道过于狭窄，或子宫收缩过于微弱，也应该进行诱导分娩。如果孕妇怀有双胞胎，建议采用诱导分娩法。

在子宫颈事先打开的状态下，诱导分娩法比较能奏效。因此在孕妇出现在阵痛之前，必须仔细观察子宫颈的状态，并判断胎儿头部与产道的大小，然后根据实际情况，实际诱导分娩。

小贴士

怎样的分娩方法是最好的

什么样的分娩方式最好？这是许多准妈妈关注的话题，其实最好的分娩方法是自然分娩。自然分娩是人类繁衍过程中的一个正常生理过程，也是人类的一种本能行为。这一过程并非只有痛苦，而是具有良好的优生作用。产妇和婴儿都具有潜力主动参与并完成分娩过程。从受精卵开始，胎儿在母体内经历 40 周的生长发育逐渐成熟，而孕妇的身体结构也逐渐地发生一系列的生理变化，变得更有利于分娩。

水中分娩

水中分娩，指的是在水里生孩子，也就是说新生儿娩出时完全浸没在水中。在此过程中新生儿的头部必须是完全浸没在水中直到身体全部在水下娩出，随后立即将新生儿抱出水面。

水中分娩只是顺产的一种方式，给产妇多了一种自然分娩方式的选择。分娩，是人类繁衍过程中的一个必经过程，生育方式多元化，让人类分娩回归自然，以减少医疗干预，已是一种共识。客观上水中分娩也起到了降低剖宫产率的结果。

1. 水中分娩的要求

（1）水中分娩的人群最佳年龄在 20~30 岁，年龄太小心理准备不足，超过 30 岁可视为“高龄产妇”，由于生理原因，以做剖宫产为妥。

（2）身患疾病或有流产史的产妇，以采取更稳妥的生产方式为好。因为疾病往往会引发综合征，造成不必要的损害。

（3）胎儿巨大（超过 3500 克）的孕妇不适合水中分娩。

（4）在产检中如发现胎儿不太健康，或胎位不正、多胞胎等，不宜采用。

（5）怀有双胞胎或多胞胎、早产、羊水已经破裂超过 24 小时等的孕妇不适合水中分娩。

2. 水中分娩优点

在充满温水的分娩池中分娩，可以减少孕妇在整个分娩过程中的痛楚。由于分娩池与母亲子宫内的羊水环境类似，因此胎儿在离开母体以后会很适应这一新的外部环境。胎儿的本能会使他们在出水之前屏住呼吸，不会呛水，在水中分娩适宜的水温能使产妇感到镇静，促使腿部肌肉放松，宫颈扩张。而水的浮力则有助于身体发挥自然节律，便于翻身和休息。

该种分娩方式不仅分娩时出血量少，会阴破损程度也较常规顺产要轻，无须会阴侧切；泡在温水中，产妇的情绪得到放松，分娩的疼痛感明显减轻；而且由于产妇在水中的体位能自主调节，使得分娩时的用力更为自然，效果更显著，产程缩短。由于分娩时间相对较短，产妇体力消耗甚小，产后恢复也明显优于其他分娩形式。而且水下诞生的婴儿比普通方式诞生的婴儿受到伤害的概率要小。

3. 水中分娩缺点

按照规范开展水中分娩应该不会有特别的风险，国外许多国家已制定专业的水中分娩规范或指南。有部分医院没有采用专业的水中分娩设备，也没有经过专业的操作培训，有可能发生不该出现的意外，如出现新生儿因呛水而死亡等可怕后果，同时非专业的水中分娩设备在消毒及如何防止感染等方面还有难点，而美国有不少的医院只是用浴缸或做 SPA 的缸进行水中分娩，因此美国妇产科学院至今仍未确认水下分娩为安全的分娩方式。

芳香分娩

芳香分娩是在分娩过程中利用芳香疗法的分娩方法。芳香分娩利用两种以上的芳香精油消除分娩中产生的各种压力，稳定情绪和身体状体。

另外，透过持续的精油按摩强化了子宫肌肉的紧张，放松精神，因此能减轻痛苦，而且能够缩短分娩时间。

1. 芳香分娩的优点

没有特殊并发症的孕妇都能采用芳香分娩。也就是说芳香分娩是没有副作用的自然疗法。

如果丈夫和家人一起按摩，就能提高芳香精油具有的精神松弛效果，而且能加强参与分娩的丈夫或家人的作用。

在分娩中使用的芳香精油

茉莉花、薰衣草、柑橘、迷迭香、天竺葵等芳香精油中，按照一定比例混合

2~3 种，就能得到比单纯一种芳香精油更好的效果。

选择芳香精油时，不仅要考虑精油的效果，还应该考虑孕妇的喜好。在分娩后，为了彻底排出体内废物，还应该多喝温水，并充分休息。

2. 芳香疗法的使用方法

（1）利用熏香器。利用喷雾器喷洒用水稀释后的芳香精油，或者利用熏香器或精油灯，不仅能得到缓解紧张的效果，还能发挥分娩室内的抗菌、杀菌作用。

（2）按摩。在手上倒一点儿芳香精油，然后按摩腰部下方的臀骨部位、脊椎部位、腹部、小腿内侧。一般来说，是从进入产房开始实施芳香按摩。

（3）湿敷。用纱布或毛巾沾适量的芳香精油，然后敷在腹部或腰部。

3. 分娩后使用芳香精油

在分娩后，也可以用芳香精油有效地进行产后照护。如果用芳香精油按摩腹部，就能促进子宫收缩。如果按摩会阴切剖部位，就能加速伤口的愈合。

一般来说，也能利用精油来促进乳汁分泌或停止乳汁分泌，或者利用精油来增强乳房的弹性或消除乳房的瘀血症状。另外，在产前和产后，利用芳香精油能预防妊娠纹的出现。不经如此，还能预防肥胖症和水肿，好处多多。

小贴士

芳香疗法的其他效果

古往今来，芳香疗法对各种疾病都具有显著的疗法。能缓解紧张的神经和肌肉，而且能稳定情绪，尤其是能有效地治疗呼吸性疾病、阴道炎、闭经等。另外，能够刺激性激素，因此有助于治疗性功能障碍，而且提高手术患者的免疫力，缩短恢复期。

球式分娩

球式分娩是一种非常独特且比较新颖的分娩方式，主要是指利用分娩球帮助孕妇生产。巨大的黄色橡皮球上装有一蓝色靠背，坐上去舒服极了，就像坐在沙发上。分娩球是一个直径 1 米的彩色橡胶球，固定在有扶手的座椅上，在规律宫缩的间歇骑坐上去，可以放松盆腔肌肉，感到柔软舒适。一般来说，孕妇利用分娩球采取舒适的姿势，或者使胎儿采取舒适的姿势，或者使胎儿采取有利于盆骨内下降或旋转的姿势，能减轻疼痛，而且能缩短分娩时间。不过，由于球式分娩较为新颖，所以，目前采用此项分娩技术的医院比较少，但准妈妈们也有必要对球式分娩有个了解。

1. 球式分娩优点

（1）能帮助孕妇缓解阵痛。球式分娩能促进孕妇的骨盆松弛和胎儿下降。在胎儿倒立的情况下，还有助于胎儿的旋转。在分娩第二期，如果利用分娩球采取蹲坐姿势，就能扩大盆骨空间，因此能缓解分娩时的阵痛。

（2）有利于孕妇产后快速恢复。在分娩过程中，不会压迫阴部，因此产后恢复快。另外，能保持臀部、大腿、腹部肌肉的弹力，因此有利于分娩后恢复原来的体型。

（3）孕妇容易掌握。利用分娩球的分娩费用低廉，而且能有趣、安全地分娩。另外，根据孕妇的状况利用合适的分娩球，可以容易掌握分娩过程。

2. 孕妇如何利用分娩球的运动

（1）怀孕初期。提高身体重力的变化，因此能保持良好的姿势，而且能预防腰痛。

（2）怀孕中期。能灵活地试用腹部肌肉，而且有助于骨盆的裂开。

（3）怀孕后期。有助于腿部与横膈膜肌的稳定。

分娩问题

引产

引产又叫导产，是指用人工方法促使产妇分娩。是妊娠 12 周后，因母体或胎儿方面的原因，须用人工方法诱发子宫收缩而结束妊娠。

1. 引产前后的注意事项

不论是引产还是流产，对于女性来说都是一个痛苦的过程，对于女性的生殖系统都会有比较大的创伤。所以，引产以后也要多注意这些事项，全面补充营养，注意卫生，更不能同房（要等到子宫完全恢复以后，最早 42 天最长 3 个月以后），女性引产以后由于子宫和子宫颈都受到了创伤，这个时候如果发生性交，男性的生殖器就会带入细菌，有创伤的子宫就会容易感染发生炎症，对女性的身体是种非常大的伤害，容易导致子宫内膜炎、盆腔炎等，年轻的时候也许不觉得，但是年纪大一些就会表现出来，所以，不要在引产和流产以后一个月内做爱。

2. 引产后要吃什么

引产后要多吃些营养丰富的食品，以及新鲜蔬菜和水果。半个月之内，应多吃些鸡肉、猪瘦肉、蛋类、奶类和豆类、豆类制品等。忌食刺激性食品，如辣椒、酒等，这类食品均能刺激性器官充血，增加阴道血流量。此外，引产后要吃什么更重要的就是要保证补充足够的铁质，以预防流产后贫血的发生。补养的时间以半月为宜，平时身体虚弱、体质差、失血多者，可酌情适当延长补养时间。

3. 引产后多久可以怀孕

一般来说引产后最好要等一年后再怀孕为好，如有特殊情况，至少也要等待半年后再怀孕。因为各种流产都要进行吸宫或刮宫，以便将宫腔内胚胎组织清除干净。在手术过程中，子宫内膜会受到不同程度的损伤，术后需要有一个恢复过程，如过早地再次怀孕，这时子宫内膜尚未彻底恢复，难以维持受精卵着床和发育，因而容易引起流产。另外，流产后的妇女身体比较虚弱，需要一段时间才能恢复正常，如果怀孕过早往往因体力不足，营养欠佳而使胎儿发育不良或造成自然流产。术后遵医嘱做相关的治疗，遵医嘱做好术后的护理，一般不会影响以后的生育问题。

小贴士

引产会导致不孕吗

任何一次引产都有可能会导致继发性不孕或习惯性流产。引产的次数过多的话更容易导致女性不孕。怀孕3个月内最好是做无痛人流。

不孕的原因大部分为输卵管的炎症和堵塞造成的。多次的引产对子宫及身体都有一定的损害，严重会导致不孕。

宫缩

宫缩，是临产的一个重要特征，简而言之，就是有规则的子宫收缩。宫缩开始是不规则的，强度较弱，逐渐变得有规律，强度越来越强，持续时间延长，间隔时间缩短，如间隔时间在2~3分钟，持续50~60秒。在妊娠的最后几个月就是不规则宫缩，尤其是最后几周内。胎动后，只要把自己的手放在腹部就感觉腹部不时的变硬。这种宫缩无规律性，无周期性，也不会有疼痛感。

1. 宫缩频繁该注意些什么

大约在分娩前一个月，宫缩就已经开始了。有些人刚开始时还没感觉，只有用手去摸肚子时，才会感受到宫缩，而且孕妈妈会感觉宫缩频率越来越高。

一般计算宫缩时，如果每小时宫缩次数在10次左右就属于比较频繁的，应及时去医院，在医生指导下服用一些抑制宫缩的药物，以预防早产的发生。 如果宫缩次数不是很频繁，没有腹痛，注意休息就可以了。

需要注意的是，不要自行用药，而且服用药物一般也不能缓解，这时，孕妈妈要注意休息，尤其不能刺激腹部。假如，宫缩伴有较强烈的腹痛，比如，痛到坐立不安、工作和生活受到影响，就需要去医院就诊。

2. 发生宫缩时的解决方法

（1）平卧，闭目，以鼻深呼吸。

（2）以口深呼吸放松腹部。

（2）以鼻吸气后，屏气，然后长呼气。

3. 如何防止宫缩的出现

（1）不要走太多的路程和搬重物。胎儿的体重就是对母体很大的负担，另外，持重物会导致腹部用力，很容易引起宫缩。

（2）疲倦时躺下休息，保持安静，会很有效。

（3）不要积存压力。精神疲劳和身体疲劳一样会导致各种问题的发生，压力积攒后也容易出现腹部变硬，最好能做到身心放松。

（4）防止着凉。空调使下肢和腰部过于寒冷，也容易引起宫缩。可以穿上袜子，盖上毯子，防止着凉也很重要。

小贴士

宫缩有什么作用

宫缩，即子宫收缩力，是产力的主力。贯穿于分娩全过程的始末；辅力是腹壁肌、膈肌和肛提肌收缩力，只出现于第二、第三产程之中，协同主力起作用。也就是说，宫缩是推动分娩的动力。

产前阵痛

产前阵痛就是胎儿分娩前，子宫收缩所产生的疼痛。当胎儿发育完成，孕期即将结束，子宫会开始收缩，让胎儿缓缓从子宫颈下降，借由不断地收缩紧绷，推动胎儿。在子宫颈开两指以后，子宫收缩的频率及强度会越来越增加，也就是越来越密、越来越痛，3~5 分钟收缩一次，每次持续 30~40 秒；在接近子宫口全开的时候，子宫收缩可密集到 1~2 分钟收缩一次，每次持续 45~60 秒。当胎儿下降到骨盆，压迫到耻骨，疼痛的部位会从上腹部转移到下腹部。这就是阵痛。

阵痛是有规律性的，这个也是因人而异。所以，当产妇开始有阵痛感觉的时候，要计算自己阵痛时间的间隔。最初的感觉是自己的肚子有一种缓慢、迟钝的疼痛，腰部感觉有不规则的疼痛。接下来间隔变短了，疼痛也随着变强。在感觉疼痛的时候一定要留个心眼儿，记录自己疼痛过程中收缩的时间间隔。逐渐你会发现阵痛慢慢变得有规律了。每隔 10 分钟，阵痛时间会延长 30 秒，阵痛会变得越来越强。不仅会感到肚子疼痛，连带腰部、臀部、脚后跟都会有被拉伸的感觉，子宫口和阴道也会非常疼。肌肉紧张会使肌肉变得非常紧，随着阵痛全身会感觉到越来越疼，因此要尽量放松自己的身体。

分娩恐惧

分娩恐惧也就是产前恐惧症，是指产妇在生产之前，由于巨大的心理压力会产生诸如担心、害怕、恐惧等不良的心理症状的统称。

产前恐惧症的表现：产前恐惧症是每位准妈妈或新妈妈都或多或少患有的焦虑症状。产前准妈妈常常会出现烦躁、焦虑、抑郁、害怕、失眠、脾气暴躁等状况，而产后恐惧症导致的抑郁症的严重患者，甚至会走上自杀的绝路。准妈妈从怀孕到临产，由于孕前没有准备好，或是怀孕后身体上的不适，特别是前 3 个月；或是担心孕后发胖失去丈夫的关注；还有生男生女的压力，害怕生孩子时痛苦等原因，常会出现烦躁、焦虑、抑郁、害怕、失眠、脾气暴躁等状况。这些都是典型的分娩恐惧症的表现。

孕妇情绪的好坏，不仅直接影响自身的健康，而且对胎儿的影响也很大。医学研究表明，孕妇在情绪好的时候，体内可分泌一些有益的激素，以及酶和乙酰胆碱，有利于胎儿的正常生长发育。孕妇在情绪不良的情况下，如在应激状态或焦虑状态中，会产生大量肾上腺皮质激素，并随着血液循环进入胎儿体内，使胎儿产生与母亲一样的情绪，并破坏胚胎的正常发育。大量调查资料表明，孕妇在恐惧、愤怒、烦躁、哀愁等消极精神状态中，身体的各部分机能都会发生明显变化，从而导致血液成分的改变，影响胎儿身体和大脑的正常发育。

小贴士

女性该怎样预防分娩恐惧的发生

女性要想预防分娩恐惧发生，在分娩前就要做到以下几点：

（1）正视分娩的恐惧，与家人反复讨论分娩的事情，将各种可能遇到的问题事先想清楚，同时找出每个问题的解决方法。做好分娩前的物质准备，这样就不会临时手忙脚乱，也会帮助稳定情绪。

（2）把对分娩的恐惧转移到别的方面，这样做可以暂时转移对恐惧的注意，但不能从根本上消除对分娩的恐惧。

（3）人的恐惧大多是缺乏科学知识胡思乱想而造成的。所以，在分娩前，孕妇可以适当多掌握一些有关分娩的知识。

胎头入盆

胎头入盆，指的是胎头的双顶径达到产妇的盆腔入口以下，为胎头与骨盆相称。胎头入盆表明有阴道分娩的可能，而且已完成分娩流程的第一步。

1. 胎头何时入盆

随着怀孕周数的增加，到怀孕晚期孕妇往往感觉到腹部发紧或偶有腹痛，这是正常现象，是将胎头向下赶的力量，胎头逐渐下降。第一次生育，胎头入盆的时间在 36 周左右，占初产妇的 80%~90%，但仍有 10%~20% 要等到临产后才进入骨盆。经产妇往往都要到临产前后才进入骨盆。如果医生已经判定无头盆不称，不用过分在意胎头是否按时入盆，一部分初产妇胎头入盆的时间也可能是在宫缩发动之后。在宫缩发动之前胎方位有所变化临床上并无太大意义。适当加大运动量（主要是散步），同时用一个孕妇腹带固定腹部和胎儿，这样可以帮助胎儿尽快入盆。

2. 胎头入盆怎么办

一般来说，入盆后胎位就不会再变化，为顺利分娩打了个好基础。

由于胎头已经入盆，孕妇接下来可能会有尿频、便秘、宫颈口胀等情况出现，这都是正常的，由于子宫增大下降，压迫到了肠子和膀胱，胎头入盆有时会冲撞到宫颈口，所以会有尿频、便秘和宫颈胀等状况出现，只要没有破水、见红、宫缩频繁等临产现象就不用担心。

保持愉快的心情、适量走动、让自己身体处于最佳状态是最重要的。

分娩疼痛

有些准妈妈在分娩时痛得死去活来，而还有些准妈妈则还没充分感觉到那种无法忍受的疼痛就已经将宝宝顺利娩出。

分娩时的痛感是因人而异的，有些准妈妈自身的条件比较好，耐力强，或是对痛觉没那么敏感，就不会觉得生产过程很难过；有些准妈妈可能身体素质稍差，对痛感十分敏锐，因而更容易感受到生产过程的痛。

除了生理条件因素外，心理因素也会影响到准妈妈在分娩时对痛觉的感应，如对分娩的无知、怕痛的准妈妈更容易觉得痛苦。准妈妈应在分娩前，多阅读这方面的书籍，了解生产的过程，提前做好心理准备。

如果你选择了自然分娩，愿意体验宝宝出生带给你的感受，你就应该欣然承受宫缩带来的疼痛。有的准妈妈会通过上网、聊天等方式与有过生产经验的女性交流生产的经验感受，这一方面可以是一个很好的心理准备，但另一方面准妈妈们也要注意，不要被过来人的经历所吓倒，因为同样是生宝宝，每个人的感受都是不同的。

紧张和过度疲劳也会无形中为正常分娩增添阻力。有些准妈妈在还未正式进入生产过程就已经开始分外紧张大喊大叫，这必然会消耗你的力气，为即将到来的真正分娩造成困难。因此，准妈妈们应该要保持镇定的头脑，冷静对待从未感受过的宫缩，及其带来的疼痛和说不出来的不适，千万不要喊叫或哭闹。

再有的准妈妈，当宫缩来临时会把自己全部的精力集中在对宫缩的感受上，这必然会使你充分地感受临产的不适和疼痛。不如适当地将自己的注意力转移到别的地方，比如当宫缩来临时可以多想想宝宝出生后的样子，或是在旁边放上你喜欢的音乐等，都是有助于减轻痛觉的。

此外，在分娩过程中如果有人陪在准妈妈的身边从精神上给予支持，也能有效减轻疼痛感。目前很多医院都有条件可以陪产，因此在临产前，准妈妈可以和准爸爸或是其他家人一同走进产房，以获得精神上的鼓励。

对于分娩时的疼痛，准妈妈还可以通过深呼吸、频繁变换体位、在后背部放个冰袋、让别人按摩或使劲挤压后背部来进行自我舒缓，当宫缩越来越频，越来越强烈时，放慢呼吸节律或做深呼吸，在宫缩间歇期间静静地休息或是吃些喜欢的食品，如果感到热或已经出汗，可以用微凉的湿毛巾擦一擦脸，这些都是有效舒解疼痛的办法。

小贴士

分娩时妈妈的疼痛对宝宝的益处

有些产妇误认为剖宫产可免受痛苦，既不改变体形，又能保证婴儿的安全，剖宫产生的宝宝很聪明等，因此盲目地追求剖宫产。其实，分娩时的疼痛对母子更有好处：

（1）分娩过程中子宫的收缩，能让胎儿肺部得到锻炼，让表面活性剂增加，肺泡易于扩张，出生后发生呼吸系统疾病少。

（2）子宫的收缩及产道的挤压作用，使胎儿呼吸道内的羊水和黏液排挤出来，新生儿窒息及新生儿肺炎发生率大大减少。

（3）宝宝经过产道时，胎儿头部受到挤压、头部充血、可提高脑部呼吸中枢的兴奋性，有利于新生儿出生后迅速建立正常呼吸。

分娩姿势

预产期一天天逼近，初次怀孕即将面临生产的你，是不是很担心到时进产房，不知该怎么用力，好让胎儿可以顺利娩出，甚至担心害怕自己出糗。很多前辈妈妈的经验是“生小孩就像在大便一样，生出来之后就好像解了万年宿便一样轻松。”那么，到底应该摆出什么样的姿势，才是正确的呢？其实，每个人惯用的姿势不同，怎么样的姿势让你觉得舒服，那就是属于你的最佳姿势。

1. 仰卧位

方式：产妇平躺在床上，两腿张开抬高，目前多采用此种分娩姿势。

可依产妇需求，调整床头的倾斜高度。

在产科史上，仰卧分娩并不是主要体位。这种姿势虽可以帮助胎儿转换胎位，便于分娩，但不能够充分利用重力作用，使得产妇外阴部容易发生撕裂。

优点：对产科处理（如：真空吸引）及新生儿处理方便，适合医务人员的需要。

缺点：（1）仰卧时增大的子宫会压迫到静脉，使得流回心脏的血量减少，可能引发胎儿窘迫和产后出血增多。

（2）仰卧分娩使得骨盆的可塑性受到限制，产道较狭窄，增加难产的机会。

（3）胎儿的重力失去原有的作用，导致产程延长，容易使产妇乏力。

2. 侧躺式

方式：侧向躺着，蜷缩背部，先生可以帮忙把产妇的一只脚抬起。

这种姿势所受重力作用虽然不大，但对于产妇来说是一种比较舒服的姿势。

优点：能使会阴放松，减少静脉受压，以及防止仰卧可能引发的胎儿窘迫和产后出血增多。

缺点：若采用此方式生产，对医护人员（接生者）而言，操作较为不便。

3. 前倾跪式

方式：产妇将手放在床上或者支撑物上，两腿分开。

优点：（1）这样的姿势可以减低阴道撕裂或者进行会阴切开术的概率。

（2）有助于长期臀位的胎儿顺利分娩。

缺点：（1）产妇可能会比较累，可放些抱枕、靠垫在膝盖和手下面垫着，使其舒服一些。

（2）膝盖所承受的重力较大，时间过长可能会受不了。

4. 站立式

方式：产妇直立站着，可有人搀扶或手抓握栏杆等。

优点：（1）直立姿势可以充分利用重力的作用，先露部直接压迫子宫下段的宫颈部，可反射地使子宫收缩强而有力，有效地缩短第二产程。

（2）胎儿重力与产道方向一致，宫缩能使胎头在产道中旋转的顺利。

（3）产妇若采取蹲式分娩，产道宽度会最大，与仰卧式相较，产道横断面的面积可增加 30%。

缺点：（1）这个姿势产妇会比较累，但累的时候可以改变姿势。

（2）产妇久坐后，会阴部容易发生水肿。

（3）有急产倾向及进程较快的产妇不应采取坐式产椅分娩。

月子

坐月子

开奶

开奶通常是指新生儿降临人间以后开始的第一次喂奶。“开奶”早些好还是晚些好，近年来有不同的看法。以往人们为了让产妇和婴儿能得到充分的休息，主张“开奶”晚些好，一般要产后24~48小时才给孩子喂奶；对早产儿甚至更晚一些。但近年来，国外一些学者认为，早开奶对母亲和婴儿都有好处。我国产科和儿科学者也持同样的看法。如果生孩子后不早些喂奶，垂体得不到刺激，泌乳素就不分泌，时间长了，即使婴儿再吮乳头，垂体也就没反应了，或者奶量很少。有些母亲很想给孩子喂奶，但就是因为开奶太晚，以致回了奶，想喂也不成了，这是很可惜的。此外，吮吸乳头也可以使子宫收缩，减少产妇产后出血，促进子宫恢复，可以防止或减少新生儿生理性体重下降，还可以促进母子感情。

在民间有许多促使母乳分泌的食物，比如大家所熟悉的鲫鱼、猪蹄、酒酿鸡蛋、黄豆、红枣等。哺乳期的营养是十分重要的，要保证高热量、高蛋白质食物、足量的维生素、矿物质、纤维素以及水分。

特别需要注意的是，通过食疗方法来开奶应特别注意划清时间界限。在刚分娩后的几天，由于分娩时的疲劳使消化功能还没有完全恢复，应避免吃油腻的食物。建议3天后再改食营养价值高的食物，每天摄入一定量的牛奶、米饭、荤菜、蔬菜、水果。

小贴士

适当按摩有助于乳汁分泌

按摩乳房能刺激乳房分泌乳汁，妈妈用干净的毛巾蘸些温开水，由乳头中心往乳晕方向成环形擦拭，两侧轮流热敷，每侧各15分钟，同时还可配合下列按摩方式：环形按摩，双手置于乳房的上、下方，以环形方向按摩整个乳房；螺旋按摩，一手托住乳房，另一手示指和中指以螺旋形向乳头方向按摩；指压式按摩，双手张开置于乳房两侧，由乳房向乳头挤压。

催乳

母乳喂养是优生优育的重要手段。要确保产妇有足够的乳汁喂养婴儿，就要注意产妇的催乳问题。催乳就是母乳达不到小儿需求时，利用科学手法和方式刺激母乳量的分泌。

1. 催乳的方法

（1）吸吮刺激。吸吮刺激对于催乳素和催产素的分泌，都是正反馈，也就是吸吮越多，分泌量越多，吸吮越少，分泌量越少。因此，如果产后不及时给婴儿哺乳，母亲乳头得不到吸吮刺激，这两个反射就不能及时建立，乳汁不能排出，继续泌乳将受到抑制。所以，要想产奶多，最为关键的，就是婴儿的吸吮刺激，吸吮刺激越多，乳汁产生也越多。

（2）按摩。从孕中期开始，每天都要进行，按摩可以是温柔的抚摸，也可以用手掌大鱼际或小鱼际，轻轻按摩乳房壁，露出乳头，围绕乳头均匀按摩。每天或隔天 1 次，每次 3 分钟。如果按摩的同时，找一个非常钝的梳子，从乳房的根本用梳子像梳头发一样梳到乳头，可以非常有效地促进乳房的血液循环、畅通输乳管道，保证实现母乳喂养。

（3）热敷。乳房的热敷会改善乳房的血液循环，增加对乳房的刺激和输乳管的通畅，增加营养物质的摄取和排乳功能，间接增加泌乳功能。

2. 催乳健美操

（1）靠墙壁边站立，举起两臂尽量往上伸长，然后轻轻放下手臂。注意脚跟不可举起。

（2）双手握成拳头，左右手轮流往前击出，当一只手往后拉回的刹那间，乳房一带会感到特别紧迫，有助于乳汁的顺畅。

（3）两臂向左右平举与肩成一条线，力求固定不可摇动，然后摆动手，脖子关节。

（4）左右手弯曲，左手放在前腰，右手放在后腰，左手举起手臂向后挥，再由右手举起过头向后，反复做。

3. 催乳食谱

（1）黄花通草猪肝汤

材料：黄花菜 30 克，花生米 30 克，通草 6 克，猪肝 200 克。

做法：将黄花菜 30 克、通草 6 克加水煮汤，去渣取汁，入花生米、猪肝煲汤。以花生米熟烂为度。吃猪肝、花生米，饮汤，每日一剂，连服 3 天。

功效：产后乳汁量少，乳房柔软，食欲不振。

（2）乌鱼通草汤

材料：乌鱼 1 条，通草 3 克，葱、盐、黄酒等调味料。

做法：将乌鱼去鳞及内脏后，洗净，将通草加葱、盐、黄酒、水适量共炖熟即可。

功效：清热利湿，疏通乳腺，促进乳汁分泌，而且乌鱼富含优质蛋白质，还有促进产妇伤口愈合的功效。

（3）猪蹄通草汤

材料：猪蹄2只，通草6克，葱白3根。

做法：将猪蹄2只，通草6克，葱白3根，共同加水煮汤。

功效：通草有清热通乳的功能。此汤每日分3次服，连服3日，适用于产后缺乳。

乳房护理

新妈妈的乳房，不但是自己身体的一部分，更是宝宝的两个大“饭碗”。与怀孕前相比，此时它们的变化可大了，看看以下最常见的十二个产后乳房护理问题，是否也让你大伤脑筋？

1. 产后乳房清洁

产后清洁乳房可是新妈妈必须要掌握的一项技巧。新妈妈在清洁时不要用毛巾大力擦拭，可以用脱脂棉球蘸水或婴儿油轻擦乳房，避免使用碱性香皂，因为它会破坏皮肤的油脂层。穿胸罩前最好能让乳房自然风干。

2. 产后选择胸罩

有些妈妈为了方便喂奶而不戴胸罩，这样很容易造成以后乳房的下垂，新妈妈应尽量选择合身、舒适、棉质的哺乳型胸罩。有些妈妈在母乳喂养期间胸围会不断变化，在购买胸罩时就要特别注意适时更换尺寸，保证穿着合身。

3. 乳头被宝宝吸裂

刚刚开始进行母乳喂养时，初生的宝宝太小，妈妈没有经验，喂养时姿势不正确，都可能造成乳头疼痛及皲裂。新妈妈在喂奶后可以用几滴奶水抹在乳头上，自然风干以预防皲裂。已经裂开的，可以每天使用熟的食用油涂抹伤口处，促进伤口愈合。当然，新妈妈尽快掌握正确的喂奶姿势，这才是最重要的。

4. 乳房充血

乳房充血一般发生在乳腺刚开始分泌乳汁的24 ～ 72小时内。乳腺充血会使新妈妈感到乳部胀满、肿大，双乳触痛，这时可用冰块冷敷以减轻疼痛。随着乳汁分泌正常，乳房会变软，充血现象也就消失了。

5. 胀奶时的难受

新生的宝宝胃口比较小，大多不能把妈妈乳房中的乳汁吃完，这时妈妈就会觉得乳房沉甸甸、硬邦邦的，非常不舒服。新妈妈可以用吸奶器或人工挤奶将多余的奶挤出来，或者找一个月份稍大些的宝宝来帮忙吃掉一些。此外，热敷或轻缓地按摩都可以缓解不适。

6. 乳房小

乳房的发育主要受雌激素和孕激素的影响，而产后的奶水分泌则主要与催乳素的多少有关，所以乳房的大小不会影响奶水的多少。只有那些乳腺发育不良，乳腺泌乳细胞数目过少的人，产后乳汁的分泌才会受到一定的影响。

7. 乳腺炎

乳腺炎最初的症状是乳房肿胀、变软且感染的部位红肿，妈妈还会出现发热、发冷、头痛、恶心及呕吐等症状。新妈妈可以采取热敷、按摩等方法进行自我护理，去医院进行治疗一般一周左右就能痊愈。由于乳腺炎只感染乳房组织，与乳汁无关，因此不会传染给宝宝，可以继续喂奶。

8. 两边的乳房不对称

其实，有很多女性都存在着两边乳房大小不对称的情况，只不过怀孕前不是很明显，产后乳房胀大，两者的差别就明显起来。还有些新妈妈在喂养宝宝时经常只给宝宝喝某一侧的乳房，这也造成了两侧乳房有大有小。如果宝宝喝一侧乳房的奶就饱了的话，另一侧最好用吸奶器吸空。否则，时间一长两侧乳房的不对称会越来越明显。

9. 宝宝吃饱了还咬着乳头

这个时候新妈妈可别硬来，小心拉伤乳头。当确认宝宝已经吃饱后，可用手指轻轻压一下宝宝的下巴或下嘴唇；也可把示指伸进宝宝的嘴角，慢慢地让他把嘴松开。这样再抽出乳头就比较容易了。

10. 漏奶

新妈妈可以在身边多准备些防溢乳垫垫在胸罩里，这东西一般的婴儿用品店都能买到。感觉湿了就可以更换，最好买一次性的，又干净又方便。

11. 用手挤奶

挤奶时用力过猛确实会造成乳房损伤，但正确的挤奶方法是不会弄伤新妈妈的乳腺的。一般可以这么做：洗干净双手，找一个舒适的位置坐下，把盛奶的容器放在靠近乳房的地方。把拇指放在乳头、乳晕的上方，示指放在乳头，乳晕的下方，其他手指托住乳房。拇指、示指向胸壁方向挤压，挤压时手指一定要固定，不能在皮肤上滑来滑去。多重复几次奶就会出来。喷乳反射强烈的妈妈，挤一会儿后奶还会喷射而出。

12. 乳房下垂

其实，引起乳房下垂的原因并不是喂奶，相反，哺乳能够促进母体催产素的分泌，而催产素会增强乳房悬韧带的弹性。在喂奶时不注意乳房的护理才是导致乳房下垂的罪魁祸首。

小贴士

孕期乳头护理对产后哺乳至关重要

孕期乳头护理对产后泌乳、哺乳有重要作用，可以使乳头皮肤变得坚韧，产后哺乳时不容易发生破损、乳腺炎。如果孕妈咪乳头凹陷，孕期不注意纠正，直到产后再纠正，就为时已晚，将导致哺乳困难，影响母乳喂养，所以，孕妈咪应从孕中期就要开始做乳头护理。这样，才能在宝贝出生后顺利进行母乳喂养。

产后禁忌

如果产后不能及时地补充足够高质量的营养，就会影响新妈妈的身体健康。产后新妈妈还要承担起给新生儿哺乳的重任，营养状况会直接影响到宝宝的发育、成长。此外，新妈妈还要注意一些产后禁忌。

1. 忌多吃味精

为了婴儿不出现缺锌症，新妈妈应忌吃过量味精。一般而言，成人吃味精是有益无害的，而婴儿，特别是12周内的婴儿，如果哺乳期间的妈妈在摄入高蛋白饮食的同时，又食用过量味精，则不利。因为味精内的谷氨酸钠就会通过乳汁进入婴儿体内。过量的谷氨酸钠对婴儿，尤其是12周内的婴儿发育有严重影响，它能与婴儿血液中的锌发生特异性的结合，生成不能被机体吸收的谷氨酸，而锌却随尿排出，从而导致婴儿锌的缺乏，这样，婴儿不仅易出现味觉差、厌食，而且还可造成智力减退，生长发育迟缓等不良后果。

2. 忌急吃老母鸡

我国传统新妈妈生完孩子就要吃老母鸡补养，所以多数新妈妈在生完孩子后第一口喝的就是鸡汤。不是说不能吃，而是最好晚几天吃。因为母鸡等发物，吃后容易致胖。 忌急于服用人参。有的新妈妈产后急于服用人参，想补一补身子。其实新妈妈急于用人参补身子是有害无益的。人参含有多种有效成分，这些成分能对人体产生广泛的兴奋作用，其中对人体中枢神经的兴奋作用能导致服用者出现失眠、烦躁、心神不安等不良反应。而刚生完孩子的新妈妈，精力和体力消耗很大，十分需要卧床休息，如果此时服用人参，反而因兴奋难以安睡，影响精力的恢复。

3. 忌过多吃鸡蛋

医学研究表明，分娩后数小时内，最好不要吃鸡蛋。因为在分娩过程中，新妈妈体力消耗大，出汗多，体液不足，消化能力也随之下降。若分娩后立即吃鸡蛋，就难以消化，增加胃肠负担。分娩后数小时内，应吃半流质或流质饮食为宜。在整个产褥期间，根据国家对孕、新妈妈营养标准规定，每天需要蛋白质100克左右，因此，每天吃鸡蛋3 ~ 4个就足够了。过量食用鸡蛋也会增加肠胃负担，甚至容易引起胃病。

4. 忌多吃红糖

红糖营养丰富，释放能量快，营养吸收利用率高，具有温补性质。新妈妈分娩后，由于丧失了一些血液，身体虚弱，需要大量快速补充铁、钙、锰、锌等微量元素和蛋白质。红糖还含有“益母草”成分，可以促进子宫收缩，排出产后宫腔内瘀血，促使子宫早日复原。

因为过多饮用红糖水，不仅会损坏新妈妈的牙齿，而且红糖性温，如果新妈妈在夏季过多喝了红糖水，必定加速出汗，使身体更加虚弱，甚至中暑。此外，喝红糖水时应煮开后饮用，不要用开水一冲即用，因为红糖在贮藏、运输等过程中，容易产生细菌，有可能引发疾病。

剖宫产护理

无论是顺产还是剖宫产，产后妈妈的骨盆都会变大。这就是准妈妈们经常说的产后大屁股。要改变产后大屁股，防止骨盆松弛引起的各种不良症状，准妈妈们赶紧在分娩之前为自己准备一根骨盆带吧。

长久以来存在着一个认识误区，很多准妈妈以为采用剖宫产就可以更好地保持身材，防止出现产后大屁股。实际上，这是错误的。

进行剖宫产的妈妈们总是容易认为骨盆不容易出现问题，其实剖宫产的产后骨盆也是打开的，成松弛状态。所以剖宫产的妈妈要和顺产的妈妈一样，必须在产后及时使用骨盆带进行骨盆收紧。

如果可以的话，两个月内对骨盆进行收紧是最理想的。因为韧带恢复到原来的坚硬程度也需要两个月的时间。只是，到了感觉系带与不系带没有很大区别的时候，是没有必要强迫去系带并让人感觉厌烦。有些妈妈一直使用到产后6个月，效果也非常好。各位妈妈还是依据自己的使用感觉而定。

剖宫产后应注意以下防护措施

（1）手术后刀口的痂不要过早地揭，过早硬行揭痂会把尚停留在修复阶段表皮细胞带走，甚至撕脱真皮组织，并刺激伤口出现刺痒 .

（2）涂抹一些外用药用于止痒。

（3）避免阳光照射，防止紫外线刺激形成色素沉着。

（4）改善饮食，多吃水果，鸡蛋、瘦肉、肉皮等富含维生素C、维生素E以及人必需氨基酸的食物，这些食物能够促进血液循环，改善表皮代谢功能，切忌吃辣椒，葱蒜等激性食物。

（5）保持瘢痕处的清洁卫生，及时擦去汗液，不要用手搔抓，用衣服摩擦瘢痕或用水烫洗的方法止痒，以免加剧局部刺激，促使结缔组织炎性反应，引起进一步刺痒。

小贴士

剖宫产后应选择哪种避孕方式

避孕方法的选择极为重要。因为剖宫产对子宫肌壁大有损伤，不可能像自然分娩者于产后2个月安放节育环，所以，剖宫产后的避孕方法，应因人而异，分类指导进行。产后不授乳者，可选用0号、2号口服避孕药避孕，也可选择避孕套避孕，直到产后8～10个月子宫肌壁上的瘢痕大部分软化，再安放节育环或皮埋避孕。产后授乳者，最佳的避孕方法是使用避孕套，直到停止哺乳（应不少于10个月），再安放节育环或皮埋避孕。

产后家居环境

坐月子环境，主要是指室内环境。如果妈妈和宝宝的房间杂乱无章、空气污浊、喧嚣吵闹，就会使妈妈的身心健康受到很大影响。心情受到影响就不可能睡好、吃好；如果环境糟到身体都受到影响的话，就很不利于健康了。

所以，产后新妈妈的房间一定要安宁、整洁、舒适，有利于妈妈身体康复。在产妇回家坐月子之前，家人需要做到以下几个步骤的准备工作：

1. 选择合适的坐月子房间

（1）不宜住在敞、湿的房间里，由于妈妈的体质和抵抗力都比较低下，所以居室需要保温、舒适。

（2）要选择阳光和朝向好的房间。这样，夏天可以避免过热，冬天又能得到最大限度的阳光照射，使居室温暖。

（3）居室采光要明暗适中。最好有多重窗帘等遮挡物随时调节采光。

（4）居室要通风效果好，不要接近厨房等多油烟的房间。

2. 提前做好房屋清洁消毒

产妇和宝宝在月子里几乎整天都在居室内度过，做好清洁卫生是防病保健的重要方法。所以室内环境一定要在产妇回家之前的两三天，将坐月子房间打扫得非常干净。具体做法是：

（1）家里最好用 3% 的苏打水（200~300 毫升 / 米）来湿擦或喷洒地板、家具和 2 米以下的墙壁，并彻底通风 2 小时。

（2）卧具、家具也要消毒，阳光直射 5 小时可以达到消毒的目的。

（3）保持卫生间的清洁卫生，要随时清除便池的污垢，排出臭气，以免污染室内空气。

（4）丈夫和家人不要在居室内吸烟。

3. 保持房间温湿度适宜

当产妇回到家中后，一定要保持房间温度、湿度适宜。冬天温度要保持 18 ~ 25℃，湿度要保持 30%~80%。夏天温度要保持 23 ~28℃，湿度要保持 30%~60%。建议在产妇房中放置一个测试温度和湿度的仪器。下面有些方面是需要准妈妈注意的：

（1）要注意通风，要根据四季气候和妈妈的体质而定，即使是冬季，房间也要定时开窗换气。开窗换气时，妈妈宝宝可以先去其他房间休息，避免直接着风感冒。

（2）可以使用空调电风扇等。如果使用空调时温度不宜过低，如果使用电风扇不宜直吹妈妈。 除此之外，要保持室内安静减少噪声，不要大声喧哗。要避免过多亲友入室探望或过多的人来回走动，以免造成空气污染和影响妈妈的休息。

月子病

产后便秘

孕妇便秘是一个很常见的问题，当然也有一些人是发生在产后便秘的这种现象。那么，产后便秘到底是什么原因造成的呢？产后便秘该如何治疗呢？

1. 产后便秘原因

（1）分娩前灌肠致使排便延迟。

（2）分娩中体力消耗大，腹部肌肉疲劳，腹肌和盆底肌肉松弛。

（3）收缩无力，且产后人体虚弱，排便力量减弱。

（4）产后手术伤口使自己不能依靠腹压来协助排便。

（5）分娩后胎儿对直肠的压迫消失，肠腔反应性扩大，肠内容物滞留。

（6）卧床时间多，活动减少，影响直肠蠕动。

（7）饮食结构不合理，蔬菜、水果吃得少。

2. 产后便秘治疗方法

（1）多吃纤维多的食品如山芋、粗粮、芹菜等各种绿叶蔬菜，多吃雪梨等富含水分的水果。

（2）多吃富含有机酸的食品如酸奶，增加消化与通便功能，可常饮用。

（3）多吃含脂肪酸的食品如花生米、松子仁、黑芝麻、瓜子仁。

（4）多喝汤水，下奶的汤水一般都含有一定量的油分，可以起到润滑肠道，促进排便的作用。

小贴士

产妇便秘是可以预防的

可通过身体运动，促进肠蠕动，帮助恢复肌肉紧张度。健康、顺产的产妇，产后第二天即可开始下床活动，逐日增加起床时间和活动范围。也可以在床上做产后体操，做缩肛运动，锻炼骨盆底部肌肉，促使肛门部血液回流。方法是做忍大便的动作，将肛门向上提，然后放松。早晚各一次，每次10~30回。产妇的饮食要合理搭配，荤素结合，适当吃一些新鲜蔬菜瓜果。少吃辣椒、胡椒、芥末等刺激性食物，尤其是不可饮酒。麻油和蜂蜜有润肠通便作用，产后宜适当多食用。注意保持每日定时排便的习惯。如果便秘症状较重，可以使用通便药物。

产后盗汗

部分妇女在产后出现不由自主出汗，即使没有过多的活动，也是大汗淋漓，而且还非常容易在睡觉的时候出汗，醒来以后发现身上湿湿的。对于这种现象，称之为产后盗汗。

实际上，产后盗汗是非常常见的。假如在产后一周左右内的盗汗，是因为产妇体内的水分比较多，通过内分泌以及神经的调节，使汗腺保持旺盛的分泌功能，可以排出体内过多的水分。属于生理性产后盗汗。假如盗汗持续时间比较长，甚至是几个月，还是应该考虑是病理性产后盗汗，多因为妇女产时或产后失血过多，阴血骤失不能敛阳，阳气外浮，津液随之而泄；或因产时气血耗损，气随血耗，卫外不固，也就是中医所说的阴虚造成的。

1. 产后盗汗如何处理

（1）生理性盗汗：不需要特别处理，在数日后会自行好转。但在出汗时，毛孔张开，易受风寒，引起感冒。应注意要及时擦干汗液，注意皮肤清洁，如汗湿衣服要即行更换。

（2）病理性盗汗：如出汗极多，或出汗持续时间长，可在中医指导下用中药补气止汗，大夫会根据情况辨证给药，切忌自行乱服药。

2. 产后盗汗常用食疗方

（1）黄芪桂圆羊肉汤。

材料：黄芪 15 克，羊肉 90 克，桂圆肉 10 克，山药 15 克。

做法：将羊肉用沸水稍煮片刻，捞出后即用冷水浸泡以除膻味；用砂锅将水煮开，放入羊肉和 3 味药同煮汤。食时调好味，可饮汤吃肉。

（2）参鸽汤。

材料：高丽参 5 克，乳鸽 1 只。

做法：将乳鸽去毛及内脏（不必清洗腹中之血），加入参片，水适量，隔水蒸炖 1 小时，配少量食盐顿服。每日 1 次，连服 3 天。

（3）泥鳅汤。

材料：糯稻根 30 克，泥鳅 90 克。

做法：先将泥鳅宰杀洗净，用食油煎至金黄，用清水 2 碗煮糯稻根，煮至 1 碗汤时，放入泥鳅煮汤，吃时调好味，连汤带鱼同吃。

产后恶露

妇女产后，由阴道排出瘀血、黏液。产妇分娩后随子宫蜕膜特别是胎盘附着物处蜕膜的脱落，含有血液，坏死蜕膜等组织经阴道排出称为产后恶露。

1. 产后恶露类型

（1）红色恶露。产后第一周，恶露的量较多，颜色鲜红，含有大量的血液、小血块和坏死的蜕膜组织，称为红色恶露。血性恶露持续 3~4 天，子宫出血量逐渐减少，浆液增加，转变为浆液恶露。

（2）浆性恶露。一周以后至半个月内，恶露中的血液量减少，较多的是坏死的蜕膜、宫颈黏液、阴道分泌物及细菌，使得恶露变为浅红色的浆液，此时的恶露称为浆性恶露。浆液恶露持续十天左右，浆液逐渐减少，白细胞增多，变为白色恶露。

（3）白色恶露。半个月以后至 3 周以内，恶露中不再含有血液了，但含大量白细胞、退化蜕膜、表皮细胞和细菌，使恶露变得黏稠，色泽较白，所以称为白色恶露。白色恶露持续 3 周干净。

2. 产后恶露危害

（1）产后恶露不净有可能导致局部和全身感染，严重者可发生败血症。

（2）恶露不净还易诱发晚期产后出血，甚至大出血休克，危及产妇的生命。

（3）剖宫产所导致的产后恶露不净还容易引起切口感染裂开或愈合不良，甚至需要切除子宫。

3. 产后恶露注意事项

（1）产后未满 50 天绝对禁止房事。

（2）使用垫纸质地要柔软，要严密消毒，防止发生感染。

（3）恶露减少，身体趋向恢复时，可鼓励产妇适当起床活动，有助于气血运行和胞宫余浊的排出。

（4）保持室内空气流通，祛除秽浊之气，但要注意保暖，避免受寒。若血热证者，衣服不宜过暖。

（5）属血热、血瘀、肝郁化热的病人，应加强饮料服食，如藕汁、梨汁、橘子汁、西瓜汁，以清热化瘀。

（6）卧床休息静养，避免情绪激动，保持心情舒畅，消除思想顾虑，特别要注意意外的精神刺激。

（7）脾虚气弱的病人，遇寒冷季节可增加羊肉、狗肉等温补食品。肝肾阳虚的病人，可增加滋阴食物，如甲鱼、龟肉等。

（8）分娩后绝对卧床休息，产后恶露不尽患者要注意阴道卫生，每天用温开水或 1 ∶ 5000 高锰酸钾液清洗外阴部。选用柔软消毒卫生纸，经常换月经垫和内裤，减少邪毒侵入机会。

（9）加强营养，饮食总宜清淡，忌生冷、辛辣、油腻、不易消化食物。为免温热食物助邪，可多吃新鲜蔬菜。若气虚者，可予鸡汤、桂圆汤等。若血热者可食梨、橘子、西瓜等水果但宜温服。

小贴士

怎样区别恶露和月经

正常恶露有血腥味，不臭。血性恶露是产后第1~4天内排出的分泌物，量多，色鲜红，含血液、蜕膜组织及黏液，与月经相似，或稍多于月经量，有时还带血块。浆液性恶露是产后第4~6天排出的，色淡红，含少量血液、黏液和较多的阴道分泌物，并有细菌。白色恶露是在产后一周以后排出的较白或淡黄色的恶露，含大量白细胞、蜕膜细胞及细菌，状如白带，但较平时的白带为多。每个产妇虽然都有恶露，但各人排出的量不尽相同，平均总量为500~1000毫升。各产妇持续排恶露的时间也不相同，正常产妇3周左右干净。

产后积奶

处于哺乳期、奶水又比较多的妈妈，一旦宝宝吮吸不完就很容易让乳汁堆积在乳房中，导致“积奶”。如不及时把乳房内的残奶挤净，以至于久积变馊，很容易产生葡萄球菌哺乳后感染孩子肺部。因此，处于哺乳期的妈妈一旦发现乳房红肿异常，要及时就医，消除炎症。

产后积奶的原因和解决方法

1. 奶水太多

表现症状：整个乳房像一块硬石头一样，不能碰不能摸，孩子刚喂完的时候会缓解一些，可是过不了多久，分泌的乳汁会重新把乳房变得像石头一样。奶胀是由于乳房内血液、体液和乳汁积聚，这是由于不适当和不经常哺乳所致。通常在24~48小时内进行有效护理可减轻症状。

解决方法：奶胀时，在哺乳前先热湿敷乳房3~5分钟，随后柔和地按摩、拍打和抖动乳房，起到疏通乳腺的作用，然后用手或吸奶器挤出乳汁，使乳晕变软，以便婴儿能顺利地含吮乳头和大部分乳晕。每次哺乳要将乳汁排空，使乳腺通畅，乳汁排空后，既可避免乳汁积聚，又可减轻乳房胀痛。哺乳后，要佩戴支持胸罩，改善局部血液循环。

2. 睡眠姿势不对

表现症状：只有一小块是硬块，其他地方是柔软的。也只有那个硬块会痛。

解决方法：让宝宝多吸几次奶就能有好转。

3. 错用吸奶器

这种现象在新妈妈中非常常见，尤其是产后三四周更容易发生。

解决方法：正确的哺乳方法应是宝宝吃空一侧，再吃另外一侧。但一些新妈妈以为，乳房吸不出一滴乳汁才是吃空，一旦发现乳房还分泌乳汁，而宝宝又吃饱了，就用吸奶器排出奶汁。结果是加速乳汁分泌，导致乳房越来越胀，胀到一碰就疼，受不了就再继续频繁使用吸奶器，而且用力不均匀适度。如此循环，排乳过度，极易导致乳汁积聚在乳头下，形成硬结，宝宝就不容易吸出乳汁。

如果使用吸奶器用力过大过频，还会把吸奶器压住乳房部位的周围组织吸肿，导致乳头内陷，宝宝根本含不住乳头，无法吸乳。再者，过胀的乳房在睡眠时不注意护理，也很容易挤压，形成硬结。

其实，只要乳房变软、不发胀，就是吸空了。新妈妈的乳汁分泌都是按宝宝身体所需供应的，不会过多。而且，乳房会自动排乳，不会胀到妈妈难以忍受，这时候无须使用吸奶器，还是尽量让宝宝自己吸出乳汁。

产后阴道炎

产后阴道炎分为两种，一种是产后出血时间太长了，血液刺激引起有充血，比较红肿，是一种非细菌性的炎症，不是任何明确的致病菌引起的，这种炎症可以自行消退，没有出血的刺激，恶露干净了，就会慢慢好转。

但是常发的一种，还是产后出血时间长，抵抗力下降，有细菌的侵袭，因为有良好的细菌培养基在里面，所以产后自身清洁淋浴也是很重要的。而且这种产后的阴道炎，大部分时候是不需要进行治疗的，因为血液刺激慢慢地自行就会消退，但是如果要是有恶臭或者是有一些白带异常，因今早就医治疗。

还有一种阴道炎，就是剖宫产之后阴道干涩，因为也是出血时间比较长，没有经过胎头扩充阴道的过程，所以有的时候会觉得很干涩，一般建议产后可以用一些药物来改变这种情况。因为我们常常见剖宫产后复查时会觉得阴道很痛，就是跟阴道激素水平下降、阴道干涩有关系，也是一种炎症，这个时候女性朋友们就应该用一些保护阴道黏膜的药物，让它重建保护系统。

如何预防产后阴道炎

（1）穿棉质内裤，并且勤换，清洗外阴的毛巾和盆要单独分开。洗后的内裤要放在太阳下暴晒，不要晾置于卫生间内。

（2）穿着衣物须透气，不要连续穿着连裤袜或紧身牛仔裤。

（3）大便后擦拭的方向应由前至后，避免将肛门处的念珠菌带至阴道。

（4）如果以前喜欢穿着泳衣坐在泳池边聊天，那以后可得改改了，在公共泳场、浴室这样的地方都不要随便坐，公共马桶也不例外。

（5）请尽量保持开朗心情，因为心理原因也会降低身体免疫力，使病菌乘虚而入。

（6）不要用消毒剂或各种清洁剂频繁冲洗外阴和阴道。清洗阴部的最好用清水，而不是各式各样的洗液。

婴儿

母乳喂养

吐奶

吐奶是婴儿常见的现象，指胃中食物被强而有力地排空，而且量比较多。吐奶是婴儿常见的现象，由两方面的原因所致：一是全身性或胃肠道疾病时的一个症状；二是婴儿胃肠道的解剖生理特点容易发生吐奶。总的来看，由于第二种原因引起的吐奶比较常见。

首先要弄清楚宝宝是吐奶还是溢奶，这两者的含义不同，原因和处理方法也不一样。吐奶的量比较多，可发生在喂奶后不久，或半小时以后，吐奶前孩子有张口伸脖、痛苦难受的表情。溢奶则量少，多发生在刚吃完奶时，一般吐出一两口即止。

宝宝的胃不像大孩子和成人那样垂向下方，而是呈水平位，胃的容量小，存放食物少，胃收缩功能又没有完全发育健全，所以才很容易发生吐奶。不了解宝宝肠胃特点的爸爸妈妈，可能会喂奶中，无意中增加了宝宝吐奶的可能性。

仰卧喂奶可能是怕宝宝累着，或是便于喂奶，不少家长都是采取宝宝仰卧时喂奶的方法，其实这是不太科学的。由于宝宝胃结构的特殊性，仰卧时，很容易造成奶水在胃里滞留，很容易导致吐奶。比较正确的姿势是抱起宝宝喂奶，让宝宝的身体处于 45 度左右的倾斜状态，胃里的奶液自然流入小肠，这样就能有效减少因躺着喂奶而造成吐奶的概率了。

新生儿的喉头位置要高一些，再加上他们含乳头的方式比较笨拙，吃奶时空气容易与奶汁一起吸入胃部，这样在打嗝或晃动身体时很容易出现吐奶。抱着宝宝喂奶时，一是动作尽量要轻，不要剧烈晃动宝宝的身体。二是在喂奶时，要让孩子的嘴裹住整个奶头，不要让空气乘虚而入。用奶瓶喂时，还应让奶汁完全充满奶头，尽量避免空气在喂奶时带进孩子的胃里造成吐奶。

此外，要特别留意的是，喂完奶后一定要让宝宝打个嗝：把宝宝竖直抱起靠在肩上，轻拍宝宝后背，让他通过打嗝排出吸奶时一起吸入胃里的空气，再把宝宝放到床上，这样也就不容易吐奶了——这个“放”也是要讲求技巧的，专家提示人们，喂奶后最好能让宝宝多立一会儿，放下时的最佳姿势是右侧卧位，枕头略抬高点，这些小措施都能有效地减少吐奶。

小贴士

宝宝因为咳嗽引起吐奶怎么办

宝宝感冒时，尤其是病毒性呼吸道感染时，会引发咳嗽等症状。咳嗽会使得腹压升高，也常常合并呕吐的症状。这个时候如果给宝宝喂奶，就非常容易出现吐奶现象。感冒咳嗽会致使呼吸频率加快，进而导致吐奶、溢奶现象，所以要注意呼吸和喂奶吞咽时的协调，在宝宝咳嗽或是准备咳嗽时，千万不要喂奶，以免造成吐奶。此时喂奶，严重的会致使奶液从鼻腔里喷出来，伤害到宝宝幼嫩的器官。在宝宝感冒时给宝宝喂奶要特别小心，速度一定不要太快，要确认宝宝已经咽下口中的奶水后再喂下一口，并尽量做到少食多餐。

厌奶

宝宝在4～6个月大时，喝奶量开始减少，胃口不佳，这是宝宝常有的厌奶现象。它的特征是宝宝正常发育，活力很好，只是奶量暂时减少，通常一个月左右就会自然恢复食欲。如何应对宝宝厌奶呢？具体要做到如下几方面：

1. 不用强迫手段

很多家长都担心宝宝喝太少会长不大，于是采用强迫的方式。但是这种做法反而会让宝宝对吃产生恐惧。其实只要宝宝身高、体重等发展状况都在可以接受的范围内，并不需要强迫他喝奶，这个时期家长应该思考，如何协助宝宝接受半流质的辅食，而非强迫他喝奶。

2. 改变喂食方式

当宝宝出现厌奶的征兆，新妈妈可以从改善喂食方式做起，采取较为随性的方式，不需要按表作业。以少量多餐为原则，等宝宝想吃的时候再吃。可以通过游戏消耗宝宝的体力，例如按摩、肢体活动等，当他精力耗尽、感到饥饿时，进食的状况也会获得改善。

3. 营造用餐环境

进食的环境尽量柔和、安静。因为此阶段的宝宝开始对外界感到好奇，用餐时若有人在旁逗弄他，或出现很多能吸引他注意力的玩具、声音，宝宝会觉得这些事情比吃饭更有趣，自然就不想吃了。

4. 奶嘴洞大小要适当

有时候宝宝喝奶少，可能是因为奶瓶上奶嘴的奶洞太小，使宝宝吸得不顺畅，因此喝的量才减少。先将奶瓶倒过来，检查一下奶瓶上奶嘴的奶洞，是否能顺利流出，通常最佳的速度是1秒1滴，滴不出来或滴得太快，对宝宝都不好。

5. 不要常换奶粉

看到宝宝不爱喝奶，家长可以更换别的奶粉，但更换速度不要太频繁，宝宝会没有时间适应。如果要换新牌子，也不要一下子全部换，最好和别的牌子的奶粉混合搭配，并观察一周排便状况，若排便正常，表示适应良好，此时才可以更换全新的奶粉。进入厌奶期后，更换奶粉牌子的效果有限，如果试换了一两次仍没有起色，就可以放弃使用这个方法了。

6. 适时添加辅食

4 个月大左右的宝宝，还是以母乳或配方奶为主，辅食吃一两餐即可，因此当宝宝感到厌倦，不妨给一点儿新的尝试。可从米粉或稀释的果汁开始，陆续再加入蔬菜泥和果泥。不过记得要遵守 1 次加 1 种的原则，从 1 小茶匙开始，再慢慢加分量。每种辅食可先尝试 3 ~ 5 天，并观察宝宝的状况。

如果不喜欢或是皮肤出现疹子、便便变稀等情形，建议先暂缓添加此种辅食，等过阵子再尝试。若是有过敏的家庭史，建议喂食母乳或部分水解奶粉到宝宝 6 个月大，之后再添加辅食，而添加的辅食以低致过敏性为优先。

7. 轻松对待厌奶

照顾宝宝的人，其心情和压力会直接传达给宝宝，当照顾者焦虑或强迫宝宝喝奶时，他都能感受到，因而产生抗拒。只要宝宝各方面都健康、正常，也没有生病，家长们就可以放宽心，用顺其自然的态度面对待宝宝的厌奶期，不要和宝宝为了吃展开痛苦的拉锯战。

打嗝

呃逆即打嗝，指气从胃中上逆，喉间频频作声，声音急而短促。是一种生理上常见的现象，由横膈膜痉挛收缩引起的。打嗝时，横膈肌不由自主的收缩，空气被迅速吸进肺内，两条声带之中的裂隙骤然收窄，因而引起奇怪的声响。

婴儿打嗝时，可将婴儿抱起，用指尖在婴儿的嘴边或耳边轻轻挠痒，一般至婴儿发出笑声，打嗝即可停止。如打嗝难以止住，倘无特殊不适，也可顺其自然，一般过会儿就会停止。如果长时间连续打嗝，要请医生诊治。

1. 如何让新生儿停止打嗝

（1）如果宝宝因吃奶后腹部胀气，放下平躺时会打嗝。这是因为奶瓶开口小，婴儿在吸奶的时候，因用力吸而吞入太多的空气，造成了胀气现象，因此家长可以在宝宝喝完奶之后，多抱一会儿，轻轻拍宝宝背部，或是轻柔按摩腹部来帮助排气，可以预防宝宝打嗝及溢奶。

（2）试着少量多餐的喂食法，或喂食后抱起宝宝拍背以加强排气。

（3）喂一点儿温开水或以有趣的活动来转移婴儿的注意力，也可以改善宝宝打嗝症状。

（4）不过如果宝宝频繁地打嗝，同时并有食欲变差、体重减轻或频繁呕吐，就应该带宝宝到医院做详细检查。

2. 如何预防新生儿打嗝

（1）如果是“胃食道逆流”造成的打嗝及溢奶，可在喂奶后让宝宝直立靠在大人的肩上排气，且半小时内勿让其平躺，4 个月大后可添加米粉或麦粉以增加奶的黏稠度，防止打嗝。

（2）如果宝宝打嗝是因为对牛奶蛋白过敏，可依医师指示使用特殊配方奶粉。

（3）平时喂食宝宝要在安静的状态与环境下，千万不可在宝宝过度饥饿及哭得很凶的时候喂奶。

（4）喂奶姿势要正确，进食时也要避免太急、太快、过冷、过烫。

（5）在宝宝打嗝时可用玩具或轻柔的音乐，来转移、吸引宝宝的注意力，以减少打嗝的频率。

（6）让宝宝在喝奶的中间休息一下，让宝宝直立站在你腿上，轻轻地拍他的背排气，打完了饱嗝可避免连续打嗝。

小贴士

婴儿喝奶时一直打嗝怎么办

婴儿如果在喝奶过程出现打嗝，可如下处理：

（1）先将婴儿抱起来，轻轻拍他的背部，然后喂一点儿奶或温开水。

（2）将婴儿抱起，用一只手的示指指尖在婴儿的嘴边或耳边轻轻地挠，一般到婴儿发出哭声，打嗝即会自然消失。这是因为嘴边的神经比较敏感，挠痒可以使神经放松，打嗝也就消失了。

（3）将婴儿抱起，刺激足底使其啼哭，也能终止膈肌的突然收缩。

胀奶

不少哺乳妈咪有过这样的经历，当乳汁开始分泌时，乳房开始变热、变重，出现疼痛，有时甚至像石头一样硬。乳房表面看起来光滑、充盈，连乳晕也变得坚挺而疼痛。在这种情况下，即使妈咪强忍着胀痛喂乳，宝贝也很难含到妈咪的乳头，这就是“胀奶”。

胀奶主要是因为乳房内乳汁及结缔组织中增加的血量及水分所引起的。孕妇从孕末期就开始有初乳，当胎盘娩出后，泌乳激素增加，刺激产生乳汁，乳腺管及周围组织膨胀，在产后第 3、4 天达到最高点。如果妈咪在宝贝出世后未能及早哺喂，或哺喂的间隔时间太长，或乳汁分泌过多，孩子吃不完，均可使乳汁无法被完全移出，乳腺管内乳汁积聚，让乳房变得肿胀且疼痛。此时乳房变硬，乳头不易含接，妈咪会因怕痛而减少喂奶次数，进而造成乳汁停流，加重胀奶。

让宝贝及早开始吸吮，在出生半小时内开始哺喂母乳，这样乳汁分泌量也会较多。注意哺喂次数，2~3 小时一次，以移出乳汁，保证乳腺管通畅，预防胀奶。如果乳汁分泌过多，宝贝吃不了，应用吸奶器把多余的奶吸空。这样既解决产妇乳房胀痛，又能促进乳汁分泌。

一般情况下，及时多次吸吮1~2天后，乳腺管即可通畅。但是乳房过度肿胀，妈咪往往疼痛难熬，此时可采取以下办法解决舒缓不适

1. 热敷

热敷可使阻塞在乳腺中的乳块变得通畅，乳房循环状况改善。热敷中，注意避开乳晕和乳头部位，因为这两处的皮肤较嫩。热敷的温度不宜过热，以免烫伤皮肤。

2. 按摩

热敷过乳房后，即可按摩。乳房按摩的方式有很多种，一般以双手托住单边乳房，并从乳房底部交替按摩至乳头，再将乳汁挤在容器中。

3. 借助吸奶器

乳房胀且疼得厉害时，可使用手动或电动吸奶器来辅助挤奶，效果不错。

4. 热水澡

当乳房又胀又疼时，不妨先冲个热水澡，一边按摩乳房，感觉会舒服些。

5. 温水浸泡乳房

可用一盆温热水放在膝盖上，再将上身弯至膝盖，让乳房泡在脸盆里，轻轻摇晃乳房，借着重力可使乳汁比较容易流出来。

6. 冷敷

如果乳房胀疼痛非常严重，可用冷敷止痛。一定要记住先将奶汁挤出后再进行冷敷。

7. 民间偏方

可用生大饼（即发酵面粉）两个，压成扁圆形，分敷两侧乳房，每隔24小时换一次，效果也很好。

8. 看医生

如果肿胀无法缓解，疼痛继续，可请医生开止痛药。

哺乳

正确的哺乳方法，应将一手的拇指和其余四指分别放在乳房的上、下方，并把乳房托起成直锥形，而且母婴必须紧密相贴，头与双肩朝向乳房。哺乳时母亲身体一定要放松，身体略向前倾，用手掌根部托起婴儿颈背部，四指支撑婴儿头部。喂母乳时无论白天和夜间都要把孩子抱起来喂，吃空一侧才能更好地刺激乳腺再分泌。喂奶前要将乳头洗干净，先挤出几滴，然后再让孩子吃。

1. 如何挤奶

大拇指及示指放在乳晕外围上，往胸壁方向内压。以大拇指和示指按压乳头后方的乳晕，即可将奶挤出。

2. 吸吮小技巧

当宝宝吸吮母奶时，妈妈如果感觉乳头疼痛，绝大部分原因是宝宝含奶头的姿势不正确所致。宝宝应含住妈妈的整个乳晕、乳头才对，只含住乳头就会造成吸吮不当，从而令妈妈产生疼痛感。

3. 退奶小秘诀

产后妈妈若欲退奶，可穿合身或较紧的胸罩来抑制乳汁分泌，减少宝宝吸吮母奶的次数和数量或不再让宝宝吮吸母奶。食用能抑制乳汁分泌的食物，如麦芽水、韭菜、人参等。

4. 喂养小秘诀

你无论是躺着喂还是坐着喂全身都要放松，体位要舒适，这样才有利于乳汁排出。同时要精神愉快用眼睛看着孩子，与孩子交谈，抱起孩子，孩子的胸腹部要与母亲的胸腹部紧贴，张大嘴含住乳晕，下颏紧贴母亲的乳房。

如果婴儿含接姿势不正确，如单单含住奶头，母亲感到乳头特别疼痛，婴儿吸吮时出现“咂咂”的声音，乳汁就不会被吸出来，婴儿因吸不到乳汁便会加大吸吮力，往往会造成乳头皲裂、出血，母亲因疼痛而减少喂奶次数，缩短喂奶时间，造成乳汁越来越少。因此，为了保证母乳喂养的成功，要做到早吸吮、多吸吮并掌握正确的喂养姿势。

小贴士

新生儿每天应该哺乳多少次

新生儿出生后就应开始哺乳，并实行按需要不定时喂哺。婴儿出生后的4~8天最需频繁哺乳以促使母乳量迅速增多。对于嗜睡或安静的婴儿，应在白天给予频繁哺乳，以满足其生长发育所需的营养。

人工喂养

配方奶喂养

宝宝需要吃多少配方奶，取决于宝宝的年龄、体重，以及你的宝宝是完全用配方奶喂养，还是配方奶和母乳或辅食混合喂养。

1. 留意宝宝要吃配方奶的信号

宝宝的表现是最重要的信号。宝宝饿了会要吃，饱了自然会停下来。但是，你不要期望一个新生宝宝或小婴儿能够遵守一个固定时间表或你认为精确的食量。

每个宝宝的需要和口味都不一样，而且大多数宝宝每一天、每个月的需求和口味都在变化，所以重要的是你要学会了解宝宝给出的信号。

当宝宝哭的时候，你可能很容易会想到给他一个奶瓶，但是你需要确定宝宝是不是因为其他原因哭闹。如果你的宝宝饿了，他会做出一些表示，比如咂嘴，四处找乳头，在你抚摸他的脸蛋时，他会把头转向你的手，还有把手放到嘴上。

当宝宝迅速喝完你给他的配方奶，并四处找更多东西吃的时候，你会明白他还没有吃够。如果你的宝宝在喝完第一瓶奶后，仍表现出饿的样子，那么你可以再准备约 30 毫升奶，还不够的话再添。如果你一下准备多了，宝宝喝不完，就浪费了。

2. 根据宝宝月龄调整配方奶量

宝宝每天该喝多少配方奶不仅取决于他的体重，还要考虑他的年龄。如果你开始给新生儿喂配方奶，尝试在第一周内每顿喂 30 ~ 60 毫升。可视宝宝的饥饿情况而定。

到宝宝大概 1 个月大时，他的食量会增加到每顿 85 ~ 114 毫升，一天要喝 511 ~ 909 毫升的配方奶。2 ~ 6 个月的宝宝，每顿你需要给他喂 113 ~ 170 毫升的奶，他一天的奶量为 653 ~ 909 毫升。（有些父母发现宝宝每长一个月，会增加约 30 毫升的奶量。）

到宝宝长到 6 个月大时，每顿你就要给他喂奶 170 ~ 227 毫升，每天的奶量要达到约 900 毫升。这时，如果你的宝宝还没有开始吃辅食，你就该开始给他添加辅食了。你会发现随着宝宝的成长，他喝奶的次数减少了，可是每顿的奶量增加了。

如果你担心宝宝吃得不够，你可以看看他的体重增加量，并咨询医生。医生会根据宝宝的个头和年龄判断他的食量是否合适，并针对宝宝的个体需求，来指导你做出适当的调整。

3. 多久给宝宝喂一次配方奶

多数专家建议，配方奶喂养的宝宝和母乳喂养的宝宝一样，在最初的几周里不用按照严格的时间表来吃奶。当然，你可能在一两个月内就能摸索出一个大致的喂养规律来。

配方奶喂养的宝宝，开始时，每 2 ~ 3 小时喂一次，或是你看到宝宝饿了就喂。等宝宝长到约 4.5 千克重时，他每顿可能要吃 30 ~ 90 毫升奶。宝宝不想吃的时候，不要勉强他。如果有任何疑问，你可以向医生请教，他会根据宝宝的生长情况对你该喂的奶量做出指导。

小贴士

怎样加热配方奶

如果你觉得宝宝的配方奶凉了，可以把奶瓶放到一盆热水（不是沸水）中加温，或直接放在热水龙头下冲。你也可以买一个专门的加热器。虽然如此，你并不需要出于健康方面的考虑给宝宝喝温热的配方奶。当然，他可能更爱喝温热的奶。

如果宝宝习惯于喝常温的或稍微凉一些的奶，那就确实为你省了热奶的时间和麻烦，特别是在他哭闹着要马上喝到奶的时候。

混合喂养

母乳不足需加其他代乳食品，如牛奶、奶粉，使婴儿吃饱，维持正常的生长发育，称为混合喂养。

混合喂养主要有两种方法：补授法和代授法。补授法就是每次在喂过母乳后，用配方奶补充不足的部分。一般说来，比较适用于4个月以下的宝宝。4个月以上的宝宝则多采用代授法，也就是一天中在固定时间有几次全母乳喂养，其他几次用配方奶代替母乳喂养。

补授法混合喂养：是在你每次喂奶时，先让宝宝吃母乳，等宝宝吸吮完两侧乳房后，再添加配方奶。如果下次母乳量够了，就不必添加了。补授法混合喂养的优点是保证了对乳房足够的刺激，这样实施的最终结果可能会重新回归到纯母乳喂养。这也是建议4个月以下的宝宝采用补授法的部分原因。

代授法混合喂养：如果你的宝宝已经4个月大了，尤其是如果你已经重新上班了的话，那么你可以选择代授法混合喂养。采用代授法添加配方奶时，通常选择一个固定的时间，最好是母乳分泌较少的那次，用一次配方奶替代一次母乳。

第一次给宝宝添加配方奶时，可以先从这个月龄的宝宝每次需要奶量的最小值开始，然后慢慢增加，逐渐找到你的宝宝需要的合适量。在冲调配方奶时，你应该注意严格按照婴儿配方奶粉包装上规定的水和奶粉的比例冲调。一次添加的配方奶量不宜太多，以免影响宝宝下次吃母乳时的需求量。

如果你选择在这次给宝宝添加配方奶，那么这次的母乳最好也要用吸奶器吸空。吸出来的母乳可以冷藏在冰箱里，3~5天内都可以拿来加热后给你的宝宝吃。这样做的目的是为了保持你的母乳分泌量。

你每天需要加几次配方奶，要根据你母乳分泌的情况。建议你尽可能多喂几次母乳，这样对分泌母乳有益。

混合喂养要注意的问题：

1. 不允许母乳牛奶一顿混合喂

不要一顿既喝母乳又喝牛奶，这样是不妥的。一顿喂母乳就全部喂母乳，即使没吃饱，也不要马上喂牛奶，下一次喂奶时间可以提前。如果上一顿没有喂饱母乳，下一顿一定要喂牛奶；如果上一顿宝宝吃得很饱，到下一顿喂奶时间了，妈妈感觉到乳房很胀，挤一下奶，也比较多，这一顿仍然喂母乳。这是因为，母乳不能攒，如果奶受憋了，就会减少乳汁的分泌，母乳是吃得越空，分泌得越多。所以，不要攒母乳，有了就喂，慢慢或许就够宝宝吃了。

2. 不要放弃母乳

混合喂养最容易发生的情况就是放弃母乳喂养。母乳喂养，不单单对母婴身体有好处，还对心理健康有极大的益处，母乳喂养可以使孩子获得极大的母爱。况且，有的产妇奶下得比较晚，但随着产后身体的恢复，乳量可能会不断增加，如果放弃了，就等于放弃了宝宝吃母乳的希望。不要遇到挫折就气馁，希望妈妈自信，您能够用自己的乳汁哺育可爱宝宝。

3. 添加牛奶的依据

母乳是否不足，最好根据宝宝体重增长情况分析。如果一周体重增长低于200克，可能是母乳量不足了，可添加一次牛奶，一般在下午四五点钟吃一次牛奶，加多少，可根据宝宝的需要。

4. 添加牛奶的具体方法

以2～3个月宝宝为例。先准备150毫升，如果一次都喝了，好像还不饱，下次就冲180毫升，但最多不要超过180毫升。如果吃不了，再减下去。如果一次喝得过多，就会影响下次母乳喂养，也会使宝宝消化不良。如果宝宝不再半夜哭了，或者不再闹人了，体重每天增长30克以上，或一周增加200克以上了，就可以一直加下去。

小贴士

混合喂养的好处

对于6个月以后的婴儿，采用混合喂养时，可采用代授法，一次喂母乳，一次喂牛奶或代乳品，轮换间隔喂食。这种喂法容易使母乳减少，逐渐地用牛奶、代乳品、稀饭、烂面条代授，还可以培养孩子的咀嚼习惯，为以后断奶做好准备。

婴儿营养

婴儿是指1周岁以内的孩子。婴儿在这个阶段生长发育特别迅速，体重可从平均3000克增至9000克，身高可从50厘米增至75厘米。这样的生长速度即使在青春发育期也无法相比，所以婴儿期营养的补充比任何年龄阶段都更为重要。如果长期营养供应不足，生长发育就会受到阻碍，甚至停止，不仅影响婴儿当时的健康状况，还可由于失去发育的最佳期影响今后的健康。因此婴儿期营养对人体一生的体质是非常重要的。

1. 热能

一般来说，年龄愈小，代谢愈旺盛。为了适应这种高代谢，就必须摄入大量热能，以维持生长发育需要。6个月以下，每天每千克体重需500千焦耳，7~12个月为420千焦耳。

2. 蛋白质

婴儿的需要量较成人为多。蛋白质不仅用于补充日常代谢的丢失，而且用以供给生长中不断增加新组织的需要。一般来说，1岁以内的小儿，人乳喂养每日每千克体重需供给蛋白质2.0~2.5克，牛奶喂养需供给3~4克，母乳、牛奶混合喂养需供给3克。用混合膳食的婴儿，动物蛋白质最好不少于蛋白质总量的一半儿。婴儿蛋白质的需要量可按每人每日需要量计算，每人每日需要从蛋白质取得的热量比例，1岁以下婴儿应占15%以上。如婴儿缺乏蛋白质，则会影响生长、发育、特别是大脑的发育，体重及身高增加缓慢，肌肉松弛，贫血及抵抗力下降，严重的会引起营养不良性水肿。4个月后添加的牛奶粥、鸡肉粥、鱼肉糊、鸡肝糊、豆腐糊等，均是婴儿蛋白质的良好来源。

3. 脂肪

婴儿对脂肪的需要量也高于成人，每日每千克体重新生儿约需7克，2~3个月婴儿约需6克，6个月后的婴儿约需4克，以后随年龄增长而渐减至3~3.5克。婴儿每日摄取脂肪的供给量约占总热量的30%。脂肪中所含的不饱和脂肪酸为婴儿发育所必需的物质，是形成神经组织如髓鞘等的必需物质。母乳中含有丰富的花生四烯酸，是其他乳类不能比拟的，可见母乳是婴儿的天然理想食品。4个月后给婴儿添加的蛋黄糊、牛奶藕粉、鸡汤煮饺子、牛奶蛋糊、蒸肉豆腐等，是除母乳外的良好的脂肪来源。

4. 酸水化合物

最初3个月是靠乳糖来满足需要，乳糖含量人乳为6%~7%，牛奶4%~5%。最初婴儿仅能消化乳糖、蔗糖、葡萄糖、果糖，对淀粉不易消化，故米、面淀粉食物应在3~4个月后才开始添加。周岁以内婴儿每日每千克体重需糖类25~50克，折合热能为420~840千焦耳，由碳水化合物供给的热能，约占一日总热量的50%。碳水化合物是主要的供能营养家，有助于完成脂肪氧化及节约蛋白质消耗，还是脑细胞代谢的基本物质，如长期供给不足可导致营养不良、但如碳水化合物进食过多，而蛋白质不够，则婴儿体重增加过快，发胖，肌肉松弛，平时抵抗力差，容易生病。4个月添加的各式粥类、饭类、面汤、小饺子、薯泥等，均含有丰富的碳水化合物，来源也比较广泛

5. 钙和磷

足够的钙、磷能促进骨骼、牙齿的生长和坚硬。婴儿体内的钙约占体重的0.8%，至成年为1.5%，婴儿每日约需钙600毫克、磷400毫克。钙与磷摄入的比例是1 ∶ 1.5较为相宜。这关系到它们的利用程度。母乳这个比例较为适当，故母乳喂养的婴儿出现营养不良与佝偻病者明显少于人工喂养。钙与磷过高或过低，都会影响其

吸收利用。婴儿缺乏钙、磷，可患佝偻病及牙齿发育不良，心律不齐和手足抽搐、血凝不正常、易于流血不止等症。6个月后添加辅助食物时应多选用大豆制品、牛乳粉、蛋类、虾皮、绿叶蔬菜等。用这些原料制成的食物如牛奶大米糊糊、牛奶玉米粥、鸡蛋面条、豆面牛肉末、豆腐糕、鸡蛋羹、苋菜水等，均是良好的钙、磷来源。

6. 铁

铁对婴儿营养极为重要，它是血红蛋白和肌红蛋白的重要成分。各组织的氧气运输亦离不开铁。婴儿生长发育快，对铁的需要和利用相应要多。胎儿在母体内最后1个月，肝内摄入较多的铁，但仅够出生后3~4个月的需要。周岁以内婴儿每日需铁10~15毫克，乳类所含的铁远远不能满足婴儿的要求。4个月以后的婴儿应从食物中供给铁，如蛋黄糊、猪肝泥、什锦猪肉菜沫、豆豉牛肉末等。

7. 锌

锌虽为微量元素，但参与很多的重要的生理功能，与蛋白质、核酸及50多种酶的合成有关。婴儿期每日需锌3~5毫克，人乳中锌的含量高于牛乳、初乳含量尤高，色、肉、虾等动物性食物也含锌丰富，故一般不易发生锌缺乏。挑食的婴儿常可因锌缺乏而出现食欲减退，生长停滞。4个月后添加的西红柿鱼、虾肉泥、黄色小馅饼等，均含丰富的钾。

8. 维生素

与婴儿生长发育关系极为密切，其中主要需要从饮食中补充的有脂溶性维生素A、维生素D和水溶性维生素B、维生素C等。

（1）维生素A主要是促进生长发育，维持上皮组织正常结构与视觉功能。

（2）维生素D主要功用是调节体内钙、磷的正常代谢，帮助钙吸收和促进钙利用，因此对婴儿骨骼和牙齿的正常生长至关重要，缺乏时将导致伤佝偻病。

（3）B族维生素是促进婴儿生长发育的必需营养家。

（4）维生素C决定了皮肤的弹性，保护大脑，并且有助于身体创伤的愈合。

9. 水

水是人体最主要的成分，是不可缺少的营养素，人体内新陈代谢和体温调节都必须有水参加才能完成。婴儿生长发育迅速，代谢旺盛，活动量大，热能需要多，水的需要量也大，每日每千克体重需100~150毫升。水的需要量还与饮食成分有关。人乳因盐分与蛋白质含量较牛奶低，故用人乳喂养时需水相对较少，人工喂养的婴儿则应注意水的充足供应，以助排泄。婴儿越小，每千克体重需要水量越多。如有呕吐或腹泻时，更易脱水，故婴幼儿体内缺水，应及时补充。婴幼儿每日膳食营养素供给量及各种营养素含量较高的食物。

小贴士

别将咀嚼过的食物喂给孩子

有些女性认为，婴幼儿胃肠功能尚不成熟，给他们喂食咀嚼过的食物，更易于消化吸收。其实，这是一种不科学、不卫生的喂养方式。人体的口腔本身就是一个多菌的环境，给婴幼儿喂咀嚼过的食物，易将成人口腔中的细菌传给婴幼儿，从而引起感染。实际上，初生婴儿已具备较好的咀嚼和消化食物的能力，让宝宝自己咀嚼食物，不但可以促进其牙齿的生长，还有利于培养他们咀嚼和吞咽的良好习惯。但要注意的是，应避免给宝宝喂食生硬、粗糙、油腻或过于刺激的食物。

基础护理

剪指甲

如何为宝宝修指甲，一直是困扰着妈妈们的大问题。下面就教给妈妈们如何给宝宝轻松剪指甲。

1. 正确的姿势

让宝宝平躺在床上，妈妈支靠在床边（用胳膊固定，保证手部稳固），握住宝宝靠近你这边的小手，要求最好能同方向、同角度，这样不容易剪得过深而伤到宝宝。

妈妈坐着，把宝宝抱在身上，使其背靠妈妈，然后也是同方向地握住宝宝的一只小手修剪其指甲。

2. 握手的方式

分开宝宝的五指，捏住其中的一个指头剪，剪好一个换一个。建议不要同时抓住一排手指剪，以免宝宝突然动起来不易控制，并且容易误伤其他手指甲。

3. 修剪的顺序

先剪中间，再修两头。因为这样会比较容易掌握修剪的长度，避免把边角剪得过深。

4. 修圆的工作

两边修剪后可能会把指甲剪出尖角，务必要把这些尖角再修剪圆滑，避免此尖角成为抓伤宝宝的“凶器”。

5. 检查

妈妈可用自己的手指沿宝宝的小指甲边摸一圈，进行一次检查，发现有突出的尖角就及时清除。

6. 肉刺处理

及时发现并处理宝宝指甲边出现的肉刺。千万不能直接用手拔除，以免拉扯过多，伤及周围皮肤组织。请仔细用剪刀将肉刺的根剪断。

7. 清洁污垢

对于一些藏在指甲里的污垢，最好在修剪后用清洗的方式来清理，不宜使用坚硬的针状物来剔除。

8. 避免"嵌甲"

指甲两侧的角不能剪得太深，否则长出来的指甲容易嵌入软组织内，成为"嵌甲"。嵌甲会损伤指甲周围的皮肤，造成皮下组织的化脓性感染，引发甲沟炎或其他炎症。

小贴士

宝宝多久剪一次指甲合适

一般来说，宝宝手指甲一周内修剪 2 ~ 3 次。脚趾甲的生长速度较慢，一般一个月修剪 1 ~ 2 次。当然每个宝宝的情况有所不同，指（趾）甲的合适长度是指（趾）甲顶端与指（趾）顶齐平或稍短一些即可。

眼屎多

1. 新生儿眼屎多的原因

（1）感染因素。由于新生儿宫内感染或生产过程中接触阴道含有细菌的分泌物，接生操作者污染的手或者出生后所接触的用品不清洁，如护理人员的手，孩子自己的手，使用消毒不彻底的毛巾等去擦拭孩子的眼睛，引起孩子角膜发炎，使得孩子眼屎过多，黏稠。

（2）非感染因素。有的孩子鼻泪管被上皮细胞残渣堵塞或鼻泪管黏膜闭塞，使得泪液和泪道内的分泌物稽留在泪囊而引起泪囊炎，这样的患儿在泪囊处有一囊性肿物，表面略发青，如果轻轻压迫眼睛内侧的泪囊部，可见到有黏液性或黏液脓性分泌物从眼睛内角下缘的泪点中溢出，肿物消失。

如果眼屎是白色的，那多半儿是热的，如果是黄色的就可能是细菌感染了，不知道宝宝是不是顺产的，妈妈是不是有妇女病呢？如果是细菌感染的可能性更大些，就需要去医院配药了，医院里专门给新生儿滴的预防眼病的药，在医院里时都给滴的，也可以用氯霉素眼药水或是红霉素眼药膏，但最好在医生指导下用，且要用就要用彻底，不能稍有好转就停药，这样细菌复发就更不好治。

（3）其他原因。正常的孩子，2~3 个月大时，早上醒来眼睛上可能有些眼屎，这是因为这个时期眼睫毛容易向内生长，眼球受到摩擦刺激就产生了眼屎。一般 1 岁左右，睫毛自然会向外生长，眼屎便渐渐少了，所以用不着治疗，可以用温毛巾擦干净，也可以用棉签蘸点儿水，从内眼角向外眼角轻轻擦拭干净。

如果孩子一出生，眼睛上就有一层灰白色东西，可不是眼屎，这层灰白色的东西医学上称为“胎脂”，胎脂有保护皮肤和防止散热的作用，可以自行吸收，所以不能随便擦除。眼屎多的另一个原因是孩子体内有积热，即通常所说的“上火”。

如果孩子突然有很多眼屎，同时还伴有眼睛刺痒、发红，那就要去医院检查，看是否得了“红眼病”。这种病除了局部用氯霉素眼药水和红霉素软膏外，还要强调个人卫生，提醒孩子不要用脏手擦揉眼睛，不与别人混用脸盆，毛巾等洗浴物品，以防引起交叉感染。

婴儿鼻泪管发育不全。婴儿鼻泪管较短，发育不全，开口部的瓣膜发育不全，位于眼的内眦，使眼泪无法顺利排出，导致眼屎累积。

2. 新生儿眼屎多的处理办法

（1）室内的温度，湿度适中，每天两次开窗通风，每次通风 20 分钟，保证室内空气新鲜。

（2）做好孩子所用物品的消毒工作，保证孩子的一切用品清洁卫生。

（3）对于眼屎多，结膜充血的孩子，可以用生理盐水清洗后，白天用 1% 的红霉素眼药水或 0.25% 氯霉素眼药水点眼，一天 3 次，夜间可以用金霉素眼药膏点眼。

（4）对于鼻泪管堵塞或泪囊炎的孩子请专业大夫进行冲洗泪道，然后用抗生素眼药水点眼，每天 6 次，并口服抗生素，每日按摩泪囊 3 次等进行治疗。

宝宝穿衣

妈妈们对于如何给孩子穿衣服上，总会遇到这样或那样的问题。下面给大家介绍几种有关宝宝穿衣方面的问题：

1. 一定要给宝宝穿上贴身衣裤

有的妈妈认为，穿上厚衣服就可以保暖，而忽略了宝宝的内衣。殊不知柔软的棉内衣不仅可以吸汗，而且还能让空气保留在皮肤周围，因此阻断了体热丢失，宝宝不容易生病。不易使宝宝受凉生病；而不穿贴身内衣的宝宝由于体表热量丢失得多，身上摸上去总是冰凉凉的，尤其是下半身，难怪容易感冒了。

2. 穿衣要适量，不要因穿得太多而不停地出汗

如果穿得太多，宝宝一旦活动便会出汗不止，衣服被汗液湿透，由此着凉。判断宝宝穿得多少是否合适，可经常摸摸他的小手和小脚，只要不冰凉就说明他们的身体是暖和的。

值得注意的是：由于 6 个月以内的宝宝因体表面积相对较大散热多，但身体产热能力却不足，所以外出寒冷时还是应该注意多穿衣。

3. 给宝宝一件轻薄的小棉服

小棉服既挡风又保暖，要比多穿几件厚衣服都御寒，而且活动灵巧方便。

4. 绒衣绒裤不要贴身反穿

绒衣绒裤通常采用起绒针织布制作而成，反而柔软、蓬松、保暖性很好，有的妈妈给宝宝反穿。然而，如果反面穿着，这些绒毛很快会因汗液和皮脂的缘故，变得发硬，若是洗涤时再用力搓揉，就会使这种情况更为加重，保暖作用因此而减弱。请记住；洗涤时应用双手轻轻去除多余水分，毛面向外晾晒，晒干后用手轻轻揉一下，就会使毛面保持蓬松柔软状态，切不可用力去揉。

5. 宝宝的毛衣要选购儿童专用毛线

因为宝宝的肌肤柔软，小小的刺激也可引起皮肤过敏，所以在选购毛线的时候最好选用专门为宝宝生产的毛线。妈妈还须注意，不要选择含马海毛的毛线，因为容易脱毛，吸入到宝宝气管和肺内会引起疾病。

6. 保持宝宝的袜子干爽

如果袜子过于潮湿，大量的水分就会挤掉袜子纤维中的空气，而空气是一种极好的隔热体，比水保暖性高 20 倍，因此袜子潮湿时就会使宝宝的脚底发凉，反射性地引起呼吸道抵抗力下降而易患上感冒。

7. 要给宝宝头上戴帽子

戴上帽子可以维持体温恒定，因为小婴儿 25% 的热量是由头部散发的。帽子的厚度要随气温降低而加厚，但不要给宝宝选用有毛边的帽子，因为它会刺激宝宝皮肤。此外，患有奶癣（湿疹）的宝宝不要给戴毛绒帽子，以免引起皮炎，应该给戴软布做成的帽子。

8. 不要经常给宝宝戴口罩或用围巾护口

经常这样就会降低宝宝上呼吸道对冷空气的适应性，缺乏对伤风、支气管炎等病的抵抗能力。而且，因围巾多是羊毛或其他纤维制品，如果用它来护口，一是会使围巾间隙中的病菌尘埃进入宝宝的上呼吸道，二是为羊毛等纤维吸入体内，可以诱发过敏体质的宝宝发生哮喘病，而且还会因为围巾厚、堵住宝宝的口鼻影响正常肺部换气。

小贴士

如果宝宝被冻着了怎么暖和起来

宝宝被冻着了，让他暖和过来是对的，但不能操之过急。例如，把宝宝冻僵的手放到一盆热水里，会引起严重的后果，因为温度剧变会引起剧痛，严重的还会妨碍心脏的正常工作。正确的做法应先给宝宝穿上保暖的干内衣，再放到床上，盖上棉被，房间内常温就可以了。如果冻得不算严重，可以洗个温水澡，在水里嬉戏一阵。

抱新生儿

新生儿出生以后，刚刚离开母亲子宫内既宁静暖和又安全的生活环境，突然来到充满空气亮光的陌生世界，因此会感到十分不习惯，尤其被人抱起时头和颈得不到支持，有向下坠落感觉，会出现惊吓。因此新妈妈有空不妨多抱抱小宝宝，让他慢慢熟悉你的味道，使他受到支持，感到温暖安全，全身舒适放松愉快。

1. 正确抱新生儿的方法

（1）手托法：用左手托住宝宝的背、颈、头，右手托住他的小屁股和腰。这一方法比较多用于把宝宝从床上抱起和放下。

（2）腕抱法：将宝宝的头放在左臂弯里，肘部护着宝宝的头，左腕和左手护背和腰部，右小臂从宝宝身上伸过护着宝宝的腿部，右手托着宝宝的屁股和腰部。这一方法是比较常用的姿势。

（3）不要竖着抱宝宝：新生儿的头占全身长的 1/4。竖抱宝宝时，宝宝头的重量全部压在颈椎上。宝宝在 1~2 个月时，颈肌还没有完全发育，颈部肌肉无力，应防止这种不正确的怀抱姿势对宝宝脊椎的损伤。这些损伤当时不易发现，但可能影响孩子将来的生长发育。所以抱宝宝不宜笔直竖抱。

（4）不要久抱：人们对孩子的爱达到无与伦比的程度，亲不够爱不够，孩子出生儿天就开始抱来抱去。殊不知，这种做法违背了婴儿生长发育的自然规律，对孩子是有害无利的。

新生的婴儿，每天需要 20 小时的睡眠时间；6 个月左右的婴儿需要 16 小时左右的睡眠时间。所以，除了喂奶、换尿布等特殊情况外，不要过多抱婴儿。由于生理上的特点，婴儿的胃、贲门肌肉较松弛，但幽门肌肉却很紧，在这种情况下，哺乳或喂食后如果将婴儿抱在怀中逗玩，则食物容易从贲门溢出，造成呕吐。婴儿的骨骼生长较快，如果长期抱在怀中，对孩子骨骼的正常成长极为不利。平常抱出去晒晒太阳，增强抵抗力是必要的，但时间也不宜过久。

（5）母子交流式：用这种方式抱宝宝，妈妈和宝宝面对面，最利于亲子间的交流与对话，还可以轻轻地将宝宝在身前荡荡，令宝宝更放松、更开心。

2. 抱新生儿的技巧

第一步：把手放在新生儿头下。

把一只手轻轻地放到新生儿的头下，用手掌包住整个头部，注意要托住新生儿的颈部，支撑起他的头。

第二步：另一只手去抱屁股。

稳定住头部后，再把另一只手伸到新生儿的屁股下面，包住新生儿的整个小屁屁，力量都集中在两个手腕上。

第三步：慢慢把新生儿的头支撑起来。

这个时候，就可以慢慢地把新生儿的头支撑起来了，注意一定要托住新生儿的颈部，否则他的头会往后仰，这样会不舒服。妈妈要用腰部和手部力量配合，托起新生儿。

3. 抱新生儿注意事项

（1）在抱宝宝之前，妈妈应洗净双手，摘掉手上的戒指，以免划伤宝宝娇嫩的肌肤，并待双手温暖后再抱宝宝。

（2）抱宝宝时，动作要轻柔，妈妈应当始终微笑地注视着宝宝的眼睛，动作不要太快太猛，即使在宝宝哭闹时，也不要慌乱。多数宝宝喜欢妈妈用平稳的方式抱着自己，这使他们感到安全。

（3）满3个月前，宝宝颈部力量很弱，还无法支撑自己的头，所以妈妈在抱起和放下宝宝的过程中，应始终注意支撑着他的头。

（4）将宝宝放下时，最安全的姿势是让他背部向下仰躺在床上。

（5）多数宝宝都喜欢玩在空中荡来荡去的游戏，如果宝宝不喜欢，应立即停止游戏，改用其他更具有安全感的抱姿。

（6）每次开心的游戏之后，最好能静静地抱宝宝一会儿，让他安静放松一下。

驱蚊

气候转暖，各种蚊虫也开始活跃起来，如何让宝宝避开蚊虫的骚扰？

1. 防蚊工具

（1）蚊帐。宝宝的皮肤及呼吸系统都很娇嫩，而且吸收能力较强，加之新陈代谢较快，所以对宝宝而言最好的方法是物理防蚊。蚊帐安全、无毒，不仅防蚊效果好，蚊帐内小小的空间也会给宝宝一种安全感，宝宝偶尔也喜欢待在里面看外面的朦胧世界。

（2）纱门纱窗。在家中安装密闭性好的纱门纱窗，并做到随手关好纱门、合好纱窗，防止蚊虫进入室内。

2. 植物防蚊

蚊子不喜欢很多植物的气味。有经验的妈妈会巧妙地利用这些“天敌”，使蚊子不敢靠近宝宝。

（1）把橘子皮、柳橙皮晾干后包在丝袜中放在墙角，散发出来的气味既防蚊又清新空气。

（2）宝宝沐浴时，在浴盆滴几滴花露水或精油，不仅使宝宝感到清爽，也能驱蚊，但要注意使用不能过量，以免刺激宝宝娇嫩的皮肤。

（3）把天竺葵精油（4滴）滴于杏仁油（10毫升）中，混合均匀，涂抹于孩子手脚部，也可以往脸上少涂一些，孩子外出或睡觉时可防蚊子叮咬。

（4）买一盏香薰炉，滴几滴薰衣草或尤加利精油，屋子里顿时会清新起来，但香味维持的时间一般只有1~3个小时，妈妈要掌握好时间。

3. 习惯防蚊

（1）爱干净。最吸引蚊子的是人体的汗液。与成人相比，宝宝皮肤的冷热调节能力较弱，更易出汗，而汗液中的乳酸对蚊子最具有吸引力，这也是宝宝更易遭蚊子袭击的原因。所以宝宝身上有汗，妈妈一定要及时为他擦干净，并注意勤洗澡、勤换衣，保持皮肤清洁。

（2）好乘凉。带孩子纳凉，最好选择在下午5点到晚上7点半之间。因为这段时间凉快，蚊子相对较少。天黑以后蚊子活动频繁，尤其是在有亮光的地方。

小贴士

宝宝被蚊子叮咬了怎么办

宝宝被蚊子叮咬后可以用肥皂水或是小苏打冲洗，以中和蚊子分泌的酸性毒素，另可用花露水稀释后涂擦局部。如较痒可用复方炉甘石洗剂止痒。如伴有化脓，可用红霉素软膏局部涂抹，如感染较严重，则应配合用口服消炎药。如局部红、肿，有发热，应考虑过敏情况，应结合抗过敏治疗，及时就诊。应防止宝宝抓伤引起炎症，主要就是要止痒、消炎、防抓挠，勤给宝宝洗手，剪短指甲，谨防小儿搔抓叮咬处，以防止继发感染。

脱水

婴儿期的新陈代谢速度非常快，是成人的几倍，这就意味着婴儿体内的水分易于流失。现在取暖条件好，室内温度过高，而有些家长还生怕冻着孩子，给孩子穿着厚厚的棉衣。在这种情况下，极易使孩子脱水。一般根据前囟、眼窝、皮肤弹性、循环情况和尿量等临床表现即可判断是否脱水，并可估计脱水程度。

（1）一周岁以内的宝宝一般囟门尚未闭合，所以只要用手轻轻地摸摸婴儿的前囟门，如果感觉往里凹得比较深，就说明孩子缺水。

（2）家长洗净手指，但不要用肥皂，然后把示指伸到宝宝的嘴里，如果感到宝宝的唾液干而黏稠，就说明宝宝缺水，此时应及时给宝宝补充水分。

（3）如果孩子经常有夜间哭闹、烦躁不安等情况，在排除其他原因时，应该考虑到孩子是否缺水。

（4）脱水患儿由于身体内水分减少，会感到强烈口渴，小婴儿虽不会说话，但可以用嘴四处寻找奶头来表示，当嘴唇触到大人手指或其他物品时，便会吸吮起来，如果得到奶瓶，就会拼命吮吸。

要有效预防宝宝脱水，就要增加室内湿度，经常性地让宝宝喝一定量的水，而不是等到孩子渴了才想起为孩子补水。孩子极度口渴时，应该先喝少量的水，然后休息一会儿，等身体状况稳定后再喝。短时间内一次喝下过多的水，会使体内的血液浓度急剧下降，增加心脏的工作负担。另外，还要少喝果汁型饮料，而且要在果汁中加等量的水稀释后再给宝宝饮用。

尿布

尽管目前已有各式各样的一次性婴儿尿布，给家长带来许多方便，但由于受各种条件限制，使用传统尿布依然不少。婴儿尿布最好选择干净、柔软的棉布，每次用后应按照正确的方法清洗干净。

由于婴儿每天大小便次数很多，换下来的尿布相应地也就多，如果一块一块地洗涤是很麻烦的。集中起来每天洗 1~2 次就稍微轻松一些。

如果光是尿，可以先用烧开的水浸泡后清洗干净；如果有大便，则应先里将大便洗刷干净，再用肥皂搓洗干净，最后用开水烫一烫，以达到杀菌的目的。

婴儿尿布洗干净后最好在日光下晾晒，日光的照射对尿布也是一个消毒过程。如果是在梅雨季节，无法晒到太阳，可用电熨斗熨干，也能达到消毒的目的。尿布晾干后要按使用时需要的大小叠好，放在干净、不潮湿的地方，以备换尿布时取用方便。

螨虫

螨虫叮咬人体后，会导致剧烈的瘙痒，很多家长见宝宝被螨虫咬了，急于为宝宝止痒，于是花露水、红花油、清凉油、风油精轮番上阵，结果非但没有好转，皮疹反而越来越重，甚至有液体渗出。螨虫皮炎属于炎症反应，而花露水之类大多含有薄荷、樟脑等成分，非但不能改善宝宝皮肤的局部炎症，反而会产生过敏反应，导致接触性皮炎。所以，家长发现宝宝被虫叮咬后，切莫自行涂药，最好在医生的指导下采取相应措施。

为了让宝宝避开螨虫的侵害，平时要保持室内和周围环境的干燥、通风，经常将宝宝的被褥放在强烈的日光下暴晒，最好收起地毯，至少要经常吸尘，并在其上喷洒一些杀虫剂。在高湿闷热螨虫活跃季节，要每天将草席、枕席、沙发席等草竹制品卷起，竖在地上敲打，这样可以去除隐藏在缝隙中的螨虫。平时要为宝宝勤换衣裤，如遇到湿度大的天气，即使气温不高，也应用空调机抽湿。

汗多

一般而言，婴儿出汗都是属于机体调节体温所致，常在刚睡着时出汗较多，以后就逐渐减少。因为小儿时期新陈代谢旺盛，皮肤含水量较高，微血管分布较多，植物性神经发育不成熟，因此出汗较多，这完全是正常的。此外，宝宝睡觉的时候汗多，还有其他一些生理性的原因，如夏季气候炎热而致小儿多汗；晚上被子盖得太厚，使得宝宝过热而出汗等。有的宝宝出汗仅限于头部、额部，俗称“蒸笼头”，亦是生理性出汗，父母不必担心。

当然，宝宝汗多也有可能是由某些疾病引起的。宝宝由于某些疾病引起的汗多，表现为安静时或晚上一入睡后就出很多汗，甚至可以弄湿枕头、衣服，称之为“病理性出汗”。如婴幼儿活动性佝偻病、小儿活动性结核病、小儿低血糖、吃退热药过量以及精神因素，如过度兴奋、恐惧等。有的宝宝有内分泌疾病，如甲状腺功能亢进等，也可引起病理性出汗。每种疾病除了出汗多以外，还有多种其他疾病表现，父母应带宝宝去医院就医，进一步做有关的检查。

臀部护理

在给宝宝清洁小屁股的时候，经常存在这样一种情况，即使用肥皂和流水也不易彻底清除掉宝宝小屁股上及妈妈手上的所有污物。使用婴儿柔湿巾，可以通过折叠，反复清洁宝宝的小屁股，减少了辛苦，更重要的是切断了粪便中大肠杆菌的污染。如果使用纱布，洗完带有粪便的纱布后，妈妈的双手、水龙头把手等处，都会布满大肠杆菌。虽然看不见、摸不着，但存在很大的致病隐患。所以根据宝宝皮肤的特点，我们为各位新妈妈提供了以下为宝宝洗屁屁的八步法：

（1）用一块干净的大毛巾，将宝宝的上半身包起来，防止宝宝着凉。

（2）将宝宝扶起来，将他的下半身浸入水盆中。

（3）妈妈先在自己手上，将婴儿香皂打出泡沫。

（4）妈妈一手托住宝宝，一手用打好的肥皂泡沫清洗宝宝的肛门、腹股沟和皮肤皱褶处。

（5）取一块干净的毛巾，用温水沾湿，将宝宝的小屁股再清洗一下。

（6）再取一块干净的毛巾，将宝宝的小屁股擦干。

（7）别忘了——两边的腹股沟、皮肤皱褶处也要擦干净。

（8）在小屁股上涂上一层薄薄的油，就大功告成了。

小贴士

怎样减少婴儿尿布疹的发生

要想避免宝宝患上尿布疹，就要注意以下几点：

（1）尿布要勤换，一定要为宝宝选用适当的布尿布或高质量的纸尿裤，这是减少尿布疹发生的重要因素之一。

（2）便后，勤清洗，每次大小便后，必须将局部用温水洗净、吸干，然后给婴儿臀部搽上一层薄薄的润肤油，注意清洗臀部避免用刺激性肥皂；洗完不要扑粉，以免与尿便结成块对臀部形成刺激。

（3）尿布下最好垫一块棉的或较厚的尿垫，尿垫下再入油布或塑料布，尽量不要让塑料布或油布直接接触皮肤，因为它们都密不透气，影响水分的吸收及蒸发，这是造成尿布疹的诱因。

常见疾病

新生儿硬肿症

新生儿硬肿症是一种综合征，由于寒冷损伤、感染或早产引起的皮肤和皮下脂肪变硬，常伴低体温，甚至出现多器官功能损害，其中以寒冷损伤为最多见，称寒冷损伤综合征。

本病大多数在生后不久或生后7~10天出现症状，主要表现如下：吸吮无力，不能吸吮为“不吃”；哭声微弱。少哭为“不哭”；面部表情消失，肢体活动减少为“不动”；体温常降低至31~35℃之间，甚至26℃左右为体温“不升”。轻者是局部发冷，重者全身皮肤发凉，此为冷；皮下脂肪多的部位皮肤变硬，表面光滑，用手不易捏起来，且呈暗黄色或青紫色，此为硬；某些部位用手按压可以有凹陷，此为肿；其硬肿往往先出现于小腿。大腿外侧，以后双下肢逐渐延至臀部以至胸、腹、上肢及面颊部、眼部、手心、足底皮肤常不变硬。

1. 新生儿硬肿症护理措施

（1）复温是治疗的关键措施。凡肛温 >30℃且腋温高于肛温者，可置于已预热至适中温度的暖箱中，一般经 6 ~ 12 小时即可恢复正常体温；体温低于 30 度者应置于比肛温高 1 ~ 2℃的暖箱中，每小时监测肛温、腋温 1 次，并逐步提高暖箱 1℃，于 12 ~ 24 小时恢复正常体温。

（2）合理喂养。提供能量与水分，能吸吮者可经口喂养；吸吮无力者用滴管、鼻饲或静脉营养。遵医嘱给予液体供给，严格控制补液速度。有条件时最好应用输液泵控制，无条件者应加强手控滴速，建立输液记录卡，每小时检查输入液体量及速度，根据病情加以调节，防止由于输液速度过快而引起心力衰竭和肺出血。

（3）预防感染。加强消毒管理，严格遵守操作程序，保持患儿皮肤的完整性。

（4）观察病情。详细记录护理单，监测体温，每 2 小时测体温一次，体温正常 6 小时后改为 4 小时一次，监测心率、呼吸、血液的变化，发现问题及时与医生取得联系。观察暖箱及室内温度、湿度的变化并及时调整。备好抢救药物和设备（如多巴胺、肝素等药物及氧气、吸引器、复苏囊、呼吸机等），一旦病情突变，能分秒必争进行有效的抢救。

（5）健康教育。向家长解答病情，介绍有关硬肿症的知识；嘱母亲坚持拔乳、保持母乳通畅，避免因患儿住院而造成断乳；介绍相关保暖、喂养、防感染、预防接种等育儿知识。

2. 预防新生儿硬肿症

（1）做好围生期保健工作，加强产前检查，减少早产儿的发生。

（2）寒冷季节和地区应为产房装配保暖设备。

（3）新生儿一旦娩出即用预暖的毛巾包裹，移至保暖床上处理。

（4）对高危儿做好体温监护。

（5）积极早期治疗新生儿感染性疾病，不使发生硬肿症。

新生儿鹅口疮

新生儿鹅口疮，是口腔黏膜受白色念珠菌（属霉菌）感染所致。黏膜上出现乳白色的小点或融合成片，颇似奶块，白膜覆盖在口胶黏膜上，不易擦去。初起时成小片状，逐渐融合成大片，形似奶块。本病是白色念珠菌感染所引起。

1. 患病原因

（1）母亲阴道有霉菌感染婴儿出生时通过产道，接触母体的分泌物而感染。

（2）奶瓶奶嘴消毒不彻底，母乳喂养时，妈妈的奶头不清洁都可以是感染的来源。

（3）接触感染念珠菌的食物衣物和玩具。另外，婴幼儿在 6 ~ 7 个月时开始长牙此时牙床可能有轻度胀痛感，婴幼儿便爱咬手指、咬玩具，这样就易把细菌、霉菌带入口腔，引起感染。

（4）在幼儿园过集体生活有时因交叉感染可患鹅口疮。

（5）长期服用抗生素或不适当应用激素治疗，造成体内菌群失调，霉菌乘虚而入并大量繁殖，引起鹅口疮。

2. 如何判断宝宝是否患鹅口疮

（1）口腔黏膜出现乳白色、微高起斑膜，周围无炎症反应，形似奶块。无痛，擦去斑膜后，可见下方不出血的红色创面。斑膜面积大小不等，可出现在舌、颊、腭或唇内黏膜上。

（2）好发于颊、舌、软腭及口唇部的黏膜，白色的斑块不易用棉棒或湿纱布擦掉。

（3）在感染轻微时，除非仔细检查口腔，否则不易发现，也没有明显痛感，或仅有进食时痛苦表情。严重时宝宝会因疼痛而烦躁不安、胃口不佳、啼哭、哺乳困难，有时伴有轻度发热。

（4）受损的黏膜治疗不及时可不断扩大，蔓延到咽部、扁桃体、牙龈等。更为严重者，病变可蔓延至食道、支气管，引起念珠菌性食道炎或肺念珠菌病，出现呼吸吞咽，困难少数可并发慢性黏膜皮肤念珠菌病，可影响终身免疫功能，甚至可继发其他细菌感染，造成败血症。

3. 小儿鹅口疮治疗方法

（1）局部用药：鹅口疮比较容易治疗，可用制霉菌素研成末与鱼肝油滴剂调匀，涂在创面上，每 4 小时用药一次，疗效显著。

（2）全身用药：症状严重的孩子也可口服一些抗真菌的药物，进行综合治疗。

小贴士

妈妈压力大会增大宝宝患鹅口疮的概率

当了新妈妈后，总要担心宝宝的照料、喂养等问题，心理、生理上的压力明显增大，再加上自己身体还没有完全恢复好，即使没有出现生病的状况，过大的压力同样会导致新妈妈抵抗力下降，念珠菌增多或感染概率加大，宝宝也就更容易患上鹅口疮。

新生儿败血症

新生儿败血症指新生儿期细菌侵入血液循环，并在其中繁殖和产生毒素所造成的全身性感染，有时还在体内产生迁移病灶。仍是目前新生儿期很重要的疾病，其发生率占活产婴儿的 1‰ ~ 10‰，早产婴儿中发病率更高。菌血症指细菌侵入人体循环后迅速被清除，无毒血症，不发生任何症状。

1. 败血症患儿的特征

（1）吃奶减少吸吮无力。新生儿吃奶明显减少，似乎不知饥饿，吮乳时间短且无力，吃奶时易呛奶。

（2）哭声低微如猫叫。败血症的宝宝常不哭闹，或只哭几声就不哭了，而且哭声低微。

（3）体温不升，手足发凉。新生儿患败血症时，不是体温高，而是体温低，测体温时在 35.5℃以下，宝宝手足发冷。

（4）全身软弱四肢少动。新生儿屈肌张力高，四肢屈曲，或不停地活动，小手会紧紧抓住你的手指；而败血症的宝宝四肢及全身软弱，你拉他的上肢，也无明显的屈曲反应，你松手，他的上肢会自然坠落下来，手也不会抓紧你的手指，而且四肢很少活动。

（5）反应低下、昏昏欲睡。正常新生儿在受到刺激时可做出适当反应，如惊醒、注视、微笑等；而败血症的宝宝则表现为反应能力低下，精神萎靡或昏昏欲睡。

（6）黄疸不退或退而复现。正常生理性黄疸应该逐步消退，新生儿败血症时生理性黄疸持续不消退，反而加剧，或黄疸消退后又出现黄疸。

（7）体重不增。正常新生儿出生后有生理性体重下降，但下降的时间在生后 3 ~ 4 天最明显，下降的幅度不超过出生体重的 10%，以后逐渐恢复，在生后 7 ~ 10 天恢复到出生体重，以后宝宝每天体重增加约 50 克，满月时体重增长在 750 克以上。而败血症的新生儿，生理性体重下降超过正常范围，在体重增长期体重不增加。

2. 新生儿败血症治疗方法

（1）注意保暖，维持水、电解质平衡及补充热卡，及时纠正酸中毒及低氧，局部感染灶如脐部及皮肤的处理等。

（2）对症治疗。有黄疸给予照蓝光治疗，有脑水肿及时给予降颅压处理。

（3）支持治疗。少量多次输血或输血浆以增加机体的抵抗力。

（4）免疫疗法。新生儿出生时免疫系统发育不完善，特别是低出生体重儿更明显，生后对各种抗原的刺激反应不敏感，感染后更削弱了自身免疫力。因此免疫治疗可提高新生儿的免疫力，增强抗感染能力。

新生儿风疹症

婴儿风疹护理，风疹的潜伏期为 9~18 天。开始时有轻度上呼吸道感染的症状：咳嗽、喷嚏、流涕、嘶哑、头痛、食欲不振及发热等，体温通常在 38~39℃之间，持续 1~2 日。发病半天到一天后出现皮疹，由面部延至躯干和四肢，第 1 日即布满全身。皮疹为浅红色斑丘疹，分布均匀，大多于 4~5 天隐退，也有的于 2~3 天隐退。隐退后没有褐色色素斑。

风疹疫苗是一种活的、减毒的疫苗，在孩子一周岁左右进行第一次接种。接种一次后，有 9 5% 以上的小儿能产生抗体，获得能对抗风疹病毒感染的足够的免疫力，而且这种免疫力至少可以维持 15 年。到孩子上学或到初中阶段时再强化一次，这样就可以长期地维持体内的抗体水平，有效地抵抗风疹病毒的感染。

如何护理风疹新生患儿

风疹无特效治疗，主要是加强护理，对症和支持治疗。婴儿风疹护理一般预防方法与麻疹相似，在发热期间要卧床休息，多饮水，吃流质或半流质易消化的食物。先天性风疹患儿长期带病毒，影响其生长发育，应早期检测视、听力损害，给予特殊教育与治疗，以提高其生活质量。

小贴士

风疹病毒对孕妇有什么影响

对于孕妇来说，风疹病毒的侵入则会导致胎儿畸形、早产或胎儿死亡，应引起重视。孕妇感染风疹病毒后，一部分人症状较轻微，但也有一些孕妇会出现典型症状。怀孕 3 个月以内的孕妇感染风疹病毒后，风疹病毒可通过胎盘进入胎儿体内，引起胎儿畸形。而且孕妇感染风疹病毒的时间越早，致畸的可能性越大。另外，感染过风疹病毒的育龄妇女即使再被感染，怀孕后也不会对胎儿造成危害。

新生儿破伤风

新生儿破伤风又称“四六风”“七日风”或“脐风”。通常是在接生断脐时，由于接生人员的手或所用的剪刀、纱布未经消毒或消毒不严密，脐部被破伤风杆菌侵入而引起。多数发生在出生后 4~7 天。伤风梭状杆菌侵入脐部并产生痉挛毒素而引起以牙关紧闭和全身肌肉强直性痉挛为特征的急性感染性疾病。

破伤风杆菌主要存在于土壤中，在土壤中可以存活数年，接生时所使用的剪刀、敷料等用具必须煮沸 1 小时或在高压蒸汽中蒸 5 分钟才能消灭破伤风杆菌，因此，用未消毒或消毒不严的剪刀、线绳结扎脐带或接生者的手未消毒，破伤风杆菌都会通过脐带侵入体内；如在已坏死的脐带上盖未消毒的棉花或包布，破伤风杆菌容易在坏死的脐带中繁殖并产生外毒素，进入体内而发病。破伤风外毒素传至脊髓及脑干，与神经组织结合引起全身肌肉痉挛。

新生儿在感染破伤风杆菌后 1~14 天开始发病，以 4~7 天间发病最多，而潜伏期越短，病情越重，病死率越高。首先出现的症状是牙关紧闭，母亲发现新生儿口不能张大，喂奶时不易塞进奶头，吸乳困难，以后逐渐发展到四肢及全身肌肉痉挛，呈角弓反张状，一经刺激即可引起痉挛发作；引起呼吸肌痉挛造成呼吸困难甚至呼吸停止等；容易并发肺炎、脱水和败血症等，病死率极高。

此病重在预防，尤其在农村，应大力宣传预防破伤风的知识，大力推广住院分娩或新法接生，接生时严格执行无菌操作技术，作好脐带的消毒包扎，在急产或来不及消毒进行接产时，亦应将剪刀用火烧红冷却后断脐，结扎脐带的线可用碘酒浸泡后再用，将脐带残端多留数厘米，并尽快送孩子到医院注射破伤风抗毒素等，进行进一步处理，以防止破伤风的发生。

新生儿肺炎

新生儿肺炎是临床常见病，四季均易发生，以冬春季为多。如治疗不彻底，易反复发作，影响孩子发育。小儿肺炎临床表现为发热、咳嗽、呼吸困难，也有不发热而咳喘重者。其病因主要是小儿喜吃过甜、过咸、油炸等食物，致宿食积滞而生内热，痰热壅盛，偶遇风寒使肺气不宣，二者互为因果而发生肺炎。

1. 新生儿肺炎的并发症

（1）心力衰竭：发病时小儿躁动不安，呼吸困难和发绀、心率加快、180 次 / 分，呼吸急促，>60 次 / 分，肝脏增大，下肢水肿等，应立即采取措施，控制其发展，利用强心剂，利尿剂等治疗。

（2）呼吸衰竭：小儿烦躁不安，呼吸困难和发绀，呼吸早期加快，重时减慢，有呻吟呼吸和呼吸节律改变。重危时心率加快或减慢，并可出现昏迷和抽搐。

（3）脓气胸：金黄色葡萄球菌肺炎时，易发生脓气胸。此时，高热持续不退或体温下降后又再度上升，咳嗽频繁，呼吸急促，不能干卧，一侧胸廓饱满。

（4）低氧性脑病：肺炎呼吸困难低氧重时，小儿呕吐、头痛、嗜睡或烦躁不安，继之昏迷惊厥。脑病发病较急，来势凶猛，病情险恶，往往与多种并发症交错出现，相互影响，使病情变得更为复杂，病死率高。

（5）中毒性休克，体温骤升达 40 ~ 41℃或骤降，寒战、面色灰白、烦躁或昏迷、多汗、皮肤呈大理石花样改变，血压下降或测不出，同时出现多脏器功能改变，症状凶险。

（6）中毒性肠麻痹：表现为高度腹胀、呕吐、便秘和肛管不排气（不放屁）。腹胀压迫心脏和肺脏，使呼吸困难更严重。此时，面色苍白，腹部叩诊呈鼓音，肠鸣音消失，呕吐物可呈咖啡色或粪便样物，X 线检查发现肠管扩张，壁变薄，膈肌上升，肠腔内出现气液平面。

2. 新生儿肺炎如何治疗

肺炎的治疗原则是应用消炎药物，杀灭病原菌。根据不同的病原菌选用敏感的药物，早期治疗，可根据病情选择治疗方案，同时还应对症治疗如发热时给予服用退热剂，咳嗽应给予化痰止咳药物，对重症肺炎应及时到医院进行相应的住院治疗。

新生儿感冒

感冒是上呼吸道感染，常常由病毒感染引起，轻微的感冒 1 ~ 2 天就会自行恢复，新妈妈不要太担心。比较严重的感冒，可能会持续数周，有时伴随中耳感染、咽喉肿痛的症状，如果长时间没有好，就需要看医生。

1. 新生儿感冒的症状

（1）鼻塞、流鼻涕。

（2）出现清水样、黄色或绿色鼻腔分泌物。

（3）打喷嚏。

（4）眼睛发红、泪汪汪的。

（5）发热。

（6）没有食欲，吃奶不多。

2. 防治新生儿感冒

（1）抗生素常用来治疗感冒的并发症，但对病毒感染无效。

（2）鼻塞使吃奶困难，因此应鼓励婴儿多次吃奶或用奶瓶吃奶。

（3）要注意给婴儿补充额外的液体，有助于减少充血症状。

（4）室内可以放置加湿器，让宝宝感觉更舒适。

小贴士

新生儿感冒什么时候应该去看医生

3个月内的宝宝，一出现感冒的症状，妈妈就要立即带他去看医生。尤其是当你的宝宝发热超过37.5℃（腋下温度）或咳嗽的时候。如果你的宝宝3～6个月大，发热超过38℃，6个月大以上发热超过38.5℃时，都应该去看医生。

新生儿鼻塞

鼻塞不一定就是感冒，这一条规则特别针对新生儿。新生儿的鼻腔狭小，在鼻黏膜水肿或有分泌物阻塞时特别容易发生鼻塞。如果房间的温度太低，宝宝鼻塞的症状会更明显。不用担心，对于大多数孩子来说，这些鼻塞的情况是由于生理结构引起的，不是病。有的宝宝还常流出少量的鼻涕，干燥后成了鼻屎，颜色呈淡黄色，这也是属于正常情况。

有些时候，新妈妈由于没有经验，会把一些症状表现归为小儿鼻塞，产生不必要的担忧，这时就应有意识地区别鼻塞的异常情况：

（1）如果鼻涕很多、颜色澄清，或干结后鼻屎堵住鼻孔，宝宝只能不停地用嘴呼吸，这时需要考虑可能是伤风感冒了，应该及时去就诊。

（2）如果流出的鼻涕有臭味、带血丝，鼻子肿胀，有可能是鼻子内有异物。

（3）新生儿鼻塞时间长，用过一些办法无效，这时要排除新生儿腺样体肥大。可以请耳鼻喉科医师会诊。

新生儿痤疮

新生儿长痤疮，主要是因为母体妊娠期间雄性激素产生过多，胎盘的血液循环影响到胎儿时，就会促使胎儿出现一时性的皮脂腺内分泌功能亢进现象，就使婴儿出现像青少年那样的皮肤炎症，新生儿痤疮就这样产生了。

一般在出生后1~2个月内，婴儿体内雄性激素的含量下降后，大多数新生儿痤疮一般不需要用药物治疗。大多数新生儿痤疮一般不需要用药物治疗，但如果孩子面部发炎，红色丘疹、脓胞和硬节较多，如不及时治疗，可继发感染，应及时采取消炎、抗感染、防止瘢痕形成的治疗措施。

宝宝长痤疮父母要注意以下几点：

（1）防止挤捏，适当治疗。爸妈发现孩子面部长有青春痘时千万不可用手去挤捏。如果感染严重，应在皮肤科医生指导下，合理应用抗生素类药物治疗。

（2）注意宝宝皮肤卫生。每天给宝宝用温水洗脸，擦点儿婴儿香皂，轻轻搓洗后冲净，用洁净柔软干毛巾吸干脸上的水。然后挤点儿乳汁涂在脸上以滋润皮肤。

（3）多让宝宝喝白开水，不喂糖水或其他饮料，注意孩子大便通畅，防止便秘。

（4）妈妈要注意膳食平衡，少吃糖果及甜食，不吃高脂肪及辛辣食物，多吃些新鲜蔬菜及水果，这样有利于乳汁的洁净，孩子吃了这样的乳汁，有利康复。

婴儿疫苗

卡介疫苗

卡介疫苗是一种用来预防儿童结核病的预防接种疫苗。接种后可使儿童产生对结核病的特殊抵抗力。由于这一疫苗是由两位法国学者卡迈尔与介兰发明的，为了纪念发明者，将这一预防结核病的疫苗定名为“卡介苗”。卡介苗接种的主要对象是新生婴幼儿，接种后可预防发生儿童结核病，特别是能防止那些严重类型的结核病，如结核性脑膜炎。接种卡介苗对儿童的健康成长很有好处。卡介苗接种被称为“出生第一针”，所以在产院、产科新生婴儿一出生就应该接种。如果出生时没能及时接种，在1岁以内一定要到当地结核病统治所卡介苗门诊或者卫生防疫站计划免疫门诊去补种。

新生儿不能接种的情况如下：

（1）早产儿。如果你家宝宝早产，一般暂时不接种卡介苗，因为接种后不易产生免疫力，成功率低。何时接种医生会告诉你。

（2）孕妈妈为结核病患者，所生新生儿应做结核菌素试验，阳性反应就不应接种，以免发生不良反应。

（3）新生儿如果患有肾脏病、心脏病、全身皮肤病、腹泻，或注射部位有脓包疮、湿疹等疾病均不宜接种。

（4）如宝宝具有先天性的免疫缺陷问题也不宜接种。

乙肝疫苗

乙肝疫苗是用于预防乙肝的特殊药物。疫苗接种后，可刺激免疫系统产生保护性抗体，这种抗体存在于人的体液之中，乙肝病毒一旦出现，抗体会立即作用，将其清除，阻止感染，并不会伤害肝脏，从而使人体具有了预防乙肝的免疫力，从而达到预防乙肝感染的目的。接种乙肝疫苗是预防乙肝病毒感染的最有效方法。

乙肝、麻疹疫苗不可同时接种。乙肝疫苗可以和流脑疫苗、脊髓灰质疫苗、乙脑疫苗同时接种，但是乙肝疫苗最好不要和麻疹疫苗同时使用。患急性传染病或其他慢性疾病者不能接种乙肝疫苗患有皮炎、化脓性皮肤病、严重湿疹的小儿不宜乙肝疫苗接种，等待病愈后方可进行乙肝疫苗接种；患有严重心、肝、肾疾病和活动型结核病的小儿不宜乙肝疫苗接种；神经系统包括脑、发育不正常，有脑炎后遗症、癫痫病的小儿不宜乙肝疫苗接种；有腋下或淋巴结肿大的小儿不宜乙肝疫苗接种，应查明病因治愈后再乙肝疫苗接种；有哮喘、荨麻疹等过敏体质的小儿不宜乙肝疫苗接种；有血清病、支气管哮喘、过敏性荨麻疹及对青霉素、磺胺等一些药物过敏者，不宜乙肝疫苗接种。

除此之外，低体重、早产、剖宫产等非正常出生的新生儿。严重营养不良、严重佝偻病、先天性免疫缺陷的小儿不宜接种。

小贴士

乙肝疫苗，宝宝非接不可

乙肝疫苗是用于预防乙肝的特殊药物。疫苗接种后，可刺激免疫系统产生保护性抗体，这种抗体存在于人的体液之中，乙肝病毒一旦出现，抗体会立即作用，将其清除，阻止感染，并不会伤害肝脏，从而使人体具有了预防乙肝的免疫力，从而达到预防乙肝感染的目的。接种乙肝疫苗是预防乙肝病毒感染的最有效方法。新生儿一出生就接种乙肝疫苗，基本可以确保将来不得乙肝。现有的肝硬化、肝癌多从乙肝发展而来，成功地预防乙肝，实际就是防硬化、防肝癌第一针。

基于我国乙肝发病以垂直传播为特点的事实，根治、根除乙肝的基点必须放在切断垂直传播这一重要途径之上。因此，待产孕妇及婴幼儿普遍接种乙肝疫苗和高效价乙肝免疫球蛋白意义十分重大。

麻痹疫苗

小儿麻痹疫苗也叫脊髓灰质炎疫苗，就是用于预防小儿麻痹的疫苗，现在有两种疫苗可以使用，一种是我国目前正在使用的脊髓灰质炎减毒活疫苗，也就是大家熟悉的“糖丸”，它是由活的、但致病力降低的病毒制成；而另一种名为灭活脊髓灰质炎病毒疫苗，是一种用死病毒制成的疫苗。

1. 小儿麻痹疫苗的注射时间

在初次免疫小儿麻痹疫苗时，2 月龄、3 月龄和 4 月龄各服一次，连服 3 次是因为每剂疫苗中都含有Ⅰ、Ⅱ、Ⅲ型病毒，尽管在制造的过程中，三个型之间的病毒量配比已考虑到它们在肠道中的竞争感染能力，但仍存在着一定的型间的干扰作用。尤其是Ⅱ型对Ⅰ、Ⅲ型的干扰作用更为明显。所以在服用 3 次后，中和抗体阳转率和抗体滴度才能达到满意的效果。

2. 小儿麻痹疫苗的有效期

按规定的免疫程序服苗后，即可获得良好的免疫性。第一年抗体稍有下降，大约下降 1/3，三年内抗体水平趋于稳定。一项 5 年的随访观察，免疫后血清中和抗体滴度 >1 ∶ 10，5 年后滴度 > 1 ∶ 2 者，Ⅰ型、Ⅱ型为 98%，Ⅲ型为 84%。还有一次随访 4 年研究，94% 以上的儿童，Ⅰ、Ⅱ型中和抗体滴度在 1 ∶ 4 以上，Ⅲ型为 75%。在服苗后 8 年，仍有中和抗体可以检测到。一般认为有效保护期为 3 年。

3. 小儿麻痹疫苗接种注意事项

（1）如果在服用时出现呕吐应重服。

（2）此种疫苗只能口服，不能注射，患胃肠病时最好延缓使用。

（3）脊髓灰质炎疫苗是糖丸或液体的剂型，怕热，遇热会失效，因此不要用热水服药。服用时先用汤勺或筷子将糖丸研碎，或用汤勺将糖丸溶于冷开水（不得用热开水）中服用。较大儿童可直接吞服。

（4）最好在服苗后半小时内停止吸吮母乳（可用牛奶或其他代乳品），否则母乳中抗体会中和（杀死）疫苗，影响效果。

（5）服用后一般无不良反应，仅见少数轻微胃肠道症状。

（6）高热、免疫能力受损、正使用肾上腺皮质激素或抗癌药物治疗者不宜服用脊髓灰质炎疫苗。

（7）对有禁忌证者，可注射丙种球蛋白 0.3 毫升 / 千克体重，每天一次，连续 2 ~ 3 天。

（8）一旦发病，应及时去医院隔离治疗，并报告卫生防疫站，做好疫点消毒，密切接触者医学观察 20 天，对未服过疫苗或服疫苗不全者应立即补服。

乙脑疫苗

乙脑疫苗是预防流行性乙型脑炎的有效措施。流行性乙型脑炎简称乙脑，是由黄病毒科虫媒病毒——乙脑病毒引起的一种侵害中枢神经系统的急性传染病。常造成患者死亡或留下神经系统后遗症。乙脑是一种由蚊类传播的人畜共患疾病，人和许多动物（家畜、家禽和鸟类）感染乙脑病毒后都可成为乙脑的传染源。乙脑主要通过蚊虫叮咬而传播。

乙脑疫苗接种注意事项：

（1）乙脑疫苗接种应注意，疫苗接种应在流行季节前一个月完成。

（2）乙脑疫苗接种要注意在开启小瓶和注射时切勿使消毒剂接触疫苗；如在

使用疫苗时发现溶解后有摇不散的块状物、小瓶有裂纹或溶解前疫苗变红时均不可使用；疫苗溶解后应在 1 小时内用完，对用不完的要废弃。

（3）8 个月龄以上的健康儿童以及来自非流行地区的其他健康人群均为接种对象。

（4）本疫苗不良反应较少，乙脑疫苗接种注意有少数儿童可能出现一过性的发热反应，但一般不超过 2 天，可自行缓解。偶有散在皮疹出现，一般也不需要特殊处理。

（5）乙脑疫苗接种注意事项：儿童的接种方法是首次于上臂外侧三角肌附着处皮下注射 0.5 毫升；2 岁时加强注射 0.5 毫升；7 岁时再注射 0.5 毫升，以后就不再免疫；其他人群的接种方法可参考儿童的免疫程序进行。

（6）患发热、急性传染病、中耳炎、活动性结核及心、肝、肾等疾病，体质衰弱、有过敏史或癫痫者，先天性免疫缺陷者，近期或正在进行免疫抑制剂治疗者和孕妇均不可注射乙型脑炎减毒活疫苗，这是乙脑疫苗接种注意事项需特别注意的。

百白破疫苗

百白破疫苗是百日咳、白喉、破伤风三合一疫苗，它是由百日咳疫苗、精制白喉和破伤风类毒素按适量比例配制而成，是预防百日咳、白喉、破伤风三种疾病的有效措施。

1. 接种对象

3 月龄至 6 周岁的儿童。

2. 接种方法

（1）基础免疫，我国现行的免疫程序规定，新生儿出生后 3 足月就应开始接种百白破疫苗第一针，连续接种 3 针，每针间隔时间最短不得少于 28 天。

（2）加强免疫，在 1 岁半至 2 周岁时再用百白破疫苗加强免疫 1 针，7 周岁时用精制白喉疫苗或精制白破二联疫苗加强免疫 1 针。

3. 接种部位

12 月龄以下儿童注射部位为大腿前外侧，其他人群为三角肌。

小贴士

宝宝接种完百白破疫苗会不会有副作用

百白破疫苗副作用：百白破三联疫苗分全细胞吸附和无细胞吸附两种，而全细胞吸附的较无细胞的反应相对要大，引起反应的最主要原因是该疫苗中均含有的吸附剂，表现最多的是出现硬块，发热，你可以摸一下宝宝的硬块处，如果宝宝哭，那说明疼痛，可以去医用点儿外用药（如消炎止痛膏药）可以明显减轻宝宝的痛苦，如果你摸上去宝宝没什么大反应，那为了能让硬块消退得快点儿，建议用 40 度温毛巾敷，或者是用土豆切薄片敷，方法挺管用，又对宝宝没影响。

轮状病毒疫苗

轮状病毒感染性腹泻是婴幼儿急诊和死亡（除呼吸道感染之外）的第二位病因，发展中国家情况则更加严重，儿童腹泻占整个病死率的15%~34%。我国每年大约有1000万婴幼儿患轮状病毒感染性胃肠炎，占婴幼儿总人数的1/4。轮状病毒疫苗，令人欣慰的是我国科学家经过20多年的努力，几乎和美国科学家同时攻克了这一世界性难题，研制成功了口服轮状病毒活疫苗，可以有效预防婴幼儿轮状病毒腹泻。

1. 接种对象

主要为6个月~5岁婴幼儿。

2. 使用方法

用手开启瓶盖，用吸管吸取本疫苗，直接喂于婴幼儿，用量为每人一次口服3ml，切勿用热水送服。

3. 适应证

该疫苗口服免疫后，可刺激机体产生对A群轮状病毒的免疫力，用于预防婴幼儿A群轮状病毒引起的腹泻。

4. 禁忌证

（1）患严重疾病、急性或慢性感染者。

（2）患急性传染病及发热者。

（3）先天性心血管系统畸形患者，血液系统、肾功能不全疾患者。

（4）严重营养不良、过敏体质者。

（5）消化道疾患，肠胃功能紊乱者。

（6）有免疫缺陷和接受抑制治疗者。

幼儿

如厕训练

幼儿把尿

在婴幼儿排便时，你要发出“嘘嘘”的声音，或是其他类似水流的声音，或是说“尿尿”。这样做的目的是让他在这个声音和排便之间产生关联。

每当你发现婴幼儿要排便时，摆好把尿的姿势后，你都要重复这个声音，直到他排便结束。时间久了，你的宝宝就会把这个声音作为排便的信号，把自己要排便的意愿跟把尿联系起来。

晚上睡觉时，在床边放个尿盆。晚上婴幼儿醒来吃奶之前，或是有烦躁表现的时候，就给他把尿。一些有经验的妈妈说，宝宝很少会在深度睡眠时大小便，而且通常会在需要排便前表现得烦躁或是发出其他类似的信号，一般都足以吵醒跟宝宝同睡的父母。你也可以晚上给宝宝戴尿布，不过这可能会让一些婴幼儿对把尿这件事感到混乱。如果你想让婴幼儿光着屁股睡觉，别忘了在他身下垫两三块防水尿布，以防他尿床。当他尿湿后，你可以轻轻地抽出最上面那块防水尿布，这样可以尽量少打扰他的睡眠。

观察婴幼儿，了解他的排便模式。你的宝宝一般什么时候排便，多久排便一次？他总是会在某个特定时间排便，比如刚刚睡醒的时候，还是会在必须排便的时候，做出某些特定的声音、动作或表情？

当你的宝宝发出典型的即将排便的信号时，你用双手从后面轻轻地分开婴幼儿的双腿，扶着宝宝凌空坐在马桶、尿盆、痰盂等上方。如果婴幼儿还很小，可以让他的头、颈、背舒适地靠着你的一侧胳膊或是你的腹部。

排便训练

什么时候孩子才可以接受如厕训练呢？其实大部分孩子都是有迹可循的，你要对这些行为迹象多加留意，再就其表现考虑训练的可行性。这听起来好像很需要一番复杂的侦探活动，但实际上并不难，小孩如果有哥哥姐姐的话，要辨明这些迹象就更容易了。

你的孩子准备好了吗？孩子如果有以下表现，就表示他可以接受如厕训练了。

（1）孩子经常说“我可以自己来做”，这表示他想变得更独立。

（2）他已形成自己的排便习惯，比较定时，而且在快要大便的时候会脸红、神情专注。

（3）他能自如地自行穿上裤子和脱下裤子。

（4）男孩子很有兴趣跟爸爸一起上厕所，并模仿爸爸的动作。

（5）他的体格已经发展到一定程度，能自己走到放置便盆的地方，坐在便盆上解决。

（6）他知道尿尿和大便的区别，他可能会在你给他换尿布的时候提到这些。

（7）你可能发现他能较长时间不尿湿尿布，最长能达到 3~6 小时的持续干爽状态。这显示他的膀胱功能和控制能力都在不断提高。

（8）他能理解你的话，并听从一些简单的指令，譬如“去把你的小熊拿来。”

（9）他开始能意识到自己需要大小便时的那些感觉，而且能表现出来，譬如样子看起来很不自在、身体蜷缩起来。很快他就能学会在大小便之前告诉你他的这些需要。

（10）如果尿布湿了，他会觉得不舒服，而且会向你抱怨求助。

（11）他可能在每次尿湿之后都会把纸尿裤扯下来，这意味着他可能一天要用上 10 条纸尿裤。如果真的是这样，简单地计计成本，你就会发觉是时候让孩子学习用便盆解决问题了。

幼儿护理

幼儿左撇子

在我们周围，有时会看见一些孩子用左手拿调羹或筷子吃饭，用左手写字、画画、用左手打羽毛球……这就是通常人们所说的左撇子。孩子若是左撇子，家长应该怎么办呢?

首先要分析孩子左撇子的原因。我们知道，人的大脑分左右两半球，这两半球的分工各有偏重，左半球的逻辑思维能力强，右半球的形象思维能力强。儿童时期，形象思维占主导地位，逻辑思维能力较差，因此孩子的右脑功能偏强。而右脑负责左侧肢体的活动，因此儿童时期孩子左撇子较多。

孩子若是左撇子，家长不要强迫孩子改用右手，因为虽然孩子在家长的强迫下改用右手，但孩子大脑中的优势半球却无法改变，反而起到扬短避长的副作用。此外，还会造成孩子心理上的一些障碍。对左撇子，家长应顺其自然，因为随着孩子年龄的增长，左脑的逻辑思维能力会日趋增强，有一部分左撇子会改用右手，但也要看到有些左撇子已养成习惯，很难改变过来，家长就不要再人为地强迫孩子改用右手。反之，孩子是左撇子，长期使用左手，还可以充分利用右脑的功能，平衡、协调大脑的整体功能。

小贴士

强行纠正左撇子孩子易得口吃

从小善于用左手活动的人，其右侧大脑半球随着时间的推移而发展成为“优势半球”，如果强迫“左撇子”改为右撇子，则已经建立的右侧优势半球要改为左侧，可造成原来的语言中枢功能紊乱而出现口吃，甚至有的孩子出现唱歌时曲调走样、口齿不清、发音不准等现象。改左撇子为右撇子，不仅仅是“矫枉过正”，更会造成孩子生理和心理的不适与混乱，对孩子的智能发展极为不利。

幼儿走路

一般来说，幼儿满周岁以后便会蹒跚迈步了，但也有一些幼儿到 1 岁半还不会走，让父母很着急，其实这样的幼儿以后走得很好的例子是很多的，父母不必过分担心。

幼儿学走路与各自的身体、神经、精神状态的发育都有关系，如果具备了身体基础，精神状态又好，他便会主动地学走，自然很快也就学会了。如果幼儿在刚学步时便重重摔了一跤，那么必然会影响幼儿的积极性，可能一连几天甚至几个星期内都不敢再去练习，紧抓大人不放。另外，如生病也会使幼儿无意去练习走路。

所以，我们应保证幼儿身体的健康发育，又要使幼儿保持良好的精神状态，这样对幼儿行走等大动作的发展都有促进作用。过早地训练幼儿走路可能会使幼儿出现“X”形腿和“O”形腿，尤其是患有佝偻病的幼儿更是如此。因此，父母不必操之过急，不要勉强让幼儿过早学习走路。

幼儿疾病

幼儿口吃

口吃是小儿的一种常见的语言障碍，表现为讲话不流畅、阻塞和重复。孩子在 2~3 岁时容易发生口吃，因为此时的幼儿形象记忆的效果高于词语记忆的效果，也就是说，认识的事物已经很多，但掌握的词汇较少，且不牢固。当他迫切地想表达自己的意思，一下子又找不到适当的词汇，再加上发音器官尚未成熟，对某些发音会感到困难，而神经系统调节言语的机能又差，也就容易形成口吃。

口吃的矫正疗法一般包括心理治疗和语言矫正训练。

1. 心理治疗

家长要为口吃的孩子创造一个愉快安定的环境，消除其思想负担，减少患儿的口吃。当孩子有口吃时，不要模仿、嘲笑孩子，不要使周围人过分注意孩子说话的缺陷，不能表现出急躁情绪和粗暴地打断小儿讲话，父母应多给予安慰和鼓励，要只当没那回事儿，指导孩子说话时放慢速度，降低音量，从容不迫地讲，引导孩子树立克服口吃的自信心。

2. 语言矫正训练

在心理治疗的基础上，使小儿有信心，自在地呼吸和运用语言器官，才能获得语言矫正训练的成功。可采取以下几种方法：

（1）让孩子减慢讲话的速度，既可减少口吃，又可使人听得清楚，当孩子不再有口吃时，再慢慢提高说话速度。

（2）让孩子说话时降低音量，因为轻柔地说话能防止口吃。

（3）对于每一个短语的第一个字要缓慢地、轻轻地诱导其发出音速，然后向第二个字轻轻地滑动，因为口吃小孩大多对短语的第一个字发音感到困难，如果发音过急过重，口吃势必发生，因此这是一个关键。

（4）多讲多练，在日常生活中利用一切机会与口吃的孩子交谈和练习，不要间断或半途而废，让孩子多唱歌、念儿歌、讲故事或复述其个人愉快的事，锻炼说话连贯以利纠正口吃。

幼儿咳嗽

咳嗽不是病，而是许多疾病都可能出现的一种症状。宝宝咳嗽是为了排出呼吸道分泌物或异物而做出的一种机体防御反射动作。也就是说，咳嗽是宝宝的一种保护性生理现象。但是如果咳得过于剧烈，影响了饮食、睡眠和休息，那它就失去了保护意义。因此对于宝宝咳嗽，一定要鉴别是何种原因引起的，再对症处理。绝不可一听小儿咳嗽，马上就认为是感冒、肺炎，做出盲目治疗。

在幼儿咳嗽的防与治方面，应注意：

（1）普通感冒引起的咳嗽。一般不需特殊治疗，多喂宝宝一些温开水、姜汁水或葱头水。尽量少用感冒药，宝宝烦躁、发热时，可给少许小儿口服；切忌使用成人退热药，不宜喂止咳糖浆、止咳片等止咳药，更不要滥用抗生素。

（2）冷空气刺激性咳嗽。让宝宝从小就接受气温变化的锻炼。经常带宝宝到户外活动，即使是寒冷季节也应坚持，只有经受过锻炼的呼吸道才能够顶住冷空气刺激。

（3）流感、咽喉炎等疾病引发的咳嗽。家长应带宝宝及时就医，明确诊断后对症治疗。

（4）过敏性咳嗽。对家族有哮喘及其他过敏性病史的宝宝，咳嗽应格外注意，及早就医诊治，明确诊断，积极治疗，阻止发展成哮喘病。

（5）如果咳嗽伴有高热，应注意是否有肺炎。如果咳嗽时间长且伴低热、消瘦，要到医院检查一下是否有肺结核。

小贴士

小儿不能一咳嗽就用镇咳药

与成人不同，小儿咳嗽中有70%～80%都是有痰咳嗽，而且小儿呼吸系统尚未发育完全，无法像成人那样将痰液有效咳出，容易滞留痰液，如果一咳嗽就给予镇咳药治疗，咳嗽是止住了，但咳嗽抑制后就使痰液更难排出，结果会堵塞呼吸道，不但使咳嗽加重，还容易导致肺部感染，造成肺炎等更严重的疾病。因此小儿咳嗽早期应该先进行祛痰治疗，痰液排出后咳嗽自然会减轻。

幼儿营养不良

营养不良，也是幼儿常见病。此病常由食滞不化、脾胃虚损、运化失宜，而致气液耗损、脏腑失养。本病的早期可见纳食不佳，厌食，腹胀嗳腐，大便腥臭；严重者见头发稀疏，面黄肌瘦，精神萎靡，腹大肢瘦，青筋暴露，食欲减退，嗜食异物等。中医称之为“疳积”，大多是因小儿断奶后，饮食失调、喂养不当、脾胃损伤，或虫积及某些慢性病所致。

营养不良，可因摄食不足，或因食物营养不能充分吸收，能量代谢不正常，而出现体重不增（或减少），生长发育停滞，脂肪减少，肌肉萎缩等慢性营养缺乏症，其多发生于3岁以内的婴幼儿。久则身高低于正常儿童，皮下脂肪逐渐减少，消瘦明显，皮肤失去弹性，松弛而干燥，严重者会发生运动机能和智力发育障碍。中医治疗本病有较好的疗效。

佝偻病就是幼儿常见的营养缺乏症，俗称“软骨症”。它是由于饮食中缺乏维生素D和钙所致，现代医学称之为“维生素D缺乏性佝偻病”。由于维生素D不足，引起全身钙、磷代谢失常，继而导致骨骼病变，发病早期为烦躁不安、夜惊、多汗，随后是体质发育障碍，可见方颅，前囟门大，出牙晚，肋外翻、鸡胸、脊柱弯曲，下肢变异，腕部及踝部呈圆钝肥厚的手镯形、脚镯形等。

防治本病必须从饮食上加以调理。第一，强调母乳喂养。第二，及时给婴幼儿添加富含维生素D和钙的辅助食品，如蛋黄、肝泥、鱼肝油制剂、虾皮、菜末、果汁、米汤等。第三，要让小儿每天多晒太阳，因为阳光可增加维生素D和协助体内钙、磷吸收。

总之，为了预防营养不良的发生，幼儿要少吃豆类、花生、玉米等坚硬难以消化的食物，忌食煎、炸、熏、烤和肥腻、过甜的食物，还要少用芝麻、芝麻油、葱、姜和各种香气浓郁的调味料。宜多吃米粥、牛奶、鸡肉、鸭肉、鸡肝、山楂、鳗鱼、鹌鹑、银鱼之类食物。饮食要软、烂、细，以利消化吸收。

幼儿消化不良

幼儿阶段，很多会出现消化不良的现象。要治疗幼儿消化不良，就要找到导致幼儿消化不良的原因。下面就是幼儿消化不良的三大诱因：

1. 食物不易消化

由于婴幼儿的消化能力差，新妈妈要针对孩子的年龄特点，给孩子吃能消化吸收、愿意接受的食品。一方面，妈妈要根据孩子不同的年龄特点，饮食逐渐由流质向半流质（如米汤、糊状食品、稀饭）以及固体食物（如软饭、面包等）转变。

3 个月内的婴幼儿，其消化液与成人不同，对淀粉的消化比较差，需要特别注意。而对于 2 岁以下的婴幼儿，所添加的副食品，一定要烂、细、软，比如，可将青菜切碎，弄烂，做成菜泥。而对于 2~3 岁的婴幼儿，因为已经有 16~20 颗乳牙，食品可以稍微粗一点儿。

同时，像整颗的瓜子、豆子、花生米、果冻这些食品对于婴幼儿都十分危险，可能会被吞到器官里，所以必须小心，要磨成粉，弄碎了才能吃。

2. 给太多新的食物

比如，有的孩子第一次吃虾，觉得味道很好，就一下子吃许多，结果造成消化不良。因此父母在让婴幼儿尝试吃一种新的食物时，要让他慢慢适应。一次量不能给太多，要逐渐地增加，让孩子有个适应的过程。

3. 食品搭配不合理

婴儿 4 个月过后，父母就需要给孩子增加奶类以外的辅助食品，要注意给予孩子营养平衡的饮食。平衡的饮食就是指婴幼儿吃进去的食物能满足他这个年龄和身体发展的需要。

孩子的生长需要各种各样不同的营养，其中包括蛋白质、脂肪、碳水化合物、维生素、矿物质和微量元素、纤维素等营养素。粮食是最基础的食品，而肉、鱼、奶、蛋、蔬菜、水果等都是身体所必需的。

因此，父母需要细心搭配孩子的饮食做到多品种，多样化，避免偏食、挑食、食物过于单调。

学龄前

儿童运动

游泳

儿童学游泳是生存的需要，而且可以在游泳池中得到锻炼，并且对他们身心发展的益处很大。

（1）游泳运动对儿童最大的好处是可以促进其呼吸系统和心血管系统机能的提高。

（2）游泳还能提高幼儿抗御疾病的能力。显然这是由于长期游泳，幼儿适应了冷水的刺激，身体对于外界温度变化的调节能力相应提高，对于突变性气温能较快地适应。而且常游泳的幼儿血液中免疫球蛋白的指标较高，不易生病。

（3）儿童游泳时，能充分地接触阳光、水、空气，促进机体对维生素 D 的吸收，有利于儿童的体格发育。

（4）游泳能锻炼孩子的神经系统，从而为发展孩子心理品质创造了物质基础。

学习游泳的好处有很多，但是也必须注意：

首先，安全第一，必须有游泳教练或会游泳的家长、老师给予保护，要有一个适合孩子特点的循序渐进的学习计划，使孩子对游泳产生兴趣，这样才能达到锻炼的目的。

其次，孩子在下水前要做好准备活动，如活动活动四肢，模仿一些游泳动作，用冷水擦身，以便适应水的温度。

最后，在水中的时间不宜过长，一旦发现孩子感觉不舒服，就马上带孩子上岸，以免意外事故的发生。

小贴士

是不是每个孩子都必须学会游泳呢

从学游泳是学会一种生存技能来说，每个儿童都应该去学。至于学到什么程度，父母还应根据孩子的个体情况而定。父母也不要有急躁心理，学不会游泳不要去责怪自己的小孩。能培养出小孩的水感已经是比较成功了。至少碰到水不怕就可以了，学不会下次也可以学。

跑步

跑的好处是显而易见的，人类本来就是从奔跑中进化而来的。对于现代人来说，由于远离了跑步这一基本的生存需要，导致了现代人缺乏运动。

长跑会促进血液更快地流动，心输出量也会比平常加大。对心血管的锻炼非常有好处。另外，对于呼吸系统来说，跑步的过程中，能够吸入更多的氧气，胸腹部肌肉、膈肌的活动度增加，更好地促进新陈代谢。

对于骨骼系统来说，坚持长跑，能够活跃成骨细胞，加强对骨骼的刺激，有利于儿童们骨骼系统更好地生长和发育。想要长高的孩子一定会从中受益。

就是在跑步过程中，一般人会逐渐转移心理，从平常的烦恼和琐碎中挣脱出来，完全享受跑步过程中的愉悦。儿童可以从平常的学习中放松下来，因为运动时，人大脑不同区域的兴奋度会有区别，这样对于大脑细胞的休息和恢复，有很好的作用。长跑增强免疫力，冬天经常跑步会明显减少感冒等疾病。

跳绳

跳绳是一种全身性活动，能加快胃肠蠕动和血液循环，促进全身新陈代谢，又能使心情兴奋起来。儿童跳绳有以下好处：

1. 跳绳能确定儿童数学观念

不少孩子会数数，但往往是背书式或机械式的，他们并不明白数的真正含义。而跳绳活动能使他们把抽象的数与实际事物联系起来，从而使孩子能初步理解数的实际含义和形成数的概念。跳绳能提高孩子的记忆能力，由于在跳绳过程中不断数数和跳绳次数所建立的“对应关系”，从而使抽象枯燥的数字变成了具体形象的事物。这样，使孩子的大脑皮层产生兴奋并提高他们的兴趣，因而将抽象记忆转变为形象记忆。

2. 跳绳能促进孩子们的心灵手巧

人的机体在运动时会把信息反馈给大脑，从而刺激大脑的积极思维，而跳绳时的自跳自数正是这样，通过信息的往返，促进大脑思维加快，判断更准确，肢体活动灵活有力而达到心灵手巧。同时，能使语言变得清晰流畅，从而促进儿童智力、体力、应变能力的协调发展。

3. 跳绳能培养儿童节奏平衡

跳绳活动是左右两只手和左右两只脚都同时操作且有一定节奏的活动。这可以有效地促进儿童左半脑和右半脑协调发展，还可培养孩子具有规律性节奏感，使儿童的心理、生理都得到全面发展。

4. 跳绳能形成儿童的方位知觉

在跳绳运动中，有时是单人跳，有时是双人跳或是多人跳，有时还会简繁结合跳出许多新花样。这有利于培养儿童准确地形成时间概念和方位知觉。

跳绳活动，能使身体的上、下肢肌肉变得丰满、结实、富有弹性，促进儿童肌肉的生长发育。跳绳时，由于下肢肌肉有节奏地收缩，落地时身体重量对下肢骨骼有适宜的压力，从而能刺激骨质增强，促进儿童骨骼的生长和关节、韧带的发展。跳短绳时，有摇与跳的上下肢协调配合；跳长绳时，有同伴摇绳与集体跳绳的协调配合，完成这些协调动作，需要神经系统调节，因此，可以增强神经系统的灵活性，锻炼孩子们身体的快速反应、时间和空间感觉，发展观察、判断能力以及动作的准确性、协调性，促进脑功能的发展，培养他们密切协作的精神。

此外，跳绳时，人体对氧气和营养物质的需要量增大，儿童可以此来促进其心脏收缩功能，加快血液循环，提高输出量，以保证机体活动的需要。

健身操

学龄前儿童练健身操能运动身体，提高体能素质。促进肌肉生长。

1. 运动身体，提高体能素质

（1）促进肌肉生长。学龄前儿童健身操是一种适度运动。做运动时，参与活动的肌肉血液流动加快，使新陈代谢变得旺盛，肌肉会因此变得结实强壮。

（2）促进骨骼形成和发育。做运动时，覆盖在骨骼上作为肌腱收缩媒介的骨膜会受到刺激，使骨骼的生长更为旺盛和坚固。

（3）促进器官发育。做运动时，学龄前儿童的主要器官都被调动起来，心、肺、肝、脾、肾功能变得更为强盛，成长变得更为迅速。

2. 刺激感官，促进智能发达

（1）活化全身的神经系统。学龄前儿童健身操是一种适度的刺激，可以刺激学龄前儿童的感官、皮肤和经络，从而使全身各器官和组织的神经系统与激素系统的机能经常处于活化状态。

（2）养成良好性格。学龄前儿童健身操能给孩子带来喜悦，让孩子在运动中得到快乐，从而养成性格开朗、生机勃勃和喜欢与人沟通的性格。

（3）促进智力的发达。通过做操不断刺激感官、经络和身体，从而不断刺激中枢神经和大脑，增强大脑皮质的活动，使大脑生长速度加快，发育更为完善，使智力更为发达。

3. 调节生理，培养良好习惯

（1）培养良好的运动姿势。学龄前儿童健身操是一种适度的调节，通过促进学龄前儿童坐起、站立、步行等动作的发展，培养正确的运动姿势。

（2）养成正确的运动习惯。它通过培养正确的运动预备条件，促使关节完全活动，习惯运动的节奏，最终培养学龄前儿童的运动的正确性、灵敏度和持久力。

（3）提高整个身体的健康水平。孩子通过健身操得到的喜悦与快乐，经由自律神经和激素的作用，对全身各系统、各器官和各个机能组织产生。

小贴士

给练健身操的孩子准备适当的衣服等

孩子练做健身操前，妈妈应该为其准备适当的衣服，要求能合身和透汗。健身鞋应有较厚的护垫，以减缓足部与地面撞击而造成的震荡。鞋身不宜太软，可采用半高筒式，以保护脚踝。

儿童护理

儿童增高

春季是孩子长个子的黄金季节。大量科学研究证实，儿童生长发育受季节的影响十分显著。一般说来，春天孩子的身高长得快，春天孩子身高的生长速度是秋天的 2 ~ 2.5 倍。儿童的生长高峰在 4 ~ 5 月份，低谷在 10 ~ 11 月份。

其中，晚上 10 点前是宝宝长高黄金时期的重中之重。促进孩子长高的一种激素——生长激素的分泌是在孩子入睡后 1 个小时才开始分泌，其分泌活动一般从晚上 10 点到凌晨 2 点最为活跃，在这个时间段睡觉，长高效果才最好。

而营养专家提醒家长，进入春天孩子身体生长发育较快，对各种营养素的需求也相对增加，而微量元素在儿童生长发育中起着重要作用，微量元素在人体内为动态表现，受饮食、疾病、生长快慢、需求量大小等因素的影响而变化，如缺锌可使孩子食欲降低、生长发育迟缓、抵抗力差等；缺铁会损害儿童智力发育，使婴幼儿易激动、淡漠、对周围事物缺乏兴趣，还可造成儿童、青少年注意力、记忆力异常等；缺钙可引发生长发育迟缓、骨骼畸形、牙齿发育不良等。

因此家长要注意让孩子均衡饮食，肉类、谷类、奶及奶制品、水果蔬菜合理搭配，要避免和纠正孩子挑食、偏食等不良习惯。

儿童常备药

儿童常备药是居家的重要一部分，换言之，一个家庭应该有各种给宝宝应急的药物，帮助宝宝从疾病中摆脱出来，或是阻止疾病加重。家庭常备药物有哪些呢？

1. 感冒

新生宝宝是最容易感冒的，一不小心就开始流鼻涕了。不严重的感冒家长是没有必要带孩子去看医生的，普通的药物就可以解决。银翘解毒丸和感冒颗粒是家居必备。

银翘解毒丸属于纯中药制剂，效果很不错，但是味道不怎么样，给宝宝喂药的时候会要辛苦一些。感冒颗粒也属于中药，味道是甜的，相对来说好喂一些。这两种药物各有所长，细心的妈妈应该仔细看说明书。

2. 咳嗽

感冒往往伴随咳嗽，这时候家里应该备有小儿益气贴，能够促进气管炎和肺炎的回复。同时小儿咳喘口服液也对发热有很好的效果。

3. 发热

如果发热不是很严重，直接在家里退热就可以了。小儿退热栓效果虽慢，但是没有副作用，只要宝宝的体温不超过 38.5℃，都可以使用。百服宁效果比退热栓好，39℃的高热都可以使用，但是副作用比较大，家里应该随时准备但是能不用就尽量不用。如果宝宝发热不是很严重，先多喝点儿温开水，退热药不一定要吃。

4. 湿疹

湿疹是很常见的小儿皮肤疾病，炉甘石洗剂和尤卓尔应该常备。轻微的湿疹（皮肤没有破损），可以用炉甘石洗剂清洗，尤卓尔效果不错，但是有副作用。

宝宝湿疹和过敏有一定的关系，容易患湿疹的宝宝皮肤一般都比较敏感，建议少吃糖果、鸡蛋清、鱼虾等食物。

5. 腹泻

启脾丸是常用的止泻药。启脾丸是纯中药的，副作用小一些。

6. 便秘

牛黄上清片是常用的排毒通便药物，开塞露也能够帮助排泄。如果便秘的同时腹胀也严重，可以先吃健胃消食片。

儿童生长痛

医学界普遍认为，生长痛的发生是由于孩子在发育过程中，骨骼的生长速度较快、而肌肉和韧带的生长速度相对较慢，快慢不均导致肌肉和韧带被牵扯而引起疼痛。而不像很多父母认为是缺钙的缘故。

生长痛多发的年龄段是在临床床实践中，3~6 岁及 8~12 岁的孩子发生生长痛的情况较多见，其中尤以 3~6 岁居多。但其他年龄段的孩子也会在一定程度上出现生长痛。

儿童生长痛的症状主要有：

（1）多为下肢疼痛。生长痛最常见的发生部位在膝、小腿和大腿的前面，偶尔会在腹股沟区，疼痛一般在关节以外的地方。典型的是双侧疼痛，也有一侧疼痛的。

（2）多为肌肉性疼痛。生长痛主要是肌肉疼痛，而不是关节或骨骼的疼痛。疼痛的部位也不会有红肿或发热的现象。

（3）疼痛多发于夜间。生长痛最大的特点就是几乎都在晚上发生。难道孩子白天就不会感到疼痛？其实并非如此。白天时由于孩子的活动量比较大，就算感到不舒服，孩子也可能因为专注于其他事物而不易察觉。等到夜里身心都已放松下来，准备要好好休息时，“疼痛”的症状就会让孩子感到特别不舒服，甚至难以忍受。

生长痛就是这样一种有点儿神秘的疼痛，它与季节无关，与性别无关，与身高体重都无关，是在特殊年龄段才会出现的生理性疼痛。有些父母可能会认为，男孩子比女孩子更容易出现生长痛，可能的原因是：男孩子比女孩子白天的活动更剧烈，所以夜晚出现疼痛的情况更多一些，而不是由单纯的性别因素导致的。那些白天经常跑跑跳跳、喜爱运动的女孩子，比那些性格较安静、不爱运动的男孩子，会更容易出现生长痛。

盲目补钙是不少父母容易走入的误区。生长痛与是否缺钙并没有直接联系，而是与孩子白天活动较多，参与的运动比较剧烈有关。一般来说，让孩子白天减少运动量，尽量避免过于剧烈的活动，夜间腿部出现疼痛的可能性就会降低。

有些父母采用给孩子按摩疼痛部位的方法，也会在一定程度上起到缓解疼痛的作用，但是不可能完全改善。

小贴士

如果持续疼痛应该及时带孩子就医

有些家长往往把一些其他疾病引起的腿疼当成生长痛，以至耽误了治疗。生长痛多半儿是断断续续的，如果孩子的疼痛持续1个月以上，就很有可能是其他疾病造成的。当疼痛持续时间过长，家长不能辨明疼痛原因，应该立即就医接受进一步的检查。

儿童疾病

儿童麻疹

儿童麻疹是一种极容易传染的疾病，通过感染直接接触或由患者呼出的含菌空气而传播，虽然实施防疫注射已大为降低发病率及其并发病，但麻疹仍然是世界上最常见的疾病之一。多数患者会完全康复，但有时病情会极其严重。

症状主要表现为耳后首先出现褐红色的点状皮疹，稍微凸起，到病发第4天左右，呈斑片状，并蔓延至全身。出疹前1～2天体温上升。皮疹出现前1～4天开始有干咳。在出疹前数天内眼睛可能红痛，或眼皮重垂。在出疹前2天及出疹期间，患童可能感觉很不舒服。出疹前一天，两颊内黏膜上出现一些这些小白点被称为柯普力克氏斑，这种斑点是麻疹病发的特殊征兆。潜伏期一般为 12 天，但也可在 8 ~ 15 天之间的。皮疹初次出现后 5 ~ 7 天痊愈。多由病毒感染引起，常并发肺炎、中耳炎、脑炎，这是少见的并发病，约 1000 个患者中只有一个病例。大多数脑炎患者都可康复，但脑部可能有永久性的损伤。应该让患童卧床休息，喝大量冷饮料以降低体温。患童只要能喝大量液体，食欲不振也没有什么关系。必要时，按照医生的指示给患童服退热药片。患童发热及不适时，让他安静下来休息。检查耳朵与肺部，诊断有无中耳炎或肺炎等并发病。如果有并发病，可能要用抗生素治疗。但是抗生素不能治疗麻疹。接受防疫注射是最有效的预防措施，约对 95% 的人都有效。虽然防疫注射像麻疹一样，偶尔可能引起严重并发病，但实施防疫注射计划已降低了所有的病发率，包括脑炎在内。大多数医生都主张婴儿满周岁前后就应该接受例行的防疫注射。接受防疫注射后第 8 天，可能轻微发热、喉痛、出疹、眼痛，这是常见的反应，一般不会有太大的麻烦。如果患者或其近亲中曾患过过敏症或惊厥，接受防疫注射前应先征求医生的意见。患童本身如有严重的血液病，如白血病、发热、淋巴肉芽肿、对鸡蛋或新维素过敏、正接受类固醇或同类药物治疗，如无医生的许可，均不应接受防疫注射。麻疹患者通常以可完全康复。

儿童水痘

水痘由水痘带状疱疹病毒所引起的急性呼吸道传染病。本病发病急、传染性很强，潜伏期 10~21 天，多见于儿童，易感儿童接触后 90% 发病，全年均可发生，尤其以冬春季为多。

1. 传染源

水痘患者为主要传染源，自水痘出疹前 1 ~ 2 天至皮疹干燥结痂时，均有传染性。

2. 传播途径

（1） 主要通过呼吸道飞沫传播。

（2）也可通过直接接触、唾液污染食具和玩具等途径传播。

3. 症状

发病前症状：轻微发热、不适、食欲欠佳。

发病期症状：出现头痛、发热、全身不适、呼吸道症状，1 ~ 2 日后才出现皮疹。

皮疹有以下特点：先见于躯干、头部，然后扩展至全身。皮疹发展迅速，常呈椭圆形，初起为红色小丘疹，数小时后变成绿豆大小的水疱，周围绕以红晕。水疱初呈清澈的水珠状，壁薄易破，伴有瘙痒，但不是很重。经 2 ~ 3 天而干燥结痂，以后痂脱而愈，不留瘢痕。若水疱抓破后继发细菌感染，可发生皮肤坏疽，甚至引起败血症。患者皮损平均数量为 200~500 个，严重病例可达上千个，同时伴有剧烈瘙痒，可能并发肺炎、脑炎，或留下瘢痕影响容貌。

4. 隔离期

若确诊为水痘，就要被隔离，患者至少需要隔离 2 周以上。

5. 如何预防水痘

（1）学校教室要经常开窗通风，保持室内空气新鲜、流通，减少病原体传播的机会。

（2）养成良好卫生习惯，做到勤洗手，勤换洗衣服，勤剪指甲，勤洗澡。

（3）积极参加体育锻炼，增强身体免疫力。

（4）尽量少到人多的公共场所。

儿童鼻窦炎

儿童鼻窦炎是耳鼻喉科的常见病，多表现为鼻流脓涕、头痛等，与一般的上呼吸道感染不容易区别，但是如果感冒一周后仍不缓解，而且黄脓涕不断，需考虑鼻窦炎。小孩因为不会擤鼻，鼻涕较多时还可经鼻腔后部流到口腔内引起咳嗽。由于小儿有很多同时合并腺样体肥大等疾病，也更容易患上呼吸道感染，故鼻窦炎容易反复发作。额窦和蝶窦一般在 2~3 岁后才开始发育，故受累较迟。

1. 疾病病因

（1）儿童鼻窦窦口相对较大，感冒易经窦口侵入鼻窦；且鼻腔及鼻道狭窄，通气和引流不通畅。

（2）自身抗病能力及对外界的适应能力均较差，易患感冒，上呼吸道感染和急性传染病（如麻疹、百日咳、猩红热和流行性感冒等）。

（3）扁桃体肿大或腺样体肥大影响正常呼吸。

（4）先天性免疫机能不全或特应性体质，如哮喘、过敏性鼻炎等，小孩的过敏性鼻炎约有 65% 会并发鼻窦炎。

（5）在不清洁水中游泳或跳水。

（6）鼻腔异物、鼻外伤而继发感染。

2. 如何预防

（1）及时治疗感冒，当有反复扁桃体炎发作时应彻底治疗。

（2）早晨可用冷水洗脸，可以有效增强鼻腔黏膜的抗病能力。

（3）平时可常做鼻部按摩。

（4）注意擤涕方法。鼻塞多涕者，宜按塞一侧鼻孔，稍稍用力外擤。之后交替而擤。鼻涕过浓时以盐水洗鼻，避免伤及鼻黏膜。

（5）在感冒流行期间，外出戴口罩，避免公众集会，尽量少去公共场所，对发病者做好隔离工作，对污染的室内可用白醋熏蒸进行空气消毒。

儿童遗尿

儿童不比婴儿，对于自身遗尿感觉不好意思，所以，医生从治疗起就要以关心爱护的态度，向患儿及其父母说明治疗的目的、方法及注意事项，以取得家长的密切配合。同时注意消除紧张、恐惧的情绪，可采取如下措施：

（1）调整饮食。每天下午 4 点后，让小儿少饮水，晚饭最好少吃流质，宜偏咸偏干些，临睡前不要喝水（夏天除外），不宜吃西瓜、桔干、生梨等水果及牛奶，以减少夜里膀胱的贮尿量。

（2）建立合理的生活制度。使小儿的生活、饮食起居有规律，避免过度疲劳及精神紧张，最好能坚持睡午觉，以免夜间睡得太熟，不易被妈妈唤醒。

（3）临睡前不宜过分兴奋。养成按时睡眠的习惯，睡前不要让小儿进行剧烈活动，也不可看惊险的影视片，以免使小儿过度兴奋。

（4）临上床前把小便排干净。养成每天睡前排干净尿的习惯。把膀胱里的尿液排空。有条件的家庭，尽可能在临睡之前给孩子洗个澡，使其能舒适入睡、减少尿床的产生。

（5）更换尿湿的被褥和衣裤。睡觉的被褥要干净、暖和，尿湿之后及时更换，不要让小儿睡在潮湿的被褥里，潮湿的被褥会使孩子更易尿床。

（6）行为治疗。遗尿可使小儿害羞、焦虑、恐惧及畏缩，妈妈不可不顾及他们的自尊心，采用打骂、威胁等惩罚的手段。这样只会使小儿感到更加委屈和忧郁，更加重心理负担，遗尿症状不会减轻，反会加重。遗尿症者只能在安慰、鼓励的情况下进行治疗，这一点甚为重要，是治疗成败的先决条件。设置日程表、从治疗第一天起设置日程表，每天进行记录（可使用日历）。当小儿尿床时，努力寻找可能导致尿床的因素。并记录在日程表上。如未按时睡眠，睡前过于兴奋，白天过于激动及晚餐中液体摄入量太多等；当小儿没有尿床时，把一颗星星画在日程表上，并予口头表扬或物质奖励。

（7）建立条件反射。从治疗开始起，要求尽量在小儿夜晚经常尿床的时间，提前半小时用闹钟将小儿唤醒，起床排尿，使唤醒小儿的铃声与膀胱充盈的刺激同时呈现，经过一段时间的训练，条件反射建立，小儿能够被膀胱充盈的刺激唤醒，达到自行控制排尿的目的。此外，鼓励小儿自己去厕所排尿，使他们在清醒的情况下把尿排泄干净。

呼吸道感染

正常学龄前儿童每年有 4~5 次感冒属正常现象，但有些孩子几乎每个月都感冒，或多次患肺炎，这类患儿应考虑是反复呼吸道感染。我国制定的标准是，学龄前儿童每年患上呼吸道感染 6 次，患下呼吸道感染 2 次，即可诊断为反复呼吸道感染。

此病对孩子的身体危害较大，多次发病，呼吸道黏膜破坏，修复瘢痕化，往往病变发展成不可逆的慢性咽炎、慢性扁桃体炎、慢性鼻窦炎、慢性支气管炎，甚至支气管扩张。慢性病灶亦可在抵抗力降低时，感染扩散引起败血症、脑膜炎、骨髓炎，或诱发肾炎、风湿病等。反复感染可造成患儿营养不良状态，加之长期服用抗生素或其他药物，孩子食欲极差，营养得不到充分供应，长期消耗又使蛋白质呈负平衡，体重下降，生长发育迟缓。

反复呼吸道感染最直接的原因是由于机体抵抗力下降所造成，而反复感染又损伤小儿免疫系统，引起继发性免疫功能低下，感染与免疫功能低下之间形成恶性循环，难以治愈。

治疗时首先明确导致反复呼吸道感染的病因，如营养不良、护理不当、严重疾病恢复期，其中最重要的是要进行免疫功能检查，以排除先天性免疫缺陷病引起的反复感染。用药应根据病情或既往用药史，正确选择抗生素，一般连服 3 天，如病情不好，方可考虑换药，切忌频繁换药，而起不到治疗作用，反而产生抗药性，疗程 7~10 天。对那些慢性病灶，如化脓性扁桃体炎或鼻窦炎，可考虑进行扁桃体摘除或鼻窦手术。治疗上还可选用增加抵抗力的药物，一般疗程需 2 个月以上。加强户外活动，增加适应外界环境及气候变化的能力，加强护理，科学调配饮食。

家庭宠物篇

宠物狗

狗的选购

沙皮犬

沙皮犬产地为中国南海，有专家认为，这个犬种最早出现在中国的汉代。沙皮犬活泼好动，需要适量运动，加上鼻道较短，剧烈运动易低氧，因此最好清晨或黄昏带出户外散步。该犬皮肤皱褶较多，易藏污垢和导致细菌滋生，故特别应注意日常的清洁卫生，否则易患疥癣和皮肤病。夏天宜每周洗澡两次，秋季每周一次。该犬不宜饲喂过量食物，以免过肥而影响健康。

沙皮犬的选购提示：

（1）身高和体重应符合标准，过高过矮、过轻过重的都不应列选。

（2）头部要较方较大，有些像河马头的形状。

（3）吻部要较肥厚，呈圆筒状。舌部要呈浅蓝色，面部有较多皱纹。

（4）耳朵要较小而薄，略向下垂，并向前覆盖耳孔。耳缘较曲，耳尖稍圆，并指向双眼。耳距较宽，有运动能力。

（5）眼睛一般呈三角形，较小。若呈杏形而深陷于眼窝内，一般为深色。体色较浅的，眼的颜色也可较浅。

（6）颈部一般较粗，胸应深宽，背平直，腹不收藏，体躯呈圆筒形。

（7）鼻宜大而宽，黑色。若体色较浅，鼻色也允许相应较浅，与其体色相协调。

（8）尾根位置较低，根粗而端细，似辣椒形状，平时保持下垂状态，兴奋时即上翘，时而卷曲于背的一侧。

（9）四肢粗壮而有力，但骨骼稍纤细，肌肉发达，后侧有长毛，前肢直立，间距较宽，指（趾）分开，似虎趾状。

（10）皮肤不同于一般犬种，其头及肩部的皮肤皱褶多于后体，厚而松弛，富于弹性。幼犬皱褶尤多，随着年龄长大而逐步减少，成年以后，仅头部、面部以及前躯仍保持较多皱褶，后体逐渐平满。

（11）毛应短而粗硬，不倒伏。以颈部和胸部饰毛丰满的为正常。

（12）毛色允许多样，可有单色和花斑，只要看上去顺眼协调，即为合格。

杜宾犬

杜宾犬的原产地是德国，又称笃宾犬或杜伯文犬。杜宾犬外观为中等大小，身躯呈正方形。身体结构紧凑，肌肉发达而有力，具有极大的耐力和速度。相貌文雅，态度自信，显示出其高贵的气质。杜宾犬是军警两用的犬只，它的表现是非常优秀的，不但勇敢而且反应机灵敏捷，做事认真，决定果断，表现有些凶猛。

杜宾犬的选购提示：

（1）身型为正方形；强健、有力量，全身紧凑，肌肉结实且拥有绝对的耐力及速度；优雅的相貌、自信的神态，显示出其高贵、稳定的气质；是集精神、警惕、坚决、机警、勇敢、忠诚和服从为一体的中型犬。

（2）头部长型且干燥，从前沿或外侧看上去像一木楔。当从正前方看时，由嘴部逐渐变宽形成完整的直线直至耳根部。眼睛呈杏仁形，适当的凹陷，显示出精力充沛、旺盛的眼神。眼睛的颜色一致，黑颜色犬的眼睛颜色从中度到极度的深褐色，其他颜色犬（红、蓝、浅黄褐色）眼睛的颜色应靠近身体上标记的颜色。无论各种颜色犬，眼睛颜色愈深为佳。耳朵通常需剪耳，应直立且平行；在双耳直立时整个耳朵的上端应位于头骨顶部。肌肉使脸颊看上去平坦，黑色犬拥有黑色的鼻镜；红色犬拥有深褐色的鼻镜；蓝色犬拥有深灰色的鼻镜；深茶色鼻镜只有浅黄褐色犬才有。 嘴唇横向紧贴口吻，口吻部完整，饱满，有力。长露的牙齿洁白坚固。共有 42 颗牙齿，其中上牙齿 22 颗。下牙齿 20 颗。上门齿与下门齿呈剪式接触咬合。失格缺陷：上颚突出（天包地）超过 3/16 英寸；下颚突出（地包天）超过 1/8 英寸；缺 4 颗或 4 颗以上牙齿。

（3）脖颈昂立、干燥有肌肉感。脖颈部分微弓逐渐变宽与身躯连接，脖颈与身躯、头部的长度比例相称。

（4）背部短而结实且有一定宽度，腰部强健有力，从马肩隆略斜成直线逐渐延伸至臀部。胸腔宽阔，前胸隆起适中，两肋由脊骨略隆向下变平收止肘位，前胸向下深至肘位。腹部略收紧，从胸部至后腹部形成一条曲线；腰舒展且有肌肉感。臀部宽厚与身躯成比例适当，臀部的宽度等于肋宽和肩宽。肩胛骨向前下倾斜与水平成 45 度，与上臂成 90 度角相连。肩胛骨与上臂长度相等，从肘至马肩隆与地面至肘的高度相等。

（5）前肢肘到腕部分从正面或侧面看笔直、平行且有力，骨量饱满，肘部在站立以及行走时紧贴胸部。腕部结实与地面垂直，狼趾应去除。脚似猫爪紧凑、适度弓起。不向内或外翻。后腿及臀部所具有的角度与前躯平衡。臀骨对比脊椎骨向后下斜大约30度角，使臀部向外略翘成圆形。大腿骨与臀骨角度适当约90度。大腿部长且宽厚富有明显的肌肉感；大腿骨与胫骨长度相当。当犬在静止状态时，跗关节至足跟与地面垂直。

（6）平坦粗硬短毛，外毛紧贴皮肤。脖颈上不外露的灰黄毛是允许的。承认颜色：黑、红、蓝、浅黄褐色（伊莎贝拉棕）。斑纹：铁锈色。具体分布在眼上眉处、口吻、脖下咽喉、前胸、四肢的腿、脚及尾下。前胸白色斑纹不大于1/2平方英寸是允许的。毛色：黑色、红色、蓝色、伊莎贝拉棕。

（7）步态舒展、协调、精力充沛，前肢向前迈出步幅好且落地稳健，后躯拥有良好驱动力；速步时后腿为主导强劲有力。每条后腿与前腿移动方向一致，既不内斜，也不外撇。背部保持稳定，结实有力。奔跑时，训练有素的犬跑动呈直线。

小贴士

杜宾犬舔破皮肤容易不再繁殖

杜宾犬经常出现的一种皮肤炎为嗜舔性皮肤炎，这种病连兽医都没有办法。在饲主还没来得及发现之前，杜宾犬可能已经持续不断地在脚上某一点，将皮肤舔破而露出肉来，为何它会这样舔伤自己，病因至今还不清楚，虽然有许多说法，但无法肯定哪种说法为真正的原因。研究指出，是犬的某些神经系统发育不完全而引起的，还有一种说法则是认为此病是一种冲动行为反应而导致的结果。患有嗜舔性皮肤炎的杜宾犬，公犬约是母犬的两倍，在诊断这些患病犬时必须很小心，因为有些患病犬可能是因另患有其他疾病而引起的，通常要做切片检查、细菌培养，甚至要照X光，患此病的杜宾犬，以及其父母犬、兄弟姊妹犬都不可以再用做繁殖种犬。

腊肠犬

腊肠犬也称猪獾犬，是一种专门用作捕捉狭洞内野兽的猎犬，由于它四肢短小，整个身躯就像一条腊肠一样，故名腊肠犬，产于德国，1840年德国成立了第一个腊肠犬俱乐部。起初的腊肠犬是短毛型，后培育出长毛和刚毛品种。腊肠犬表情丰富，精力旺盛，虽四肢短小，但动作敏捷、滑稽，嗅觉十分灵敏。无论是作为猎犬或伴侣犬，它都越来越受到欢迎，我国已引进。

腊肠犬的选购提示：

（1）头长，向鼻端逐渐变细，呈楔形，眼呈椭圆形，黄褐色。耳根接近头顶部，耳宽下垂。颈长而多肌肉。躯干长，肌肉发达，背腰呈水平状。前肢短，前臂骨稍向内侧弯曲，后肢肌肉发达，粗壮，并略张开。胸深，前胸骨突出而宽阔，腰部稍呈拱状，腰幅宽。尾根高位，强而有力，尾梢渐细，无明显弯曲。

（2）表情丰富，精力旺盛，虽四肢短小，但动作敏捷、滑稽。嗅觉十分灵敏。无论是作为猎犬或伴侣犬，它都越来越受到欢迎，我国已引进。体高：标准型为35厘米左右，小型不应超过20厘米；体重：标准型不超过11千克，小型不超过5千克。产仔数2~8只，平均4只。

（3）短毛腊肠犬被毛平滑、贴身、密生，颜色可以是除白色外的任何色，但常是二色间杂呈斑纹状，胸部不应有白斑。长毛型被毛长丝状，似绸缎，光滑，稍呈波浪式。刚毛型被毛粗硬、稠密、贴身。

吉娃娃

吉娃娃属小型犬种里的最小型，优雅，警惕，动作迅速，以匀称的体格和娇小的体型广受人们的喜爱。吉娃娃犬不仅是可爱的小型玩具犬，同时也具备大型犬的狩猎与防范本能，具有类似梗类犬的气质。此犬分为长毛种和短毛种。这种狗体型娇小，对其他狗不胆怯，十分勇敢，能在大犬面前自卫，对主人极有独占心。短毛种和长毛种不同之处在于富有光泽，贴身，柔顺的短被毛。长毛种的吉娃娃除了背毛丰厚外，像短毛种一样具有发抖的倾向，颇畏寒，不宜养于室外犬舍，冬天外出需加外衣御寒。吉娃娃身材小，对生活空间的要求不高，基本上像一般住所的空间就够让它们去玩耍了。它们每天的运动量也不多，也不用经常花费时间带它出去玩。吉娃娃每天都能够待在家里，非常适宜被现在居住在公寓里面的人们所饲养。

吉娃娃的选购提示：

（1）活泼好动、反应灵活、双眼明亮有神、行走正常，无跛行之现象。

（2）被毛光泽、颜色自然、色素饱满、无脱毛现象。短毛吉娃娃被毛服帖，长毛吉娃娃娃被毛蓬松。

（3）尽量选择肥壮之幼犬，放在手掌上有沉甸壮实感。

（4）双眼有神、无眼屎、不流泪、角膜清晰明亮、不混浊、双眼球色泽一致；耳郭无脱毛、皮屑及溃烂的现象发生、耳道内无污垢、臭味；鼻头微湿润、无鼻涕、鼻镜冰凉；上下唇闭合良好、口腔黏膜呈粉红色、无臭味、不流涎、牙齿洁白、嘴角被毛颜色正常、无红褐色氧化污渍；下额淋巴结不肿大、轻抚气管不咳嗽。

（5）背部平直，乳头 4 ~ 6 对，并左右对称、乳头明显而突出（不内凹），睾丸两颗，无单睾或隐睾之现象，肛门周围被毛干净、肛门不红肿，被毛颜色正常。

（6）尾巴方面，短毛种属扁尾型，自然上翘；长毛种饰毛较长、呈流苏状、自然垂下、无红疹脱毛稀疏状、不自咬尾巴。

（7）四肢平直、无 X 或 O 形腿，皮肤红润、无红疹、无伤口结痂。

（8）排泄物：大便成条、颜色为棕褐色、无寄生虫于其中、小便清亮、不混浊。

喜乐蒂牧羊犬

喜乐蒂也称谢德兰牧羊犬，身材匀称、漂亮。喜乐蒂祖先是牧羊犬品种，能成为优秀的家庭犬及机灵的警卫犬。喜乐蒂牧羊犬具有惊人的智慧与学习能力。同时也保留其祖先许多艰苦耐劳的特征，对主人忠实，感情深厚，对陌生人有戒心，是优良的家庭守门犬。

喜乐蒂牧羊犬的选购提示：

（1）头盖平坦，头如楔形，吻不尖，鼻色黑，门齿剪状咬合。

（2）耳小、眼小，两者皆为深栗褐色。

（3）胸深而背部结实，具有狮形背。

（4）四肢直而强劲有力，脚呈卵圆形，跗关节较低。

（5）尾根位置低，尾部长毛如旗状，平时下垂，兴奋时能上扬。

（6）有双层被毛：上层毛长而粗；下层毛柔软而细密，胸部、颈部饰毛丰厚。

（7）毛色应淡黄、黑白、蓝灰和黑、灰、白三色混合。

（8）善于奔跑，步态轻盈，灵活、敏捷而自如。

小贴士

喜乐蒂牧羊犬与苏格兰牧羊犬的区别

喜乐蒂牧羊犬与苏牧在外形上有相似之处，很多人无法将其进行区别，下面介绍一下二者的区别：

（1）两三周大的喜乐蒂在幼犬时期耳朵已呈直立或半立，而两三周大的苏格兰牧羊犬在幼犬时期耳朵是全塌在头上的。

（2）喜乐蒂看起来要机灵点，有明显的额段，而苏格兰的额看起来较平坦；喜乐蒂嘴较细尖，苏格兰较粗犷，这是相对而言的；骨架方面，喜乐蒂较小，苏格兰粗大；叫声方面，喜乐蒂较细嫩，苏格兰较洪亮；喜乐蒂和苏格兰都长到两三个月的时候各自的体型已有明显区别，三月龄时的苏格兰幼犬已和喜乐蒂成犬差不多大了。苏牧是大型犬（成犬高60厘米左右），喜乐蒂是中型犬（30多厘米），另外，喜乐蒂幼犬眼睛已经呈杏仁状，而苏牧的眼睛几乎还是个三角形。

德国牧羊犬

德国牧羊犬的性格坚强，自信，神经稳定，绝不胆怯，在没有刺激的情况下表现得很温顺；警惕而且容易驯服。德国牧羊犬必须勇敢、坚韧、有较强的攻击性，在世界各地担任各种不同的工作，曾任警卫犬、搜查犬、导盲犬、牧羊犬等。同时还是极受欢迎的家庭犬，对饲养者忠诚，可与其建立亲密关系。饲养者必须对德国牧羊犬精心注意，该犬无论在精神上还是在体力上都属非常有活动性的动物。

德国牧羊犬的选购提示：

（1）德国牧羊犬的选购时期，应在幼犬出生后40天最为合适。因为德国牧羊犬出生后40天，其体型已发育到和成年德国牧羊犬差不多，已不再会有大的变化了，所以一般都应在德国牧羊犬出生后40天去选定和预购。

（2）被选中的德国牧羊犬，应该是身体健康、活泼兴奋、天真大方、食欲旺盛、无眼屎、不消瘦、鼻垫湿润而凉快，被毛紧贴身、光泽柔顺、两眼有神、生气勃勃、行动灵敏自如的幼犬。

（3）德国牧羊犬的性格，要求勇猛、机警、好斗、自信心强、见生人不胆怯，有良好的神经类型等。

（4）选择德国牧羊犬和测试德国牧羊犬性格时，可观察它见生人是否惧怕，能不能自觉地和人一起游戏，对发出的声响或摇动手帕时，它会不会敏锐地作出反应，投掷物件给它的，会不会很感兴趣，有没有渴求与人嬉戏的表现以及与其他犬共同嬉戏的兴趣。

（5）按照德国牧羊犬应有的标准来检查犬的体型的各个部分，首先是肩高与体长的比例，是否为 8 ∶ 10 左右。公德国牧羊犬的身材，可以稍长一些。

（6）公德国牧羊犬肩高应在 62 厘米左右，母德国牧羊犬肩高应在 58 厘米左右；公德国牧羊犬体重应在 35~40 千克之间，母德国牧羊犬体重应在 29~32 千克之间。

（7）德国牧羊犬典型的毛色为黑背黄腹，前胸有的有白斑，一般多为黑褐色，狼灰色德国牧羊犬也有，但很少；口吻周围以黑色的为佳，人们大多偏爱黑褐色犬，其实狼灰色德国牧羊犬在烈日下作业耐力最好。

（8）德国牧羊犬眼睛的颜色以深浓的为上品，眼形以杏仁形为好，耳朵以直立的为优，尾巴以马刀式下垂的符合要求；尾巴上举的高度不应超过背水平线。

（9）德国牧羊犬头要求楔形，既上宽下窄而较长。公德国牧羊犬口吻要宽大，不宜过于细长。门齿要上颌门齿轻盖下颌门齿前端的 1/3，似剪刀状紧密接触，上颌门齿与下颌门齿之间空隙很小。

（10）德国牧羊犬胸深要达到肘部，膝盖部稍曲，腹部稍收，公德国牧羊犬睾丸要看得见，不应是隐睾丸或单睾丸。

（11）德国牧羊犬四肢应较健壮，步态要稳妥自如。挑选时应让犬走动，如跑了几步后，后肢就合并在一起跳跃，即可能有伤。

狗的美容

狗洗澡

狗的皮脂腺分泌物有一种难闻的气味，而且还会沾上污秽物使被毛缠结，发出阵阵臭味。如果不给狗洗澡，就容易招致病原微生物和寄生虫的侵袭而生病。因此，必须给狗洗澡，保持皮肤的清洁卫生，有利于狗的健康。

狗自己用舌舔被毛是狗自我清洁的一种本能，但这对狗的清洁还远远不够，必须给他洗澡。通常，家养狗每月洗 1 次，气温高且潮湿的南方，可以 1~2 周洗 1 次。

幼犬由于抵抗力较弱，易因洗澡受凉而发生呼吸道感染、感冒和肺炎。因此半岁以内的幼犬不宜水浴，干洗为宜，每天或隔天喷洒稀释 1000 倍以上的护发素和婴儿爽身粉，频繁梳刷，即可代替水洗。

仔犬怕洗澡，因此，要做好仔犬第一次洗澡的训练工作，用脸盆装满温水，把仔犬放入盆内，露出头和脖子，这样会使狗感到舒服，以后也就不会不愿洗澡了。

正确的入浴方法如下：狗头向你的左侧站立，左手挡住狗头部下方到胸前部位，固定好犬体。右手置于浴盆中，用温水按臀部、背部、腹背、后肢、肩部、前肢的顺序轻轻淋湿，涂上洗发精（最好是宠物香波），轻轻揉搓后，用梳子很快梳洗，在冲洗前用手指按压肛门两侧，把肛门腺的分泌物挤出来。用左手或右手从下腭部向上将两耳遮住，用清水轻轻地从头顶往下冲洗，注意防止水流入耳朵，然后由前往后将体躯各部用清水冲洗干净，并立即用毛巾包住头部，将水擦干。长毛犬可用吹风机吹干，在吹风的同时，要不断地梳毛，只要犬身未干，就应一直梳到毛干为止。

此外，给狗洗澡还应该注意以下几点：

（1）洗澡前一定要先梳理被毛，这样既可使缠结在一起的毛梳开，防止被毛缠结更加严重；也可把大块的污垢除去，便于洗净。尤其是口周围、耳后、腋下、股内侧、趾尖等处，狗最不愿让人梳理的部位更要梳理干净。梳理时，为了减少和避免狗的疼痛感，可一手握住毛根部，另一只手梳理。

（2）洗澡水的温度不宜过高过低，一般春天为 36~37℃为宜。

（3）洗澡时一定要防止将洗发剂流到狗眼睛或耳朵里。冲水时要彻底，不要使肥皂沫或洗发剂滞留在狗身上，以防刺激皮肤而引起皮肤炎。

（4）给狗洗澡应在上午或中午进行，不要在空气湿度大或阴雨天时洗澡。洗后应立即用吹风机吹干或用毛巾擦干。切忌将洗澡后的狗放在太阳光下晒干。

狗护毛

有人为了使犬毛有光泽、漂亮，用海藻或让犬只喝少量的醋，有的人用蛋白涂抹犬毛等，这些方法都不好。如用蛋白来涂抹约克夏或马尔济斯犬的毛，一旦干燥后，毛就会分叉、断裂，反而要损伤毛质、损伤毛根，使毛色更加暗淡，有时还会引起皮炎或皮肤病。

要想使犬毛有光泽、美观，可以每天给犬只多喂些富含蛋白质的饲料（含有维生素 E、维生素 D 的添加剂和海藻类食物、蔬菜等）：如瘦肉、煮熟的蛋黄、植物油等，少喂富含糖分、盐分、淀粉等食物。肥胖而脂肪堆积的犬只，一般毛质都比较差。

同时，要给犬只多作日光浴，多吸收紫外线，并且经常运动，以促进其血液循环，使其长出健康的毛发。

要保护犬毛，每天要替它梳毛，如有条件，最好给它涂上薄薄的一层护毛油。要使毛色光亮，还要注意不要让犬进入卧室，应该饲养在较寒冷的场所。

动物专家认为，要想很好地帮助狗护毛，需要注意以下几个方面：

1. 食疗养护

首先，我们要了解什么营养能够对改善狗狗的毛质有所帮助。

充足的蛋白质能够保障狗狗毛发的生长质量，让毛发生长更结实，还可以改善毛发分叉。尤其对于长毛狗来说，蛋白质充足就更不容易出现断毛；维生素 E 具有抗衰老、抗氧化的作用，能提高机体免疫力，保护细胞膜的完整与功能，维护皮毛的健康；维生素 D 是骨骼正常钙化主要物质，它能促进肠道对钙磷的吸收，帮助皮毛吸收和分解养分；脂肪是保证狗狗皮毛光亮的主要物质，还能够帮助它吸收其他营养。缺乏脂肪会令狗狗皮肤发痒，皮屑增多，皮毛粗糙干燥。

为此，我们要给狗准备专业犬粮，专业犬粮采用犬营养专家制订的配方，确定有效地照顾到狗狗身份各方面的需求，微量元素和脂肪含量的平衡能够帮助你轻轻地为它补充营养。另外，适当补充微量元素的食物：海藻类、蔬菜等都是富含微量元素的食物，不过，除非你的狗狗表现出严重的微量元素缺乏症状，否则基本上不需要特别补充。

2. 季节养护

春秋换季时候是狗狗脱毛的季节，这两个季节中，尤其要加强对它被毛的护理。

清理死毛：春秋季狗狗换毛，会产生大量死毛，如果不及时清理，不光不卫生，更会造成严重的擀毡，再清理起来就麻烦了。

补充营养：一年两次重新长毛的机会，一定要为狗狗保证充足的营养。

冬天的狗狗会根据周围温度来调整自身的毛量，所以很多专业人士都会在冬天特别将它们养在户外，以求寒冷的温度能够刺激它们的被毛生长，就是传说中的憋毛。对于一般宠物狗来说，天寒地冻的吃苦受罪只为了让毛长得更茂盛，实在是有点得不偿失。万一运气不好再得上肺炎什么的，就更是赔了夫人又折兵。

3. 勤加照料

梳毛是狗狗被毛日常养护中最重要的一个环节。

（1）经常梳毛的好处

要经常给狗梳理被毛，这样不仅可除去脱落的被毛污垢和灰尘，防止被毛缠结，而且还可促进血液循环，增强皮肤抵抗力，解除疲劳。

（2）梳理被毛的方法

梳毛的时间，早晚各梳毛 1 次，每日梳毛 5 分钟。由颈部开始，自前向后，由上而下依次施行，先从颈部到肩部，然后背、胸、腰、腹、后躯，再梳头部，最后是四肢和尾部，梳完一侧再梳另一侧。

（3）梳毛的手法

梳毛应顺毛的生长方向快速梳拉。有些人在给长毛犬梳毛时，只梳表面的长毛而忽略了下面的底毛（茸毛）的梳理。犬的底毛，细软而绵密，长期不梳理，易形成缠结，甚至会引起湿疹、皮癣或其他皮肤病。在为长毛犬梳理时，应一层一层地梳，即把长毛翻起，然后对其底毛进行梳理。

（4）不同狗种的梳理方法也不同

a. 短毛狗种的梳理

先按逆毛方向把毛梳起来，把其中的脏物弄松，再顺着毛的方梳一遍，把脏物梳下来。用热毛巾擦净灰尘，用干毛巾揩去水分。

b. 长毛狗种的梳理

长毛狗的体毛容易裹上灰尘、发生断毛或结成毛结，尤其是软毛较多的部分，如耳下侧，下颌至脖子周围、身体内侧及腋下、尾根等。

（5）选择梳子

梳子分为鬃梳、排梳和针梳等。需要视狗毛的质地来选用相应的梳子。

a. 鬃梳只能使用长毛的末端蓬松，却梳不到底层的绒毛。

b. 排梳用于梳理乱毛或去除脱毛。

c. 针梳专供长毛狗梳理用，齿较密，能够较好地对付浓密的绒毛。

（6）梳毛时的注意事项

a. 梳毛时应使用专门的器具，不要用人用的梳子和刷子。排梳的用法是用手握住梳背，以手腕柔和摆动，横向梳理，粗目、中目、细目的梳子交替使用。针梳的齿目多，梳理时一手将手提起，梳好后再梳另一部分。

b. 梳毛时动作柔和细致，不能粗暴蛮干，否则狗会疼痛，梳理敏感部位（如外生殖器）附近的被毛时尤其要小心。

c. 注意观察狗的皮肤。清洁的粉红色为良好，如果呈现红色或有湿疹，则可能有寄生虫、皮肤病、过敏等问题，应及时治疗。

d. 发现蚤、虱等寄生虫，应及时使用杀虫药物治疗。

e. 狗的被毛脏污严重时，在梳毛的同时，应配合使用专用护发素和婴儿爽身粉。

f. 在梳理被毛前，若能用热水浸湿的毛巾先擦拭犬的身份，被毛会更加亮丽。

（7）开毛结。毛结是一个尴尬的话题，如果你的狗出现了毛结，只能说明你平常对它的照顾不够。如果出现了毛结，就要尽快处理，不然很容易出现更多的皮肤问题。

开毛结的方法有：

对于缠结较严重的犬，应该用梳子或钢丝刷子顺着毛的生长方向，从毛尖开始梳理，再梳到毛根部。一点点进行，不能用力梳拉，以免引起疼痛或者将毛拔掉。

如果擀毡严重，可用剪刀顺毛根的方向将毡片剪开，然后再梳理，如果仍梳不开，就只能将带毡部分剪掉。

开毛结的注意事项：

狗狗身上的毛弄湿再恢复干燥，它们就会像羊毛般缩水，这时更不可能把它们梳理开，所以毛发打结的狗狗是绝不能沾水的。

慢工出细活：处理毛结是一项非常考验耐心的工作。狗主人一定要付出十二分的耐心对付，只要有耐心一定可以打开毛结。

如果狗狗打结的地方不止一处，或者打结太严重，整理时时间不能过长。每次梳毛不超过 10 分钟，适度休息和鼓励，有利于打消狗狗挣扎的念头。

4. 日光浴和充足的运动

日光浴对狗狗的毛发生长绝对有利。适量的紫外线照射可以杀有害细菌，再加上充足的运动，更可刺激它的血液流通，从而帮助它长出健康的被毛。有很多情况都会对狗狗的被毛产生不利的影响，一定要杜绝。

（1）用蛋白质擦毛。一直有一种说法，用蛋白质涂抹狗会使毛发变得光亮。

其实，用蛋白质来涂抹约克夏或马尔济斯的毛，一旦干燥后，毛就会分叉断裂，反而会损害毛质、损伤毛根，使毛色更加暗淡，有时会引起皮炎等皮肤病。

（2）食物单一。很多家庭会考虑狗狗口味，只给它吃喜欢的食物。这样会造成严重的营养失调，极大程度地损害狗狗的毛质。

（3）洗澡过于频繁。频繁洗澡会将用于保护被毛和皮肤的油脂层洗掉，又可能会引起皮肤疾病，也会使毛发干燥分叉。

（4）使用人用洗发水狗。人的皮肤和狗狗的皮肤酸碱值不同，人用的浴液或洗发水并不适用于狗狗。使用人用洗发水，会严重损害狗狗的皮肤。

（5）焦虑。和人一样，过分的焦虑也会造成狗狗脱毛和毛质变差。帮助它们时刻保持快乐的心态很重要。

（6）不好的卫生习惯。不经常梳毛，不按时洗澡等不好的卫生习惯，都会损害狗狗的毛质甚至身体分健康。

（7）居住环境干燥。过于干燥的居住环境会让狗狗失去水分，造成被毛干燥，从而出现毛发粗糙，开叉等状况。

（8）皮肤病。作为最极端的情况，几乎所有皮肤病和一些内科问题都会损害狗狗的毛发质量。

小贴士

怎样去除宠物狗身上的皮屑

在正常的新陈代谢下，表皮细胞会不断生长、老化，死亡并且脱落。狗的毛发比较多，所以更容易有皮屑。怎么才能去除这些皮屑呢？

（1）给狗洗澡：帮狗洗澡，可以很好除掉皮肤上积攒的老旧皮屑。洗澡不用太积极，基本上夏天每两周洗一次，冬天每个月洗一次就差不多了，太过频繁的洗澡有可能会破坏狗毛上的油性保护层。

（2）专用洗毛香波：如果一般的洗毛精无法有效地去除皮屑，那就要选用含有多种特殊成分的专用去屑洗毛精了。

（3）护毛喷剂：如果狗狗居住的环境干燥，也可能会造成大量皮屑，不妨到宠物用品商店买一些油性的护毛喷剂。喷在毛发上后，可以有效避免狗狗毛发上的水分过度蒸发。

（4）润肤油：一般用来给婴儿保养肌肤的产品也能滋润狗狗的皮毛。

（5）梳梳毛：定期为狗狗梳毛，可以使平时积攒的老旧皮屑和死毛刷掉，也能帮助狗狗将皮肤分泌的天然油脂平均分布在每一寸皮肤上，只要经常梳毛，很多掉皮屑的问题都可以自然解决。

（6）加点儿油：皮屑大增的一个原因也可能是食物中的油量不足。所以在食物中添加适量的宠物专用鱼油，这可以帮助皮肤恢复正常的代谢功能。只要每天加半勺或一茶勺的鱼油，就能明显看出改善效果。

（7）改变饲料：有些品质较差的饲料无法满足狗狗的营养需要，会导致毛发健康状况不良，许多狗狗在改用另一种较专业的饲料后，皮屑问题就自然痊愈了。

狗修毛

给狗修理毛发是很有必要的，易打理、易疏通、外形美观。与其给狗剃得毛干爪净，不如修理打薄来得实惠。如果你不愿意到美容院给狗狗修理毛发，自己在家也是可以操作的，只要买个宠物专用修剪器，随你的喜好品位自行修剪，也是一种乐趣。

剪毛确实能让狗感觉凉快轻松，但给狗剪毛不应全部剃光，那样会让狗觉得不适应而经常抓挠，引发各种皮肤疾病。而且不少狗被剃了毛之后，还会性格抑郁，不好意思出门。

（1）背部。用梳子将犬背部的被毛理顺，沿着背脊的平行方向修剪，背上的被毛平均剩下 2 厘米左右。

（2）腹部和两侧。狗狗的皮肤跟人不同，人在热的时候，会从全身的汗腺往外排汗以帮助散热，而狗狗的汗腺在四只爪垫和鼻子上，另外还会通过吐舌头蒸发舌头上的唾液来降温。身上并没有汗腺，不能排汗。所以只要将身体的被毛适当修短，剩下 2 ~ 3 厘米。

（3）臀部。臀部的修剪与身体两侧相似，重点在狗狗拉便便的部位。将狗狗的尾巴向上翻起，尽量把肛门四周的被毛修剪得干净整洁。

狗修甲

狗的趾甲至少每两星期要剪一次，如果狗走路时有声音，那么趾甲就应剪啦。过长的趾甲会使狗有不舒适感，同时也容易损坏室内木质家具、棉纺织品和地毯等物，有时过长的趾甲会劈裂，易造成局部感染，应从小狗时期就养成为其剪趾甲的习惯。

日常的趾甲修剪法，除使用专用趾爪剪外，最好在洗澡时待趾甲浸软后再剪。要注意，每一个趾爪的基部均有血管神经，因此修剪时不能剪得太多太深，一般只剪除爪的 1/3 左右，并锉平整，防止造成损伤。如剪后发现狗行动异常，要仔细检查趾部有无出血和破损，若有破损可涂擦碘酒等止血药。

狗的脚窝容易弄脏也容易受伤，所以这段时期应加强护理，清洗时不仅要用温水洗净脚尖部分，连脚窝到脚趾间都要清洗干净并擦干，若有伤口要及时消毒。长毛犬种的脚窝毛需尽量剃短，以使其步行时不会滑溜。一般用头圆小剪刀修剪脚窝部，既安全也剪得干净。

狗的用品

狗粮

狗粮是专门为犬提供的营养食品，介于人类食品与传统畜禽饲料之间的高档动物食品。其作用主要是为动物犬提供最基础的生命保证、生长发育和健康所需的营养物质。具有营养全面、消化吸收率高、配方科学、质量标准、饲喂方便以及可预防某些疾病等优点。

狗粮的营养主要包含：

1. 碳水化合物

碳水化合物是宠物所需要能量的主要来源。宠物为了保证自身体质的生存、健康、发育、繁殖、心脏跳动、血液循环、胃肠蠕动、肌肉收缩等活动，需要大量的能量，而在这些所需能量中有 80% 是由碳水化合物来提供的。碳水化合物包括糖分和纤维质。

成年犬每天需要碳水化合物量为每千克体重 10 克，幼犬每千克体重约需 15.8 克。

2. 蛋白质

蛋白质是宠物身体体组织、体细胞组成的重要来源，蛋白质起着传导、运输、支持、保护、运动等多种功能。蛋白质在宠物生命和生理代谢活动中还起到催化、调节的作用和维持生命活动的主要作用。

宠物狗作为肉食动物，对不同饲料原料中蛋白质的消化能力不同。对多数动物内脏和鲜肉的消化能力为 90%~95%，而对植物性饲料如大豆中的蛋白质只能消化 60%~80%。若犬粮中含有过多不易消化的植物性蛋白，则会引起腹疼甚至腹泻；而且，过多的蛋白质需要肝脏降解和肾脏排泄，因此会加重肝脏和肾脏的负担。一般成年犬蛋白质的需要量为每千克体重每天 4~8 克，生长发育中的犬为 9.6 克。

3. 脂肪

脂肪是宠物体组织的重要成分，几乎参与一切细胞构成和修复，在宠物的皮肤、骨骼、肌肉、神经、血液、内脏器官中均含有脂肪。在宠物狗体内脂肪占据比例高达自身体重的 10%~20%；脂肪是最重要的能量来源。缺乏脂肪会令皮肤发痒，皮屑增多，皮毛粗糙干燥和耳部感染，使家犬变得迟钝与神经质；而适量摄取脂肪能刺激食欲，使食物更符合它们的口味，同时促进脂溶性维生素 A、维生素 D、维生素 E、维生素 K 的吸收。宠物犬对脂肪的消化率几乎可达 100%。成年犬的脂肪需要量为每千克体重每天 1.2 克，生长发育的犬为 2.2 克。

4. 矿物质

矿物质是宠物狗不可缺少的又一类营养素，它包括人体所需的元素，如钙、磷、锌、铜、镁、钾、铁等。矿物质是构成宠物狗集体组织的重要原料，帮助调节体内酸碱平衡、肌肉收缩、神经反应等。

宠物犬最容易缺乏的是钙和磷。缺乏会导致许多骨骼疾病，如佝偻病、软骨症（幼犬）、骨质疏松（成犬）、产后母狗的瘫痪等。钙磷比例失衡也会导致腿病。

一般宠物饲料中都缺乏钠和氯，因此犬粮中都需添加少量食盐（电解质）、钾钠氯微量元素不可少。缺铁会贫血；缺锌会使皮毛发育不良，产生皮炎；缺锰骨骼发育不良，腿粗；缺硒肌无力；缺碘会影响甲状腺素的合成。

5. 维生素

维生素是一种对宠物体质代谢必需的并且是需要量很少的低分子有机化合物，体内一般不能够合成，主要依赖于宠物食品狗粮提供，除了个别的几种维生素以外，大部分要求在狗粮中额外添加。它们不提供能量，也不是机体的构造成分，但膳食中绝对不可缺少，如某种维生素长期缺乏或不足，即可引起代谢紊乱，以及出现病理状态而形成维生素缺乏症。脂溶性维生素：维生素 A、维生素 D、维生素 E、维生素 K，B 族维生素（维生素 B_1、维生素 B_2、维生素 B_6、维生素 B_{12}、烟酸、泛酸、叶酸、生物素、胆碱）和维生素 C。

不用担心 B 族维生素过量（多余的 B 族维生素会被排出体外）。因家犬不像人吃大量水果蔬菜、谷物，因此 B 族维生素对它们来说都是缺乏的。

维生素 E 在营养和美容中作用显著。因维生素容易受阳光、加热、空气湿度的破坏，所以应在犬粮中全面添加维生素。

6. 水

水可以转运宠物狗体内必需的各种物质及排出体内不需要的代谢产物；促进体内的一切化学反应；通过水分蒸发及汗液分泌散发大量的热量来调节体温；关节滑液、呼吸道及胃肠道黏液均有良好的润滑作用。

成年犬每千克体重每天应给予 100 毫升清洁饮水；幼犬为 150 毫升饮水。应全天给犬供水，任其自由饮用。但狗粮中水含量不能超过 10%。

狗粮的种类繁多，区分标准不一，划分的种类也就不同，一般有以下几种：

（1）按照水分含量划分。可分为干型、半干型、软湿型、湿型狗粮等，如袋装膨化商品狗粮、罐装宠物罐头、宠物浓缩液体粮等。

（2）按照狗粮制造工艺划分。粉态型、挤出颗粒型、单倍膨化颗粒型、双倍膨化颗粒型、油炸型等。

（3）按照狗粮制造者划分。根据制造者对象的不同，可以分为工业化商品型狗粮、家庭型自制狗粮。

（4）按照宠物犬生理阶段划分。可划分为离乳期狗粮、幼犬期狗粮、成犬期狗粮、妊娠期狗粮、哺乳期狗粮、老年期犬粮等。

（5）按照狗粮功能与用途划分。维持营养型狗粮、生长发育营养型狗粮、保健型和处方型狗粮，这其中又可进行更为细致的划分，如：亮毛美毛功效、活力壮骨功效、肠胃健康功效、泌尿健康功效、减肥型狗粮等。

（6）按照营养物质含量划分。核心预混型、浓缩型狗粮、全价配合型狗粮。这其中包含了氨基酸类狗粮、维生素类狗粮、矿物质类狗粮、蛋白质类狗粮等。

（7）按照品牌、产地划分。按照品牌、产地可分为原装进口狗粮，进口分装狗粮，国内代工狗粮（外资品牌在华设厂、OEM 生产等），合资狗粮，国内自主品牌狗粮等。

（8）按照狗的种类与用途不同划分。犬场狗粮、家庭宠物狗粮以及肉狗狗场粮等，犬场粮又可细分为种公犬狗粮、种母犬狗粮，家庭宠物犬按照犬的种类细分，种类就更加多了，如：金毛巡回犬专用、贵宾犬专用、吉娃娃犬专用型狗粮等，肉狗狗场粮可以细分为生长期狗粮、育肥期狗粮以及停药期狗粮等。

小贴士

狗粮的优点有哪些

宠物狗有着自身的营养需求和饮食安全习惯，狗粮便因此应运而生，狗粮具有诸多优点，比如：

（1）每一种狗粮都是由专业的宠物营养师根据狗的自身生理营养需求而设计的，里面含有宠物狗必需的蛋白质、维生素、矿物质等，具有营养针对性强、有的放矢，营养科学全面、营养均衡的优点。

（2）任何一种狗粮都含有针对狗狗提高免疫力的营养物质，可以大大提高宠物狗的抗病能力，不容易生病，延长宠物狗的寿命。

（3）一般狗粮都具有水分含量低，易于保存，不易变质的优点，能够保证宠物的食品安全，避免宠物因为采食了过期、霉变、变质食物引发的各种病症。

（4）狗粮包装规格多种多样，使用简单、便于携带，可以满足在不同环境下都能够让宠物吃到最好的食品，也可以省去宠物主人大量的时间为宠物烹饪食品。

狗厕所

由于工作繁忙和居住条件所限，无法保证按时天天遛狗，怎样解决狗狗的排便问题是件令人苦恼的事情。其实狗是一种很爱干净的动物，定点排便是它们祖先在野外生活时就养成的一种本能，所以国内逐渐普及和流行起来狗狗专门上厕所的工具，用正确的方法稍加训练，狗狗就会像绅士一样在自己的厕所大小便。

一般狗厕所要与宠物尿布 / 尿片配合使用，采用高强度树脂材料制成，美观实用，放入吸水强、除味强的宠物尿布，固定在一个地点，培养狗狗定点如厕的好习惯。初次使用，可在尿布上喷洒宠物诱便引导剂，引导狗狗能固定如厕，正确的如厕后主人应该给予一定的奖励，使狗狗能记住如厕的地点。

狗厕所大致分为三种类型：平板式、网格式、围栏式，用途大致一样，有一些细节功能不同。

关于狗的排便，有以下一些需要注意的问题：

1. 固定地点排便训练从何时开始

当你准备领一只小狗回家之前，应当先为它准备好洁具。从它进门的那一刻开始对它进行耐心细致的辅导。当它在新家中找到一个排便地点，以后都会去找这个地方。所以训练要从第一次开始。

2. 怎样及时发现小狗就要便溺呢

小狗在进食、饮水后很快就会便溺。睡醒时、玩耍后也常会便溺。小狗有便意时往往表现得急促不安，将鼻子贴近地面到处乱嗅。当你发现这些现象时应立即把它抱到洁具上。

3. 把狗抱到洁具上，可它却不排便怎么办

当你发现小狗有便意时，千万不要大声叫喊。这样会把它的便意吓回去，正确的做法是动作快、声音轻，把它抱到洁具上。轻唤它拉屎撒尿，此时不要过多抚摩它以免分散它的注意力。重要的是一定要有耐心。

4. 当发现时它已经开始排便了怎么办

一面迅速、坚决地把它抱到洁具上，一面轻声安抚它，让它继续。绝对不能把它放在洁具上训斥，这会使它以为在洁具上便溺是错误的，从而对洁具产生恐惧心理，对今后的训练十分不利。

5. 当发现时它已经便完了怎么办

如果是被你抓到了现行，就应当即予以斥责。如果是事后才发现的，那你只能是将污渍清理干净，尽可能不要留有气味。事后的斥责只能使它感到迷惑，它并不知道你为什么要发怒。当场斥责、及时表扬是行之有效的教育方法。要以表扬鼓励为主，斥责惩罚为辅。因为表扬和鼓励可以激发你的狗狗学习的欲望。

6. 公狗可以使用吗

人们通常有一个错误印象认为公狗就是抬腿撒尿的。其实那是狗狗与狗狗之间为了争夺领地而在用自己的气味做标记，抬腿撒尿是为了让自己的气味留得时间更长些，那是狗狗在工作。而在家里公狗是可以蹲着撒尿的。如果你的狗已习惯使用报纸，你能很快见到成效。只需把洁具放在以前放报纸的位置，将报纸放在洁具中。

狗咬胶

狗咬胶是一种宠物玩具或宠物食物；狗咬胶形状似骨头、皮球、圆圈、木棒、鞋子和颗粒等，狗咬胶主要成分由肉牛皮、肉猪皮、木屑和其他犬粮等经过特殊加工制造而成，供宠物狗食用的一种高蛋白肉食营养佳品。因狗有咬骨头的爱好，它所设计的形状也适合了狗狗玩耍的特点，狗咬胶是为狗专门设计清洁口腔的咀嚼物。经常咀嚼并定期刷牙可以减慢齿菌斑和牙垢的形成。喂狗咬胶比只刷牙效果更好，能减少牙龈炎及其他污垢的形成。食用是稳固牙齿、清洁口腔的过程。在小狗长牙阶段牙床很痒，既减轻痛苦，又保护家中的物品不被损坏。除此之外，减肥也是狗咬胶的一大用途。狗咬胶与其他食物不一样。当犬咀嚼狗咬胶的同时，刺激唾液产生中合齿菌酸，同时保持了犬舍的干净。

狗咬胶等咀嚼型产品中富含蛋白质、脂肪、钙和水分等成分，可以在宠物咀嚼、啃咬的过程中起到调节食欲、健康牙齿、预防口臭、防止过度肥胖的功效。但除了这些对犬只身体健康的作用外，狗咬胶还有它的另一大特点——玩具，它可以帮助宠物在主人无暇顾及它们时打发时间，避免宠物狗随处撕咬家里的东西。

狗咬胶自制的方法各种各样，自制狗咬胶的大小、形状与材料一般是根据狗的实际情况而定，比如狗咬胶大小要合适狗，太大容易使狗咬不到，太小则容易

使狗咽下去对狗造成不必要的伤害。

因制造方法繁多，在此只介绍一种简单制造狗咬胶的方法：首先到菜场卖猪肉的地方买新鲜猪皮，大概 3 元 500 克。回家洗干净，放上水、六角、花椒、姜、黄酒、盐等各少量，记得一定要少量。大火烧开，小火煮 15 分钟左右。剃去猪皮上的油脂；倒掉锅里的汤。再把已经剃油脂的猪皮放上清水再煮一下，把猪皮割成条状，用针线串起来风干即可。风干后记得把猪毛用火烧掉。

小贴士

狗在啃狗咬胶和磨牙骨的时候主人要保持关注

狗狗在啃狗咬胶和磨牙骨的时候是主人比较清静的时候，狗狗不会缠着你要跟你玩，不过你也不能大松心，还要时不常地看它一眼。如果出现上面提到的啃得牙龈都出血的情况，就不要让它啃了，至少让它休息一下再啃，以免对牙龈的伤害过大。另外就是在狗咬胶和磨牙骨吃到很小块的时候就要把这个好东西没收了，因为它很有可能不好好嚼了而选择直接吞下去。

狗衣服

狗狗也有三围。主人在买衣服或者自制衣服前，需要先量好狗狗的三围：颈、胸以及身长，准确的度量才能使衣服合身。一件漂亮合身的宠物服装，不仅让它本身感到舒适，而且还会招来其他人羡慕的眼光。

一件漂亮合身的宠物服装，穿在你的宝贝身上不仅会让它本身感到舒适，而且还会招来其他人羡慕的眼光，使身为主人的你倍感荣耀，也满足了你的宝贝们小小的虚荣心。

现在，我们就一部分一部分解释一下：

1. 颈围

所谓颈围，也就是指你的宝贝脖子的周长，换句话就是平时戴颈圈的位置的周长，这个位置是一件衣服领口的所在地，领口不可太肥大，更不可太狭小，一般测量放出一厘米即可。

2. 胸围

到底哪里才算宠物们的胸围呢？具体是指它们的前腿根处最宽的地方的一圈周长，通常情况下，这里也会是宠物们全身最胖的地方，由于这个地方毛厚肉多，所以测量的准确性很难把握，一般测量至少要放出 2~3 厘米。

3. 身长

这里所指的身长并不是它们整个的身长，而是从它们的颈后到尾根处的长度，要注意的是，在测量身长的时候，一定要让你的宠物站直，身体充分展开，不要趴着或卧着，如果这样会对测量尺度的准确度大打折扣。

宠物猫

猫的选购

英国短毛猫

英国短毛猫有悠久的历史，但直到20世纪初才受到人们的宠爱。英国短毛猫一直以来都以好奇心旺盛而著称，它会仔细地查看家中的每一个角落。一觉醒来，伸个懒腰，钻到花瓶里面看看是不是有人私藏了“妙鲜包”。闲来无事，把头探到沙发底下，查看一下是不是有“小强”入侵。主人脱下来的鞋子要里外全面检查一下，是不是把别人家草坪上的草叶带回来了。周末主人改善伙食后撑得要死，正在房间里随意地踱着步子，它却好事地跟着你走来走去，想要弄明白你走每一步的目的。这不是骚扰，只是你的英国短毛猫大胆好奇，它非常温柔，适应能力也很强，不会因为环境的改变而改变，也不会乱发脾气，更不会乱吵乱叫，它只会尽量爬到比较高的地方，低着头瞪着那双圆圆的大眼睛面带微笑地俯视着你，就好像《爱丽丝梦游仙境》中提到的那只叫作“路易斯”的猫一样，不用语言，只用那可爱的面部表情就抓住了你的心，再也无法改变你对它的爱。

一只英国短毛猫的护理会让你觉得简单得惊人，因为这些小家伙天生丽质，短短的毛发从不会打结，你只要每天用梳子给它全身梳理一下就足够了，如果它处在脱毛期，主人可以多梳理几次。

清洗要远远比梳理重要得多，因为它们的被毛密实又柔软，灰尘很容易聚集在那里。虽然猫咪们会经常用它那带刺的小舌头梳理被毛，但是并不能彻底除去底层的灰尘，所以每个月给它洗澡1~2次，可以帮助它很好地清理污垢，毛毛清洁了，猫咪自然开心。

另外，我们还要提醒主人注意毛球的事情，猫咪又用舌头自我清洁的习惯，但同时也会吃下很多毛毛，所以，定期为它吃一点儿吐毛球膏，可以及时清理肠道内的毛球，也帮助它们护理肠胃。

英国短毛猫的选购提示：

（1）外观整洁，活泼有生气，动作灵活，用手抱时感觉重量比预感的重。

（2）扒开嘴看，口腔、牙床和舌头呈浅红色，牙齿咬合正常，没有特别的异臭味。

（3）猫耳应干净且无分泌物。如果英国短毛猫时常不断抓搔耳朵，或甩头的话，可能是已经感染了耳疥虫了。

（4）鼻头微红湿润有光泽，鼻尖上用手背感觉应该较凉而且湿润，鼻孔周围没有鼻水或分泌物。

（5）眼睛应清澈、明亮，眼角没有分泌物，眼角不应露出第三眼睑（很多猫发病时都是首先出现第三眼睑）。

（6）身体发育适中、肌肉结实、四肢粗而不弯曲，行走正常，用手拉扯腿脚反应有力。

（7）腹部应稍圆，手感摸不到肋骨，如果猫腹膨大的话，有可能是蛔虫感染或腹膜炎的症状，小猫肚子略为凸出为正常现象。

（8）肛门周围的毛干净，肛门口没有污迹。

（9）幼猫的健康指标最明显就体现在毛发上。健康的幼猫毛发应有光泽、蓬松、毛发直立。如果幼猫的毛发杂乱无光泽，说明其已感染了疾病，或已生过病刚治愈不久，这样的猫最好不要选择。

（10）听到叫声马上有反应，经挑逗有玩欲，闻到肉味有强烈的食欲。

孟买猫

孟买猫又称小黑豹，是美国在1970年用缅甸猫和美国黑色短毛猫杂交培育出来的品种。但在英国尚未得到公认。由于其外貌酷似印度豹，故此以印度的都市孟买命名。

孟买猫的性格奇妙，个性温驯柔和，且不怕生，性格奇妙，常不停地发出愉快的呜呜低声，喜欢与人做伴，所以不应长时间地冷落它。不过和外表不一的是它的食量相当大，抱起来觉得相当有分量。

孟买猫的选购提示：

（1）孟买猫头及脸均为圆形；耳朵大小适中，尖稍呈圆弧形；眼睛呈圆形，为闪亮的古铜色；鼻子较短。

（2）孟买猫脚爪小，为椭圆形；尾巴长度适中。

（3）孟买猫毛短，紧贴身体，毛质柔细，质感细致，毛色乌黑发亮。

小贴士

怎样给孟买猫修剪猫爪

将孟买猫抱在怀里，用左手抓住猫的1只脚，用拇指、示指、中指稍稍挤压，就可使脚爪伸出。再用右手持指甲刀，将脚爪前端的透明部分小心地剪除，再用指甲刀上的小锉将脚爪磨光。修剪时，不要剪得太过分，以免伤着孟买猫的脚。再依次将其他的脚爪剪去、磨光。

山东狮子猫

纯种山东狮子猫有非常长的颈部毛发，看起来和狮子非常相似，所以就有了现在的名字。通常为白色长毛，颈、背部毛长达 4~5 厘米，站姿犹如狮子。也有黑白相间、黄色的品种，但以纯白的较为珍贵。

山东狮子猫身体强壮，并且有很粗、很大的尾巴，有特别高的抵抗疾病能力，对于抗严寒的能力它也是具有的。山东狮子猫在捕鼠方面是非常在行的，只是生育的后代特别少，一年只生一窝，每窝只有 2~3 只幼猫。

狮猫的品种分类依据主要是毛色。大致可分为以下四种：

一是白狮猫。毛色洁白无杂。其眼又分鸳鸯眼（即一只黄眼，一只蓝眼）或双蓝眼，双黄眼三种，以鸳鸯眼最为珍贵。

二是黑狮猫。其形如白狮猫，但体躯稍长，两眼黄色，全身除见肩为白色，腹毛灰白色，因其为数极少，亦被视为珍品。

三是鞭打绣球。其形如白狮猫。额部有黑斑，尾呈黑色，长且尖，可甩及头部，故名曰“鞭打绣球”。

四是花狮猫。背毛有的为灰褐色，间有虎斑；有的白色间有黑黄花斑。据养猫人说，这个品种是白狮猫与一般猫类杂交的后裔。

山东狮子猫的选购提示：

（1）山东狮子猫的面骨与一般家猫差不多，鼻子高挺，额骨不明显。

（2）耳根高并且耳体大，换毛后多半绒毛很短；偶尔也有毛长得长的，但头面还是很容易分辨。

（3）它们的头、手和脚都长而高，身体也很长，但这个特点要换毛以后才明显。

美国短毛猫

美国短毛猫性格温和，不会因为环境或心情的改变而改变。它们总是充满耐性、和蔼可亲，不会乱发脾气，不喜欢乱吵乱叫，十分适合有小孩子的家庭饲养。它们自身的抵抗力很强，很少生病，是产生医疗费用最少的猫。

同样，美国短毛猫也是十分聪明的猫种，它们虽然不会表演高空接球之类的小把戏，但主人可以教会它们答应自己的名字和远离沙发等家具。你会发现一只居家的美国短毛猫更乐于躺在你的腿上，享受你的爱抚。它们会很珍惜自己的玩具，尤其是主人不在的时候，它们会发明多种不同的玩法，使自己不感到孤单。美国短毛猫很乐于跟其他的动物相处，当中也包括鸟和狗。

对于一只拥有美丽被毛的美国短毛猫来说，让人很难相信的是，它的护理非常简单，只要你每天抽出一点儿时间，把它抱在怀里，用温暖的手轻柔地抚摸它，就是对它最好的护理，因为这样可以帮助它传递被毛所需要的油脂，使它的被毛更加亮泽。

生活在家中的猫咪们基本上全年都在掉毛，美国短毛猫也不例外，所以，定期给它们喂食吐毛球膏，可以帮助它们清理胃中堆积的毛球，同时也帮它们护理了肠胃。

美国短毛猫有着独立、开朗、乐观、积极的个性，非常亲切友善，对小孩子充满耐性，不会胡乱吵闹，是如今这个“都市丛林”里孩子的最佳玩伴。

美国短毛猫有着一股说不出来的迷人魅力，好奇心强、喜欢尝试新奇事物，在举手投足间充满着自信。所以，如果你正在物色一只友善的猫咪，能与你的家庭成员相处融洽，而且能成为小孩子的玩伴的话，美国短毛猫会是不错的选择。

美国短尾猫的选购提示：

（1）要检查体表是否健康，是否皮肤发红，脱毛的情况；同时还要检查猫咪的眼睛是否清澈明亮，耳朵内部是否干净，肛门是否干净。可以用手触摸猫咪的鼻子，看看是否清凉湿润并且有少许的黏液。

（2）美国短毛猫脾气温顺，性格活泼。体格魁伟，骨骼粗壮，肌肉发达，性情温和，充满耐性，和蔼可亲。

俄罗斯蓝猫

俄罗斯蓝猫性格文静害羞， 怕生，不愿外出。叫声轻柔甜美， 感情丰富而温顺，对饲主非常信任，喜欢取悦主人。并能与家中其他宠物和平共处，容易饲养，是极受欢迎的家庭宠物。

俄罗斯蓝猫修长优雅的体形略带东方情调，骨骼结实，被毛简单华丽。短毛，有着天鹅绒一般的质地和手感，内层的绒毛可抵御严寒，有灰色、蓝灰色，看上去散发着水貂皮一样的银灰光泽，故称俄罗斯蓝猫。头短，呈楔形。中等长度的鼻梁与前额基本呈直线，眼睛为杏核形，颜色为绿色。耳宽大、直立，有透明之感。四肢修长，脚爪呈正圆形。长而光滑，呈锥形。

俄罗斯蓝猫宁静安详，略带羞涩，智商较高。喜欢寓所生活，但也能适应寒冷的环境。虽是短毛猫，但应经常梳理被毛，以保持被毛的光泽。该猫喜欢宁静的家庭，最适合爱安静的老人。

俄罗斯蓝猫的选购提示：

（1）头部短而呈楔形，带直线条；头骨和前额扁平，头宽脸尖细；耳朵大，基部宽，耳尖向前倾；眼睛大，间距大，眼睛呈杏仁形，生动的绿色。小猫的眼睛从黄到绿。最终的颜色到 1 岁时才能定型。

（2）身体长，细致到中等大小的骨架，肌肉发达。

（3）腿长而骨骼细致。小而圆的爪，呈椭圆形。

（4）尾巴长而笔直，和身体成比例。

（5）被毛短，密而细腻，长绒毛感。全身浓密而柔软的厚绒毛，为双层毛，触之有天鹅绒般柔滑感觉，并闪烁着一种银蓝色光泽从身体向外张开。柔软，丝质手感。双重被毛带非常厚的底层绒毛。同一单色为蓝灰，银色光泽是由银色的毛尖着色所致。长时间在阳光下暴晒会导致被毛颜色变深。

猫的美容

猫洗澡

主人为了卫生，都喜欢为猫猫洗澡。但实际上猫的毛不宜经常水洗，因为水洗得太频繁会导致宠物身上的天然油脂消失，使皮毛失去光泽和破坏毛质，严重的会使毛层折断、脱落。其实，维护宠物卫生还可以采取干洗的办法。

猫的主人可自己在家里为它们进行干洗，最好使用在兽医诊所或宠物店购买专用的宠物干洗剂和干洗粉，照说明进行即可。也可用一般护发素和小孩用的爽身粉代替。

方法是先把护发素（无香味的）用清水稀释1000倍，倒入喷壶中摇匀，距离毛面约20厘米喷匀。注意避开眼睛、鼻和耳朵，先用手把毛拿起喷里层毛，再喷外层毛，喷完后用发刷梳理一遍，再全身撒上爽身粉，小心不要撒得太多和避免撒到猫的眼、口、鼻等部位，最后再用较密的梳子梳理一次就行。

另外，给猫洗澡时应该注意几个问题：

（1）水温不能太低或太高，以不烫手为宜；室内保持温暖，防止猫着凉引起感冒。

（2）所用的洗涤剂刺激性不能太大，以免刺激皮肤；为防止洗澡水进入眼睛，在洗澡前，把猫的眼睛滴上油性眼药水，以保护眼睛。

（3）对于长毛猫，洗澡前应将其被毛进行充分梳理，清除脱落的被毛，防止洗时造成纠结，以致要花费更多的时间进行整理。

（4）猫健康状态不佳时不宜洗澡，6月龄以内的小猫容易得病，一般不要洗澡，6月龄以上的猫洗澡次数也不宜太多，一般以每月1～2次为宜。因为皮肤的油脂，对皮肤和被毛具有保护作用，如果洗澡次数太多，油脂大量丧失，被毛就会变得粗糙、脆而无光泽，皮肤弹性下降，影响猫的美观，还可能成为皮肤炎症的诱因。

（5）不要经常给猫咪洗澡。猫咪的毛上有一些很珍贵的保护油，以及一些微量元素。猫咪通过晒太阳，舔毛来清洁自己。一般来说，毛色亮丽、干净的猫咪比较健康，反之就有可能不健康。

小贴士

经常给猫梳毛可以增进感情

猫的主人应养成每天为宠物梳毛的习惯，这对长毛宠物尤其重要。日常梳理其实就是一种干洗方法，梳理既可促进血液循环，使宠物的皮毛更加健康，又可以增进宠物与主人的接触，保持更亲密的关系。

猫护毛

清理毛发是猫和主人每日必做之事。猫素喜洁净，所以会经常用舌头舔自己，去除污垢，梳理毛发。但是不能因此就把对身体的呵护全交给猫咪自己。因为毛再软，也有舌头舔不到的地方，特别是长毛的品种，单靠猫咪自己很难保持毛的洁净，所以主人的帮助是必不可少的。

每天的毛皮护理不仅能除去污垢、虱子，防止毛球，梳理和刷毛还有利于血液循环，促进皮肤的新陈代谢。主人定期抚摸猫咪还可以检查其身体状况。最主要的是这是主人和猫咪进行交流的时间。猫咪在主人的轻抚和喃喃细语下，精神也会随之安定下来。

一开始猫咪可能会讨厌这种抚摸，但只要每天循序渐进，形成习惯，猫咪也就会乐于此道了。

猫修毛

猫是比较胆小且敏感的动物，因此不是所有的猫咪都能接受剪毛。有的猫咪会因为被剪毛而生气、绝食等，所以如果家里的宝贝是脾气超级大的那种就不要冒这个得罪它的危险。

给猫咪剪毛的顺序为：

（1）从猫咪的后脖子处下手，顺毛往后背处，一直到尾巴根；

（2）然后开始推猫咪两肋处的毛，也是由前肢处往后肢处走；

（3）推猫咪肚皮上的毛时，要先将猫咪摆成站立式（两手插入猫咪前肢的根部，将它向上扶起，但是要让猫咪的脚能沾到地面），然后从脖子处从上往下推；

（4）接着是猫咪的四肢，前肢相对要好弄很多，由上往下即可。后肢就会比较麻烦，因为它们总是喜欢将后肢打折窝着，这个时候需要用点儿力气拽着点儿后肢给它们推毛；

（5）剩下的就是尾巴，其实猫咪坐着的姿势不是很利于推尾巴的毛，最好帮它们摆四肢站立式。要注意，推的时候千万不能用力往上抬猫咪的尾巴，虽然它的尾巴可是竖得很高，但是在它不配合的情况下是很容易较劲掰伤的。

猫修甲

猫咪经常会接触灰尘较多的地方，所以指甲前端会脏脏的不漂亮，还有乱抓沙发时可能出现指甲断裂或是指甲扎进肉垫导致化脓的情况，所以帮猫咪修甲是必需的工作。

猫咪放松的时候是最好的剪指甲时机，比如白天打盹时、小睡后，或是洗澡之前。即使在猫咪睡着时也是可以进行剪指甲的，在猫咪非常活泼的时候最好不要剪甲。

要让猫咪从小就习惯于被人握着爪子，这样剪指甲的工作就容易得多。如果剪指甲时，猫咪开始烦躁了就放它走，即使只剪了一两只小爪子，因为可以以后再继续。

如果猫咪剪甲时十分害怕，拼命挣扎，那就不要勉强，不然容易伤到猫咪，也会使它产生恐惧心。剪指甲时需要陪它玩耍或给特殊奖励，这样它就会对剪指甲产生好感。

猫泪痕

猫的鼻道短，长日流眼泪，容易在眼睛周围流下泪痕。尤其是浅色的猫，泪痕留在脸上实在是难看。其实，只要每日注意清理，就能很容易地去掉，简单的办法是用热毛巾每天擦眼睛就可以了。也可以用一些淀粉和硼酸粉，对半混合以后拍在泪痕上。粉末可以吸附污渍起到漂白作用。还有 一种方法就是拿一大勺硼酸粉溶在一茶杯滚烫的开水里。搅匀了。买一个小的容器，把卸妆棉放进去。把溶液倒在卸妆棉上再慢慢倒掉多余的溶液。把盒子盖好。然后每天都取一片这些卸妆棉来漂白、去泪，并且防止泪痕积累。记得每周就要调换一次卸妆棉，防止放久了细菌滋生引起感染。

对猫脸上已有的顽固污渍，可以按上面说的用淀粉和硼酸粉对半配的粉末来清除；先用水调成糊糊，把糊糊仔细涂在污渍上自然晾干。干了以后刷掉再擦干净就可以了。

猫的用品

猫粮

猫粮就是猫食，顾名思义就是猫咪吃的食物的总称。目前市面上的猫粮品牌众多，价格从数十元 500 克至几块钱 500 克不等，猫友可根据自身经济状况挑选合适价位的猫粮，方便经济。猫粮一般便于保存，方便使用，大大节省喂养时间，迎合了快节奏的生活方式。猫粮可锻炼并清洁猫咪牙齿，某种程度上具有口腔保健功效。优质猫粮一般注意营养均衡，能够保证猫咪日常对高等蛋白质及微量元素的需求。

猫粮经济又不缺乏猫需要的营养，很方便。猫粮大致可分为干性、罐头、半生熟三种。干性食品是里头含有必要的营养的综合营养食品。往这种食品里加点儿水就基本上可以了。味道有牛肉味、鸡肉味、鱼味，每种都很脆，有嚼头。这种食品既可锻炼牙床，价格又便宜，且易于保存。所以，可能的话就尽量以这种食物为主，注意喂的时候要加上足够的水。虾、鱼等高级原料做成的罐头，种类繁多，易于挑选，味道可口，所以比干性食品更受猫的欢迎。但并非含有全部的营养素，所以和干性食品混用交好。罐头便于长期保存，但注意开启后很容易变质，半生熟的食品介于食品和罐头食品之间，适合老猫食用。

猫厕所

猫砂是饲主为其饲养的猫用来掩埋粪便和尿液的物体，有较好的吸水性，一般会与猫砂盆（或称猫厕所）一并使用，将适量的猫砂倒于猫砂盆内，受过训练的猫当需要排泄时便会走进猫砂盆内排泄于上面。

一般猫砂是使用纸浆打成小颗粒状来模拟沙土并提供吸水性，也有使用硅胶等物理干燥剂的颗粒的。用于家庭养宠物猫等小动物的垫料，具有除臭、吸附性强、无毒、无污染、垃圾量少等优点，是一种家用绿色环保产品。一般会添加除臭剂、防腐剂等化学产品，猫砂遇到水会凝结成块，虽然说便于清理但建议搭配专门的漏铲。大部分猫砂猫踩上后会沾到脚上并带到其他地方，因此请注意经常清理。

小贴士

如何自制猫厕所

首先买两个大号的碗盆，打开后是两个盆套在一起。上面盆是带窟窿的，放上水晶猫砂，下面的盆里放结团的猫砂，放宠物尿布，放水都可以。一般早晚倒一次尿，洗一下盆就可以了，放结团的猫砂，放宠物尿布都容易积存尿液，夏天容易有味道，放水可以冲淡尿液，味道没那么大。大便直接拿起来冲马桶了，因为大便上粘的水晶猫砂不多，所以不用担心会堵塞马桶。

猫爬架

猫爬架是一种时尚的宠物用品，可以让猫有一个尽情玩耍的空间。多层立体造型更适合猫攀爬的本性，麻绳的立柱可以让猫磨爪子，自从猫爬架问世以来得到广大猫友的支持和爱护。

猫托板：加厚密度板，非常硬朗，两只成年猫咪同时爬在同一个猫托板上，猫托板都不会有变形和弯曲。

其他宠物

水族

观赏鱼

观赏鱼只是指那些具有观赏价值的有鲜艳色彩或奇特形状的鱼类。它们分布在世界各地，品种不下数千种。它们有的生活在淡水中，有的生活在海水中，有的来自温带地区，有的来自热带地区。它们有的以色彩绚丽而著称，有的以形状怪异而称奇，有的以稀少名贵而闻名。在世界观赏鱼市场中，它们通常由三大品系组成，即温带淡水观赏鱼、热带淡水观赏鱼和热带海水观赏鱼。

热带鱼

热带鱼出生于热带水域。但在近热带和与之交界处的南北温带水域，凡有观赏价值的鱼类品种，也归入了热带鱼，所以，其分布还包括部分亚热带地区。我们在这里所介绍的是生活于淡水中的热带观赏鱼品种。热带鱼，实际上是养鱼爱好者为区别于其他观赏鱼类，将热带、亚热带等地特有的这部分观赏鱼类统称为热带鱼。它们生活在江河、溪流、湖沼等淡水水域中。热带鱼的老家，主要在东南亚、中美洲、南美洲和非洲等地，其中，以南美洲的亚马孙河水系出产的种类最多、形态最美。

观赏龟

龟类基本上法律上没有禁止的，有一定数量的，都可以被当作宠物。

很多龟类都需要晒太阳，就像在一些水池中被放生的巴西龟常可见它们在烈日下伸出头四肢，闭着眼睛一副悠闲的模样。晒太阳可杀灭龟壳上的一些细菌，也可防止壳软脆，还可取暖。这些功能主要是需要紫外线，阳光中的紫外绿对龟类而言是很重要的。因此当你要让龟享受这温暖的阳光时，不要只让它待在水里晒，也尽量不要隔着玻璃，因为紫外绿很容易被阻隔。若怕晒太久忘了收回而干死，可设置半水处让它们可以完全暴露在阳光下亦可泡在水里的环境。最好每日让它晒一两个小时，并定时用软牙刷刷洗龟背，以去除寄生虫寄生。

宠物鼠

宠物鼠品种

宠物鼠指人类为了观赏或趣味而饲养的鼠类，包括许多不同的品种。宠物鼠的种类有很多，常见的宠物鼠的种类以及特征有：

1. 坎培尔仓鼠

俗称一线鼠或枫叶鼠，一开始不熟时较凶，较会咬人，但驯服后非常乖，听话。活动力高，体型较大，毛也比较长。有一般最常见的野生色、斑块、雪球、琥珀等品种。

2. 加卡利亚仓鼠

俗称三线鼠或趴趴鼠，一开始较乖，会不会咬人要看鼠的个性而定。活动力较低，体型略比一线鼠小一点儿，毛较短。有一般常见的野生色、银狐、布丁等品种。

3. 罗伯罗夫斯基仓鼠

俗称老公公鼠，非常神经质，很怕人，只要有点儿风吹草动立即惊醒，较难训练，但很少咬人，体型小，毛容易出油。只有一般的普通黄色。

4. 波斯仓鼠

俗称黄金鼠、哈姆太郎，个性不一定，有些怕人，有些很乖。驯服后非常听话，可训练定点厕所，体型较大，毛色有黄、白、黑等多种。

除了这些常见的宠物鼠的种类，还有好多其他的种类，比如跳鼠，原产地是非洲西南部，吃植物；感觉像缩小版的袋鼠，长长的后腿会跳，尾巴尖端有丛生的黑毛。除此类之外还也有尾部没毛或体形较小的品种。气息也喜干燥地区，所以不耐潮和酷热，要选择通风好的笼子，还有他们经常要跳动，所以需要大一点儿的笼子。就是一点儿不好，进口数量太少，市场上几乎看不到。

宠物鼠食物

春天，小麦、南瓜、胡萝卜、小干鱼、牛奶、乳酪等，减少瓜子等种类。不想让宠物鼠发情的时候，蔬菜为主喂养，核桃、花生等种类的高蛋白要减少。

夏天，多给含有很多水分的水果和蔬菜，并注意给仓鼠补充水分，提供充足的水源，并注意减少饲料的供给。

秋天和冬天时，注意增加瓜子、花生、奶酪、奶油、小干鱼、胡萝卜的量，尽量提供较高热量的食物。

宠物兔

宠物兔品种

通常我们所说的兔子，都是指中国白兔，大多数人也认为兔子就是小白兔。其实兔子的品种有很多，据美国兔子繁殖者协会的资料统计，全世界的纯种兔品种大约有45种，再细分下去可分为三大类，就是食用兔、毛用兔和宠物兔。

宠物兔大约分为以下几个种类：短毛垂耳兔、长毛垂耳兔、泽西长毛兔、狮子兔、荷兰侏儒兔、荷兰兔、安哥拉兔、海棠兔。

宠物兔食物

常见的宠物兔食物有以下几种：

1. 白萝卜叶

白萝卜叶中含叶绿素很高，水分多，家兔过多采食后易发生膨胀病、腹泻、伤食等。因此，用白萝卜叶喂兔，应与其他牧草、菜叶等搭配在一起混合饲喂。

2. 花生藤

花生藤营养丰富，兔爱吃，但由于其含粗纤维多、水分多，兔采食过量易发生大肚病、拉稀、伤食等，故不宜单独多喂。另外，在用花生藤喂兔时，结合一些洋葱、大蒜头等，可有效地防治兔病的发生。

3. 甘薯藤

甘薯藤中缺少维生素E（即生育酚）如果长期单独用它去喂种兔，可使公兔精子的形成减慢，使母兔受胎率降低。因此，在用甘薯藤喂兔时，应和其他牧草搭配一起喂，且每次喂量控制在30%为宜。

4. 菠菜

菠菜中含有较多的草酸，草酸与钙生成的草酸钙沉淀，不能被兔吸收，故不宜单独给幼兔饲喂，幼兔吃了菠菜容易得佝偻病、软骨症。

兔子大小便

训练小兔养成好的生活习惯。和小狗一样，小兔到处撒尿是为了占地盘。但是可以训练小兔在固定的地方大小便。先把小兔圈起来，让它只能在小范围的地方大小便。然后把它的粪便清扫到一个地方，在那里铺上报纸。小兔会感激你替它清扫房间，并且记住大小便的地点。等到小兔每次都能在固定的地方大小便时，可以慢慢扩大活动范围。但是，如果一下子就让小兔满屋跑，它会找不到“厕所”，而在其他的地方大小便。所以，要慢慢扩大活动范围，时间长了，小兔就会牢牢记住“厕所”在哪里。

另类宠物

宠物蛇

所谓宠物蛇，一般都是经过人工培养的无毒蛇，性情温和，对人的攻击性很小，而且多数要从小养起，比较容易和主人培养感情。当然，除了价格不菲，很多还需要从国外订货。由于宠物蛇分为国产、进口两种，饲养的要求也有所不同。

买蛇的时候请注意，最好买人工饲养繁殖的蛇，因为这种蛇脾气一般比野生的要好得多，不会动不动就咬人，而且一般没有什么疾病。而买野生的蛇，不但破坏野生蛇类资源，而且时时刻刻有被咬的危险。因为野生蛇类非常畏惧人，人对它的任何亲近都会被它视作威胁之举。

一定要向出售蛇的人弄清楚这种蛇的学名、习性、产地以及是否为有毒的蛇，新手一般不推荐养毒蛇。挑选的时候注意挑选身体圆润丰满、颜色分明、鳞片有光泽、眼睛明亮、能主动捕食、粪便正常的个体。如果是当面交易，最好要求当面开食。

鸟类

所谓宠物鸟，通常是指智商较高，可以和人进行互动交流的鸟类。与普通的的笼养鸟不同，它们需要的不仅仅是饲料与水，而是与人地位基本平等的地位。

饲养宠物鸟的时候往往需要给予它们一个较大的活动空间，在这个空间里它们会自由地寻求自己喜欢的东西，用自己的方式和主人交流。由于鸟类属于尚未被完全驯化的野生动物，因此在相对自由的环境下，每只宠物鸟都会显露出自己的独特个性。它们不像狗一样逆来顺受，不像猫一样凡事漠然，它们会根据主人的表现而做出不同的反应。对它好时，它会乖乖听话，冷落它时，它会不满生气，如果受到虐待，它会牢牢记仇甚至发起报复。

貂类

宠物貂像猫一样爱干净，喜欢将身体蜷缩起来睡觉，聪明伶俐。同时，它又像狗一样亲近人，喜欢跟着主人东奔西跑，尤其是它对一切都充满好奇，不畏缩不郁闷，富有探索精神，给主人的生活增添无穷乐趣。

一般来说，貂儿的寿命在 8 至 12 年。年轻的貂儿顽皮活泼，生性好动。5 岁以后，它们就会开始变得文静起来。但是文静的它们仍然喜欢和主人玩耍，会向主人索取更多的关爱。它们会在你看电视的时候爬到你的膝盖上，让你抚摸着它们的肚皮，呼呼大睡。

品位家居篇

装饰爱巢

工艺摆设

根雕

根雕，是以树根（包括树身、树瘤、竹根等）的自生形态及畸变形态为艺术创作对象，通过构思立意、艺术加工及工艺处理，创作出人物、动物、器物等艺术形象作品。根雕艺术是发现自然美而又显示创造性加工的造型艺术，所谓“三分人工，七分天成”，就是说在根雕创作中，大部分应利用根材的天然形态来表现艺术形象，少部分进行人工处理修饰，因此，根雕又被称为“根的艺术”或“根艺”。

根雕与雕刻之间有着不可分离的关系，但是雕刻的技术会直接影响到根雕的价值，所以价值的总取向在于它的本身，如材质、自然的形状等。其中在根雕中自然形状有着很大的影响，否则和雕刻就纠缠不清了，所以应注重材料的自然形成。

常用的木材主要有以下几种：

1. 荔枝木

荔枝木，常绿乔木，属无患子科植物，是一种硬木，是上乘木材，它的抗酸性很强。材质硬重，坚韧耐用，不怕水的浸泡，是木雕、家具良材。凡百年以上的老荔枝木，其树根盘缠树结造型好，比一般红木更具观赏价值。

2. 鸡翅木

即“鸂鶒木”，又写作“杞梓木”，是木材心材的弦切面上有鸡翅（“V”字形）花纹的一类红木。鸡翅木以显著、独特的纹理著称，历来深受文人雅士和广大消费者喜爱。福禄源的鸡翅木作品注重呈现鸡翅的纹理及自然色泽，既名贵又情真意切，不失为送礼、收藏之佳品。

3. 樟木

别名香樟木，全株具香气。产于中国长江流域及以南广大地区，处处山谷有之。树皮黄褐色略暗灰，心材红褐色。质重而硬，木大者数抱，肌理细而错综有纹。切面光滑有泽，油漆后色泽美丽，干燥后不易变形，耐久性强，易于雕刻。福禄源香樟木雕，均选用百年以上整块良材，无任何拼接，作品干净美观，大方动人、栩栩如生。并散发出淡淡香樟气味，具有驱虫杀菌，净化空气的效果，是家居摆设，馈赠亲友的上乘之选。

4. 黄杨木

千年难长黄杨木，黄杨木生长缓慢，一般要40~50年才能长到3~5米高，直径不足10厘米，因其难长固无大料，所以只适合雕刻小型人物。但它质地坚韧，纹理细腻，硬度适中，色泽艳丽，有的呈蛋黄色，经精雕细刻磨光之后能与象牙媲美。随着年代久远，其颜色由浅入深，古朴美观。在中国民间黄杨木一直被奉为百毒不侵，镇恶辟邪，平安吉祥上品。

5. 榧木

又称香榧木，乃千年成材之名木，豆杉科。产于日韩及中国云南四川横断山脉海拔3000~4000米的高山之巅，材质坚实牢固，纹理细密通直，色泽金黄悦目，气味芳香怡人，实为制造根雕工艺品珍稀良材。

6. 花梨木

其木纹有若虎皮纹，亦类狸斑，又名"花狸"，霸气十足。老者纹卷曲，嫩者纹直。木结花纹圆晕如钱，色彩鲜艳，纹理清晰美丽，可做家具及文房诸器。

7. 缅甸黄金樟

缅甸三大国宝：黄金樟、玉石、柚木。缅甸黄金樟从生长到成材最少经50年，生长缓慢，硬度高，不易磨损。同时，它还含有极重的油质和铁质，这种油质和铁质使之保持不变形、防酸碱，防潮耐腐，更为神奇的是它打磨刨光后的颜色经过光合作用而氧化成金黄色，且颜色随时间流长而越加高贵，是极品雕刻材料。也正因缅甸黄金樟具有如此优良特性，而成为高档木材中的首选极品。

8. 红豆杉

又称紫杉、赤柏松，是第四纪冰期孑遗的古老树种。红豆杉中含有的紫杉醇，具有独特的抗癌机制和较高的抗癌活性，能阻止癌细胞的繁殖、抑制肿瘤细胞的迁移，被公认是当今天然药物领域中最重要的抗癌活性物质。红豆杉一般成树要生长100~250年，是一种濒临灭绝的珍贵植物，我国已将其列为一级珍稀濒危保护植物。

小贴士

根雕艺术品保养

根雕艺术保养，是使根雕作品长期流传的措施，必不可少，须注意以下几点：

（1）防止根雕作品在阳光下直接照射，更忌阳光长期照射，过强的光照会使作品颜色退化，表面蜡层熔化，漆膜老化而脱落，甚至出现材质开裂等现象。

（2）防止根雕作品在过阴暗潮湿环境中存放，湿度过高，易滋生霉菌和病虫害，造成霉变、虫蛀、产生腐烂空洞现象。根雕作品一般不宜水洗，更忌水中浸泡，注意空气流通。

（3）防止化学物质腐蚀性的东西接触根雕作品，以免发生化学反应，引起根雕表面保护膜毁坏或起壳等现象。

石雕

石雕，造型艺术的一种。又称雕刻，是雕、刻、塑三种创制方法的总称。指用各种可塑材料（如石膏、树脂等）或可雕、可刻的硬质材料（如木材、石头、金属、玉块、玛瑙等），创造出具有一定空间的可视、可触的艺术形象，借以反映社会生活、表达艺术家的审美感受、审美情感、审美理想的艺术。

石雕的历史可以追溯到距今一二十万年前的旧石器时代中期。从那时候起，石雕便一直沿传至今。在这漫长的历史中，石雕艺术的创作也不断地更新进步。不同时期，石雕在类型和样式风格上都有很大变迁；不同的需要，不同的审美追求，不同的社会环境和社会制度，都在制约着石雕创作的发展演变。石雕的历史是艺术的历史，也是文化内涵丰富的历史，更是形象生动而又实在的人类历史。

近年来，随着人们物质文化生活水平的不断提高和审美观点的不断改变，石雕制品的应用范围也在不断扩大。其数量庞大，类别繁多，是天然石材制品中种类最多的一种，也是异型石材制品中的一个大类。其加工的技艺要求和难度远高于其他类型的石材制品，它是艺术思维创作的完美结合和体现。目前，成批量加工的石雕就有百余种，既有须用起重设备安装的整体或组合式巨型雕刻件，也有可置于掌心、浮于水面、挂于脖子或戴在手腕的欣赏品和装饰品。对于众多种类的石雕，目前尚没有统一的国家标准，也很难精确分类。

玉雕

玉雕是中国最古老的雕刻品种之一。早在新石器时代晚期，中华民族就有了玉制工具。商周时期，制玉成为一种专业，玉器成了礼仪用具和装饰佩件。玉石历来被人们当作珍宝，在中国古代，玉被当作美好品物的标志和君子风范的象征。

玉，实际是优质的石。玉石的种类非常多，有白玉、黄玉、碧玉、翡翠及玛瑙、绿松石、芙蓉石等。玉石经加工雕琢成为精美的工艺品，称为玉雕。工艺师在制作过程中，根据不同玉料的天然颜色和自然形状，经过精心设计、反复琢磨，才能把玉石雕制成精美的工艺品。玉雕的品种很多，主要有人物、器具、鸟兽、花卉等大件作品，也有别针、戒指、印章、饰物等小件作品。北京的故宫博物院中收藏的大型玉雕“大禹治水”，就显示了中国玉雕的高超技艺。

中国玉器的主要产地有北京、上海、广州、辽宁、江苏、新疆，还有近代出现的青海等地。中国的玉雕作品在世界上享有很高的声誉，广受中国人尊重珍爱。自文明之始，以迄今日，无论中国文化经历过何等巨大的激荡，崇玉与爱玉的民族情怀，仍是根深蒂固，玉雕艺术也绵延不绝。东方文明的智慧在玉器上闪烁着璀璨的光芒，它是中国传统手工艺中最富魅力的一种，值得我们珍爱。

木雕

木雕是雕塑的一种，在我们国家常常被称为“民间工艺”。木雕可以分为立体圆雕、根雕、浮雕三大类。木雕是从木工中分离出来的一个工种，在我们国家的工种分类中为“精细木工”。以雕刻材料分类的民间美术品种。一般选用质地细密坚韧，不易变形的树种如楠木、紫檀、樟木、柏木、银杏、沉香、红木、龙眼等。采用自然形态的树根雕刻艺术品则为“树根雕刻”。木雕有圆雕、浮雕、镂雕或几种技法并用。有的还涂色施彩用以保护木质和美化。

木雕工艺品有着悠久的历史渊源，好的工艺品能体现出雕刻师的聪明才智和精湛的雕刻技术。另外，选材也很重要。木头有的松软、有的粗硬，一般木头松软的易雕，粗硬沉重的难雕。木质坚韧、纹理细密、色泽光亮的称之为硬木，如红木、黄杨木、花梨木、扁桃木、榔木等，具有雕刻的全部优点，是雕刻的上等材料，适合雕刻结构复杂的、造型细密的作品，而且在制作过程中和保存时不易断裂受损，有很高的收藏价值，只是雕起来比较费工夫、容易损伤刀具。

比较疏松的木质适合初学者用，如椴木、银杏木、樟木、松木等。这类木材适合雕刻造型结构简单、形象比较概括的作品，雕琢起来也比较容易，但因其木质软、色泽弱，有的需要着色处理，以加强量感。有些木纹比较明显而且变化多端，如：水曲柳、松木、冷杉木等，就可以巧用木纹的流畅、木纹的肌理，作一些较抒情的作品。一般说来，造型起伏越大，木纹的变化越丰富，也就越有味；造型的形状动态越婉转、流畅，木纹走向的效果也就越是理想，以至出乎意料的好看，极富装饰性。当然，这种木材的造型设计应是以高度概括为主，过于复杂和过于小的体积，不仅会破坏木纹，还会造成视觉上的反差。所以在创作一件作品之前，首先要对木材有所认识，选择适合于所表现的材料十分重要。

此外，对于收藏工艺品的人来说，收藏自己喜欢的工艺品，能陶冶情操，能给自己繁忙的空间注入无限的活力，同时给自己创造出丰富的想象空间。如何让自己喜欢的东西能永葆青春，永远散发着生命的活力，那就和如何有效地收藏保养工艺品有很大的关系。下面给大家介绍一些木雕工艺品的保养方法：

（1）木雕工艺品不宜长时间放在烈日下曝晒而开裂。木雕工艺品就像人一样，曝晒，容易“中暑”的。所以在摆放的时候，就应该有意识地去注意，特别是不要把它们摆放在窗口。

（2）木雕工艺品不宜放置在极潮湿或者极干燥的室内。在很潮湿的环境里，部分木雕工艺品就会长“毛”。例如绿檀工艺品就会吐出银白色的丝出来。虽然那是一道美丽的风景，但是很多人不太喜欢。太干燥的环境，木雕工艺品有的可能会部分出现开裂的现象。况且大家现在的生活水平比过去要高得多了。最简单的就是体现在北方的生活冬天有暖气，夏天可以吹空调。因此就要注意木雕工艺品不要对着空调风口直吹，也不要把它放在暖气管的附近。

（3）木雕工艺品不宜放置于明火、火墙、火炕、火炉的附近。

（4）不宜用带水的毛巾擦拭，用含蜡质的或含油脂的纯棉毛巾擦拭为佳。平常根据室内干净与否，经常用干棉布或鸡毛掸子将木雕工艺品上的灰尘掸去，以显示其自然之美，如果发现木雕工艺品的光泽不好时，可以用刷子将上光蜡涂于木雕工艺品的表面，用抹布擦一下抛光即可。当然也可以用纯棉毛巾蘸一些核桃仁油轻轻地擦在木雕工艺品的表面也可以达到理想的效果。不过切记的是，不要用带水的毛巾擦拭，这样会使木雕工艺品过于潮湿，反而达不到预期的效果，而且还伤害它们。

小贴士

如何处理木雕材料

要想处理好木雕材料，主要可以借助以下3种方法：

（1）人工干燥：将木材密封在蒸气干燥室内，借蒸气促进水分蒸发，使木材干燥。（根据木材的大小、厚薄，如4厘米板材烘干时间一般需要一个星期），干燥的程度最高可使木材含水量仅达3%。但经过高温蒸发后的木质发脆失去韧性容易受到损坏而不利于雕刻。通常讲原木干燥的程度应保持在含水量30%左右。

（2）自然干燥：将木材分类放置通风处（板材、方才或圆木），搁置成垛，垛底离地60厘米左右，中间留有空隙，使空气流通，带走水分，木材逐渐干燥。自然干燥一般要经过数年或数月，才能达到一定的干燥要求。

（3）简易人工干燥：一是用火烤干木料内部水分。二是用水煮去木料中的树脂成分，然后放在空气中干燥或烘干。这两种方法干燥时间可能缩短，但浸水后的木材容易变色，有损木质。

装饰碗、盆

如果你是咖啡控，不妨在客厅一角设一个柜，陈列上你搜罗的来自各个国家的咖啡杯；如果你是爱酒人，可以在饭厅边设立一个酒柜，专业的水晶杯、香槟杯、醒酒器必不可少；但如果爱极了做饭，各色的厨房用品必然是你的最爱，值得陈列出来，让大家看你有多专业。

（1）如果空间不够大，在墙上放一个放置碟子的装饰架，也有家的温馨。

（2）充满设计感的餐边柜写满了岁月的痕迹，放上一些瓶瓶罐罐，再加上一些植物，就能成为装饰柜。

（3）水槽上方是值得利用的空间，可以挂上各色用具，拿起来很方便，挂着也很好看。当然，你必须考虑下身高，当心碰头。对很爱酒的人来说，这个地方也是放酒杯的好地方，安置上挂杯的地方，实用性也非常高。

（4）各种塞得满满的架子让人看了满心欢喜。家里必然要充满各种实用物品，才能让人心生温暖。

（5）如果厨房够大够明亮，可以考虑不使用封闭式橱柜，而使用全开放式的隔板。各色盘子、瓶子放置在上面，既方便拿取，也很好看。

（6）好酒自然是放进酒柜里，但是日常饮用的餐酒，其实一个这样的酒柜就很实用，放在客厅或是厨房一角，甚至是点亮空间的好工具。

客厅装饰画

客厅在家居生活中的地位是不言而喻的，它不但是最主要的活动场所，而且负有联系内外，沟通宾主的使命。因此，客厅往往被主人列为重中之重，而几幅精心挑选的装饰画能够起到画龙点睛之用，充分体现主人的品位和意境。

客厅装饰画的材料不需要奢华，也不必刻意雕琢，但要营造出一种安宁温馨的氛围和纯朴的情调，借以展示主人独特的审美情趣，并且能让居室环境更加协调和谐，使“斯是陋室，唯吾德馨”的家洋溢出一种浓厚的人文色彩。

首先选画要根据客厅装修风格而定，纯欧式风格适合西方古典油画，别墅等高档住宅可以考虑选择一些名人字画；偏中式风格的房间最好选择国画、书法作品等，图案以传统的写意山水、花鸟为主。也可以选择用特殊材料制作的画，如花泥画、剪纸画、木刻画和绳结画等，因为这些装饰画多数带有强烈的传统民俗色彩，和中式装修风格十分契合，另外，这种装饰画也很适合那些对此有特殊爱好的业主。

装饰画悬挂位置一般在与电视墙相对的墙上，即背靠沙发的墙上，这里最适合悬挂一幅大尺寸的国画、题材可以是传统风水意义的山水画、吉祥寓意的九鱼图、富贵天香的牡丹画。由于沙发通常是客厅内的主角，在选择客厅装饰画时常常以沙发为中心。中性色和浅色沙发适合搭配暖色调的装饰画，红色等颜色比较鲜亮的沙发适合配以中性基调或相同相近色系的装饰画。

花艺装饰

花瓶

花瓶本身可作为摆设点缀家居。所以，花瓶的选择很重要，玻璃花瓶、陶瓷花瓶、彩色花瓶、水晶花瓶，各有各的风格，而最重要的是花瓶的摆设要与周围的环境相吻合，才能营造出生气勃勃的气氛。那如何选择花瓶呢?

水晶花瓶是比较常见的，也是居家中用得最多的一种，玲珑的水晶花瓶上用磨砂的手法表现出繁复的花卉图案，增加了整个水晶花瓶的质感，即使单独放在家里，它也绝对是一件不错的家居饰品。

当代气息的玻璃花瓶很适宜摆放于厅室内博古几架上和装饰柜中。它们与其余装饰品交相辉映，共同美化你的生活。随着科技的发展，在颜色上它们已一改透明晶莹的传统观感。含有钽的红色，含有钴的蓝色，含有铝的绿色，含有锰的紫色，不断使玻璃花瓶的颜色有了大的突破。此外，因颜色配方的不断调节，金黄色、紫红色、乳白色等也相继登场，五彩纷呈，造成了梦幻般的效果。这给量力而行、因地制宜选择绝佳花瓶留下了很大的盘旋余地。

用花瓶来点缀房屋应依据房屋空间和家私的形状、大小来挑选。如厅室较狭小，就不宜选体积过大的大花瓶，以防止产生拥挤压抑的感觉，在布置时宜选用“点状装饰法”，即在恰当的地方摆置细腻玲珑的花瓶，起到装点、强化的装饰效果。而面积较宽阔的房屋则可挑选体积非常大的品种，如半人高的落地瓷花瓶、精心地配置几架的彩色绘制玻璃花瓶，都能为房屋增添一份清雅祥和的氛围。

用花瓶布置时还应思考颜色既要和谐，又要有比对。应依据房屋空间内墙面、天花板吊顶、地板以及家私和其余陈设物的颜色来选定。如房屋空间色调偏冷，则可思考暖色调的花瓶，以增强房屋空间内热烈而活跃的氛围。反之，则可布置冷色调的花瓶，给人们以宁静安详的感觉。

一般说来，市场上竞相亮相的玻璃花瓶有两类：一类是含 24% 以上氧化铝的晶质玻璃花瓶，制造手段有机械压制和手工吹制，特点是似水晶般透明。花瓶上不一样角度线条造成彼此间的折射，给人们以质量感觉很厚的感觉，造型更是新品迭出，使人爱不释手。另一类是彩色绘制玻璃花瓶。它是先将窑中各类色彩的玻璃溶液由人工吹制成各类器型毛坯，再经手工切割、车刻、金属镶嵌、堆花雕塑、描金上彩和重复烧烘显色处理而成。它们装饰效果异常细腻精致，夺目刺眼，让人叹为观止。

小贴士

如何选购满意的花瓶

大家在选购花瓶时一定要注意以下几点，这样才能选到满意的花瓶：

（1）首先要查看瓶底是否平稳。将花瓶放置在一个平面上，用手轻轻碰触，看花瓶是否会摇晃。

（2）查看瓶身颜色是否均匀。关于这一点彩色花瓶尤其要注意。

（3）要查看花瓶表面是否有黑色的大块的颗粒状物体，为花瓶制作原料未完全化开造成的，颗粒极小没有大碍，如果大于5毫米则需要和卖方联系提出更换产品。

（4）查看花瓶表面是否有大量的气泡（属于故意制作的气泡类花瓶除外）。如果气泡很多且集中在一起，不可；气泡直径过大，也不可。

（5）花瓶口部如为割口，需要看口部是不是有崩茬。花瓶口部为开口，看口部是否凹凸不平。

花盆

随着人们生活条件的改善，家庭养花已成为一种时尚。有些人喜欢养花，却不会选择花盆，达不到预期的美化效果，因为好花有妙器配才相宜。花盆的种类很多，按其材料有素烧盆、紫砂盆、釉盆、瓷盆、石盆、木（桶）盆、水泥盆、塑料盆、玻璃盆、竹编盆等之分；按其形状有圆、方、梅花、六角、八角、签筒形之异；按其高矮有高脚、低脚、浅盆之别。加上体积大小、色泽深浅，可谓形形色色，种类繁多。那么什么样的花盆好呢？一般来讲，透气、渗水、轻便是选择花盆最基本的要求。

瓦盆这几个优点都具备，而且价格低廉，故使用最多。紫砂盆古朴大方，装饰华美，具有良好的透气性和排水性，用其栽花易成活、不烂根，宜栽兰花、梅花、树桩 盆景及一些生命力较强的花卉。釉盆、瓷盆美观雅致，适宜套盆用。塑料盆轻巧秀丽，适宜栽植藤萝植物，供悬挂使用。

签筒类花盆，口小盆深，宜栽紫藤、吊兰、常春藤等悬垂式花草。口大而高矮适中的花盆，宜栽杜鹃、米兰、茶花、海棠、石榴等丛生状花木。特大型花盆，又称花缸，则是棕榈、广玉兰、白兰、桂树、铁树、金橘、睡莲等花卉种植的佳器。浅口的盆具适宜赤楠、五针松、黄杨、南天竹等盆景树种的栽培。微型的掌上花盆，小巧纤美，栽上文竹、仙人球之类的花草，更显清雅别致。

市场上较为畅销的是仿古陶钵，这种仿古青铜、古彩的花钵，古色古香中透着一种来自远古的凝重，正符合人们当前怀旧和复古的时尚。总之，花盆的大小选择，取决于植株的大小，花盆的形状、色泽要与花木冠形、色彩以及居室的摆设相协调。

花栅栏

花栅栏一般是木质和塑料两种材质。木质栅栏有种原始、自然的味道，但木种多样，质量不一，要小心选购，实木材质相对质量好些；塑料栅栏经济实惠、颜色多样，而且清洁打理比较简单，不用担心会潮湿问题。

选购花栅栏要把好质量关。一般来说，要求各个栅栏条尺寸一致，参差不齐的尺寸会影响其外观和平稳性。然后要检查栅栏的各个缝合处是否紧密、稳固。木质栅栏的油漆很重要，关乎它的美观和防潮性能，必须喷涂均匀，没有气泡。

花栅栏由于用以围栏花圃，难免会染上灰尘泥土，可以定期用毛刷清理栅栏表面的灰尘，再以湿抹布擦拭干净。木质栅栏要定期进行补漆工作，保证栅栏的观赏性和防腐性。塑料金属材质栅栏则可以直接用水冲洗。日常要避免不小心碰撞对栅栏造成结构破坏，定期检查，发现有破损的地方要及时修补。

仿真花卉

仿真花卉,特别是高仿绿植可以在视觉上扮美家居,带给我们更多自然的野趣。更重要的是,仿真花卉让我们省去了很多照顾花卉的时间,也因此省去了不少麻烦。此外，如今的高仿真花卉有以下几个特点：

1. 高仿真

这是仿真花卉最直观、也最吸引人的特点。和早期简单甚至简陋的“祖先”相比，仿真花卉在外形、颜色甚至手感上都与真花卉别无二致，从视觉上足以达到以假乱真的效果。

2. 高品质

和真花卉比起来，仿真花卉的使用时间长得惊人。如果不是常年雨淋日晒，小到仙人掌，大到棕榈树，都能完好放置几年甚至十几年。仿真花卉保鲜周期很长，又能防水、防氧化，极易保养，无需花很多时间照料。使用了很久的花卉，用抹布蘸水擦拭又能光洁如新。

3. 家里种树，天天赏花

仿真花卉种类繁多，像一般的大型金棕榈、椰子树，高度可达数米，价格从几千元到几万元不等；中型的有苏铁、天堂鸟、巨型仙人掌等，约一人高；小型的如各种鲜花、小仙人掌，有的鲜花还特地设计成含苞待放的样子，价格从几十元到几百元，适合一般家庭使用。

4. 真假搭配效果好

仿真花卉也有它的局限性。首当其冲的就是它不具有真实花卉的气味和光合作用，因此它不能起到任何清新空气的功效，而仅仅起到和壁画、海报一样的装饰作用。所以，使用仿真花卉，不妨与真花搭配摆放，这样既使室内花卉装饰多种多样，又能保持栽培的乐趣而不至于烦恼，还可使室内空气清新，一举多得。

其他花器

容器是插花作品的一个有机的部分，一般从以下几个方面考虑插花对容器的要求：

（1）容器的质地：容器有陶的、瓷的、玻璃的、竹制的，不同的质地应与不同的花材搭配，以形成不同风格的插花艺术作品。如牡丹、芍药须配以富丽堂皇的瓷器、而山花野草配以竹编的容器也自会相得益彰。

（2）容器的形状：容器的形状五花八门，可以抽象分类为浅盘式与高身式；初学者可先选用浅盘，练习插花的构图设色等基本功。

（3）容器的色彩：插花一般最宜选择造型和色彩都很简单朴素的容器。如用多彩色的容器，则花色宜单纯，并且是容器的色彩之一，这样既突出了花材，又易于协调。

墙面装饰

油画

油画是以用快干性的植物油（亚麻仁油、罂粟油、核桃油等）调和颜料，在画布亚麻布、纸板或木板上进行制作的一个画种。作画时使用的稀释剂为挥发性的松节油和干性的亚麻仁油等。画面所附着的颜料有较强的硬度，当画面干燥后，能长期保持光泽。凭借颜料的遮盖力和透明性能较充分地表现描绘对象，色彩丰富，立体质感强。如今很多家庭都会选择油画来做装饰。在选择油画装饰墙面时，应该遵照以下原则：

（1）油画要和自己的装修风格协调，简约的居室配现代感强的油画会使房间充满活力，可选无外框油画。欧式和古典的居室选择写实风格的油画，如人物肖像、风景等。最好加浮雕外框，显得富丽堂皇，雍容华贵。

（2）色彩上和室内的墙面家具陈设有呼应，不显得孤立。如果是深沉稳重的家具式样，画就要选与之协调的古朴素雅的画。若是明亮简洁的家具和装修，最好选择活泼、温馨、前卫、抽象类的。

（3）最重要的，当然是要选择你自己喜欢的，相比之下其他都是次要的，能给你带来心灵愉悦和放松是油画的最大价值。

（4）尽量选择手绘油画，现在市场有印刷填色的仿真油画，时间长了会氧化变色。一般从画面的笔触就能分辨出：手绘油画的画面有明显的凹凸感，而印刷的画面平滑，只是局部用油画颜料填色。

清洗和除旧光油

油画作品在保存过程中难免会发黄变暗，这是由于表层光油被氧化的结果。至今还没有一种不会被氧化的光油，清除掉旧光油层重新上光是恢复作品原貌的唯一办法。常用的清洗溶剂有：

（1）松节油。对旧油画作用弱，而对新色层作用强，尤其用热水加温后使用效果更佳。

（2）精制汽油和苯（甲苯、二甲苯）。对树脂的溶解力比松节油强。

（3）乙醇（无水酒精）和甲醇（木醇）。是树脂的强力溶剂。

（4）丙酮和氯仿。能迅速溶解树脂和油层。美术用品商店出售的清洗剂一般是几种溶剂混合而成，强溶剂不能单独使用。现代油画多采用树脂光油，用松节油就能清洗掉。国内老一辈油画家多使用油质上光油，需要松节油和无水酒精混合使用。而丙酮只有在清洗古代作品时作为添加剂使用。

（5）过氧化氢。有许多名贵的白色颜料的物质是铅盐，在空气含有微量的硫化氢气体，当硫化氢遇到铅离子时，会发生化学反应，生成接近黑色的固体硫化铅，使油画变暗，而过氧化氢可以将硫化铅氧化为白色的硫酸铅 4。

擦拭的方法：用白色脱脂棉球（医药商店有售）蘸清洗洁剂从画面的一角做圆周式擦拭，每一部分擦拭的时间不易太长，以免损伤色层。棉球被染满黄色光油之后要马上更换新的。第一遍大部分旧光油能被清洗掉，清洗第二遍时对于顽固部分可加入强溶剂。因挤压而损伤造成的污痕以及蝇屎污点可使用刀具清除。

小贴士

油画的悬挂技巧

油画比起其他画种在陈列上有它的局限性。首先是容易反光，另外，用厚涂法强调画面肌理的油画，因有起伏而容易积尘。为了达到较好的视觉效果和保护画面，在悬挂时应有一个向前下方的倾斜度。油画面对正面光时，效果往往较差，应采用侧前上方光线，且尽可能做到悬挂处的光源与作画时的光源相一致，如作画时光源在左侧，悬挂时也应与此光源一致。

相片墙

相片墙是最近几年流行的一种由多个相框组成的相框组合墙，简称相片墙。相片墙的选择要根据居室和要悬挂的图片风格而定，和谐统一是关键。

1. 相片墙的类型

（1）宝宝成长相片墙：可以纪录宝宝每个月每年的成长靓照，让你的宝宝长大以后可以慢慢回味童年的记忆。

（2）个人写真相片墙：把自己拍的个人写真做成一个系列挂在墙上，效果真的不错，赶快行动吧。

（3）全家福照相片墙：家里所有的成员照片包括自己的亲戚朋友挂在一个墙上，你的亲戚和朋友来了，肯定会给他们眼前一亮的感觉。

（4）旅游出差相片墙：到某某地方旅游和出差，一定在当地拍了好多好多当地的风土人情照片。把它们放在一起也是不错的选择。

（5）并不是名家画作或者艺术照片才值得挂上墙面，像商业广告、孩子的涂鸦、随手的笔迹、美丽的蕾丝或者杂志上的图片，甚至户外收集的植物标本，都可以成为装饰墙面的元素。

2. 相片墙的颜色

（1）咖啡色让人安静，心灵不再浮躁，咖啡色的爱情，浓郁清香。

（2）红木色自身的高雅，天然纹理和光润色泽，使相框产生一种崭新的意韵。并运用精湛无比的制作工艺，使相框的构造实现了科学与艺术的完美结合。

（3）金色代表着灿烂辉煌与永恒，生命与美好同在。银色代表前卫和经典的一种新型流行元素，装扮闪亮的未来世界。

（4）白色是没有经过染色的原来的颜色，给人一种真实，透明的感觉。

（5）黑色代表最新时尚潮流；黑色同时也代表一种稳定，庄重和典雅神秘的感觉。

（6）本色是没有经过染色的原来的颜色，给人一种真实，透明的感觉。

（7）蓝色，安宁、清新、秀丽、悠远，如蓝天、大海使人心胸开阔。

彩画壁画

彩画壁画就是墙上的精美彩色画作，可以为家居增添许多的色彩。现代的家居一般不会像传统一样直接在墙上作画，而是以壁纸的形式把画作黏贴在墙上，收到的效果也很好，而且保养打理起来更加轻松方便。

环保是选择彩画壁画的首要条件。壁纸分为多种材料，在家庭中，尽量不选用PVC合成壁纸，因为PVC的环保性能相对于天然材质的木浆壁纸、木纤维壁纸、织物壁纸要差，尤其是那些闻起来有塑料味的壁纸。

在选择彩画壁画时要从整体考虑，可能你会很喜欢某款壁纸的图案、颜色，但当它大面积铺开后，效果不一定会很好，或又和房间、家具的整体风格不一致，所以壁纸的选择要从整体入手。一般每个房间根据不同的功能选用不同花色和颜色的壁纸，同时对中意的壁纸一定要拿到2米以外逆光找感觉。

正规品牌售后服务好。产品的售前售后服务也是不容忽视的。售前服务方面，品牌专卖店的销售人员都受过专业培训，他们会根据消费者家中的家居风格和审美偏好来提供顾问式的帮助，并详细介绍如何选择特质胶粉和配套基膜以达到最好的环保标准和粘贴效果。而且维护方面：大品牌都会有一年免费保养，十年质保，终生维护。

立体装饰画

经过专业制作的立体装饰画具有立体感强、层次分明、色彩艳丽、手感好、档次高、具有强大的感官视觉冲击力，能使观看者仿佛置身于画中的世界与意境中，使得观者驻足观看，伸手触摸……立体画各种独特效果充分拓展了人的视觉欣赏视野，是家庭装饰中提高品位，个人展现自我与个性的最佳选择。

如何选择立体装饰画呢？

1. 看手工

立体装饰画多是手工制作，有雕刻、编织和粘贴等几种形式。购买的时候，首先要看画面整体感觉，看上去要舒适、和谐；然后可以用手摸一下，雕刻要平滑，编织、粘贴的则要牢固。

2. 看图案

立体装饰画一般有人物、花卉、风景和抽象等内容，各有特色，选购的时候要根据放置的空间选择合适的图案，避免与空间的风格相冲突。

3. 画框颜色要与环境融合

家中总是充满各种色彩，无论是墙壁色，还是家具、地面、窗帘、沙发等的颜色都会各不相同，此时画框的选择应当主要考虑的就是环境陈设与作品本身的色彩。如果室内陈设以白色为主调，画框颜色不宜太深重；反过来，室内陈设色彩浓烈，就不宜选择全白的画框。至于作品本身，画框的颜色应与之协调，对比不应太强烈。

工艺壁画

壁画，墙壁上的艺术，即人们直接画在墙面上的画。作为建筑物的附属部分，它的装饰和美化功能使它成为环境艺术的一个重要方面。壁画为人类历史上最早的绘画形式之一。

绘画工艺是指以工艺制作手段来完成最后效果的壁画。由于手工工艺或现代工艺的制作，加上各种材料的质感、肌理性能，能达到其他绘画手段所不能达到的特殊艺术效果，故被现代壁画广泛采用，分为以下几种：

（1）壁雕，介于雕刻和壁画之间，倾向平面化构图，不以体积造型为主，故仍接近壁画，有浅浮雕、深浮雕及阴刻线等手法，材料有石质、水泥、陶瓷、木雕、青铜等。

（2）壁刻，用水泥掺和白垩土、石灰、石英砂，再调进颜料，做出壁面，未干时，剥刻出不同色层，做成壁画。

（3）镶嵌壁画，主要以水泥调入黏合剂，用色石子、陶瓷片、色玻璃、贝壳、珐琅、宝石等颗粒拼嵌而成。

（4）陶瓷壁画，便于制作，坚固耐久，有良好的视觉效果，为现代壁画广泛使用的手段。还可利用各种工艺制作壁画，如磨漆、漆画、织毯、印染、人造树脂、合成纤维等。

一般来说选购工艺壁画有三个原则。一是能够反映居室个性特点；二是与整个室内装饰气氛相协调，能体现出居室风格；三是选购那些或奔放，或优雅，或明快，或宁静，或浓艳，或浅淡，能与居住者的性格、爱好相投的画。这样才能收到怡情悦目、轻松愉快的效果。

目前市场上的工艺壁画品种繁多，常见的有镶嵌画、摄影画、挂毯画、丙烯画、玻璃画、竹编画、抽纱画、剪纸画、木刻画、绳结画、磨漆画等。由于各类装饰画表现的题材和内容不同，因此选购时应注意是否适合自己的需要。其中，镶嵌画、丙烯画、玻璃画具有色彩鲜艳夺目，易于表现热烈感情的新生活的特点，适宜新婚家庭布置；挂毯画、竹编画、绳结画古朴端庄、富于韵味、艺术气氛浓厚，适宜和颜色较深的中式家具配套；摄影画则具有画面明朗、层次清晰、视野开阔的特点，特别是大幅摄影画，适宜与组合家具衬托，可增强家庭居室中的时代感。

小贴士

现代壁画的特点

现代壁画随着现代社会生活多元化、个性化的发展，艺术上出现了更多的以“表现自我”为中心的艺术形式，现代壁画与建筑环境艺术为了顺应社会发展的需要，出现了多种多样的艺术形式，为人们创造了一个多元化的文化环境。

随着人们审美观念的变化，城市化进程的不断加快，现代建筑环境对壁画的要求，壁画语言发生了较大的变化，现代壁画无论从表现形式、语言内涵到其社会功能都与传统壁画有着较大差异。

现代壁画随着社会的发展也在不断的进步与发展，在互联网没有普及的岁月，人们更青睐于写实的、具象的、内容烦冗丰富的，但随着互联网的诞生与普及，人们受着过量信息的困扰，内心变得疲惫，需要的是放松、明快、简约的东西被再一次的肯定，壁画领域也随之而改变，不断地推陈出新，来符合人们的需要与发展 。

水墨、水粉画

水墨画又叫国画，是中国的传统画作，而水粉画是西方经典的画作，两者在取材、画工上互有不同，各有各的特点。

一般家庭购买的都是一般的水墨 / 水粉画，而不会选择名贵的画作，再者我们通常不具备专业的鉴别画作的知识和技巧，所以这里说说一般的选购水墨 / 水粉画的技巧。

1. 看画面

我们买水墨 / 水粉画是为了装饰我们的家居，所以画面是最重要的。虽然我们不会很细地去鉴别一幅画的构图、画工什么的，但是起码画作看上去要舒服和谐，没有明显的粗糙；动物人物画要传神，风景画则要怡人。

2. 看画纸

画纸要平整，没有破损、裂缝和明显的污迹。要避免购买受潮的画作。

3. 看装裱

装裱对画作很重要，高质量的装裱有利于画作的保养，可以延长画作的寿命。还有精美的装裱对画作也是很好的装饰，让画作看上去更美观。

无框画挂钟

现如今，场上无框画艺术挂钟的产品很多，不同的材料、工艺、规格、质量，形成了高档和中低档之分，当然价格也有高低之差。作为消费者，有必要弄清楚这些区别，从而有目的地选购。下面从图案、主板、表面工艺、边角处理、外观五个方面来进行简单介绍，抛砖引玉，供大家借鉴。

（1）好的无框画，要求图案色彩还原清晰、逼真、艳丽，当然由于显示器等原因，允许有一些色差存在。高档的无框装饰画品牌因为拥有原始的画样，经过设计师的精心设计创作，从而保证了高质量的制画效果。而一些低档无框画，由于无法取得原始的画样，因此也无法达到高质量的制画效果，表现在画面模糊、色彩失真，偏差很大，往往图片非常漂亮诱人，但实物看起来令人失望。

（2）主板。无框画艺术挂钟对主板的要求极其严格，一是平整性，如果主板本身并不平整，有凹凸不平或者有细小的颗粒，均会引起画面的不平整，从而影响无框画的视觉效果；二是不易变形，在装饰家居时每天要经受热胀冷缩、风吹光照等。质量差的不出一两年主板就会变形扭曲，即使是有轻微的扭曲变形，在室内不同光线照射下也会令其丑陋不堪。一些廉价低档无框画为节约成本，大多采用无品牌的普通密度板，这种板材密度系数低，重量轻，不仅表面不够平整，而且极易变形。高档无框画艺术挂钟大多采用进口或品牌实心高密度板，同时板材经过严格的预处理，可以保证主板的平整和不变形。由于密度高，重量也较重。相对来说，厚度大、分量重的主板其抗扭曲性也越好。值得注意的是，目前市面上有些厚板是空心板或中间加了填充物的，所以虽然看起来厚，但掂起来感觉并不怎么重。这要从两方面来看，一些大规格或超大规格的高档品牌为了降低成本，提高产品的性价比，采用进口高密度板加镂空内框架技术做成主板，外观工艺跟厚实心板完全一样，这种产品质量保证，可谓价廉物美，大家完全可以放心购买。

（3）表面工艺。高质量的无框画艺术挂钟采用进口高光纸，经激光写真，采用拉米娜工艺热裱在主板上，表面再热覆一层1毫米有质感经纬膜，并使用凹凸压制技术使画面反光率更低，防晒可擦洗，色彩历久弥新。低档的产品为了节约成本，表面一般用亚光磨砂膜或亮膜，装裱工艺简单，表面反光率较大，在日光照射下短时间内就会出现褪色、变色、失真和起泡现象。

（4）边角处理，这是许多人容易忽略的细节。高质量无框画艺术挂钟的边角经过模切处理，边缘线条清晰，没有弯曲斜边现象。边角采用与画面同一材质和色调的包边，画面与边角过渡更自然、平滑，不易开裂。侧面不使用油漆，没有刺鼻油漆味。另外产品背面的设计也十分完美，使用绒布贴面，使产品更显档次。

（5）在外观上，无框画艺术挂钟有薄板和厚板之分。厚板无框画艺术挂钟背面开凹槽，机芯嵌入板内，整块画板光洁平整，浑然一体，可紧贴于墙壁之上。薄板无框画艺术挂钟由于主板较薄，机芯只能装在主板外面，外附挂钩，为了保持垂直平衡，背面底部再装两只垫脚，这样挂在墙壁上后，画板和墙壁之间就有一段空隙。

特色工艺品

苏绣

苏州刺绣发源于苏州吴县一带，有着2000多年的历史。苏绣大多以名人书画为绣稿，有较高的欣赏价值和收藏价值。它的价值在于苏绣传承的是一门古老而精湛的工艺，其民俗风情、独特的地域特色和民族特色非常浓郁。这显然是对中华传统文化的收藏，同时也说明苏绣在未来的收藏市场上有着巨大的经济利益与潜力。

苏绣具有图案秀丽、构思巧妙、绣工细致、针法活泼、色彩清雅的独特风格，地方特色浓郁。绣技具有“平、齐、和、光、顺、匀”的特点。“平”指绣面平展；“齐”指图案边缘齐整；“细”指用针细巧，绣线精细；“密”指线条排列紧凑，不露针迹；“和”指设色适宜；“光”指光彩夺目，色泽鲜明；“顺”指丝理圆转自如；“匀”指线条精细均匀，疏密一致。在种类上，苏绣作品主要可分为零剪、戏衣、挂屏三大类，装饰性与实用性兼备。其中以“双面绣”作品最为精美。

当代苏绣大师充分吸取了蜀绣、粤绣、湘绣的优点，探索新的表现形式，用现代审美意识对刺绣技法进行再创造。他们广泛涉猎各种题材，如中式水墨画、西方油画、摄影题材等，这些都被苏绣大师绣入吴绫。他们在题材、内容、表现形式等方面进行探索和创新，为苏绣艺术的发展开创了一条新路。

苏绣是一项手工极强的传统艺术品，因此在目前的市场上，苏绣没有真伪之分，只有优劣之辨。一件好的苏绣艺术品是工艺性和艺术性的完美结合，作品凝结的艺术效果也就成为鉴别苏绣工艺品和艺术品的重要标准。一般通过以下几个方面来辨认。一是作品图案的整体构思，二是作品做工的精细程度，三是作品色彩的处理和艺术效果。一件艺术价值高的苏绣艺术品一般是图案秀美，做工精细，色彩典雅，富有深远的意境。而价值低劣的苏绣工艺品，图案一般比较呆板，缺乏艺术性，做工也相对粗糙。

挑选苏绣时最主要的是看苏绣表面的光洁度，如果绣的比较稀的话，光洁度就不够，好的绣品针线绣的很密，使图案有立体感，光洁度高。同时从苏绣花线的粗细也可以辨别出优劣，苏绣中一根花线的1/2粗称“一绒”，1/12粗称“一丝”。“劈丝”即将一根花线分为若干份。苏绣会根据不同的布质、色彩及题材，灵活综合运针，而且花线劈丝粗细合度，从而充分表现物体形象的质感。如绣金鱼鱼尾，用线要细，排针要虚，才能表现轻薄、透明感。再比如绣猫，根据对象毛丝变化规律掌握丝理，绣出来的猫毛茸茸地形万言书逼真生动，而绣的粗糙的猫毛就会像钢针一样扎着。

苏绣的座架一般为中国古典式红木雕花，因此看架子也是分别苏绣好坏的一种办法。质次的苏绣架子的材料一般都用白木，时间一长就容易龟裂。白木的手感很粗糙，而红木的手感细腻。

苏绣，不仅具有装饰价值，更是隐含极高的收藏潜力。那么，如何选择精品苏绣壁画呢？

好的苏绣作品是光感与色感的完美结合、针法的走向及丝线颜色的和谐搭配、作品意境与生命力的完美展现。挑选有收藏价值的精品苏绣要注意以下三个方面：

（1）看绣稿。以知名底稿创作而成的精品苏绣建议收藏爱好者首选。

（2）看技法。色感是否自然和谐，针法是否精湛细腻，作品是否有美感，是否鲜活有生命力。

（3）看名家。反映技艺、人文艺术和精神文化等时代特征，数量稀缺，有巨大的升值潜力。

小贴士

什么是双面绣

双面绣，就是在同一块底料上，在同一绣制过程中，绣出正反两面图像，轮廓完全一样，图案同样精美，都可供人仔细欣赏的绣品。在中国苏绣艺术中，双面绣是它皇冠上的一颗明珠，集中体现了苏绣的技艺水平。如今的双面绣已发展为双面异色、异形、异针的“三异绣”，把双异绣技术发展到神奇莫测的境界。绣制“双面异色绣”和“双面三异绣”，技艺的难度就更高了，除了双面绣的一般要求外，还要照顾到双面针脚、丝缕，做到两面色彩互不影响，针迹点滴不露，使两面异色分明，天衣无缝。

湘绣

湘绣是以湖南长沙为中心的带有鲜明湘楚文化特色的湖南刺绣产品的总称，是勤劳智慧的湖南人民在漫长的人类文明历史的发展过程中，精心创造的一种具有湘楚文化特色的民间工艺。湘绣是中国四大名绣之一，吸取了苏绣和粤绣的优点而发展起来。湘绣主要以纯丝、硬缎、软缎、透明纱和各种颜色的丝线、绒线绣制成。

湘绣绣品主要用真丝丝线在真丝织物上绣制图案，它既有名贵的欣赏艺术品，也有美观适用的日用品。主要品种有单面绣、双面绣、条屏、屏风、画片、被面、枕套、床罩、靠垫、桌布、手帕、各种绣衣以及宫廷扇、绣花鞋、手帕、围巾等各种生活日用品。每个品种可绣以风景、花鸟、动物走兽、人物肖像等图。工作之余欣赏把玩一下湘绣工艺品、湘绣艺术品，令人心旷神怡，其中滋味妙不可言。居家装饰也以湘绣体现品位和个性。穿着古朴典雅而不失现代的手工湘绣服装，也会给人一种富贵、高雅、脱俗的感受。

湘绣特点是丝细，后用皂荚仁溶液蒸煮，再裹起来揩拭，防止绒丝起毛，其光细胜眼于发丝，湘绣在配色上善于运用深浅灰及黑白色，加上适当的明暗对比，增强了质感和立体感，结构上虚实结合，善于利用空白，突出主题，形成了湘绣水墨画般的素雅品质。湘绣的传统题材是以狮、虎、松鼠等，特别是以虎最为多见。

湘绣巧妙地将我国传统的绘画、书法及其他艺术与刺绣融为一体，形成以中国画为基础，运用几近二百种颜色的绣线和上等丝绸、绸缎，手工以针代笔，巧妙地运用一百多种针法进行创作或还原画面的独一无二的中国刺绣流派。最显著的特点是色彩鲜艳，形象逼真，构图章法谨，画面质感强，无愧于“远观气势宏伟，近看出神入化”的艺术效果。湘绣多以国画为题材，形态生动逼真，风格豪放，曾有“绣花花生香，绣鸟能听声，绣虎能奔跑，绣人能传神”的美誉。

湘绣的主要种类有单面绣、双面绣、双面全异绣、日用绣品等。单面绣有挂屏、座屏；双面绣一般为摆件，可摆放在桌、柜、架上，也有落地座屏；双面全异绣为湘绣超级绣品，收藏价值高。可根据家中布局，合理购置。根据家中布局选购湘绣时，大家应该谨记“四看”秘诀：一看构图布局；二看工艺技法；三看绣面整洁；四看装潢材质。

此外，大师及高级工艺师的作品在构图设计、工艺技法上都巧思精作，兼具艺术性和收藏性，是购买的上品。一般作品只要绣面整洁，工艺平齐亮密，可作为装饰性工艺品，而此类绣品中也有设计和技艺都上乘的精品。

蜀绣

蜀绣又称“川绣”，是以四川成都为中心的刺绣品的总称。产于四川成都，绵阳等地。蜀绣与苏绣、湘绣、粤绣齐名，为中国四大名绣之一。

蜀绣以软缎、彩丝为主要原料，其绣刺技法甚为独特，至少有 100 种以上精巧的针法绣技，如五彩缤纷的衣锦纹满绣、绣画合一的线条绣、精巧细腻的双面绣和晕针、纱针、点针、覆盖针等都是十分独特而精湛的技法。当今绣品中，既有巨幅条屏，也有袖珍小件；既有高精欣赏名品，也有普通日用消费品。

蜀绣的技艺特点有线法平顺光亮、针脚整齐、施针严谨、掺色柔和、车拧自如、劲气生动、虚实得体，任何一件蜀绣都淋漓地展示了这些独到的技艺，据统计，蜀绣的针法有 12 大类，122 种。常用的针法有晕针、铺针、滚针、截针、掺针、沙针、盖针等。蜀绣常用晕针来表现绣物的质感，体现绣物的光、色、形，把绣物绣得惟妙惟肖。如鲤鱼的灵动、金丝猴的敏捷、人物的秀美、山川的壮丽、花鸟的多姿、熊猫的憨态等，

蜀绣绣法灵活，适应力强。一般绣品都采用绸、缎、绢、纱、绉作为面料，并根据绣物的需要，制作程序、配色、用线各不相同。

花草园艺

花类

杜鹃花

杜鹃花属种类繁多，形态各异。由大乔木至小灌木，主干直立或呈匍匐状，枝条互生或轮生。分布于欧洲、亚洲及北美洲，以亚洲为最多。它与西洋杜鹃的区别是：形体相对更矮小，花型相对更小。

说起杜鹃花，我们会想到它那五彩缤纷的美丽，作为著名的观赏花卉，它在美化家居的方面起着非常大的作用。

（1）杜鹃花有超强的生命力，无论是干旱还是潮湿，都无法阻止它的生长。无论是大太阳还是树荫下它都能适应。最厉害的是，对于城市的污浊空气，它并不怕，因为它长满了绒毛的叶片，除了能够调节水分，还能够吸住灰尘，非常适合种植在人多车多空气污浊的大都市，这样就可以发挥它的清洁空气的功能。通常在春、秋两季开花。中国百姓喜欢在过年时买上几盆杜鹃花，摆在家里客厅，把屋子点缀得美丽高贵。

（2）它可以吸收室内的二氧化硫、二氧化氮等有害气体以及放射性物质，可以净化空气，给家人带来一片清新的空气。不过需要注意的是，黄色和白色的杜鹃花的植株和花内都含有毒素，误食会引起中毒，导致呕吐、呼吸困难等情况出现，所以，在家里摆放杜鹃花是个不错的选择，但是要小心不要让小孩和老人接触到杜鹃花。不过总的来说，粉色和红色的杜鹃花作为盆景对家里的环境起的美好作用还是非常大的。

（3）它可以让厨房变得生动。水槽是不锈钢材质，稍有冰冷感，需要给厨房添点儿花花草草调和气氛。杜鹃花色彩鲜艳，花期长，又喜欢凉爽、湿润的环境，放在厨房的水槽边正合适。有研究发现，杜鹃花可以顺气健脾，香味对气管炎、哮喘病有一定疗效，但不适用于花粉过敏的人群。

蒲苞花

蒲苞花原产南美热带，为多年生草本植物，多作一年生栽培。株高 20 ~ 30 厘米，有分枝，叶对生或轮生，基部叶片较大，上部叶较小，长椭圆形或卵形，两面有绒毛。伞形花序顶生，花形奇特，萼片 4 枚，花瓣 2 唇，上唇小，稍向前伸，下唇扩大成囊袋状，整个花形既像元宝又像荷包。花色丰富，红、黄、粉、白色俱全，有的品种囊包上还密布许多紫红、深褐或橙红色小班点。花期 2 ~ 5 月。蒴果，种子细小、褐色，果熟期 4 ~ 5 月。

蒲苞花忌湿润，忌干燥，浇水要间干间湿。勿使水集中在花叶面和芽上，防止烂心烂叶。要求生长环境具有较高的空气湿度，一般室内环境较嫌干燥。薄肥勤施，不可施浓肥。喜温暖，忌炎热。开花时能放在室内任何地方，对光线要求不严。生长期间在温室培养，中午光照过强，应适当避免受强光照射，并且要通风良好

蒲苞花通常在 8 月中下旬播种。家庭养殖多选用草炭土、细沙按 2 ∶ 1 的比例，适量加入骨粉混合配制的培养土，生长期每 15 天施用一次追肥。幼苗期间注意充分通风透光，以防蚜虫危害。蒲包花为长日照植物，增加光照能提前开花。一般从 11 月起，每日增加 2 小时光照，新春佳节能盛开。

蒲包花株形矮小，叶色嫩绿，尤其是数朵如荷包样的小花集生在花枝上，璎珞点点，非常奇异。早春开花，增添了春的情趣，别具韵味。开花时可置于室内任何地方欣赏，最好用白色套盆。也能布置会场，陈设于宾馆室内作高档盆花。

瓜叶菊

瓜叶菊开花整齐，花色变化多样，花形丰满大方，花期很长，自初冬至夏初开花不绝，故又有“千日莲”之称。它那肥大浓绿的叶片，衬托着五彩斑斓，鲜艳夺目的花朵，仿佛天然织就的一幅幅绿底繁花的图案，欣欣向荣。特别是蓝色花朵，闪烁着天鹅绒般的光泽，更是悦人眼目，幽雅动人。瓜叶菊花期早，在百花凋零的季节开花尤为可贵，用来装饰楼房居室客厅、卧室或陈设室内矮几架上，花团锦簇，喜气洋洋，会给人们带来温暖明媚的春天感受。因此，每逢元旦、春节之际，人们喜欢在室内摆放瓜叶菊，用来装点居室环境，增添节日欢乐气氛。通常单盆观赏可达 40 余天。

瓜叶菊置于阳光充足、通风良好的地方，经常施用速效磷肥，以供瘦果的生长发育。当舌状花冠萎缩、化心突出呈白绒球状时，要及时采收，防止种子散落，采后将种子晾干，待其充分干燥后，除去花托、冠毛等杂质收藏，楼房居室静养瓜叶菊除自繁自养外，还可直接从花卉市场购买将要开花的盆栽植株，购买时应选择自己所喜好的花色、花形，购买后可按以上方法进行正常管护，使可达到叶肥花茂的观赏效果。

瓜叶菊在日常护理方面主要要注意以下几点：

（1）水：盆栽保持盆土稍湿润，浇水要浇透。但忌排水不良。

（2）肥：生长期施薄肥，并注意不要使肥料溅到叶面上，施肥以后要及时冲洗，喷施新高脂膜保肥保墒。花期要停止施肥。

（3）土：一般土壤即可。

（4）温：忌炎热，生长适温在 10~20℃，在花期内温度可再降低一些，以便延长花期，小苗可经受 1℃的低温。

（5）光：生长期要放在光照较好的温室内生长，开花以后移置室内欣赏，每天至少要放在光线明亮的南、西、东窗前接受 4 小时的光照，才能保持花色艳丽，植株健壮。在花蕾期喷施花朵壮蒂灵，可促使花蕾强壮、花瓣肥大、花色艳丽、花香浓郁、花期延长。在栽培中要注意经常转换盆的方向，以使花冠株形规整。

（6）繁殖：播种繁殖。7~8 月播于盆中，要求发芽适温为 20~25℃，10~20 天出苗，视小苗长势逐渐换用相应尺寸的盆。

（7）防治蚜虫和红蜘蛛：首先是保持适当的温度和湿度，保持良好的通风。其次是在发病的初期要及时发现，把有虫害的植抹及早分开，对有虫害的植株喷施少量农药即可。对于蚜虫和红蜘蛛危害比较严重的，可用 2000 倍乐果稀释液喷杀。因为红蜘蛛一般发生在叶片的背面，而蚜虫一般发生在瓜叶菊幼嫩的顶部，喷药时要以叶片背面及植株的顶部为重点，叶片正面也要适当喷药。

小贴士

瓜叶菊适合家居装饰

瓜叶菊是冬春时节主要的观花植物之一。其花朵鲜艳，可作花坛栽植或盆栽布置于庭廊过道，给人以清新宜人的感觉。

瓜叶菊为温室花卉，盆栽作为室内陈设，其花期早，在寒冬开花尤为珍贵，花色丰富鲜艳，特别是蓝色花，闪着天鹅绒般的光泽，幽雅动人。瓜叶菊开花整齐，花形丰满，可陈设室内矮几架上，也可用多盆成行组成图案布置宾馆内庭或会场、剧院前庭，花团锦簇，喜气洋洋。通常单盆观赏可达 40 多天。

马蹄莲

马蹄莲因为它的花苞片洁白硕大，宛如马蹄，形状奇特而得名。马蹄莲花朵美丽，春秋两季开花，单花期特别长，是装饰客厅、书房的良好的盆栽花卉，也是切花， 花束、花篮的理想材料。用作切花，经久不调，是馈赠亲友的礼品花卉。在热带亚热带地区是花坛的好材料。马蹄莲在国际花卉市场上已成为重要的切花品种之一。

马蹄莲栽培不难，只要大家注意以下几点就行了：

（1）马蹄莲不太耐寒，冬季盆栽应注意保暖。其适宜温度为 15~25℃，冬天 13~17℃之间，最低温度不得低于 5℃。家庭可套双层塑料罩，白天放在阳台上晒太阳，夜晚移至室内。若温度达不到，可用灯光或电热毯加温。

（2）马蹄莲生长开花要求空气清新，对烟熏及有毒气体十分敏感。因此，盆花摆放位置应远离厨房或煤炉，避免烟尘污染。马蹄莲在生长期，需要充足光照，因此，冬季应尽可能地让其晒太阳。

（3）要注意空气流畅。若通风条件不良，温度又偏高于自然气温，会导致蓟马、粉介、蚜虫、卷叶虫及夜蛾等害虫的危害。一旦发现速以氧化乐果1500~2000倍药液杀灭。在适度的肥水管理条件下，元旦前后就有花可赏，春节左右开花繁茂

此外，用马蹄莲来装点居室，不只是给家里带来了生机，还可以有效减轻居室内的环境污染。

（1）马蹄莲可以分解毒素。它能在空气中产生自由基，在超氧化物的活性作用下，可以分解空气中的甲醛、乙醛、细菌或真菌释放出的毒素等，并将其分解为无公害的二氧化碳和水。在循环反复的过程中，净化空气。住宅作为人们日常生活的主要场所，是多种污染源的集中之处。有毒物质通过人体的皮肤和呼吸道，侵入人体血液，会导致人体免疫力下降，有些挥发性物质还有致癌作用。所以，养殖一盆马蹄莲对家人的健康是有好处的。此外，绿色植物还有吸尘减噪、调节室内温湿度，调节室内小环境等作用，可以令居室环境清新洁净。居室养花，可大大减少空气中的含菌量。

（2）马蹄莲可以改善心情。颜色淡雅是马蹄莲独特的地方，也是值得欣赏的地方，把一盆马蹄莲摆放在家里，作为一道靓丽的风景，也让人感觉很舒服，在不断循环中让人心情舒畅，变得平静，特别适合放置于家中。而且所谓爱美之心，人皆有之，有圣洁寓意的马蹄莲显示的是主人对美丽的追求，对花卉的品位。

万寿菊

万寿菊是一种一年生草本植物，是提取纯天然黄色素的理想原料。在非洲，常见它垂吊于土著的茅屋下，以驱赶成群的苍蝇。它也被种在番茄、马铃薯和玫瑰之间，以防长成的花果成了小线虫的大餐，这一切显示，万寿菊应是种有效的杀虫剂。它也被制成油膏，用来杀死伤口中具破坏力的蛆。它的根和种子都有催泻的作用，可能是借此来帮助身体排毒。

的确，万寿菊能彻底美化你家环境。万寿菊矮型品种分枝性强，花多株密，植株低矮，生长整齐，球形花朵完全重瓣。可根据需要上盆摆放，也可移栽于花坛，拼组图形等；万寿菊中型品种花大色艳，花期长，管理粗放，是草坪点缀花卉的主要品种之一，主要表现在群体栽植后的整齐性和一致性，也可供人们欣赏其单株艳丽的色彩和丰满的株型；万寿菊高型品种的花朵硕大，色彩艳丽，花梗较长，做切花后水养时间持久，是优良的鲜切花材料，也可作带状栽植代篱垣，也可作背景材料之用。

万寿菊的叶黄素有特别功效，能作为药物陪伴家人的左右。万寿菊含有丰富的叶黄素。叶黄素是一种广泛存在于蔬菜、花卉、水果与某些藻类生物中的天然色素，它能够延缓老年人因黄斑退化而引起的视力退化和失明症，以及因机体衰

老引发的心血管硬化、冠心病和肿瘤疾病。美国从 20 世纪 70 年代起就开始从万寿菊中提取叶黄素，最早是加在鸡饲料里，可以提高鸡蛋的营养价值。叶黄素还可以应用在化妆品、饲料、医药、水产品等行业中。国际市场上，1 克叶黄素的价格与 1 克黄金相当。

把万寿菊当作家里的摆设，能美化、绿化和优化自己的家。万寿菊在非洲名为卡基布许，常见它垂吊于土著的茅屋下，以驱赶成群的苍蝇。

水仙花

水仙为我国十大名花之一，我国民间的清供佳品，每过新年，人们都喜欢请供水仙，点缀作为年花。每年春节，能工巧匠们创作出的水仙盆景雕刻艺术，且能依照人们的愿望，在预定的期间里开放，给节日、寿诞、婚喜、迎宾、庆典增添了不少光彩。那栩栩如生，生机盎然，耐人寻味，怪不得人们赞誉水仙一青二白，所求不多，只清水一盆，并不在乎于生命短促，不在乎刀刃的“创伤”，不在乎于严寒的“凌辱”，始终洁身自爱，带给人间的是一份绿意和温馨。

1. 水仙花的养法

第一，冬季水培水仙，温度、光照、给水是水仙能否开花的 3 要素。

（1）适宜温度为 12 ~ 15℃；

（2）加清水到鳞茎球的 2/3 处。刚上盆时，每天换一次晾晒过的自来水，开花前可改为 2 ~ 3 天换一次水。

（3）它没有石子是可以活的，可以适当地加温水催花，水温以接近体温为宜。

（4）晚上是可以放在室内的，水仙鳞茎浆汁有毒，含拉可丁，用作外科镇痛剂，鳞茎捣烂可敷治痈肿。

（5）室温保持 15℃则 28 ~ 30 天开花；若室温 18 ~ 20℃时，23 ~ 25 天即可开花。珠江三角洲地区 1 月中旬至 2 月中旬的室温在 16 ~ 20℃之间，那么，正常情况下 20 ~ 25 天可开花。

第二，花期长短随室温变化而变化。那么，怎样才能使花期长、芳香久留呢？科学控制温室是最好的办法。当室温≥ 13℃时，花期只有 7 天左右；8 ~ 12℃的话，花期可长达 15 ~ 20 天；15 ~ 20℃时花期有 10 天；若室温保持 4℃左右，花期可长达 1 个月之久。按珠江三角洲地区的气温条件，一般花期可保持 10 天。

第三，春节期间家庭养水仙宜放在阳光充足、通风良好而又远离暖气、火炉的地方。花蕾欲放时，需移至室内凉处，避免阳光直射，保持室温均衡少变。

只要掌握了水仙养护的条件，就可以“花随人意开”；否则就会推迟，甚至光长叶不开花。

2. 水仙花对家居环境的影响

水仙花，是一种强有力的“清洁剂”，家里种上一株，一定在短期内彻彻底底地改善居室的环境。水仙花对于清洁家居环境有很不错的功能，下面为你介绍一下：

（1）放在污染最大的厨房，很快你就看到意想不到的景象。平时，做饭的时候，厨房里面放出的油烟十分多，很多时候，我们还没有吃到炒的菜，我们的喉咙已经被厨房的烟熏到疼痛不堪，如果放上一棵水仙花，我们一边煮饭，它一边在旁边吸油，效果是挺不错的，尤其对于厨房窗户比较少的家庭，煮完饭之后，水仙花还可以继续吸油烟。

（2）吸收家里的废弃，还大家一个清新的空气环境。我们生活在某个固定的空间里，室内外交换空气的速度比较慢，不停地呼吸着刚刚呼出来的废气，二氧化碳含量相对较高，而我们需要的氧气的分量又不够，人就不够精神，如果家里有一棵水仙花，在换气之余还不时放出一丝丝的清香，效果就不太一样，人会变得精神一点儿，做起事来顺心很多，对于一天都开着空调又关着窗的家庭，就更加应该种上一株水仙花了。

（3）种植水仙花，比起其他用土栽培的植物更加简单，更加干净。水仙花，不用浪费太多的钱去买肥料，也不要土，它只需要你定时换一下水就可以，对比起有些植物种在家里，根部需要很多泥土，有泥土的地方就会有昆虫，清洁昆虫还是一件比较头痛的事情，有时候给植物除一下草，还会带出泥土，把家里的地板都弄脏了，而水仙就只需要水，一种很清洁的物质。

小贴士

如何挑选优质的水仙花种球

水仙球的优劣决定着花开的多少和花香的是否浓郁。要想养一盆好的水仙花，必须从选择好水仙球茎开始。选择水仙球茎可从看形、观色、按压、问庄四方面进行。

（1）看形：优质的水仙鳞茎，一般个体大、形扁、质硬，表皮纵脉条纹距离较宽，中膜绷得很紧，皮色光亮，根盘宽大肥厚，主球旁生有对称的小球茎。

（2）观色：从外表看上去，球茎呈深褐色、包膜完好、色泽明亮，无枯烂、虫害的痕迹为上品。

（3）按压：按压是选择、鉴别水仙花箭多少的主要手段。可用拇指和示指捏住球茎，稍用力按压，手感轮廓呈柱状，有弹性，比较坚实的，为花箭；手感松软，轮廓呈扁平状，弹性稍差的，则多为叶芽。

（4）问庄：水仙一般都采用同样大小的竹篓包装，有每篓装 20 个、30 个、40 个和 50 个球茎的四种包装规格，俗称 20 庄、30 庄、40 庄和 50 庄。每篓装的个数越少，其球茎个体就越大。如每篓装 20 个的 20 庄球茎，每个球茎的直径可达 12 厘米，为一等品；30 庄的，球茎个体较 20 庄的稍小一些。以上这两种水仙球茎，一般每球可开花 4~7 箭以上，为上品。40 庄和 50 庄的球茎，个体就小得多了，一般只能开 1 ~ 3 朵箭的花。

百子莲

百子莲又名紫君子兰、蓝花君子兰，为石蒜科百子莲属植物。宿根植物，盛夏至初秋开花，花色深蓝色或白色，亭亭玉立，具有较高观赏价值。

百子莲喜温暖、湿润和阳光充足环境。要求夏季凉爽、冬季温暖，5 ~ 10 月温度在 20 ~ 25℃，11~4 月温度在 5 ~ 12℃。如冬季土壤湿度大，温度超过 25℃，茎叶生长旺盛，妨碍休眠，会直接影响翌年正常开花。光照对生长与开花也有一定影响，夏季避免强光长时间直射，冬季栽培需充足阳光。土壤要求疏松、肥沃的砂质壤土，pH 值在 5.5 ~ 6.5，切忌积水。适于盆栽作室内观赏，在南方置半阴处栽培，作岩石园和花径的点缀植物。

百子莲原产南非，此花的繁殖以分株为主，春秋季皆可进行，一般以秋季为好，因春季分株，当年多不能开花。盆栽的 3 年左右分一次，若久不分株，会影响生长开花。分株时，每个新株应带 2~3 个芽，分株后先放在阴处过渡一周后再移至阳光下。若用播种法，需 5 年以上才能开花。盆土宜用肥沃、腐殖质多、排水好的疏松壤土，并适量增加磷、钾肥。炎热夏季遮阴，注意通风。生长旺盛期需水、肥量较多，花后可逐渐减少。秋凉，移入温室，控制浇水。

百子莲栽培宜用园土 3 份，砻糠灰和堆肥各 1 份混合作用。养护宜放在半阴湿润处，6~9 月要注意不让烈日直射，以免灼伤叶片，浇水以湿润为度，间干间湿，夏季尤要注意保证给予充足的水分，并要经常在植株及周围环境喷水增湿、降温。施肥前一天，要暂停浇水一次，使盆土收水；施肥后要用清水喷淋叶片，肥料以粪肥、饼肥和化学复合肥交替使用为好，10~15 天一次。对于分株苗，更应给予充足的肥水，才能使其早开花。花后要摘去花并及时追施肥料。10 月以后停止施肥，并在温度降至 1~2℃时即移入室内湿润处，保持 0 ℃以上就可越冬，在此阶段要注意控制浇水，保持盆土稍微湿润即可，不能多浇。

百合花

百合花素有“云裳仙子”之称，能让你的家充满诗意和美丽的风采。百合花还有很多象征性的意思，例如，香水百合花代表纯洁、婚礼的祝福、高贵；白色百合花代表纯洁、庄严、心心相印；葵百合代表胜利、荣誉、富贵 姬百合代表财富、荣誉、清纯、高雅。

百合花品种很多，主要有亚洲百合、麝香百合和东方百合 3 个种系。家庭

养殖一般于露地培养，开花前起出栽于盆内，也可于春季将鳞茎直接栽于盆内。在露地培养只于栽后浇足水，以后可不浇，一般是早一次晚一次浇水，直接放以阳台上接受阳光的滋润。麝香百合喜凉爽潮湿环境，日光充足的地方、略荫蔽的环境对百合更为适合。忌干旱、忌酷暑，耐寒性稍差些。生长、开花温度为16~24℃，低于5℃或高于30℃生长几乎停止，10℃以上植株才正常生长，超过25℃时生长又停滞，冬季夜间温度低于5℃持续5~7天，花芽分化、花蕾发育会受到严重影响，推迟开花甚至盲花、花裂。麝香百合喜肥沃、腐殖质多深厚土壤，最忌硬黏土；排水良好的微酸性土壤为好，土壤pH值5.5~6.5。

百合能绿化你的家居，让你感到无可挑剔。我们知道，白百合花会释放一种淡而不俗的清香，那种香味浓烈之余又不会刺激大家的嗅觉，很多人会选择它去探病，因为可以净化病房内的空气，在家里也一样，长期把百合花放在家里，它就可以长期吸收家里的异味，通过光合作用释放出干净的氧气和阵阵的幽香。下面给女性朋友们简单介绍一下百合花的具体繁殖方法：百合繁殖有分球繁殖、鳞片扦插、播种繁殖和组织培养等方法。分球繁殖：地下部鳞茎或接近地面的茎节上会长出许多新鳞片，让其长大后剥下贮藏或直接盘栽。一般每球栽1年后可分生1~3个或更多小球。小球在秋季收获后用沙藏至第二年春天种植，也可当年秋植于深土。鳞片扦插：将花期的成熟茎切成小段的鳞茎阴干，或剥下鳞片埋于沙中，插后30天，自叶腋间长出球茎，再培育成小鳞茎。在4~5月进行下种，扦插深度以顶端略露为宜。一般春插经2~4个月后，大部分鳞片可生根发叶，长出小鳞茎，此时可移植盆栽或露地种植。播种繁殖：播种前种子放在灯光前，拣出胚发育充实的种子供播种，发芽适温为12~15℃，15℃以上种子发芽快，但幼苗瘦弱，低于5℃不发芽；25℃以上使种子休眠，不发芽。春、秋季均可播种，播后覆土，0.5~1厘米，20~30天子叶出土。春播苗，秋季栽植，经2~3年才开花。

小贴士

如何挑选与整理百合花

女性朋友们在挑选百合时，要选择茎粗壮、花序上只有一两朵花开放，并且花瓣无机械损伤的花枝。然后再看花苞是否饱满，太小、太紧的花苞有可能泡水时不开放。一般来说，一枝百合上往往有好几个花苞，如果其中一朵开败了，要将残花以及连同花的小梗一起去掉，不要留下光秃的花梗，尽量减少人工痕迹，以求美观。除此之外，值得注意的是，百合花开放后的花蕊最好是用工具打掉，因为其花粉的染色性极其强，沾到衣服上不易洗去。

草木

美人蕉

美人蕉为多年生草本花卉，根茎横卧粗壮，地上茎直立。花期在6~10月，花大而艳丽，叶片翠绿繁茂，是夏季少花季节时庭院中的珍贵花卉，可孤植、丛植或作花境，有较强的抗二氧化硫能力。

美人蕉喜阳光充足的高温环境，土壤要求肥沃且排水性能好，生长季节每周施一次稀薄液肥，连续使用4~5次，开花后，及时剪去残花。入秋多施含磷钾丰富的有机肥，霜降后将根茎挖出，剪去地上部分的茎叶，晾晒10天左右，再用干沙埋藏存放于10~15℃条件下越冬。每隔一个月检查通风一次，以防腐烂。

美人蕉的繁殖以人栽根茎为主，可于4月下旬将越冬后的大块根茎切成数段，每段带1~2个芽，栽入培养土，覆土4~6厘米，浇透水即可。

盆栽美人蕉常常用来做家居装饰，不过，不是所有的美人蕉都适合做盆栽。所以，首先要选择适宜的品种，矮生品种最适宜盆栽。盆栽养护应从选取根茎开始，比注意掌握每一个生长环节栽培技术。春季3 ~ 4月挖取根茎，修剪掉腐烂部分，根据根茎的大小、茎芽多少，切成若干块。切口要平滑，切后需涂以草木灰或炭粉，然后再分栽。分栽时，选用有2 ~ 3个茎芽的根茎切块，埋入盆中，深度以芽尖露出盆土为度。美人蕉喜肥耐湿，盆土要用腐叶土、园土、泥炭土、山泥等富含有机质的土壤混合拌匀配制，并施入豆饼、骨粉等有机肥作基肥。分栽后第1次浇水要透，以后还要经常保持盆土湿润，待其长至5 ~ 6片叶子时，每隔10 ~ 15天需施1次液肥，液肥可用腐熟的稀薄豆饼水并加入适量硫酸亚铁，也可用复合化肥溶液，浓度宜偏淡一些，一般以0.3%左右为宜，开花时应停止施肥。开花期间应将花盆移至荫凉处，有利于延长开花期。花谢以后，应及时将花茎剪除，以促使其萌发新芽，长出花枝，继续开花。盆土应经常保持湿润，如盆土过分干燥，会出现叶缘、叶尖干枯，叶片发黄等症状。在炎热夏季，如浇水过凉，也会引起叶缘枯焦。气温超过40℃时，应移至荫凉通风处，否则，由于闷热也会引起叶缘焦枯，叶子发黄等症状。

仙客来

仙客来，别名萝卜海棠、兔耳花、兔子花、一品冠、篝火花、翻瓣莲，是报春花科仙客来属多年生草本植物。仙客来是一种普遍种植的鲜花，适合种植于室内花盆，冬季则需温室种植。

仙客来是喜光花卉，冬春又是旺盛生花开花期，欲使花蕾繁茂，在现蕾期要给以充足的阳光，放置室内向阳处，并每隔1周施一次磷肥。平时每隔一两天浇水1次，使盆土湿润，切不可浇大水，掌握盆土见干才浇水。但切忌盆土

过干，过干会使根毛受伤和植株上部萎蔫，再浇大水也难以恢复。浇水时水温要与室温接近开花期不宜施氮肥，否则会引起枝叶徒长，缩短花朵的寿命。如叶过密，可适当稀疏，以使营养集中，开花繁多。摘叶或摘除残花时，为防止软腐病的感染，应立即喷洒一次1000倍“多菌灵”液。仙客来开始开花并继续形成花蕾时，室温应保持在15~18℃，最低不能低于10℃，温度太高花期缩短，超过28℃叶片发黄，千万不要将花盆放在暖气片上。阴天气温低时，注意不要浇水到花芽及嫩叶上，以免腐烂。

大多数仙客来都有香气，有的品种香气非常浓郁，有的是淡淡的，部分没有香气。有着香气的仙客来，可以让人们在紧张工作中得到放松。它释放出来的挥发性物质，对人的情绪有很好的调节作用，有些散发出来的香味能改变人们无精打采的状态，振奋精神，或者镇静助眠的作用。加上它的加湿功能，在使用空调的紧闭房间里，起着保护皮肤的重要作用。还不断地补充新鲜的氧气，对我们的身体非常有益。把赏心悦目的仙客来摆在自己的视野中，消除眼睛的生理疲劳，为自己加油打气。

仙客来有净化空气的功能。仙客来吸收二氧化硫的能力比较强，抵抗能力强，对其他一些有害气体也有一定的吸收能力，通过叶片吸收二氧化硫，并用氧化作用将其转化为无毒或者低毒的硫酸盐等物质。除此之外，仙客来还能够吸收二氧化碳，同时释放出氧气，并且能使室内空气中的负离子含量增加和空气湿度提高。所以，把它摆放在家里是再适当不过的。

不过，此植物有一定的毒性，尤其根茎部，误食可能会导致拉肚子，呕吐等症状；皮肤接触后可能会引起皮肤红肿瘙痒；若有这些症状出现请去咨询医生指导，不要让动物或小孩误食此植物及其根茎。

小贴士

仙客来在什么时间换盆比较好

仙客来一年里有两次换盆时间。第一次换盆时间在清明到谷雨之间，这时仙客来已长出10片叶左右，此时室外气温为18~25℃，昼夜温差较大。换盆后可及时增加基质中的营养供给面积，为仙客来的第一个旺盛生长期提供必要的条件。第二次换盆时间为立秋后至霜降前，这是最后一次换盆。此时换盆，不仅及时增加了基质中的营养供给面积，还增加了每次浇水的储水量，为快速生长的植株提供了充足的水肥资源。

唐菖蒲

唐菖蒲，又叫剑兰，原种产于南非。花茎高出叶上，花冠筒呈膨大的漏斗形，花色有红、黄、紫、白、蓝等单色或复色品种。世界各地普遍栽培。主要生产国为美国、荷兰、以色列及日本等。唐菖蒲为重要的鲜切花，可作花篮、花束、瓶插等。可布置花境及专类花坛。矮生品种可盆栽观赏，与玫瑰、康乃馨和扶郎花被誉为“世界四大切花”。品种有忧郁唐菖蒲、甘德唐菖蒲等。

唐菖蒲为典型的长日照植物，只有日照在 14 小时以上才能分化花芽。但在短日照下有利于花蕾的形成和提早开花。唐菖蒲特别喜肥，磷肥能提高花的质量，钾肥对球茎品质和子球的数目有促进作用。

球茎种植后 15~20 天长出第一片叶子，以后每隔 7 天左右抽生 1 枚新叶。约在 5 月下旬，从植株的基部开始形成新的球茎，老的球茎逐渐萎缩，老根也随着衰老死亡。在新的球茎上开始抽生花莛，并在新球茎和新根之间开始形成子球，在新的球茎上产生休眠芽，这些休眠芽当年不萌发，而为来年抽生新株打下基础。花期约 15 天，新球茎生长持续 30 多天，秋季地上部分枯死后，球茎停止生长而进入越冬休眠阶段，完成 1 个年生长周期。

唐草蒲的繁殖以分球繁殖为主，新球第二年开花，为加速繁殖，亦可将球茎分切，每块必须具芽及发根部位，切口涂以草木灰，略干燥后栽种，培育新品种时，多用播种繁殖，秋季采下种子即播，发芽率高；冬季实生苗转入温室培养，次春分栽于露地，加强管理，秋季可有部分苗开花。

仙人掌

仙人掌的种类繁多，具体可以分为：团扇仙人掌类、段型仙人掌类、蟹爪仙人掌（螃蟹兰）、叶型森林性仙人掌类、球形仙人掌类、攀爬性仙人掌类、食用仙人掌等八大类。

仙人掌科植物有很强的耐干旱、耐高温特性，而且病虫害少，无须经常施肥。近年来，人们又发现其具有减少空气污染、净化空气的功能：其肉质茎上的气孔白天关闭，夜间打开，吸收二氧化碳，制造氧气，使室内空气中的负离子浓度增加。

仙人掌从野生到被广泛移入室内栽培，它反映了城市居民选择盆花品种的一种趋势。因楼房面积有限、空气比较干燥，培养大型或比较娇嫩的盆花常常生长不好，只有选择一些小型、耐旱、管理简便而观赏价值又高的品种最为适宜，仙人掌类植物正好符合这几种要求。

室内盆栽仙人掌，以选择小型、花多的球型种类为宜，栽培中不能认为这类植物耐旱，而忽略对它的正常浇水与施肥。室内栽培，可在窗台上用铅丝与塑料薄膜营造一个高温、高湿的封闭式空间，大多数仙人掌在这样的条件下不仅生长快而且色泽晶莹。

盆栽用土，要求排水透气良好、含石灰质的沙土或沙壤土。新栽植的仙人掌先不要浇水，每天用喷雾喷几次即可，半个月后才可少量浇水，一个月后新根长出才能正常浇水。冬季气温低，植株进入休眠状态时，要节制浇水。开春后随着气温的升高，植株休眠逐渐解除，浇水可逐步增加。每 10 天到半个月施一次腐熟的稀薄液肥，冬季不要施肥。

在一般的住宅条件下，充分利用空间，培养几十盆各种各样的仙人掌，布置一个小小的“仙人掌花园”并不困难。当春夏之交，窗台上形形色色的仙人掌开放出琳琅满目的花朵，人们工作之余，在这样的条件下休息，不仅可以消除疲劳，而且可以说是一种对自然美的享受。

小贴士

仙人掌能不能防辐射

仙人掌并没有防辐射的作用。很多人认为仙人掌生活在沙漠中，那里环境干旱，“太阳辐射”很强，所以给仙人掌带上了一顶能防辐射的高帽子。其实这种说法是毫无科学依据的。与此同时，一些不良商家为了能让自己的小盆栽有好的销路更是大肆得鼓吹仙人掌的抗辐射功能，使得这个原本错误的说法更加深入人心。学过植物生理学的人都知道，植物只能吸收太阳辐射中的红光、远红光（红外线）、紫光以及紫外线，这个是它们完成光合作用的保证，但是电脑辐射中除了含有红外线和紫外线等光辐射之外还含有大量的低能 X 射线、非电离辐射（低频、高频辐射）、静电电场，电磁辐射，电磁波。这些射线及电磁波，小小的仙人掌是不能吸收的，反而会被其灼伤。所以，把仙人掌放在电脑旁边等于是在慢慢地杀死它，很多植物会出现烂心、萎蔫而死亡的现象。

文竹

文竹，又叫作云片松、刺天冬、云竹，为多年生常绿藤本观叶植物，著名的观赏植物。为百合科天门冬属植物文竹，以盆栽观叶为主，又为重要切叶材料。

文竹是“文雅之竹”的意思。其实它不是竹，只因其叶片轻柔，常年翠绿，枝干有节似竹，且姿态文雅潇洒，故名文竹。它叶片纤细秀丽，密生如羽毛状，翠云层层，株形优雅，独具风韵，深受人们的喜爱，是著名的室内观叶花卉。文竹的最佳观赏树龄是 1 ~ 3 年生，此期间的植株枝叶繁茂，姿态完好。但即使只生长数月的小植株，其数片错落生长的枝叶，亦可形成一组十分理想的构图，形态亦十分优美。

文竹象征永恒，朋友纯洁的心，永远不变，而在婚礼用花中，它是婚姻幸福甜蜜，爱情地久天长的象征。生活在一个恶俗的城市里，每天戴着面具，见人做人，见鬼做鬼，撕下了面具，都不知道自己是人还是鬼，此时此刻，看着一棵文竹，就好像就到自己的朋友，在一心一意地倾听你说话，让你疲累的心回归到舒服的大自然，邂逅人性最美的一面。

文竹不但可以提高文化修养，而且可以对肝脏有病，精神抑郁，情绪低落者有一定的调节作用。文竹在夜间除了能吸收二氧化硫、二氧化氮、氯气等有害气体外，还能分泌出杀灭细菌的气体，减少感冒、伤寒、喉头炎等传染病的发生，对人体的健康是大有好处的。

文竹是一种比较难养殖的植物，因而选择种植他的家庭一般比较少，能够把它打理得很好的更加少，因而它的价值也相对比价高。

品质生活篇

高雅品位

奢华名品

(法)爱马仕 Hermes

爱马仕是世界著名的奢侈品品牌，创立于 1837 年，早年以制造高级马具起家，迄今已有 170 多年的历史。爱马仕 20 世纪初开始涉足高级服装业，20 世纪五六十年代起陆续推出香水、西服、鞋饰、瓷器等产品，成为全方位横跨生活的品位代表。“追求真我，回归自然”是爱马仕设计的目的，让所有的产品至精至美、无可挑剔是爱马仕的一贯宗旨。爱马仕品牌形象建立于其一贯的高档、高质原则和独特的法兰西轻松风格上，将一流工艺的制作、耐久实用的性能与简洁大方和优雅精美相结合。从中融入流行因素，选用最上乘的高级材料，注重工艺装饰，细节精巧，以其优良的质量赢得了良好的信誉。这正是爱马仕保持经典和高品质魅力所在。

历经了多年的沧桑巨变，爱马仕家族仍然传承着经典，经过几代人的共同努力使其品牌更加发扬光大。早在 20 世纪来临之时，爱马仕就已成为法国式奢华消费品的典型代表。20 世纪 20 年代，创立者蒂埃利·爱马仕之孙埃米尔曾这样评价爱马仕品牌：“皮革制品造就运动和优雅之极的传统。”目前，爱马仕拥有 14 个系列产品，大多数产品都是手工精心制作的，无怪乎有人称爱马仕的产品为思想深邃、品位高尚、内涵丰富、工艺精湛的艺术品。这些爱马仕精品，通过其散布于世界 20 多个国家和地区的 200 多家专卖店，融进快节奏的现代生活中，让世人重返传统优雅的怀抱。

爱马仕不但是身份、地位的象征，而且也被誉为能够让你一生永不落伍的时尚之物。爱马仕的产品有种内敛的美丽，超越时间的典雅，简洁却独特。在节奏快速的电脑时代，爱马仕坚持手工制作，设计、质感、色彩……每处细节都一丝不苟，力求完美，格调高尚同时讲求实用，爱马仕是极致优雅和实用主义完美结合的同义词。

主要作品：

1. 凯莉包（Kelly Bag）

优雅、精致与浪漫是很多人对爱马仕的评价，因摩洛哥王妃格雷斯·凯利得名的爱马仕凯利包风行一时。每一款凯莉包，由采购人员从每年全球的拍卖会采购到上等的皮革，精选之后每一块皮革只选最好的部分。手袋的缝制自始至终由一个师傅进行，编上号，刻上工匠的名字，一件精品就此诞生。要想拥有一款凯莉包，至少提前半年就要预订，即使英国戴安娜王妃，也要耐心等待才能拿到她钟情的价值不菲的天蓝色鸵鸟皮手包。有人甚至要等上六七年才有货可取，而它的市面价已经达到 6 万美元以上。凯莉包每款都有多种型号，分别包括 28 厘米、32 厘米、35 厘米、40 厘米，及迷你尺寸等规格，材质多达 33 种，颜色超过 209 种。

1930 年，爱马仕为了迎合女士们的口味保持了凯莉包的原来款式，只把尺码作适量调整，让女士们可平常上街用。1956 年，《Life》杂志封面上，格蕾斯·凯莉（Grace Kelly）拎着以鳄鱼皮制的最大尺码凯莉包半掩着她已怀孕的身子，流露出闪亮妩媚的女性美，也使凯莉包卷起国际级狂潮。凭借其优雅的款式与顶级的材质，凯莉包缔造不朽经典并将续写这一传奇。

2. 柏金包（Birkin Bag）

柏金包是以法国女星珍·柏金（Jane Birkin）命名的。一次飞机上的偶遇，让现任的爱马仕主席兼行政总裁杜迈先生认识了初为人母的珍·柏金。在交谈的过程中，珍·柏金解释她不使用凯莉包是因为凯莉包的袋身较窄，让她无法把婴儿的尿布、奶瓶等杂物同时都放进去。为此，杜迈先生灵机一动设计了容量较大的柏金包。兼优雅与实用于一身的柏金包，尤其适合休闲、旅行登机，也有许多职业女性把它当作公文包使用。柏金包有软包与硬包两种款式，有 4 种尺寸，90 种不同素材与颜色，皮质多为牛皮、羊皮、猪皮以及较为珍贵的鳄鱼皮、鸵鸟皮和蜥蜴皮，价格从 5 万元人民币到 30 万元人民币不等。即使是这样的天价，订制一个也要经历漫长等待。因为每只包都是师傅手工制作，一个皮包完成时间为 3 个月、6 个月到一年后取到货。每一件成品都需一名工匠精工细作 18 个月，然后编上号，刻上工匠的名字，所以每一个都是独一无二的。

3. 爱马仕丝巾

在爱马仕所有产品中，最著名、最畅销的当属精美绝伦的丝巾。据说，全世界每 38 秒就会卖出一条爱马仕丝巾。自 1937 年为纪念 100 周年店庆推出第一款丝巾以来，爱马仕丝巾一直是许多上流社会男士馈赠女士的首选礼物。爱马仕丝巾质地华美，有细细的直纹。英国邮票上伊丽莎白女王所系的丝巾，就是爱马仕的杰作。

爱马仕丝巾不是一片片平滑的丝绸，而是有细直纹的丝布，它是把丝线梳好上轴再编织而成，特点是不易起褶皱。调色师按照设计师的标志，挑选合适的颜料，每种颜色必须用一个特制的钢架，运用丝网印刷原理，把颜色均匀地逐一扫在丝贴上。每一方丝巾需扫上多少种颜料，这要根据设计图的要求而定，一般是 12~36 种，最高纪录达到 37 种。色泽决定以后，便开始印刷，然后再裁成 90 厘米见方的丝巾。固定色彩也是一项烦琐的工作，必须经过漂、蒸及晾等程序，色彩才不会脱落。最后，工艺部以人手折好边后，一方飘逸出众的丝巾才算完成。丝网印刷的工序，本可用电脑代替，但爱马仕坚持手工上色。卷边也不用缝纫机，而是手工缝制，它的理论是：一幅完美的图画，最重要的是有一个相对的画框将它固定下来，才叫完美，丝贴的边缘一旦平伏，图案仿佛就流泻了，失真了。可见爱马仕对细节非常执着。

有时，为了使丝巾更具特色，会在编织过程中加上暗花图案，如蜜蜂、马等。爱马仕丝巾的制作，汇集了无数精美绝伦的工艺，它们全都以里昂区为基地，从设计到制作完成，必须经过严谨的七道工序：它也是凭着这种细节，赢得了人心。爱马仕的丝贴，只有 90 平方厘米这一种规格。每方丝巾的重量，也只有 75 克。自 1937 年至现在，它已有 900 款不同的方形丝巾面世。爱马仕有个不成文的规定，就是每一年有两个丝巾系列问世，每个系列则有 12 个不同的设计款式，其中 6 款是全新的设计，其余 6 款，则是基于原有设计而作的重新搭配。就这样，每一条丝巾通过层层关卡，需费时 18 个月才得以诞生。近年来，爱马仕钟情主题设计，让一块小小丝巾，讲述大千世界的生动故事，造就爱马仕的另一个传奇。

小贴士

如何辨别爱马仕丝巾的真假

其实，爱马仕丝巾辨别真伪规则很简单，主要有以下几点需要注意：

（1）在真丝丝巾洗标上只使用英文和法语两种文字。如果洗标上出现 SETA，REINE 或者 SEIDE 那就是假的。

（2）洗标上永远都只有如下字样：

FABRIQUEENFRANCE100%SOIE，MADEINFRANCE100%SILK，DRYCLEANONLY.

中古款的丝巾上或许只有：100%SOIE 字样。

（3）洗标应永远都在丝巾的角上。不会在正面，或者边线的中间。近来的款式洗标的三个角都会缝于丝巾边上。中古款的洗标可以只缝两个角。若洗标缝于丝巾的中部或正面或不在角上都可判定为假。

（4）真品丝巾洗标上的文字应为白底黑字。2002 年以后出现了黑底白或金字，没有别的颜色。

（5）真品丝巾洗标上从未出现过 Hermes、PARIS 或爱马仕马车 logo 等字样。

（法）路易·威登 Louis Vuitton

路易·威登（Louis Vuitton），他是法国历史上最杰出的皮件设计大师之一，于 1854 年在巴黎开了以自己名字命名的第一间皮箱店。一个世纪之后，路易·威登成为皮箱与皮件领域数一数二的品牌，并且成为上流社会的一个象征物。如今路易·威登这一品牌已经不仅限于设计和出售高档皮具和箱包，而是成为涉足时装、饰物、皮鞋、箱包、珠宝、手表、传媒、名酒等领域的巨型潮流指标。

无论是时装还是箱包，路易·威登都是当仁不让的霸主。它妖冶华丽的风格无人能及，而它的独特品质同样让同行们叹为观止，LOUIS VUITTON（中文音译：路易·威登）简称为LV，但更为人们所熟知的是LOUIS VUITTON不断出现的大写字母组合LV。代代相传至今，以其卓越品质、杰出创意和精湛工艺成为时尚旅行艺术的象征。路易·威登相信传统的文化创意为未来发展之本。带有“LV”字样的物品，足以让每一个时尚人士感受到什么叫“趋之若鹜”。

LV并不是只能流行一时的时尚品牌，而是一具有百年传奇的经典品牌，LV的做法就是坚持做自己的品牌，坚持自己的品牌精神，做不一样的东西，给大家提供一个真正的具有文化的东西，让消费者享用贵族般的品质。也让LV一问世，就是以名牌的姿态，影响当时的时尚界，成为名流绅士出门旅游必备的装备。

LV有着防水、耐火的传说，他的质地与艺术感觉让任何一个追求高品质生活的人都无法拒绝。因为其不用皮革或其他普通皮料，而是采用一种名为Canvas的帆布物料，外加一层防水的PVC，的确让它的皮包历久弥新，不易磨损。除了“耐用”之外，有一百五十年历史的路易·威登，一开始就专攻皇室及贵族市场，渐渐地从巴黎传遍欧洲，成为旅行用品最精致的象征。延伸出来的皮件、丝巾、笔、手表甚至服装，都是以路易·威登崇尚精致、品质、舒适的旅行哲学，作为设计的出发基础。也是使这个品牌能够长久的受到大家欢迎的原因所在。

路易·威登品牌150年来一直把崇尚精致、品质、舒适的“旅行哲学”，作为设计的出发基础，LV的另一个成功秘诀就是力求为尊贵的顾客营造一种“家庭”的感觉。你能想象LV可以为客户提供永久的保养服务吗？LV品牌的产品可以由祖母传给妈妈，妈妈再传给女儿，可以代代相传，无论什么时候你把LV的产品拿来修理养护，LV专卖店都是责无旁贷地尽心尽力予以帮助。一个品牌的产品，代代传承，这对于一个品牌生命力的延续意义非常重大。

主要作品：

1.Trianon 行李箱

Trianon行李箱是LV推出的第一件旅行用皮件。这是一种采用木制长方形框架，表面覆盖LV独创布料的皮箱，外形美观，轻巧牢固。LV旅行用品的设计总是非常独到，无论人们的要求有多苛刻，他们总能在LV产品中得到满足。

2. Tambour

LV在各行各业都有不错的表现，首套典藏腕表系列以1540年首只在西方世界面世的表（clock-watch Tambour）命名的TAMBOUR（法语解“鼓”），秉承该品牌一贯优雅时尚的作风，顺滑完整的线条、细致整齐的表面、精细的腕带等，每个细节都显出精细的手工。为凸显品牌的特色，经打磨的精钢底盘铸有Monogram图案。全自动上炼装置，贴合手腕的每一个动作，促使自动盘来回摆动，从而上紧手表机芯的主发条。计时器分别设在3、6、9。

小贴士

字母组合帆布——路易·威登的标志

帆布、格纹、LV路易·威登图案——100年前的路易·威登有着这样一张脸，一百年后的路易·威登仍旧有着这样一张脸。“字母组合帆布”是LV路易·威登的第一张面孔，也是它永恒的镜像。

自从1896年LV路易·威登正式推出具有品牌标示功能“字母组合帆布”设计那天起，“字母组合帆布”就成为这个品牌王国的终极标志。从第一代MONOGRAM帆布LV路易·威登图案，到儿子乔治·威登用父亲姓名中的简写L及V配合花朵图案，设计出到今天仍蜚声国际的交织字母印上粗帆布（Monogram Canvas）的样式，“字母组合帆布”是LV路易·威登延续100多年的品牌识别符号。

1996年，为庆祝交织字母标志诞生100周年，LV路易·威登当时的总裁圣·卡斯利（Yves Carcelle）经过3年的深思熟虑，从全世界邀来7位赫赫有名的前卫设计师来设计交织字母标志的箱包新款式，这7位设计出的每一款，后来都成为LV路易·威登征服全球时尚人士的秘宝。

（法）香奈儿 Chanel

香奈儿的女性永远是独立、自信、高雅的形象，如同她的创始人香奈儿女士一样。她说要带给世人的正是生活在钢筋水泥的丛林中依然还有一份悠闲的惬意，以及忙而不乱的法国式的浪漫与高贵。

“风格，要有风格。记住，时装在变，但风格延续。”做个有风格的女人，就是香奈儿关于女人的哲学。她曾说：“时尚易逝，风格永存。”这句话至今在时尚王国里依然有非凡的影响力。正是由于创始人的这种意识，才使得香奈儿这个品牌成为经典与高雅的代名词。人们的穿着表达的应当是自己的风格，而不是一味追逐潮流，那样只会使你沉沦在永远的奔跑中不能自拔。香奈儿还说过：“时装，流向街头，但我否认它来自街头。”及时看准时代的潮流，把明天的女性风貌在时装中体现出来，这是绝对自负的香奈儿的语言。她意识到自己的作品，自己是最先穿着的人。从女性的心理、生理来考虑设计，是绝对的道理。

香奈儿女装的特色就在于她时尚却不浮躁，舒适却不轻浮。“当你苦于没有合适的衣服出席重要场合时，那么你就穿一套香奈儿女装吧”，这是时装界留给香奈儿的赞誉。香奈儿不承认偶然的、随意的、单凭兴趣设计的服装。香奈儿，一个具有丰富人生经验的成熟女人深信，流行无论怎样变化，在服装上最终是回归自然。因此，她的套装原型堪称经典。香奈儿女装有一个非常明显的特色，那就是她钟爱的黑白经典比比皆是，如今香奈儿在延续经典的同时又给我们带来了新的经典——永远不变的舒适与高雅，简洁、典雅就是香奈儿的标签。主要作品：

1. 香奈儿 5 号——永恒的女性魅力

这是香奈儿品牌永恒的经典，因为玛丽莲·梦露的一句“我晚上只穿着香奈儿 5 号睡觉”而名扬四海。

这是世界上第一支以号码命名的香水。奇怪的是，它为什么不叫做 1 号、2 号或 10 号，而偏偏选中了“5”这个数字？因为当时当调香师恩尼斯·波把多支样品呈给香奈儿女士的时候，香奈儿女士挑中了编号第 5 的这一种味道，同时，也因为“5”是香奈儿女士最喜欢的幸运数字。于是，这一瓶举世闻名、流传千古的香水，就这么简简单单地选择了“5”号作为它的名字。最后，就连当时香水的发表日期，都选在当年的 5 月 25 日，与 Chanel 第 5 场的服装发表会同时举行。

香奈儿 5 号香水之所以会让人觉得如此独特，除了它是香奈儿女士的第一支香水作品、第一支以号码命名的香水、第一瓶出身于服装设计师的相关时尚产品之外，还有一个桀骜不驯的理由——它是一瓶不试图重现花香的香水。

即使到了 21 世纪的今天，市面上的香水，无一不在小小的香水瓶子里努力地试图将鲜花的香味重现，并以模仿真实的花香为傲。而早在 1921 年之前，香奈儿女士就以抽象为目的，回避了纯粹花朵的芬芳，在苔藓与其他植物中，利用乙醛可以萃取植物精华的特性，启发了植物另一种不为人知的气味，并让这些气味千变万化。她运用这个概念，将乙醛、植物与多种鲜花结合，所创造出来的这一种前所未有的香味，果然为她的第一支香水打了漂亮的一仗。

“我的美学观点跟别人不同：别人唯恐不足地往上加，而我一项一项减除。”正是这个理由，使香奈儿 5 号简单的外形设计在同一时期的香水作品里面，看起来是最“奇怪”的一支，因为在所有极尽繁复华美之能事的香水瓶身里面，唯有香奈儿 5 号，像一个光溜溜的药瓶。 在当时，许多人都不看好这支看起来活像一瓶药罐子的香水，甚至有一些见过香奈儿 5 号的时尚专家，都认为香奈儿女士一生的美名就要丧失在这一瓶“简陋”的瓶子之中。结果他们没有想到，这一瓶当初他们并不看好的香水，在世界上当红的时间，竟比他们的寿命还要长。

香奈儿 5 号的 26 个钻石切割面瓶塞，及方正线条的瓶身令人印象深刻。它在 1959 年获选为当代杰出艺术品，现在陈列于纽约现代艺术博物馆内。

5 号档案：

诞生年份：1921 年

香调：乙醛花香调。

前味：科摩尔斯岛的香油树花、格拉斯（Grasse）的橙花、乙醛。

中味：格拉斯的茉莉、五月玫瑰。

后味：麦素尔的檀香木、波旁香根草。

2. 香奈儿 19 号——公主与小丑的浪漫故事

这是香奈儿女士生前最后一支亲自推荐的女性香水。与香奈儿 5 号和 CoCo 一样，这也是一瓶充满香奈儿女士影子的香水。香奈儿 19 号的命名来自于香奈儿夫人的生日，她出生于11月9日，她的生日造就了这支香水的名字。

香奈儿19号香水是在1970年由调香师亨利·罗伯所创造，关于这一支香水，香奈儿化妆品公司后来赋予它一个有趣的故事——公主与小丑。

很久以前，在一个遥远的国度，有一对深受爱戴的国王与王后，他们仅有一个失明的女儿，当她到了适婚年龄，王后为了女儿的婚事拜访一位具有巫术的隐士。隐士张开暗淡的眼睛，说："你可以放心，因为你的女儿懂得真爱，虽然它将出自与众不同的方式。"国王和王后带着疑惑回到宫里，开始接见公主的求婚者。合格的王子从邻国前来，穿着华丽的服饰，用宝石和赞美追求公主，但是她看不见他们发光的黄金，也看不到他们华丽的服饰，对于他们中的任何一位都没有感觉。

到了第19位追求者，出现了一个小丑。小丑拿着一个瓶子，虽然忐忑不安，但仍坚定地走到公主面前。他小心翼翼地打开这个瓶子，将它贴近公主的脸颊。公主立刻因为感觉到一股喜悦的悸动而端坐起来，这神奇的魔力使她脸上洋溢出灿烂的笑容，在场的追求者忍不住赞叹。年轻的公主站起来，郑重而庄严地宣称她想要和这第19位追求者结婚，因为他是唯一知道如何和她的灵魂交谈的人。

这时国王和王后明白了隐士的预言，他们的女儿并非倾心于外表俊俏的人。外表可能骗人，但是在香味中形成的爱意，打开了一个无限宽广的世界，使两人拥有同样的想象空间。当公主发现爱的真意时，婚礼就是充满欢乐的盛宴。婚礼上，香奈儿19号香水被介绍给每一位宾客。后来香奈儿19号的花卉由各国纷纷呈现上来，公主和她的夫婿将它们编成一组特殊的字母，发明了一种新的语言。这种语言流传至今，成为人们表达爱意的沟通工具。

19号档案：

诞生年份：1970年

香调：藓苔花香调。

前味：格拉斯橙花、伊朗的白松香。

中味：格拉斯的五月玫瑰、佛罗伦斯的鸢尾花、水仙花。

后味：美国弗吉尼亚西洋杉、南斯拉夫的橡树苔。

3. CoCo——最具纪念意义的香水

香奈儿女士一生都非常热衷于文艺活动，也结交了不少后世极为推崇的艺术家，如音乐家史特拉汶斯基、画家毕加索等。在她年轻时，也曾在谟林市的圆亭登台献唱过。初试啼声的两首歌曲《Ko Ko Ri Ko》及《Qui qua vu CoCo》歌词中正巧总是出CoCo的发音，使得朋友和观众们开始以CoCo来称呼她。因为CoCo的发音太过于响亮易念，到了后来，她的本名反而不那么为人熟知。香奈儿香水大师，也是世界顶尖的贾克先生，为了纪念香奈儿女士，便决定以其小名CoCo来为这一支新诞生的香水命名。

重现香奈儿女士的绝代风华，这是何等大的工程？怎么用香味来诠释这样一个精彩、丰富的女子？这真是很大的挑战。贾克在创造这款香水时，常常在香奈儿女士巴黎的寓所里寻找灵感。他以西方的花材，融合东方特有的神秘而温暖的香料——琥珀，使CoCo成为当代东方辛辣调香水的新典范。

这种兼容并蓄的风格，也呈现出香奈儿女士融合古典优雅与巴洛克式奢华的矛盾性格。 这款香水最适合经常出入社交场合的摩登女子。在世故、洗练的风情中，流露小女人感性、渴望被呵护的心思。

香奈儿经典香水瓶身简单而具现代感，黄金比例的瓶身设计，纯粹而精练的线条，瓶盖上26个钻石切割面所折射出的璀璨光芒，完全颠覆传统的审美观，使得此香水瓶身成为现代艺术的经典作品。和香奈儿5号一样，它亦曾得过1959年纽约大都会博物馆最佳瓶身设计奖，至今仍收藏于纽约大都会博物馆中。

是不是不用香水的女人没有未来？香奈儿自有她的注解："香水应该像当面一巴掌那样，用不着待了3小时才让人闻出来，要很浓郁才行。"而她心目中最完美的香水，应该是香奈儿5号那样带有男性色彩的香水，剔除掉麝香这种带女性味的香气。

于是，我们的香奈儿女王，终其一生都用简单优雅的苗条，用她的黑色无领套头衫和上面香奈儿式的珍珠项链，革命性地改变了女人，直到现在，她的形象依然活跃在每一个时尚人士的心中。

CoCo档案：

诞生年份：1984年

香调：东方花香调。

前味：保加利亚玫瑰、橙花、含羞草、格拉斯山茉莉。

中味：白芷、鼠李草。

后味：安息香树脂、芳香树胶、东加豆。

4.自私——香奈儿眼中的"坏"男人

1990年，当香奈儿推出自私男香时，曾以一支充满张力的广告引起极多女性的回响。广告中数百位各具风情的女性，一个个推开百叶窗，纷纷对着天空分别以控诉、埋怨、忧伤或气愤……的口吻呐喊："自私！"这一种简单明快的诠释方式，不仅震撼了广告界，同时也直接打进女性的内心，引起许多人对于男性看法的共鸣。

"自私"男香因此一炮而红，根据统计，购买此款男香的女性也不在少数。香奈儿认为，不论是哲学家、心理学家还有女人都相信，总有为数不少的成功男人是非常懂得保护自我的，甚至可以说是自私的。这样的男人多半儿只会注重自己的感受与感情，而较少考虑到对方的付出与心理，因而他们在香奈儿女士的心中都是"自私"牌男人。

接着， 香奈儿于1994年又推出第二代"Platinum白金"男香，将男性引导至更符合他们的一种自我境界。之所以取名为"Platinum白金"，是因为珍稀的白金所闪耀出的光芒极为独特尊贵，而且西方俗语中也以"具有白金般的特质"形容才情洋溢、口若悬河的人，因此，用来彰显这款香水是再合适不过。薰衣草、迷迭香的热情，加上羊齿植物及树苔持久低回的清新香气，营造出淡雅高贵的香水。

“白金自私”男香，它的前味是薰衣草、迷迭香、柠檬叶；中味为口松香、天竺葵、山艾；后味为西洋杉、树苔、香根草。这款香水比起“自私”更适合那些浪漫尊贵的男人使用。和女香“毒药”有异曲同工之妙，香奈儿抓住了女性奥妙的心态，用逆向思考的方式设计了自私的香味，企图让男人在自私的坏习性中，轻易掳获女性的心。

自私档案：

诞生年份：1990 年

香调：辛辣、木质、香草。

前味：柑橘。

中味：紫檀木、土耳其玫瑰、芫荽。

后味：香草、黄葵子、檀香。

小贴士

如何对香奈儿正品进行识别

虽然市面上有不少仿冒品，但是只要你对香奈儿正品有所识别，就不会上当受骗了。下面具体介绍几点识别的技巧：

（1）双 C：在 chanel 服装的扣子或皮件的扣环上，可以很容易地就发现将 coco chanel 的双 C 交叠而设计出来的标志，这更是让 chanel 迷们为之疯狂的“精神象征”。

（2）菱形格纹：从第一代 chanel 皮件越来越受到喜爱之后，其立体的菱形车格纹竟也逐渐成为 chanel 的标志之一，不断被运用在 chanel 新款的服装和皮件上。后来甚至被运用到手表的设计上，尤其是“matelasse”系列，K 金与不锈钢的金属表带，甚至都塑形成立体的“菱形格纹”。

（3）山茶花：“山茶花”已经等于是 chanel 王国的“国花”。不论是春夏或是秋冬，它除了被设计成各种质材的山茶花饰品之外，更经常被运用在服装的布料图案上。

（法）迪奥 Dior

如果说时装业也是一个国度的话，那么迪奥绝对是当仁不让的女皇，没有谁敢和她比富丽堂皇。她高贵大气，耀眼夺目，她拥有无与伦比的璀璨光芒。她天生就是一个女皇，因为她尊贵无比。迪奥的时装多半儿奢华繁复，这也许是绝大多数巴黎时装的特点。也正因如此，她才像一个真正的王者。

与迪奥的时装相似，它的香水与化妆品也秉持它一贯的华丽与高贵。如果将迪奥比作一个女人，那么她就是一个兼具神秘气质与高雅品位的女人，她的味道必定是充满诱惑和浓郁芬芳的。迪奥是属于成熟女性的，它拒绝“清纯”与“低调”。迪奥无论出现在哪里，都是当之无愧的王，因为只有它才具备这样的王者风度。它的华贵与高雅，还有数不尽的奢华。浓烈与极致诱惑是属于迪奥式的风格，它永远带有一种“侵略性”的扩张之美。

迪奥，一位无懈可击的时尚缔造者，一个万众瞩目的香水品牌。克里斯蒂·迪奥在1947年创立迪奥香水企业，同时发布了“迪奥小姐”。他坦言自己经常受到香水的诱惑，他说：“我把自己看成香水设计师，就像我是服装设计师一样。”他还说：“如果我是香水设计师，那么一打开香水瓶就能感受到迪奥服装的气氛，每个穿了迪奥服装的女人也会在她经过后留下令人难忘的余香。”他有一次还承认在儿时从未梦想过自己会是服装设计师。他能记起的对女性最初的印象也不是服装，而是她们身上的香水味。

迪奥香水公司共推出了18款香水，为迪奥设计香水的杰出香水师包括埃德蒙德·鲁德尼兹卡、纪·罗伯特、让·路易斯·苏萨克和皮埃尔·伯顿。

1. 华氏温度——甜蜜的恋爱宝贝

成功的香水往往可以诠释时代气息，华氏温度的创作精神，可以说是现代“新好男人”主张的前身。在20世纪80年代末，90年代初，所有时下对男性形象的想象仿佛已经到了一种江郎才尽的地步，市面上塑造的男性形象不会脱离：肌肉发达的蓝波、强壮性感的泰山、帅气邪恶的花花公子、目不斜视的英雄……华氏温度创造了时代男性的概念，强调的是在物质与精神生活之中取得平衡。华氏温度大胆选取木质香调，以展现男性的沉稳。另外，在以直角和直线为设计主流的男性香水世界里，华氏温度率先带动男香瓶身的流线型设计。注重“民调”的命名策略华氏温度同时也是一支注重“民调”的香水。当华氏温度这个名字决定之后，迪奥公司立刻走上街头，进行即兴的市场调查。在调查过程中市调人员不提供任何暗示，只要求受访者表示他们的直觉，调查结果表明，“这个名字果然令人印象深刻”。

华氏温度档案：

诞生年份：1988年

主题：暖暖的里香像情人的胸膛，只要一闻就觉得很安全，这就是华氏温度的魅力。

香调：木质花香调。

前味：檀木、雪松。

中味：忍冬、山楂。

后味：乳香、苏合香。

2. 毒药——一个爱与复仇的前尘往事

说到历史巨作“Poison毒药”香水，虽然不是法国凯萨琳王妃的作品，但是Poison的诞生乃至于闻名世界，都与凯萨琳王妃有密不可分的关系。凯萨琳生于意大利，从小受意大利文化的熏陶，1533年与法国尚未登基的王储亨利四世结婚之后，进入皇宫，开始了她宫殿里钩心斗角的生活。她的对手虽然遍及宫中的男男女女，不过，对于她的理想与前景阻挠最深的，还是王储亨利四世的母后——她的婆婆杰欧妮·阿尔勃特。凯萨琳随行的大师中，有一名叫佛罗伦丁的人。他是当时名闻四方的化学专家，精通调制香水，更擅施毒。他在巴黎“爱之桥”所经营的香水精品店，最后成为情侣们最佳的约会场所。在当时，法国的上流社会非常流行使用手套来作为高贵身份的象征。不过为了遮盖手套上皮革的气味，并使手套显得更优雅，人们喜欢先将手套浸置在香水中，使其充满香气后再使用。拜凯萨琳之赐。香水手套在宫廷中大行其道，手套的款式花样百出，工匠们为了取悦皇亲贵族，手艺神乎其技，甚至可以做出精巧得足以放入胡桃核中的迷你手套。

历史记载，凯萨琳曾经献给王储亨利四世的母后一副由佛罗伦丁大师精心熏香并抹上剧毒的手套，意大利史学家戴威拉（Davila）在他的记录中提及，凯萨琳早已有意谋害王储母后杰欧妮·阿尔勃特，她命令佛罗伦丁将毒药与迷人的香精混合，以极高明的技巧处理在手套上，然后献给王储的母后。母后在戴用这一双香气诱人的手套 4 天后，就身染怪病，高热不退，不治而亡。凯萨琳的心头之刺既已拔除，便顺利地入主皇宫成为一国之后，由佛罗伦丁设计的含有迷人浓香的毒药处方笺从此束之高阁，不再使用。不过，毒药中这一种任何人都无法抵抗的魅惑配方，却从此流传下来，配制成脍炙人口的经典香水。少了剧毒，香水依然名叫“毒药”。这段有关凯萨琳王妃的史料记载，和“Poison 毒药”香水的故事紧密结合。后来“Poison 毒药”运用翡翠和紫水晶华丽的颜色作为包装，和它显赫的皇宫背景有关。

毒药档案：

诞生年份：1985 年

主题：历史上首创以耸动名称为之命名的香水，豪华富丽的经典之作，将 Christian Dior 的高贵精神表露无遗。

香调：花果辛香、琥珀调。

前味：俄罗斯芫荽、马来西亚胡椒、锡兰肉桂。

中味：橘花蜜、野莓组合（包括覆盆子与黑醋栗）、卡他夫没药。

后味：龙涎香、棕红色香树脂、黎巴嫩岩蔷薇。

3. 真我香水——忘记过去的忧伤

纯净、永恒的造型，体现了一贯的格调：高雅而迷人。细长的瓶颈，用金色的领巾围了一周，更加显得高贵不凡。瓶身光滑透明，没有一点儿修饰，Jadore 这几个字母很美地隐藏在水晶瓶盖上。

真我档案：

香调：优雅花香调。

前味：常春藤叶、柑橘果、黄兰香。

中味：紫罗兰、玫瑰。

后味：葡萄酒、李子、麝香、黑醋栗。

小贴士

与众不同的迪奥标识

品牌识别Dior服装与其他品牌做法不同，它从不用任何CD或Dior等明显标志放在衣服身上，（即使有Dior经典标志也是非常淡的颜色，如部分服饰领下浅灰色底深灰色字的Dior标志和部分提包的手提带下会有不明显但很气派的DIOR字样。Dior不会把标志放在外面。）而衣标上Christian Dior Paris是最好的辨识方法。此外，Dior比较高端服饰系列（当然DIOR本身就是一个高端品牌，这里指的是高端里的高端）的衣标的条码下会有很细的红线，据说是Dior的独创。

CD：这缩写常出现在Dior的配件上，如眼镜镜架侧面、扣环、皮带、皮夹。

Dior：挂在提环上，以DIOR四个字母串成钥匙圈，是“Lady Dior”皮包最明显的标志，后来也几乎成为Dior另一个明显记号。

钻石格纹：Dior专用之钻石格纹，较少出现在服装上，多在Dior皮夹上可明显见到。

（意）普拉达 Prada

意大利的时尚指数是全世界闻名的，在时尚圈争奇斗艳的世界顶级奢侈品中，来自意大利的艺术风情可谓不少。范思哲的性感冶艳，瓦伦蒂诺的美艳灼人，阿玛尼的简约优雅……而普拉达的魅力显得那么与众不同。

每一个人，对华贵的领悟都不相同，每一历史时期，时尚界都在发生着变化，而在当今社会，人们对华贵的理解与以往截然不同，金碧辉煌已不再是华贵的代表，因为其有了更广泛的含义——形式上是现代的，同时散发着华贵与时尚气息；表达上含蓄而内敛，体现出的是一种心灵上的体验；与现代社会的新贵阶级在艺术与文化上产生共鸣，并满足其精神需求。普拉达正是这种奢侈品，普拉达在近百年的发展过程中，通过致力于创造兼具经典色彩和创新精神的时尚理念，成为享誉世界的传奇品牌。总能够让人产生一种发自内心的膜拜，拥有普拉达的人并不是为了炫耀财富，而是炫耀品位，因为它不为人人所共享，而是某一阶级的代名词。

普拉达的设计是独特的，多种元素的组合恰到好处，精细与粗糙，天然与人造，不同质材、肌理的面料统一于自然的色彩中，艺术气质极浓，普拉达却简洁地回到以前的斯文学生面貌，委实有一种反潮流与反高潮之感。衣橱里的常青服——毛衣、T恤衫、简洁的打褶裙、直筒裙和丝巾重新发扬光大，散发浓厚的20世纪70年代斯文学生和空姐味道的打扮，表现一种今日失落了的真诚之美。这就是普拉达创始人所讲“这是唯一可能的事物，典雅、好女人、非常时髦”。其设计创新且简单实用，和其他时尚品牌相比，普拉达最突出的地方是它跳出时尚界的小圈子，出落得更加艺术化。原因很简单，第三代掌门人和首席设计师缪科雅·普拉达是一个相当有趣的人物：政治学博士毕业却热衷于联姻各种前卫电影、摄影、建筑、艺术、哲学、科技；支持当代文化事业并且在米兰拥有自己的艺术展览馆。所以，普拉达与美术、建筑、电影、摄影、艺术、音乐等，就像是花园里的朵朵鲜花，每一朵都是一件艺术品。这就是普拉达，简洁深刻又自然的普拉达，被全球人士追捧的普拉达。

2007年，法国总统尼古拉斯·萨科齐以一身黑色普拉达西装出现在总统就职典礼上，品位和气度得到了全球的认可，穿上普拉达的服装，拎着普拉达的手提袋，还有谁会怀疑你的品位与身份？曾以黑马的姿态横扫北美票房电影《穿普拉达的女王》，在这部以时尚界为背景的影片中，《天桥》杂志女主编米兰达十分钟爱普拉达。只要把普拉达和服装这两个词联系在一起，很多人都会立即在脑海中浮现出干净利落的服装轮廓以及处理得极为精致细腻的局部，华贵之中展现出简洁的庄重。它就是王者的象征。一个精致而优雅的王国，一个不断创新给我们带来惊喜的品牌，徜徉在这里，你不会感觉到疲倦与时光的流逝。

主要作品：

1. 羊羔皮流苏手袋系列

载着民族的风情，采用了高贵质感舒适的材质，显得格外奢华尊贵，各种时尚逼真的配色更是带有回归大自然的情怀，不同的皮质还有不同纹理，流露出不同的情感特色。这款普拉达羊羔皮流苏手袋成为追求时尚品位的女性的最佳腕上标签。要制作这样一只流苏手袋是要有过硬的手工技术的，这就需要耗费大量时间，并要求极其精湛的工艺。对那些普拉达工匠来说，每一次精细的技艺就像是对他们的手艺的挑战。

2. 甜蜜糖果 Yo-Yo 手袋

20世纪50年代风潮在本季大热，普拉达绝对是这股潮流的领导者，从整体造型到配饰细节无一不是复古灵感。普拉达“Yo-Yo”手袋即是秋冬的主推包款。

普拉达“Yo-Yo”手袋是一款中号手袋，采用多种材质制成，部分款式通过混合运用材质，形成独特的颜色对比。设计款式众多，包括漆皮、漆皮 + 鳄鱼皮、闪亮小牛皮以及闪亮小牛皮 + 漆皮等。

小贴士

辨别真伪 Prada 的小窍门

很多女性朋友喜欢 Prada，但是怎样才能辨别真伪，防止上当受骗呢？下面教大家几点小窍门：

（1）全新真品一定有特殊的皮革味道，此皮革味道为 Prada 特殊的皮革防腐药水，根本无法仿制，因为此药水成本太高，而味道可前往专柜闻。

（2）Prada 专柜绝无工厂流出货，平行输入品。Prada 总裁完全不准品牌的服务及通路有任何出错。所以根本没有工厂流出货的问题。他们做多少产品都有点收制度，其余直营店都要在前一季下订单。订单多少，他们才送多少货。

（3）大部分黑色基本款的包尼龙布材质坚固。Prada 的尼龙布里面会垫好几层内里，所以摸起来不会薄薄的。

（4）摸看看包包上的金属 Logo，字体部分有稍微浅浅突出。

（5）Prada 拉链头的金属部分后面印有 Lampo 字样是最新的防伪标志，其为 Lampo，正体字。

（意）范思哲 Versace

如果说法国的时装展现的是法国式的高贵优雅，那么意大利的时装多半儿让我们感受到的是文艺复兴式的华丽与前卫。范思哲作为意大利时装艺术的代表之一，它所营造出的极致华丽与性感是其他品牌所不能给予的。如同范思哲的标志蛇发女妖美杜莎一样，它所创造的服饰艺术对于普通大众具有致命的吸引力。

无论是艳丽性感，还是典雅端庄，范思哲的作品中总是蕴藏着极度的完美，充满着濒临毁灭般强烈的张力。著名的意大利品牌范思哲代表着一个品牌家族，一个时尚帝国，它的设计风格鲜明，独特的美感表现着极强的先锋艺术。范思哲最富魅力的地方就是那些展示充满文艺复兴时期特色的华丽的具有丰富想象力的元素。这些元素性感，女性味十足，色彩鲜艳，既有歌剧式的超乎现实的华丽，又能充分考虑舒适性。

范思哲除时装领域外还经营香水、内衣、包袋、皮件、眼镜、丝巾、领带、床单、台布、瓷器、玻璃器皿、羽绒制品、家具产品等，它的时尚产品已渗透到了生活的每个领域。范思哲香水洋溢着幽幽花香，气味清新高雅，简单而纯粹，令人时刻精神饱满、干净而清爽，每一款范思哲香水都是艺术品，无不极尽张扬优雅华丽之能事，大胆奔放的设计风格，范思哲品牌的血液中流淌着贵族式的优雅华丽，这就是一个典型得让人着迷的奢华品牌——范思哲。

主要作品：

1. EON 珠宝系列

范思哲 EON 珠宝系列慑人的三维效果独具魅力，设计精巧细致。系列的指环、耳环及吊坠采用黄金、白金与粉红金制造，环环相扣的圆形造型与 EON 系列腕表同出一辙，镶饰名贵宝石及美钻，矜贵华丽。一系列非凡瑰宝，匹配独一无二的 Medusa 标志，传神演绎范思哲的尊贵气派。EON 珠宝是不可或缺的范思哲瑰丽精品。

2. 牛仔系列香水

牛仔系列的香水，就是牛仔浪漫生活的体现。其设计超越时间、空间的限制，体现无拘无束、年轻、喜悦的馨香的感觉。

两款香水的包装都是 75 毫升，像男人和女人在这个世界上的统一性。专门为年轻的男士和女士设计，希望这一款情侣牛仔香水成为他们之间心灵交流的纽带。带有精致的、与众不同的味道：为她准备充满花香、果香的感觉，为他准备令人喜悦的木香及温暖的东方感觉。

两款香水具有同样的诱惑力，拥有它们，体会它们，收集它们，赠送它们给朋友。

红、蓝牛仔香水是范思哲推出的牛仔系列香水中的第一款，也是范思哲从此之后以每年一至两款的速度推出新香水的开端。随后继而又陆续推出了粉蓝、粉红牛仔香水等。

不论范思哲推出的哪一款香水，都可以让你感受到其对生活的美好向往——年轻、喜悦、绚丽，一如其对时装的定位：明亮、华丽，且快乐。

3. 水晶流苏盛宴

范思哲高级定制可谓红地毯上女明星们最争宠的礼服，其大气优雅的轮廓设计，加上精致细节和别具匠心的款式令人迷恋。全新范思哲高级定制礼服再次华美来袭，由年仅16的超模莫妮卡·雅克演绎，垂坠面料用褶皱堆积浪漫，用细节释放光芒。

小贴士

女性如何用七点法喷香水

首先将香水分别喷于左右手腕静脉处，双手中指及无名指轻触对应手腕静脉处，随后轻触双耳后侧、后颈部；轻拢头发，并于发尾处停留稍久；双手手腕轻触相对应的手肘内侧；使用喷雾器将香水喷于腰部左右两侧，左右手指分别轻触腰部喷香处，然后用沾有香水的手指轻触大腿内侧、左右腿膝盖内侧、脚踝内侧，七点擦香法到此结束。注意擦香过程中所有轻触动作都不应有摩擦，否则香料中的有机成分发生化学反应，可能破坏香水的原味。

（意）乔治·阿玛尼 Giorgio Armani

穿阿玛尼的低调，用阿玛尼男香的男人优雅迷人。阿玛尼拒绝青涩与张扬，它永远是一位彬彬有礼的，有着良好教育和社会地位的成熟男子。就像是人生，绚烂至极总要归于平淡，阿玛尼善于诠释这种看似平淡实则暗潮涌动的激情。

乔治·阿玛尼先生是品牌的创造者，也是品牌的代言人，他用不老的传说诠释了经典的内涵，而阿玛尼品牌也从不动摇自己的风格，在20世纪八九十年代，性感风潮风靡一时，但阿玛尼依然坚持自己的风格，好莱坞甚至还流行了一句话："当你不知道要穿什么的时候，穿阿玛尼就没错了！出道至今，乔治·阿玛尼已荣获了世界各地30多项服装大奖，其中包括美国国际设计师协会奖，生活成就奖以及闻名遐迩的Cutty Sark。"

阿玛尼不随波逐流，不过分前卫，也不会落伍，而是在变化万千的时尚界独树一帜，打破性别藩篱的中性化穿衣时尚也是阿玛尼的一大特色。本着世界均衡的观念，设计师大量运用黑、灰、深蓝，还有其独创的一种介于淡茶色和灰色之间的生丝色，被人称作"以中性颜色的基调在工业社会所需求的新颖和传统的经典之间取得了一个狡猾的平衡"。或许他们不是最抢眼的，但绝对是最具有品位的，在任何场合，任何时间都能够让人满意，永不落伍，永远得体，永远在时尚与经典中掌握着完美的平衡，它就像一幅浓墨但不重彩的油画，给人一种凝重厚实的感觉，历时越长，越会发出历久弥新的光彩。

乔治·阿玛尼的设计理念是：把感受和情绪表现到设计中，这才是对完美的最佳阐释；是对舒适和奢侈、现实与理想的一种永恒挑战。他创新性地将男性上衣过于硬朗刚毅的外观完全改变，意大利式的休闲上装，长款的柔软无领夹克已经伴着 YAPPIE 的封号进入主流男性意识。在女装设计中，暗色布料与细节处纤柔的设计相互融合，端庄而不失雅致。

阿玛尼帝国旗下有多个高知名度的品牌：乔治·阿玛尼、阿玛尼高定、阿玛尼黑标、安普里奥·阿玛尼、阿玛尼少年、AJ 牛仔，A/X、阿玛尼美妆及阿玛尼家居饰品、阿玛尼饭店。其中，阿玛尼美妆为阿玛尼与欧莱雅合作，欧莱雅负责生产与销售。乔治·阿玛尼目前旗下共有四个品牌：乔治·阿玛尼是专门针对上层社会的主打品牌；而其他三个都是面向老百姓的大众品牌。除此之外，还有风格一脉相承的皮件、鞋子、眼镜、领带、丝巾及香氛系列。

阿玛尼饭店为阿玛尼与伊玛尔地产合作，在米兰、巴黎、纽约、伦敦、东京、上海、迪拜都建有奢华酒店与度假旅馆，店内所有家具饰品一律只来自阿玛尼家居饰品。此外，阿玛尼还与韩国三星手机合作推出了十分具有个性的阿玛尼手机。

对于慈善，乔治·阿玛尼也非常热衷，把它比作装点美丽梦想的画笔，就如同设计一样，应该融入自己的情感，充盈于心灵之中。阿玛尼用自己的行动，演绎了传奇，并一直延续下去，没有悲苦和伤痛，只有如阿玛尼般的舒心、惬意。

主要作品：

1. 复古系列

复古系列是阿玛尼品牌公司在 2001 年推出的系列手表，阿玛尼手表复古系列象征极能容忍和包容的水瓶座，阿玛尼复古系列以低调并且雅致的设计理念为主题。阿玛尼复古系列的表盘设计非常简洁明了，涂有夜光涂料的两根针分别指示小时和分钟，大型罗马数字刻度非常古典。特别值得一提的是，独特的南瓜造型表冠，非常精致，无论是调校时间还是摸上去的触感，都有一种复古经典的感觉。复古系列，以极富灵感的新创意，阿玛尼手表并没有因为天气寒冷而落寞。除了全新款的噱头，更多数十年如一日的经典款产品仍然老而弥坚。腕表界，推崇资格辈分，同样敞开胸怀迎接新成员。

2. ONDE 奇域香水

时尚设计大师乔治·阿玛尼的作品，向来给人正式优雅、低调奢华的意象。而近几年来，这位创作力源源不绝，且因个人喜好而积极涉足家具设计领域的大师，更明显地让人感受到他对“东方元素”的迷恋。2009 年春夏推出的高级订制服 Armani Prive 系列，乔治·阿玛尼先生更直接将旗袍剪裁用于小礼服上，并且加入流苏、印花刺绣、丝缎面料以及中国建筑中最具代表性的“飞檐”等元素，极度东方的设计细节，让每一款保有黑、灰、白、紫、红等“经典阿玛尼色调”的服装新作，宛如一件件东西方合璧的艺术品。如此热爱东方的乔治·阿玛尼，更不会忘记，撷取他心目中的东方意象、东方美学，为女性设计出一款极具东方情调的香氛——ONDE 奇域香水。

小贴士

阿玛尼的品牌识别

Giorgio Armani 服装系列分成主要的两大部分，而其布标的颜色，则是分辨这两大系列的唯一技巧。

（1）Giorgio Armani Boronuovo：包括男女服装，属于较正式路线，布标是“黑底白字”。

（2）Giorgio Armani Collezioni：一样包括男女装，是适合一般场合穿着的服装，普通大众较能接受的设计路线，布标则为白底黑字。至于，Giorgio Armani 的副牌有很多是以“老鹰”作为标志的 Emporio Armani 男女装。

（瑞士）江诗丹顿 Vacheron Constantin

江诗丹顿品牌具有悠久的历史，多年的制表经验，使江诗丹顿出现了许多惊世伟作，“最小批量，最优质量，最高卖价”一直是江诗丹顿的经营战略。如今，江诗丹顿在日内瓦的工厂年产量仅为 6000 只表。自 1840 年起，每只手表的生产图纸、记录、销售日期及机芯表壳编号等资料，都完整无缺地保留在公司的档案柜中。他们将超群的技术，严格的测试，精湛的工艺与完美的造型结合在一起，创造出一个又一个高贵典雅、令人赞叹不已、极富收藏价值的稀奇经典之作。在悠久的历史和丰富的制表经验下，江诗丹顿一直是名贵和优雅的象征。

江诗丹顿每年仅仅生产 2 万多只表。物以稀为贵，江诗丹顿的产量是世界三大名表中产量最少，但品质又极好。这就像欧佩克采取原油产量限制从而抬高油价一样。江诗丹顿是名副其实的贵族艺术品。200 多年的工艺积淀赋予江诗丹顿每一款产品丰富的内涵。江诗丹顿注重品牌中所有类型的产品，高复杂机械表、高珠宝表、珐琅面表、镂空表等所有产品，款款皆是传世佳作。

从 18 世纪至 21 世纪，江诗丹顿品牌的精神与信条保持不变。从过去到现在，江诗丹顿所创制的时计，均秉承三项优良传统：

技术先进——江诗丹顿糅合古老的制表技术与当今的尖端科技，制造出多款复杂精密时计。其所创制的机芯，由具备最基本的时、分、秒显示功能，以至万年历、定时器、月相盈亏显示、跳时、陀飞轮和三问表等非常复杂的结构，均一应俱全。今日，公司 85% 的腕表均采用机械机芯。江诗丹顿的 Tour de l'Ile 是世界上第一只具备十六项精密复杂功能于一身的双面表盘腕表江诗丹顿的 Saint-Gervais 腕表是世界上第一只采用四个发条盒，同时兼备陀飞轮调节器和万年历的腕表。

设计优美——江诗丹顿的设计风格优美大方，品牌历史悠久，它从未停止创新与追求完美。公司从现有的珍贵数据与承传下来的传统中获取灵感，创制出线条简单、形态优美的腕表，展现出和谐的当代美学精神。虽然随着不同时代的转变而有所不同，但是对形状和装饰图案的要求都是一贯不变的，继续致力于创造不受时空所局限的作品、恒动且兼具实用性与美观为一身的佳作。

工艺严谨——装饰正是钟表匠在制造每一枚时计时，点缀在技术与美学层次的无尽心血的印证，也正是这些细节令钟表收藏家为之着迷。追求完美一直是江诗丹顿钟表大师们的信念，这份执着虽然看不见但却真实。

主要作品：

（1）LesJoailleries 系列中的 Fiorenza 令人瞩目。全表大约镶嵌了 200 多颗名贵钻石。整体造型典雅清新，简单大方，处处流露着高贵富丽。江诗丹顿将珠宝镶嵌工艺融入制表技术之中，更显女性的优雅娇媚。

（2）LesEssentielles 系列的 Patrimony，更是以其特别丰富的内涵及严格的测试独领风骚。Patrimony 以超薄的机芯作卖点。尽管它的外形并不花哨，但每只表都附有优秀品质的保证书，是公认的江诗丹顿经典之作。当年为庆贺英国王妃戴安娜与查尔斯王子的婚礼，阿拉伯联合酋长国的亚迈尼首长特地向江诗丹顿订制了一只最为昂贵、小巧的腕表——“LadyKalla”。这只表用 30 克拉共 108 颗柱形名贵钻石精制而成。戴安娜王妃佩戴这只手表更显风姿绰约，同时也向世界体现了江诗丹顿的富丽华贵。

（瑞士）积家 Jaeger - Lecoulter

近两个世纪过去了，时间在流转，但积家钟表日益辉煌。目前积家超过 900 名员工，是世界上规模最大的钟表厂之一。时至今日，积家厂内分工达 40 种，并运用 20 种尖端科技，“名表山谷”的精神所在，“唯有事必躬亲，才能生产最好的产品”，让积家成为世界上拥有最多钟表工艺遗产的表厂之一，同时获得最多的钟表专利及发明。每件成品都传承了积家 170 年悠久的传统，遵照传统工艺打造，并融入最先进的现代技术。为了呈现钟表的精致美感，积家钟表兼容了细腻典雅的巴黎风格：积家钟表始终怀着一份信念，绝对不会满足于一只赏心悦目的珠宝腕表，她们同时也注重腕表的内在美。悠久的工艺传统，融合巴黎上流社会的高尚、优雅，丰富了积家的内涵。腕表正是积家献给女性的理想腕表。这款表是对美、真以及历史上、在今日和未来所扮演的角色表达出的礼赞。积家在钟表业演进中所扮演的角色，正是这只腕表兼容并蓄的风格。

积家腕表历久弥新，不但没有随时间的流逝而黯然失色，反而更加光彩耀目。如今，腕上佩戴一枚新款积家腕表，已成为尊贵独特的象征。这枚腕表浓缩制表历史，更是完美技艺和优雅美学设计的结晶。富有想象力与创新精神的积家，为我们带来的远不止一款表壳可翻转的腕表，他们给世人带来激荡不灭热情，令我们惊喜连连。积家系列腕表以辉煌往昔，点亮充满希望的未来一个传奇。这是钟表制造史上的一段奇闻轶事。无须过多想象，栩栩如生，仿佛就在眼前，如同一部电影，情节生动，活灵活现。

主要作品：

1. Reverso

积家的 Reverso 腕表是于 1931 年专为马球选手所推出的腕表，为高档腕表中罕见的经典之作。腕表所配备的滚轴式翻转系统，让腕表拥有两种不同的面目。根据设计初衷，表背完全为镌刻雕花装饰之用。

2. Master Eight Days Perpetual

积家 Master Control 系列中的最新代表作——Master Eight Days Perpetual 8 天动力储存万年历表，为首只配备有万年历功能（日期、星期、月份、4 位数日期显示、月相显示）和 8 日动力储存的腕表，配备积家 876 型机芯。

小贴士

1000 小时测试——积家质量的保证

1992 年起，积家 1000 小时测试首先应用于其圆形腕表 Master 系列中。而时至今日，所有积家生产的每一枚表都需经过最严苛的 1000 小时品质管理。1000 小时测试后，决定一只腕表是否合乎积家的严格质量要求。在长达 1000 个小时独一无二的测试中，腕表需要经过抗冷、热和不同大气压力的考验，并通过程度不一的冲撞测试。这些程序模拟了日程佩戴腕表时，所可能遭遇到的各种考验。唯有通过这些测试，腕表才有资格获颁 1000 小时测试的合格文凭——表背上雕刻的黄金图案。

（法）轩尼诗 Hennessy

轩尼诗这个有着如同压扁了的葫芦一般的经典酒瓶设计的酒类品牌，带给人们的不仅仅是对于佳酿的一份美好享受，也是对法国人所具有的浪漫而又严谨的人生信条的一种精确诠释，更是对于白兰地这一酒类品种内部秩序与品质的建立和维护。也正因如此，轩尼诗才有资格赢得世人的全部尊崇，并在今时今日获得了酒中极品般的无上荣耀。

自创立以来，轩尼诗家族有着久远的传统，每一代均存留着一种私人珍藏的干邑，专门供家人和挚友享用。为纪念轩尼诗百年庆典而特别调配的酒品轩尼诗 1865 珍藏便是传统与现代品味的天作之合。轩尼诗的爱好者无不陶醉于瓶中独有葡萄的乡愁以及贵族风格的和谐美感。在他们眼里，轩尼诗 1865 私人珍传散发着浓郁的复古韵味，酒香清远，仿佛早已化在酒里的每粒葡萄都不安分地渴望着回归，竟要破瓶而出复苏传统。

主要作品：

1. 轩尼诗 VSOP

这款酒是采用来自法国著名的四大干邑产区的生命之水调配而成的，保存在古老的橡木桶。

2. 轩尼诗 V.S.O.P

轩尼诗 V.S.O.P 干邑渊源自 19 世纪英国王室特供，以 60 余种出自法国干邑地区四大顶级葡萄产区的“生命之水”谱合而成，于19世纪末成为整个干邑世界的品质标准。轩尼诗V.S.O.P干邑拥有和谐而含蓄的滋味，酒质细致，散发着高雅成熟魅力。世上越来越多的轩尼诗V.S.O.P爱好者，将苏打水或干姜水调和冰块饮用，引领了干邑特饮的时尚潮流，此中乐趣皆令人欲罢不能。

3. 轩尼诗李察干邑

以逾百种酝陈出自四大干邑区的生命之水精心孕育酿造而成，其中更有源于1800年前悉心珍藏至今的极品生命之水，配以名家手工打制的经典Baccarat水晶瓶，被著名酒评家马克·戴·莫奈高誉为世界最完美干邑组合，香醇口感回味无穷。深邃、和谐、细腻的丰富内涵更体现了轩尼诗家族超越时空限制、世代相传的永恒信念，世上干邑难出其右，堪称极品。赠礼尊贵气派，于挥洒大家气度中更显非凡品位。

4. 轩尼诗XO

酿陈时间以几十年计算，以几千种精选的生命之水调配，堪称最上乘的干邑。此干邑散发出独特的香味，口中余味可维持极长的时间。其颜色为深金黄色、火红色、红褐色，清澈无瑕。它散发出强烈的芳香，一如钵酒、胡桃、水仙和茉莉香味，隐约中又带有百香果和荔枝的果香。其橡木香夹杂了香草味和雪茄盒香味。饮家亦不难察觉尾花、紫罗兰和玫瑰的优雅香味及清淡的树脂香。香醇的林茂山橡木，令到酒味在口中持续不散，并转变成檀香木的味道。香味和酒味都极端细致，余味能持续一个小时上。

5. 轩尼诗百乐廷

轩尼诗百乐廷干邑，酒味深邃丰饶，醉人而妩媚，将你带入非凡干邑的宇宙，享受层层至乐体验。皆因汇集源自轩尼诗“创始人酒窖”多达百种的陈年生命之水酿储于陈年法国利穆赞橡木桶中，其中更有源于1870年陈酿130年的传世奇珍。豪华和现代感的水晶玻璃酒瓶散发轩尼诗百乐廷干邑华贵独特的气质，个中处处，皆令人杯酒莫停。

（意）法拉利 Ferrari

法拉利跑车的地位在世界汽车中都是顶级的，能与之抗衡的寥寥无几，因为法拉利跑车已经超越了交通工具的范畴，成了艺术杰作。其他的汽车公司制造车身和引擎，法拉利也同样制造，然而法拉利装配线的末端却诞生了一件艺术品，每辆法拉利车体内部都采用的是高级真皮装饰，这些传统工艺，法拉利的工人们说是他们技艺炉火纯青的代表。法拉利永远追求一种人车合一的境界。意大利在20世纪将红色打造到无以复加，甚至很难说法拉利到底是跑车还是赛车，几乎每一辆法拉利都不用经过改装就可以成为公路赛事的参与者。如果说兰博基尼是摇滚音乐，保时捷是乡村音乐，那么法拉利就是古典音乐。

法拉利跑车副总裁说：“法拉利跑车重质量而不是销量，因为我们是顶级跑车，所以我们生产的数量总是比市场需求少一辆。”比如奢华无比的“恩佐·法拉利”

把F1赛车技术应用到跑车上，使这款车具备高超的技术和性能。1365千克的轻质车重，350公里／小时的极速，0～100公里的加速只需3.6秒。全球只有349辆，价格高达650万人民币：这就是一款法拉利带给我们的数据。这些数据令法拉利跑车迷们为此激动不已。

红色像风一样席卷而过，弥漫在空气中的是烈焰热火般的激情，路人的尖叫不只是赞叹，那是对擦身而过的红色的景仰。它来了，带着它的名字——法拉利。

与其说人们热爱法拉利的性感、惊艳、活力与冲动，不如说是在爱它的纯粹，那种献出自己一切去追求一个美丽的梦的纯粹。那梦如同朝露在粉红色阳光抚摸下闪出的一丝晶莹，那梦如同维苏威火山毁灭的庞培古城一样神秘；它是永不落下的彩虹，它是永不消散的迷雾；它太完美了，没有人可以拥有它、驾驭它，只能悉心地呵护着它深藏在一件件惊世作品中的那份娇贵与美丽。

主要作品：

1. 1947年的125S

1947年的125S是法拉利的第一部作品。它的引擎，采用60度夹角V12的排列方式，能大大降低重心，而左右两边的汽缸更能互相抵消不必要的震荡，从而提高引擎效率。另一独特之处便是活塞冲程比其口径短，好处是可容许更多混合气进入燃烧室，从而提高马力；而短行程则可提高引擎转速极限。

2. Enzo Ferrari

2002年，“Enzo Ferrari”的出现是对终极性能概念的完整表达，将世界上最先进的F1赛车技术概念贯穿于整个街道量产车的开发中，法拉利是唯一的。这也是“Enzo Ferrari”独有的优势，法拉利拥有3次世界F1制造商冠军以及2次世界F1车手冠军的头衔，长时间的赛道上经验的积累，造就了法拉利开发这样一辆超级跑车的能力。将如此庞大的技术体验融入量产车里，法拉利开发“Enzo”的时候设立的一个目标就是让驾驶“Enzo”的用户可能够像车手一样达到对性能的把握，这不得不得益于采用了典型的F1风格的人机界面。

3. 法拉利599GTB

2006年法拉利最新车型599GTB将是继F430、F430 Spider和612 Scaglietti后，正式进入中国销售的第四款法拉利车型。新车搭载6升V12发动机，最大输出功率达620匹马力，通过移植自F1赛车技术的六速方向盘变速拨杆，使其百公里加速仅3.7秒，最高时速超过330千米。它以更大的内部空间和更强劲的动力取代了550/575 Maranello。同时它让575成为法拉利最后一款使用钢制底盘的车型，此后法拉利家族的所有成员都成为全铝制品。

当今法拉利跑车已经成为拥有成功事业及生活奢华的象征。对于安素·法拉利先生的逝世，意大利总理深情地说：“我们失去的是一位能够象征意大利年轻蓬勃、富于冒险以及在技术领域锐意进取的楷模型人物。”

小贴士

法拉利车标的含义

第一辆披着法拉利“红鬃烈马”标徽，在赛道上先驰得点的，是由125型赛车加以改良的166型Spyder Corsa，搭配1992毫升直列六缸引擎，勇夺1948年意大利的塔卡·傅里欧（Targ Florio）及米里·麦利亚（Mille Miglia）大赛的双项冠军，法拉利从此一举成名，并接连胜出超过五千场赛事的“跃马传奇”。

另外，特别值得一提的，是伴随着线条动人、马力惊人、颜色引人的法拉利赛车转战各地的“跃马”车徽，也有一段感人的故事。一位在第一次世界大战中捐躯的意大利空军英雄Francesco Baracca的双亲，看见法拉利赛车所向无敌的神采，正是爱子英灵依托的堡垒，于是恳请法拉利将原来标徽绘在其爱子座机上的“跃马”标志，镶嵌在法拉利车系上，以尽爱子巡曳地平线的壮志。法拉利欣然接受了这个建议，并在“跃马”的顶端，加上意大利的国徽为“天”，再以“法拉利”横写字体串连成“地”，最后以自己故乡蒙达那市的代表颜色——黄色，渲染全幅而组合成“天地之间，任我驰骋”的豪迈图腾。

（德）迈巴赫 Maybach

迈巴赫品牌代表着无与伦比的优秀品质、匠心独运的制作工艺、不断突破的科技水平，以及卓尔不群的尊贵气质。迈巴赫品牌使人们重新想起传奇色彩的汽车以及它的年代，连同奔驰的型号，成为当时德国汽车制造商中的绝对经典。精湛的技术，至高的品质，独特的风格，使得他们成为全世界瞩目的焦点。每辆车都按照用户定制规格进行独立的制作，引擎及底盘周围，全为手工打造。这个传奇品牌再现市场，势必成为超级豪华轿车领域的新典范。

尽管沉寂了60年之久，复苏后的迈巴赫不但魅力丝毫未减，更增添了几分神秘色彩。经过半个多世纪的沉默，这个历经沧桑的豪华品牌在2002年末卷土重来。“齐柏林”曾经的辉煌给了迈巴赫崛起的无限自信，复出后，它交出Exelero和62S等经典作品。时隔多年，迈巴赫的王者风范并没有消沉，反而增添几分厚重和沉稳，在纵横驰骋中，让曾经的霸气更加充满说服力。

主要作品：

1. 齐柏林系列

1929年，采用150马力的7升V12发动机迈巴赫12型问世。这就是20世纪30年代中期著名的迈巴赫齐柏林DS7的前身，它与后者采用同样的发动机和双超速挡变速器。改进型DS8于1931年正式面市，采用最大输出功率为200马力的8升发动机。

当时的齐柏林系列包括轿车、运动型敞篷车和活顶旅行车。所有型号都具有异常宽敞的内部空间，舒适宽大并采用柔软皮革包裹的座椅，在公路上的行驶性能也同样非常出色。齐柏林顶级轿车的轴距为3735毫米，与半椭圆长弹簧连接的刚性车桥提供了敏捷的车辆操控特性；而液压双向减振器进一步提高了乘坐平顺性。虽然驾驶者在启动的瞬间仍需踩下离合器，但其后只需操作转向盘中部的两个小控制杆，就可以通过4速行星齿轮变速器进行换挡，无须使用离合器。另外，空挡、一挡和倒挡都可以使用轿车中央的预选换挡手柄进行操作。简而言之，齐柏林轿车代表了豪华轿车的巅峰之作。

2. 迈巴赫双座跑车 Exelero

2005年推出的迈巴赫双座跑车Exelero是戴姆勒—克莱斯勒的顶级奢侈品牌。这款超级跑车配备了排量5.9L的V型12缸双涡轮发动机，最大输出功率为515千瓦（700匹马力）。它采用德国福尔达公司新开发的专用轮胎。在意大利北部的Nardo测试跑道上测速为351.45千米/小时，足以显示其输出功率之强大。从20世纪30年代起，迈巴赫开始生产流线型的跑车，而这款Exelero跑车是一个现代版的诠释，同时也是一个继承。除迈巴赫的工程师外，普福尔茨海姆高等专科学院的学生，以及样车制造厂商意大利Stola公司也参与了Exelero的开发。

3. 迈巴赫 62S

迈巴赫62S是迈巴赫复出后继57、62、57S之后，第4款同时也是顶级的旗舰车型。迈巴赫62S中的"S"是"Special"的含义，特别奢华、特别舒适。配备了6升增强型发动机的迈巴赫62S能够满足车主的一切动力要求，它的百公里加速时间仅有5.2秒，而最高车速被电子限制在250千米/小时。这台12缸发动机最大的输出功率有450千瓦，比迈巴赫的62车型还整整多了45千瓦。

迈巴赫被誉为是"经典中的经典"，被称为是为"富人中的富人"设计的汽车，有着深厚的文化底蕴，带有贵族的气质，彰显车主的高雅品位，为达官贵人们所青睐。迈巴赫的客户都是超级富翁，其中有国王和王妃、石油大亨、彩票中奖者。比如，早期的迈巴赫的车主们包括希腊国王保罗、荷兰的朱莉安娜公主和伯纳德王子、德国的隆美尔元帅等一批赫赫有名的历史名人。

（德）保时捷 Porsche

保时捷汽车集豪华的车体和优异的性能为一体，是世界上最知名的跑车品牌之一。尽管其跑车设计风格比较经典保守，没有像法拉利那样的现代诱惑。然而，20世纪50年代曾经流传着这样的话，即"拥有保时捷，是投资不是消费"，"在赛道上，只有保时捷才能打败保时捷"。半个世纪过去了，保时捷用一流的技术证明了自己的实力。保时捷有着"不但要制造世界最快的车，也要制造最安全的车"的理念，并始终坚持着需求的个性化，使得保时捷成为世界上最经典、最舒适、最豪华、跑得最快的跑车。

保时捷是一种气质。当你见到它，你会觉得心驰神往；当你驾驶它，你会觉得热情奔放；当你拥有它，你会觉得华贵富有；当你品味它，你会觉得渊博典雅。在保时捷历史上，曾经赢得了23000多次的竞赛冠军。当人们说起保时捷，就会领悟到什么是纯种的跑车，什么是最快的跑车，什么是强劲与经典，什么是骄傲和独占。

从指挥界泰斗与超级跑车所谱成的“谐和曲”中，我们可以印证汽车专家认定保时捷是糅合艺术家的精神、科学家的智能以及哲学家的胸襟等“材料”凝塑而成的说法，应是毋庸置疑的。60多年以来，保时捷永不妥协的坚持——制造“纯种跑车”的理念，丝毫未受时空的影响。

没有哪一个品牌像保时捷那样对“纯种跑车”始终执着追求，每一款保时捷的问世，都是科技与艺术的充分融合，它只想用速度和性能来证明实力。纯种血统的跑车，细数下来资格最老的莫过于保时捷。任何一款保时捷都在诉说着速度与艺术的经典传说。从你身边疾驰而过的它，如果你仅仅认为是一辆快速前进的跑车，那就是对保时捷莫大的曲解。在山野间，它是飘扬的彩带，轻逸俊美；是仙女的留香，弥漫过后就是一场不想重返现实的梦。艺术的魅力就在于和时间的结合，在一个个经典中，保时捷驾驭了这两者。保时捷深深蕴含着汽车文化的魅力，是在疾驰中享受精品人生的车迷的梦想，是在速度中体味尊贵与典雅的拥有者的宣言。

主要作品：

1. 928系列

保时捷928系列据说是在20世纪70年代中期为美国市场而设计，马力和车体都是“巨无霸级”，推向市场后不久即获得1978年度欧洲最佳汽车荣誉。4.5升的V8引擎可发出240匹马力，轻易达到时速267公里。

2. 保时捷930

保时捷930是世界上第一部将赛车技术推向市场的赛车。当年934，935在赛道上创出多年第一，而930是911车系中最强的一款可以在街道用的赛车。1977年推出3300cc涡轮增压器，马力增至300匹，0至100公里不到5秒，世界顶级跑车的行列。在今日来看也是一个超级跑车才可做到的，这车不只快甚至可以用疯狂来形容，车主如果没有相当技术，实在难以驾驶，今日的GT2也是930的后代。930、RS、RSR同样是911系列经典收藏对象。

3. 镀金保时捷Boxster

镀金保时捷Boxster是2006年的一款限量版车型，由一位德国斯图加特的艺术家兼金匠博恩德·豪格尔设计完成。VISUALIS的首席执行官斯文·乌尔里希全权委托给博恩德·豪格尔来为保时捷Boxster镀上一层22克拉的黄金。历经数月的艰苦手工作业，一件前无古人的艺术品才诞生。

从一些控制元件，诸如方向盘以及门把等，到整个车身甚至合金轮毂，全都被镀上了黄金，现在这部双座跑车的价值难以估量。在其身上体现出的一种对生活的完全享受的态度，配合保时捷Boxster一如既往的美妙曲线，体现得淋漓尽致。

这部跑车无论走到哪里都会是众人瞩目的焦点。这部镀金跑车所能达到的威力不仅仅只是能吸引大众的注意力而已，它完全可以让男人和女人一起都为之心跳加速，点燃人们的艳羡之心。

小贴士

保时捷汽车标志含义

举世熟知的Porsche盾徽，是1953年由费利。保时捷博士（Dr . feny porsche）所构思。跃动的黑马象征Porsche惊人的爆发力，正中央stuttgart字样，代表保时捷公司的所在地；四周厂徽取自巴登佛登堡州（Baden Wurttemberg）州徽，并镶以德国国旗黑、红、黄三色，共同构成一面令人热血沸腾的盾徽。

休闲娱乐

温泉

温泉是自然产生的，所以使用柴火烧或是热水器加热的水并不能算温泉，充其量只能说是热水，人工从地下抽出来的，也不能叫作温泉。

另外，依化学组成分类，温泉中主要的成分包含氯离子、碳酸根离子、硫酸根离子，依这三种阴离子所占的比例可分为氯化物泉、碳酸氢盐泉、硫酸盐泉。除了这三种阴离子之外，也有以其他成分为主的温泉，例如重碳酸土类泉、食盐泉（以氯化钠离子为主）、氯化土盐泉、芒硝泉（硫酸钠离子为主）、石膏泉（以硫酸钙为主）、正苦味泉（以硫酸镁为主）、含铁泉（白磺泉）、含铜、铁泉（又称青铜泉），其中食盐泉也称盐泉，可依含氯化物食盐的多寡，区分为弱食盐泉和强食盐泉。依地质分类以产生温泉的地质特性，可将温泉分类为火成岩区温泉、变质岩区温泉、沉积岩区温泉。依物理性质根据温泉的温度、活动等物理性质，依温度、温泉流出地表时与当地地表温度差，可分为低温温泉、中温温泉、高温温泉、沸腾温泉四种。

水温超过20℃的泉，或水温超过当地年平均气温的泉也称温泉。温泉的水多是由降水或地表水渗入地下深处，吸收四周岩石的热量后又上升流出地表的，一般是矿泉。泉水温度等于或略超过当地水的沸点的称沸泉；能周期性地、有节奏地喷水的温泉称间歇泉。中国已知的温泉点约2400多处。广东、福建、浙江、江西、云南、西藏等地温泉较多，其中最多的是云南，有温泉400多处。腾冲的温泉最著名，数量多，水温高，富含硫质。

茶道

茶道，就是品赏茶的美感之道。茶道亦被视为一种烹茶饮茶的生活艺术，一种以茶为媒的生活礼仪，一种以茶修身的生活方式。它通过沏茶、赏茶、闻茶、饮茶增进友谊，美心修德，学习礼法，是很有益的一种和美仪式。喝茶能静心、静神，有助于陶冶情操、去除杂念，这与提倡清静、恬澹的东方哲学思想很合拍，也符合佛道儒的“内省修行”思想。茶道精神是茶文化的核心，是茶文化的灵魂。

茶文化的内涵其实就是中国文化内涵的一种具体表现，谈论茶文化必须结合中国汉文化而论之。中国素有礼仪之邦之称谓，茶文化的精神内涵即是通过沏茶、赏茶、闻茶、饮茶、品茶等习惯和中华的文化内涵礼相结合形成的一种具有鲜明中国文化特征的一种文化现象，也可以说是一种礼节现象。

茶道要遵循一定的法则。唐代为克服九难，即造、别、器、火、水、炙、末、煮、饮。宋代为三点与三不点品茶，“三点”为新茶、甘泉、洁器为一，天气好为一，风流儒雅、气味相投的佳客为一；反之，是为“三不点”。明代为十三宜与七禁忌。“十三宜”为一无事、二佳客、三独坐、四咏诗、五挥翰、六徜徉、七睡起、八宿醒、九清供、十精舍、十一会心、十二鉴赏、十三文僮；“七禁忌”为一不如法、二恶具、三主客不韵、四冠裳苛礼、五荤肴杂味、六忙冗、七壁间案头多恶趣。

茶道的形式主要有：

1. 煎茶

把茶末投入壶中和水一块煎煮。最早记述于宋代，有“吃茶”之说。流行于唐代。

法门寺出土的金质茶具，展现了唐代人“吃茶”的情形。茶叶经烘干后碾成粉末，和水一起煮，在煮茶时有时会加入盐等调料，喝茶时与茶叶一起喝下，所以又叫“吃茶”。唐代的煎茶，是茶的最早艺术品尝形式。

2. 斗茶

古代文人雅士各携带茶与水，通过比茶面汤花和品尝鉴赏茶汤以定优劣的一种品茶艺术。斗茶又称为茗战，兴于唐代末，盛于宋代。最先流行于福建建州一带。斗茶是古代品茶艺术的最高表现形式。其最终目的是品尝，特别是要吸掉茶面上的汤花，最后斗茶者还要品茶汤，做到色、香、味三者俱佳，才算斗茶的最后胜利。

3. 工夫茶

清代至今某些地区流行的工夫茶是唐、宋以来品茶艺术的流风余韵。清代工夫茶流行于福建的汀州、漳州、泉州和广东的潮州。后来在安徽祁门地区也有盛行。饮工夫茶，有自煎自品和待客两种，特别是待客，更为讲究。

小贴士

什么是茶道的本质

儒道佛教与茶文化发展密切相关，三家思想的统一形成了今天中国茶道精神，“道”一般是指事物的来源、本质和规律。中国茶道是指饮茶过程中的技艺、美学观点以及茶礼仪中的哲理和道德原则。三教合一，以儒家思想为核心，结合茶叶栽制，饮用的变革和审美观点的变化发展，规定和影响着我国茶文化的发展。中国茶道的内在本质就是儒道佛三家思想的统一。

插花

插花，起源于佛教中的供花。所以，插花是一门艺术，同雕塑、盆景、造园、建筑等一样，均属于造型艺术的范畴。简言之，插花即指将剪切下来的植物之枝、叶、花、果作为素材，经过一定的技术（修剪、整枝、弯曲等）和艺术（构思、造型设色等）加工，重新配置成一件精致美丽、富有诗情画意、能再现大自然美和生活美的花卉艺术品，故称其为插花艺术。插花看似简单容易，然而要真正插成一件好的作品并非易事。因为它既不是单纯的各种花材的组合，也不是简单的造型，而是要求以形传神，形神兼备，以情动人，融生活、知识、艺术为一体的一种艺术创作活动。国内外插花界的朋友们都认为，插花是用心来创作花型，用花型来表达心态的一门造型艺术。

插花保鲜方法如下：

（1）剪去茎根部叶片，用急火燎一下茎根，这样既可保持茎内储藏的养料，又防腐烂。

（2）瓶内水量要充足，但切忌水齐瓶口，以免影响花枝吸氧。

（3）每晚换水一次，放于室外。每隔 3 天将茎根斜剪去 0.5 厘米，洗净擦干，用急火再燎一次。

（4）10 天后，洗净根茎擦干，用塑料袋封装，置冰箱冷藏室。

此法适于大丽菊、晚香玉、康乃馨、万寿菊、萱草、马蹄莲、金盏、石竹等，木本花卉按此法，更能延长花期。

高尔夫

高尔夫，俗称小白球，是一种室外体育运动。个人或团体球员以不同的高尔夫球杆将一颗小球打进果岭的洞内。大部分的比赛有 18 洞，杆数最少的为优胜者。英国公开赛、美国公开赛、美国大师赛和美国职业高尔夫球协会锦标赛是高尔夫球界的四大大满贯赛事。高尔夫球普遍被视为苏格兰人的发明，今日的高尔夫球 18 洞制度亦由苏格兰制定，当地亦有全球最历史悠久的高球会，被视作苏格兰国粹。

打高尔夫球的基本要领包括：握杆、击球姿势和脚位。

1. 握杆

双手握牢球杆，防止滑动，又要确保两手腕的灵活性，达到最大的杆头运行速度和控制杆头方向的目的。握杆后将手臂、手掌和球杆作为一个整体进行击球。一般握杆的方法有：重叠式、连锁式、十指式等。

重叠式：右手小指嵌入左手示指与中指间，双手部分重叠。

连锁式：右手小指与左手示指咬合。

十指式：双手除拇指外，八个手指掐在杆柄上，两手手掌相向，但不重叠。

2. 击球姿势

按握杆要领握好球杆后，身体自然站立，两脚自然分开与肩同宽，头轻松下俯，注视杆头。双膝稍弯曲，使杆头底部着地。身体左侧与目标（果岭或球道）保持适当角度，身体重心平均落在两脚上。

3. 脚位

指准备击球时两脚站立的姿势，分为正脚位、开脚位和闭脚位。

正脚位：指两脚尖连线与准备击球线平行的脚位。若全力击球，无论使用哪种球杆，均可采用正脚位。

开脚位：指左脚稍微后撤的脚位。往往在用短铁杆击球时采用，击出的球路向左弯曲。

闭脚位：指右脚稍向后撤的脚位。常在开球和球道上击球时采用，击出的球路向右弯曲。无论在击球时采用哪一种脚位，右脚与击球方向成直角，左脚与击球方向成 45 度角。

此外，高尔夫是一项高贵优雅的绅士运动，讲究是其特点。下面简单介绍一下高尔夫球的礼仪：

（1）安全：球员在挥杆之前，要保证挥杆范围内无人站立，或可能击起的石子、球等不会伤及别人。当前组球员未走出（约 300 码）击出球的射程及范围之前，后组的任何球员不得打球。

（2）噤声：球员在击球时，周围要保持安静，不可有谈话声或车辆声及其他干扰球员击球的噪声。

（3）打球速度：为了大家的利益，球员打球时不得延误时间，如果一组球员在球场上进行迟缓并落后前面的打球员整一个洞以上，应该让后续的一组先行通过。

（4）优先权：二人一组较三人一组或四人一组有优先权，并有超越这些组先行通过的权利，而这些组应请二人球组先行，单独球员无此权利而应让任何其他组先行通过。

小贴士

球杆数只限十四支

在正规的竞赛中，每位选手只能携带十四支以内的球杆参赛，球杆若少于十四支时可补充到十四支。比赛中可更换损坏或不堪使用的球杆，但以不耽误比赛为原则；而且不论补充或更换球杆，皆不得向球场上任何一位参赛者借用。球杆一旦借出后，直至比赛终止，借出的球杆将供借用者使用，借出的一方不得使用之。

品味艺术

视觉艺术

水彩

水彩画，顾名思义，就是以水为媒介调和颜料作画的表现方式。就其本身而言具有两个基本特征：一是颜料本身具有的透明性；二是绘画过程中水的流动性。水彩材质的特性导致水彩艺术的特殊性。水色的结合、透明性质、随机性及肌理都是值得研究的课题。水融色的干湿浓淡变化以及在纸上的渗透效果使水彩画具有很强的表现力，并形成奇妙的变奏关系，产生了透明酣畅、淋漓清新、幻想与造化的视觉效果，与自然把持了和谐的灵动之美，构成了水彩画的个性特征，产生独特的不可替代的特殊性。

水彩画的基本技法主要有干画法和湿画法两种：

1. 干画法

干画法是一种多层画法。用层涂的方法在干的底色上着色，不求渗化效果，可以比较从容地一遍遍着色，较易掌握，适于初学者进行练习。表现肯定、明晰的形体结构和丰富的色彩层次，是干画法的特长。

干画法可分层涂、罩色、接色、枯笔等具体方法。

层涂：即干的重叠，在着色干后再涂色，一层层重叠颜色表现对象。在画面中涂色层数不一，有的地方一遍即可，有的地方需两三遍或更多一点儿，但不宜遍数过多，以免色彩灰脏失去透明感。层涂向有色下部重叠，事先预计透出底色的混合效果，这一点是不能忽略的。

罩色：实际上也是一种干的重叠方法，罩色面积大一些，譬如画面中几块颜色不够统一，得用罩色的方法，蒙罩上一遍颜色使之统一。某一块色过暖，罩一层冷色改变其冷暖性质。所罩之色应以较鲜明色薄涂，一遍铺过，一般不要回笔，否则带起底色会把色彩搞脏。在着色的过程中和最后调整画面时，经常采用此法。

接色：干的接色是在邻接的颜色干后从其旁涂色，色块之间不渗化，每块颜色本身也可以湿画，增加变化。这种方法的特点是表现的物体轮廓清晰、色彩明快。

枯笔：笔头水少色多，运笔容易出现飞白；用水比较饱满在粗纹纸上快画，也会产生飞白。表现闪光或柔中见刚等效果常常采用枯笔的方法。

干画法不能只在“干”字方面做文章，画面仍须让人感到水分饱满、水渍湿痕，避免干涩枯燥的毛病。

2. 湿画法

湿画法可分湿的重叠和湿的接色两种。

湿的重叠：将画纸浸湿或部分刷湿，未干时着色和着色未干时重叠颜色。水分、时间掌握得当，效果自然而圆润。表现雨雾气氛、水润的情趣是其特长，为某些画种所不及。

湿的接色：邻近未干时接色，水色流渗，交界模糊，表现过渡柔和色彩的渐变多用此法。接色时水分要均匀，否则水多向少处冲流，易产生不必要的水渍。

画水彩大都有干画、湿画结合进行，湿画为主的画面局部采用干画，干画为主的画面也有湿画的部分，干湿结合，表现充分，浓淡枯润，妙趣横生。

书法

书法，是世界上少数几种文字所有的艺术形式，包括汉字书法、蒙古文书法、阿拉伯文书法等。其中中国书法是中国汉字特有的一种传统艺术。从广义讲，书法是指语言符号的书写法则。换言之，书法是指按照文字特点及其含义，以其书体笔法、结构和章法写字，使之成为富有美感的艺术作品。汉字书法为汉族独创的表现艺术，被誉为“无言的诗”“无行的舞”“无图的画”“无声的乐”。

练习书法的方法主要有以下四种：

1. 描摹

执笔姿势：首先用拇指与中指紧夹住毛笔，手掌中的空闲位置要有像 4 厘米左右的正方体位置，然后用无名指和小指自然地放在毛笔后面，身体挺直，手臂要离桌子有合适的一段距离。常用方法：用薄纸（绢）蒙在原作上面依照原来的样子去写或去画。描红即是其中的一种方法。

2. 临写

习书者对照书法原帖，在另外一张纸上尽可能和原作模样一模一样地书写出来。临写必须运用科学的方法，许多爱好书法的人迟迟未能迈入书法殿堂的大门，就在于他们没有掌握科学的临写方法。汉字临写的根本原理——5000 年来的书法家无数，他们虽然留下了相当多的书法佳作，但是没有留下写字的科学方法，例如为什么临写得像，为什么临写得不像等。来自大连的小学教师刘向东提出了汉字临写的根本原理，撰写了《汉字临写大揭秘》一书，从而解决了汉字临写的根本难题。这一方法不但适合于汉字的临写，也适合于世界上一切文字的临写。《汉字临写大揭秘》一书是中国书法史上的一座里程碑。

3. 背临

多次临写之后，根据头脑记忆中留下的原作形象，再次书写出来。

4. 创作

依据不断修正的背临书写习惯和书写风格，重新选择书写内容及表现风格，书写出来的新作品。

小贴士

书法之美尽显墨色组合美

书法结合了墨色组合的艺术性，主要是指其组合的秩序性。作为艺术的书法，它的各种色彩不再是杂乱无章的，而应是非常有秩序的。这里也有些共同的美学原则，要求书者予以遵守。如重点原则、渐变原则、均衡原则，等等。书法结体的墨色组合，主要涉及两个方面：一是对背景底色的分割组合。人们常说的“计白当黑”，就是这方面的内容。二是点画结构的墨色组合。从作品的整体效果来看，不但要注意点画墨色的平面结构，还要注意点画墨色的分层效果，从而增强书法的表现深度。

水印

水印是我国传统的用木刻印刷绘画作品的方法。调和颜料用水，不用油质，跟一般彩印法不同，所以特称为“水印”也叫“水印木刻”。具体是指在造纸过程中形成的，“夹”在纸中而不是在纸的表面，迎光透视时可以看到有明暗纹理的图形、人像或文字，它是纸张在生产过程中用改变纸浆纤维密度的方法而制成的。通常人民币、粮票、证券等，都采用此方式，以防止造假。

水印是纸面上一种特殊的暗纹：纸平放时看不出有透明图形；举纸迎光一看，能够见到清晰的花纹。例如，1990 年版 50 元人民币票面的左边空白处，就有一个炼钢工人的图形，这就是水印。最早的水印是 8 世纪末或 9 世纪初，我国唐代造纸工匠首创的。当时是在竹帘上丝线编织花纹。花纹处比帘面突出一些，故成纸时相对应的部位纤维交织得薄一些，则透光程度高一些，于是便得到水印效果。13 世纪意大利工匠在抄纸网上也编织出字母、数字或图案，使纸业上留有水印作为商标。现在是在造纸机网上都用修饰裩（水印裩）压制湿纸页而形成水印。修饰裩可根据需要雕刻出各种花纹或图案。

国画

从美术史的角度讲，民国前的都统称为古画。国画在古代无确定名称，一般称之为丹青，主要指的是画在绢、宣纸、帛上并加以装裱的卷轴画。汉族传统绘画形式是用毛笔蘸水、墨、彩作画于绢或纸上，这种画种被称为“中国画”，简称“国画”。工具和材料有毛笔、墨、颜料、宣纸、绢等，题材可分人物、山水、花鸟等，技法可分工笔和写意。中国画在内容和艺术创作上，体现了古人对自然、社会及与之相关联的政治、哲学、宗教、道德、文艺等方面的认识。

中国画起源古代，象形字奠基础；文与画在当初无歧义，本是一个意思。我国素有“书画同源”之说，有人认为伏羲画卦、仓颉造字，是为书画之先河。文字与画图初无分别。

陶器是新石器时代的产物，陶器分黑陶、白陶和彩陶。在新石器时代重要遗址西安半坡村出土的彩陶上，画有互相追逐的鱼，跳跃的鹿。甘肃永靖出土的一件船形的陶壶，使我们虽如身处岸边，水上的情景却历历在目；还有青海大通上孙家寨发现的舞蹈彩盆上，绘有三组五人携手踏歌图，表现出青春的活力。它是研究中国画史的根源。在新石器时代的晚期，辛店和龙山诸文化遗址中，发现了我国最早的青铜器，它是器物，又是工艺美术品。常见的青铜器饰纹，有云雷纹、夔纹、龙纹、虎纹等，也有用人体作为装饰的花纹。双夔合成的容谷纹，尾部多上卷，极富美观。

青铜器物上的装饰画，主题约可分为两类：一是描写贵族生活中的礼仪活动，如宴乐、礼射等；一是描写水陆攻战等。如赵固出土的《刻纹铜鉴》，集中表现了贵族生活。另一类是描绘水陆攻战的画面，以山彪镇出土的《水陆攻战纹鉴》为代表。其他百花潭铜壶，故宫《宴乐铜壶》都有表现战争景象的图画。这些画幅中，有水陆交战、坚壁防守、云梯攻地等情节，还有描绘水战、陆战的阵势中，表现了冲锋击杀攻坚的细节。士兵有的执剑和戟，有的持戈和矛等，形象生动。这些艺术手法，给汉画石刻、砖刻以很大的启发和影响。

此外，中国画“画分三科”，人物、花鸟、山水，表面上是以题材分类，其实是用艺术表现一种观念和思想。所谓“画分三科”，即概括了宇宙和人生的三个方面：人物画所表现的是人类社会，人与人的关系；山水画所表现的是人与自然的关系，将人与自然融为一体；花鸟画则是表现大自然的各种生命，与人和谐相处。三者之合构成了宇宙的整体，相得益彰。这是由艺术升华的哲学思考，是艺术之为艺术的真谛所在。

粉彩

粉彩瓷又叫软彩瓷，景德镇窑四大传统名瓷之一，是以粉彩为主要装饰手法的瓷器品种。粉彩是一种釉上（在瓷胎上）彩绘经低温烧成的彩绘方法。粉彩瓷器是清康熙晚期在五彩瓷基础上，受珐琅彩瓷制作工艺的影响而创造的一种釉上彩新品种，从康熙晚期创烧，后历朝流行不衰。

粉彩也叫“软彩”，是釉上彩的一个品种。所谓釉上彩，就是在烧好的素器釉面上进行彩绘，再入窑经600~900℃烘烤而成。粉彩瓷的彩绘方法一般是，先在高温烧成的白瓷上勾画出图案的轮廓，然后用含砷的玻璃白打底，再将颜料施于这层玻璃白之上，用干净笔轻轻地将颜色依深浅浓淡的不同需要洗开，使花瓣和人物衣服有浓淡明暗之感。由于砷的乳浊法作用，玻璃白有不透明的感觉，与各种色彩相融合后，便产生粉化作用，红彩变成粉红，绿彩变成淡绿，黄彩变成浅黄，其他颜色也都变成不透明的浅色调，并可控制其加入量的多寡来获得一系列不同深浅浓淡的色调，给人粉润柔和之感，故称这种釉上彩为“粉彩”。在表现技法上，从平填进展到明暗的洗染；在风格上，其布局和笔法，都具有传统的中国画的特征。粉彩瓷器使用“玻璃白”，并与绘画技法紧密结合，这是景德镇陶工们的一项新的创举。经研究化验，所谓“玻璃白”是不透明的白色乳浊剂，属氧化铅、硅、砷的化合物，利用其乳浊作用，可以使彩绘出现浓淡凹凸的变化，增加了彩绘的表现力，让画面粉润柔和，富于国画风格，因此博得“东方艺术明珠”的美称。

粉彩瓷装饰画法上的洗染，吸取了各姊妹艺术中的营养，采取了点染与套色的手法，使所要描绘的对象，无论人物、山水、花卉、鸟虫都显得质感强，明暗清晰，层次分明。采用的画法既有严整工细、刻画微妙的工笔画，又有简洁洗练的写意画，还有夸张变形的装饰画风，甚至把版画、水彩画、油画以及水彩画等都加以融汇运用，精微处，丝毫不爽；豪放处，生动活泼。粉彩的绘制，一般要经过打图、升图、作图、拍图、画线、彩料、填色、洗染等工序。其中从打图到拍图，是一个用墨线起稿，进行创作构思，如绘瓷决定装饰内容与形象构图的阶段。正式绘制时定稿叫“升图”，把描过浓墨的图样从瓷器上拍印下来叫“作图”。接着把印有墨线的图纸转拍到要正式绘制的瓷胎上去即“拍图”，这样就可进行绘瓷。

粉彩的描绘，着色技法是比较复杂细致的，一般如画、彩、填、洗、扒、吹、点等技法。其所用工具有画笔、填笔、洗笔、彩笔、笃笔、赤金笔、金水笔、玛瑙笔、扒笔等许多特制笔。

小贴士

乾隆粉彩瓷

乾隆粉彩是乾隆年间瓷器中所占比重较大的品种之一，在雍正瓷的基础上又有新的突破。乾隆粉彩中的一部分继承了雍正时期在肥润的白釉上绘疏朗艳丽纹饰的特点，如常见的折枝花卉盘、碗、小瓶、面盆、人物笔筒和大件器物鹿头尊等。

乾隆时期除了白地绘粉彩外，还有色地粉彩或色地开光中绘粉彩等品种。乾隆朝粉彩的创新品种是在黄、绿、红、粉、蓝等色地上用极细的工具轧出缠枝忍冬或缠枝蔓草等延绵不断的纹饰，且多和开光一起使用，人称轧道开光。这一工艺的出现，将粉彩推上了更加富丽繁缛的顶峰，一直延续到民国。

油画

油画的前身是15世纪以前欧洲绘画中的蛋彩画，后经尼德兰画家扬·凡·艾克对绘画材料等加以改良后发扬光大。后人因扬·凡·艾克对油画艺术技巧的纵深发展做出的独特贡献，誉其为“油画之父”。近代油画多用亚麻子油调和颜料，在经过处理的布或木板上作画，因为油画颜料干后不变色，多种颜色调和不会变得肮脏，画家可以画出丰富、逼真的色彩。油画颜料不透明，覆盖力强，所以绘画时可以由深到浅，逐层覆盖，使绘画产生立体感。

油画逐渐成为西方绘画史中的主体绘画方式，现在存世的西方绘画作品主要是油画作品。随着时间的推移油画逐渐生活化，其中最著名的就是《蒙娜丽莎》。19 世纪后期，由于科技发展，许多新材料应用于油画领域，如丙烯颜料、油漆等。

油画颜料的功能和极强的可塑性是其他画种无法比拟的。在运笔的作用下，不单是完成造型的任务，而且也对画面的肌理效果产生直接的影响。伦勃朗、鲁本斯都是善于掌握和控制肌理的人，因为肌理直接传达着艺术家的心理感受，影响着作品的感染力度。所谓肌理的合理表现不仅包括肌理对对象质感的再现，还包括对画面的总体情绪的描述与表现。在传统写实油画中，肌理很能胜任对质感的再现任务，对象的细腻和粗糙的质地感都可用相应的肌理加以模仿，但这是一种非常被动的行为，而真正谓之美的肌理是那些能表达画面的韵律及艺术家的情感的、具有高度和谐秩序的肌理。这种纹理往往超越质感的局限而将精神之气贯穿于整个画面和观者的内心，成为抽离于具象的色层美。从这个意义上讲，它是抽象的。但在传统油画中它反过来又附着于写实的对象上，融合于由小至大的总体氛围中。

小贴士

油画起稿用的工具

现代油画作品起稿时一般会用到以下几种工具：

（1）炭条。炭精棒与木炭条都适于在画布或木板上画素描。木炭条的性能更好，因为它的印痕较轻，很容易擦掉，用起来较为灵活。炭精棒能留下很重的线条，使轮廓线较为明确。

（2）炭笔。线条较细，更适于画细部。有人不主张用铅笔，认为铅印会从油画色层底下泛上来。

（3）色粉笔与蜡笔。在画布上使用不应过多，要避免使用白色或浅色。在这种素描中过多使用色粉笔或蜡笔会使底子不稳定。

（4）水彩与丙烯色。极薄的水彩不会对油画色的覆盖产生任何影响。若要厚涂，就用丙烯色。

（5）水墨。使用中国书画用水墨，是很有趣的事。墨线既可以用油画色覆盖，也可以保留，它不会轻易被松节油洗掉。

（6）复写纸。可将纸上的素描稿复印到画布上。在起素描稿阶段，发胶、胶液等固定液是不可缺少的。对于易脱落或泛色的材料有必要喷上一层固定液。另外，各种橡皮、抹布等也是必备品。

素描

素描原本是西方绘画的一种基础能力，简单地说就是用各种方式、材料来表现空间和体积的绘画形式。素描是指运用铅笔或者炭笔之类的单色调黑色美术用笔对物体进行刻画，运用线条将块面铺出，再进行黑白灰的刻画，从而让物体的明暗交界线、暗部、亮部、高光等把对象立体地表现在纸张上面。素描是用线条描写或单色、不加彩色的绘画，是造型艺术的基础。

以素描表现的目的而言，素描一般用作学生提高造型能力的基本绘描练习，或作为创作前的整理或局部草稿练习、素材的搜集方法，并练习物体形象、动态、量感、质感、明暗、空间、色彩、比例、构图、变化统一、疏密等。大多数的画家在从事一幅油画或壁画之前，便先有绘画雏形出来，而这个简单几笔的雏形画，便是素描，素描很少用来制作为成品，但也有画家使用这种方式制作，而这样的成品画和画稿有所出入，因为此类的素描是在画完雏形的基本功外，再添加细部光影变化的描绘。而这样素描的目的也在于作为画家视觉的记录。

从描绘内容上来划分，可以分为石膏几何形体素描、静物素描、石膏头像素描、石膏半身像素描、石膏全身像素描、人物头像素描、人物半身像素描、人体素描等。按照绘画方法不同，还可分为全因素素描（也叫光影素描）、结构素描、超写实素描和设计素描等。

从使用工具上来划分，素描可分为铅笔素描和碳素素描：

铅笔素描常是素描练习的开始，不论是精细素描或是速写，都可以由易于修改的铅笔开始。并练习运用不同标志的铅笔，铅笔标志 B 表示质地软，前面标志的数字越大，质地越软，可用来画较暗的部分。H 表示质地较硬，前面标志的数字越大，质地越硬，可用来画较光的部分。铅笔素描的画纸可选用纸面较粗的画纸，如 150 磅或 200 磅的模造纸，以软质橡皮为佳。常见的铅笔素描习作可以静物写生、风景写生来做练习。

木炭素描常以石膏像作为练习的对象，因为石膏像为纯化的物体，无色泽，无强烈的纹理变化，经由光线照射后，可产生清楚的明暗对比。初学者常由头像入手。

版画

版画是视觉艺术的一个重要门类。广义的版画可以包括在印刷工业化以前所印制的图形。当代版画的概念主要指由艺术家构思创作并且通过制版和印刷程序而产生的艺术作品，具体说是以刀或化学药品等在木、石、麻胶、铜、锌等版面上雕刻或蚀刻后印刷出来的图画。版画艺术在技术上是一直伴随着印刷术的发明与发展的。古代版画主要是指木刻，也有少数铜版刻和套色漏印。独特的刀味与木味使它在中国文化艺术史上具有独立的艺术价值与地位。

版画在历史上经历了由复制到创作两个阶段。早期版画的画、刻、印者相互分工，刻者只照画稿刻版，称复制版画；后来画刻印都由版画家一人来完成，版画家得以充分发挥自己的艺术创造性，这种版画称创作版画。中国复制木刻版画已有上千年历史，创作版画则起自20世纪30年代，经鲁迅提倡，后来取得了巨大发展。在西方，16世纪的丢勒以铜版画和木版画复制钢笔画，到17世纪，伦勃朗则把铜版画从镂刻法发展到腐蚀方法，并进入到创作版画阶段。木刻版画进入创作版画阶段是在19世纪。

在欣赏版画近千年发展过程中留下的大量作品时，有以下一些艺术特点值得注意：

（1）尽可能利用对象的本色，显出木味（木刻）。

（2）巧妙利用“留黑”手法，对刻画的形体做特殊处理，获得版画特有的艺术效果。

（3）发挥刻版水印的特性，让大块阳刻产生强烈的艺术效果。

（4）通过巧妙构图，以丰满密集和萧疏简淡等不同风格来衬托表现主题风格。综上所述，中国古代版画在历史长河中有它自己的发展轨迹，形成了独具特色的艺术。郑振铎先生曾说“梨枣图画，为推动文化，功高不可胜言”，这是对版画艺术地位的恰当描述。版画具有可视性审美的平面性造型及其纯美术的功用，有艺术表现过程的间接性，艺术结果的复数，印痕艺术的审美特征。

就版画而言，有以下几种分类方法：

（1）按使用材料可分为木版画、石版画、铜版画、锌版画、瓷版画、纸版画、丝网版画、纸版画、石膏版画等。

（2）按颜色可分为黑白版画、单色版画、套色版画等。

（3）按制作方法分为凹版、凸版、平版、孔版和综合版、电脑版等。

（4）按照制作技法分为木面木刻、木口木刻、水印木刻、油印木刻。

（5）凹版版画可分为凹雕版、腐蚀版、美柔汀版。

造型艺术

泥塑

泥塑，即用黏土塑制成各种形象的一种民间手工艺，在民间俗称“彩塑”“泥玩”。泥塑艺术是我国一种古老常见的民间艺术。它以泥土为原料，以手工捏制成形，或素或彩，以人物、动物为主。

自新石器时代之后，中国泥塑艺术一直没有间断，发展到汉代已成为重要的艺术品种。考古工作者从两汉墓葬中发掘了大量的文物，其中有为数众多的陶俑、陶兽、陶马车、陶船等。其中有手捏的，也有模制的。汉代先民认为亡灵如人生在世，同样有物质生活的需求。因此丧葬习俗中需要大量的陪葬品，这在客观上为泥塑的发展和演变起了推动作用。

两汉以后，随着道教的兴起和佛教的传入，以及多神化的奉祀活动，社会上的道观、佛寺、庙堂兴起，直接促进了泥塑偶像的需求和泥塑艺术的发展。到了唐代，泥塑艺术达到了顶峰。被誉为雕塑圣手的杨惠之就是唐代杰出的代表，他与吴道子同师张僧繇，道子学成，惠之不甘落后，毅然焚毁笔砚，奋发专攻塑，终成名家。为当世人称赞："道子画，惠之塑，夺得僧繇神笔路"。

泥塑艺术发展到宋代，不但宗教题材的大型佛像继续繁荣，小型泥塑玩具也发展起来。有许多人专门从事泥人制作，作为商品出售。北宋时东京著名的泥玩具"磨喝乐"在七月七日前后出售，不仅平民百姓买回去"乞巧"，达官贵人也要在七夕期间买回去供奉玩耍。

元代之后，历经明、清、民国，泥塑艺术品在社会上仍然流传不衰，尤其是小型泥塑，既可观赏陈设，又可让儿童玩耍。几乎全国各地都有生产，其中著名的产地有无锡惠山、天津"泥人张"、陕西凤翔、河北白沟、山东高密、河南浚县、淮阳以及北京。

泥塑的基本用料——泥土需精心准备，一般选用带些黏性又细腻的土，经过捶打、摔、揉，有时还要在泥土里加些棉絮、纸、蜂蜜等。泥塑的模制一般分为四步：制子儿、翻模、脱胎、着色。制子儿就是制出原型，找一块和好的泥，运用雕、塑、捏等手法，塑造好一个形象，经过修改、磨光、晾干后即可，有些地方还要用火烧一下，加强强度。翻模就是把泥土压在原形上印成模子，常见有单片模和双片模，也有多片模。脱胎就是用模子印压泥人坯胎，通常是先把和好的泥擀成片状，然后压进模子，再把两片压好泥的模子合拢压紧，再安一个"底"，即在泥人下部粘上一片泥，使泥人中空外严，在胎体上留一个孔，使胎体内外空气流通，以免胎内空气压力变化破坏泥胎。最后一道工序是着色，素有"三分塑，七分彩"之说。一般着色之前先上一层底色，以保持表面光洁，便于吸收彩绘颜色，彩绘的颜料多用品色，调以水胶，以加强颜色附着力。

冰雕

冰雕，是一种以冰为主要材料来雕刻的艺术形式。同其他材料的雕塑一样，冰雕也分圆雕、浮雕和透雕三种。冰雕塑与其他材质的雕塑一样，讲究工具使用、表面处理、刀痕刻迹，但由于它材质无色、透明，具有折射光线的作用，故此雕刻出的形象立体感不强，形象不够鲜明。为了弥补这一缺陷，造型时采用石雕和木雕手法，强调体面关系，突出形体基本特征，力求轮廓鲜明，在此基础上，精雕细刻，或者实行两面雕刻，使线条互相相交，雕痕纵横交错，在光线反射作用下，尤显玲珑剔透，从而取得远视、近视俱佳的观赏效果。

早期，在我国东北，因天寒地冻，经常冰天雪地，门外积雪盈尺，那时已有人将河水结成的冰块雕成简单形状以盛物，故冰雕最早应发源于中国。冰雕是餐饮陈列艺术之佼佼者，其造型大可以至无限之组合，小可为套餐之事务容器，没有空间限制，且其晶莹剔透，皎洁光彩的质感，更增强了视觉上的享受。冰雕由于是水做的，水又是人体不可或缺的物质。除感官的享受外，更有一份无比的新鲜与口感，大型冰雕，其功能更甚在一般正式的酒会或餐会，宴会上，以大型的冰雕为主题，除增加会场气氛与气势外，更显其主题的光彩与明朗，故古时至今日，全东南亚甚至全世界都在流行，并喜爱它。

冰雕的种类主要有以下几种：

（1）圆雕：又称立体造像，指不附着在任何背景上，完全独立的可以四面欣赏的冰雕。

（2）浮雕：即浅雕凸雕，在实体的表面上雕刻出具有背景的形象，也就是在平面上雕出凸起的形象，是介于圆雕和绘画之间的雕塑艺术。

（3）透雕：镂空浮雕的背景，它介于圆雕与浮雕之间，空间感很强。

小贴士

我国最著名的冰雕展——哈尔滨冰雕展

在我国，东北是冰雕发展最好的地区，其中最有名的是冰城哈尔滨冰雕展。每年都有相当多的游客前去参观，而且规模也一年比一年大，不仅是参展的艺术家变多了，而且以冰来雕刻的主题也变得更丰富，有用现代科技激光装饰的冰雕，最传统的冰灯当然也不会少。由于东北严寒的气候，冰随手可得，因此雕刻的体积也变得越来越大，成为以冰建筑得名副其实的冰雕世界，如城墙，滑梯等。哈尔滨、乌鲁木齐同时也是举办国际冰雕比赛的重要城市。

沙雕

沙雕艺术起源于美国，20 世纪初在美国佛罗里达州和加利福尼亚州海岸举行了各种沙雕竞赛和活动，艺术家从中学习了各种技巧和经验，并把它发展成为巨型雕塑。

沙雕，简单地说就是把沙堆积并凝固起来，然后雕琢成各种各样的造型。沙雕是一种融雕塑、绘画、建筑、体育、娱乐于一体的边缘艺术，它通常通过堆、挖、雕等手段塑成各种造型来供人观赏。

沙雕真正的魅力在于以纯粹自然的沙和水为材料，通过艺术家的创造，呈现迷人的视觉奇观。沙雕艺术体现自然景观、自然美与艺术美和谐统一，其体积的巨大是传统雕塑难以比拟的，具有强烈的视觉冲击力。

沙雕只能用沙和水为材料，雕塑过程中不允许使用任何化学黏合剂。作品完成以后经过表面喷洒特制的胶水加固，在正常情况下一般可以保持几个月。由于沙雕会在一时间内自然消解，所以又被称为“速朽艺术”，因为无法长期保存，所以每个作品都是独一无二永不重复的，这也正是沙雕的魅力所在。

沙雕创作事先有很多十分费工费力的准备工作要做，而这准备工作其实就是一项工程。先说这堆沙堆。第一步是准备好固定散沙的铁板围圈。宁夏沙湖大赛是统一用高 80 厘米，长、宽各为 7 米、8 米的铁板围成一个长方形沙雕堆基。第二步就是推土机向里填倒沙子，记者在现场看了一下，一个围框内推土机要两大铲斗的沙子才能填平一层。第三步是向沙基堆里浇水，大体上水和沙的比例要相当，也就是说，填入多少沙就要浇多少水。而要使一盘散沙始终保持着沙堆的可塑性，必须不断给它们“喂水”，走在沙雕大赛的赛场上，你随时会看到长长的水管和四处洒水的管护人员。其工程量可想而知。但这远不是全部。第四步是用机夯从每一个点上不停地轮回夯打，使沙子和水混合在一起，这样一来，沙堆向下“陷了”好多，推土机再向里续填沙子。接下来重复此前的一、二、三、四步。大体经过三遍，底层的沙基算固定好了，这就需要向上发展。而此时就要看沙子的质量了。沙雕用的沙不是以细腻论质，而是要看有无凝聚力，带有沙土质的沙就有在方形底基上向上发展的空间。

在沙基底基夯实基础上一层层、一遍遍重复上述一、二、三、四几个步骤的工作，一直要加固到七层，如此夯实的沙堆就可用来进行沙雕创作了。毋庸赘言，上面“金字塔”顶的一层最尖，但是留有可供雕刻的空间的。沙雕是国际公认的环保艺术，原材料取之于自然，通过艺术家的加工使没有生命力的散沙能够为自然界为人类带来美。除了极少量定型用的水融性胶以外，沙雕只用沙和水两种材料。但这水又多不得，太多了也坏事。难度更大的还在于沙雕作品的保护。谈到对沙雕作品的保护问题，一直是仁智有见，各说纷纭。一件沙雕作品如果保存得当能保留一年左右时间。目前世界上保留时间最长的沙雕作品也有保存了十几年的。

建筑

建筑是人们用土、石、木、钢、玻璃、芦苇、塑料、冰块等一切可以利用的材料，建造的构筑物。建筑的本身不是目的，建筑的目的是获得建筑所形成的空间。广义上来讲，园林也是建筑的一部分。在建筑学和土木工程的范畴里，建筑是指兴建建筑物或发展基建的过程。要成功地完成每个建筑项目，有效的计划是必需的，无论设计以致完成整个建筑项目都需要充分考虑到整个建筑项目可能会带来的环境冲击、建立建筑日程安排表、财政上的安排、建筑安全、建筑材料的运输和运用、工程上的延误、准备投标文件等。

建筑是实用艺术的一种，又归于广义的造型艺术。建筑是人类为满足自身居住、交往和其他活动需要而创造的“第二自然”，也是人类日常生活最基本的空间环境。建筑艺术是通过建筑群体组织、建筑物的形体、平面布置、立体形式、结构造型、内外空间组合、装修和装饰、色彩、质感等方面的审美处理所形成的一种综合性实用造型艺术。建筑是人类重要的物质文化形式之一。在人类文明发展史上，最初的建筑主要是为遮风避雨、防寒祛暑而营造的，是人类为抵抗残酷无情的自然力而自觉建造起来的第一道屏障，只具有实用的目的。

随着物质技术的发展和社会的进步，建筑才越具有审美的性质，直至发展成为以作为权势象征为主要目的的宫殿建筑，以供观赏为主要的目的园林建筑。在各门艺术中，建筑是最早的艺术之一。恩格斯认为在原始社会末期，就已经有“作为艺术的建筑的萌芽”了。建筑是时代的一面镜子，它以独特的艺术语言熔铸、反映出一个时代、一个民族的审美追求，建筑艺术在其发展过程中，不断显示出人类所创造的物质精神文明，以其触目的巨大形象，具有四维空间（包括顶面）和时代的流动性，讲究空间组合的节律感等，而被誉为“凝固的音乐”“立体的画”“无形的诗”和“石头写成的史书”。

建筑可以从不同角度进行分类：根据建筑材料的不同，可分为木结构建筑、砖石建筑、钢筋水泥建筑、钢木建筑、轻质材料建筑等；根据建筑所体现的民族风格，可分为中国式、日本式、意大利式、英吉利式、俄罗斯式、伊斯兰式、印第安式建筑等；根据建筑的时代风格，可分为古希腊式、古罗马式、哥特式、文艺复兴式、巴洛克式、古典主义式、国际式建筑等；根据建筑流派的不同，分类就更复杂了，仅“二战”后，西方就有野性主义、象征主义、历史主义、新古典主义、新方言派、重技派、怪异建筑派、有机建筑派、新自由派、后期现代空间派等。但在通常情况下，人们较多的是根据使用目的的不同而将建筑分为住宅建筑、生产建筑、公共建筑、文化建筑、园林建筑、纪念性建筑、陵寝建筑、宗教建筑等。

陶艺

陶艺是中国的传统古老文化。陶艺是一种人工形态。陶瓷形态的基本材料是土、水、火。瓷器是中国古代的一项伟大发明。世界各国的制瓷技术多是从中国传入的。在古代，外国人称中国为“瓷器之国”。直到现在，英语中的“china”一词的另一个含义就是“瓷器”。

中国是陶瓷古国，说起陶瓷，外国人就想到中国。人只有掌握了水土糅合的可塑性，流变性，以及成型方法和烧结规律，才能促成陶艺形态的产生和演化，使陶瓷器物产生美的形式。同是注重造型与装饰的有机结合，通过人们敏锐的灵感和创新意识，捕捉并揭示泥土的塑性美、柔韧美以及表现活力，这样就出现了全新陶艺形态，为智慧的人所掌握、发展和创新。

中国传统陶艺制作源远流长，至今已有几千年的历史，仍盛而不衰，历朝经济的发展，技术的进步，时代风尚的不同，审美观的变化，在陶艺中反映得十分突出，国内外许多学者、艺术家都非常重视对中国传统陶艺的研究。但是在相当长的一段时间内，对这门集科学技术和文化艺术于一身，凝聚着中华民族审美历程的传统陶艺的研究，往往停留在美术造型及装饰技法上，这不够全面，研究中国传统陶艺的一个重要特色，是立足于总结中国传统陶艺及其制作工艺和装饰工艺的优良传统。“传统”不属于旧规范化的别称，而意味着一种工艺和艺术体系的特征。中华民族在长期的历史过程中所形成的民族特性，反映到陶艺上并产生独特的民族风格，这种民族风格以其特有的工艺技术和艺术形式，显示它自己的风貌，它是中华民族智慧的结晶，东方文化的典范。

中国传统陶艺所特具的东方艺术的情韵风格，不是短时间内形成的，仍扎根于人民之中，集中了无数陶艺前辈的智慧和创造力，经过历史不断的锤炼，然后形成优良传统，它贯穿着民族性格、民族感情，体现了民族审美意识的共同特性，代表着民族的精神实质。中国的陶艺前辈在长期的实践中，积累和形成了一套丰富的经验，创造了多种的工艺技法。正是这一套制瓷的优良传统，历代相传，不断发展，使得中国陶艺几千年来一直处于世界领先地位，并对世界文化起着深远的影响。

陶艺的发展伴随着陶瓷的产生而发展，首先是满足人类自身实用功能的需要，同时在实用的基础上，通过造型装饰和泥釉火焰又寄托着原始的朴素美，继而发展为实用和欣赏兼备的民间艺术品。如今已脱离实用功能，从纯精神的感情需要为出发点，开创了一条纯艺术的道路。

小贴士

陶艺的现状如何

随着陶艺热的逐步升温，陶艺制品获得越来越多人的青睐，亲手做陶艺成为人们工作学习之余放松精神释放自我的又一休闲方式。

在我国，陶艺正处于发展中，从几年前各地陶吧的兴起，逐渐让人们了解了陶艺，陶艺正在走进家庭。在近几年的发展过程中，有关的教育部门从素质教育出发，把陶艺列入了教学课程，这样从小就可以受到艺术的熏陶，从中锻炼了动手能力，非常好地体现了素质教育的成果。女性朋友们有时间不妨学习学习，也可以让自己的孩子学习。

视听艺术

演唱会

演唱会指具有一定规模的现场音乐演出。如果乐队没有足够的歌迷支持，是不可能举办这样大规模的演唱会的，因为租借一个像体育馆或剧院这样大的场地通常需要一定的金钱，能在数以万计的歌迷面前演出，这本身就是一件非常有满足感的事情，何况还有非常可观的门票收入（当然，也有不少大型演出是免费入场的）。演唱会对于歌迷来说则是一个狂欢的节日。

观众观看演唱会一定要注意以下几点：

（1）观众入场时千万不要携带任何易燃易爆、有毒危险物品以及刀具、金属器械等。此外，瓶装、罐装饮料也不能带入场内。

（2）观众根据自己的身体状况和当天天气预报，穿着适宜的衣物入场。尤其要提醒女性歌迷，尽量勿着裙装和高跟鞋入场，因为万一发生紧急事件，裤装与便于运动的鞋子能提供更多保护。

（3）摄录器材也在主办方查禁之列，全场只允许摄影记者在指定区域拍摄，请各位观众尤其是内场观众注意勿带DV机等，以免与工作人员发生不必要的冲突，影响欣赏演唱会的心情。

（4）荧光棒、口哨、海报、手牌、望远镜等装备当然是看演唱会的必备法宝，但现场必然人多事杂，贵重物品尽量少带或不带，谨防遗失。

（5）演出前手机等其他通信设备一律关闭，尤其是演出时严禁接、打手机，请尊重艺人的演出，保证演出质量。

（6）看演出时频繁进出会给其他人带来不便，因此应尽量少饮水，以避免在演出进行期间出去使用洗手间。在演出时一定不要来回走动。

（7）如在观看演出时喉咙发痒，可以含服非咀嚼型润喉糖，避免咳嗽声频繁发出。暂时控制不了咳嗽或喷嚏的观众，可向工作人员要求出场稍歇。当然，如果正在患病期，就不要到类似的公共场所，以免把细菌带给别人，这也是对其他观众负责的表现。

（8）看演出时应该摘掉帽子，以免影响后面观众的视线。

音乐会

音乐会或演奏会，是指在观众前的现场表演，通常是音乐的表演。音乐可以是由单独的音乐人所表演也可以是音乐团体的集体演出，像是管弦乐团、合唱团等。音乐会的通俗称号也叫“show”。音乐会所举办的地点有着许多的可能，例如公共演艺厅、夜总会、音乐屋、体育馆、谷仓、音乐厅和多功能的表演场所等。音乐家通常是在舞台上表演。在唱片尚未流行前，音乐会是听众唯一可以听到音乐家的演奏的机会。

观看音乐会要注意一定的礼仪。比如，观众须穿着正装，请勿穿牛仔裤、勿着运动鞋。这是重视音乐会的直接表现；未经许可不得录音、录影或拍照，以免影响演出及其他观众利益，如果需要照相，请千万不要使用闪光灯，因为闪光灯会打扰演奏者的演出，在这种情况下，演奏者是完全有权利选择退场罢演的。

此外，观看音乐会还必须注意以下几点：

（1）观众务请提前 10 分钟到达表演现场。为免影响演出，主办单位有权决定迟到者的入场时间及方式。

（2）观众请谨记携带当晚演出的门票或入场券进场。一人一票，凭票入场。

（3）出售的演出票为每位观众都安排并指定了位置，如果别人坐了你的座位，相信你会感到不愉快，反过来也一样。而坐在自己的位置上你会感到心安理得，这样有利你更好的欣赏音乐。

（4）持票者进场后请留意场内广播，有关演出的最新情况和规定将由此发布。

（5）演出期间请勿使用手提电话及在座位范围内走动，并请将手机及闹表等装置置于静音状态。

（6）演出场内严禁吸烟及饮食，并不得携带危险物品及饮料、食物等入场。这是对演奏者和其他观众最起码的尊重。

（7）身高 1.2 米以下儿童谢绝进场，这是到音乐厅欣赏音乐会的国际惯例。

（8）鼓掌是对音乐演出者表示赞赏的一种方式，通常会在表演开始前和音乐结束后进行。在同一首作品的乐章之间无须鼓掌。乐曲结束通常要看指挥的双手是否完全放下并转身致谢，此时观众再给予热情的掌声以表示对表演者演出成功的祝贺和辛勤劳动的感谢。

（9）在全部作品结束时，要鼓掌，这是显示你对演奏具有欣赏力的时候，演奏者有可能会因你热烈的掌声而返场并加演曲目。

（10）演出中迟到的观众和如确实需要进出者，须等待正在演奏的乐曲结束后进出，勿妨碍他人观赏演出。因为在音乐演奏期间你的走动会影响其他人的欣赏，损害绝大部分准时入场观众的利益。因此请你一定安排好时间，依时进场，以便完满的享受我们提供的服务。

（11）演出票一旦售出恕不退换，因此购票前请对你的选择考虑周到，以免造成不必要的损失。

（12）在特殊情况下，主办单位保留临时更改原定节目及演出者的权利。

（13）任何购买、持有或使用门票者均被认为已经阅读、理解并接受了以上提示。

电影

电影，也称映画，是由活动照相术和幻灯放映术结合发展起来的一种现代艺术，是一门可以容纳文学戏剧、摄影、绘画、音乐、舞蹈、文字、雕塑、建筑等多种艺术的综合艺术，但它又具有独自的艺术特征。电影在艺术表现力上不但具有其他各种艺术的特征，又因可以运用蒙太奇这种艺术性极强的电影组接技巧，具有超越其他一切艺术的表现手段，而且影片可以大量复制放映。

众所周知，现代的电影是19世纪末首先在法国诞生的。但是，我国劳动人民在很古以前流传很久的皮影，可以说是现代电影的先导。皮影也称皮影戏，表演方法是，人们找来一张纸片或动物的兽皮，用剪子刀具将兽皮或纸片剪成各种人物的木偶造型，然后由人的双手来操作木偶做各种动作，同时用蜡烛的灯光将木偶照射在一张白布上，以供人们观看。皮影戏和走马灯传入欧洲后，欧洲人经过多年的实践、研究，最后发展成为电影。事实说明，电影虽然不是诞生在中国。但我国劳动人民对电影原理的认识，已有很长的历史，对后来电影的发明是有贡献的。

电影的分类主要有以下几种：

1. 动作片

是指以强烈紧张的惊险动作和视听张力为核心的影片类型。

2. 伦理片

是指以伦理为主题的电影，它是对社会道德规范的探讨。与其他片种不一样的地方在于，伦理的精神几乎体现在每一部影片之中：爱情、婚姻、家庭、宗教、代沟、社会问题等都可以在伦理的范围之内，因此伦理片有着比其他片种更为广阔的领域和更模糊的边界。伦理片视其情节，并依照电影分级标准而设定观众年龄。

3. 纪录片

是以真实生活为创作素材，以真人真事为表现对象，并对其进行艺术的加工与展现的，以展现真实为本质，并用真实引发人们思考的电影或电视艺术形式。

4. 喜剧片

指以笑激发观众爱憎的影片。常用不同含义的笑声，鞭笞社会上一切丑恶落后现象，歌颂现实生活中美好进步事物，能使观众在轻松愉快的笑声中接受启示和教育。多以巧妙的结构、夸张的手法、轻松风趣的情节和幽默诙谐的语言，着重刻画喜剧性人物的独特性格。

5. 古装片

是对当时现代时装片的着装而言的。其实，最早的古装片里的古装并没有多么考究历史的着装，而是照搬和模仿戏曲行头。

6. 科幻片

是好莱坞类型片的一种，其特色的情节包含了科学奇想。和其他类型片一样，它是随着电影工业化生产而出现的，其人物形象、叙事结构和价值观都有一定的模式。它是被批量化、重复化生产的同类产品，满足了人们在闲暇时对一部“很容易看懂”的娱乐电影的需求。

7. 恐怖片

以恐怖情节和恐怖气氛贯串全片的影片。多以神鬼妖异与现实生活中的人发生纠葛的离奇怪诞情节结构故事，以刺激观众的恐怖感。

8. 动画片

动画片拍摄的对象不是真实存在的，它要么是动画师绘制出来的，要么是通过电脑生成出来的，总之是一些凭空创造出来的东西。

9. 战争片

也叫作“军事片”。以战争史上重大军事行动为题材的影片，有通过战争事件、战役经过和战斗场面的描写，刻画人物性格，树立英雄形象；也有通过人物和故事情节的描写，形象地阐释某一重大军事行动、军事思想和军事原则；还有反映战争给人们带来的灾难和心灵创伤。多歌颂杰出的军事统帅、著名将领和军事家的战功和业绩。

10. 惊悚片

是以侦探、神秘事件、罪行、错综复杂的心理变态或精神分裂状态为题材的一种电影类型。

11. 悬疑片

是指因情节使人们对主要人物的命运引起关切，而造成高度焦虑和紧张感的一种电影类型。悬疑片中常能用情节引起观众在看的时候一边思考，而片尾处谜底的揭露又往往让人意想不到。

12. 灾难片

以对人类造成巨大灾难的天灾人祸为题材的影片。一般渲染惊心动魄的灾难，以刺激观众的恐惧感，也有的表现摆脱灾难的方法，战胜或躲避灾难的智慧。

13. 剧情片

通常指在现实生活中常常真实存在但往往不被大多数人所注意的事件而改编的故事性电影。

14. 爱情片

是以表现爱情为核心，并以男女主人公在爱情发生的过程中克服误会、曲折和坎坷等阻力为叙事线索，最终达到理想的大团圆结局或悲剧性离散结局的类型电影。

小贴士

什么是3D电影

立体电影，将两影像重合，产生三维立体效果，当观众戴上立体眼镜观看时，有身临其境的感觉。亦称“3D立体电影”。其实，3D电影只不过是巧妙地利用了“偏光”。它以人眼观察景物的方法，利用两台并列安置的电影摄影机，分别代表人的左、右眼，同步拍摄出两条略带水平视差的电影画面。放映时，将两条电影影片分别装入左、右电影放映机。当画面投放于电影银幕前，就会形成左、右“细微”的双重影像。特制的偏光眼镜能将左、右“双影”叠合在视网膜上，由大脑神经产生三维立体的视觉效果，从而展现出一幅幅连贯的立体画面，让观众感受到景物扑面而来、“身临其境”的神奇幻觉。

戏剧

戏剧，指以语言、动作、舞蹈、音乐、木偶等形式达到叙事目的的舞台表演艺术的总称。文学上的戏剧概念是指为戏剧表演所创作的脚本，即剧本。戏剧的表演形式多种多样，常见的包括话剧、歌剧、舞剧、音乐剧、木偶戏等。不同文化所产生戏剧形式往往拥有独特的传统和程式，比如西方戏剧、中国戏曲、印度梵剧、日本能乐、歌舞伎等。

戏剧是演员将某个故事或情境，以对话、歌唱或动作等方式表演出来的艺术。戏剧有四个元素，包括了“演员”“故事（情境）”“舞台（表演场地）”和“观众”。演员是四者当中最重要的元素，他是角色的代言人，必须具备扮演的能力，戏剧与其他艺术类最大的不同之处便在于透过演员的扮演，剧本中的角色才得以伸张，如果抛弃了演员的扮演，那么所演出的便不再是戏剧。

现代的戏剧强调舞台上下所有演出元素统一表现以实现综合的艺术效果。演出元素包括演员、舞台、道具、灯光、音效、服装、化妆，以及剧本、导演等的一切总称，也包括台上演出与台下互动的关系（一般称为“观演关系”）。

戏剧语言包括人物语言和舞台说明。人物语言也叫台词，包括对白、独白、旁白等，是人物心理、动作的外观。舞台说明是一种叙述性语言，用来直接说明人物的动作、心理和所处环境等，直接展示人物的性格和戏剧的情节。

无论戏剧一词如何定义，只有满足以下的条件，才可视为一次戏剧活动。

（1）戏剧交流的两个参与者：观众与演员。

（2）观众与演员必须同时在场。

（3）戏剧事件发生在一定的时间与空间内。

（4）戏剧交流的话题是关于一个虚构世界中的事件，由演员扮演其中的人物。

（5）演员与观众共享一套“游戏规则”（即符号学中的信码代号）。

（6）戏剧事件是审美事件，参与者不仅关心故事世界的信息，也关心传达信息的形式。

小贴士

国粹京剧各色脸谱的意义

在人的脸上涂上某种颜色以象征这个人的性格和特质，角色和命运，是京剧的一大特点，可以帮助理解剧情。简单地讲，红脸含有褒义，代表忠勇；黑脸为中性，代表猛智；蓝脸和绿脸也为中性，代表草莽英雄；黄脸和白脸含贬义，代表凶诈凶恶；金脸和银脸是神秘，代表神妖。脸谱起源于上古时期的宗教和舞蹈面具，留用至今。

歌剧

歌剧是将音乐（声乐与器乐）、戏剧（剧本与表演）、文学（诗歌）、舞蹈（民间舞与芭蕾）、舞台美术等融为一体的综合性艺术，通常由咏叹调、宣叙调、重唱、合唱、序曲、间奏曲、舞蹈场面等组成（有时也用说白和朗诵）。早在古希腊的戏剧中，就有合唱队的伴唱，有些朗诵甚至也以歌唱的形式出现；中世纪以宗教故事为题材，宣扬宗教观点的神迹剧等亦香火缭绕，持续不断。但真正称得上“音乐的戏剧”的近代西洋歌剧，却是16世纪末、17世纪初，随着文艺复兴时期音乐文化的世俗化而应运产生的。

关于歌剧的起源主要有以下几种说法：

（1）歌剧的起源最早可追溯到古希腊时期的悲剧，这种艺术形式是歌剧艺术产生的根源。

（2）中世纪时期的一些音乐形式也为歌剧的产生奠定了基础。首先是10世纪末的宗教剧，后来宗教剧被神秘剧和奇迹剧取代，盛行于14~16世纪；其次是田园剧，这种体裁用音乐、诗歌、戏剧的手段表现乡村生活的场景，它一直盛行到16世纪，成为歌剧的重要起源之一。

（3）文艺复兴时期的牧歌剧也预示着歌剧的诞生。作曲家用牧歌这一体裁形式来谱写诗歌中一些戏剧性场面，或用一组牧歌来描写一些简单的故事情节，后一种形式被称为牧歌剧。

（4）歌剧最直接的起源是15世纪末的幕间剧。这是穿插在当时喜剧各幕间的一些寓言剧、神话剧或田园剧，到16世纪，各幕之间的幕间剧在情节上组成了一个相关联的故事，并且加入了装饰性的旋律和简单的和声伴奏。

（5）歌剧于16世纪末最终产生于意大利的佛罗伦萨。当时，一群文化艺术界的名人经常在贵族巴尔第和柯尔西家聚会，他们热衷于恢复古希腊的戏剧，力图创造出一种诗歌与音乐相结合的生动艺术。他们认为复调艺术破坏歌词意义的表达，主张采用单声部旋律，并且在实践中发现：在和声伴奏下自由吟唱的音调不但可以用在同一首诗歌中，还可以用于整部戏剧中。随后就产生了最早的歌剧，当时称为田园剧

话剧

话剧指以对话为主的戏剧形式。话剧虽然可以使用少量音乐、歌唱等，但主要叙述手段为演员在台上无伴奏的对白或独白。话剧本是一门综合性艺术，剧作、导演、表演、舞美、灯光、评论缺一不可。中国传统戏剧均不属于话剧，一些西方传统戏剧如古希腊戏剧因为大量使用歌队，也不被认为是严格的话剧。现代西方舞台剧如不注为音乐剧、歌剧等的一般都是话剧。

话剧不可缺少的是接受这门艺术的对象——观众。当然在莎士比亚的年代，话剧的因素要少一些。话剧之所以在欧洲几百年经久不衰，一个很重要的原因是因为话剧培养了一代代的观众，而一代代观众对思考和娱乐这两者有机的结合又促使了话剧的发展。

话剧艺术具有如下几个基本特点：

1. 舞台性

古今中外的话剧演出都是借助于舞台完成的，舞台有各种样式，目的有两个：一是利演员表演剧情，二是利观众从各个角度欣赏。

2. 直观性

话剧首先是以演员的姿态、动作、对话、独白等表演，直接作用于观众的视觉和听觉；并用化妆、服饰等手段进行人物造型，使观众能直接观赏到剧中人物形象的外貌特征。

3. 综合性

话剧是一种综合性的艺术，其特点是与在舞台塑造具体艺术形象、向观众直接展现社会生活情景的需要和适应的。

4. 对话性

话剧区别于其他剧种的特点是通过大量的舞台对话展现剧情、塑造人物和表达主题的。其中有人物独白，有观众对话，在特定的时、空内完成戏剧内容。

舞蹈

舞蹈是八大艺术之一，是于三度空间中以身体为语言作“心智交流”现象之人体的运动表达艺术，一般有音乐伴奏，以有节奏的动作为主要表现手段的艺术形式。它一般借助音乐，也借助其他的道具。舞蹈本身有多元的社会意义及作用，包括运动、社交、求偶、祭祀、礼仪等。

舞蹈作品中的舞蹈动作也要具有一定的技艺性，舞蹈演员要具备跳跃、旋转、翻腾、柔软、控制等高难度的技巧能力，但是，在舞蹈作品中表演高难度的技巧动作本身不是目的，而是一种表现人物思想感情、塑造人物性格和精神面貌的一种手段。如果在舞蹈作品中，以手段作为目的、演员高超的技艺不以反映生活、表现人物的思想感情为其存在的前提，或是不以舞蹈内容出发采选取相应的舞蹈动作技巧，而是以展示演员所掌握的舞蹈技巧能力出发，那就会使舞蹈作品由于内容和形式的脱节，或是缺乏艺术的完整性，而陷于失败，舞蹈演员的技艺本身也就沦入了杂技性的技巧表演，而丧失了舞蹈艺术的基本品格。

根据舞蹈的作用和目的，舞蹈可分为生活舞蹈和艺术舞蹈两大类。生活舞蹈包括习俗舞蹈、宗教祭祀舞蹈、社交舞蹈、自娱舞蹈、体育舞蹈、教育舞蹈等。艺术舞蹈是指由专业或业余舞蹈家，通过对社会生活的观察、体验、分析、集中、概括和想象，进行艺术的创造，从而创作出主题思想鲜明、情感丰富、形式完整，具有典型化的艺术形象，由少数人在舞台或广场表演给广大群众观赏的舞蹈作品。由于艺术舞蹈品种繁多，根据各个不同的艺术特点，大致可还可分为二类。第一类，根据舞蹈的不同风格特点来区分，有古典舞蹈、民间舞蹈、现代舞蹈、当代舞蹈和芭蕾舞。第二类，根据舞蹈表现形式的特点来区分，有独舞、双人舞、三人舞、群舞、组舞、歌舞、歌舞剧、舞剧等。

除此以外，舞蹈按年龄层次区分，有幼儿舞蹈、少儿舞蹈、青少年舞蹈、成人舞蹈、中老年舞蹈等。

舞蹈可以让人身材曲线变得更美，大腿肌肉和手臂肌肉也更紧实，是疏解情绪的好方法。舞蹈是一种有益身心健康活动，增强体质，性格变得开朗，身体变得柔软，全面刺激肌肉。舞蹈对肌肉的刺激则是全面性、综合性的，它的动作兼顾到头、颈、胸、腿、髋等部位。比如爵士舞对小关节、小肌肉的运动较多，这些地方是平日健身不大容易活动到的地方。另外，舞蹈还具备有氧运动的效果，使练习者在提高主肺功能的同时，达到减肥的目的。

在舞蹈当中，连贯的动作节奏很快，一整套动作连贯而流畅，整齐而有韵律感，对乐感、灵巧度的锻炼很有帮助。而它的趣味性容易让人集中和专注，忽略掉运动疲劳。

舞蹈的健身动作爆发力强，对人体体能潜力开发性强，因为舞蹈多以绕环小关节的运动为主，因此能较好地改善练习者的协调能力。舞蹈是一种极具表现力的运动，通过舞蹈课程，练习者在表现自己的同时培养了自信和气质。

小贴士

舞蹈学习一定不能忽略情感的表达

舞蹈是运动的艺术，虽然也可以称为是一项运动，但是它与体育运动是有明显的区别。首先，舞蹈对动作的美学要求上升到了艺术的层次；其次，舞蹈表演更需要的是通过优美的舞蹈动作表现出独特的情感。所以在舞蹈学习过程中，注重舞蹈动作的娴熟与完美是必需的，但是同样要注意情感的表达，如果舞蹈只是若干个动作的组合，那与体育运动没什么区别。一部优秀的舞蹈作品，要让观众们感受到丰富的情感流露，产生心灵的共鸣，而不仅仅是对舞蹈高难度的动作拍案叫绝。